Directeur : Guy Hennebelle

Directrice adjointe : Monique Martineau

CinémAction est coédité par les **Éditions Corlet** (Z.I., route de Vire, 14110 Condé-sur-Noireau) et par **Télérama.**

Ce numéro est aussi coédité par l'Institut National de la Recherche Pédagogique avec des concours de la CEE, de l'UNESCO, du ministère de l'Éducation nationale (DESUP), du ministère de la Culture et de la Communication (délégation au développement et aux formations) et du CNRS.

CinémAction est publié avec le concours du Centre national des lettres.

Comité éditorial : Philippe Boitel *(Télérama)*, Goéry Delacôte (Exploratorium, San Francisco), Marie de Morière *(CinémAction)*, Daniel Junqua (CFPJ), Jean Verrier *(CinémAction* et Paris VIII).

Conseillers à la rédaction : Jean-Luc Douin (cinéma) et Jean Belot (télévision).

Fondé en 1978, par Guy Hennebelle et Monique Martineau, *CinémAction* est une revue thématique sur le cinéma et la télévision, de France et d'ailleurs. Dossier à plusieurs voix, chaque numéro constitue une mine d'informations et une somme d'analyses sur un thème, un cinéma, un auteur ou l'art du grand ou du petit écran.

Ce numéro a été réalisé par Monique Martineau.

ISSN 0243-4504
ISBN 2-85480-574-7 pour les éditions Corlet.
ISBN 2-7342-0304-2 pour l'INRP.

Commission paritaire : 61.838

Les articles signés n'engagent que leur auteur. Les titres et les chapeaux sont de notre rédaction.

Photo de couverture : *Jacquot de Nantes*, d'Agnès Varda.

© CinémAction-Corlet Télérama INRP 1991

Les ailes du désir, de Wim Wenders

Sommaire

I. En Belgique

II. Au Danemark

III. En Espagne

IV. En France

V. **En Grèce**

VI. **En Irlande**

VII. **En Italie**

VIII. Au Luxembourg

IX. Aux Pays-Bas

X. Au Portugal

XI. En République fédérale d'Allemagne

XII. Au Royaume-Uni

XIII. Et demain ?

Générique

— Conception et coordination : Monique Martineau, chef du service des Rencontres audiovisuelles (Département Ressources et communication), à l'Institut national de recherche pédagogique (INRP).
— Traductions : Sophie Fontenelle, Maïtena Lartigue, Jacques Lévy, Sanna Lyhne, René Marx, Klaus Meier, Jacques Parsi, Roland Schneider, Jocelyne Séphord, Paola Starakis, avec l'aide d'Isabelle Hennebelle, Lydie Hyest et Ginette Vincendeau.
— Secrétariat de rédaction : Monique Martineau, Guy Hennebelle, Catherine Bonté, Béatrice Bottet, Sylvie Dulon, Annie Kovacs (INRP), Monique Theye (INRP), et Jean-Marie de Ricolfis (Unité de recherches internationales, INRP).
— Documentation : Sylvie Bonaud (CNRS) et Lydie Hyest.
— Secrétariat : Jacqueline Millet (CNDP) et Danielle Baggiarini (INRP)
— Avec l'aide du service des publications, de la direction et du secrétariat général (INRP).
— Maquette : Atelier Visconti.
— Iconographie : Lydie Hyest, Still department du British Film Institute, Danish Film Institute, Goethe Institute (Munich), Marcel Oms et Institut Jean Vigo à Perpignan, Nederlands Filmmuseum, *Revue du cinéma*, Fondation Raoul Servais, Centro ʹStudio cinematografici, festival *Premiers Plans* à Angers ainsi que Victor Bachy, José Bogalheiro, Michel Bouvard, Orio Caldiron, Roland Cottet, Julio Diamante, Maurice Drouzy, Jane Graun (Crone Films), Manfred Hattendorf, Isabelle Heine, Isabelle Hennebelle, Léonard Henny, Birgitte Lohse, Joachim Paech, Jean-Loup Passek, Ingo Petzke, Kevin Rockett, Didier Roth-Bettoni, Franco Scarmiglia, Nicolas Schmidt, Roland Schneider, Michel Serceau, Sissi Vaféa.

Remerciements

L'enquête a été commencée avec l'aide du Centre national de documentation pédagogique (CNDP). Elle a bénéficié du soutien financier du Centre national de la recherche scientifique (CNRS), de la direction des enseignements supérieurs (DESUP) au ministère de l'Éducation nationale, du ministère de la Culture et de la Communication en France, de l'UNESCO et de la Commission des Communautés européennes dans le cadre du programme ERASMUS et de la DGX.

Nous remercions tout particulièrement pour leur aide au démarrage de cette enquête Goéry Delacote, Dieter Dollase, Claude Faure, Morten Giersing, Corinne Ménage et Pierre Saget.

Elle a bénéficié également du concours gracieux de l'École de cinéma et de télévision Eugenia Hadjikou en Grèce, du Centre national de l'audiovisuel au Luxembourg, de l'École supérieure de théâtre et de cinéma du Portugal et du British Film Education au Royaume-Uni.

Nous remercions pour leur aide documentaire les ambassades des onze pays de la Communauté représentés à Paris ainsi que le réseau Eurydice : Maggy Renon de la DAGIC (ministère de l'Éducation nationale) à Paris nous a fait parvenir les réponses des unités allemande, belge (francophone et néerlandophone), britannique (anglaise et écossaise), danoise, espagnole, grecque, italienne, luxembourgeoise, néerlandaise, portugaise.

Nous remercions aussi :
— Pour la Belgique, le Centre Wallonie — Bruxelles à Paris, Christiane Danc et Marie-Hélène Massin, de la direction de l'audiovisuel, Communauté française de Belgique, Isabelle Heine et Marc Melon.
— Pour le Danemark, Palle Lauridsen, Helge Strunk du Danish Film Institute et Anna Terzian.
— Pour l'Espagne, Enrique Bustamante, Éléna Delgado-Corral, Simon Feldman, Francisco Obispo et Santos Zunzunegui.
— Pour la France, Alain Aubert, Liliane Augé, Pierre Baqué, Jean-Baptiste Carpentier, Claudine de France, Alain Desvergnes, Don Foresta, Jack Gajos, René Gardies, Daniel Junqua, Jean-Guy Larregola, Michel Marie, F. Massit-Follea, Bernard Miège, Yvonne Mignot-Lefebvre, Jean Mouchon, Roger Odin, Patrick Talbot, Claude Traullet et Monique Valbot.
— Pour la Grèce, Eugénia Hadjikou.
— Pour l'Irlande, Stephanie McBride.
— Pour l'Italie, Mario Brenta, Catherina d'Amico, Gianna Dovara (Institut culturel italien) et Jean Gili.
— Pour les Pays-Bas, Jürgen E. Müller, Frans Nieuwenhof et Émile Poppe.
— Pour le Portugal, Jean et Marie Verrier, Margarita Vieira, Christiane Turpin et Maria Da Graça Fialho.
— Pour la RFA, Helga Belach, Andrea Krauss, François Jost, Michèle Lagny, Anne-Marie Meier-Bozza, Michèle Tournier et Wolfgang Langsfeld.
— Pour le Royaume-Uni, Barbara Dent et Peter Ellwood du British Council à Paris, Philip et Margaret Simpson, Ginette Vincendeau et Collin Young.
— Pour la dimension européenne de l'enquête, Colette Bernas, Luis Busato, Fabrice Dugast, Jack Gajos, José Gutierrez, Isabelle Hennebelle, Geneviève Jacquinot, Yvonne Mignot-Lefebvre, Raymond Ravar, Patrick Talbot, Emmanuelle Toulet, Francine Vaniscotte et Henry Verhasselt.

Distant Voices Still Live, de Terence Davies

CinémAction
et l'enseignement

Il existe plusieurs séries dans la production de *CinémAction* : genre, auteurs, cinémas étrangers, sujets divers dont la particularité est souvent de n'avoir jamais été couverts par l'édition française de cinéma, en dépit de leur évidente nécessité.

Une de ces séries avait été inaugurée par les numéros coordonnés par Monique Martineau sur le cinéma pratiqué à l'école ou au lycée : *Graine de cinéastes* et *Des jeunes à la caméra.* Elle a ensuite été prolongée, de façon marquante, par le gros dossier sur *L'enseignement du cinéma et de l'audiovisuel en France,* qui avait été coédité avec le Centre de formation des journalistes et qui avait connu un succès certain, car il répondait clairement à une attente.

Mais ce n° 45, publié en 1987, ne concernait que la France : celui-ci couvre les pays de la Communauté économique européenne, l'Europe des Douze. Ce travail, à la fois de fourmis et de titan, a été mené à bien par Monique Martineau et ses collègues de l'Institut national de recherche pédagogique au terme d'une enquête de plus de deux ans, avec le concours de correspondants dans chaque pays concerné.

Cette série sera prolongée par une enquête du même type réalisée au Québec et au Canada anglais par Réal La Rochelle, et qui paraîtra dans une édition bilingue français-anglais.

Nous comptons poursuivre un tour d'horizon mondial avec un numéro sur *L'enseignement du cinéma et de l'audiovisuel aux États-Unis*, puis dans d'autres régions du monde.

Dans la même veine, Pierre Maillot, enseignant à l'École Louis-Lumière, a réuni une enquête sur *L'enseignement du scénario*, en France et dans divers pays, coéditée avec « Vaugirard », comme on appelait encore voici peu l'ENLL.

Les lycéens et étudiants soucieux de leur avenir pourront lire avec profit les témoignages de cent professionnels qui disent au quotidien les beautés et les aspérités des *Métiers du cinéma, de la télévision et de l'audiovisuel* (Hors série, septembre 1990). René Prédal a dirigé une enquête très minutieuse, qui évoque aussi bien les stars que les débutants, ceux qui vivent bien de leur travail et ceux qui traversent de longues périodes de chômage.

Ces numéros se veulent avant tout des outils descriptifs, des boussoles pour aider les étudiants désireux de faire du cinéma à s'orienter dans le dédale des formations et des filières.

A côté de ces « discours sur les méthodes », si on peut les baptiser ainsi, *CinémAction* a aussi publié plusieurs numéros sur le contenu lui-même de certains enseignements : le premier, *Théories du cinéma* (n° 20) et le deuxième, *Idéologies du montage* (n° 23), sont épuisés. Joël Magny a systématisé et refondu complètement sa démarche du n° 20 dans le n° 60, *Histoire des théories du cinéma*, panorama analytique de toutes les conceptions du septième art qui ont vu le jour depuis les origines, dossier qui fait pendant au n° 47, réuni par Jacques Kermabon, sur *Les théories du cinéma aujourd'hui* en France, tandis qu'André Gardies a fait le point dans notre n° 58 sur *25 ans de sémiologie* au cinéma autour des écrits de Christian Metz.

Plus pédagogique encore s'est voulu notre n° 55 sur *Les grandes « écoles » esthétiques*, conçu pour les élèves des sections A3 des lycées et pour les étudiants en DEUG. Il sera suivi, sous la houlette de Michel Serceau, par un numéro sur *Les genres au cinéma*.

A côté de ces numéros centrés sur l'enseignement, *CinémAction* continue bien entendu de publier des dossiers dans d'autres séries : en 1992 sont prévus par exemple *La musique à l'écran*, *Les théories de la communication*, *Le cinéma ethnographique* et plusieurs autres encore.

Guy HENNEBELLE

The Danish Film Institute. Photo Rolf Kohow

Tournage du film *Time out* de Jon Bang Carlsen, ancien élève de la Danish Film School

La fascination
pour les images

Il était une fois, sur les bords de la Loire, un petit garçon, Jacquot de Nantes, aimé de sa mère et fasciné par les images. Avec elle, il découvre le drame et le rire au Guignol, le chant dans le garage Demy dont son père est le patron, les images animées à l'Olympic, sa première pellicule sur une décharge publique et sa première caméra 9,5 mm sous les arcades du passage Pommeraye, cher aux surréalistes. Bien des années plus tard, Jacques Demy y situera les adieux de Lola la belle et de son amoureux. Entre-temps, à force d'obstination, il aura échappé au collège technique où il refusait d'apprendre la mécanique et aura troqué le 9,5 mm contre le 35 mm en passant par l'école Louis-Lumière, rue de Vaugirard. Il aura vécu avec Agnès Varda, une photographe devenue cinéaste, qui fera un film sur cette belle histoire, juste avant la mort de son mari.

© Ipotesi Cinema

Rittrato di Leo, de Marilena Moretti

Tant de jeunes, à travers l'Europe, rêvent de la même trajectoire et s'imaginent réalisateurs de films de fiction, à l'heure où le cinéma est en crise et où télévision et nouvelles images sont en plein développement.

Les étudiants sont de plus en plus nombreux à assiéger écoles supérieures et universités pour y apprendre à maîtriser les images et les sons et à devenir spécialistes du cinéma ou de la vidéo.

Quelques chiffres au hasard : deux mille candidats au Christ Church College à Canterbury pour trente-six places dans le département de Radio, cinéma et télévision, mille cinq cents candidats à l'École Louis-Lumière en France pour vingt-quatre places dans la section Cinéma et six mille étudiants dans la section Images de l'université de Madrid. Un tel engouement est-il bien raisonnable ? Que peuvent apporter ces formations ? Sur quoi débouchent-elles ?

A l'heure où la mobilité au sein de la Communauté européenne va s'amplifier, cet ouvrage brosse pour les étudiants, pour leurs enseignants et pour leurs parents un tableau des possibilités offertes dans l'enseignement supérieur au sein de l'Europe des Douze. Sauf exception, seules les formations initiales postsecondaires d'une durée d'au moins un an ont été prises en compte.

Dans chaque pays, une enquête par questionnaire a été menée par un ou plusieurs spécialistes, enseignant, chercheur, responsable de formation ou directeur de festival. Elle a été souvent complétée par une série d'entretiens et une recherche bibliographique. Pour chaque contrée, on trouvera donc un ou plusieurs articles ainsi qu'un annuaire des formations. Le nombre des formations indiqué dans le sommaire correspond au recensement effectué par notre correspondant. Comme notre champ d'investigation était très vaste, nous prions les oubliés de ne pas en prendre ombrage, mais de nous contacter afin que nous puissions les mentionner dans des publications ultérieures.

On nous pardonnera d'avoir étoffé davantage les chapitres sur la Belgique et la France. Pour des raisons linguistiques évidentes, nous aurons plus de lecteurs en Wallonie ou en Provence qu'au Danemark. Mais nous espérons qu'il y aura des éditions dans d'autres langues, où l'accent pourrait être mis sur la situation dans d'autres pays. Ainsi le British Film Institute, auquel nous devons déjà le chapitre et l'iconographie sur le Royaume-Uni, pourrait mettre en route une édition en anglais. D'autres pistes se dessinent, en Italie et en RFA.

Ce travail a été mené dans le cadre de l'Institut national de recherche pédagogique. Il s'inscrit dans une continuité : en 1985, le service des Rencontres audiovisuelles[1] dont je suis responsable organisait les rencontres *Graine de cinéastes* consacrées aux films réalisés par les jeunes en collaboration avec l'association du même nom. En février 1986, avec la mission pour la création de l'INIS (devenue la FEMIS) représentée par Claude Brunel, nous organisions le symposium *Cinéma et audiovisuel, enseignement, création, formation*. Pour la première fois, des enseignants français du primaire, du secondaire et du supérieur pouvaient se rencontrer tous ensemble et dialoguer avec des décideurs.

A la suite de cela, avec mes collègues et de nombreux collaborateurs, nous avons entrepris une enquête sur la situation en France de l'enseignement du cinéma et de l'audiovisuel, dans les écoles primaires, les collèges, les lycées et les universités. Les résultats ont été publiés en novembre 1987 dans le numéro 45 de *CinémAction : L'enseignement du cinéma et de l'audiovisuel*.

Nous avons éprouvé ensuite le besoin de continuer nos investigations hors de l'Hexagone, encouragée par le désir de collègues des sections cinéma et audiovisuel des lycées qui souhaitaient savoir ce qui existait ailleurs, à l'heure où les frontières vont disparaître au sein de la Communauté européenne et où l'on incite étudiants et enseignants à la mobilité.

Nous avons choisi de nous limiter, dans un premier temps, à l'Europe des Douze, puisque 1993 approche à grands pas, et que, dès maintenant, les étudiants peuvent obtenir des bourses de la Communauté pour aller étudier dans un autre pays membre. Mais au cours de l'enquête, commencée au printemps 1989, le cadre s'est déjà élargi puisque le mur de Berlin est tombé et que l'ex-RDA fait maintenant partie de l'Allemagne réunifiée. Il faudrait étendre l'investigation à tous les pays de l'Europe qui semblent de plus en plus aspirer à un développement des échanges.

Cette ouverture de notre travail vers l'international s'inscrit dans les nouvelles orientations de l'INRP. Le service des Rencontres audiovisuelles fait désormais partie du département Ressources et communication qui s'ouvre notamment sur l'international et suit avec un grand intérêt les recherches sur la communication. Par ailleurs, l'Institut dans son ensemble étend son champ d'investigation, jusque-là limité au primaire et au secondaire, à l'enseignement supérieur.

Monique MARTINEAU

---

1. *Ce service a été un service commun avec le CNDP jusqu'en décembre 1990.*

L'arbre aux sabots, d'Ermanno Olmi

Collection La Revue du Cinéma

Disparités

Le 1ᵉʳ janvier 1993, les frontières à l'intérieur de la Communauté européenne disparaîtront. Pourtant, si l'on entreprend de comparer ces douze pays sur le chemin de l'unité, on est d'emblée frappé par leurs multiples disparités.

Disparates, ils le sont par leur taille : 78,5 millions d'habitants pour l'Allemagne réunifiée et 400 000 habitants pour le Luxembourg, par leur degré de développement, par leurs langues.

Neuf langues officielles coexistent : l'allemand, l'anglais, le danois, l'espagnol, le français, le grec, l'italien, le néerlandais et le portugais. Mais en Belgique, la majorité de la population parle flamand ; en Espagne, à côté du castillan, on parle le basque, le gali-cien et le catalan ; au Luxembourg, le luxem-bourgeois et aussi l'allemand et le français.

Par-delà le consensus politique, puisque les douze pays pratiquent la démocratie parle-mentaire, il faut noter que la CEE regroupe six républiques, cinq monarchies et un grand-duché. Les rapports entre le pouvoir central et les régions diffèrent beaucoup d'un pays à l'autre. La France, en dépit de la régiona-lisation, reste de tradition très centralisatrice. A l'inverse, en RFA, les seize Länder jouis-sent d'une grande marge de manœuvre. Le Royaume-Uni regroupe l'Angleterre, le Pays de Galles, l'Irlande du Nord et l'Écosse, qui se distinguent dans bien des domaines.

Cette variété se reflète dans l'extrême hété-rogénéité des systèmes d'enseignement supé-rieur : chacun affirme son originalité dans le dosage du public et du privé, dans la politique d'accès aux études supérieures, sélective ou non, et dans la répartition de l'enseignement universitaire et non universitaire. Au cours de notre enquête, ce fut notre principale difficulté. Comment rendre compréhensible pour un étudiant portugais par exemple la description de la situation aux Pays-Bas ?

Nous avons donc pris le parti de dresser au début de chaque chapitre un tableau du système d'enseignement supérieur dans le pays étudié. Celui-ci n'est pas exhaustif, mais il permettra au lecteur de voir comment s'articulent les cycles, combien d'années d'études nécessite tel diplôme et dans quelle catégorie d'enseignement il s'insère. Nous avons préféré le plus souvent ne pas traduire le nom du diplôme plutôt que de donner l'illusion fallacieuse d'équivalence.

Le guide de l'étudiant, publié par ERASMUS, nous a aidée dans ce travail ainsi que les rapports édités par Eurydice, le réseau d'information sur l'éducation de la Communauté européenne sur l'éducation. Nous avons également consulté le *Guide des qualifications de l'enseignement supérieur dans la Communauté européenne* et d'autres ouvrages. Mais si les descriptifs des enseignements primaires et secondaires abondent et sont illustrés de nombreux schémas, les enseignements supérieurs sont plus souvent évoqués dans leurs grandes lignes que dans leurs structures de détail.

Quatre familles en circuit fermé

Le domaine qui nous occupe est fort hétérogène lui-même, comme le montre l'extrême variété des appellations pour désigner l'enseignement du cinéma et de l'audiovisuel. Par ailleurs, par-delà les frontières, celui-ci se structure en ensembles bien distincts. On peut dénombrer ainsi, nous semble-t-il, quatre familles de taille inégale. Elles ne communiquent pas entre elles, s'ignorent ou se méprisent, ce qui ne laisse pas de surprendre dans un domaine spécialisé en communication.

La première rassemble les écoles supérieures professionnelles. Elle vient de se regrouper au sein du GEECT (Groupement européen des écoles de cinéma et de télévision), branche du CILECT (Centre international de liaison des écoles de cinéma et de télévision). Les étudiants disposent dans ces écoles de moyens matériels importants et reçoivent une formation pratique. L'entrée est très sélective ; à la sortie, les diplômés ont généralement peu de difficultés à s'intégrer au monde du travail. Ce premier ensemble est limité, aisément identifiable et ne souhaite pas s'élargir. Les pays qui n'ont pas d'école d'État en rêvent, comme on le verra dans les chapitres sur l'Espagne et la Grèce.

La seconde est structurée autour de la théorie du cinéma, avec une prédominance de la sémiologie initiée par Christian Metz et largement diffusée dans le monde, ou de l'histoire du cinéma, où l'Italie joue un rôle de pointe. Elle regroupe des universitaires que lient de vieilles complicités par-delà les frontières, qu'il s'agisse de la fréquentation du séminaire de Christian Metz ou du festival de Pordenone[1]. La plupart d'entre eux s'intéressent peu à la pratique et ils axent leurs recherches soit sur la théorie, soit sur l'histoire. Un petit nombre mène des travaux dans les deux directions. Le devenir de leurs étudiants est rarement étudié[2].

La troisième est la plus vaste et la moins homogène. Centrée sur la communication, elle s'intéresse aux médias audiovisuels, mais aussi à la presse écrite, laquelle ne rentre pas dans le cadre de l'enquête. Elle regroupe aussi bien des écoles de journalisme, unies entre elles par leur propre réseau, que des universités. Celles-ci proposent à la fois des formations pointues, sélectives et professionnalisantes, et des enseignements plus culturels et plus flous.

Enfin, la plus jeune et la moins étendue est en voie de constitution. Elle concerne les formations à l'infographie, dispensées dans un petit nombre d'établissements en Europe.

Il est rarissime que des échanges s'effectuent entre ces quatre familles. Le plus souvent, l'absence de communication est la règle. C'est ce que constatait à La Baule, lors du colloque *Les sources de la recherche et de la création cinématographiques en Europe*, Philippe Dubois, enseignant à l'université de Liège : « *Entre les écoles professionnelles et*

---

1. *Festival italien spécialisé dans le cinéma des premiers temps. Lieu de rencontre annuel des historiens du cinéma.*
2. *Quelques exceptions cependant. Voir dans le chapitre IV l'article sur le devenir des diplômés de Paris III et dans le chapitre IX l'encadré concernant ceux de Nimègue.*

l'université, aucun lien, aucune tentative de rapprochement. » Et Palle Lauridsen, de l'université de Copenhague, renchérissait : « *Entre l'école qui dépend du ministère de la Culture et l'université qui dépend du ministère de l'Éducation nationale, il n'y a pas de coopération.* » Edmond Couchot, qui a mis en place à Paris VIII le département Arts et technologies de l'image, déplore pour sa part la méfiance des professionnels du cinéma et de la télévision envers l'infographie.

La mentalité des étudiants change selon la famille dont ils sont issus, comme le souligne Geneviève Jacquinot, professeur en Sciences de l'éducation à Paris VIII : « *Ceux qui étudient le cinéma, que ce soit à Liège ou à Paris III, vouent une passion à un objet. Ils ont une culture cinématographique, travaillent sur les grands films. Ils s'intéressent à l'audiovisuel comme à une version dégradée du cinéma. Les étudiants en communication n'ont pas de culture cinématographique. Ils s'intéressent à un phénomène de société, la communication, étudient le cinéma et l'audiovisuel comme supports de médiation, parmi d'autres.* »

La philologie mène au crime...

Outre le manque de communication entre les quatre réseaux que nous venons d'évoquer, l'enseignement du cinéma, de l'audiovisuel et des nouvelles images est inséré dans des structures aux appellations très variées, ce qui ne facilite pas le repérage des formations. Ainsi, qui penserait à explorer le cursus d'une faculté de philologie ? Pourtant à Valence en Espagne, à Pescara en Italie, comme à Munich en RFA, elle peut conduire à l'étude du cinéma tout comme, selon la bonne dans *La Leçon* de Ionesco, elle « *conduit au crime* » !

Un bref tour d'Europe à partir des annuaires de chaque pays permet de prendre la mesure de la variété des appellations.

En Belgique, à l'université, le terme de communication ou de communication sociale domine. Mais on verra bientôt apparaître à Liège, comme l'explique Philippe Dubois, une filière Études cinématographiques et audiovisuelles. Pour les écoles, on trouve une grande variété de termes à côté de la communication

sociale : arts visuels, arts de l'image, et notamment arts de la diffusion qui se retrouve dans le nom des deux plus grandes écoles francophones : l'INSAS (Institut national supérieur des arts du spectacle) et l'IAD (Institut des arts de la diffusion).

Au Danemark, sur sept formations, la communication est mentionnée quatre fois, les médias une fois. Les deux écoles supérieures sont clairement désignées, l'une de journalisme, l'autre de cinéma.

En Espagne, pour les études universitaires, on trouve à Barcelone et à Bilbao le même intitulé : « Département de communication audiovisuelle et de publicité » ; à Madrid, la section de l'image audiovisuelle au sein de la faculté des sciences de l'information, et à Valence le département de théorie du langage en faculté de philologie. Les formations professionnelles, là encore, sont clairement nommées : École de cinéma et vidéo à Andoain, Institut officiel de la radio et de la télévision à Barcelone et à Madrid.

En France, à l'Université, l'expression Cinéma et audiovisuel choisie par le ministère se retrouve dix fois, celle de Cinéma anthropologique une fois, Filmologie une fois. Le terme de Communication est cité cinq fois seul et onze fois accompagné, celui d'Audiovisuel huit fois, Images et sons deux fois, Arts du spectacle deux fois, Communicatique deux fois. On trouve également des mentions plus spécifiques comme Images photographiques, Médias, Informatique de la communication, Arts et technologies de l'image. Enfin, en langues, histoire ou lettres existent des formations qui touchent le cinéma et l'audiovisuel. En ce qui concerne les écoles, les noms de la FEMIS (Institut de formation et d'enseignement pour les métiers de l'image et du son), l'École nationale de la photographie à Arles, le CFPJ (Centre de formation et de perfectionnement des journalistes) et l'ENSAD (École nationale supérieure des arts décoratifs) indiquent clairement la teneur de leur enseignement.

En Grèce, les deux écoles privées se ressemblent par la mention Cinéma et télévision, mais se distinguent par le nom de leur fondateur, Lycourgos Stavrakos pour la plus ancienne et Eugenia Hadjikou pour la plus récente.

En Irlande, à l'exception d'un département de design, toutes les formations mentionnées font référence à la communication.

C'est en Italie qu'on peut observer la plus grande dispersion des appellations. Elle s'explique par le fait que le cinéma et l'audiovisuel n'y sont pas encore tout à fait reconnus par l'institution universitaire et qu'il n'existe pas d'examen qui sanctionne spécifiquement ces études. Celles-ci sont abritées par des départements ou instituts de communication, disciplines artistiques, filmologie, histoire, géographie, pédagogie, philologie moderne, philosophie et politique, sciences des procédés cognitifs, sciences sociales. La notion d'histoire de l'art revient à quatre reprises dans des expressions diverses et celle de spectacle est mentionnée sept fois, avec des variantes. C'est autour de cette dernière que se joue la reconnaissance de ce nouvel objet d'études.

Aux Pays-Bas, l'annuaire répertorie trois écoles d'art, trois écoles de journalisme, l'académie de cinéma et télévision, deux instituts d'études théâtrales, un département de cinéma et arts du spectacle, deux départements axés sur la communication (communication internationale et ethnocommunication). Les formations professionnelles, là encore, sont clairement désignées : centre de formation en audiovisuel, de la radio.

Le Portugal regroupe ses appellations autour du journalisme et de la communication sociale. L'école professionnelle comprend à la fois le théâtre et le cinéma.

En RFA, plusieurs dominantes dans le nom des cinquante cursus universitaires importants : les médias figurent quatorze fois, le journalisme neuf fois, la communication sept fois, le théâtre et la pédagogie quatre fois. Quelques appellations désignent clairement des études sur le cinéma et la télévision, le cinéma et l'audiovisuel. Mais des cours existent aussi en études américaines, lettres appliquées, histoire et sociologie. Dans les écoles supérieures de technologie, l'accent est mis sur le design, et dans celles des beaux-arts sur l'éducation artistique, visuelle et les arts plastiques. Quant aux trois écoles supérieures professionnelles, à Berlin, Munich et Potsdam-Babelsberg, elles mentionnent toutes le cinéma et la télévision dans leur intitulé.

Enfin, au Royaume-Uni, la NFTS à Beaconsfield est clairement désignée comme École nationale de cinéma et de télévision. Ailleurs, le terme de design se retrouve vingt et une fois, celui de communication seize fois, les médias et le théâtre huit fois. Comme deux matières sont souvent étudiées en même temps, on retrouve une très grande variété d'assemblages : par exemple, *Drama and Theater Studies, Theater and Film, Film and Drama, Drama, Film and Television*. La photographie apparaît cinq fois couplée avec le film, la vidéo, la TV ou l'infographie ; la pédagogie est mentionnée trois fois et la radio une fois, avec le film et la TV. Il est fréquent de regrouper l'étude d'une langue, d'une littérature et d'un cinéma national : c'est le cas en anglais (trois fois), français (trois fois), italien (deux fois), espagnol et allemand (une fois). On ne trouve que deux fois l'étude des films sans autre mention.

Cette énumération est certes fastidieuse, mais elle n'avait, à notre connaissance, jamais été effectuée. Elle met en lumière la précision et la similitude des objectifs visés par les écoles professionnelles, très clairement centrées sur les métiers du cinéma, de la télévision, du journalisme (qui n'est pris en compte ici que sous son aspect audiovisuel). Par contre, dans les universités, une infinité de disciplines abritent les études sur le cinéma et l'audiovisuel. Qu'on ne se laisse pas abuser par des expressions comme sciences des arts, sciences des médias, sciences de l'information : il s'agit presque exclusivement de disciplines littéraires, artistiques et de sciences humaines.

Quelques appellations se détachent nettement : la *Communication*, avec sa variante *Communication sociale* en Belgique et au Portugal, les *Médias* et le *Design*. Enfin, l'expression *Cinéma et audiovisuel* choisie par le ministère de l'Éducation nationale en France et retenue par nous pour cette étude est peu usitée ailleurs en Europe.

Notons enfin que les concepts disciplinaires voyagent au sein de l'Europe. Ainsi, je m'étonnais de trouver l'expression *Communication sociale* à la fois en Belgique et au Portugal. Jean-Pierre Meunier, qui enseigne à Louvain-la-Neuve, précisément dans le département de Communication sociale, me fournit la clef de l'énigme. « *Cette expression est apparue en Belgique à la suite des directives du pape Paul VI dans son* Motu proprio In fructibus multis *du 2 avril 1964. Il y instituait la Commission pontificale des moyens de communication sociale, c'est-à-dire du cinéma, de la radio et de la télévision.*

Tito Cardozo et Adriano Rodriguez Duarte avaient étudié dans notre université, puis y étaient devenus assistants. Quand ils sont retournés à Lisbonne, ils y ont implanté un enseignement semblable. » On pourrait aussi citer l'exemple des *Cultural Studies*[3]. Nées à Birmingham, elles se sont développées en Angleterre et ont essaimé au Danemark et aux Pays-Bas. Elles sont maintenant portées par le réseau ERASMUS le plus nombreux dans ce domaine, le *European Network for Media and Cultural Studies*[4].

Il faut qu'une porte soit ouverte ou fermée

Un fort clivage sépare aussi les systèmes éducatifs très sélectifs, comme le système britannique, et ceux qui ne le sont pas, comme le système italien. Quoi de commun entre les étudiants anglais qui, après avoir subi un tri sévère, sont couvés par leur tuteur[5] avec autant de soin que les jardiniers du campus veillent sur les jonquilles printanières, et les 130 000 jeunes Espagnols qui s'entassent à la Complutense, l'université de Madrid, et « *doivent faire la queue pour une photocopie, jouer des coudes pour arracher un sandwich et courir aux amphis pour voler une place assise* »[6] ?

Mais dans les secteurs sélectifs, on se préoccupe parfois de démocratisation, cependant que dans les universités ouvertes, les enseignants rêvent d'une sélection, ouverte ou cachée.

Ainsi Arturo Romero Salvador, vice-recteur chargé de la recherche à la Complutense, constate : « *Nos laboratoires, nos amphithéâtres, nos bibliothèques sont totalement saturés et remettent en cause tout le travail fait par ailleurs.* » C'est pourquoi le recteur Gustavo Villapalos « *fait de la sélection son cheval de bataille* », tout comme de nombreux enseignants. Enrique Bustamante, qui dirige le département Audiovisuel et publicité I à la faculté de Sciences de l'information de la Complutense, tout en considérant que l'ancienne école de l'État, trop sélective pour son goût[7], était une formule du passé, constate qu'avec quelque 6 000 étudiants dans la Section Image, il est quasi impossible de leur

permettre d'accéder à la pratique. « *On est passé d'un nombre trop limité d'élèves dans l'ancienne école de cinéma et radiotélévision à des effectifs démesurés. Il faudrait moins d'étudiants avec une sélection plus sérieuse dès l'entrée. Car, en fait, il y a une hypocrisie. Le tri qu'on ne peut faire à l'entrée, on le fait ensuite, mais avec des résultats pires. Il y a cinq ans, nous offrions à chaque élève, dès le premier cours, la possibilité d'avoir une expérience pratique en choisissant entre plusieurs ateliers (réalisation en cinéma-vidéo, scénario, son, dessin, photographie) constitués en petits groupes (8 à 12 selon la spécialisation). Mais du fait du nombre grandissant d'élèves, cette pratique était illusoire. Aujourd'hui, on limite ces ateliers à la quatrième et à la cinquième années. Chaque élève y travaille pendant six heures par semaine au minimum. Mais même de cette manière, on arrive à 500 étudiants pour les deux cours alors qu'ils sont 1 000 candidats.*

Cette situation est liée non seulement au nombre des élèves mais aussi à un paradoxe : ministère et université ne reconnaissent pas pour le moment le caractère expérimental de ces études ; donc ils n'investissent que de temps en temps pour des équipements, n'allouent pas d'argent pour le fongible et officiellement supposent que nos cours accueillent 250 élèves en même temps.

Nous nous orientons donc vers d'autres solutions complémentaires, qui peuvent répondre non seulement à la nécessité d'un enseignement pratique, mais aussi à une spécialisation que l'actuel plan d'études ne prévoit pas. D'abord, nous avons créé des cours d'expertise, officiellement reconnus, pour les étudiants qui ont fini la troisième année : ils sont très spécialisés (documentaires, photographie publicitaire, etc.) et il faut payer des frais d'inscription complémentaires (40 000, 60 000 pesetas pour y assister). A partir de cette expérience, nous travaillons maintenant à créer un mastère en réalisation cinéma.

---

3. *Voir l'article de Jim Cook, ch. XII.*
4. *Voir chapitre XIII.*
5. *Voir l'article de Ginette Vincendeau dans le ch. XII.*
6. *In Libération, Le guide des 100 universités.*
7. *Voir l'article de Julio Diamante, ch. III.*
8. *Voir chapitre VII, l'article d'Orio Caldiron.*
9. *Voir le tableau introductif au chapitre XII.*

Alexandre Trauner

Sélection et frais d'inscription plus élevés : cela nous a beaucoup coûté d'adopter de tels principes. Mais ils sont indispensables dans la situation actuelle pour répondre à la demande sociale. Sinon, ce seront les écoles privées, nombreuses, beaucoup plus chères et médiocres sur le plan théorique, qui occuperont le terrain. Nous revendiquons donc une sélection rigoureuse, un plan d'études avec des spécialisations sérieuses et la reconnaissance du statut expérimental de notre travail. »

En Italie où le mouvement étudiant en 1968 a largement ouvert les portes de l'Université, Gian Piero Brunetta, titulaire de la chaire d'histoire du cinéma à Padoue, se rappelle ses débuts dans l'enseignement : *« J'avais cinq cents étudiants. J'acceptais de discuter avec tous ceux qui voulaient entreprendre une* tesi di laurea[8]*. Je n'avais plus de temps pour mes propres recherches. Quant aux étudiants, ils considéraient comme une agression le fait que je leur demande de préciser telle ou telle chose. Maintenant, je mets des barrières. Je donne une liste de publications à lire avant de discuter avec moi. J'utilise en quelque sorte la théorie comme un moyen de filtrage. Cela me permet de maîtriser mon temps, d'avoir moins d'étudiants et de bien les suivre. »*

Changement de décor. Outre-Manche, au cœur de Londres, un tournage à la *Polytechnic of Central London*. Un Jamaïcain qui cultive visiblement l'allure rasta prend le son en tenant sans faiblir le micro au bout de la perche. Deux jeunes filles d'origine indienne s'affairent : l'une dirige, l'autre filme. Joost Hunningher, responsable du cours sur les arts du cinéma, de la vidéo et de la photographie, m'explique que ces deux étudiantes sont rentrées à la *Polytechnic* de la même façon que leurs camarades britanniques, grâce à leurs résultats en *A Level*[9], mais que le jeune perchiste a pu suivre auparavant un cours spécial d'un an, intitulé *access school*. Il est destiné aux jeunes des minorités ethniques pour leur permettre de travailler dans les médias. Ce programme est soutenu par la *Commission for Equal Opportunity*.

De même, à la NFTS à Beaconsfield, on encourage les femmes à faire des travaux techniques, comme le précise Hilary Thomas, responsable de la formation professionnelle : *« Elles sont plus attirées vers la mise en scène ou la production. Nous avons fait des ses-*

sions spéciales, grâce à des subventions de la Communauté européenne, pour leur donner une formation plus pointue, plus technique. »

De cette manière, on espère modifier la composition actuelle des écoles supérieures où les garçons blancs sont presque toujours en majorité, comme Colin Young, directeur de la NFTS, en exprimait le souhait lors du Forum *Initiation aux langages de l'image et du son et formation des professionnels du cinéma et de la télévision.*

Ce sont les Pays-Bas qui poussent le plus loin l'intérêt pour les étudiants issus des minorités ethniques et du tiers monde[10]. Ainsi, le Centre de formation de la radio néerlandaise propose à des jeunes du tiers monde des stages spécialisés de quatre mois en radio et télévision. La Fondation pour les médias des immigrés forme en trois ans soixante étudiants issus des minorités ethniques en Hollande ou dans les autres pays européens, pourvu qu'ils apprennent le néerlandais.

Théorie et pratique : une querelle de vieux ménage

Outre le clivage entre les filières sélectives et celles qui ne le sont pas, un autre sépare les formations axées sur la théorie et celles qui privilégient la pratique.

Ainsi, la plupart des enseignants italiens ne cherchent pas à développer des travaux pratiques[11] en cinéma et audiovisuel, non seulement à cause du trop grand nombre d'étudiants, mais aussi par tradition culturelle. Giuseppe Richeri, qui enseigne à Turin et dirige Makno Media nous confiait : *« L'université italienne a horreur de se confondre avec la formation professionnelle. Elle attribuera un poste de professeur à celui qui peut parler de la lumière chez Bergman et non à celui qui peut expliquer comment la manier. »*

Santos Zunzunegui, titulaire de la chaire dans le département de Communication audiovisuelle et publicité à Bilbao, déclare sans ambages : *« La technique n'est pas au centre de mes intérêts. Ce qui m'intéresse, c'est le problème du sens. Mon passage dans l'entreprise privée m'a permis de constater*

qu'on peut apprendre en une semaine les routines de travail. Mais ce qu'on ne peut enseigner là, c'est à "agrandir la tête", à se demander ce qu'il faut filmer et comment et, surtout, pour dire quoi. Beaucoup d'étudiants sont aujourd'hui prisonniers sans le savoir de cette mythologie technique entretenue, au moins chez nous, par de nombreux enseignants. Ils viennent en grand nombre dans les facultés de communication pour toucher le matériel, sans se poser aucune question, même sur ce que la technique — une certaine technique — signifie... Je n'hésite pas à utiliser la sémiotique pour questionner cette tendance. Je leur donne une bibliographie très ample sur des problèmes épistémologiques et fais tout ce que je peux pour canaliser ce penchant technologique en montrant ses rapports avec la façon que le sens a de s'organiser. »

Certains étudiants apprécient ce choix exclusif en faveur de la théorie. Ainsi un étudiant de Warwick en *Film and Litteratures* exprimait sa satisfaction : *« J'ai beaucoup progressé dans mon approche théorique des films. Il me semble que ce genre d'enseignement du cinéma a autant de valeur qu'une éducation pratique[12]. »* A cela, un autre étudiant du même cursus rétorquait : *« Certes, sur le plan théorique, j'ai acquis des connaissances étendues sur l'esthétique des films. Mais je souhaite une orientation plus pratique en cours. Il n'y a pas assez de créativité. »* A l'autre bout de l'Europe, Anna Vicent, étudiante à Barcelone dans le département de communication de la Autonoma, constate : *« Les étudiants espagnols ne sont pas satisfaits. Les études sont trop théoriques. Il est très difficile d'utiliser le matériel. »*

A l'inverse, dans les écoles supérieures professionnelles, beaucoup d'enseignants ne voient pas l'intérêt de la théorie. Richard Ross, alors directeur de l'École de cinéma et de télévision au sein du *Royal College of Art*, à Londres, affirmait sans fioritures : *« Nous pensons que les étudiants n'ont pas besoin*

---

10. *Voir l'article de Léonard Henny, ch. IX.*
11. *Voir l'article d'Orio Caldiron, ch. VII.*
12. *Enquête menée par Ginette Vincendeau. Voir ch. XII. Les brochures sur ce cours annoncent très clairement qu'il est purement théorique.*
13. *Voir chapitre XI sur les universités en RFA.*

© BFI Stills, Posters and Designs

Sid and Nancy, d'Alex Cox

d'études théoriques et que, dans la plupart des cas, elles n'aident nullement la pratique. » Sa conviction était renforcée par le fait que les élèves de son école, après avoir travaillé avec des professionnels « *figures de proue du cinéma* », trouvaient aisément du travail. « *97 % ont un emploi au bout d'un an, dont 50 % dans le domaine du cinéma et de la télévision.* »

Mais une telle position a elle aussi ses limites. Comme le faisait remarquer Gérard Leblanc, maître de conférences à Paris III en ouvrant une table ronde sur *Formation universitaire et formation professionnelle* lors du colloque *Les sources de la recherche et de la création cinématographiques* à la Baule, « *les écoles professionnelles vont tendre à reproduire les pratiques existantes sans les transformer. Toute transformation suppose en effet la pensée d'un écart possible entre les pratiques actuelles et un horizon.* » La recherche universitaire, dans la mesure où elle s'intéresse de plus en plus au processus d'éla-

boration des films, pourrait permettre selon lui « *de repenser la division technique du travail dans la réalité de sa mise en œuvre dans des conditions de productions données* ».

Il n'est pas rare qu'avec le recul de plusieurs années, les jeunes professionnels reconnaissent que l'enseignement théorique qu'ils ont reçu donne de la profondeur à leur pratique. C'est le cas d'un ancien étudiant d'Osnabrück en RFA interrogé par Joachim Paech[13] : « *Depuis cinq ans, je travaille en indépendant pour la WDR à Cologne. Au départ, mes études ont plutôt constitué un handicap pour mon travail car ma formation théorique me donnait des scrupules excessifs. Aujourd'hui, je constate que j'accorde davantage d'attention à la forme et au contenu que mes collègues. Je cherche toujours d'autres solutions. Ma perception est plus diversifiée que celle des spécialistes dont le regard quitte rarement le cadre de la caméra.* »

On peut penser cependant que la solution la plus satisfaisante et efficace serait de toujours mener de front les deux orientations. C'est le souhait qu'exprimait Dieter Kosslick[14] qui dirige l'Office européen de distribution des films (EFDO) : « *Nous allons créer, ici, à Hambourg, un institut, destiné à former notamment des producteurs, qui recevra 10 étudiants postgraduate chaque année et délivrera un enseignement équilibré. Les étudiants recevront d'une part un enseignement théorique, et seront d'autre part confrontés à la réalisation d'un projet. Il est essentiel que les acquisitions théoriques soient non seulement appliquées, mais réfléchies dans la pratique. Car, une fois quitté l'école, il sera impossible de prendre en compte les deux aspects, les impératifs du marché vous contraignent à la pratique. Pour moi, une véritable professionnalisation s'opère donc quand une constante émancipation est rendue possible par cette confrontation de la théorie à la pratique.* »

Comme un désir de maternité

Quand la pratique et la préparation d'un métier sont les objectifs clairement affichés, cela ne signifie pas pour autant qu'on ne se pose aucune question. De nombreuses réflexions tournent autour de l'interrogation formulée par Frank Pierson lors du Congrès du CILECT à Los Angeles « *Comment enseigner l'inenseignable ?* », c'est-à-dire non seulement la technique, mais le talent.

Les points de vue divergent. Pierre Baqué, conseiller pour les enseignements artistiques au ministère de l'Éducation nationale français et plasticien, disait à Frascati : « *Ma position, avec toute sa fragilité, est qu'on ne forme pas un créateur. En revanche, l'enseignement ne porte pas préjudice à ceux qui ont l'étoffe*

d'en être un. Ils traversent sans encombre tous les systèmes d'enseignement.* » Quelle que soit la tâche à accomplir, le talent est, pour Jack Gajos, délégué général de la FEMIS, plus un don qu'il faut travailler. S'adressant aux lycéens d'Angers dans le cadre du colloque *Les métiers du cinéma et de l'audiovisuel : mythes ou réalités ?*, il contait comment Pierre Lhomme, célèbre chef opérateur, donnait des instructions avant un tournage pour régler la lumière. Et puis, juste avant le premier clap, il revenait et demandait « *un petit tiers de diaph en plus !* ». Jack Gajos concluait : « *Ce petit tiers de diaph en plus, cela s'appelle le talent ; les écoles apprennent la lumière juste, mais à certains moments, le tiers de diaph est nécessaire. Quand vous en sortirez, vous devrez être capables d'inventer.* »

L'interrogation majeure semble être la question que posait Frank Daniel, alors doyen de l'USC en ouvrant le Congrès du CILECT à Los Angeles « *Comment pouvons-nous aider nos étudiants à trouver leur propre voie ?* ». Certes, il serait démagogique de croire que l'on va faire l'économie des apprentissages et de la transmission des connaissances, mais la participation active de l'élève est vivement sollicitée. Ainsi la formation à la NFTS à Beaconsfield (Royaume-Uni) se veut toute socratique. Les enseignants pratiquent la maïeutique pour faire surgir le talent de leurs élèves, selon Barrie Vince, tuteur des études. Le conseil qu'il leur donne est « *d'apprendre sans être enseignés* » *(learn and not being taught)*.

Outre le talent, plusieurs qualités semblent indispensables : l'obstination est à n'en pas douter la toute première. Anne-Marie Autissier, directrice des projets audiovisuels à Eurocréation, insiste sur une autre disposition d'esprit, essentielle à ses yeux : « *Il faut savoir s'adapter à ce milieu de saltimbanques où les gens se cooptent. Les jeunes qui réussissent croisent des compétences techniques avec une grande capacité d'adaptation aux lois propres à ce milieu.* »

Mais si le talent ne s'enseigne pas, il peut se développer. Jean-Claude Carrière évoquait au Congrès du CILECT à Los Angeles sa longue collaboration (comme scénariste) avec Luis Buñuel : « *J'ai appris de lui que l'imagination est un muscle qui se travaille. Dès le deuxième film que j'ai préparé avec lui,*

---

14. *Propos recueillis par Fabrice Dugast en avril 1990.*
15. *Voir dans le chapitre IV sur la France, le rôle des professionnels dans les diplômes scientifiques et techniques à l'université.*
16. *Conférence prononcée à l'université d'été de Carcans-Maubuisson. Voir Le Monde, 28-8-1986, article d'Anita Rind.*
17. *Voir dans le chapitre IV l'article de Nicolas Schmidt sur la formation au métier de journaliste reporter d'images au CFPJ.*
18. *Colloque sur « Quel avenir pour l'Europe des communications » organisé par le GRESEC à Grenoble.*

Belle de jour, nous faisions des exercices quotidiens pour l'entraîner. Tous les jours, chacun s'isolait pendant une demi-heure pour inventer une histoire longue ou courte, tragique ou comique. Puis à l'heure sacrée de l'apéritif, il fallait la raconter à l'autre pendant trois quarts d'heure, en s'efforçant de l'intéresser. C'est ainsi que j'ai compris que l'imagination ne connaît aucune limite. »

Jean-Claude Carrière est maintenant président de la FEMIS. Cette conviction, il veut la transmettre aux étudiants, tout comme les nombreux professionnels qui y enseignent communiquent leur savoir[15]. C'est le cas notamment d'Alexandre Trauner, le célèbre décorateur âgé de près de quatre-vingt-cinq ans : *« On sent très bien qu'il ne veut pas disparaître sans avoir transmis toute une connaissance, toute une technologie du décor de film qu'il est sans doute l'un des seuls au monde à posséder[16]. »* Pour les professionnels, selon Jean-Claude Carrière, le goût de partager ce qu'ils ont péniblement appris par eux-mêmes s'apparente à *« une sorte de désir de maternité ».*

Quelques pistes pour l'avenir

Mais la formation, qu'elle se déroule au contact de professionnels ou d'universitaires, qu'elle soit théorique ou pratique, prend fin au bout de quelques années et les jeunes diplômés doivent affronter le marché du travail sans garde-fou.

Le paysage audiovisuel européen dans lequel ils devront frayer leur voie est d'abord marqué par d'importantes évolutions technologiques : rapprochement de l'audiovisuel et de l'informatique, développement de l'infographie, arrivée de la télévision à haute définition, multiplication des caméras Betacam qui permettent à un seul reporter de faire le travail de cinq techniciens[17]. On assiste à une déréglementation des télévisions et des radios et à une multiplication des chaînes et stations privées. Mais, comme le note Giuseppe Richeri, enseignant à Turin, cela va de pair avec *« une carence des produits[18] ».*

Pour pallier cette carence, l'Europe se laisse envahir par les produits japonais, mais surtout américains. Colin Young constatait à Angers que seule 8 % de la production audio-

Éléments de bibliographie

L'ENSEIGNEMENT DE L'AUDIOVISUEL EN EUROPE

Conseil de l'Europe. Assemblée parlementaire 1989. **Cinéma et télévision dans la coopération Est-Ouest en Europe.** Rapport de la Commission de la Culture et de l'éducation. Rapporteur : Doris Morf. Strasbourg, Conseil de l'Europe, 1989, 337 p.

Conseil de l'Europe. Conseil de la Coopération culturelle. **Forum L'initiation aux langages de l'image et du son et formation des professionnels du cinéma et de la télévision.** Frascati, 27-29 septembre 1988 : actes. Strasbourg, Conseil de la Coopération culturelle, 1988 (année européenne du cinéma et de la télévision 1988). Rapporteurs : Claude Brunel et Colin Young.

Les entrepreneurs de l'audiovisuel européen. *Le Moniteur du film* n° 74, avril 1988.

Le jeune cinéma à l'école ; essai sur l'organisation des écoles supérieures de cinéma... *Bulletin d'information du Centre international de liaison des écoles de cinéma et de télévision,* n° 10, 1986.

Regards sur l'éducation artistique à l'étranger. *Arts,* déc. 1987.

Roth-Bettoni (Didier). **Enseignement de l'audiovisuel : l'Europe en point de mire.** *La Revue du cinéma* n° 446, février 1989.

OUVRAGES GÉNÉRAUX SUR LES SYSTÈMES D'ENSEIGNEMENT

CDDP de l'Essonne. **L'école des douze.** 1989.

Commission des Communautés européennes. **Les structures de l'enseignement dans les états membres de la Communauté européenne.** Luxembourg, Office des publications officielles des Communautés européennes, 1987.

Commission des communautés européennes. **Guide des qualifications de l'enseignement supérieur dans la Communauté européenne.** Office des publications officielles des Communautés européennes. (A paraître).

Forum européen de l'orientation académique (FEDORA). *Répertoire des services d'orientation universitaire de la CE,* de Boeck Université, 1991.

Mohr (Brigitte), Liebig (Ines). **L'enseignement supérieur dans la Communauté européenne. Guide de l'étudiant.** Office des publications officielles des Communautés européennes, 1990.

Morard (Marie-Christine). **Les diplômes en Europe.** Les différents systèmes éducatifs, tous les diplômes et leurs correspondances. Paris, éd. Solar, 1991.

Vaniscotte (Francine). **70 millions d'élèves.** Éditions Hatier, 1990.

Annie KOVACS

visuelle fabriquée en Europe était vue dans les autres pays de notre continent, alors que partout, on diffuse films et séries américaines. Il soulignait que cela ne vient pas seulement de la puissance commerciale des USA ni de leurs études de marché. Il faut reconnaître que là-bas les scénaristes « *ont appris à donner à leurs sujets un aspect multinational, qui plaît dans toutes les cultures* ». C'est ce qui manque, semble-t-il, à beaucoup de nos films.

Enfin l'ouverture en 1993 des frontières entre les douze pays de la Communauté risque de modifier profondément la situation de chacun d'entre eux. Ainsi en France, les travailleurs du cinéma et de la télévision sont titulaires d'une carte professionnelle. Cela n'existe pas ailleurs. Le grand marché menacera peut-être les avantages acquis. Quelles sont les possibilités d'emploi qui s'offrent aux jeunes dans un tel contexte ? Une seule certitude : tous les spécialistes sérieux s'accordent à penser qu'elles sont beaucoup moins importantes que ne le laissent croire des enquêtes à sensation qui présentent le secteur de la communication comme un nouvel Eldorado. Comme l'explique André Lange[19], la mise en place de nouvelles chaînes privées n'entraîne pas une forte augmentation de l'emploi et on peut prévoir que dans les années à venir, le secteur public va continuer les « dégraissages » qui s'annoncent.

En l'absence de données statistiques fiables, on ne peut qu'indiquer quelques secteurs où la demande semble particulièrement forte.

Ainsi, avec le développement des coproductions et les tournages multilingues, on peut penser qu'une scripte qui maîtrise parfaitement plusieurs langues trouverait assez facilement du travail.

Dans un tout autre domaine, les entreprises recherchent des techniciens de haut niveau compétents à la fois en audiovisuel, en informatique et en électronique comme le sont les diplômés de Valenciennes. Notons au passage qu'il existe à notre connaissance en Europe fort peu de formations à l'audiovisuel comme celle de Valenciennes qui exigent à l'entrée un diplôme scientifique et qui confèrent une formation combinant les trois matières. Ce serait à coup sûr un manque à combler.

Enfin, tous les professionnels sont unanimes pour affirmer que les jeunes qui ont reçu une formation axée sur la gestion se placent bien. Ainsi Frans Nieuwenhof qui dirige le département Film commercial et télévision à la NFTA d'Amsterdam constate : « *La possibilité pour nos élèves d'entrer dans le cinéma est faible, d'autant plus que les grands groupes financiers européens investissent aux USA et non plus en Europe. Il faut donc leur donner une formation plus commerciale. Dans mon département, ils se préparent à travailler à la télévision, à faire des films commerciaux ou pédagogiques. Par ailleurs, nous expérimentons des programmes de vidéo interactive par ordinateur, c'est une spécialité unique en Europe. Tout cela leur permettra au sortir de l'école de gagner de l'argent, d'avoir une famille. Cela ne veut pas dire qu'ils n'ont pas de grands rêves !* »

A l'école de Münich, un nouveau département forme dix producteurs par an, comme l'expliquait, lors du colloque d'Angers, Wolfgang Langsfeld qui y enseigne : « *Il est essentiel de former des producteurs créatifs capables de travailler sur un scénario avec l'auteur.* » C'est le même souci qui a présidé à la mise en place de EAVE, les Entrepreneurs de l'audiovisuel européen, avec le soutien du Programme Media. Raymond Ravar, qui dirige ce programme de formation destiné à des jeunes producteurs, précise : « *Il faut des producteurs créatifs, qui aient l'esprit d'entreprise, en plus grand nombre et plus dynamiques, sachant travailler collectivement[20].* »

Par contre, la réalisation est sans doute l'un des métiers de ce secteur les plus touchés par le chômage. Or beaucoup d'étudiants s'engouffrent dans ces études parce qu'ils rêvent de devenir metteurs en scène. La plupart des écoles et des universités bataillent contre ce mythe qui hante un trop grand nombre de jeunes. « *A la FEMIS, nous luttons contre la politique des auteurs prise pour elle-même*, disait Jack Gajos à Angers. *Un film est l'œuvre d'un réalisateur certes, mais aussi d'une équipe : il faut parler des partenaires de création.* » Marc Vernet, maître de conférences à Paris III, constatait au colloque de La Baule : « *La difficulté est de faire comprendre aux étudiants qu'il n'y a pas seulement la fonction patricienne de la réalisation et qu'il y a des débouchés dans d'autres secteurs moins prestigieux.* »

En fait, il faudra sans doute que les jeunes diplômés choisissent entre « *des emplois de faible niveau créatif et des emplois à fort contenu créatif, mais à caractère intermittent, donc avec beaucoup d'insécurité* », comme nous l'expliquait Guy Fihman, professeur à Paris VIII. Les longs métrages de fiction ne constituent que 7 % du marché. La probabilité est donc beaucoup plus forte de trouver un emploi dans la publicité ou le secteur institutionnel. Quand on travaille pour une entreprise, la part de créativité sur le plan du contenu est souvent quasiment nulle, car c'est le commanditaire qui précise ce qu'il désire.

Toutes ces contraintes n'empêcheront pas une minorité de surmonter tous les obstacles et de parvenir à réaliser une œuvre. Mais pour le grand nombre, l'avenir n'est pas rose.

Monique MARTINEAU

---

19. *Voir ch. XIII.*
20. *Extraits de sa communication dans le cadre du colloque d'Angers. EAVE propose des sessions courtes mais très intensives encadrées par des professionnels.*

La balade de Billie, d'Alice de Vissher, étudiante à l'IAD (Belgique)

I. EN BELGIQUE

Mrs Armitage, de Vivi Voortmans, étudiant au SHIVKV (Genk)

La Belgique est partagée en trois Communautés : flamande (la plus nombreuse), française et germanophone (réduite à quelques milliers de personnes), la *Communautarisation* a institué depuis le 1er janvier 1989 une fédéralisation qui renforce les pouvoirs des Communautés.

L'enseignement légal y est dispensé en deux langues : en néerlandais pour les habitants situés au nord du pays et en français pour ceux situés au sud. Entre les deux communautés, une ligne de démarcation est-ouest qui coupe le pays en deux : la « frontière linguistique » ! La langue officielle d'enseignement est donc le flamand (le néerlandais) à Gent (Gand), Antwerpen (Anvers), Leuven (Louvain) ; et le français à Liège, Mons, Namur, Louvain-la-Neuve et Tournai. La capitale Bruxelles/Brussel est structurellement bilingue et compte donc un enseignement dans l'une *et* l'autre langue. Administrativement, les écoles et universités dépendent au nord du *Ministerie van de Vlaamse Gemeenschap* (ministère de la Communauté flamande) et au sud du ministère de la Communauté française, différents l'un de l'autre mais soumis aux mêmes lois organiques générales.

L'enseignement supérieur en Belgique

Nombre d'habitants : 9 947 782 (1989).
Nombre d'étudiants : 234 638 (1989) dont 4 773 originaires d'autres pays de la CEE (87, *Guide de l'étudiant*).
Langues d'enseignement : français et néerlandais.
Autorités de tutelle : ministère de l'Éducation, de la Recherche et de la Formation (francophone) et Ministerie van Onderwijs (néerlandophone)[1].

Durée	Cycle	Enseignement universitaire — UNIVERSITÉS 129 175 étudiants		Enseignement non universitaire 105 463 étudiants		
				Long (secteur audiovisuel)		Court
Entre deux et cinq ans	Troisième cycle	*Agrégation de l'enseignement supérieur* **Docteur Doctor**		Supérieur du 3e degré	Supérieur artistique ou social du 3e degré	Artistique du 2e degré
2 ans minimum	Deuxième cycle	**Licencié Licentiaat** *Licence*	*Agrégation de l'enseignement moyen du degré supérieur*	**Diplôme** ou spécification		
2 ou 3 ans	Premier cycle	**Candidat/Kandidaat** *Candidature/Kandidature*				*Graduat* ou *Certificat*
Âge 18 ans	Accès à l'enseignement supérieur — Le **DAES (Certificat homologué de l'enseignement secondaire supérieur)** est indispensable. Pour l'enseignement supérieur long, le **CESS** *(diplôme d'aptitude à accéder à l'enseignement supérieur)* est exigé.					

V.B.

---

1. Ce tableau, comme ceux qui suivent, n'est pas exhaustif ; il a pour but de faciliter la lecture du chapitre suivant.

La Belgique, d'autre part, connaît deux réseaux d'enseignement plus ou moins égaux en volume. L'un, dit « enseignement officiel », procède directement des « Communautés » (l'État), des provinces ou des communes (il correspond en France à l'enseignement public). L'autre, appelé « enseignement libre »[1], majoritairement catholique, subventionné par le pouvoir, est soumis aux mêmes lois organiques et délivre des diplômes de même valeur légale (en ce sens, il se distingue de l'enseignement privé français, financièrement autarcique). L'enseignement « privé » belge, lui, existe aussi ; il est totalement indépendant à tous les niveaux, mais il se situe en marge, est peu développé et ne délivre pas de diplôme légal. Nous ne le mentionnons que pour mémoire et pour éviter les confusions. Au total, nous nous trouvons donc devant une structuration de l'enseignement en quatre grands groupes de base : néerlandophone et francophone, officiel et libre.

Ces clivages se retrouvent dans l'enseignement supérieur que la loi du 7 juillet 1970 organise en deux grands domaines bien distincts ; les universités d'une part, et l'enseignement supérieur non universitaire de l'autre.

Dès la fin des années 50 (ce qui est très tôt par rapport aux autres pays d'Europe), un enseignement du cinéma et de la télévision s'est développé, sans tenir compte des débouchés *a priori* modestes, dans un pays de dix millions d'habitants. On y retrouve tous les clivages évoqués précédemment.

Les universités que présente Philippe Dubois sont, pour les principales, au nombre de six (trois francophones et trois néerlandophones) ; elles se placent à un niveau assez comparable à celles des pays européens voisins. La priorité y est accordée à l'enseignement fondamental (théorie, histoire, sémiologie, sociologie, économie, etc) ; la réflexion et la recherche y occupent une place de choix, sans pour autant rejeter l'intérêt pour certaines formes de pratique à visée professionnelle ou pour des applications technologiques diverses. Le premier cycle (deux années) est souvent généraliste et c'est au niveau du deuxième cycle que se marquent les spécialisations dans le cadre de la licence belge (celle-ci dépasse la licence française puisqu'elle comporte toujours au moins deux années complètes avec un mémoire de fin d'études, ce qui en fait l'équivalent de la maîtrise française). Le doctorat belge, lui, se situe entre les anciens doctorats français de troisième cycle et d'État (il équivaut à la nouvelle thèse française).

Quant à l'enseignement supérieur non universitaire, que Victor Bachy commente, il est dans l'ensemble plus immédiatement dirigé vers la préparation professionnelle des métiers de l'audiovisuel, sans pour autant rejeter, là aussi avec des nuances, les théories de base. Les écoles sont en ce domaine assez nombreuses. Elles sont de statut et occupent des niveaux très différents, qui vont du technique au quasi-universitaire.

V.B. et P.D.

---

1. *Perversité terminologique : l'adjectif « libre » signifie confessionnel dans l'enseignement fondamental (primaire) et secondaire. Dans le supérieur, cela varie et peut même équivaloir à non confessionnel (donc exactement l'opposé) dans le sens français du mot laïque.*

Les universités

Week-end, de Stéphane Carpiaux, étudiant à l'I.A.D. et à l'U.L.B.

Le groupe des six

Pendant plus de dix ans, Philippe Dubois a été le professeur responsable de l'enseignement du cinéma, de la photo et de la vidéo à l'université de Liège. Il est aussi maître de conférences et responsable du Centre audiovisuel et informatique à l'université de Paris III.

A l'échelle de sa superficie réduite et de son taux de population (moins de dix millions d'habitants), le paysage universitaire belge (le PUB) se ramène à six universités complètes (on entend par là une université qui délivre des diplômes de premier, deuxième, troisième cycles dans *toutes* les disciplines scientifiques) équitablement réparties (3 + 3) entre les Communautés francophone et néerlandophone : deux à Bruxelles : Université Libre de Bruxelles (ULB) et Vrije Universiteit Brussel (VUB) ; deux à Louvain, ou plus précisément une à Leuven : Katholieke Universiteit Leuven (KUL) et une à Louvain-la-Neuve : Université catholique de Louvain (UCL) ; et enfin deux autres, symétriques, au cœur des deux régions de Flandre et Wallonie, une à Gand : Rijks Universiteit Gent (RUG) et une à Liège : Université de Liège (ULg). Ces six universités de base existent sous trois régimes différents : universités libres (ULB et VUB), universités catholiques (UCL et KUL) et universités « communautaires » (d'État) (RUG et ULg). A côté de ce « groupe des six », il existe bien sûr d'autres universités, dites « partielles », à Namur (Facultés Notre-Dame de la Paix : FN-DP), à Anvers (Universitaire Instelling Antwerpen : UIA), à Charleroi (Centre Universitaire de Charleroi : CUNIC), etc. Nous ne les prendrons pas ici en considération car aucun de ces centres n'a vraiment développé d'enseignement important en matière de cinéma et d'audiovisuel, malgré quelques ébauches plus ou moins avortées. Seul l'UIA d'Anvers a joué un rôle historique en cette matière par le biais des enseignements d'André Vandenbunder, aujourd'hui à la retraite, dont les cours sont redevenus des cours de sémiologie générale.

Chacune des six universités de base dispense un enseignement en cinéma et audiovi-suel, mais l'importance, le statut, l'organisation interne, les objectifs pédagogiques et les cycles d'études concernés varient considérablement d'une université à l'autre. Il faut dire, avant de détailler, qu'aucune université belge ne dispose d'une section académique *entièrement et exclusivement* consacrée à la formation en cinéma et en audiovisuel. Cette formation se fait donc toujours soit dans un cadre plus général, le plus souvent les départements de Communication, soit dans un cadre institutionnel hors découpage académique (les « certificats » et « licences spéciales »).

Statut : départements de communication ou licences spéciales

L'enseignement du cinéma et de l'audiovisuel dans les universités belges se fait donc sous deux formes statutaires : ou bien sous une forme officielle donnant lieu à un diplôme reconnu de licence dans le cadre d'un département institué de Communication (c'est majoritairement le cas : à Liège (ULg), Gand (RUG), Leuven (KUL) et Louvain-la-Neuve (UCL) ; ou bien dans un cadre moins académiquement défini (non intégré à un département spécifique) et donc débouchant seulement sur un certificat ou une licence spéciale (c'est le cas particulier des deux universités de Bruxelles : ULB et VUB). Chaque situation a ses avantages et ses inconvénients : dans le premier cas, l'enseignement du cinéma et de l'audiovisuel étant une part constitutive des départements de Communication, il profite de la reconnaissance officielle de ces départements et du statut d'un diplôme reconnu, mais aussi il subit les contraintes de cette intégration, notamment en termes de programme et de philosophie globale des matières (tout dépend alors de la place accordée au cinéma et à l'audiovisuel au sein de ces départements — question de politique générale et de rapport de force) ; dans le second cas, minoritaire donc, cet enseignement est certes plus autonome, souvent plus spécifique, plus étoffé et plus cohérent dans la définition de ses priorités et de ses objectifs, mais il souffre d'un manque de reconnaissance institutionnelle qui lui est fort préjudiciable (problème de statut, de diplôme, de crédit, et surtout de personnel).

L'idéal, bien sûr, serait de pouvoir combiner les avantages des deux formules sans leurs inconvénients : c'est peut-être ce vers quoi voudraient tendre actuellement, venant de positions opposées, d'une part l'ULB (Bruxelles avec son jeune et intéressant « Certificat européen de littérature de cinéma et de télévision » (ELICIT), mais où le chemin est encore long à parcourir pour parvenir à une véritable reconnaissance institutionnelle et académique qui est le statut de département ou de section) et d'autre part, surtout, l'ULg (Liège avec sa nouvelle filière « Cinéma et audiovisuel » (ouverture en octobre 1992), étalée dorénavant sur quatre années complètes (1er et 2e cycles) au sein des « Arts et Sciences de la Communication » et où les choses semblent bouger favorablement dans le sens d'un développement de plus en plus cohérent et autonome du secteur « cinéma et audiovisuel » qui, tout en étant parfaitement institué et légalisé dans le découpage académique, est en passe de devenir le plus important enseignement en la matière pour l'ensemble de la Belgique).

D'autre part, un autre partage d'ensemble de ces formations peut aussi être proposé à partir des Facultés auxquelles elles sont rattachées, qui impliquent parfois des conceptions générales, et donc des logiques de programme, plus ou moins différentes. Deux grandes orientations là aussi : d'un côté, les formations rattachées aux facultés dites de Philosophie et Lettres (l'ULB de Bruxelles et l'ULg de Liège), qui offrent certainement une approche du cinéma et de l'audiovisuel davantage tournée vers les problèmes de création, d'écriture, d'esthétique, d'histoire et de théorie, et où le cinéma compte sans doute plus que l'audiovisuel (ce n'est pas pour rien que le département de Liège s'intitule « Arts et Sciences de la Communication »). De l'autre côté, les formations rattachées aux facultés de Sciences Sociales (l'UCL et la KUL de Louvain, la RUG de Gand), qui mettent davantage l'accent sur l'approche socio-culturelle, voire économique, juridique et politique de l'audiovisuel et des médias (plus que du cinéma pour lui-même). Tout cela avec des nuances bien évidemment.

L'organisation interne : premier, deuxième et troisième cycle

Du point de vue de la durée des études et des niveaux couverts, il faut préciser d'abord que trois universités seulement sur les six offrent une formation spécifique à la communication étalée _à la fois_ sur le premier et le deuxième cycles (4 années au total) : il y en a une seule francophone (l'ULg) et deux néerlandophones (la KUL et la RUG). Dans les faits, c'est même les seules deux premières nommées (Liège et Leuven) qui ont développé un premier cycle un tant soit peu consistant en matière audiovisuelle (le premier cycle de la RUG ne comporte pas de cours spécifique sur la communication audiovisuelle). Il convient de signaler qu'à l'ULB, il existe depuis longtemps, à côté du récent « certificat » ELICIT spécialisé en cinéma et ne fonctionnant qu'en deuxième cycle, une importante section académique, très instituée elle, en « Journalisme et communication » qui s'étale à la fois sur le premier et le deuxième cycles, mais dont nous n'avons pas tenu compte ici dans la mesure où elle n'est pas du tout orientée vers le cinéma et l'audiovisuel — les deux seuls cours qu'elle comporte en cette matière se retrouvant de toute façon dans le certificat ELICIT. Cette formation générale de base en premier cycle de l'ULg et de la KUL me paraît très importante, car elle seule permet d'accueillir en licence des étudiants bien préparés, c'est-à-dire ayant eu parmi leurs cours généraux, et ce pendant deux années successives, les fondements indispensables en histoire du cinéma, en introduction au langage cinématographique (à Liège) et en communication audiovisuelle (à Leuven), ce qui permet d'être d'emblée constructif et homogène dans les acquis pour les approfondissements ultérieurs : c'est toute la qualité de la formation de deuxième cycle qui s'en trouve nettement améliorée, et au-delà, cela constitue sans doute un bon moyen d'arriver à développer des recherches de haut niveau doctoral, en prenant les choses à la base.

Pour toutes les autres universités, la formation en communication et plus spécialement en cinéma et audiovisuel ne commence véritablement qu'au niveau du deuxième cycle (la « licence » belge, qui comporte au moins deux années et un mémoire de fin d'études). C'est à ce niveau que le paysage est le plus riche et le plus diversifié. Je le détaille dans les points qui suivent. Bien entendu, il existe partout des conditions d'accès direct à ces deuxièmes cycles (voir plus loin). Il faut aussi signaler le cas particulier de la VUB dont la « licence spéciale » a pour condition d'admission la détention préalable d'un diplôme de deuxième cycle (une licence). D'autre part, chaque université peut avoir des étudiants en troisième cycle préparant un doctorat dans le domaine du cinéma et de l'audiovisuel. Il faut noter à cet égard que, dans l'ensemble, il n'y a pas ou très peu de scolarité en cette matière, prévue dans le cadre du doctorat (il n'existe pas d'équivalent du DEA français) et que le nombre de thèses est relativement réduit (rarement plus d'une ou deux par an et par université).

La place du cinéma et de l'audiovisuel dans les communications

En dehors de la structuration par cycle, la place de l'enseignement du cinéma et de l'audiovisuel dans les deuxièmes cycles est extrêmement variable. A la fois dans le rapport de ce domaine (que j'appellerai désormais « C et AV ») avec le reste des matières qui relèvent de la communication (presse, journalisme, publicité, relations publiques, théâtre, musique, etc.), mais aussi, à l'intérieur de ce seul secteur « C et AV », dans le rapport entre la part de la formation pratique et celle de la formation théorique, dans l'importance ou non de stages effectués à l'extérieur dans les milieux professionnels, dans les modalités concernant les travaux et le mémoire de fin d'études, dans les moyens d'encadrement des étudiants en personnel et en matériel, etc.

S'agissant de l'importance relative des matières « C et AV » dans le champ général des communications, on peut dire d'abord qu'il y a d'un côté les universités où le domaine « C et AV » est éparpillé dans le programme d'ensemble de la Communication. C'est le cas, à des degrés variables, de la KUL (6 cours de « C et AV »), de l'UCL (4 cours spécialement de cinéma et 6 ou 7 sur des problèmes d'audiovisuel) et de la RUG (1 seul cours). Et de l'autre côté, les universités où le domaine « C et AV » est identifié comme tel, dans une filière à part entière ou une orientation instituée, regroupant en une identité commune les cours concernés. C'est le cas de l'ULg, avec son actuelle orientation « Création audiovisuelle et arts du spectacle » (actuellement 10 cours pour la licence) qui va devenir encore beaucoup plus consistante l'an prochain (1992) en se transformant en filière « Cinéma et audiovisuel » (elle comportera alors 20 cours pour les 2 années). C'est en ce sens que cette filière rejoindra dans son importance intrinsèque, mais avec le statut académique en plus, le programme centré des « licences spéciales » et « certificats » de la VUB (13 cours « C et AV ») et de l'ULB (18 cours).

Finalités pédagogiques : rapport théorie/pratique, stages, objectifs professionnels, mémoires de fin d'études

Cette importance relative du secteur « C et AV » correspond elle-même, d'une université à l'autre, à plusieurs enjeux ou perspectives pédagogiques distinctes. Je ne parlerai guère de la RUG qui, avec son seul cours de cinéma (d'ailleurs le plus souvent donné par un enseignant invité venant d'une des autres universités belges), s'en sert comme d'un simple matériau culturel à ajouter à tous les autres, au profit d'une notion globalisante, et indifférenciée quant aux supports, de la « Communication » traitée plutôt par approches que par objets (sociologie, politique, économie, psychologie, etc., de la communication).

A la KUL comme à l'UCL, le « C et AV » occupe une place nettement plus réelle et assumée pour elle-même. Affaires d'hommes

Tournage à l'Université de Liège : *Baisers perdus, à la recherche d'un clown dans la rue,*
de Mariama Bounaffa et Bernard Garant

et de traditions sans aucun doute (les principaux titulaires actuels, W. Hesling et L. Van Poecke à la KUL, Jacques Polet et J.-P. Meunier à l'UCL, en plus de leur passion personnelle pour l'objet « C et AV », sont aussi les héritiers des pionniers qui ont fondé en Belgique l'enseignement du cinéma dans l'université : c'est Victor Bachy, le premier semble-t-il, qui, en 1957, créa à l'UCL un cours d'« Introduction aux problèmes du cinéma ». André Vandenbunder fit de même du côté néerlandophone (à Anvers, à l'Universitaire Instelling Antwerpen (UIA) puis à Bruxelles et à Leuven) ; il fut suivi par JM. Peters à la KUL. Affaire aussi de perspectives pédagogiques : à la KUL comme à l'UCL, il s'agit d'approcher théoriquement et méthodologiquement la problématique de la communication et de ses champs spécifiques d'application, en intégrant intelligemment et réellement l'enseignement du cinéma et de l'audiovisuel en tant que langage, qu'objet historique, que secteur socioculturel, que pro-

duction économique, etc., au sein de cet ensemble plus vaste. Dans l'un et l'autre cas, la formation comporte un volet pratique d'initiation à certains aspects techniques de la communication audiovisuelle. Mais à Leuven comme à Louvain-la-Neuve, la perspective d'ensemble est et reste généraliste ; il ne s'agit pas de former des spécialistes en cinéma, mais des généralistes de la communication ayant, notamment et relativement, une bonne connaissance et une bonne maîtrise des problèmes de « C et AV ».

A l'université de Liège (ULg), les choix paraissent être, à cet égard, plus tranchés. Le département de Communication, né il y a presque vingt ans à l'initiative d'enseignants de littérature et d'esthétique, s'est tout de suite défini comme ayant une vocation spécifique au moins aussi grande pour le monde des arts et des images que pour celui des médias, du journalisme ou des relations publiques. Cette polarisation à Liège a permis le développement progressif d'une orientation autonome et solide en « C et AV » qui se structure au départ d'une triple approche : d'abord une importante approche *fondamentaliste* (nombreux cours d'histoire, de théorie et d'analyses du cinéma, de la photo, de la vidéo, de la télévision, fournis par une équipe d'enseignants et de chercheurs universitaires : outre Philippe Dubois, Danièle Bajomée, Marc Mélon, Isabelle Heine). Ensuite une approche *spécialisée* visant à une finalité professionnelle assez ciblée dans quatre secteurs précis, situés en amont ou en aval de la réalisation proprement dite de produits audiovisuels (phase laissée aux écoles de cinéma mieux équipées pour cela, mais pour cela seulement, que les universités) : à savoir 1) *l'écriture* (de scénario ou de critique de cinéma), 2) *la documentation* (gestion de fonds d'archives cinématographiques et audiovisuelles), 3) *la production* (circuit socio-économique du marché audiovisuel) et 4) *la pédagogie* (l'utilisation dans des cadres pédagogiques de l'audiovisuel, y compris la production de documents didactiques AV) ; ces cours et séminaires sont fournis pour une part par des professionnels chevronnés. Enfin une approche *pratique*, basée sur des ateliers, des exercices, et surtout des stages (au moins 3 mois) que l'étudiant doit accomplir dans des organismes professionnels extérieurs, par exemple dans des Cinémathèques, dans des structures de production films ou télé, etc. Ces stages sont évidemment importants. Peu d'universités belges (seules l'ULg et l'UCL) les ont développés de façon systématique et conséquente, alors qu'ils constituent un lien privilégié avec le monde professionnel et le marché de l'emploi. Enfin, à l'ULg, les mémoires de fin d'études peuvent prendre la forme de travaux personnels sous forme de réalisations audiovisuelles (scénario, vidéogrammes, bandes-son, photographies, etc.) pour autant bien sûr qu'elles soient accompagnées d'un travail de réflexion théorique et méthodologique élaboré (qui lui-même peut-être audiovisuel aussi bien qu'écrit). Chaque année, une trentaine de mémoires voient ainsi le jour en cinéma et audiovisuel, dont cinq ou six sous forme de réalisation audiovisuelle (le plus souvent des « mémoires-vidéo », de l'ordre du moyen métrage-fiction, documentaire, essai, art-vidéo, produit didactique-réalisés sur support U-matic S ou parfois BVU). Les étu-

Collection Victor Bachy

Séminaire à l'U(

diants de Liège ont le grand avantage de pouvoir disposer de toute l'infrastructure technique du Centre Audiovisuel de l'université, qui a été intégré au département de communication en 1985 et leur offre des services pratiques considérables et de bon niveau.

Quant aux deux « licences spéciales » de l'ULB et de la VUB, elles ont justement pour vocation de centrer leur formation en se spécialisant elles aussi sur des secteurs précis d'études : pour l'ULB, l'objectif visé, avec un maximum de diversité, depuis la création récente (en 1988) d'ELICIT, c'est *le scénario et l'écriture cinématographique et télévisuelle* sous toutes ses formes : adaptation, fiction, roman, nouvelle, théâtre, bande dessinée, storyboard... Les cours y sont assurés pour une part par des universitaires (cours généraux, culture cinématographique et littéraire) et pour une autre part par des professionnels extérieurs (ateliers, exercices, etc.). Une partie non négligeable du programme est réservée à la pratique (environ sept cours sur dix-huit). Sous l'impulsion de Dominique Nasta et d'Albert Mingelgrün, le programme est actuellement en cours de modification et va dans le sens d'un développement des enseignements de théories et d'analyses du film. Du côté néerlandophone (la VUB), la licence spéciale s'est construite avec beaucoup de sérieux et un sens des choix essentiels autour de deux orientations majeures : *la théorie du film et l'essai* d'une part, *l'organisation et la gestion* (le management cinématographique) d'autre part. L'enseignement y est essentiellement théorique (un seul cours pratique dans chaque orientation) et donné par des universitaires, sauf pour la « chaire Henri Storck » qui permet de recevoir un enseignant extérieur en permanence. Un des problèmes importants de ces « licences spéciales » est celui du personnel enseignant : il est difficile d'y faire nommer des titulaires spécifiques compte tenu du statut toujours un peu marginal de ces structures. D'où le recours fréquent à des modes de fonctionnement plus ou moins particuliers : le « certificat » ELICIT de l'ULB est financé essentiellement par le programme MEDIA de la Commission des communautés européennes ; et la « licence spéciale » de la VUB dépend administrativement de la Faculté de Médecine ! Cela n'empêche en rien (au contraire ?) ces formations d'être de très bon niveau et d'une grande efficacité.

Conditions d'accès et population étudiante

Le financement de toutes les universités belges étant désormais entièrement fonction du nombre d'étudiants officiellement inscrits chaque année (on comptabilise dûment à la rentrée le nombre des « subsidiables »), on comprendra que la tendance n'est guère à l'examen d'entrée hypersélectif. Les universités belges non seulement ne pratiquent pas la sélection (avant l'inscription) mais elles se font même concurrence, jusqu'à un certain point, pour « attirer le maximum de clients ». Et il est exact que la population étudiante est particulièrement élevée dans ces disciplines à la mode que sont les « communications », dont personne ne sait avec précision ce que cela recouvre exactement. Pour les premiers cycles par exemple, il y a quelque 250 étudiants en première année de communication à l'ULg, près de 300 à la KUL, plus de 400 en « journalisme et communication » à l'ULB. La moitié au moins continuent en 2e année de premier cycle. Et cela se perpétue en licence : près de 160 à Liège pour le deuxième cycle, 150 à la KUL, 200 à l'UCL, etc. Des chiffres qui créent de véritables problèmes car les moyens, surtout en personnel enseignant et d'encadrement, sont loin d'être à la hauteur de cette masse importante. D'où de grosses difficultés de gestion et d'organisation, qui rejaillissent sur la qualité de la relation pédagogique. Deux, trois ou quatre professeurs « spécifiques » (dont en général un seul pour le cinéma et l'audiovisuel — quand il y en a !) et quelques temporaires (assistants, chercheurs) ne suffisent absolument pas pour assurer *tout* le fonctionnement (pédagogique, mais aussi administratif, sinon même parfois technique, sans oublier la recherche qu'il faut faire la nuit, le week-end, en vacances, ou pas du tout...) de ces départements surpeuplés et démunis.

Cela étant, s'il n'y a pas en soi de sélection et de *numerus clausus* à l'entrée, il n'en reste pas moins que les étudiants souhaitant s'inscrire directement dans les deuxièmes cycles doivent répondre à un certain nombre d'exigences. En gros (voir l'annuaire pour le détail), l'accès à la licence nécessite en principe un diplôme universitaire de premier cycle délivré par la Faculté ou le département d'origine. Avec une exception, déjà signalée : « la licence spéciale » de la VUB, qui exige de ses étudiants qu'ils détiennent déjà un diplôme de deuxième cycle (une licence classique). A côté de cette voie « royale », ou à tout le moins normale, du premier cycle dans la discipline, ou dans un domaine proche (Sciences humaines), des ouvertures et des passerelles spécifiques existent un peu partout, qui permettent l'accès direct à la licence moyennant soit un supplément plus ou moins important de cours considérés comme une base indispensable, soit le dépôt d'un dossier suivi d'un entretien avec une commission d'admission où le candidat détenteur d'un diplôme de l'enseignement supérieur non universitaire devra faire la preuve de sa motivation et de ses capacités. Ces ouvertures et ces passerelles avec le monde non universitaire sont souvent une source d'enrichissement global pour la population étudiante puisque se retrouvent ainsi dans les mêmes classes ou séminaires des étudiants « classiques » venus en droite ligne du premier cycle, et des « extérieurs » ayant souvent des conceptions et des attentes différentes. De cette mixité des publics naissent souvent des contacts pédagogiquement fructueux. Sans parler de la motivation ou de la maturité.

Constitution d'un réseau interuniversitaire de recherche et d'enseignement du cinéma et de l'audiovisuel en Belgique et collaborations avec la Cinémathèque royale de Belgique

Depuis 1990, les différentes structures universitaires ont décidé de se réunir en réseau, qui regroupe à la fois les enseignants et les chercheurs (francophones *et* néerlandophones, si, si...) en cinéma et audiovisuel des six universités de base (aussi bien les professeurs titulaires que les assistants et chercheurs temporaires). A ceux-là se sont joints à la fois d'autres enseignants, par exemple d'Écoles supérieures artistiques, ou d'anciens enseignants universitaires, ou encore des chercheurs libres, ainsi que — donnée importante — des représentants de la Cinémathèque royale de Belgique avec laquelle des collaborations sont en train de naître (voir in fine). Bref, ce réseau récent rassemble tout ce qui pense, enseigne et cherche en matière de cinéma en Belgique.

Ses objectifs sont divers. D'abord, assurer un lieu permanent d'échanges d'informations, de contacts et de dialogues entre tous les partenaires associés. On a pu ainsi constituer la liste complète des publications, des thèses soutenues, et des mémoires de fin de deuxième cycle en cinéma et audiovisuel pour toute la Belgique (leur nombre est impressionnant). D'autre part, les échanges vont permettre d'assurer certaines corrélations et collaborations sur des projets précis, aussi bien dans le domaine des enseignements (échanges d'étudiants et d'enseignants selon des tournantes, déterminations de programmes de cours de commun accord) que dans celui des recherches (développement de projets et de travaux communs, co-directions de thèses, etc.). Enfin, la Cinémathèque royale de Belgique, dans son souci de s'associer à la recherche en cinéma en Belgique, met à la disposition des enseignants du réseau, selon une liste établie par eux et selon ses propres disponibilités, un nombre important de copies de films destinés exclusivement à être utilisés dans le cadre des cours de cinéma (histoire, théorie, analyse). Sans oublier bien sûr la possibilité classique pour les chercheurs d'accéder au remarquable fonds de documentation qu'elle gère à Bruxelles. Les collaborations entre Cinémathèque et universités vont même plus loin puisqu'un double et important projet est actuellement à l'étude, visant à créer deux musées régionaux du cinéma, l'un à Anvers, l'autre à Liège, qui permettra l'accès régulier à l'ensemble du patrimoine cinématographique dans des liaisons étroites avec les besoins de l'enseignement et de la recherche.

Philippe DUBOIS

Annuaire

BRUSSEL (BRUXELLES)

VRIJE UNIVERSITEIT BRUSSEL (VUB).

Bijzondere Licentie Vrijetijdsagögiek Cultuur — en Bewegingswetenschap Film (Culture du cinéma et de l'image).
Pleinlaan 2, C455, 1050 Brussel.
Tél. : (32.2) 641.25.95/25.70/27.19.
Responsable : H. Dethier.
Diplômes préparés : Licence spéciale ou Certificat.
Conditions d'admission : Diplôme de licence universitaire ou sur dossier (études équivalentes, expérience dans la pratique audiovisuelle).
Frais d'inscription et d'études : 11 000 FB.
Durée des études : 2 ans.
Effectifs par promotion : 10 étudiants.
Contenu des études :
— Théorie : cours généraux : dans le domaine de la théorie des arts, du management, de la théorie agogique (formation des adultes) ; cours spécialisés : introduction à la filmologie, analyse du film et de la vidéo, théorie du film, film et littérature, sémiologie de l'audiovisuel, histoire et analyse du scénario...
— Pratique : introduction à la pratique du cinéma et de la vidéo, écriture du scénario.
Publications : _Cinéma et littérature, hier et aujourd'hui en Europe_, VUB-Presse, Bruxelles, 1991 (actes du colloque).
Débouchés : travail dans le domaine de l'audiovisuel, enseignement, recherche.
Remarques particulières : chaque année, le département organise quelques conférences dans le cadre de la Chaire Henri Storck.
Parmi les conférenciers : Bert Hogenkamp, Fred Wiseman, Luc de Heusch, Jean Rouch, Richard Leacock.

BRUXELLES (BRUSSEL)

UNIVERSITÉ LIBRE DE BRUXELLES (ULB).

Certificat Européen de Littérature de Cinéma et de Télévision (ELICIT). Faculté de Philosophie et Lettres.
50, av. F.-Roosevelt, 1050 Bruxelles.
Tél. : (32.2) 650.36.54/24.37/34.52.
Responsables : Albert Mingelgrün et Dominique Nasta.

Diplômes préparés : Certificat ou « licence spéciale » en littérature de cinéma et de télévision.
Conditions d'admission : candidature ou sur dossier (expérience dans le domaine de l'écriture, de la critique ou de la réalisation).
Frais d'inscription et d'études : 23 000 FB ou 30 000 FB suivant la situation académique de l'étudiant.
Durée des études : 2 ans (2e cycle).
Effectif par promotion : 70 étudiants.
Contenu des études :
— Théorie : cours spécialisés (techniques d'écriture, analyse des films, histoire du scénario, circuits économiques de l'audiovisuel, etc.) et cours généraux de références culturelles (littératures contemporaines, histoire, sémiologie générale, histoire de l'art, etc.).
— Pratique : ateliers d'écriture créative (roman, nouvelle, storyboard, théâtre, etc.), ateliers d'écriture scénaristique.
Stage : janvier et avril 1991. Séminaire d'écriture et analyse de scénarios par R. McKee.
Recherche : projet de recherche (responsable D. Nasta) pour une durée de 3 ans. « Collecte et analyse d'un ensemble de documents concernant l'évolution de l'esthétique cinématographique en Europe et aux États-Unis ».
Débouchés : scénariste, critique, animateur de ciné-clubs. Travail dans le domaine de l'audiovisuel comme enseignement, recherche.
Remarques particulières : le Certificat est un projet pilote du programme MEDIA de la CEE ; il reçoit une subvention annuelle depuis sa création, en octobre 1988.

GENT (GAND)

RIJKS UNIVERSITEIT (RUG).

Studies in de politieke en sociale wetenschappen (département de sciences politiques et sociales).
Universiteitstraat 8, 9000 Gent.
Tél. : (32) 91 64 68 90.
Responsable : Prof. Dr. E. de Bens.
Diplômes préparés :
— Kandidatuur in de Politieke en sociale wetenschappen (candidature en sciences politiques et sociales).
— Licence in de Communicatiewetenschap (licence en sciences de la communication).
Conditions d'admission :

— Diplôme d'études secondaires pour le cursus traditionnel de 1er et de 2e cycles (4 ans).
— Licence universitaire pour la « licence unique » (1 ou 2 ans).
Frais d'inscription et d'études : 15 000 FB.
Durée des études : 4 ans ou 2 ans (post-graduat) (1er + 2e cycles).
Effectif par promotion : 55 par année environ.
Contenu des études :
— théorie : 90 %.
— pratique : 10 %.
Recherche : Centre de recherches sur la communication.
Publications : téléphoner au département pour en recevoir la liste complète.
Débouchés : journalisme, publicité, relations publiques.

LEUVEN (LOUVAIN)

KATHOLIEK UNIVERSITEIT (KUL).

Faculteit van sociale wetenschappen (faculté des sciences sociales). Communicatiewetenschap. (Département des sciences de la communication).
E. Van Evenstraat 2A, B-3000 Leuven.
Tél. : (32.16) 283220.
Responsable : W. Hesling.
Diplômes préparés :
— Kandidature in de sociale wetenschappen (candidature en sciences sociales).
— Licence in de communicatiewetenschap (licence en sciences de la communication).
Conditions d'admission : Certificat de maturité.
Frais d'inscription et d'études : 15 600 FB.
Durée des études : 4 ans (1er + 2e cycles).
Contenu des études :
— Théorie : communication audiovisuelle ; le cinéma : technique, économie, esthétique (I + II).
— Pratique : production vidéo ; la culture et les médias (séminaire des médias audiovisuels).
Recherche : sémiotique, communication audiovisuelle, rhétorique audiovisuelle, histoire du cinéma, cinéma et littérature.
Publications : Cf. Bibliographie.
Débouchés : radio, télévision, publicité, production (filmique, vidéo), enseignement.

LIÈGE

UNIVERSITÉ DE LIÈGE (ULg).

Arts et Sciences de la Communication (A.S. Com.)
Allée du Six-Août B11, B-4000 Liège/Sart Tilman (Belgique).

Tél. : (32.41) 56.32.86 ou 87 ou 88 ou 89 ou 79.
Université d'État communautarisée.
Responsable : Prof. Philippe Dubois.
Diplômes préparés :
— Candidature en Philosophie et Communication.
— Licence en Arts et Sciences de la Communication.
— Doctorat en Arts et Sciences de la Communication.
Conditions d'admission :
— 1er cycle (candidature) : diplôme de fin d'enseignement secondaire.
— 2e cycle (licence) : diplôme de candidature universitaire ou sur dossier et après entretien avec une Commission d'admission, pour les détenteurs d'un diplôme de l'enseignement supérieur non universitaire.
Frais d'inscription : 22 600 FB (possibilités de bourses à certaines conditions).
Durée des études :
— 1er cycle (candidature) : 2 ans.
— 2e cycle (licence) : 2 ou 3 ans (au choix de l'étudiant).
Effectif par promotion :
— 1re année 1er cycle : 270.
— 2e année 1er cycle : 150.
— 1re année 2e cycle : 100.
— 2e/3e année 2e cycle : 70.
— Total : 590.
Contenu des études :
— 1er cycle : Philosophie et Communication/problèmes généraux.
— 2e cycle : 4 orientations spécialisées (10 cours de 30 h) au choix de l'étudiant : création audiovisuelle (photo, cinéma, vidéo), information et communication, gestion et production culturelles, arts et métiers du livre.
N.B : *A la rentrée 1992, changement de programme et création d'une filière autonome « Cinéma et audiovisuel » (env. 20 cours).*
Stages : obligatoires en dernière année : 3 mois (stage principal) et 1 mois de stage secondaire dans des organismes extérieurs.
Recherche :
— CRAC (Centre de recherche sur les arts de la communication, co-direct. Philippe Dubois et Yves Winkin, chercheurs associés : Marc Mélon, Claudine Delvaux, Geneviève Van Cauwenberge, Colette Dubois, Isabelle Heine, Livio Belloï).
— LENTIC (Laboratoire d'études sur les nouvelles technologies et les industries culturelles, co-direct. André Lange, M. de Coster et F. Pichault).
— RIRECA (Réseau interuniversitaire de recherche et d'enseignement du cinéma) en cours de constitution avec toutes les universités belges.
Publications : trop nombreuses pour être citées (environ 100 titres).
Débouchés : conception et écriture de produit audiovisuel, critique de cinéma et de télévision, scénario, gestion de programmes, production audio-

visuelle sous toutes ses formes, journalisme audio-visuel, pédagogie de et par l'audiovisuel, documentation et archivage spécialisé dans le cinéma et l'audiovisuel, enseignement et recherche, etc.

Remarques particulières : reliée par un PIC ERASMUS avec l'UFR Cinéma et audiovisuel de Paris III, par un autre à l'UFR CAPFED de Paris VIII (commun avec Louvain-la-Neuve et l'ULB) et par un autre encore avec les universités de Cologne et de Turin.

LOUVAIN-LA-NEUVE

UNIVERSITÉ CATHOLIQUE DE LOUVAIN (UCL).

Département de Communication Sociale (COMU).
Ruelle de la Lanterne Magique 14, B-1348 Louvain-la-Neuve (Belgique).
Tél. : (32.10) 47.27.97
Statut : université catholique.
Responsable : Jean-Pierre Meunier.
Diplômes préparés : Licence et doctorat en communication sociale.
Conditions d'admission : diplôme universitaire de candidature ou sur dossier.
Frais d'inscription : 22 600 FB.
Durée des études : 2 années du niveau de la licence (introduites par 2 années du niveau de la candidature).
Effectif par promotion : ± 200.
Contenu des études :
— Théorie : approche théorique et méthodologique de la problématique de la communication et de ses champs spécifiques d'application : l'enseignement du cinéma et de l'audiovisuel est intégré dans ce programme couvrant les différents secteurs, langages et supports.
— Pratique : familiarisation avec diverses pratiques et expressions communicationnelles dans des séminaires et ateliers.
Stages : organisés dans les différents disciplines sous la responsabilité de professionnels « maîtres de stages ».
Recherche : dans les domaines de la sémiologie, la théorie systémique, la pragmatique, l'information, la communication d'entreprise, la communication interculturelle, l'image et le son.
Publications : quelques publications, parmi d'autres, de membres de COMU, liées au cinéma et à l'audiovisuel.
— Bachy V. *Lire le cinéma et les nouvelles images*, Cerf, Paris, 1987.
— De Smedt Th. *Le rôle organisateur du son dans la genèse de la communication*, CIACIO, Louvain-la-Neuve, 1987.

Collection Institut Jean Vigo

L'œuvre au noir, d'André Delvaux

— Meunier J.-P. *Essai sur l'image et la communication*, CABAY, coll. Questions de communication, Louvain-la-Neuve, 1980.
— Polet J. *Bernanos à l'écran*, Les lettres romanes, Louvain-la-Neuve, 1988.
— Collectif. *Caméra nigra : le discours du film africain*, OCIC, L'Harmattan, Bruxelles-Paris, 1984.
Débouchés : information, communication d'entreprise, animation culturelle, intervention psychosociologique, communication audio-scripto-visuelle, enseignement, recherche, etc.
Remarques particulières : relié en même temps que l'ULg de Liège et l'ULB par un PIC ERASMUS à Paris VIII (UFR CAPFED).

Philippe DUBOIS

Treize écoles supérieures

Ondine, de Guy Bernard et Kerstin Claeys, étudiants à l'IAD

© Marc Detiffe

par Victor Bachy

Des établissements de grand renom

Pionnier de l'enseignement du cinéma en Belgique, Victor Bachy est professeur émérite de l'université de Louvain. Il brosse un tableau côté francophone et côté néerlandophone de l'étonnant foisonnement d'écoles supérieures dans son pays. Quelques-unes sont considérées comme les meilleures du monde.

L'enseignement supérieur non universitaire couvre un domaine très large et très complexe où la préparation aux carrières de l'audiovisuel a donné naissance à diverses écoles relevant les unes de l'enseignement artistique, les autres de l'enseignement social ou encore du technique, avec pour objectif exclusif ou partiel les professions de création ou de collaboration.

Ces établissements, compte tenu de l'évolution permanente des techniques, sont, comme les universités, amenés à revoir fréquemment leurs programmes, à préciser les appellations, à créer de nouvelles options — normalement coûteuses pour rester technologiquement à jour — et à en supprimer. Par souci de clarté, nous avons établi un classement basé à la fois sur les programmes et sur la réputation acquise.

Quand il est question dans le monde du cinéma d'une école belge, que ce soit à Lisbonne ou à Taipeh, à Rabat ou à Bruxelles, deux noms viennent par réflexe aux lèvres : IAD ou INSAS, au point que parfois on les confond. C'est sur ces deux instituts que nous nous étendrons d'abord, parce qu'ils sont le plus susceptibles d'intéresser un public international. Nous y ajouterons le Sint-Lukas néerlandophone.

Deux écoles d'art se sont fait une réputation brillante par leur spécialité en cinéma d'animation. La Cambre et, à Gand, le KASK où le cinéaste Raoul Servais s'est acquis une renommée internationale. Nous parlerons de ces deux spécialités.

Deux écoles se sont concentrées sur la formation purement technique, l'INRACI et sa jumelle néerlandophone, le NARAFI. Nous en dirons un mot. Nous traiterons enfin plus brièvement des autres écoles supérieures qui ne consacrent qu'une partie de leurs programmes à l'audiovisuel. Certaines d'entre elles ne s'y sont intéressées que récemment. Il est trop tôt pour en parler de manière détaillée.

Nous avons choisi de traiter séparément des écoles francophones et des écoles néerlandophones car la langue de l'enseignement nous semble un critère important pour les étudiants européens.

Les cloisons ne sont pas étanches entre les écoles, certains étudiants les considèrent comme complémentaires et s'inscrivent à l'une puis à l'autre en additionnant leurs diplômes pour parfaire leur formation. Notre classement est basé sur l'importance accordée à l'audiovisuel, non sur la valeur de l'école.

Enseignement francophone

Il existe deux écoles supérieures artistiques couvrant tous les champs de l'audiovisuel dans la Communauté française, l'IAD et l'INSAS. Elles relèvent de la Direction générale de l'enseignement supérieur artistique et dispensent chacune deux types de formation, l'un en quatre ans conduisant au _diplôme en arts du spectacle et techniques de diffusion,_ l'autre menant en trois ans au _graduat en arts de diffusion,_ diplômes légaux et reconnus.

Leur programme de formation assure un équilibre entre les cours de culture générale, les connaissances scientifiques et professionnelles et la maîtrise de la technologie, entre les matières théoriques et les exercices d'application.

Ces généralités, à la simple lecture des programmes, ne situent pas ces écoles de manière évidente. Que couvre un intitulé de cours ? Quel maître le professe ? Quel est le niveau général de l'enseignement ? Que valent les étudiants que ces écoles acceptent ?

Notre propos n'est pas ici d'évaluer les formations dispensées, mais de rassembler des informations sur elles. Contentons-nous de souligner qu'à chaque rentrée, les candidats se pressent par centaines aux portes des secrétariats de ces instituts pour s'inscrire aux épreuves d'admission ; ils viennent de Belgique évidemment, mais aussi en grand nombre de pays voisins — notamment de France — ou de contrées lointaines. La renommée de ces deux écoles est leur meilleur recruteur.

L'Institut des arts de diffusion (IAD)

A la fin des années cinquante, alors que les arts de diffusion acquéraient une présence et une signification sociale croissantes, leur apprentissage et leur maîtrise ne pouvaient plus être laissés au seul enseignement de l'expérience sur le tas. Une longue enquête menée parmi les professionnels de l'audiovisuel conduisit à la conviction que la création d'une école spécialisée s'imposait. Ainsi fut fondé l'IAD. Le 1er septembre 1959, il accueillit ses 25 premiers étudiants. L'IAD, qui avait choisi de couvrir les domaines du cinéma, de la télévision, de la radio et du théâtre, devenait en Belgique la première école supérieure en date à embrasser l'ensemble de ces disciplines.

L'Institut avait d'abord un cycle de trois années d'études conduisant au *graduat* en Arts de diffusion, suivi cinq ans plus tard par la création d'une seconde section, dite Arts du spectacle et techniques de diffusion, assurant en quatre ans la formation des réalisateurs de radio, de cinéma et de télévision ou de metteurs en scène de théâtre. Étaient ainsi jetées les bases d'un enseignement approfondi et polyvalent dans des domaines nouveaux et prometteurs. Les exigences du développement technologique, l'extension de la vidéo, l'évolution des genres entraînent un réajustement permanent des cours et un perfectionnement continu de la technologie.

L'IAD a, pendant les vingt premières années de son existence, fonctionné à Bruxelles. Depuis 1980, il s'est installé à Louvain-la-Neuve sur le site de l'Université catholique. Une convention conclue avec l'UCL associe les compétences et les moyens logistiques des deux institutions en matière d'audiovisuel, dans une perspective de services réciproques et d'enrichissement mutuel.

Cette volonté existe à tous les échelons.

Ainsi une certaine mise en commun des outils de travail et des moyens humains (le staff, les locaux et le matériel de l'IAD et du Centre audiovisuel de l'université de Louvain-la-Neuve) permet de programmer des opérations qui associent des équipes de l'IAD et des étudiants du département de Communication sociale de l'université, association enrichissante pour chacun des partenaires.

Le problème de la limitation des inscriptions a toujours préoccupé le Comité organisateur[1]. Le niveau minimum est légalement exigible à l'entrée : il faut produire les titres requis pour entrer dans l'enseignement supérieur, sinon les diplômes de fin d'études ne seraient pas reconnus (comme c'est le cas pour des écoles « bidon »). Mais il y a plus. Comment s'assurer que les candidats ont les qualités requises pour l'exercice des professions visées, et quel nombre est-il possible de prendre en charge ? Faut-il faire passer des tests ?

L'année commençait dans les premiers temps par un séminaire résidentiel d'une semaine où professeurs et candidats menaient une vie active sans répit pour établir un classement valable des futurs étudiants. Cette session d'épreuves d'admission a depuis été scindée dans le temps et dans l'espace et, dans l'ensemble, raccourcie. Le nombre d'admis est assez ouvert pour permettre aux étudiants de se révéler au cours de toute une année. Comme le dit Jacques Polet, le directeur pédagogique, « *notre originalité est peut-être que nous avons fait le choix d'un recrutement relativement large. En réalité les examens ne constituent qu'une présélection fondée sur la motivation et les aptitudes générales. La véritable sélection s'opère au terme de la première année qui constitue en quelque sorte une année probatoire, avec le critère artistique pour élément décisif de l'appréciation. Nous croyons que c'est une sage philosophie* ».

Cycle de quatre ans, cycle de trois ans. La différence ne réside pas seulement dans la durée, elle est dans la fin poursuivie, elle est

---

1. *Dans l'enseignement libre, chaque école est dirigée par son Comité organisateur. Dans l'enseignement officiel, le CO est l'autorité de tutelle (ministère, province, commune...).*

2. *Voir plus loin.*

3. *Voir ci-après* Sint Lukas Brussel *pour l'historique des Écoles Saint-Luc.*

dans l'esprit qu'elle sous-tend. Le cycle de quatre ans conduit aux métiers de conception, de réalisation et de production artistique, celui de trois ans aux métiers de collaboration artistique et théorique. Les futurs réalisateurs portent à l'histoire du cinéma un intérêt tout autre que les étudiants en son : sur l'écran muet d'Eisenstein, une sirène d'usine « est » un son, des harpes « sont » une comparaison. Les deux types d'enseignement découvrent le même objet par des voies différentes et complémentaires.

Dans les cycles de quatre ans, celui de théâtre nous concerne moins, bien que les élèves comédiens participent devant la caméra aux réalisations. Les cycles de Cinéma-télévision et de Radio-télévision ont pour objectif en première année la découverte des différents langages en théorie et en pratique, et en deuxième année l'exécution d'exercices-clés, encadrés de cours culturels et techniques. La spécialisation se précise en troisième : les cours culturels et scientifiques sont en liaison directe avec les métiers du spectacle tandis que la pratique peut se diversifier selon les orientations décidées par les jurys de fin d'année et viser de manière privilégiée le film, la vidéo et la radio. L'année terminale est consacrée à des travaux de maîtrise portant sur une réalisation en film, en vidéo ou en radio, des assistanats, des productions, des stages et un mémoire.

Il existe trois cycles de trois ans : le son, l'image et le scripte-montage. Les formations sont pédagogiquement similaires et très spécialisées dans leur objet. Elles partent de matières théoriques en sciences humaines et en sciences exactes et développent de plus en plus largement la pratique, selon le principe de la pluridisciplinarité.

De quoi s'agit-il ? De l'interprétation des disciplines dans la convergence et la complémentarité. Ce système qui caractérise l'IAD n'est pas aisé à appliquer. Il exige beaucoup d'ordre, d'organisation, de réglages. Les avantages à en tirer valent-ils cet effort ? Jacques Polet répond : « *La pluridisciplinarité met très tôt les étudiants en contact avec leurs futurs collaborateurs, y compris les interprètes. Dès la deuxième année, à côté des approches autonomes, la majorité des exercices, appuyés sur une solide base théorique, fait appel aux différentes sections. Par exemple, sur le plateau de tournage d'un de ces travaux, on trouve un collectif d'étudiants avec tout l'éventail des fonctions : réalisateur, assistant, acteur, cadreur, directeur photo, preneur de son, scripte..., qui sont ainsi mis devant les réalités de la concertation. Ils y sont encadrés par leurs professeurs respectifs, ce qui rend cet enseignement pratique tout à la fois collégial et personnalisé. La collaboration se poursuit évidemment au montage et au mixage. Sans "mimer" la profession — nous sommes dans la pédagogie, non dans la production —, ce modèle facilite la future insertion dans le métier, ce d'autant qu'on l'accompagne, en année terminale, d'une politique active de stages. »*

La renommée internationale de l'IAD n'a cessé de s'affirmer. Elle est évidemment due à la qualité de ses programmes et de ses professeurs, mais elle est particulièrement fondée sur les œuvres des étudiants, couronnées d'une année à l'autre dans un nombre croissant de festivals (seize films récompensés en 1989-1990 dans neuf festivals). Sommet : en juin 1990, au Festival international des écoles de cinéma de Tel-Aviv, regroupant cinquante-deux instituts, l'IAD a reçu le trophée de « la meilleure école de cinéma », ce qui constitue un hommage à la communauté des professeurs et des étudiants.

L'Institut national supérieur des arts du spectacle (INSAS)

En 1959, l'Institut de sociologie Solvay de l'université libre de Bruxelles consacrait au cinéma sa XXVIIᵉ Semaine sociale universitaire. Son succès amena la création du Séminaire du film et du cinéma « organe permanent d'études », qui mit sur pied dans le cadre de ses activités une semaine d'études sur le film *Hiroshima mon amour*, d'Alain Resnais et Marguerite Duras, qui venait de surprendre les spectateurs. Raymond Ravar était secrétaire du séminaire. De ce bouillonnement en faveur du cinéma objet d'étude naquit le sentiment qu'il était important de créer une école laïque de formation aux métiers du cinéma et du théâtre : en 1962 naquit l'INSAS, école officielle dépendant directement du ministère de l'Éducation nationale. Raymond Ravar fut placé à sa tête, il y resta 28 ans.

L'Institut est installé au centre de Bruxelles dans les locaux réaffectés d'une banque. Son petit frère néerlandophone, le HRITCS[2] les partage.

L'INSAS est aujourd'hui un institut supérieur artistique de la Communauté française de Belgique. Il comprend un ensemble d'enseignements s'inscrivant soit dans un cycle de quatre années, soit dans un cycle court de trois (ou de deux) années suivant les professions recherchées. Son programme, comme celui de l'IAD, est fixé par la même loi organique, mais chaque établissement a été et reste marqué par la personnalité de ses directeurs, de ses enseignants, particulièrement créatifs dans le domaine artistique qui est le leur. La spécificité de chacun apparaît dans la présentation même des études.

Les conditions d'admission à l'INSAS sont d'abord celles de toutes les écoles supérieures de niveau universitaire : la reconnaissance officielle d'études secondaires réussies et le diplôme d'aptitude à accéder à l'Université, ce dernier n'étant pas exigible pour le cycle de trois ans. S'y ajoute, comme dans les autres écoles d'art, la réussite des épreuves complémentaires d'aptitudes artistiques spécifiques. Celles-ci ont fait l'objet au fil des ans de recherches poussées qui ont conduit l'Institut à renoncer aux brèves journées qui, originellement, conduisaient à la sélection pour les remplacer par une véritable session d'examens de deux à trois semaines, conduisant à une délibération rigoureuse ne retenant qu'un minimum de candidats (numerus clausus).

La rigueur des épreuves éliminatoires d'accès, tant à l'IAD qu'à l'INSAS, a conduit certaines instances à répandre l'opinion qu'il est impossible de les réussir sans préparation spéciale. Un établissement officiel d'enseignement secondaire, l'Athénée Royal d'Auderghem, a ouvert à Bruxelles une « année préparatoire », comme jadis Henri Agel l'avait fait au lycée Voltaire à Paris, pour l'IDHEC. La fréquenter n'est certes pas inutile, mais ce n'est pas nécessaire : les épreuves d'admission ne font appel, en tant que telles, à aucun savoir ni connaissances scolaires autres que ceux supposés acquis par les titres exigés. Le nombre des non-admis est lié à celui des candidats, l'exigence des écoles est due à leur honnêteté vis-à-vis des jeunes et au respect des professions auxquelles elles préparent.

Deux types de formation : l'une en quatre ans, l'autre en trois ans. En quatre ans, quatre voies : FILM-télévision, Film-TÉLÉVISION (remarquer le rapport majuscule-minuscule qui fait apparaître l'accent mis préférentiellement sur un des deux médias), théâtre, radio. Nous ne nous attarderons pas sur les deux dernières qui ne concernent pas le présent travail. Considérons les deux premières.

L'objectif des quatre années du cycle est de former les étudiants aux trois disciplines de base de la création audiovisuelle, l'écriture, la réalisation et la production. Pendant deux ans la formation est commune ; pendant les deux dernières années, elle se différencie par l'accent mis d'une part sur le cinéma (écriture cinématographique, réalisation et assistanat de réalisation, production et régie), de l'autre sur la télévision (écriture TV, techniques de l'enquête, réalisation et techniques mono et multi caméra vidéo, production TV).

Les cycles de trois ans préparent à l'interprétation dramatique — qui ne nous concerne pas ici —, à l'image, au son et au montage-script. Des cours généraux sur les matières scientifiques et technologiques, nombreux mais courts, sont proposés pendant les trois ans (en nombre et en volume évidemment décroissant) aux étudiants des trois spécialités qui sont le plus souvent groupés. Mais il va de soi que l'essentiel du temps est consacré aux travaux pratiques (ou matières appliquées).

Les deux cycles sont couronnés par des travaux de fin d'études : les étudiants en FILM-télévision et en film-TÉLÉVISION présentent un film et un mémoire, ceux qui ont choisi Image prennent en charge la direction de la photo des films de leurs camarades réalisateurs. Les spécialistes en son construisent la bande sonore des films faits à l'école, les monteurs-scripts exercent leur fonction sur les courts métrages de fiction et documentaires, films ou vidéos, réalisés par la section ciné-TV.

L'INSAS s'est taillé au fil des ans une renommée internationale qu'il doit bien sûr à la qualité de ses enseignants et de son enseignement. Ajoutons que son directeur fut pendant de nombreuses années (jusqu'en octobre 1990) secrétaire général du Centre internatio-

Collection Institut Jean Vigo

Un soir, un train, d'André Delvaux

nal de liaison des écoles de cinéma et de télé-vision (CILECT).

L'École nationale supérieure des arts visuels (ENSAV), dite La Cambre

Dans les années qui suivent la Première Guerre mondiale, un architecte belge, Henri Van de Velde, séjourna en Allemagne et fut conquis par le mouvement du Bauhaus et l'école de Weimar dont il admirait la symbiose entre la théorie et la pratique. Enrichi par son expérience allemande, il voulut en faire profiter ses compatriotes. Il fonda une école qui ouvrit ses portes en 1926. Elle a fait

sa réputation. On l'appelle familièrement « La Cambre » du nom du bois voisin et de l'ancienne abbaye dont elle occupe les bâtiments.

La Cambre est donc une école où un climat intellectuel et moral veut favoriser « le maniement maîtrisé des techniques sur lesquelles se fonde l'acte créateur. En assimilant l'expérience humaine qu'elle recèle, les étudiants sont amenés à poser la question du sens qu'il faut tenter de donner à l'existence. »

La Cambre est une école officielle non confessionnelle du ressort du ministère de la Communauté française. Elle se situe dans l'enseignement artistique supérieur du troisième degré.

La formation qu'elle dispense en cinéma

d'animation et, plus récemment, en vidéographie est de grande qualité. Elle la doit certes à la valeur de sa pédagogie, mais aussi à son ancienneté et à sa tradition bien ancrée dans tous les aspects du monde artistique : La Cambre est une école supérieure de création et d'invention de formes et de langages où les échanges enrichis par l'expérience apportent peut-être autant à l'étudiant que certains cours du programme.

Les conditions d'admission sont celles des écoles supérieures à diplôme légal : documents homologués de l'Enseignement secondaire supérieur et un classement en ordre utile à l'épreuve d'admission. Celle-ci comporte d'une part une épreuve d'atelier : un synopsis, un découpage, un story-board, une étude de personnage, animation et prises de vues de pencil-tests (la présentation de travaux antérieurs est souhaitée), d'autre part une épreuve de dessin à main levée.

L'atelier forme des professionnels spécialisés en un art relativement « technique », il demande donc de la part des candidats une grande curiosité visuelle, un sens du travail en équipe, un goût de la recherche et de l'invention et une certaine habileté manuelle.

La durée des études est fixée à cinq années, réparties sur deux cycles. Le premier cycle de trois années est organisé en unités d'enseignement. Une unité comporte des disciplines pratiquées chacune dans un atelier et qui présentent entre elles des affinités d'ordre pratique et technique. Le programme d'études d'une unité suppose entre 20 et 30 % de cours théoriques et de 60 à 80 % de travaux pratiques, recherches et projets d'atelier. Les études du second cycle comportent deux années avec intensification du travail spécialisé qui peut occuper 100 % du temps.

Parmi les vingt unités d'enseignement, nous ne retiendrons ici que l'unité E de cinématographie d'animation et de vidéographie. Le programme du premier cycle comporte un tronc commun de cours obligatoires sur tous les aspects théoriques et pratiques du dessin, la perspective et le tracé des ombres, la technologie des arts plastiques, la théorie de l'audiovisuel, la psychologie de la perception. On y étudie aussi l'approche du monde contemporain, l'anthropologie culturelle et l'histoire de la pensée, la sémantique et la sémiologie.

D'autre part, les étudiants sont progressivement initiés aux programmes d'étude propres à l'unité où ils sont inscrits. Chaque unité — c'est, somme toute, une sorte de département — outre les cours et les travaux de tronc commun, comporte des stages et des travaux d'atelier. Dans l'unité d'animation-vidéographie, ceux-ci sont basés sur la théorie de l'animation débouchant sur la réalisation pratique des exercices et des films.

De l'écriture cinéma aux conditions de production, préparation, tournage, sonorisation, postproduction, distribution, les cours plus spécialement adaptés au cinéma d'animation sont intimement liés aux travaux pratiques, qu'ils soient spécifiques à l'atelier (techniques d'écriture, conditions de production, théorie et pratique de la sonorisation, prise de vue en trois dimensions, pratique de l'audiovisuel, musique de cinéma) ou qu'ils soient empruntés à une autre unité.

Au cours du deuxième cycle (quatrième et cinquième années), ils réalisent librement un ou deux courts métrages dans la technique d'animation de leur choix.

Les enfants de Saint-Luc, l'IHECS et l'ERG

Dans les années cinquante, le monde de l'enseignement est sensibilisé par l'importance croissante des médias dans la vie sociale et par l'état d'impréparation des jeunes qui s'y lancent. La société de l'après-guerre a pourtant besoin de communicateurs compétents et responsables. Les Frères des Écoles Chrétiennes qui dirigent les Écoles Saint-Luc s'en préoccupent[3]. L'un d'eux surtout, le frère Rossion, propose et obtient la création d'un Institut qui portera son effort sur la formation des journalistes au sens large du terme. En 1958, à Ramegnies-Chin près de Tournai, dans les locaux de l'École Saint-Luc, voit le jour l'Institut des hautes études des communications sociales (IHECS). Il y demeurera quinze ans, avant de gagner Mons d'où, après sept ans, il est allé s'installer à Bruxelles.

L'Institut est un établissement d'enseignement supérieur social du troisième degré de plein exercice. Les études, réparties en quatre années et centrées sur les communications sociales, conduisent à des diplômes reconnus par l'État.

L'orientation des études n'est pas centrée principalement sur l'audiovisuel, mais sur les communications sociales et les outils qu'elles utilisent. Cependant, à son niveau, elle se devait d'inclure l'audiovisuel dans son approche, avec le sérieux et la compétence qui la caractérisent.

Dans les deux premières années, elle invite tous les étudiants à la connaissance des médias, en premier par l'analyse de documents : sonores, photographies, cinéma, télévision, audiovisuel, bande dessinée ; en deuxième année par l'étude des principes et techniques des réalisations musicales, radio, photo, vidéo, TV, AV, graphiques. Les troisième et quatrième années s'ouvrent aux spécialisations. Celle de presse-information inclut un groupe de cours d'expression par les médias : en troisième des réalisations radiophoniques, télévisuelles (reportage), graphiques et surtout (le double de temps) photographiques ; la quatrième est consacrée à la réalisation d'un travail dit mémoire technique à l'aide d'un des médias étudiés.

Dans la formation particulière des journalistes de l'écrit, du son et de l'image, l'IHECS gère un programme de premier ordre.

Parmi les « enfants de Saint-Luc », il en est de brillants — comme l'IHECS —, il en est de plus discrets, comme l'ERG, École de recherches graphiques.

Cette école, qui relève de l'enseignement artistique supérieur du deuxième degré, délivre un diplôme légal homologué par le ministère de la Communauté française.

Le principe pédagogique fondamental est celui de la recherche, de l'interrogation de la théorie et de la pluralité des techniques par l'étudiant et de l'application de son acquis au développement de ses projets personnels. On le voit, la formation est multiple et implique le recours possible à un nombre important de techniques, rarement conjuguées dans une optique de synthèse : dessin (plusieurs types), sérigraphie, photo, cinéma d'animation, vidéo.

Comment cela s'organise-t-il ? En deux cycles de deux ans au cours desquels la formation de base rigoureuse et l'apprentissage des techniques diverses font place peu à peu aux projets des étudiants.

Ceux-ci occupent le deuxième cycle et sont développés dans une étroite liaison étudiant-professeur. Somme toute, l'ERG est bien sûr une école, mais c'est surtout une sorte de laboratoire expérimental au service de la création personnelle.

L'Institut national de radioélectricité et de cinématographie (INRACI)

Si les écoles supérieures à spécificité artistique font une place importante dans leur formation à la maîtrise de la technique, base de l'expression audiovisuelle, leur intention générale est de servir d'abord la création. L'Institut de radioélectricité et de cinématographie se caractérise, lui, par une formation résolument technique qui fait sa réputation.

Fondé en 1939, à la veille de la Seconde Guerre mondiale, l'Institut avait au départ polarisé son intérêt et ses activités sur l'enseignement de la radio et de l'électricité. Peu à peu, il introduisit l'image dans ses programmes, restant attentif à l'évolution des techniques visuelles.

L'INRACI relève dans l'organisation scolaire belge de l'Enseignement supérieur technique. Il est une école supérieure libre subventionnée non confessionnelle. Il compte quatre sections : photographie, électronique, informatique et cinématographie.

Nous ne nous arrêterons ici qu'à la cinématographie dont les cours conduisent en trois ans au *graduat* en technique cinématographique.

L'Institut offre aux diplômés de l'enseignement secondaire inférieur la possibilité de terminer en son sein le cycle supérieur. Mais cela ne nous concerne pas ici si ce n'est que ce certificat ouvre les portes du *graduat*.

Le *graduat* est une forme d'enseignement de type court (trois ans). Son accès est réservé aux détenteurs du certificat homologué d'enseignement secondaire supérieur ou d'un titre jugé équivalent. Le diplôme final est légalement reconnu.

Les études s'articulent pendant trois ans autour de deux axes comprenant l'un des cours généraux, l'autre des cours techniques. Mais l'Institut insiste beaucoup sur son objec-

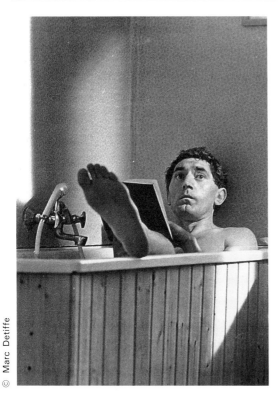

© Marc Detiffe

L'amour isocèle, de Pierre Barre, étudiant à l'IAD

tif : « *former des techniciens polyvalents capables de répondre aux exigences des réalisateurs de films, de clips vidéo et de programmes télévisés* ». Aussi les cours généraux qu'il propose relèvent-ils du fonctionnel : le néerlandais (en Belgique, français et néerlandais sont quasi nécessaires), l'anglais technique, l'histoire de l'art, la mathématique appliquée et un cours d'économie-comptabilité-marketing. C'est tout.

L'accent est évidemment porté sur les cours techniques : optique et chimie appliquées au film, sensitométrie ; écriture de scénarios, analyse et critique cinématographiques ; acoustique appliquée, technique d'enregistrement du son ; technologie de l'image, scénario et montage, électricité-électronique-vidéo, prise de vues et régie TV (studio), informatique appliquée à la vidéo ; laboratoires de chi-

mie et d'optique ; techniques de production, de réalisation et de postproduction film et vidéo, insertion professionnelle, séminaire et travail de fin d'études.

Les Académies

Larousse dit qu'entre autres une académie est un lieu où l'on exerce la pratique d'un art. En Belgique, le sens est étendu à l'enseignement.

On appelle généralement académie un établissement de formation artistique mis en place par le pouvoir local (communal, municipal) et essentiellement destiné, sans exclusive, à ses administrés de toute origine ; des cours de musique, d'arts plastiques, de photo... et aussi de langues se donnent ici le jour, là le soir, parfois les deux. Le niveau des académies est variable, du plus brillant au plus modeste.

L'Académie royale des beaux-arts de Liège est un établissement important qui va de l'enseignement secondaire à l'artistique supérieur du deuxième degré comprenant quatre années et huit formations dont l'une est axée sur la vidéo.

Créée en 1987, elle est encore en période de rodage. L'enseignement est basé sur une triple articulation : l'acte producteur (théorie, codes, l'image et le réel, l'espace et le temps), les pratiques (les genres et les usages), les produits et leurs espaces (TV, câble, TV communautaire, magnétoscope, présentation, conservation). Il dispense des cours généraux d'esthétique, d'histoire de l'art, de littérature, d'initiation à la musique et d'analyse des médias, chacun d'eux s'étalant sur trois ou quatre ans en parallèle avec les cours artistiques de dessin — le fondement —, de photo et d'optique couleur, l'ensemble étant appliqué dans l'atelier vidéo.

C'est dans l'insertion au sein d'un ensemble de formes créatives (l'Académie a gardé intacte toute la force étymologique de son nom) que toute nouvelle formule d'expression reste humaniste.

Établissement d'enseignement artistique supérieur du deuxième degré, l'Académie de Tournai, comme ses consœurs, a pour objet l'étude des beaux-arts et la préparation à leur maîtrise professionnelle. Elle gère des ateliers de création très variés. Elle introduit en 1991 un nouvel atelier répondant à l'évolution irréversible du secteur audiovisuel dans notre société, celui du dessin assisté par ordinateur : infographie, animation, images de synthèse, vidéographie. Une école de beaux-arts est au carrefour de l'art et de ce nouveau pinceau qu'est l'infographie : l'informatique offre de nouveaux modes d'expression à l'artiste et a besoin elle-même d'artistes créateurs. Le programme qui commence en 1991 a été profondément pensé dans cet esprit. Attendons.

L'enseignement néerlandophone

Le HRITCS

Le Hoger Rijksinstituut voor Toneel en Culturspreiding (l'Institut national supérieur pour le théâtre et la diffusion culturelle) est, à sa naissance en 1962, frère de l'INSAS dont il partage les locaux depuis l'origine au centre de Bruxelles. Il dépend de la même loi organique et délivre des diplômes proches même si, depuis la fédéralisation du pays, chacun est rattaché à une communauté différente qui permet plus de différenciation. L'organisation des études va en témoigner.

Le HRITCS comprend deux divisions, l'une, d'enseignement supérieur technique du troisième degré, propose un cycle de quatre ans avec quatre spécialités : cinéma, radio-télévision, communication sociale et théâtre ; l'autre, d'enseignement supérieur artistique, offre un cycle de deux ans (assistant) et un de trois ans (avec deux sections : image-son-montage et film d'animation).

Dans la division technique supérieure de quatre ans, un tronc commun réunit toutes les sections pendant les deux premières années pour étudier les matières d'intérêt général.

A partir de la troisième année, les programmes se séparent toujours davantage d'une section à l'autre, sauf pour les cours généraux dont le nombre va bien entendu en diminuant. Ainsi, dans les deux divisions qui nous retiennent, cinéma et radio-TV sont étudiés par tous : sociologie, pensée scientifique,

méthodes audiovisuelles, scénario et découpage en troisième année et questions économiques et juridiques dans les techniques de diffusion de la culture, scénario et découpage en quatrième année.

A cela s'ajoutent les matières spécialisées en cinéma : réalisation et régie, problèmes de production, études fondamentales du média film et du montage en troisième année, et réalisation et régie, techniques appliquées du cinéma, réalisation d'un court métrage, problèmes de production en quatrième année.

La section RTV suit un programme très voisin dans son esprit, où le visuel tient moins de place.

La division « supérieure technique » du HRITCS, comme elle l'annonce, met bien l'accent sur la technique et moins sur la création que sa collègue l'INSAS.

La division artistique compte deux sections de trois ans, image-son-montage (et assistanat) et film d'animation.

Pendant tout le cycle, les étudiants d'image-son-montage reçoivent ensemble les cours de base de leur formation générale et professionnelle (avec des survols de la spécificité du cinéma, de la télévision, de la radio, du son, de l'expression graphique, de l'optique, de la perspective et de la couleur) qui occupent la moitié du temps en première et deuxième années.

Les matières techniques diffèrent, cela va de soi, en image, son et montage, mais l'approche est partagée par tous les étudiants des trois spécialités, l'objectif étant de les rendre polyvalents. L'envers de la médaille est le risque de rester à la surface, malgré le temps consacré (la moitié en première et deuxième années, l'intégralité en troisième année).

La section film d'animation propose un programme de cours propre un peu plus chargé : notions générales, théorie et pratique, exercices de dessin, notions de montage, de photo, de prise de son, technologie, trucages qui occupent beaucoup de temps.

Le KASK (Académie de Gand)

Lisons : *Koninklijke Academie voor Schone Kunsten* (Académie royale des beaux-arts) de la ville de Gand. Elle est fort ancienne : c'est en 1748 que Philippe Karel Marissal a fondé

Waar is mijn Potse, de Martine Polet, étudiante au SHIVKV (Genk)

à Gent (Gand) une école libre privée de dessin et de peinture qui reçut en 1771 le titre de royale et devint ainsi une des premières écoles officielles des Pays-Bas. Bientôt l'Académie joua un rôle de premier plan dans les différents domaines de l'art.

Elle compte aujourd'hui trois départements avec chacun trois options : art libres (peinture, sculpture et graphique libre), arts appliqués (formation graphique, architecture appliquée, textiles et modes), enfin film d'art et photographie (avec les options suivantes : photographie et applications graphiques, film et applications audiovisuelles et film d'animation).

Avec l'option film et applications audiovisuelles, le KASK ne prétend pas rivaliser avec d'autres écoles de cinéma. Il se place sur le plan du documentaire en se basant sur la réalité comme matière fondamentale, étendue il est vrai, et s'en sert comme stimulant pour tous les créateurs.

Les applications audiovisuelles ont pour objet de suivre le développement des médias et même d'en jouer expérimentalement. L'ordinateur et l'image électronique donnent naissance à une nouvelle culture iconique et peuvent avant tout être utilement appliqués dans la vidéo interactive. L'école leur porte tout l'intérêt qu'elles méritent.

Mais sa renommée vient surtout de l'option film d'animation. En 1943 déjà, en pleine guerre, des cours libres de dessin animé fonctionnaient à l'Académie de Gand. Un jeune Ostendais né en 1928 s'y était inscrit : Raoul Servais. Il y réalisa son premier dessin animé en 9,5 m en 1945, en collaboration avec son professeur Albert Vermeiren. Devenu professeur à son tour, il tourna des films remarquables dont la réputation s'étendit au monde entier. Sous son impulsion, le directeur Géo Bontinck fonda en 1966 à l'Académie un département de film d'animation, le premier en Belgique et un des premiers d'Europe. Il n'a cessé depuis de s'affirmer.

Cette option, comme les autres d'ailleurs, comprend :

— un ensemble de cours artistiques, y compris les matières de base requises pour l'atelier artistique choisi ;

— un groupe de cours généraux : pendant les deux premières années, des sciences humaines et, étendues sur les quatre années, de nombreuses approches des arts et de leur théorie ;

— en quatrième année, un cours sur l'exercice de la profession.

L'atelier artistique de film d'animation et de dessin occupe, sous la direction des maîtres, la plus grande partie de l'horaire (plus de vingt heures par semaine sur trente-six). Il porte sur tous les types d'animation, du film de poupées au dessin animé, de la pixillation aux objets animés. Raoul Servais, qui y professe toujours, a porté haut la réputation nationale et internationale de l'école par les lauriers qu'il a récoltés dans les festivals, par sa cofondation du BILIFA (Bureau international de liaison des instituts du film d'animation), par son organisation de rencontres, etc.

Fait rare : grâce à la qualité de l'école naquit à Gent tout un réseau de structures pour le développement de l'animation, y compris un studio. Les jeunes générations maintiennent le standing de l'« école gantoise ».

L'Institut de Genk

La ville de Genk (65 000 habitants) est au centre d'une zone industrielle importante qui s'était développée dans une riche région minière. Depuis la fermeture des mines, l'industrie se recycle avec succès.

S'était ouverte à Genk une Académie communale des beaux-arts et d'esthétique industrielle bien située dans son contexte. Elle a pris aujourd'hui le nom de *Stedelÿk Hoger Instituut voor Visuele Kommunicatie en Vormgeving* (Institut communal supérieur de communication et de création visuelle). Dès le départ, l'école avait porté son attention sur le cinéma d'animation. Aujourd'hui, l'Institut se présente dans une structure peu classique : il se compose de deux divisions, l'indus-

trielle et la communication visuelle. Celle-ci comprend cinq sections : arts graphiques, photographie, développement industriel (design), film-vidéo et cinéma d'animation. L'insertion de l'école dans un courant de nouvel essor régional, en relations scientifiques avec le Limburgs Universitair Centrum de Diepenbeek (le Centre universitaire du Limbourg) et soutenue matériellement par l'industrie, lui confère un dynamisme prometteur.

Les deux sections film et vidéo et cinéma d'animation proposent chacune un cycle de quatre ans.

Les cours théoriques occupent quinze heures sur trente-six dans les deux premières années et neuf en troisième : psychologie, histoire de la culture, actualité, projets, sociologie, esthétique, histoire de la communication visuelle, histoire et structure de la musique fonctionnelle, sémiotique, économie, marketing, publicité, philosophie de l'art, management. Les cours pratiques prennent une place dominante dès le début : vingt et une heures en première à trente-cinq en quatrième : visualisation, scénario, technologie, ordinateur, prises de vues vidéo, son, caméra pour prises verticales, création vidéo et cinématographique ; vidéo, production, réalisation, éclairage, caméra, montage, création sonore, observation d'après nature et d'après modèle, animation sur celluloïd, papier découpé, effets de 3D et animation par ordinateur.

Les étudiants de quatrième année font quatre films ; ceux de vidéo : un clip, un film publicitaire, un industriel didactique, une séquence de journal ; ceux d'animation : une adaptation de livre d'images, un générique, un spot publicitaire, un film personnel.

Sint Lukas Brussel

En 1862, une école Saint-Luc fut fondée à Gand (Gent) sous l'impulsion du baron J.-B. de Béthune et du frère Marès, de l'ordre des Écoles chrétiennes. Le mouvement Saint-Luc voulait prendre le contrepied du matérialisme issu de l'industrialisation et offrir aux humanistes possibles un mode d'épanouissement par une formation artistique approfondie des travailleurs et des artistes. On voulait revenir aux idéaux et même à la langue des formes du Moyen Age chrétien alors hautement considéré.

Après la fondation de l'école de Gand, des établissements similaires furent créés à Tournai, à Liège, à Saint-Gilles (Bruxelles) en région francophone et à Schaerbeek en région néerlandophone. L'Institut de Liège excepté qui n'aborde pas l'audiovisuel, les écoles Saint-Luc retiennent l'attention par l'un ou l'autre aspect de leur enseignement. Celle de Tournai a donné naissance à l'IHECS, et celle de Saint-Gilles à l'ERG : il en a déjà été question ci-dessus. Aujourd'hui tout l'esprit initial des Écoles Saint-Luc rayonne à partir de l'Institut néerlandophone de Schaerbeek-Bruxelles.

Il a été fondé en 1887. Il s'est progressivement développé jusqu'à devenir un centre artistique au brillant rayonnement incluant notamment un enseignement à tous les niveaux, du secondaire inférieur et supérieur jusqu'au supérieur du second degré, enseignement artistique et technique de type court et long. Nous nous penchons sur ces derniers en retenant les ateliers de film-vidéo, mais nous n'ignorons pas la synergie que permet la présence des ateliers de sculpture, de photographie, de publicité, de peinture et de graphisme, appliqué et libre.

Les études dans ce double département durent quatre ans. L'objectif de l'option film est la formation des membres de l'équipe artistique de réalisation d'un film, surtout de fiction, et idéalement celle du réalisateur. La vidéo ces dernières années a pris beaucoup d'importance, et l'option tente de l'aborder à la fois comme art et comme média commercial et didactique, l'étudiant ayant le choix entre un atelier expérimental et un atelier appliqué.

Les matières enseignées dans les deux options sont proches : les cours généraux sont communs, les cours pratiques de l'atelier ont les mêmes intitulés, mais portent sur le film ou la vidéo (scénario, caméra, éclairage, son, exercices, montage, musique de film).

En pratique, les professionnels formés à Saint-Luc se sentent particulièrement bien préparés pour devenir cameraman (et assistant), réalisateur (et assistant), directeur de production et monteur, dans les secteurs publicitaire, commercial, relations publiques, didactique...

National Radio — en Filmtechnisch Instituut (NARAFI)

Le NARAFI est le frère jumeau de l'INRACI. Il vit d'une manière administrativement autonome (chacun dépend d'une communauté linguistique différente), mais il ressemble beaucoup à son frère. Ils sont issus des mêmes parents, ils sont gérés par le même conseil d'administration et partagent le même domicile et le même matériel. Leur vie propre les a quand même conduits l'un et l'autre à moduler quelque peu l'organisation de leurs études.

L'Institut propose trois *graduats* : en électronique, en informatique et en formation à l'image, que l'on obtient en passant par une des deux filières : photo ou film-vidéo. Cette dernière option retiendra ici notre attention.

Plus que son frère francophone qui se veut essentiellement technique, le NARAFI rêve d'allier le développement de la créativité personnelle et la formation technique.

La première année de la section formation à l'image, commune aux deux options photo et cinéma-vidéo, est conçue pour donner aux futurs professionnels de l'image les bases scientifiques, techniques et artistiques utiles. La priorité est encore accordée aux cours de base : français, anglais technique, science, optique théorique, optique appliquée, chimie, chimie appliquée, électricité, électronique, sensitométrie, introduction à l'esthétique de l'art, composition de l'image, technologie de la photographie, technologie du cinéma, techniques TV, en tout vingt et une heures de cours généraux auxquelles s'ajoutent dix heures d'exercices de formation à l'image.

Les cours de deuxième et de troisième années sont propres à chacune des deux options. En film-vidéo, nous trouvons en deuxième année : optique photographique, image électronique appliquée, sensitométrie ; introduction à l'esthétique de l'art, composition de l'image ; psychologie des mass media, histoire de la culture, histoire de la photographie et du cinéma, informatique, séminaire, littérature comparée, langage du cinéma, colorimétrie, montage, technique de la prise de son, en tout vingt et une heures, qu'il faut compléter de dix heures d'exercices.

Nous trouvons dans cette section en troisième année les cours d'informatique (programmation graphique), séminaire, montage films, prise de son et technique de la post-production, administration et direction de production, musique et décor sonore, régie TV, soit quatorze heures, plus quatorze heures d'exercices et de préparation de l'épreuve finale.

Comme l'INRACI, le NARAFI fait de ses étudiants des polyvalents. Mais le temps est limité : ils complètent leur préparation sur le tas.

Quel avenir pour les diplômés ?

Face à ce foisonnement d'écoles et au développement de l'enseignement universitaire, on peut s'interroger avec une certaine inquiétude sur l'avenir de tous ces diplômés dans un petit pays, on l'a dit, de 10 millions d'habitants. Mais la réalité et l'histoire, heureusement, ont contredit les apparences. La situation géographique européenne de Bruxelles et l'extension des nouvelles technologies de la communication y ont joué leur rôle, créant de nouveaux emplois de cadres où les universitaires trouvent des débouchés.

Sur le plan des images et de la création, la production de films de fiction et surtout de documentaires d'auteur tient une place, réduite quantitativement sans doute, mais de haute qualité et bien appréciée. Celle des spots publicitaires et des vidéoclips s'est attiré une fidèle clientèle hors frontière. Enfin et surtout, les télévisions, insatiables, se sont multipliées : trois chaînes francophones nationales (RTBF1, Télé 21 et RTL-TVI), trois néerlandophones (BRT, TV2 et VTM), plus des télévisions locales et communautaires qui diffusent sur le câble (90 % des foyers belges sont câblés et reçoivent plus de vingt-cinq programmes différents de toute l'Europe), plus les nombreuses « antennes » belges des grandes télévisions étrangères (Canal Plus-Belgique, La Cinq, TF1-Belgique, etc.) à la recherche de spectateurs câblés et de publicité « spécifique » pour arroser de nouveaux

---

Le paysage audiovisuel en Belgique

Films

1989	95 CM
	14 LM

Chaînes de TV

Communauté française
officielles 2 : RTBF et Télé 21
privées   2 : RTL/TVi et Canal +
              (à péage) française
locales   10
Communauté néerlandophone
officielles 2 : BRT et TV2
privées   2 : VTM et Filmnet
              (à péage) suédoise
+ les télédistributeurs (par câble) couvrant le pays quasi entier et offrant environ 25 chaînes (en plus des belges : 3 allemandes, 3 hollandaises, 5 ou 6 françaises, 2 ou 3 anglaises, 1 italienne, 1 espagnole, 3 euro-américaines...).

Émetteurs radio

Communauté française	3
Communauté néerlandophone	3
Communauté germanophone	1
radios libres limitées à 5 stations sous un même contrôle	
chaîne internationale	1
(néerlandophone)	

V.B.

---

territoires, toutes institutions qui font une ample consommation de spécialistes bien formés de tous les niveaux, allant des métiers techniques à ceux de la conception, de ceux de la promotion ou de la documentation à ceux de la gestion ou de la production.

L'ensemble de ces formations est bien assuré par les écoles belges, à en croire la réputation qu'elles ont gagnée sur le plan international et le nombre de candidats de tous pays qui se pressent à leur porte à chaque rentrée.

Victor BACHY

Koekoek, de Bart Van Bael, étudiant au KASK (Gent)

Éléments de bibliographie

ANTOINE (Frédéric), **L'audiovisuel pris d'assaut** in *La Libre Belgique*, 18 septembre 1985.

BOLEN (Francis), **Histoire authentique... du cinéma belge**, Éd. Memo et Codec, Bruxelles, 1978, 506 p.

CALLATAY (Christophe de), **Pour une éducation des jeunes à l'audiovisuel**, Fondation Roi Baudouin, Bruxelles, 1990.

Ciné-dossiers, publication bimestrielle, réd. en chef Francis Bolen, Bruxelles, de 1 (février 1967) à 75 (novembre 1979).

DAVAY (Paul), **Cinéma de Belgique**, Duculot, Gembloux, 1973, 214 p.

J.P.G., **Le Son et l'Image. Former aux langages des médias** in *Trends tendances*, n° 45, 22 novembre 1990, pp. 208-210.

FONCK (Philippe), **Communication sociale et techniques de diffusion**, Centre d'information et de documentation sur les études et les professions (CID), 1987, 66 p.

MAELSTAF (Raoul), **Le film d'animation en Belgique**, coll. Textes et documents, n° 261/262, ministère des Affaires étrangères, Bruxelles, 1970.

SCHAYES (Karin), **AV Aspects Belgique**, in *Audiovisuel industrie*, juillet 1990, pp. 6-8.

STRUY (J.-L.) et DUCHESNE (Chantal), **L'ère des communicateurs**, 2e éd., Serv. d'information sur les études et les professions, Bruxelles, 1987, 334 p.

VAN DEN HEUVEL (Chantal), **Itinéraires du cinéma de Belgique des origines à nos jours**, n° spécial de *Revue belge du cinéma*, hiver 1982, n° 2, 74 p.

VBA Flash, *Vereniging ter bevordering van de Animatiefilm* (revue bimestrielle de l'association pour la formation du film d'animation), Antwerpen, depuis 1975.

Collectif, **Le cinéma belge entre l'État et l'écran**, n° à thème de *La Revue nouvelle*, janvier 1981, 1, 78 p.

Collectif, **Le cinéma d'animation en Belgique**, n° spécial de la *Revue belge du cinéma*, 1982, 44 p.

V.B.

Annuaire

Écoles francophones

BRUXELLES (BRUSSEL)

ÉCOLE NATIONALE SUPÉRIEURE DES ARTS VISUELS DE LA CAMBRE (ENSAV).

Abbaye de la Cambre 21, B 1050 Bruxelles.
Tél. : (32.2) 648.34.95 ou 648.96.19.
Statut : enseignement artistique supérieur de plein exercice du troisième degré.
Responsables : Joseph Noiret, directeur ; Robert Wolski et Guy Pirotte pour l'atelier d'animation.
Diplômes décernés :
— à l'issue du premier cycle : certificat,
— à l'issue du deuxième cycle : diplôme d'enseignement supérieur artistique du troisième degré mentionnant la spécialisation.
Conditions d'admissions :
1. Certificat homologué de l'enseignement secondaire supérieur et diplôme d'aptitude à accéder à l'enseignement supérieur.
2. Réussite d'une épreuve d'admission.
Frais d'inscription et d'études :
— de la première à la quatrième année : 7 500 FB,
— cinquième année : 9 750 FB.
Durée des études : 5 ans (en deux cycles de trois + deux années).
Effectif par promotion dans l'unité E : 10 (sur 15 candidats).
Diplôme final : 8.
Contenu des études pour l'unité E : Cinématographie d'animation ; vidéographie :
— théorie liée à la réalisation du film d'animation,
— travaux pratiques d'atelier, de l'écriture de scénario à la réalisation de nombreux exercices.
Débouchés : l'ensemble des professions de création, de la conception à la réalisation, dans les domaines du cinéma d'animation et de la vidéo, notamment dans la production de films d'animation, de clips, de flashes publicitaires pour le cinéma et la télévision.

ÉCOLE DE RECHERCHE GRAPHIQUE (SAINT-LUC) ERG.

Rue de la Victoire 196, B 1060 Bruxelles.
Tél. : (32.2) 537.25.35.
Statut : enseignement artistique supérieur du deuxième degré.

Responsable : Pierre Sterckx.
Diplôme décerné : diplôme d'enseignement supérieur artistique du deuxième degré.
Conditions d'admission : certificat homologué de l'enseignement secondaire supérieur et épreuve d'aptitudes artistiques.
Frais d'inscription et d'études : 17 500 FB.
Durée des études : 4 ans en deux cycles.
Contenu des études : théorie : 20 %, pratique : 80 %.
Stage : en quatrième année.
Débouchés : graphisme, publicité, illustration, télévision, arts plastiques, ordinateur graphique, photographie, bande dessinée.
Recherche : l'école a la recherche même pour objet.

INSTITUT DES HAUTES ÉTUDES DES COMMUNICATIONS SOCIALES (IHECS).

Rue de l'Étuve 58-60, B 1000 Bruxelles.
Tél. : (32.2) 512.90.93.
Statut : enseignement supérieur social du troisième degré.
Responsables : Freddy Laurent, directeur, G.P. Torrisi, directeur des études.
Diplôme décerné : diplôme en arts du spectacle et techniques de diffusion.
Conditions d'admission : certificat homologué de l'enseignement secondaire supérieur, diplôme d'aptitude à accéder à l'enseignement supérieur. Épreuve d'admission.
Frais d'inscription et d'études : première, deuxième, troisième années : 33 500 FB ; quatrième année : 34 750 FB.
Durée des études : 4 ans.
Effectif par promotion : n'entre pas en ligne de compte ici, puisqu'il s'agit d'option partielle non quantifiable.
Contenu des études : dans le cadre de sa formation aux métiers de l'information, l'école inclut une maîtrise fonctionnelle de base de l'audiovisuel (expression par les médias). Formation notamment au micro et à l'image.
Stage : au moins un mois.
Débouchés : tous les secteurs de l'information au sens large, journalisme, relations publiques, publicité.
Remarques particulières : le libellé du diplôme, identique à celui de l'IAD et de l'INSAS, est ambigu : les spécialisations de l'école sont presse et information, relations publiques et publicité, éducation permanente.

INSTITUT NATIONAL DE RADIOÉLECTRICITÉ ET DE CINÉMATOGRAPHIE (INRACI).

Avenue Victor-Rousseau 75, B 1190 Bruxelles.
Tél. : (32.2) 344.52.13 et 345.48.85 (dir.).
Statut : enseignement supérieur technique de plein exercice et de type court.
Responsable : Jacques Bierlaire, directeur.
Diplôme décerné : *graduat* en technique cinématographique.
Conditions d'admission : certificat homologué d'enseignement secondaire supérieur.
Frais d'inscription et d'études :
— frais d'inscription : de 15 200 FB (première et deuxième années) à 16 700 FB (troisième),
— frais d'études : environ 25 000 FB.
Durée des études : 3 ans.
Effectif par promotion : 60 étudiants sont admis en 1re année, une quinzaine arrivent à la fin de la 3e.
Contenu des études :
— théorie : surtout langues et mathématiques appliquées (horaires : 4 h en 1re, 4 h en 2e, 2 h en 3e),
— pratique : les cours scientifiques de base et leur mise en œuvre (horaires : 24 h en première, 24 h en deuxième, 26 h en troisième).
Stage : en dernière année.
Débouchés : comme techniciens polyvalents à même de répondre aux exigences des réalisateurs de films, de clips vidéo et de programmes télévisés ; sont employés principalement dans les télévisions communautaires et privées en tant que cameraman, monteur film et vidéo.
Remarques particulières : la formation donnée est résolument technique.

INSTITUT NATIONAL SUPÉRIEUR DES ARTS DU SPECTACLE ET TECHNIQUES DE DIFFUSION (INSAS).

Rue Thérésienne 8, B 1000 Bruxelles.
Tél. : (32.2) 511.92.86, télécopieur : (2) 511.02.79.
Statut : institut supérieur artistique de plein exercice du troisième degré.
Responsables : Jean-Pierre Casimir, directeur, Henry Verhasselt, relations internationales.
Diplômes décernés :
— cycle de quatre ans : diplôme en Arts du spectacle et techniques de diffusion,
— cycle de trois ans : *graduat* en Arts de diffusion.
Conditions d'admission :
1. Certificat homologué de l'enseignement secondaire supérieur et pour le cycle de quatre ans, diplôme d'aptitude à accéder à l'enseignement supérieur (ou équivalent).
2. Réussite d'un concours-test d'entrée.

Nord express, de Rob Rombout, ancien étudiant du RITCS (Bruxelles) et professeur à Sint-Lukas et à l'INSAS (Bruxelles)

Frais d'inscription et d'études : de 5 000 à 9 750 FB suivant les sections et les années.
Durée des études : options FILM/télévision et film/TÉLEVISION : 4 ans ; options image, son, montage/scripte : 3 ans.
Effectif par promotion : film-télévision : de quatorze (en première) à huit (en deuxième) en réalisation.
Contenu des études : équilibre entre les cours théoriques de culture générale et les connaissances scientifiques et professionnelles d'une part et la formation instrumentale de l'autre. Les connaissances fondamentales sont continuellement confrontées à leur application pratique.
Débouchés : toutes les professions du cinéma et de l'audiovisuel depuis l'écriture et la production jusqu'à la finition.
Cycle long : réalisation cinéma/TV, écriture de scénario, pratique de la production.
Cycle court : prises de vues, prises de son, montage, scripte.
Remarques particulières : l'INSAS compte une option théâtre/radio (études en 4 ans) dont nous n'avons pas fait mention dans le cadre de ce volume.

Membre du CILECT et du GEECT, il accueille le secrétariat du CILECT.

LIÈGE

ACADÉMIE ROYALE DES BEAUX-ARTS DE LA VILLE DE LIÈGE.

Rue des Anglais 21, B 4000 Liège.
Tél. : (32.41) 23.45.54.
Statut : enseignement supérieur communal.
Responsables : André Dejardin, directeur ; Jacques-Louis Nyst, responsable de l'atelier vidéo.
Diplôme décerné : diplôme de l'enseignement artistique supérieur du deuxième degré.
Conditions d'admission :
— certificat homologué d'enseignement secondaire supérieur (ou équivalent),
— épreuve artistique d'admission.
Frais d'inscription et d'études : 5 000 FB en première, deuxième, troisième années et 6 500 FB en quatrième année pour la Communauté française, 1 000 FB pour l'école.
Durée des études : 4 ans.
Effectif par promotion : la section a débuté en 1987 et compte en 1990-1991 : en première année, douze étudiants, en deuxième année, douze, en troisième année, douze, en quatrième année, quatre.
Contenu des études :
— théorie : histoire de l'art, de la littérature, analyse des médias, initiation à la musique, esthétique, soit en tout 36 heures par semaine,
— pratique : cours de dessin, de photo, atelier vidéo.
Débouchés : vidéo-reportage, vidéo-clips, vidéofilms, etc. en tant que scénariste, cameraman, assistant, monteur, preneur de son, réalisateur vidéo.
Remarques particulières : l'atelier est jeune et trace sa voie.

LOUVAIN-LA-NEUVE

INSTITUT DES ARTS DE DIFFUSION (IAD).

Rue des Wallons 77, B 1348 Louvain-la-Neuve.
Tél. : (32.10) 45.06.85 et 86 — Fax (32.10) 45.11.74.
Statut : institut supérieur artistique de plein exercice du troisième degré.
Responsables : Jean-Marie Delmée, directeur : Antonio Zecca, directeur administratif ; Jacques Polet, directeur pédagogique.

Diplômes décernés :
— cycle de quatre ans : diplôme en arts du spectacle et techniques de diffusion,
— cycle de trois ans : *graduat* en arts de diffusion.
Conditions d'admission :
1. Certificat homologué de l'enseignement secondaire supérieur et pour le cycle de quatre ans diplôme d'aptitude à accéder à l'enseignement supérieur (ou équivalent).
2. Réussite d'un concours-test d'entrée.
Frais d'inscription et d'études : de 31 000 à 36 000 FB par an suivant les sections et les années.
Durée des études :
— section de réalisation en ciné-TV et radio-TV : 4 ans ;
— section de son, d'image et de scripte-montage : chacune 3 ans.
Effectifs par promotion (approximativement) :
— réalisation   : de 35 (en 1re) à 10 (en 4e),
— son   : de 35 (en 1re) à 24 (en 3e),
— image   : de 24 (en 1re) à 10 (en 3e),
— scripte-montage : de 16 (en 1re) à 14 (en 3e).
Contenu des études :
— théorie : cours fondés en première sur des disciplines de base des sciences humaines (cycle long) ou exactes (cycle court), ensuite cours d'encadrement culturel et scientifique,
— pratique : tournage de films de difficulté progressive, participation aux équipes de réalisation (tous les rôles).
Stages : l'IAD développe une politique active de stages grâce à la présence de nombreux intervenants professionnels.
Recherche : certains films d'étudiants et les mémoires de fin d'étude constituent des travaux de recherche mais l'école n'a pas institué de centre de recherches proprement dit.
Débouchés : toutes les professions du cinéma, de la télévision, de la vidéo et de l'audiovisuel en général, réalisateur, directeur photo, preneur de son, cadreur, scripte, monteur(euse).
Remarques particulières : l'IAD compte une section complète de théâtre (études en quatre ans) dont nous n'avons pas fait mention dans le cadre de ce volume.
Membre du CILECT et du GEECT.

TOURNAI

ACADÉMIE DES BEAUX-ARTS (DE LA VILLE DE TOURNAI).

Rue de l'Hôpital-Notre-Dame 14, B7500 Tournai.
Tél. : (32.69) 22.68.37.
Statut : enseignement artistique supérieur du deuxième degré.

Responsables : Gilbert Racques, directeur ; Paul Lembourg, chef d'atelier de la section infographie.
Diplôme décerné : diplôme de l'enseignement artistique supérieur du deuxième degré.
Conditions d'admission : cerficat homologué de l'enseignement secondaire supérieur + examen d'entrée ou examen d'aptitude organisé en jury central.
Frais d'inscription et d'études :
— première, deuxième et troisième année : 5 000 FB,
— quatrième année : 5 500 FB.
Durée des études : 4 ans.
Effectif par promotion (dans la section) : première promotion (1990-1991) : 32.
Contenu des études pour la section dessin assisté par ordinateur :
— théorie : cours généraux de base ; théorie fonctionnelle des systèmes informatiques et de leur fonctionnement,
— pratique : emploi du matériel, animation, images de synthèse, vidéographie.
Stage : à venir.
Débouchés : les multiples débouchés (imprimerie, publicité, TV, cinéma, design, etc.) ouverts par l'infographie.

Conditions d'admission : certificat homologué d'enseignement secondaire supérieur et diplôme d'aptitude à accéder à l'enseignement supérieur (cycle de 4 ans) ou équivalent.
Frais d'inscription et d'études : cycle court : 500 FB, 3e degré : 5 000 FB.
Durée des études :

image-son-montage	3 ans	
assistanat	2 ans	cycle court
animation (cinéma)	3 ans	

cinéma	4 ans	
radio-télévision	4 ans	troisième degré

Contenu des études :
— théorie : une formation très générale au monde contemporain et à ses expressions artistiques (pour tous). Une formation professionnelle technique de base pour ceux du cycle court,
— pratique : plus développée pour ceux du technique supérieur.
Débouchés : production ciné-TV comme technicien supérieur ou collaborateur de création (cameraman, preneur de son, monteur).
Remarques particulières : l'Institut fut le correspondant initial néerlandophone de l'INSAS dont il partage encore les locaux, mais les deux établissements se sont beaucoup différenciés depuis leur fondation.

Écoles néerlandophones

BRUSSEL (BRUXELLES)

HOGER RIJKSINSTITUUT VOOR TONEEL EN CULTUURSPREIDING (HRITCS) (INSTITUT NATIONAL SUPÉRIEUR DU THÉATRE ET DE LA DIFFUSION CULTURELLE).

Theresianenstraat 8, B 1000 Brussel.
Sint Huibrechtstraat 12, B1150 Brussel (annexe).
Tél. : (32.2) 511.93.82 ; 772.03.85.
Statut : enseignement technique du troisième degré pour le cycle de quatre ans. Enseignement artistique supérieur du deuxième degré pour le cycle de trois ans.
Responsable : Jo Röpcke, directeur.
Diplômes décernés : Hoger Technisch Onderwys 3de graad (diplôme d'enseignement supérieur technique) ou *Hoger Kunstonderwys 2de graad* (diplôme d'enseignement artistique supérieur du deuxième degré) suivant les cycles.

RADIO EN FILMTECHNISCH INSTITUUT (NARAFI) (INSTITUT DE RADIO ET DE TECHNIQUE CINÉMATOGRAPHIQUE).

Victor Rousseaulaan 75, B 1190 Brussel.
Tél. : (32.2) 344.52.13.
Statut : enseignement supérieur technique de plein exercice et de type court.
Responsable : P. Denys, directeur.
Diplôme décerné : Graduaat in Beeldvorming, Optie Cinematografie (*Graduat* en arts visuels, option cinématographie).
Conditions d'admission : certificat homologué d'enseignement secondaire supérieur.
Durée des études : 3 ans.
Effectif par promotion : de soixante en première à quinze en troisième.
Contenu des études :
— théorie : peu de cours généraux,
— pratique : les cours scientifiques de base et leur mise en œuvre.
Stage : recommandé en 3e année.
Débouchés : technicien en cinéma et radio-TV (l'accent est placé sur les techniques de prises de vues) : instituts de télévision, productions ciné et vidéo.
Remarques particulières : l'Institut est le pendant néerlandophone de l'INRACI (voir ci-dessus) dont

il partage les locaux et le matériel sous la direction d'un Conseil d'administration commun.

SINT-LUKAS HOGER INSTITUUT VOOR BEELDENDE KUNSTEN (SAINT-LUCAS BRUSSEL) (INSTITUT SUPÉRIEUR SAINT-LUC DES ARTS DE L'IMAGE).

Paleizenstraat 70, B 1210 Brussel.
Tél. : (32.2) 217.05.83.
Statut : enseignement artistique supérieur du 2e degré de plein exercice.
Responsable : G. Foqué, directeur.
Diplôme décerné : Hoger Kunstonderwÿs 2de graad (diplôme de l'enseignement artistique supérieur du deuxième degré).
Conditions d'admission : certificat homologué d'enseignement secondaire supérieur, épreuve d'admission.
Frais d'inscription et d'études : 35 000 FB.
Durée des études : 4 ans.
Contenu des études : pratique du film-vidéo et de la photographie dans les ateliers spécialisés.
Débouchés : scénariste, cameraman, assistant-régie, monteur, régisseur de l'éclairage et du son et... réalisateur.

GENK (LIMBOURG)

STEDELŸK HOGER INSTITUUT VOOR VISUELE KOMMUNIKATIE EN VORMGEVING (SHIVKV) (INSTITUT COMMUNAL SUPÉRIEUR DE COMMUNICATION ET DE CRÉATION VISUELLES).

Weg naar As 50, B 3600 Genk.
Tél. : (32.11) 35.99.51, Fax : (32.11) 35.77.05.
Statut : enseignement supérieur artistique du deuxième degré, école des Arts appliqués.
Responsables : Jan Van Praet, directeur ; section cinéma d'animation : Maurice Noben ; section film et vidéo : Mark de Boever.
Diplôme décerné : Hoger Kunstonderwÿs 2de graad (diplôme de l'enseignement artistique supérieur du 2e degré).
Conditions d'admission : certificat homologué de l'enseignement secondaire supérieur, épreuve d'admission.
Frais d'inscription et d'études : 15 000 FB.
Durée des études : 4 ans.
Effectif par promotion : une dizaine en film-vidéo, la moitié en animation.
Contenu des études : pour les deux sections de film-vidéo et de cinéma d'animation de la division communication visuelle.

— théorie : cours généraux de base (15/36 en première et deuxième, 9/36 en troisième, 1/36 en quatrième),
— pratique : le reste des 36 heures.
Stage : trois mois au minimum dans des studios de télévision, vidéo ou animation avant de commencer la quatrième année.
Débouchés : dans les stations de télévision, studios de vidéo, de film d'animation en tant que réalisateur, producteur, animateur, cameraman, ingénieur du son, assistant de réalisation.

GENT (GAND)

KONINKLIJKE ACADEMIE VOOR SCHONE KUNSTEN (KASK) (ACADÉMIE ROYALE DES BEAUX-ARTS).

Academiestraat 2, B 9000 Gent.
Tél. : (32.91) 23.81.02, 23.52.31.
Responsables : Chantal de Smet, directeur ; section film-vidéo : Jules Vandevelde et Henk Vankerckhove ; cinéma d'animation : René Dehamers.
Diplôme décerné : Hoger Kunstonderwÿs, diplôme homologué d'enseignement artistique supérieur.
Conditions d'admission : certificat homologué de l'enseignement artistique secondaire supérieur ou d'enseignement secondaire supérieur et épreuve artistique d'admission.
Frais d'inscription et d'études :
— frais d'inscription : 7 500 FB,
— frais d'études : dépendent du projet individuel.
Durée des études : 4 ans.
Effectif par promotion : sept étudiants environ par promotion en section film-vidéo ; de vingt-cinq acceptés en première à une douzaine à la fin en section animation.
Contenu des études :
— théorie : matières artistiques fondamentales (préalables aux ateliers) ; cours généraux : théorie des arts, leurs fondements, leur histoire — 1/3,
— pratique : ateliers de maîtrise de la matière et d'expression de la créativité — 2/3 à 9/10 en quatrième.
Recherches expérimentales en vue de nouvelles techniques d'animation (cf. les travaux de R. Servais).
Débouchés : dans les studios d'animation, les productions publicitaires, les vidéo-clips en tant que réalisateur, dessinateur, graphiste, etc., en dessin animé et ses applications.
Remarques particulières : à l'intention des candidats étudiants étrangers, des cours de langue néerlandaise donnés à l'université permettent de suivre rapidement les cours du KASK.

Victor BACHY

Éléments d'un crime, de Lars Von Trier

II. AU DANEMARK

The Danish Film Institute ©

Pelle le conquérant, de Bille August, ancien étudiant de l'école de cinéma

L'enseignement supérieur est subventionné et dirigé par l'État.

Après deux années d'études supérieures, les étudiants obtiennent le titre d'*Examinatus (a) Artium* qui ne donne aucune qualification professionnelle particulière.

Ensuite, ils peuvent en un an passer un *BA* ou un *BSC* en combinant deux disciplines.

Ils peuvent également préparer en deux ans un *Cand. phil.* en une seule discipline. La communication peut être l'une d'elles. Certains d'entre eux préparent en trois ou quatre ans le *Kandidateksamen (Cand. mag.)* en deux disciplines, par exemple français et communication. Après le *Cand. mag.* ou le *Cand. phil.*, il est possible de préparer en deux ans ou trois ans le *Licentiatgrad* qui est à peu près l'équivalent du *Ph D* américain.

L'année universitaire est divisée en deux semestres qui forment un tout relativement clos. Le premier semestre dure du 1er septembre à Noël, le second de la fin janvier à la fin juin.

L'éducation danoise accorde une grande importance à l'ouverture internationale et à l'étude des langues. Des programmes internationaux se mettent en place dans plusieurs universités. Ils comportent souvent des cours en anglais.

L'enseignement supérieur au Danemark

Nombre d'habitants : 5,13 millions.
Nombre d'étudiants : 88 750 dont CEE : 565 (chiffres NUFFIC).
Langue d'enseignement : le danois ; quelques cours en anglais.
Ministères de tutelle : essentiellement le ministère de l'Éducation nationale ; le ministère des Affaires culturelles pour quelques écoles d'art.

Durée	UNIVERSITER (Universités) / UNIVERSITETSCENTER (Universités et centres universitaires)			ÉCOLES SUPÉRIEURES (Écoles des beaux-arts, de journalisme...)
			Doktorgrad	
2 ans		*Licenciat-graad*	**Licenciatus/ Licenciata philosophiae (Lic-Phil)** *Licenciat-graad*	Examens particuliers à chaque école
1 an		**Candidatus/ candidata philosophiae (Cand Phil)**	**Candidatus/ candidata magisteri (Cand. Mag.)**	
1 an	**Bachelor of Art (BA) Bachelor of Science (BSC)**	Examen en une seule discipline	*Kandidateksamen* (en deux disciplines)	
2 ans	**Examinatus/Examinata artium** (Exam Art)			
Age 18 ans	Accès à l'enseignement supérieur *Studentereksamen* (Certificat de maturité) ou *Højere forberedelseseksamen* (HF) (examen d'accès à l'enseignement supérieur). Ces examens ne donnent pas l'accès automatique au supérieur. Le candidat peut solliciter l'admission dans huit disciplines. Chaque institution fixe ses propres conditions d'admission.			

Deux formations
au cinéma

Pelle le Conquérant, de Bille August

par Maurice Drouzy

École et université : le dualisme

Maurice Drouzy est l'auteur de livres remarqués sur le cinéma : **Luis Buñuel, architecte du rêve** *(Éditions Lherminier) et* **Carl Th. Dreyer, né Nilsson** *(Éditions du Cerf). Enseignant au département cinéma de l'université de Copenhague, il fait le point sur les deux institutions qui préparent à entrer dans l'univers des films : l'École danoise de cinéma et l'Institut pour le cinéma, la télévision et la communication de l'université de Copenhague. L'une dépend du ministère de la Culture, l'autre de celui de l'Éducation.*

Ces dernières années, le cinéma danois a été à l'étranger l'objet d'un intérêt renouvelé. En effet, deux fois de suite, l'Oscar du meilleur film non américain a été attribué à un film réalisé au Danemark (*Le festin de Babette* en 1988 et *Pelle le conquérant* en 1989). De ces deux succès consécutifs, il ne faudrait pas conclure que les studios danois ne réalisent que des chefs-d'œuvre. En fait, la production nationale est très peu homogène : le bon y côtoie le moins bon et même le pire. La créativité artistique laisse souvent à désirer. Une révision récente (1989) de la loi d'aide au cinéma ne semble guère devoir améliorer la situation. Elle donne la possibilité de tourner davantage de films (une quinzaine chaque année), mais — en dépit des bonnes intentions du législateur — il est manifeste qu'elle favorise la quantité au détriment de la qualité.

La création d'une seconde chaîne de télévision en 1988 avait été présentée comme un progrès culturel : elle devait assurer une saine émulation entre les deux chaînes. En fait la concurrence joue davantage sur le nombre de téléspectateurs à atteindre que sur la valeur des émissions. Le niveau de la première chaîne a plutôt baissé et la seconde chaîne, en partie financée par la publicité, n'a pas réussi jusqu'ici à trouver son identité propre et ne fait que doubler la première. Les émissions de haute qualité réalisées par les studios danois de télévision sont le plus souvent de type documentaire ou encore des présenta-tions d'œuvres chorégraphiques, beaucoup plus rarement des téléfilms ou des séries télévisées. On peut donc dire que la créativité et l'originalité télévisuelles s'exercent davantage dans le domaine de la « faction » que dans celui de la fiction.

Le Danemark possède deux institutions exclusivement consacrées à l'enseignement audiovisuel. L'une est centrée sur la formation pratique : l'École danoise du cinéma. L'autre vise à former des critiques et enseignants : l'Institut pour le cinéma, la télévision et la communication de l'université de Copenhague.

L'École danoise du cinéma

L'École danoise du cinéma (Den danske Filmskole) fondée en 1966 est, depuis sa création, installée dans un ancien entrepôt du pittoresque quartier de Copenhague, Christianshavn. Elle partage ce bâtiment avec la Cinémathèque danoise (Det danske Filmmuseum) et le Fonds d'aide à la cinématographie (Det danske Filminstitut). Dépendant du ministère de la Culture, l'école a, dès ses origines, été conçue comme une école d'art, pour laquelle la création cinématographique est à la fois la raison d'être et l'objet même des études. Au départ, elle a été marquée par une forte personnalité, le critique et réalisateur Theodor Christensen (décédé en 1967) qui, quelques années auparavant, avait déjà fondé à Cuba une école nationale de cinéma. Les diverses spécialisations étaient alors au nombre de trois : réalisation, photographie et son. Depuis, d'autres branches se sont greffées au tronc commun, à savoir production, montage, scénario. D'une manière générale, la formation donnée par l'école a, au cours des années, fait place à un enseignement pratique et technique de plus en plus poussé au détriment, selon certains, d'une connaissance des grands classiques du cinéma et d'une réflexion critique sur les problèmes de la création artistique. Selon d'autres, l'école a trouvé aujourd'hui un point d'équilibre relativement

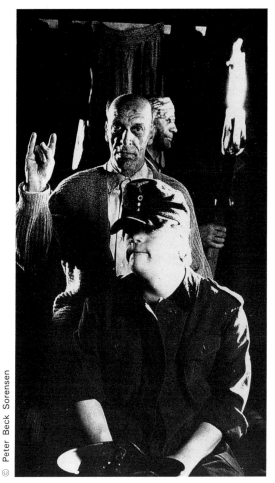

Photo de plateau de *Image de la libération*, de Lars von Trier, ancien étudiant à l'Université de Copenhague et à l'École de Cinéma

© Peter Beck Sorensen

sur plusieurs centaines de candidats. Six mois environ avant la date d'entrée à l'école, les postulants — danois ou étrangers — adressent une demande écrite avec curriculum vitae détaillé. A partir de ces documents, une première sélection a lieu. Les candidats retenus passent alors une épreuve écrite portant sur des questions techniques concernant le cinéma. Ceux qui ont passé cette épreuve de façon satisfaisante sont alors invités à une conversation avec un ou plusieurs enseignants de l'école. Les candidats qui, à la suite de cette confrontation, sont reconnus comme susceptibles d'être admis doivent alors passer une épreuve d'ordre pratique. Puis un nouvel interrogatoire oral a lieu, à la suite duquel la sélection définitive désigne les élèves qui entreront à l'école. Les critères retenus portent naturellement sur les dons esthétiques et la créativité du candidat, mais également sur sa « sociabilité » et ses capacités à s'intégrer à un travail d'équipe.

Comme on l'a signalé plus haut, l'enseignement de l'école comporte des cours théoriques (histoire de l'art et spécialement de la musique, histoire du cinéma, initiation aux théories esthétiques, analyses de films, cours de dramaturgie, etc.), mais principalement un enseignement technique adapté aux différentes spécialisations. Le collège des enseignants est d'une dizaine environ, travaillant à temps plein. Un enseignant est responsable de chacune des six branches spécialisées. Des maîtres extérieurs à l'école (réalisateurs danois ou étrangers, producteurs, techniciens) sont fréquemment invités pour des cours ou des séminaires portant sur des questions théoriques ou techniques plus particulières.

L'assistance aux cours est obligatoire, comme du reste la participation à toutes les activités de l'école. Car à la différence d'un département d'université, l'école entend assurer une formation suivie et structurée et impose à ses élèves une discipline de travail souvent très exigeante. Au cours de chaque année scolaire, tous les élèves participent suivant leur spécialisation à deux ou trois tournages au moins (16 mm, vidéo, 35 mm). Le résultat de ces réalisations de longueur très inégale — de 5 à 45 minutes — et de caractère très divers est alors jugé et critiqué sous ses différents aspects : technique, stylistique, narratif. Les films de fin d'étude sont généralement des courts métrages de 30 à

satisfaisant, conjuguant l'enseignement théorique et une formation technique hautement spécialisée, indispensable à de futurs professionnels du cinéma.

La durée des études est de quatre années au total. Une nouvelle promotion d'une trentaine d'élèves répartis entre les six différentes spécialisations possibles est recrutée tous les deux ans. Le nombre total d'élèves suivant l'enseignement de l'école est donc d'une soixantaine environ. Le processus d'admission est relativement compliqué car il s'agit de sélectionner une trentaine d'élèves maximum

45 minutes sur un sujet libre et sont parfois d'une telle qualité et d'une originalité si évidente que la télévision ou des directeurs de salle en acquièrent les droits pour pouvoir les faire connaître à un large public. Mais à l'exception de ces films, toutes les bandes réalisées par les élèves restent la propriété de l'école, qui s'est engagée à ne pas concurrencer les professionnels du cinéma.

Aucun diplôme au sens strict n'est attribué à la sortie de l'école, mais le fait d'être passé par cette institution confère une qualification largement reconnue par les professionnels danois de l'audiovisuel. De fait, la plupart des anciens élèves trouvent rapidement à s'employer, soit dans la production cinématographique, soit au service de l'une des deux chaînes de télévision. 80 à 90 % des anciens élèves techniciens (caméra, son, montage...) travaillent dans leur spécialité, au moins à temps partiel. Les réalisateurs ont souvent plus de difficultés, le nombre de films réalisés chaque année au Danemark étant trop restreint pour que tous puissent faire montre de leur talent. Et comme partout ailleurs, la profession se méfie des premiers films. Mais comme partout ailleurs également, les jeunes réalisateurs qui savent allier créativité et acharnement parviennent tout de même à vaincre des réticences des marchands de pellicule. Le cas de Lars von Trier tournant *Éléments d'un crime* deux ans seulement après sa sortie de l'école en est une illustration éclatante.

L'université de Copenhague

La section Cinéma de l'université de Copenhague fut fondée à titre expérimental en septembre 1967. Très vite elle connut un tel afflux d'élèves (le nombre passa de 30 à 300 en quelques années) qu'elle fut bientôt constituée en département autonome. Elle quitta alors ses locaux provisoires au centre de Copenhague pour rejoindre le vaste campus universitaire construit pour les sciences humaines sur l'île d'Amager à 2 kilomètres du centre ville. Depuis août 1988, son titre officiel est « Institut pour le cinéma, la télévision et la communication ». Son domaine

propre est l'étude de l'audiovisuel sous toutes ses formes (films, télé, vidéo) et accessoirement d'autres médias apparentés (radio, photographie, musique, presse, peinture, théâtre, littérature, etc.). L'Institut compte actuellement huit enseignants à plein temps (maîtres de conférences), plus un nombre variable d'assistants, d'enseignants rattachés à d'autres départements et des spécialistes étrangers à l'Université. Les enseignants titularisés sont, selon les normes actuelles, tenus de consacrer environ 40 % de leur temps de travail à la recherche. L'Institut publie chaque année deux cahiers d'une revue spécialisée, *Sekvens*, qui diffuse quelques-uns des résultats de ces travaux. Les autres sont publiés sous forme de livres ou d'articles, soit en danois, soit en anglais ou français.

L'enseignement se répartit sur trois cycles et à chaque niveau comporte trois dimensions : historique, théorique et médiatique. Les matières enseignées recouvrent un éventail très vaste et font souvent appel à des disciplines auxiliaires : sémiologie, psychologie, esthétique, sociologie, économie.

Le premier cycle se déroule sur deux ans et comporte une initiation générale à l'audiovisuel, des cours sur l'histoire du cinéma mondial et du cinéma danois en particulier, un enseignement (réparti sur deux semestres) sur les diverses méthodes d'analyse de films, des cours sur l'esthétique audiovisuelle, la sociologie du cinéma, les théories cinématographiques, etc. Au cours de ces deux années, les étudiants doivent rédiger plusieurs mémoires (en particulier deux analyses de film) et passer des épreuves écrites ou orales sur certaines matières obligatoires. Parallèlement, ils doivent produire en groupe plusieurs bandes vidéo qui témoignent de leur connaissance pratique de la langue audiovisuelle.

Le deuxième cycle, réparti sur trois ans, laisse aux élèves une plus grande liberté pour planifier leurs études et comporte un enseignement plus approfondi et plus spécialisé dans les diverses branches du savoir cinématographique. Cinq épreuves, écrites ou orales, sanctionnent au cours de ce cycle les connaissances du candidat dans les différentes disciplines étudiées. Trois de ces épreuves doivent nécessairement porter sur l'histoire du cinéma, sur des questions de théorie et de méthode, et sur des bandes audiovisuelles réalisées en groupe. De plus le candidat doit présenter une thèse de fin de cycle d'une cinquantaine de pages qui témoigne d'une recherche personnelle originale. Le sujet de cette thèse est au choix de l'étudiant.

Le troisième cycle, qui s'étend sur deux années, prépare directement à la recherche. Il se caractérise par une approche à la fois systématique et personnelle des domaines étudiés. Il implique une connaissance avancée aussi bien des méthodes d'investigation que des recherches théoriques sur l'audiovisuel, conjuguée à une pratique de vulgarisation scientifique (par exemple sous forme d'articles de revue, d'émissions de radio ou de télévision). Des épreuves écrites ou orales dans ces trois domaines préludent à la présentation d'une thèse de doctorat, qui doit combiner originalité, maturité scientifique et une réflexion théorique de haut niveau. La rédaction de cette thèse exige généralement une année de travail.

Si on demande aux enseignants d'une part et aux étudiants d'autre part ce qu'ils pensent de l'organisation et du rendement des études, on risque de recevoir des réponses assez divergentes. Les premiers feront remarquer que la sélection pour l'entrée à l'Université, introduite depuis quelques années et basée sur la note moyenne obtenue au certificat de maturité, favorise un certain type d'élèves — le « bon » élève — et handicape les autres, les « mordus ». Les étudiants d'aujourd'hui sont dans l'ensemble plus travailleurs et obtiennent de meilleurs résultats que ceux d'hier ou d'avant-hier. Par contre, ils manquent souvent d'esprit critique, d'initiative, de curiosité, de maturité, d'engagement social ou politique. L'effort en vue des examens ou de l'obtention du diplôme risque de monopoliser les énergies au détriment de la culture et de la réflexion personnelles.

De leur côté, les étudiants se plaindront certainement du trop grand éparpillement des matières et d'un enseignement trop peu fonctionnel à leur gré. De plus, et non sans raisons, ils critiqueront le manque de matériel et de ressources consacrés à la *pratique* audiovisuelle, manque tenant à une politique d'austérité générale qui affecte tout spécialement les sciences humaines. Toutefois, si on consulte les statistiques, on peut constater que les anciens élèves du Département trouvent pour la plupart, au terme de leurs études, à utiliser leur compétence.

Certains, plus créateurs, s'orientent vers l'École du cinéma. Les autres découvrent des débouchés divers. Suivant leur niveau de qualification, leur spécialisation et leurs goûts, les diplômés peuvent s'orienter vers le professorat de lycée (l'audiovisuel est, depuis septembre 89, matière à option dans les classes terminales), l'enseignement dans des hautes écoles populaires ou des cours du soir, la critique cinématographique, la publicité, la production ou la réalisation de programmes audiovisuels pour des institutions d'État ou des firmes privées, etc. La liste des possibilités et des choix s'allonge tous les jours. Même si certains employeurs ont des préjugés contre l'enseignement universitaire qu'ils considèrent comme trop théorique, il leur faut reconnaître que ceux qui l'ont suivi disposent d'une formation et d'une culture qui leur permettent de s'adapter à des situations inédites et de découvrir des voies nouvelles. Dans le domaine de l'audiovisuel, le chemin le plus court d'un point à un autre n'est pas nécessairement la ligne droite.

Maurice DROUZY

Le paysage audiovisuel au Danemark

Les films

1988	25 CM	17 LM
1989	14 CM	17 LM
1990	33 CM	13 LM

Les télévisions

2 chaînes publiques.
Plusieurs chaînes locales et privées.

Les radios

3 stations publiques.
Plusieurs stations locales.
SB et Danish Film Institute

Annuaire

KØBENHAVN (COPENHAGUE)

DEN DANSKE FILMSKOLE (L'ÉCOLE DANOISE DU CINÉMA).

Store Sondervoldstraede 4, Postboks 2158, 1016 København K, Danmark.
Tél. : (45) 31.57.65.00.
Statut : école professionnelle dépendant du ministère de la Culture.
Responsable : Henning Camre.
Diplôme décerné : le film de fin d'études en tient lieu.
Conditions d'admission : 21 ans minimum. Aucun diplôme n'est exigé. Concours d'entrée (tous les deux ans) réparti sur 3-4 mois. Connaissance du danois et de l'anglais.
Frais d'inscription : néant.
Durée des études : 4 ans.
Effectif par promotion : 30 à 35 (4 à 6 par spécialisation).
Contenu des études : six spécialistations : réalisation, production, prise de vue, montage, son, scénario ;
— théorie : histoire, esthétique, etc. ;
— pratique : enseignement technique professionnel pour chaque spécialité. 16 mm, 35 mm, peu de vidéo.
Stages : pendant les vacances d'été.
Débouchés : le passage par l'école confère une qualification reconnue. Elle forme des professionnels du cinéma hautement qualifiés. 80 à 90 % des techniciens trouvent du travail dans la production cinématographique (rarement à la télévision), les réalisateurs ont plus de difficultés.

KØBENHAVNS UNIVERSITET.

Institut for Film, TV og Kommunikation (Institut pour le cinéma, la télévision et la communication).
Njalsgade 78, 2300 København S, Danmark.
Tél. : (45) 31.54.22.11.
Responsable : Ib Bondebjerg.
Diplôme préparé : BA cinéma.
Conditions d'admission : note élevée au certificat de maturité.
Frais d'inscription : néant.
Durée des études : premier cycle : deux ans ; deuxième cycle : trois ans ; troisième cycle : deux ans.

© Crone Film Produktion

Tournage du film *Perfect World,* de Tom Elling, ancien étudiant à l'école de cinéma

Effectif par promotion : 90 places en premier cycle (deux ans) mais 1/3 d'abandon.
Contenu des études :
— théorie : histoire, esthétique, communication, etc.,
— pratique : réalisation par groupes de bandes vidéo VHS.
Recherche : Les enseignants consacrent 40 % de leur temps à leurs recherches. Celles-ci ont été orientées vers des travaux historiques, esthétiques, biographiques, sociologiques et sémiologiques. Actuellement, c'est le département le plus productif de l'université de Copenhague.
Publication : *Sekvens* (2 numéros/an).
Débouchés : enseignement, critique, réalisation vidéo.
80 % des étudiants trouvent du travail en un an ou deux dans le secteur public ou privé.

M.D.

Six formations
à la communication
audiovisuelle

Miracle à Valby, de Ake Sandgren

par Per Jauert

Théorie et pratique : en quête d'un équilibre

Plus récent que l'enseignement du cinéma, celui de la communication, notamment audiovisuelle, est dispensé à l'École supérieure de journalisme d'Aarhus, dans trois universités (Aarhus encore, Copenhague et Odense) et dans deux centres universitaires (Aalborg et Roskilde).
Per Jauert est professeur associé au département des sciences de l'information et de la communication à l'université d'Aarhus. Président de l'association danoise des chercheurs en sciences de la communication, il a pris une part active dans la création de nouveaux diplômes universitaires dans ce domaine.

Ce n'est qu'au début des années 70 qu'on a institué au Danemark des formations aux médias. Jusqu'alors, on apprenait le métier de journaliste sur le tas. La radio et la télévision danoises (DR) étaient publiques. Elles seules avaient le droit de diffuser des émissions. Elles employaient uniquement des journalistes déjà expérimentés et formaient elles-mêmes ceux qui devaient se spécialiser. Cette sorte d'apprentissage s'est révélé de plus en plus insuffisant au fil des ans, ce qui a suscité des critiques contre le monopole public auquel on a reproché de s'être figé dans une routine passéiste et d'avoir ignoré les innovations des médias modernes.

Dans les instituts de langues et de littérature, on menait des recherches analytiques et théoriques en considérant les médias comme des textes ou des phénomènes culturels. Mais à aucun moment, on ne prévoyait que les étudiants auraient plus tard à travailler concrètement dans les médias.

Ce mur entre la théorie et la pratique caractérisait donc les études supérieures sur les médias à cette époque. Ce n'est qu'avec l'explosion des années 80 et la profonde réforme des études supérieures (surtout en langues, philosophie et littérature) que ce mur a commencé à s'écrouler : la formation des étudiants est devenue plus pratique et celle des journalistes plus théorique. C'est ainsi que la distinction entre les deux s'est peu à peu estompée.

Les formations pratiques

L'École supérieure de journalisme du Danemark

Le journalisme est la profession la plus estimée par les jeunes Danois. Chaque année, l'École supérieure de journalisme (créée en 1971) admet deux cent dix étudiants, qui doivent passer un examen d'une durée de neuf heures pendant laquelle on contrôle leur sens de l'observation, leurs aptitudes à comprendre, à analyser et à rédiger.

Durant la période passée à l'école, ils sont initiés aussi bien à la presse écrite qu'à la presse audiovisuelle. Pendant quinze jours, tous font un exercice de radio et de télévision au cours duquel ils traitent de trois sujets, en utilisant résumé, reportage, interview, commentaire. Ils apprennent à préparer une émission de télévision et à la monter. Chacun doit aussi effectuer un stage dans une institution ou une entreprise agréée par l'école. La plupart des étudiants préfèrent travailler dans l'une des deux chaînes publiques ou à la radio. Pendant leur dernière année, ils doivent présenter une dissertation sur les médias (ils peuvent choisir parmi cinq médias différents), une dissertation sur une matière (par exemple politique internationale, économie, sport, culture) et enfin une thèse.

L'école possède des installations très modernes. Dans les studios de radio, on peut produire selon le standard broadcast et on dispose de voitures de reportage pour les émissions en direct, ainsi que d'un équipement portable.

Les studios de télévision sont munis d'appareils « high band », d'un équipement ENG et de deux voitures de reportage possédant des systèmes de doublage et de montage.

Les moniteurs en audiovisuel ont tous plusieurs années d'expérience dans le journalisme et on fait aussi intervenir des spécialistes des médias électroniques.

Bille August

de la publicité, du marketing ou de la formation interne.

Au fur et à mesure que le rôle des médias est devenu plus important, les universités ont créé des formations combinant l'analyse théorique et la pratique. La plupart sont cependant axées sur la théorie. Seule l'université d'Odense développe réellement les deux aspects depuis 1988. Son objectif est en effet de donner aux étudiants toutes les qualifications pour concevoir et monter une gamme de programmes variés. Ils réalisent aussi une émission à la caméra.

Si à l'école d'Aarhus on forme des journalistes, à l'université d'Odense on prépare les étudiants à acheter des programmes et à organiser le travail dans le domaine de l'audiovisuel. A la fin de leur cursus, ils doivent être à même de devenir conseillers de programmes à la télévision ou dans des maisons de production de vidéo.

Les formations théoriques

Grâce à toutes ces facilités, les étudiants ont la possibilité d'acquérir une formation technique en radio et en télévision et ils deviennent ainsi des journalistes plus compétents.

Diplôme en poche, les possibilités d'emploi sont en général assez bonnes : près de 90 % des anciens élèves trouvent un travail six mois après leur sortie de l'école.

A l'université d'Odense

Les débouchés pour les étudiants de lettres, de langues et de philosophie ont changé. Jusqu'au début des années 80, ils travaillaient surtout dans l'enseignement, notamment dans les lycées. Mais la baisse démographique a considérablement réduit les besoins dans ce secteur et a contraint les diplômés à s'orienter vers d'autres métiers. Ainsi, un grand nombre a été employé dans le secteur privé où, souvent, ils s'occupent de l'information,

Au Centre universitaire de Roskilde

A Roskilde, depuis 1978, la finalité est de former des universitaires qui soient aussi des conseillers en communication : les candidats apprennent à traiter leur matière principale (que ce soit la biologie, l'histoire, les mathématiques, le danois, les relations internationales) sous l'angle des médias. Ceux-ci jouent dès lors logiquement un rôle très important dans cette formation qui ne vise pas à former des techniciens proprement dits de la vidéo, du montage ou de l'infographie, mais à doter les étudiants en d'autres matières d'une compétence qui leur permette d'orienter utilement des techniciens : « *On ne leur demande pas de faire le travail eux-mêmes, mais ils doivent néanmoins savoir comment s'y prendre* », indique Bruno Ingemann, le responsable de la formation pratique.

L'enseignement s'étage sur trois niveaux : au début, on jette les bases de l'esprit qui doit présider à la profession de spécialiste en communication, fondée sur un travail créatif, pratique et analytique. Puis on choisit une maison d'édition, un musée ou un bureau d'information publique et on analyse la manière dont l'utilisateur reçoit et assimile l'information. Enfin on élargit encore la méthode en l'appliquant à toute une discipline et à un grand média. Ces dernières années, on a multiplié les expériences en vidéo et en radio. Par exemple, on a élaboré, en collaboration avec des organisations rurales, des bandes vidéo destinées aux agriculteurs sur la pollution à la campagne.

Les étudiants sont directement responsables du travail de préparation, de l'enquête, des enregistrements du son et de l'image. Un technicien et un professeur sont à leur disposition avec du matériel professionnel.

Le nombre d'emplois est en augmentation sensible : presque tous les étudiants en effet sont embauchés à leur sortie, dans le public ou dans le privé. Certains se spécialisent dans la vulgarisation des recherches ou de technologies : par exemple ils deviennent rédacteurs dans des revues professionnelles ou conseillers dans des maisons d'édition, à la radio ou à la télévision. Au bout d'un an, 95 % des diplômés ont trouvé un travail.

Au Centre universitaire d'Aalborg

Cette formation a été créée en 1986 et dure quatre ans et demi. Elle vise d'abord à susciter une culture humaniste dans l'information et la communication. On y enseigne donc les sciences humaines (langues, psychologie, philosophie, histoire, théories de la culture, etc.) et c'est à partir de ce bagage que l'on fait faire aux étudiants des exercices pratiques pour traiter l'information par ordinateur ou pour faire de la communication audiovisuelle ou de la communication appelée « interpersonnelle ».

Au cours des deux années suivantes, la spécialisation, plus poussée, prépare les étudiants à des emplois tels qu'analyste en communication ou en organisation, conseiller en information ou en formation.

L'université admet vingt candidats par an. Cette formation est trop récente pour qu'on puisse évaluer le taux d'embauche des diplômés.

La formation aux médias à l'université d'Aarhus

C'est en 1987 qu'a été créé à Aarhus l'Institut scientifique d'information et des médias. Comme les autres enseignements du même type, on cherche à y dispenser une formation qui soit à la fois professionnelle et humaniste. Les candidats sont préparés à la conception et à la réalisation de projets de communication dans les entreprises publiques ou privées. Ils doivent être à même aussi bien de mener une campagne d'information que d'assurer des cours de formation pour les jeunes ou les adultes en recyclage.

La première année comprend trois périodes : d'abord on apprend aux étudiants à analyser le contenu des médias, puis ils mènent des recherches sur l'audience et enfin ils réalisent eux-mêmes des produits.

L'équipement « low band » pour la rédaction et l'enregistrement est tout à fait professionnel et les étudiants ont directement la responsabilité de toutes les phases de la production. Le professeur et le technicien ne sont que des conseillers. Les résultats sont d'un niveau assez élevé, grâce aussi à la possibilité qu'ont les étudiants de réaliser des émissions diffusées sur les chaînes. Plusieurs de ces émissions ont d'ailleurs été vendues à des radios ou à des télévisions d'autres régions ; certaines ont été réalisées en coopération avec des entreprises ou des organisations locales qui les utilisent réellement.

La deuxième année comprend deux périodes. Pendant la première, on analyse le système tant danois qu'international des médias, et l'on étudie l'histoire de la communication ; durant la deuxième, on suit des stages pratiques dans des entreprises ou des institutions. Chaque étudiant réalise pendant trois mois un produit dans des conditions absolument professionnelles.

Si les étudiants désirent continuer leurs études à l'étranger, ils peuvent bénéficier du programme européen ERASMUS, dans le cadre du *European Network for Media and Cultural Studies*, en postulant auprès de dix-neuf universités de huit pays membres de la CEE ; toutes les universités danoises au demeurant, sauf celle d'Odense, y adhèrent.

A l'avenir, l'université a décidé d'étendre cet enseignement des médias à un *Bachelor degree* (BA) de trois ans, couvrant quatre domaines : presse écrite, médias audiovisuels, information et documentation, et amalgamant de façon plus systématique encore théorie et pratique.

La formation aux médias à l'université de Copenhague

La formation aux médias dans la plus grande université du Danemark a été modifiée plusieurs fois ces dernières années. Là comme ailleurs, les médias y ont d'abord été enseignés dans le cadre des disciplines traditionnelles. Puis on les en a distingués.

Et, en fusionnant plusieurs instituts, on a créé l'Institut du cinéma, de la télévision et de la communication en 1988. Les options sont diverses et on envisage même d'y inclure les Instituts de théâtre et d'histoire de l'art sous le nom, sans doute, d'Institut d'esthétique et de communication.

Actuellement, l'Institut délivre trois BA différents au terme d'études de trois ans : cinéma, médias et communication audiovisuelle. Il existe aussi une formation au cinéma en quatre ans comme l'explique Maurice Drouzy.

La plupart de ces formations dispensent un enseignement plus théorique que pratique. Pour le moment, on admet un peu moins de trente étudiants par an, mais ce nombre devrait augmenter en 1991.

Et demain ?

Il existe des différences entre les formations universitaires danoises.

A Aarhus et à Aalborg on cherche à faire entrer les médias audiovisuels dans l'enseignement de l'informatique (perçue comme étant l'avenir), tandis qu'à Roskilde on met l'accent sur la recherche et qu'à Odense on vise d'abord à former des rédacteurs pour la radio et la télévision. A Copenhague, la théorie et l'analyse pures restent dominantes bien que l'on s'efforce d'évoluer.

Toutes ces formations universitaires s'appliquent à se distinguer clairement de l'École de journalisme, en raison, sans doute, du poids des traditions et des intérêts syndicaux. Mais sous la pression du marché national et international, on devra envisager un rapprochement entre tous ces types de formations, qu'ils soient théoriques ou pratiques. L'avenir est presque certainement dans une intégration totale.

Per JAUERT
Traduction : Sanne Lyhne

L'association danoise de la communication (SMID)

— Créée en 1976, elle regroupe maintenant 140 adhérents qui sont chercheurs à l'université, dans les établissements d'éducation supérieure, des organismes de recherche ou des entreprises privées.

— L'association veut être une tribune pour l'information et les débats scientifiques, elle cherche à améliorer les conditions de la recherche en communication, à encourager les investigations dans de nouveaux domaines, à faire connaître la recherche, ses résultats et ses besoins aux professionnels, aux enseignants et aux utilisateurs des médias.

— L'association publie un bulletin intérieur quatre fois par an et un journal scientifique *Mediekultur* (Media Culture) deux fois par an.

— Elle adhère à l'AIERI (Association internationale des études et recherches sur l'information). Elle a collaboré étroitement, pendant de nombreuses années, avec ses homologues dans les autres pays du nord de l'Europe avec lesquelles elle organise des conférences nordiques tous les deux ans.

— Le président est Per Jauert, maître de conférences au département de l'information et des sciences des médias à l'université de Aarhus, Niels Juelsgade 84, DK 8200 Aarhus N. Tél. : (45) 86.13.6711 — Fax : (45) 86.10.46.80.

Traduction Lydie HYEST

The Birthday Trip, de Lane Scherfig

Bibliographie

FARMANN (Erik) et KRAMHØFT (Peter), **Radio Journalistik** (Le journalisme radiophonique), Aarhus, 1989.

MØLLER (Hans-Georg) et THORSEN (Michael), **TV Journalistik** (Le journalisme à la télévision), Aarhus, 1990.

QVORTRUP (Lars), **Telematikkens betydning** (L'importance de la télématique), København, 1984.

LUND (Anker Brink) *et al.* (éd.), **Televisioner. Fremtidens mediesamfund** (Télévisions, l'avenir de la société des médias), København, 1981.

SCHRØDER (Kim Christian), **Convergence of Antagonistic Traditions** (Convergence de tradi-tions antagonistes), *European Journal of Communication*, vol. 2, 1, London, 1987.

PREHN (Ole), **Over kablerne, neden satellitterne** (Au-dessus des câbles, au-dessous des satellites), Aalborg, 1985.

MORTENSEN (Frands) *et al.* (éd.), **Underholdning i TV** (La télévision de divertissement), København, 1981.

MORTENSEN (Frands) *et al.* (éd.), **Mediehåndbogen** (Manuel des médias), København, 1990.

PITTELKOW (Ralf) (éd.), **Analyser af TV** (Analyse de la télévision), København, 1985.

P.J.

Miracle in Valby, de Ake Sandgren

Annuaire

AALBORG

AALBORG UNIVERSITETSCENTER.

Humanistisk Informatik (L'informatique et la communication humaniste).
Langagervej 6, Box 159, DK-9100 Aalborg.
Tél. : (45) 98.15.91.11.
Responsable : Professeur Mogens Baumann Larsen.
Diplômes décernés : BA, Cand. phil. ou Cand. mag. 85 % ont obtenu le diplôme depuis sa création en 1986.
Conditions d'admission : general certificate of education ou deux années d'études supérieures.
Frais d'inscription et d'études : néant.
Durée des études : de 2 à 4 ans.
Effectif par promotion : 25.
Contenu des études : intégrer la théorie et la pratique de l'éducation à l'étude de la communication et de l'informatique.
Stage : il est possible de travailler dans une institution ou une entreprise pour une courte période.
Débouchés : chargé d'information, enseignant, chercheur, consultant en informatique. 80 % des diplômés trouvent du travail dans les deux ans qui suivent la fin de leurs études.

Recherche : tous les enseignants mènent des recherches dans les domaines de la communication et de l'informatique.
Remarques particulières : participe, au sein d'ERASMUS, à l'*European Network for Media and Cultural Studies*.

AARHUS

DANMARKS JOURNALISTHØJSKOLE
(ÉCOLE SUPÉRIEURE DE JOURNALISME DU DANEMARK).

Olof Palmes Allé 11, DK-8200 Aarhus N.
Tél. : (45) 86.16.11.22 — Fax : (45) 86.16.89.10.
Responsable : Vicechancelier Peter Kramhøft.
Diplôme décerné : Diploma, 90 % l'obtiennent.
Conditions d'admission : test de 9 heures.
Frais d'inscription et d'études : néant.
Durée des études : 4 ans.
Effectif par promotion : 220 étudiants.
Contenu des études : 2 ans 1/2 d'études théoriques et pratiques à l'école.
Stage : un an et demi dans une entreprise.

Débouchés : journaliste ou chargé d'information. 95 % des diplômés travaillent.
Recherche et publications : cinq professeurs sur trente mènent des travaux de recherche et font des publications.

AARHUS UNIVERSITET.

Medievidenskab (Formation aux médias)
Niels Juelsgade 84, DK-8200 Aarhus N.
Tél. : (45) 86.13.67.11 — Fax : (45) 86.10.46.80.
Responsable : Professeur associé Søren Kolstrup.
Diplômes décernés : BA, Cand. phil., Cand. mag.
Conditions d'admission : deux années d'études supérieures (exam. art).
Frais d'inscription et d'études : néant.
Durée des études : 1 ou 2 ans.
Effectif par promotion : 30.
Contenu des études : 2/3 théorie, 1/3 pratique.
Stage : entre 1 et 3 mois la seconde année.
Débouchés : professeur, chercheur, chargé d'information. 85 % des diplômés trouvent du travail en deux ans.
Recherche : tous les enseignants en font.
Remarques particulières : participe, au sein d'ERASMUS, à l'*European Network for Media and Cultural Studies.*

KØBENHAVN (COPENHAGUE)

KØBENHAVNS UNIVERSITET.

Institut for film, TV og kommunikation (Institut du cinéma, de la télévision et de la communication).
Njalsgade 78, DK-2300 København S.
Tél. : (45) 31.54.22.11 — Fax : (45) 45.54.32.11.
Responsable : Associate professor Ib Bondebjerg.
Diplômes décernés : BA, Cand. phil., Cand. mag.
Conditions d'admission : deux années d'études supérieures (exam. art.).
Frais d'inscription et d'études : néant.
Durée des études : entre 1 et 4 ans.
Effectif par promotion : 30.
Contenu des études : à dominante théorique. Peu de pratique.
Stage : possible, mais non obligatoire.
Débouchés : chargé d'information, relations publiques, responsable administratif dans le secteur culturel. Environ 85 % des diplômés trouvent un travail, parfois seulement à temps partiel. Il faut entre un et trois ans pour y parvenir.
Recherches : tous les enseignants en font.
Remarques particulières : participe au sein d'ERASMUS à l'*European Network for Media and Cultural Studies.*

ODENSE

ODENSE UNIVERSITET.

Anvendt Visuel Kommunikation (Communication visuelle pratique).
Campusvej 55, DK-5230 Odense M.
Tél. : (45) 66.15.86.00.
Responsable : Professeur assistant Henning Pryds.
Diplômes décernés : BA, Cand. phil., Cand. mag.
Conditions d'admission : diplôme obtenu au bout de deux années d'éducation supérieure (exam. art.).
Frais d'inscription et d'études : néant.
Durée des études : un an et demi.
Effectif par promotion : 20.
Contenu des études :
— théorie : la plupart des cours sont théoriques,
— pratique : cependant, quatre cours sont axés sur la pratique et il faut réaliser trois produits pendant la scolarité.
Stage : entre 1 et 3 mois.
Débouchés : chargé d'information, producteur, enseignant. La formation est trop récente (deux ans) pour que l'on dispose de statistiques.
Recherche : trois enseignants en conduisent.

ROSKILDE

ROSKILDE UNIVERSITETSCENTER.

Kommunikationsuddannelsen (Formation à la communication).
PO Box 260, DK-4000 Roskilde.
Tél. : (45) 46.75.77.11.
Responsable : Professeur assistant Bruno Ingemann.
Diplômes décernés : BA, Cand. phil., Cand. mag. 90 % le réussissent.
Conditions d'admission : avoir fait trois ans et demi d'études supérieures.
Frais d'inscription et d'études : néant.
Durée des études : 1 an 1/2.
Effectif par promotion : 50.
Contenu des études : l'enseignement comporte 2/3 de théorie et 1/3 de pratique mais ces deux aspects sont très liés.
Stage : possible, mais n'est pas obligatoire.
Débouchés : chargé d'information, éditeur, professeur, chercheur. 90 % environ des diplômés ont un travail deux ans après avoir fini leurs études.
Recherche : tous les enseignants en font.
Remarques particulières : participe au sein d'ERASMUS à l'*European Network for Media and Cultural Studies.*

Per JAUERT

La cousine Angélique, de Carlos Saura

III. EN ESPAGNE

Collection La Revue du Cinéma

Sonambulos, de Manuel Gutierrez Aragon, ancien étudiant de l'EOC

L'Espagne a renoncé à sa tradition de centralisme pour devenir à la fois un État régional et un État fédéral.

L'enseignement supérieur y relève des communautés autonomes, mais actuellement seulement six d'entre elles sur dix-sept ont assumé leurs responsabilités.

La loi de 1983 a réaffirmé le principe de l'autonomie de l'enseignement supérieur.

Il est principalement dispensé dans les universités, qui doivent faire face à un afflux énorme d'étudiants. Elles délivrent un enseignement essentiellement théorique. Le premier titre universitaire est celui de *licenciado*, on l'obtient au bout de cinq années d'études.

Certaines universités mettent en place des *master* en un an, selon le modèle anglo-saxon, un petit nombre d'étudiants préparent leur thèse, en plusieurs années. En avril 1991, le conseil des universités a approuvé la création de trois *licenciatura* spécialisées en Journalisme, en Publicité et en Image.

Par ailleurs, deux universités privées souhaitent se spécialiser en communication.

L'enseignement supérieur en Espagne

Nombre d'habitants : 38 500 000.
Nombre d'étudiants : 1 096 000 (chiffres 89-90) dont 9 519 originaires des autres pays de la CEE.
Langues d'enseignement : espagnol (le basque, le catalan, le galicien et le valencien sont également utilisés dans les communautés autonomes respectives).
Autorité de tutelle : ministère de l'Éducation et de la science.

UNIVERSIDAD (Université) 32 universités d'État, 4 universités catholiques				
		Enseignement long		Enseignement court
Durée	Cycle	FACULTAD (Faculté)	ESCUELA TÉCNICA SUPERIOR (École technique supérieure)	ESCUELA UNIVERSITARIA (École universitaire)
2 ans	3e cycle	**Doctor** / *Master*	**Doctor Ingenerio Doctor Arquitecto** / *Master*	
2 ou 3 ans	2e cycle	**Licenciado**	**Ingeniero o Arquitecto**	
3 ans	1er cycle			**Diplomado, Arquitecto Técnico ou Ingeniero Técnico**
Age 18 ans	**Accès à l'enseignement supérieur** • COU (Curso de Orientación Universitaria) : Cours d'orientation universitaire. Prépare à la *Selectividad* (examen d'accès) pour entrer en faculté ou en école technique supérieure. La réussite au COU sans la selectividad donne uniquement accès aux écoles universitaires. • *BUP (Bachillerato unificado y polivalente* : baccalauréat unique polyvalent). Examen de fin d'études de l'enseignement général secondaire.				

Huit structures
pour se former

Les voyous, de Carlos Saura, ancien étudiant de l'EOC

_____ par Julio Diamante

La nostalgie d'une école de cinéma

Julio Diamante est réalisateur et scénariste de cinéma et de télévision. Diplômé de l'EOC (École officielle de cinématographie) de Madrid, il y a enseigné de 1963 à 1975, année de la fermeture de l'école. Ancien président de l'Association des réalisateurs espagnols de cinéma et d'audiovisuel (ADIRCAE), il est depuis 1972 directeur de la Semaine internationale du cinéma d'auteur (Benalmádena-Málaga). Déplorant la fermeture de l'EOC, il porte sur la situation de l'enseignement en Espagne le regard critique d'un réalisateur de cinéma.

L'approche du cinéma et de l'audiovisuel peut se faire d'un point de vue culturel ou bien professionnel. Il me paraît souhaitable que ces deux domaines s'interpénètrent le plus possible.

L'EOC (École officielle de cinématographie) de Madrid, créée en 1947 sous le nom d'Institut de recherches et d'expériences cinématographiques (IIEC), malgré des moyens assez limités, permettait aux étudiants d'acquérir à la fois une formation professionnelle et une culture cinématographique. Celles-ci étaient de qualité, comme l'a montré l'activité des anciens élèves : Berlanga, Bardem, Saura, Borau, Picazo, Patino, Summers, Regueiro, Camus, Fons, Olea, Eceiza, Erice, Gutierrez-Aragón, Drove, Chavárri, Ricardo Franco, Josefina Molina, Betriu, Colomo, entre autres. C'est dire à quel point l'histoire du cinéma espagnol est liée à cette école depuis les années 1950.

Officiellement, l'EOC a été fermée (de manière progressive entre 1971 et 1975) parce que les nouvelles facultés (en particulier celle des Sciences de l'information de Madrid, avec sa branche Image) allaient reprendre ses fonctions. Moins officiellement, nous sommes nombreux à considérer que cette fermeture a été provoquée par l'atmosphère anticonformiste et hétérodoxe qui régnait à l'EOC et la rendait gênante pour le pouvoir franquiste.

Actuellement, plusieurs universités dispensent un enseignement de l'audiovisuel.

Se former à l'Université

La faculté des Sciences de l'information, qui a été créée en 1972 et dépend de l'université *Complutense* de Madrid, comprend le département Communication audiovisuelle et publicité. Comme le précisait Enrique Torán, alors vice-doyen de la faculté, son principal objectif est « *la formation de spécialistes des moyens audiovisuels et de professionnels de haut niveau* ». Les études sont sanctionnées par un diplôme de fin de deuxième cycle universitaire qui permet de travailler à la télévision espagnole (TVE) ou de se consacrer à l'enseignement dans les écoles de formation professionnelle ou à l'université.

Ceci explique sans doute que les étudiants qui souhaitent se consacrer à la télévision ou à des activités pédagogiques considèrent le rôle de cette faculté avec un peu plus d'optimisme que ceux qui se destinent au cinéma. Ces derniers sont généralement assez critiques en ce qui concerne la qualité et l'utilité de l'enseignement qu'ils reçoivent ; ils pensent que les connaissances théoriques s'étendent à des domaines d'intérêt discutable, alors que les travaux pratiques sont très insuffisants. La durée des études (cinq ans) leur semble sans rapport avec la formation reçue.

Selon Enrique Bustamante, professeur de théorie de l'image, « *les travaux pratiques étaient devenus de plus en plus théoriques* ». C'est pourquoi le département a recherché une alternative et une plus grande spécialisation. Il a donc ouvert en 1990 des cours avec de petits effectifs (environ vingt élèves) et un minimum de 200 heures qui préparent aux diplômes d'expert universitaire en techniques de réalisation filmique, réalisation de reportages et de documentaires pour la télévision, réalisation de vidéo narrative, reportage photo, tirage photo, scénario, programmes sonores, montages audiovisuels et photo publicitaire. La plupart des enseignants placent beaucoup d'espoir dans cette expérience dont il faudra attendre les fruits.

D'autres enseignants sont moins optimistes et plus critiques. Román Gubern, le spécialiste de la communication le plus connu de Catalogne, est catégorique : « *Il n'y a rien.* » Les centres d'enseignement existants lui semblent totalement insatisfaisants. Il affirme ainsi que « *les jeunes réalisateurs de valeur sont arrivés au compte-goutte, parce qu'il manque un espace pédagogique efficace en Espagne* ». Gubern est professeur à la faculté des Sciences de l'information de l'université autonome de Barcelone, qui comprend un département de Communication audiovisuelle et publicité. Ce département, créé en 1986, a pour fonction de former « *des professionnels de la communication et des théoriciens de l'audiovisuel, en particulier de la radio et de la télévision* ». Les études, d'une durée de quatre ans, font davantage de place à la théorie qu'à la pratique, laquelle concerne la photo et la vidéo, jamais le cinéma.

A Bilbao, la faculté des Sciences sociales et de l'information de l'université du Pays Basque a un département de Communication audiovisuelle et publicité créé en 1988. Son principal objectif est « *de donner aux étudiants en sciences sociales et de l'information, spécialisés en journalisme et publicité, une formation théorique et pratique dans les domaines de la communication audiovisuelle et de la publicité* », indique Santos Zunzunegui, titulaire de la chaire. Ces études de cinq ans comprennent des cours théoriques spécifiques (théorie de l'image, théorie et histoire du cinéma...) et généraux (par exemple : sociologie, histoire générale). En travaux pratiques, les étudiants réalisent des émissions d'information radio ou TV (en vidéo VHS) et font de la photo.

Malgré de louables intentions, les enseignements de cinéma et audiovisuel dispensés par d'autres universités apparaissent encore moins importants.

Ainsi l'université de Valladolid, qui fut la première en Espagne à avoir une chaire d'histoire et d'esthétique du cinéma, organise depuis longtemps un cours d'été de cinématographie. Mais sa durée et son propos en font plutôt un stage d'initiation au cinéma, probablement utile aux animateurs culturels et aux moniteurs.

L'université de Saint-Jacques-de-Compostelle a organisé au début des années 80 des stages d'initiation pour la formation de techniciens du cinéma et de la télévision. Cette initiative a malheureusement été rapidement abandonnée. Le cinéma constitue d'autre part, dans cette même université, une matière obligatoire en quatrième année d'histoire de l'art et en cinquième année d'histoire contemporaine. Le professeur de cinéma, Angel Luis Huesco, donne également des cours de doctorat, auxquels assistent en moyenne douze élèves par an. Y ont été traités l'histoire du cinéma espagnol, le western, le cinéma noir, le cinéma historique, la nouvelle vague, etc.

Plusieurs autres universités montrent un certain intérêt pour le cinéma dans leurs programmes (Alicante, Murcia, Canaries...), toujours en tant que matière purement théorique et en général sous l'angle de l'histoire de l'art. A Valence, les études sont conduites sous l'égide de la phélologie.

Formations professionnelles

En dehors du cadre universitaire, il existe de nombreux centres de formation professionnelle qui dépendent du ministère de l'Éducation et des Communautés autonomes. Il s'agit de centres d'enseignement officiels permettant de préparer un diplôme de formation professionnelle (FP). Pour être admis en premier degré de FP[1], l'élève doit seulement avoir subi une évaluation à la fin de l'EGB (*Educación general basica,* éducation générale de base). Pour accéder à la FP de deuxième degré, il devra avoir le BUP (*Bachillerato unificado Polivalente*)[2], au terme d'un an d'enseignement général. La formation professionnelle de deuxième degré (FP2) dure deux ans et comprend des connaissances théoriques et pratiques : technologie, travaux pratiques, technique d'expression graphique et de communication, organisation d'entreprise.

Les élèves de formation professionnelle en image et son peuvent choisir leur spécialité parmi les suivantes : image photographique, image filmique, entretien du matériel radio et télévision, techniques d'opérateur radio et télévision, réalisation de programmes, production de programmes, matériel audiovisuel et entretien de ce matériel.

Les centres de formation professionnelle qui dépendent du ministère de l'Éducation se trouvent à Burgos, Murcia, Saragosse, Zamora, Palma de Mallorca, Valladolid et

Madrid. D'autres centres dépendent des Communautés autonomes, parmi lesquels les plus intéressants sont probablement ceux du Pays Basque et de Catalogne.

L'école de cinéma et de vidéo d'Andoain (Guipuzcoa) ne propose que deux spécialités de l'enseignement de l'image et du son : réalisation et production. Les études, de trois ans, comprennent les matières suivantes : réalisation, production, technologie, communication et image, audiovisuel et scénario. Les travaux pratiques se font en vidéo. Cette école publie la revue *Irudimena*.

Au lycée de formation professionnelle de Erandio (Biscaye), on étudie la technologie photographique, le cinéma et la vidéo.

En Catalogne, ces centres dépendent du département d'enseignement de la Generalitat (gouvernement autonome) qui établit le programme dit « des moyens audiovisuels ». Signalons que, dans ce programme, l'introduction à l'étude de l'image (36 h) fait partie du troisième cycle de l'éducation générale, cas exceptionnel en Espagne.

Bien que cela dépasse les limites de cette étude, signalons que le lycée de formation professionnelle Verge de la Merce propose une section cinéma. Il forme des assistants de réalisation et des scripts, des techniciens de production, des ingénieurs du son, des maquilleurs, des costumiers, des électriciens et des machinistes. Une formation au métier de technicien vidéo y a également été organisée.

De manière générale, on peut dire que ces centres sont en phase d'évolution et ont besoin d'augmenter leurs moyens techniques et humains.

L'Institut officiel de radio et télévision (IORTV), avec ses centres de Madrid et de Barcelone, a un caractère particulier[3] : il

Tormento, de Pedro Olea, ancien étudiant de l'EOC

dépend de la RTVE (Radio-Télévision espagnole) et ses cours sont réservés aux employés de cet organisme public. Son programme de formation professionnelle continue répond aux besoins des différentes unités de la RTVE et aux demandes qu'elles formulent auprès de la direction du personnel. Cette formation est en outre modulable, de façon à répondre aux besoins concrets liés à l'acquisition de nouveaux équipements ou à l'introduction de nouvelles méthodes de travail. L'IORTV fonctionne donc fondamentalement à la convenance de RTVE, cet organisme autonome que l'on a défini comme « un État dans l'État », sorte de vice-royauté dont l'indépendance est par ailleurs parfaitement contrôlée et orchestrée par le gouvernement.

---

1. *Les élèves rentrent en FP1 vers l'âge de quatorze ans. Nous n'en avons donc pas tenu compte dans notre enquête. NDLR.*

2. *Les élèves de FP2 ont dix-sept ou dix-huit ans. Après le BUP, on peut soit rentrer en FP2, soit suivre le COU (Curso de orientación universitaria) pour passer l'examen d'entrée à l'université. FP2 ne fait partie de l'enseignement supérieur. Nous avons mentionné cependant ces formations à cause de l'absence en Espagne d'une école supérieure publique en cinéma et audiovisuel. NDLR.*

3. *Il s'agit d'un organisme de formation permanente. Nous n'avons pris en compte ce type de structures que lorsque la formation initiale ne propose rien d'équivalent. NDLR.*

Les spécialités proposées sont multiples : techniques de production, production et réalisation, moyens techniques de transmission, informatique, administration. Chaque formation comporte de nombreuses matières, qui font l'objet de cours allant de quelques jours à plusieurs mois et pouvant, pour certains d'entre eux, être suivis simultanément.

Jaime Barroso, coordinateur et professeur à l'IORTV, souligne que l'Institut organise également une formation par correspondance destinée au personnel de la RTVE qui, ne disposant d'aucun moyen de formation satisfaisant à proximité, désire ou doit acquérir des connaissances dans le domaine technique.

Il convient également de signaler les nombreuses publications de vulgarisation de l'Institut relatives à la radio et la télévision (une quarantaine de manuels professionnels et plus d'une centaine d'unités didactiques) qui sont de qualité satisfaisante.

En Espagne, les textes se rapportant au cinéma et à l'audiovisuel sont rares, qu'il s'agisse de productions locales ou de traductions. Un groupe de professionnels et d'enseignants du cinéma a souligné dans *Conclusions du Séminaire sur l'enseignement du cinéma en Espagne* (Huelva, novembre 1988) le manque de textes théoriques fondamentaux, faisant en particulier référence aux ouvrages de S.M. Eisenstein et invitant les institutions publiques à remédier à cette situation.

Des écoles privées

A côté de l'enseignement public, il existe de très nombreuses écoles privées. Citons pour mémoire deux d'entre elles.

L'Atelier des arts de l'imaginaire (TAI) de Madrid ne se consacre pas exclusivement à l'audiovisuel ; il propose entre autre des formations intitulées mise en scène cinéma, caméra, acteurs et vidéo. Les cours, donnés par des professionnels du cinéma (les réalisateurs Miguel Picazo, Antonio Drove, le directeur de la photo Francisco Madurga, etc.), se déroulent sur deux ans. Les élèves comme les professeurs ont en général une bonne opinion du centre. Certains enseignants regrettent cependant qu'il n'y ait aucune

sélection ni au début ni à la fin des études. Les élèves estiment pour leur part que les études sont chères : l'inscription coûte 250 à 300 000 pts par an, ce qui n'est pas à la portée de n'importe quel étudiant.

Le CEV (Centre d'étude de la vidéo et de l'image) est implanté à Madrid et à Barcelone. L'enseignement du cinéma y a été abandonné depuis trois ans. Il propose un cours général de vidéo d'un an ainsi que des cours de spécialisation tels que réalisation en direct (cinq mois), réalisation de fictions (cinq mois), postproduction vidéo/TV (cinq mois), reportage graphique vidéo/TV (trois mois). Dans l'ensemble, les élèves estiment que les installations sont plutôt bonnes mais que les travaux pratiques sont trop limités et les prix trop élevés, entre 150 000 et 500 000 pts selon les spécialités. Ici non plus, il n'y a pas de sélection à l'entrée. Les diplômes remis en fin d'étude ne sont pas reconnus par le ministère de l'Éducation et des sciences.

Mis à part les écoles, dont le nombre augmente chaque jour, des stages, des séminaires et des ateliers cinématographiques ont lieu dans de nombreux endroits. Le Cercle des beaux-arts de Madrid a mis sur pied ainsi des cycles courts d'introduction au scénario, à la réalisation, à la production, au montage... Le projet Piamonte d'initiatives scéniques et audiovisuelles organise des stages destinés aux acteurs.

Bien que de nombreuses institutions permettent une approche du cinéma et de l'audiovisuel, la situation est loin d'être bonne. Les participants du séminaire de Huelva déjà mentionné ont signalé, de façon unanime, que « *l'enseignement des activités cinématographiques en Espagne souffre de graves carences institutionnelles, d'un manque de professeurs, de moyens humains et techniques et, depuis la fermeture de la prestigieuse École officielle de cinématographie, il ne possède plus de cadre pédagogique spécifique bien défini* ». Pour combler ces lacunes, il faudrait tout d'abord inclure l'enseignement de l'audiovisuel dans l'enseignement général au niveau de l'EGB (Éducation générale de base) et du BUP (Baccalauréat unifié polyvalent) ; il s'agit d'une priorité à une époque qualifiée de « civilisation de l'image ». Ces carences entraînent la multiplication d'actions dispersées, qui, pour bien intentionnées qu'elles soient, restent peu réfléchies et d'efficacité discutable.

Sans être optimiste ni pessimiste, on peut dire qu'aujourd'hui en Espagne ce problème suscite de l'intérêt, que les projets abondent, que les instances officielles ont conscience de la nécessité d'un espace pédagogique efficace et étudient depuis longtemps la possibilité de créer une nouvelle école de cinéma. Cette idée a commencé à prendre corps avec la signature par la télévision espagnole, le ministère de la Culture ainsi que l'ICAA (Institut de cinématographie et d'arts audiovisuels) d'une convention pour la création d'un Centre national de formation et de développement audiovisuel. Cela laisse espérer une évolution favorable dans un avenir proche et peut-être l'avènement d'un enseignement du cinéma et de l'audiovisuel de qualité qui maintiendrait l'équilibre entre théorie et pratique, formation technique et humaniste.

Julio DIAMANTE
Traduction : Sophie Fontenelle
et Maïtena Lartigue

Le paysage audiovisuel en Espagne

Les films

1987	86 CM	69 LM
1988	61 CM	63 LM
1989	85 CM	48 LM
1990	98 CM	47 LM

Les télévisions

2 chaînes nationales
7 chaînes régionales
3 chaînes privées

Les radios

8 stations nationales
9 stations régionales

S.B. et J.D.

Annuaire

ANDOAIN

ESCUELA DE CINE Y VIDEO (DEPARTAMENTO DE EDUCACIÓN DEL GOBIERNO VASCO) (ÉCOLE DE CINÉMA ET DE VIDÉO, DÉPARTEMENT D'ÉDUCATION DU GOUVERNEMENT BASQUE).

Avenida Madre Kandida s/n Andoain (Guipuzcoa).
Tél. : 59.41.90.
Responsable : Iñaki Aizpuru.
Diplôme national.
Admission : 18 ans. BUP (bac unifié polyvalent).
Coût des études : 150 000 pts par an. Il y a des bourses d'études (pour les obtenir, s'adresser au département d'Éducation : Departamento de Educación. Plaza Lasala, 2. San Sebastian).
3 ans d'études.
150 élèves en première année.
Contenu des études :
— théorie : réalisation, production, cinéma, technologie, communication et image, langage audiovisuel, scénario, dessin, mathématiques, langue castillane, langue basque, anglais,
— travaux pratiques : vidéo.
Stages à Euskal Telebista (télévision basque).
Débouchés : professionnels de l'image et du son.
Spécialités : réalisation et production.

BARCELONE

• CENTRO DE LA IMAGEN (CENTRE DE L'IMAGE).
Calle Provenza 269, 08008 Barcelone.
Tél. : (93) 215.29.62.
Voir Madrid : *CEV.*

• UNIVERSITAD AUTONOMA DE BARCELONA

Facultad de Ciencias de la Información, Departamento de comunicación audiovisual y publicidad (Université autonome de Barcelone, Faculté des sciences de l'information, Département de communication audiovisuelle et de publicité).

Bellaterra, 08193.
Tél. : (93) 581.15.40 et 581.15.88.
Diplôme national reconnu.
Responsable : Emilio Prado.
Admission : BUP (baccalauréat unifié polyvalent).
4 ans d'études.
Études théoriques complétées de stages de photo-graphie et de vidéo.
Activités de recherche dirigées par les professeurs.
La formation concerne essentiellement la radio et la télévision.
Débouchés : professionnels de l'audiovisuel.
Remarques particulières : fait partie d'un Pic ERASMUS avec l'UFR Sciences de la communi-cation de Grenoble III (France).

• IORTV INSTITUTO OFICIAL DE RADIODI-FUSIÓN Y TELEVISIÓN (INSTITUT OFFICIEL DE RADIO ET DE TÉLÉVISION).

C/Ramblas 130, 08002 Barcelone.
Tél. : (93) 301.05.99.
Voir IORTV Madrid.

BILBAO

UNIVERSIDAD DEL PAIS VASCO.

Facultad de ciencias sociales y de la información, departemento de communicación audiovisual y publicidad (Université du Pays Basque, Faculté des sciences sociales et de l'information, Département de communication audiovisuelle et de publicité).
Apartado 644, Bilbao.
Tél. : 464.88.00.
Responsable : Casilda de Miguel (directeur du Département), Santos Zunzunegui (titulaire de la chaire).
Diplôme national.
Admission : 18 ans. Il faut avoir le BUP et le COU (cours d'orientation universitaire). On peut obtenir une bourse d'études en présentant son dossier.
5 ans d'études.
Nombre maximum d'étudiants en 1re année : 750.
Contenu des études :
Théorie : image, cinéma, radio, télévision, socio-logie.
Travaux pratiques : radio, TV, photo.
Stages à la télévision et la radio.
Activités de recherche menées par les élèves et les professeurs.
A la fin des études, les élèves s'orientent souvent vers les secteurs de la presse, la TV, la radio et la publicité.

MADRID

• CEV (CENTRO DE ESTUDIOS DE LA IMA-GEN Y DEL VIDEO) CENTRE D'ÉTUDE DE L'IMAGE ET DE LA VIDÉO.

Calle Regueros 3, 28004 Madrid.
Tél. : (91) 419.84.50 et 419.85.00.
École privée.
Responsable : Manuel Rodriguez.
Formation en vidéo et télévision, photo et son.
Un an d'études générales suivi de cours de spécialisation.
Coût de la première année : 280 000 pts. Les cours de spécialisation sont de coût variable : réalisation en direct (350 000 pts), réalisation de fictions (500 000 pts), postproduction (490 000 pts), repor-tage graphique (220 000 pts), production (150 000 pts), son, vidéo (150 000 pts).
Cette école a un autre centre à Barcelone : *Cen-tro de la imagen.*

• UNIVERSITAD COMPLUTENSE DE MADRID.

Facultad de ciencias de la información, seccion de imagen audiovisual (Université Complutense de Madrid, faculté des sciences de l'information, sec-tion de l'image audiovisuelle).
Adresse : Avenidad Complutense s/n, 28040 Madrid.
Tél. : 243.12.59.
Responsable : Enrique Bustamante.
Diplôme préparé : licenciatura.
Admission : baccalauréat avec cours d'orientation universitaire (COU). Un COU spécial est requis pour les étrangers.
Coût de l'inscription : 35 000 pts par an.
Cinq ans d'études.
Nombre : 6 000 élèves.
Contenu des études :
1re année : technologie des moyens audiovisuels I, esthétique.
2e année : histoire des moyens audiovisuels I, théo-rie et technique de l'image I, théorie et technique de réalisation I, théorie et technique de production I.
3e année : histoire des moyens audiovisuels II, théorie et technique de réalisation II.
4e année : technologie des moyens audiovisuels II, structure de programmation et radio/TV.
5e année : technologie des moyens audiovisuels III, théorie et technique de réalisation III, entreprise audiovisuelle (radio/TV).
Ateliers de vidéo, photographie, son, dessin et scénario.
Bourses d'études pour des stages à la télévision espagnole (3 mois), pendant l'été.
Activités de recherche dirigées par les professeurs.

Publications monographiques et Revue des sciences de l'information.

De nombreux étudiants diplômés font ensuite des écoles de formation professionnelle et quelques-uns poursuivent les études pour devenir des professeurs d'université dans cette faculté ou dans une autre.

Association des anciens élèves : AELCI.

Claudio Coello, 86, Madrid.

• IORTV INSTITUTO OFICIAL DE RADIODI-FUSIÓN Y TELEVISIÓN (INSTITUT OFFICIEL DE RADIO ET DE TÉLÉVISION).

Carretera de la Dehesa de la Villa s/n, 28040 Madrid.

Tél. : (91) 449.22.50.

Statut : organisme public dépendant de la RTVE (Radio-Télévision espagnole).

Coordination : Jaime Barroso.

Diplôme complétant l'acquis professionnel : destiné aux employés de RTVE et de sociétés.

Frais à la charge de RTVE.

Durée très variable. Le nombre total d'élèves est d'environ 1 000, répartis en une centaine de stages.

Les études portent sur les moyens techniques de production, la production et la réalisation, les moyens techniques de transmission, l'informatique, l'administration et les finances. Il y a de ce fait une grande variété de matières.

Publications : de nombreux manuels professionnels de radio et télévision et des « unités didactiques ».

Il y a un département d'assistance professionnelle qui s'occupe de perfectionner et de conseiller des personnes ou des entités étrangères appartenant au secteur des moyens audiovisuels.

L'IORTV fonctionne également à Barcelone.

• TAI-TALLER DE ARTES IMAGINARIAS (ATELIER DES ARTS DE L'IMAGE).

Calle San Mateo 16, 28004 Madrid.

Tél. : (91) 410.20.45.

École privée.

Responsable : Pilar Ruiz.

Pas de diplôme, mais un certificat de présence.

Aucune sélection à l'entrée ; une faible sélection en deuxième année.

Coût d'inscription : 250 000 pts pour la première année, 350 000 pts pour la deuxième année (matériel inclus).

Deux ans d'études.

Nombre d'élèves : 100 en première année, environ 25 en deuxième année.

Matières étudiées : mise en scène, caméra, direction d'acteurs et scénario en cinéma et vidéo.

VALENCIA (VALENCE)

UNIVERSITAD.

Departemento de Teoría de Los Lenguajes.

Avenida Blasco Ibañez 28, 46010 Valencia.

Tél. : (6) 386.4264 (Département), (6) 386.4230 ext. 1196 (bureau JT) — Fax : (6) 386.4253.

Responsable : Jenaro Talens.

Diplôme décerné : en philologie, avec une spécialisation en langages audiovisuels, propre à l'université de Valence.

Conditions d'admission : avoir fini les trois premiers cours de la licence en philologie.

Frais d'inscription : 40 000 pesetas environ.

Durée des études : 2 ans.

Effectifs par promotion : une vingtaine d'étudiants.

Contenu des études sur le plan théorique : histoire du cinéma (quatre semestres), histoire du cinéma espagnol (un semestre), technologie de l'image (deux semestres), théorie de l'interprétation (deux semestres), projets de production (deux semestres), esthétiques et théorie de l'art (deux semestres), sémiotique et théorie de l'information (un semestre), télévision (un semestre), radio (un semestre), histoire des théories filmiques (un semestre), théories du montage (un semestre), orthologie catalane[1] (deux semestres), orthologie espagnole (un semestre).

Pas de pratique.

Les recherches sont menées à l'Institut du cinéma et RTV de la Fondation Shakespeare, lié au département, mais indépendant sur le plan légal.

Depuis sa création jusqu'en 1988, publication de deux revues (trois numéros par an), *Contracampo* et *Eutopías* (cette dernière en collaboration avec l'Université du Minnesota). Actuellement, série de *Working Papers* (publiés par la Fondation Shakespeare).

Débouchés : surtout l'enseignement. Quelques étudiants travaillent maintenant à la télévision autonome comme cameramen, assistants de réalisation ou dans des programmes d'information.

Julio DIAMANTE
Traduction : Sophie Fontenelle
et Maïtena Lartigue

---

1. *En orthologie, on étudie les variantes linguistiques et dialectales de la langue — catalane ou espagnole — qui doit être utilisée à la télévision et au cinéma.*

Coup de torchon, de Bertrand Tavernier

IV. EN FRANCE

L'enseignement supérieur en France propose aux étudiants des types de formation très divers dans plus de trois cents établissements[1].

Des études courtes en deux ans leur permettent de se présenter sur le marché du travail avec un diplôme professionnalisant généralement apprécié, un brevet de technicien supérieur (BTS) ou un diplôme universitaire de technologie (DUT).

Les études plus longues sont dispensées dans les universités et les grandes écoles. 73 universités pluridisciplinaires et jouissant d'une assez grande autonomie offrent des formations échelonnées sur trois cycles succesifs.

Le premier cycle dure deux ans. On y prépare le DEUG (diplôme d'études universitaires générales). Ce n'est pas un diplôme terminal. Mais on peut quitter l'université avec un diplôme d'études universitaires scientifiques et techniques (DEUST) ou certains DU (diplômes d'université).

Le deuxième cycle regroupe des formations fondamentales (licence en un an et maîtrise en un an de plus) et des formations à finalité professionnelle comme les maîtrises de sciences et techniques (MST).

Le troisième cycle permet de se spécialiser et de former à la recherche. On peut préparer soit un diplôme d'études supérieures spécialisées (DESS) en un an, soit un diplôme d'études approfondies en un an (DEA) qui prépare au doctorat (2 ans et plus).

L'accès à l'université se fait le plus souvent par orientation progressive. Mais celui de certaines filières est sélectif.

Pour accéder aux grandes écoles, la sélection est de rigueur. Ces écoles ne relèvent pas toutes du ministère de l'Éducation nationale. Dans le secteur qui nous occupe, plusieurs dépendent du ministère de la Culture et de la communication. Il existe aussi des écoles privées.

---

1. *Voir* L'organisation de l'enseignement supérieur en France *élaboré par la Direction des enseignements supérieurs au ministère de l'Éducation nationale, de la jeunesse et des sports (octobre 1989).*

Tournage à la FEMIS

L'enseignement supérieur en France

Nombre d'habitants : 56,55 millions.
Nombre d'étudiants : 1 700 000 dont 18 133 originaires de la CEE.
Langue d'enseignement : le français.
Autorités de tutelle : essentiellement le ministère de l'Éducation nationale. En cinéma et audiovisuel, le ministère de la Culture et de la Communication joue un rôle important.

		Études longues		Études courtes	
		UNIVERSITÉS	GRANDES ÉCOLES	IUT	Lycées (STS)
+ 9					
+ 8		*Doctorat*			
+ 7		2 à 4 ans après le DEA			
+ 6					
+ 5		*DESS* *DEA*			
+ 4		*Maîtrises*	Organisation spécifique à chaque école		
+ 3		*MST MSG MIAGE* *Licences*			
+ 2	*DEUST ou DU*	*DEUG*	Accès sur *concours* souvent niveau bac + 2	*DUT*	*BTS*
+ 1					
Age 17 ou 18 ans	Accès à l'enseignement supérieur				
	Le *baccalauréat* sanctionne la fin de l'enseignement secondaire. Selon les cas, il suffit ou non pour entrer dans le supérieur.				

Voir documents DESUP

A l'université,
soixante-deux filières

En 1987, le service des Rencontres audiovisuelles (INRP-CNDP) avait mené une première enquête sur l'enseignement du cinéma et de l'audiovisuel dans les universités françaises ; elle avait été publiée dans le numéro 45 de **CinémAction** *sous la direction de Monique Martineau. Une nouvelle enquête par questionnaire coordonnée par Monique Theye, ingénieur d'études, a été lancée auprès des 75 universités françaises, par le canal des présidents d'université et services universitaires d'information et d'orientation. Les départements répertoriés en 1987 ont été contactés directement. Monique Martineau et Sylvie Bonaud, ingénieur de recherches mise à disposition par le CNRS pour cette enquête, ont visité à travers toute la France trente-huit UFR ou départements où l'on enseigne le cinéma et l'audiovisuel. Ce travail s'est échelonné du printemps 1989 à février 1991. Il s'inscrit désormais dans le cadre des activités du département Ressources et communication de l'INRP. A l'heure où nous mettons sous presse (mai 1991), d'importantes modifications sont attendues mais ne sont pas confirmées. Le ministère de l'Éducation nationale travaille à la rénovation des lycées. Il prévoit une réforme du baccalauréat qui réduirait à trois le nombre des séries. Le cinéma et l'audiovisuel qui constituent actuellement une section au sein de la série A3 (disciplines artistiques) deviendraient vraisemblablement une option au sein de la série littéraire.*

A l'Université, le ministère souhaite également simplifier les filières en diminuant le nombre de DEUG, de licences et de maîtrises. Les universités jouiraient d'une plus grande autonomie dans l'organisation des cursus. Enfin, le ministère cherche à favoriser le plus possible le rapprochement entre l'université et le monde professionnel. Dès la rentrée 1991, 23 instituts universitaires professionnalisés (IUP) seront mis en place. Les étudiants pourront s'inscrire en IUP après une année d'études supérieures. Au terme de trois années d'études, ils recevront le titre d'ingénieur maître (équivalent à la maîtrise). De nombreux professionnels interviendront dans la formation, qui fera une large part aux stages en entreprises.

Quatre IUP ouvriront dans le domaine de la communication à Aix-Marseille I (Communication et relations publiques), à Bordeaux III (Sciences de l'information et de la communication) et à Lille III (Documentation dans l'entreprise). A Toulouse II, l'ESAV deviendra IUP d'Études audiovisuelles. Par ailleurs, en ingénierie, à Paris IX sera créé un IUP Science et technologies de l'information (voir **La lettre SVP** *Direction de l'information et de la communication, ministère de l'Éducation nationale, n° 6, mai-juin 1991).*

La situation des professionnels intervenant dans l'enseignement supérieur sera officialisée. Ils recevront le statut d'enseignant associé. Leurs compétences seront validées par un diplôme spécifique, en cours de création.

Enfin, une campagne d'habilitation des diplômes nationaux est en cours. Comme ses résultats ne sont pas encore connus, la situation que nous décrivons ici et dans l'annuaire est sujette à modification, certains diplômes peuvent perdre leur habilitation nationale. Au contraire, certains diplômes d'université peuvent devenir diplômes nationaux. Se renseigner auprès de la DESUP, Bureau de l'information, 65, rue Dutot, 75015 Paris. Tél. : 40.65.62.70.

Collection La Revue du Cinéma

Laisse béton, de Serge Le Péron, enseignant à Paris VIII

Le paysage institutionnel

Négligée pendant une vingtaine d'années par les gouvernements successifs, l'Université est redevenue depuis 1988, avec l'ensemble du système éducatif, une des priorités du gouvernement français.

La loi d'orientation de l'Éducation nationale de juillet 1989 officialise un objectif que les prédécesseurs de Lionel Jospin au ministère avaient commencé d'afficher : amener 80 % d'une génération au niveau du baccalauréat et donc aux portes de l'enseignement supérieur.

Les formations universitaires au cinéma et à l'audiovisuel s'inscrivent dans ce contexte et suscitent un très vif intérêt chez les étudiants.

Ancrages

Le septième art est entré dans les universités françaises à la faveur du grand chambardement de 1968[1]. Il était présent sous forme d'unités d'enseignements dans toutes sortes de disciplines. Avec les développements de la télévision et de la vidéo, l'audiovisuel a suivi. Les enseignants ont fait de leur passion l'objet de leur enseignement. Ils s'interrogent maintenant et parfois s'opposent sur la nature de leur objet d'étude. Bon nombre d'entre

---

1. *Voir Michel Marie, 1945-1985*, une longue marche, *in* CinémAction *n° 45.*

eux souhaitent qu'il accède au statut de discipline. C'est le cas à Toulouse II où l'École supérieure du cinéma et de l'audiovisuel est devenue une UFR d'Études audiovisuelles, comme l'explique son directeur, Guy Chapouillié : « L'audiovisuel a donc été admis comme discipline autonome d'enseignement et de recherche, au carrefour d'autres disciplines. Il s'agit d'une discipline polytechnicienne, qui comporte tout à la fois une pratique esthétique, une pratique historique et une pratique technique. Par tâtonnements, nous avons essayé de déterminer un concept. C'est une discipline à créer. »

Même conception au département d'Etudes cinématographiques et audiovisuelles de Paris VIII où l'on insiste sur l'unicité du cinéma à travers ses différents supports, électronique, graphique, photographique et holographique et sur la nécessité de la pratique, comme le précise Guy Fihman, responsable du deuxième et du troisième cycles. Il s'agit selon lui d'une conception « intrinsèque » qui s'oppose à la conception « extrinsèque » défendue par Paris III. Ainsi Roger Odin qui y dirige l'IRCAV souhaite conserver d'abord le caractère œcuménique de ce nouvel objet d'études. Lors du symposium organisé à l'INRP en février 1986 par les Rencontres audiovisuelles (INRP-CNDP) et la Mission pour la création de l'INIS (devenue la FEMIS), il affirmait : « *Le cinéma et l'audiovisuel sont des objets et non des disciplines* » et il souhaitait qu'ils gardent leur caractère « *transdisciplinaire* ».

Quelle que soit leur analyse, tous les enseignants se félicitent que désormais un étudiant puisse se consacrer au cinéma et à l'audiovisuel tout au long de ses études. La cohérence de ce nouveau cursus est l'un des fruits du protocole d'accord passé entre le ministère de l'Éducation nationale et celui de la Culture (1983) ; il a considérablement facilité le développement des enseignements artistiques qu'entérine la loi du 6 janvier 1988.

A l'occasion de la Semaine des Arts, la revue *Passerelle des Arts,* le 29 mai 1990, décrit les possibilités offertes aux jeunes Français du début de l'enseignement secondaire à la fin de la thèse :

« Du collège au doctorat, le dispositif concernant le cinéma-audiovisuel offre les possibilités de parcours suivantes :

— de la classe de 6e [2] à celle de 3e :

approche du patrimoine cinématographique dans le cadre de l'opération "Collège au cinéma".

— dans les classes de 4ème et de 3ème : atelier de pratique artistique en cinéma-audiovisuel.

— de la classe de 2de à la terminale : option cinéma-audiovisuel dans la série A3 du baccalauréat.

— du baccalauréat à bac + 2 : B.T.S. audiovisuel ou DEUG à options audiovisuelles.

— de bac + 2 à bac + 4 : deuxième cycle d'études cinématographiques et audiovisuelles ou maîtrise de sciences et techniques (MST) en ce domaine.

— en troisième cycle : DEA et thèses en cinéma et audiovisuel. »

Pierre Baqué, conseiller pour les enseignements et activités artistiques au ministère de l'Education nationale, a beaucoup contribué à mettre en place ce cursus cohérent, qui semble ne pas avoir d'équivalent en Europe. Il fait remarquer cependant qu'il reste une faiblesse dans cet enseignement, qui provient du désintérêt de beaucoup d'universitaires pour la télévision. De plus, d'après les critères de l'Université française, il manquera longtemps deux pièces maîtresses à ce dispositif : le ministère de l'Éducation nationale ne veut pas créer de CAPES ni d'agrégation en cinéma et audiovisuel [3]. Par ailleurs, la licence d'études cinématographiques et audiovisuelles n'est pas reconnue comme licence d'enseignement. Cela contraint les étudiants désireux d'enseigner dans ce domaine au lycée de suivre un double cursus sauf s'ils étudient l'espagnol ou les arts plastiques. Il existe en effet une option cinéma au CAPES d'Espagnol ainsi qu'au CAPES et à l'agrégation d'Arts plastiques [4].

L'importance qu'occupent le cinéma et l'audiovisuel dans une formation et la place qu'on leur reconnaît dans l'Université se lisent clairement dans le statut administratif de cette

---

2. *La 6e est le début de l'enseignement secondaire, la terminale l'année où l'on passe le baccalauréat.*

3. *Le CAPES et l'agrégation sont des concours qui permettent de devenir professeur titulaire de l'enseignement secondaire.*

4. *Voir sur ce sujet les articles d'Emmanuel Larraz et de Pierre Baqué p. 203-204,* CinémAction *n° 45.*

5. *Voir l'introduction des actes du Congrès national INFORCOM 1990* « L'avenir, la recherche en information communication ».

6. *C'est le plus haut grade universitaire en France.*

formation : modestes unités d'enseignement (UE) ou unités de valeur (UV) dispensées dans une partie ou dans la totalité d'un cursus, contours qui se dessinent au sein d'un département (« option », « filière », « secteur », « section ») ou département tout entier.

Quelques universités ont accepté la création d'une UFR (unité de formation et de recherches) spécialisée. C'est le cas de Toulouse II et de Paris III. Mais le statut le plus envié dans cette quête de légitimité est assurément celui d'Institut. L'IMAC (Institut Images, médias, informatique de la Communication à Paris II) l'a obtenu ainsi que l'Institut européen de cinéma et audiovisuel de Nancy II, créé le 1er juillet 1990. Selon Roger Viry-Babel qui le dirige : « *Sa création doit permettre le développement harmonieux et cohérent de l'enseignement et de la recherche universitaire audiovisuelle en Lorraine. Il sera en relation constante avec les lycées et universités de la région spécialisés en audiovisuel ainsi qu'avec un réseau d'entreprises et avec les professionnels de l'audiovisuel. Il n'existe pas pour le moment d'Institut régional tel que le rapport Bredin le souhaitait pour servir de relais entre la FEMIS (niveau national) et les lycées à options cinéma et audiovisuel au niveau local.* » L'IECA comble cette lacune. Grâce à son statut, il dispose d'un privilège très rare dans l'Université française : l'autonomie financière. Son budget est alimenté par les droits d'inscription des étudiants concernés et par les crédits affectés par la Région, le district urbain de Nancy et le ministère de l'Education nationale.

Avec les projets gouvernementaux de professionnaliser davantage l'enseignement, on peut espérer que le nombre des instituts se développera.

Outre les formations dûment intitulées « études cinématographiques et audiovisuelles », on enseigne l'audiovisuel en particulier au sein des sciences de l'information et de la communication. Celles-ci ont été officiellement reconnues comme autonomes au sein de l'université en 1976[5] et se sont d'emblée intéressées aux médias. Ainsi à Grenoble III, l'unité des sciences de la communication propose un DEUST de communication audiovisuelle, une MST C conception et réalisation audiovisuelle et un DEA option communication et médias.

La reconnaissance institutionnelle va de pair avec une amélioration du statut d'une partie des enseignants.

Personnel enseignant et non enseignant, heurs et malheurs

Après une longue période de stagnation, les dernières années ont permis à de nombreux enseignants de devenir maîtres de conférences et même d'accéder au titre très convoité de professeur. Certes, tous les départements ne sont pas aussi richement dotés que l'UFR Cinéma et audiovisuel de Paris III : les cours y sont assurés par quatre professeurs, huit maîtres de conférences et dix chargés de cours. Dans le domaine du cinéma et de l'audiovisuel, selon Jean-Louis Leutrat qui dirige l'UFR, c'est la plus forte concentration de professeurs de rang A[6]. Mais des départements plus petits notent eux aussi une amélioration de leur situation : « *Le secteur cinéma d'Aix-Marseille I dispose maintenant d'un professeur et de trois maîtres de conférences. Nous avons enfin reconstitué un potentiel d'enseignants* », constate Jean-Luc Lioult qui a été titularisé comme maître de conférences en tant que professionnel pour aider à la réalisation vidéo.

Pourtant, la satisfaction est loin d'être unanime. En filmologie à Lille III, Louisette-Marie Faréniaux déplore que trois maîtres de conférences encadrent 820 étudiants et qu'aucun professeur n'ait été nommé dans ce département.

Si le statut professionnel de nombreux enseignants s'améliore, la charge de travail qu'ils assument est souvent insupportable, à cause notamment de l'insuffisance du personnel de secrétariat.

A l'ISIC (Bordeaux III), Martine Joly qui encadre les activités Cinéma et audiovisuel constate : « *Nous sommes une vingtaine d'enseignants pour 1 100 étudiants dans l'UFR. Mais nous ne sommes que quatre à avoir des spécialisations précises et cinq environ à nous partager les tâches administratives, le suivi des étudiants, les contacts avec l'extérieur, etc.* » Son collègue Philippe Loquay, journaliste, renchérit : « *Tout ce qui est une production écrite à l'université, la*

Collection Institut Jean Vigo

Ma nuit chez Maud, d'Éric Rohmer, intervenant à Paris I

moindre plaquette passe par moi. On devient consultant gratuit pour toutes sortes d'organismes qui font appel à nous. C'est positif car cela montre que l'université se réinsère dans le tissu économique. Mais c'est très lourd. Nous avons mis le doigt dans l'engrenage et arrivons au point de rupture. » Inutile de préciser que leurs recherches personnelles en souffrent : *« Je suis obligée de me cacher pour y travailler »* s'indigne Martine Joly : *« On ne peut se cacher longtemps car le téléphone sonne sans cesse,* poursuit Philippe Loquay. *En principe, les actions pédagogiques sont prises en compte pour notre avancement. Mais en fait, seuls comptent vraiment les travaux de recherche... ».*

L'enseignement, surtout dans les filières scientifiques et techniques[7], fait largement appel à des professionnels du cinéma et de l'audiovisuel qui interviennent comme chargés de cours. Cette possibilité a été officialisée par la loi relative aux enseignements artistiques qui précise : *« Des personnes justifiant d'une compétence professionnelle dans les domaines de la création ou de l'expression artistique, de l'histoire de l'art ou de la con-*servation *du patrimoine peuvent apporter, sous la responsabilité des personnels enseignants, leur concours aux enseignements artistiques dans des conditions fixées par décret en Conseil d'État. »*

Jusque-là, l'heure complémentaire était très peu payée. Depuis janvier 1991, la rétribution pour une heure de cours est de 320 F, pour une heure de travaux dirigés 213,40 F et pour une heure de travaux pratiques 142, 20 F. Mais à moins qu'ils n'aient vraiment la vocation d'enseigner, une telle rémunération n'est pas suffisante pour attirer à l'université de grands noms de l'audiovisuel.

Si l'apport des professionnels est indéniable sur le plan pédagogique, leur insertion n'est pas simple à gérer en termes administratifs, car elle représente un surcroît de travail et de soucis pour les enseignants titulaires. Comme l'explique André Meunier, responsable du DEUG LAEC à Paris III : *« Les professionnels (critiques, scénaristes, réalisateurs, etc.) nous sont certes des collaborateurs*

---

7. *Pour plus de détails, voir plus loin le chapitre qui leur est consacré.*

précieux. *La notion de partenaires professionnels à l'Université est séduisante, mais pleine
de pièges car travailler avec eux signifie que
l'on s'expose à leur mode de fonctionnement.
Or ils sont souvent instables, difficilement
"programmables" vu les rythmes des métiers
du cinéma et de l'audiovisuel. Cela me cause
beaucoup de sueurs froides. Certains dispa-
raissent au moment de Cannes. L'un d'eux
est parti aux USA avec ses copies... sans donner les résultats.* »

Mais le maillon le plus défectueux est le
petit nombre, la faible qualification et la faible rémunération du personnel non enseignant, chargé des tâches techniques et de
secrétariat. Cette catégorie a été longtemps la
cible privilégiée des mesures de restriction
budgétaire. Le seuil critique a été atteint dans
la plupart des universités où le nombre des
étudiants continue à croître et avec lui la
charge de travail sans que le ministère attribue plus de postes de secrétariat. Le personnel ATOSS (administratif, technique, ouvrier
de service et de santé) a d'ailleurs largement
manifesté son « ras-le-bol » à l'automne 1989,
paralysant la machine administrative dans
plusieurs universités. Frank Curot, directeur
de la section Cinéma de Montpellier III, constate : « *Nous manquons cruellement de personnel de secrétariat qualifié. C'est moi qui
fais tout le planning, c'est harassant. Il est
très difficile de faire taper un texte. Une de
nos chargées de cours est conseillère pédagogique. L'administration la considère comme
une secrétaire technique...* »

Il est très rare qu'une UFR ou un département soit doté d'un(e) AASU, personnel
administratif d'encadrement et de conception.
L'ESAV de Toulouse II est une de ces heu-
reuses exceptions. Anne-Marie Saboulard a la
responsabilité, outre la gestion financière et
administrative de l'École, d'assurer et de suivre la production des travaux audiovisuels
réalisés par les étudiants dans le cadre des stages obligatoires en entreprise.

Situation contrastée également du côté du
personnel technique et ouvrier. Quelques universités ont la chance d'avoir un ou des techniciens audiovisuels motivés, en dépit de la
médiocrité de leur statut. Ainsi à l'ISIC (Bordeaux III), Albert Clèdes encadre sans défail-
lance toutes les réalisations des étudiants.
Mais cela ne fait pas partie de leurs missions,
comme le précise François Amy de la Bretè-

que de Montpellier III. Ils peuvent donc refuser de le faire, ou traîner des pieds si le nombre croissant d'étudiants alourdit trop leur
travail. Fréquemment, les départements
Cinéma et audiovisuel n'ont pas de techniciens en propre. Ils doivent travailler avec
ceux du service commun audiovisuel, qui ne
sont pas toujours très motivés... Parfois
enfin, personne ne peut aider les enseignants
à gérer le matériel ou à faire un câble ! Ainsi,
le DEUST de Communication audiovisuelle
de Paris X fonctionne... sans technicien officiellement nommé. A Aubagne (Aix-
Marseille I), la MST est installée dans de nouveaux locaux mais... il n'y a pas de gardien :
« *Il faut refermer à clef chaque porte derrière
soi, ce qui n'a pas empêché des vols en plein
jour !* » déplore Roland Cottet qui est responsable de la formation.

Budgets et locaux

Les problèmes humains se cumulent avec
des difficultés matérielles fréquentes. Sur le
plan financier, il n'est pas rare qu'un département dispose d'un budget annuel de fonctionnement de 20 000 F. Notons toutefois que
les formations scientifiques et techniques sont
moins démunies : elles négocient des contrats
auprès d'entreprises et perçoivent la taxe
d'apprentissage.

A cela s'ajoute un problème criant dans
presque toutes les universités : le manque de
locaux. Du fait de l'augmentation incessante
des effectifs, il n'y a jamais assez de salles
de cours. Martine Joly décrit ainsi la situation de l'ISIC : « Pour 1000 étudiants, deux
salles nous sont attribuées en plus des salles
banalisées. C'est une jonglerie permanente.
Les professeurs n'ont pas tous un bureau, il
n'y a pas de salle de travail pour les étudiants ». A Aix (Aix-Marseille I), pour la réunion de rentrée de la première année du DU,
beaucoup d'étudiants étaient assis par terre.

Au manque quantitatif s'ajoutent les carences qualitatives: combien de projections se
déroulent dans une semi-obscurité, avec des
images floues et un seul moniteur pour plus
de 50 étudiants ? Quelques belles réussites
dans l'aménagement de l'espace existent néanmoins. Ainsi l'ESAV a pu se doter d'une
salle de projection parfaitement équipée. La

MST Métiers de l'image et du son a quitté des locaux vétustes et dangereux de Marseille Saint-Charles pour 1600 m2 complètement rénovés par la municipalité d'Aubagne et transformés en labo photo, en salles de montage vidéo et en plateau de tournage flambant neuf, installés dans l'école où le père de Marcel Pagnol a commencé à enseigner.

Le plan gouvernemental de développement des universités apportera, on l'espère, un ballon d'oxygène à quelques-unes d'entre elles qui avaient atteint la saturation absolue. Ainsi le département d'Études cinématographiques et audiovisuelles de Paris VIII attend avec impatience sa part dans les 30 000 m2 qui vont être construits, d'autant que, selon Guy Fihman, « *ces locaux seront de haute qualité, prévoyant d'emblée le câble et l'informatisation interne, qui allègera la gestion administrative* ». On attend même la création de postes d'ATOSS.

Clivages

Le partage de problèmes analogues, communs d'ailleurs à toute l'Université, n'empêche pas l'existence de fortes oppositions entre les formations au cinéma et à l'audiovisuel.

La première concerne les filières qui ont obtenu des diplômes habilités sur le plan national et celles qui délivrent des diplômes d'université. Cette situation est caractéristique de l'Université française où la centralisation qui fut longtemps de règle a bien du mal à laisser s'épanouir l'autonomie proclamée de chaque université.

La deuxième opposition, encore plus marquée, sépare les diplômes à caractère scientifique et technique (DEUST, MST, DESS) et ceux qui ont des visées plus culturelles (DEUG, licences et maîtrises).

Les premiers se caractérisent par une très forte sélection à l'entrée, des petits effectifs, des liens forts avec le monde professionnel (de nombreux intervenants en proviennent, les étudiants font des stages très encadrés) et un suivi des anciens étudiants. C'est le seul secteur où des enquêtes sur leur devenir sont réalisées régulièrement.

Les seconds délivrent une culture générale et approfondissent plus le travail théorique, souvent au détriment de la pratique. Ils donnent leurs chances à un plus grand nombre d'étudiants. Comme l'explique René Gardies, maître de conférences à Aix-Marseille I : « *Si nous formions quinze étudiants seulement, nous serions moralement engagés envers eux. Nous en acceptons cinquante et nous leur disons : "Ne croyez pas que vous serez formés professionnellement, ni que vous trouverez tous un emploi." En fait, l'Université donne un niveau aux étudiants, bac + 4 ou + 5. Nous sommes dans la même situation que des disciplines comme la sociologie, la psychologie, les lettres modernes, qui accueillent, elles, un beaucoup plus grand nombre d'étudiants. S'attend-on à ce que ceux-ci reçoivent une formation professionnelle ? Il y a aussi une hypocrisie dans les filières sélectives. Si on ne prend que quinze étudiants au lieu de cinquante, se préoccupe-t-on de ce que deviennent les trente-cinq autres ? Par ailleurs, on exige des filières comme la nôtre qu'elles délivrent une formation professionnelle... sans moyens. Que peut-on faire avec un budget de 20 000 F par an ? Si nous avions le budget de la FEMIS*[8]*, bien sûr nous pourrions former aux métiers de l'audiovisuel.* »

Maxime Scheinfeigel, maître de conférences à Montpellier III, renchérit : « *Je suis contre le fait que l'Université se définisse par rapport au marché du travail. Nous sommes là pour donner une formation culturelle. Je suis contre la professionnalisation.* »

Mais les étudiants, eux, la revendiquent de plus en plus. Et même, comme le constate Geneviève Jacquinot, professeur en Sciences de l'éducation à Paris VIII : « *Sans l'avouer clairement, certains souhaitent maintenant la sélection à l'entrée de l'Université et l'augmentation des frais d'inscription tant ils sont fatigués de leurs conditions d'études.* » Les temps changent ! En 1986, la seule évocation d'un *numerus clausus* avait fait déferler dans les rues une immense foule de jeunes.

Monique MARTINEAU

---

8. *Le projet de budget de la FEMIS pour 1991 est de 39 610 MF (sans compter* Periphéria, *le centre de recherches).*

Cap canaille, de Jean-Henri Roger, enseignant à Paris VIII

Le paysage audiovisuel

Pour mener à bien l'enseignement des images et des sons à l'Université, il faut bien plus que de la craie et un tableau noir. Quelques départements disposent de leur propre équipement.
Mais très souvent les enseignants sont obligés de se tourner vers le centre audiovisuel, service commun de l'université, pour emprunter du matériel et _permettre à leurs étudiants d'avoir un peu de pratique, comme l'a constaté Sylvie Bonaud en visitant de nombreux centres audiovisuels._
Quant à l'accès aux films, bouteille à l'encre de l'enseignement du cinéma, il est facilité par quelques cinémathèques. Pour le reste, chacun se débrouille, en toute illégalité...

Les services audiovisuels des universités

Nés il y a une vingtaine d'années, ils sont très divers ; souvent créés pour gérer des laboratoires de langues, ils ont vite élargi leurs activités. Certains se concentrent sur la production, d'autres sont devenus le support logistique de l'enseignement, d'autres enfin mènent des recherches sur les nouvelles technologies. Deux tendances principales se dégagent, l'une vers la spécialisation, l'autre vers la diversification des tâches.

L'activité essentielle de certains d'entre eux est la gestion. Ils sont chargés de l'achat et de la maintenance du matériel lourd et veillent à l'équipement audiovisuel des salles de cours (micro, vidéo, 16 mm), à la sonorisation du hall, au prêt, et à la maintenance du matériel léger (camescopes, moniteurs...).

Mais la généralisation de l'emploi de l'audiovisuel dans l'enseignement de nombreuses disciplines a donné à beaucoup de services audiovisuels un rôle nécessaire de soutien aux activités pédagogiques. C'est souvent grâce à eux que les étudiants peuvent avoir accès au matériel et approcher des professionnels.

Le CAVUL de Lille III organise des stages d'une semaine pour les étudiants d'Information-communication au cours desquels ils réalisent une vidéo. De même le Service audiovisuel de Lyon II permet aux étudiants en licence de cinéma et audiovisuel de tourner par groupes de cinq un document vidéo d'une dizaine de minutes. Ils disposent de régies de tournage, de magnétophones huit pistes et d'un laboratoire photo. Même possibilité à Lyon III où l'ensemble des techniciens (régie, son, caméra, régisseur de plateau) encadrent les activités de réalisation en Information et communication et aident les étudiants de l'option journalisme à préparer un journal radiodiffusé et télévisé.

Certains centres audiovisuels mettent en place des ateliers. Ainsi Vidéoscop, à Nancy II, est partenaire de l'Institut européen de cinéma et audiovisuel dans la formation et permet aux étudiants de deuxième et troisième cycles de s'inscrire dans l'atelier d'images de synthèse ou dans celui d'images interactives. Le CREA à Rennes II offre la même possibilité aux étudiants des départements Arts plastiques et Information et communication qui ont choisi l'audiovisuel en option. Comme il produit ou coproduit des documents de commande, cela permet de créer des relations avec le milieu professionnel et d'insérer des étudiants au sein d'équipes composées pour moitié d'intermittents du spectacle. Certaines réalisations sont de haut niveau, ainsi un document vidéo *Couleurs n° 5 : le contraste simultané* réalisé par Patrice Roturier, directeur du CREA, a obtenu le prix spécial de la Recherche au Festival international du film scientifique en 1990.

Les centres audiovisuels mènent de nombreuses activités de formation destinées en particulier aux enseignants, en liaison avec les MAFPEN (Missions académiques chargées de la formation des personnels enseignants). Ainsi l'OAVUP à Poitiers, dirigé par François Marchessou, a-t-il un public très ciblé d'enseignants de français langue étrangère comme l'explique Edmond Bizard, directeur adjoint : « *En liaison étroite avec plusieurs ministères et des organismes internationaux, nous mettons en place des stages individualisés concernant des professeurs de français souhaitant s'initier aux nouvelles technologies et produire des documents utilisables dans les classes.* »

Enfin, quelques services audiovisuels développent des activités de recherche qui se déploient dans plusieurs directions. A Paris X, des séminaires sont organisés à l'intention des enseignants et des chercheurs qui utilisent l'audiovisuel dans leurs recherches par le Centre audiovisuel de l'université dirigé par Claudine de France et Philippe Lourdou. D'autres travaillent sur l'utilisation des nouvelles technologies. A Vidéoscop, précise Philippe Perrey qui le dirige, « *nous menons des recherches surtout dans deux directions. D'une part sur la formation à distance et les programmes multimédias, notamment en étudiant la diffusion par satellite ; d'autre part sur les images de synthèse : en quoi peuvent-elles jouer un rôle spécifique dans des programmes de formation ou dans des processus de création industrielle ?* ».

La situation des services audiovisuels varie selon les universités. Quelques-uns bénéficient d'un contexte régional favorable. L'acquisition d'un matériel performant nécessaire à leur développement est souvent due à des

Photo de Magali Kappeller, étudiante en MST Image et son à l'Université de Provence

montages financiers entre l'Université, de la Région et de l'État.

Ainsi le CAVUM de Metz, grâce à son implantation sur le site du Technopole, cité nouvelle de la communication aux portes de la ville, a reçu une subvention importante d'équipement des collectivités locales.

D'autres services n'ont que des moyens limités. Certains s'autofinancent presque complètement pour le fonctionnement et doivent faire payer toutes leurs prestations.

Beaucoup déplorent le manque de moyens financiers, mais c'est surtout le manque de personnel et les problèmes de recrutement qui freinent leur développement et rendent plus difficile l'aide à l'enseignement car il faut gérer l'afflux des étudiants, comme le précise le CAVUL de Lille III.

L'accès aux films

Disposant trop souvent de petits budgets, la plupart des départements Cinéma et audio-visuel ne peuvent pas louer de films. Même dans les fédérations de ciné-clubs, par ailleurs en pleine récession, les prix sont prohibitifs quand le budget annuel tourne autour de 20 000 F. Beaucoup d'universités se constituent, en toute illégalité, des vidéothèques de cassettes piratées. Comment faire autrement quand la législation sur les droits d'auteur[1] limite au « cercle de famille » dans l'acception étroite du terme la possibilité légale de visionner des cassettes enregistrées à la télé-vision ou louées dans le commerce ?

L'Association des responsables et spécialistes audiovisuels des établissements d'enseignement supérieur (ARAS) fédère les centres audiovisuels universitaires. Plus des deux-tiers d'entre eux participent à ses différentes activités.

L'association organise en effet des stages de formation, des colloques — le dernier en décembre 1990 au Palais de la Découverte, a réuni 180 responsables de centres, spécialistes et professionnels de l'audiovisuel.

Les manifestations sont toujours orientées vers trois secteurs : formation, production, recherche.

En terme de formation, l'ARAS organise des journées de sensibilisation à l'exploitation de programmes, à l'utilisation et à l'intégration des nouvelles technologies (satellite, réseau câblé, enseignement à distance par exemple) dans les enseignements universitaires.

Pour la production, l'ARAS a un rôle de coordinateur qui facilite le montage des dossiers et les collaborations entre les universités. Elle a été à l'origine du recensement national des productions audiovisuelles du supérieur que la DESUP va rendre accessible sous forme de bases de données.

Enfin, la dernière mission de l'ARAS est d'organiser des rencontres entre les centres qui travaillent en recherche-image afin qu'ils puissent faire part de leurs expériences (elle a permis la collaboration actuelle entre l'université de Nancy II et Rennes II en ce qui concerne la recherche en images de synthèse tridimensionnelles).

L'ARAS va tenter de constituer en 1991 un réseau des centres audiovisuels européens qui permettra la réalisation de programmes éducatifs en Europe.

Président : Jean Pierron, directeur de la Mission à l'audiovisuel du Parlement européen.

Président délégué : Claude Traullet, responsable du secteur Réseaux câblés à Paris VIII.

Siège social : Sufco Montpellier, Université Montpellier III, Route de Mende, BP 5043, 34032 Montpellier : Mme Arlette Casas, secrétaire de l'ARAS.

Tél. : 67.14.23.35, fax : 67.14.20.52.

Néanmoins, les étudiants peuvent accéder au patrimoine filmique grâce à l'action de quelques cinémathèques, celle de Toulouse, de Lorraine et plus particulièrement la Cinémathèque universitaire.

Lors du colloque sur *Les sources de la recherche et de la création cinématographique en Europe*, Claude Beylie, conservateur de la Cinémathèque universitaire[2] évoquait des pistes d'action pour sortir de la situation d'illégalité dans laquelle les activités de conservation et de diffusion sont trop souvent enfermées. « *Il faut obtenir de la législation française un droit d'exploitation pédagogique des films, en tout cas au minimum le droit de citation pour constituer, pourquoi pas, une sorte de "Lagarde et Michard" du cinéma. Nous devons nous opposer à la casse des copies de films par les producteurs et nous battre pour que les copies usagées soient remises aux cinémathèques au lieu d'aller au pilon. Il faudrait enfin que le ministère de la Culture répartisse mieux l'enveloppe financière entre les différentes cinémathèques.* »

Plus spécialisée, la cinémathèque de Lorraine à Nancy a reçu de la Région, précise Edith Maggipinto, une mission sur l'Image du patrimoine. Celle-ci implique « *la collecte de films et de vidéos sur les thèmes suivants : gens d'Est, villes d'Est, faits d'Est ; la conservation de ces produits, leur habillage et valorisation (générique, intertitrage, sonorisation, montage)* ». Ce fonds est accessible aux étudiants de licence de l'atelier d'archivistique audiovisuelle de Nancy II. De même, à Lyon, l'institut Lumière reçoit quelques étudiants pour travailler sur son riche fonds consacré au cinéma des premiers temps. Il organise des cycles de cinéma et consent aux étudiants un tarif réduit.

Il existe enfin un très petit nombre d'accords avec des salles de cinéma. Bernard Cuau, de la filière Cinéma de Paris VII, précise que « *le cinéma Action Rive Gauche accueille les étudiants gratuitement à la séance de midi. En échange, ils aident à la mise en place de l'information sur les programmes et, en collaboration avec Jean Max et François Causse, ils peuvent participer au passionnant travail de programmation d'une salle d'Art et essai* ».

1. *Voir l'article de Monique Theye,* L'accès aux films *et l'article sur* Dispositions légales relatives aux droits d'auteurs *dans* Ciné TV, *n° 91 de la revue* Le Français aujourd'hui *(septembre 1990).*

2. *Voir l'article de Claude Beylie,* La Cinémathèque universitaire, *CinémAction n° 45,* op. cité.

Sylvie BONAUD

Collection Institut Jean Vigo

A bout de souffle, de Jean-Luc Godard

Les DEUG : le déferlement

Les Diplômes d'études universitaires générales accueillent les étudiants après le baccalauréat. La durée normale du premier cycle est de deux ans. Une seule année supplémentaire peut être accordée en cas d'échec.
Les DEUG demeurent le point le plus

fragile du système universitaire et leur rénovation se justifie, comme l'écrivait Nicole Gauthier dans Libération (10/4/1990), par l'afflux massif des étudiants, les difficultés d'orientation qu'ils rencontrent et la persistance d'un important taux d'échec.

Le trop-plein

Les DEUG Culture et communication, Lettres et arts, Arts, qui permettent aux étudiants de choisir une option Cinéma et audiovisuel connaissent les mêmes difficultés.

Les enseignants presque unanimes évoquent avec découragement le flot toujours croissant d'étudiants qui, chaque année, partent à l'assaut de leur département. En décembre 1989, François Amy de la Bretèque, maître de conférences à MontpellierIII, décrivait en ces termes la situation dans le DEUG Lettres et arts, mention ISAV (image, spectacle, audiovisuel) : « *Le nombre d'étudiants en première année de DEUG est allé bien au-delà de ce qui était prévu. Est-ce que cela provient de l'habilitation de la licence ou d'un phénomène général au premier cycle ? Nous n'en savons rien. Toujours est-il qu'il a fallu dédoubler en catastrophe, trouver des enseignants, des salles. Cet afflux est malsain, trop brutal.* » Un an après, la situation avait encore empiré. On attendait 10 à 15 % d'étudiants supplémentaires ! Les rectorats font souvent pression sur les universités pour accueillir les bacheliers qui n'ont pas trouvé d'affectation.

François Amy de la Bretèque souligne une autre difficulté — le niveau de ces trop nombreux étudiants est souvent médiocre : « *Très peu de bacs C, des bacs A sans mention (ceux qui ont obtenu une mention vont en prépa). On assiste à une montée des bacs B, F et G. Souvent ils choisissent ce DEUG faute de mieux. Leur motivation n'est pas évidente.* »

Pourtant, dans cette marée humaine, un changement est survenu à la rentrée 1989 : l'arrivée à l'université des premiers bacheliers titulaires du bac A3 section Cinéma et audiovisuel. Maxime Scheinfeigel, maître de conférences à Montpellier III, après avoir enseigné à Aix dans la section Cinéma du lycée, est optimiste sur leur devenir, car ils sont, selon elle, beaucoup mieux armés par trois ans d'enseignement secondaire que leurs condisciples qui découvrent l'image et le son.

Mais là encore, l'effet de masse fausse les cartes. François Amy de la Bretèque, qui lui aussi a enseigné dans une section Cinéma au lycée de Lunel, constate que les huit étudiants venus de Lunel ont été noyés. Devant la pression du nombre, on n'a pas pu tirer parti de

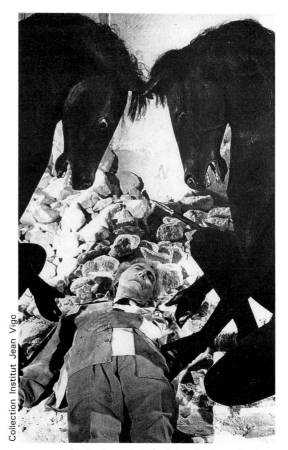

Collection Institut Jean Vigo

Le testament d'Orphée, de Jean Cocteau

leur compétence. Seuls quelques-uns d'entre eux surnagent. La situation lui semble d'autant plus préoccupante qu'on assiste avec la régionalisation à une prolifération de ces sections. Pour la seule région de Montpellier, on dénombre une section à Nîmes, deux à Perpignan dans des établissements privés, une qui démarre dans un lycée de Montpellier, une autre en projet à Alès, au total soixante-douze en France.

Même crainte à Paris III exprimée par André Meunier, responsable du DEUG LAEC (Culture et communication)[1] : « *Comme il existe peu d'universités habilitées à dispenser un enseignement du cinéma, on peut s'attendre à de très nombreuses deman-*

des, notamment émanant de lycéens de province car Paris III jouit d'une réputation certaine. »

A la rentrée 1990, cet afflux a été stoppé par la mise en place pour l'Ile-de-France d'un système d'inscription à l'université par minitel, appelé Ravel et fondé sur la sectorialisation. Comme l'explique Dominique Chateau, responsable de l'UFR Arts plastiques et sciences de l'art à Paris I, beaucoup de candidatures de province ont été refoulées et n'ont pas été comptabilisées : « *Nous n'avons pu repêcher que deux ou trois provinciaux.* » Nul ne sait ce que les autres sont devenus...

Enfin, il faut tenir compte du fait que le bac A3 en Cinéma et audiovisuel n'est pas un examen à caractère professionnel et que beaucoup d'élèves choisissent une orientation qui les éloigne du cinéma : études de lettres, de langues...

Des moyens pour l'endiguer

Comment faire face à l'affluence alors que la sélection est officiellement interdite quand un titulaire du baccalauréat sollicite une inscription en DEUG ? André Meunier pense que « *la seule arme est un discours raisonnable pour mettre en garde les étudiants de première année au moment où ils choisissent leur filière. Les enseignants, dans le cadre de la préprofessionnalisation, font un travail d'information et tiennent trois discours qui peuvent avoir un effet dissuasif.*

1) *Le DEUG en tant que tel ne constitue pas une préparation directe à la FEMIS (le succès au concours ne concerne qu'un très petit nombre).*

2) *Il n'y a pas de formation pratique, à la différence de Paris VIII, d'une part faute de matériel, d'autre part du fait de la vocation théorique de Paris III où l'on développe l'analyse de films, des approches sémiologiques, historiques, esthétiques et économiques du cinéma.*

3) *Les débouchés ne sont pas garantis.* »

Le moyen qui semble le plus couramment

envisagé pour ne pas crouler sous le nombre est de se montrer plus exigeant sur le contenu, notamment sur le plan théorique.

Alain Billon évoquant le DEUG Communication et sciences du langage qui a démarré à Metz à la rentrée 1990, précise qu'il a « *un programme chargé pour dissuader les étudiants peu motivés et très nombreux.* » Michel Marie de l'UFR cinéma et audiovisuel à Paris III déclare sans ambage : « *Nous sommes contre l'extension numérique du DEUG Culture et communication. Nous avons sciemment créé une image de marque dissuasive de formation théorique. Deux UV servent de barrage, en esthétique et en théorie du cinéma.* »

La pratique dont rêvent beaucoup d'étudiants qui s'engouffrent dans ces filières est fortement compromise par leur nombre dans la plupart des universités. On retrouve presque partout une sélection dans l'accès aux activités de réalisation. A Paris VIII, sur 400 étudiants en DEUG de Culture et communication, vingt-cinq sont inscrits dans le module Communication et création vidéo, qui comporte cinq UV axées sur l'analyse et la production de l'audiovisuel.

A Montpellier III, Gilles Delavaud constate : « *En raison de la croissance des effectifs, il n'est plus possible de faire de la pratique en première année. En deuxième année, nous avons plusieurs cours d'une trentaine d'étudiants chacun. Dans ces cours, les étudiants sont répartis en groupes de travail où alternent exercices d'écriture de scénario, tournage en vidéo 8 ou VHS et montage. Nous mettons l'accent sur les exercices d'écriture et de mise en scène. Le travail de montage est plus approfondi l'année suivante, en licence.* » Deux autres groupes fonctionnent dont un en infographie avec le concours d'entreprises d'audiovisuel. Mais au total, moins de quatre-vingt-dix étudiants sur trois cents ont ainsi accès à des activités de réalisation.

A Nancy II, grâce à Vidéoscop, vingt-cinq étudiants par an peuvent faire un stage. Comme le précise Philippe Perrey, directeur : « *Nous organisons cinq stages de cinq étudiants chacun par an, d'une durée de quinze jours ; ils aboutissent à la fabrication d'un produit vidéo. Ils sont animés par des réalisateurs indépendants. Ces stages sont intégrés au cursus universitaire.* »

---

1. *L'UFR d'Études cinématographiques et audiovisuelles est responsable pédagogiquement du secteur cinéma du DEUG LAEC.*

Le DEUG LIC (Langues, images et communications) de l'UFR Lettres-langues à l'université de Poitiers fait exception. Un *numerus clausus* est fixé dès l'entrée en fonction de la capacité d'accueil des locaux et de la possibilité d'utiliser le matériel. Alain Gaubert, qui dirige la filière, explique sereinement : « *Il y a deux cent cinquante candidats pour quarante places, l'admission se fait sur tests écrits et oraux.* » Les quarante élus ont accès à tout le matériel audiovisuel et informatique. En vidéo, ils disposent de deux équipements 8 mm, un VHS, un U-matic, un BVU : « *Durant les deux années de DEUG, ils doivent participer à trois types de projets : écriture et mise en page, production sonore, projets avec des partenaires extérieurs. Ils doivent en outre parvenir à la fin de la deuxième année à la réalisation d'un court métrage de fiction en équipe de cinq.* »

Un diplôme généraliste

En cette période de redéfinition du DEUG, la plupart des enseignants insistent sur son caractère généraliste. Ainsi Dominique Chateau de Paris I Saint-Charles rappelle l'esprit qui a présidé à sa rénovation : « *Le DEUG dispense un enseignement général pluridisciplinaire, tout en respectant les différents champs disciplinaires. Son but est de faire acquérir les apprentissages fondamentaux et c'est aussi une transition entre l'enseignement secondaire et l'enseignement supérieur, tout cela en accord avec la politique contractuelle mise en place par le ministère. En tout cas, ce premier cycle ne doit pas être préprofessionnel, ce qui n'exclut pas la pratique. Quant au principe d'un DEUG audiovisuel, il suscite deux débats entre ceux qui souhaitent un enseignement pluridisciplinaire et ceux qui voudraient une orientation préprofessionnelle. La multiplication des sections A3 préparant au baccalauréat Cinéma et audiovisuel pousserait dans ce sens. Mais le ministère est réticent à cause du problème des débouchés. A Paris I Saint-Charles, l'UFR d'Arts plasti-*ques et sciences de l'art a opté pour la solution pluridisciplinaire mais le DEUG est composé de deux parties, un tronc commun d'enseignement général (focalisé sur l'art) et une option spécialisée, mi-théorique, mi-pratique.* »

A Aix-Marseille I, les enseignants du secteur Cinéma et audiovisuel ont d'un commun accord choisi de supprimer la filière cinéma et audiovisuel qui existait au sein du DEUG pour mieux affirmer le caractère général de ce diplôme et bien signifier qu'il n'est pas un diplôme terminal. En contrepartie, les cent soixante étudiants de première année du DEUG Communication et sciences du langage peuvent suivre des cours d'initiation au cinéma.

Que faire avec un DEUG qui, d'une manière ou d'une autre, a permis une approche de l'audiovisuel ? Le rêve est bien sûr d'intégrer la FEMIS. Seule une infime minorité y parviendra, on l'a vu. La licence INFOCOM et la licence d'Études cinématographiques et audiovisuelles sont très demandées par les étudiants. Mais douze universités délivrent la première et sept la seconde.

A Paris III, deux cent étudiants du DEUG LAEC se sont spécialisés en audiovisuel. En licence d'Études cinématographiques et audiovisuelles, l'UFR d'Études cinématographiques et audiovisuelles propose cent trente places dont une partie est occupée par des étudiants venant d'autres universités. Pas question d'y accéder si l'on n'a pas obtenu toutes ses unités de valeur au DEUG.

Même politique très sélective à l'entrée des licences INFOCOM, auxquelles le DEUG Culture et communication ne donne pas accès de plein droit. Comme il ouvre peu d'autres portes, un nombre non négligeable des titulaires de ce diplôme ne parviennent pas à accéder à la formation de deuxième cycle qu'ils visaient. C'est pourquoi beaucoup d'enseignants déconseillent aux jeunes d'entreprendre ce genre d'études immédiatement après le baccalauréat[2]. Il leur semble préférable d'entreprendre des études plus classiques, avec des unités de valeur optionnelles en audiovisuel et d'attendre pour se spécialiser dans ce domaine d'avoir atteint le deuxième ou le troisième cycle.

---

2. *Voir* Le Monde *Initiatives Campus 9/1/1991,* La fin du boom de la communication *par Isabelle Germain.*

Monique MARTINEAU

par Monique Martineau

Un dimanche à la campagne, de Bertrand Tavernier, intervenant à Paris I

Licences et maîtrises : vers la vitesse de croisière ?

Octobre 1985. Les premières licences d'Études cinématographiques et audiovisuelles sont créées à Paris I jumelée à Paris III, Paris VII et Nancy II. En octobre 1986, Lyon II obtient l'habilitation, puis en octobre 1989, Paris VIII et Montpellier III. Octobre 1990, Paris I (Saint-Charles) encadre pédagogiquement la licence par correspondance du CNED (Centre national d'enseignement à distance). Octobre 1991, le DU d'Aix-Marseille se transformera en licence et maîtrise. Toujours rien à l'ouest ni au nord de la France. Le ministère ne souhaite pas multiplier les habilitations en dépit de l'énorme demande que constitue à terme la mise en place de soixante-douze sections Cinéma et audiovisuel dans les lycées. Comme le précise Pierre Baqué, conseiller pédagogique national auprès du directeur des Enseignements supérieurs, cette prudence est dictée par le souci de ne pas multiplier des formations qui débouchent le plus souvent sur des emplois intermittents, dans un marché du travail particulièrement étroit. Le caractère essentiellement théorique de ces diplômes ne facilite pas le passage à la vie active. Certes, une enquête menée par le SCUIO de Paris III sur les premiers diplômés de cette université permet d'être relativement optimiste sur leur devenir. Mais qu'adviendrait-il si ces formations proliféraient ?

Avec cinq ans de recul, la formule semble bien rodée. L'arrêté du 14 janvier 1985 trace les contours du cursus qui dure deux ans, un an pour la licence et un an pour la maîtrise, comme dans les autres domaines.

« Art. 2. — La licence d'Études cinématographiques et audiovisuelles comporte un minimum de quatre cents heures d'enseignement dont trois cent vingt-cinq heures au moins réparties entre les matières suivantes :

— Esthétique et théorie du cinéma et de l'audiovisuel : 75 heures ;

— Histoire du cinéma et de l'audiovisuel : 75 heures ;

— Histoire, analyse et pratique des formes plastiques et sonores : 75 heures ;

— Sociologie, économie et droit du cinéma et de l'audiovisuel : 50 heures ;

— Analyse et pratique du récit cinématographique (scénarios, dialogues...) : 50 heures.

Soixante-quinze heures d'enseignement sont laissées au choix de l'établissement. Les programmes de ces enseignements peuvent porter soit sur un renforcement d'enseignements visés ci-dessus, soit sur d'autres enseignements et en particulier l'analyse et les pratiques cinématographiques, audiovisuelles et de la communication.

Art. 3. — La maîtrise d'Études cinématographiques et audiovisuelles comporte un minimum de quatre cents heures d'études comprenant à la fois un enseignement de cinquante heures laissé au choix de l'établissement et la réalisation d'un travail d'études et de recherches pouvant intégrer une partie pratique, se fonder sur un stage ou combiner les deux possibilités. La partie pratique peut consister en la réalisation d'une enquête, d'une continuité dialoguée, d'un film, d'un montage audiovisuel, etc. »

A partir de la rentrée 1991, des changements pourraient intervenir car le ministère de l'Education nationale prépare une réforme des licences et des maîtrises. On pouvait lire dans *Le Monde* du 7 mars 1990 sous la plume de Gérard Courtois : *« A l'avenir, l'habilitation préciserait de manière large les disciplines obligatoires mais ne fixerait plus qu'un volume global annuel (de l'ordre de 350 à 400 heures d'enseignement). Ce sont donc les responsables de chaque université qui devront concevoir l'organisation et l'équilibre de leurs diplômes de deuxième cycle. Le ministère prévoit (par ailleurs) de laisser la moitié du volume horaire annuel à l'initiative des établissements. »* Ainsi se trouveraient renforcées l'autonomie et l'originalité de chaque université.

Sélectionner ou pas

En attendant, les sept universités habilitées à délivrer ces diplômes sont confrontées du fait de leur nombre restreint à un trop grand afflux de candidats.

Celles dont l'habilitation est récente semblent admettre tous les candidats titulaires des titres requis, c'est-à-dire d'un DEUG Lettres et arts section arts plastiques, histoire des arts ou d'un DEUG Communication et sciences du langage section culture et communication. A Montpellier III, la section Cinéma a reçu cent cinquante étudiants en 1990-1991. Frank Curot, directeur, précise : *« Nous n'avons pas pu faire de sélection, car une motion des étudiants contre le* numerus clausus *a été acceptée en Conseil d'université. »* Guy Fihman indique qu'à Paris VIII il y a « *en principe cent vingt inscrits, en fait beaucoup plus. Comme un étudiant salarié peut passer sa licence en deux ans, il compte pour 1/2 personne. Mais ils sont très nombreux dans ce cas ! Toutes les universités parisiennes sont en dépassement car en province il y a peu de seconds cycles habilités en cinéma et audiovisuel. Notre mission est de donner leur chance au plus grand nombre possible d'étudiants ».*

A Paris I Michelet, Jean-Paul Török souligne un nouveau problème : la nécessité d'accueillir les étudiants de la classe préparatoire à la FEMIS de Nantes, ce qui gonfle les effectifs.

A Nancy II, Paris III[1] et Paris VII, on sélectionne. A Nancy II, on accepte trois cent trente étudiants en première année de DEUG, deux cent cinquante en deuxième. En licence, cent soixante candidats postulent pour soixante-dix places. Quarante des heureux élus ont passé leur DEUG à Nancy. La maîtrise reçoit soixante étudiants et le DEA quarante-cinq.

Bernard Cuau, de la filière Cinéma de Paris VII, constate : *« Nous essayons de dissuader les étudiants de province, très nombreux à souhaiter s'inscrire à Paris VII. Nous*

Collection La Revue du Cinéma

Les amants terribles, de Danièle Dubroux, enseignante à Paris VIII

n'y parvenons guère. Face à l'afflux des candidatures et compte tenu de nos très faibles moyens matériels et financiers, nous devons procéder à une sélection rigoureuse, ce qui est anormal. »

Le culte des études théoriques

La lecture de l'arrêté définissant le contenu de la licence permet de bien saisir l'orientation fortement théorique de ces études qui accordent à l'esthétique, à la théorie, à l'his-

toire du cinéma et de l'audiovisuel une place de choix.

Certains la revendiquent comme exclusive. Lors du colloque sur *Les sources de la recherche et de la création cinématographique en Europe*, Claude Beylie, professeur à Paris I, déclarait : « *A l'université, on peut se contenter de faire la théorie de la pratique.* » Il poursuivait au cours d'un entretien : « *Il n'est ni possible ni souhaitable que l'université dispose d'équipements sophistiqués. On peut y enseigner la théorie des pratiques, de la critique, de l'histoire, mais il faut rester dans les limites que l'Université doit s'assigner et chercher à donner aux étudiants une culture générale de base en audiovisuel. Je rêve de faire un cours à partir d'un seul film. On pourrait montrer aux étudiants tout le pro-*

_____

1. *Voir l'article sur les DEUG.*

cessus, la préparation, l'écriture, la continuité dialoguée, les découpages techniques successifs, tous les postes de tournage, le montage et enfin la distribution, l'accueil du public (box office, critique). On pourrait ainsi leur faire comprendre la genèse et le développement du film et leur faire découvrir des types de métier auxquels ils n'auraient pas pensé, comme la promotion. Mais pour mener à bien un enseignement de ce type, il faudrait que l'université dispose de la copie, du dossier de presse, des affiches, du ou des scénarios, d'entretiens avec le cinéaste et ses collaborateurs. » Cela n'est pas possible sans lien étroit avec des archives (rappelons que Claude Beylie est président de la Cinémathèque universitaire). Il conclut en se félicitant d'enseigner à l'Institut d'art et d'archéologie. *« Il faut partir en quête du passé perdu, développer l'enseignement de l'histoire du cinéma, apprendre aux étudiants ce que fut le cinéma muet, les premiers pas du sonore avec les bas-fonds, les arrière-boutiques... »*

Mais l'approche théorique est souvent moins passionnée, plus ardue aussi. Depuis les travaux de Christian Metz, la sémiologie a joué un rôle essentiel dans l'enseignement théorique du cinéma. L'UFR d'Études cinématographiques et audiovisuelles à Paris III fut longtemps focalisée sur une orientation sémiologique[2]. Grâce à plusieurs nominations, son enseignement est devenu largement pluridisciplinaire. Roger Odin et Marc Vernet poursuivent la tendance initiale, l'histoire du cinéma est enseignée par Michel Marie et Michèle Lagny, la gestion et la télévision par Laurent Creton, Pierre Sorlin et Gérard Leblanc, l'esthétique par Jacques Aumont et Jean-Louis Leutrat.

A Lyon II, la sémio-narratologie occupe une grande place, sous la direction d'André Gardies qui précise : *« La sémiologie a d'abord mis l'accent sur le langage cinématographique. Comme le cinéma sur lequel travaillait Christian Metz était au départ un cinéma narratif, la narratologie (c'est-à-dire la science qui s'intéresse à l'art de raconter) était présente en filigrane. Dans les travaux d'André Gaudreault, de François Jost et les miens, la manière dont le cinéma raconte est étudiée en tant que telle. Le cinéma n'est plus analysé seulement comme produit signifiant. Ainsi la sémio-narratologie est-elle la science* qui essaie de comprendre comment le cinéma raconte. »

Quelques approches de la pratique

En dépit du caractère essentiellement théorique de ces diplômes, les sept universités essaient plus ou moins, avec les moyens du bord, de donner à leurs étudiants une petite approche de la pratique, que ceux-ci réclament souvent avec impatience.

A Paris VIII, dès les origines vincennoises, cette préoccupation était clairement affichée. Elle est restée une priorité. Pour Guy Fihman, *« il est impossible de faire la théorie du cinéma si on ignore comment un film se fabrique. Nous avons toujours affirmé la nécessité d'une pratique filmique »* dans le cadre d'une formation culturelle de haut niveau.

A Paris III, à l'inverse, ce souci est récent. Gérard Leblanc et Sandra Joxe y enseignent la scénarisation, Pierre Sorlin et Philippe Dubois y encadrent des ateliers vidéo. Ce dernier précise dans quel esprit ce nouvel enseignement a commencé : *« On a introduit la pratique dans une faculté qui avait une image de théorie pure et qui avait clairement refusé de s'impliquer dans les problèmes pratiques. En fait rien n'a changé : on fait toujours de la recherche et de la théorie. Ce nouveau créneau est un appui, un complément par rapport à l'étude théorique. La réalisation est présente comme une nouvelle manière de faire de la théorie, avec d'autres moyens que le livre, le papier, le crayon. Nous ne formerons jamais ni des réalisateurs, ni des techniciens, malgré la demande assez forte venant des étudiants. L'Université ne veut pas se situer comme une sous-FEMIS. Ce sont les écoles qui forment les professionnels, l'Université ne le fera jamais. Même si la formation pratique y est plus développée, ce ne sera jamais l'équivalent d'une école. Mais la réflexion va trouver à se renouveller par un rapport nouveau à la pratique. Cela peut d'ailleurs déboucher sur des réalisations effectives.*

A Paris VII et à Montpellier III, on utilisait auparavant le Super 8. Jean-Claude Brisseau, avant de devenir réalisateur de films de fiction, encadrait les travaux des étudiants dans ce petit format si maniable. Gilles Dela-

Photo d'Alice Jolimaître,
étudiante à l'Institut de la Communication à Lyon 2

Parfois aussi, faisant de nécessité vertu, on travaille avec du papier et des idées, manière d'oublier les problèmes de budget, de matériel, de techniciens. Jean-Paul Török a commencé l'enseignement du scénario en 1968 à Censier et il le poursuit à Paris I-Michelet.

« *Dans le cadre de la licence, les étudiants reçoivent une formation théorique à la narratologie et à la dramaturgie, puis sont progressivement familiarisés avec les techniques du récit filmique. Des exercices d'analyse narrative et d'écriture scénaristique les conduisent par degrés à la pratique.*

En maîtrise, ceux qui veulent se spécialiser dans cette branche sont mis en apprentissage dans un atelier d'écriture où ils vont apprendre à concevoir, composer et rédiger une continuité dialoguée de long métrage. Leur nombre est fixé à seize, et le choix parmi les candidats s'effectue en fonction des résultats obtenus pendant l'année de licence et de la qualité et de l'intérêt du projet (synopsis ou traitement) qu'ils soumettent avant le début des cours. Le travail d'élaboration du récit et le suivi de l'écriture se déroulent au cours d'entretiens réguliers dans le cadre de rendez-vous pris par l'étudiant avec l'enseignant. Un séminaire bi-mensuel permet de faire le point sur les progrès de chacun et de dégager des pratiques une méthodologie générale. Certains de nos anciens étudiants ont déjà réussi à "placer" des scénarios ou travaillent dans les ateliers d'écriture mis en place par les télévisions. » Comme le cinéma et la télévision manquent cruellement de scénarios originaux, on peut penser que les jeunes ainsi formés trouveront à s'employer.

Une seule université affiche clairement son souci de tendre dans le cadre de la licence et de la maîtrise vers la préprofessionnalisation, celle de Nancy II. Elle bénéficie, il est vrai, d'un environnement local très favorable : proximité de Vidéoscop, soutien de la Ville et de la Région pour la mise en place de l'Institut européen du cinéma et de l'audiovisuel qui disposera d'un matériel important et d'un local adapté. La licence permet désormais de choisir entre plusieurs filières préprofessionnelles : archivage, écriture, nouvelles images — interactivité. On s'y emploie aussi à faciliter la possibilité de stages pour les étudiants. Chaque année quelques-uns dans le cadre de Vidéoscop sont stagiaires (non rémunérés). Ils travaillent comme scripts ou assis-

vaud à Montpellier l'a longtemps pratiqué. Mais le Super 8 se meurt, il faut donc passer à la vidéo. Le développement des caméscopes et de la vidéo 8 mm donne une grande souplesse et facilite des réalisations peu coûteuses. Seul le département Cinéma de Paris VIII reste fidèle au 16 mm, sans doute à cause du grand nombre d'enseignants qui sont en même temps des réalisateurs.

A Lyon III, tous les étudiants de licence doivent suivre un atelier pratique. Ils ont le choix entre le son, la vidéo ou la photo. Celle-ci, sous l'impulsion de Michel Bouvard, est un des axes singuliers de la filière cinéma.

2. *Voir le bilan dirigé par André Gardies,* Vingt-cinq ans de sémiologie, CinémAction *n° 58, janvier 1991.*

tants dans le domaine du cadrage, du montage, de la gestion de production. Certains réalisent des études. Ainsi un étudiant a fait une évaluation des films de formation. Il a été embauché par la structure.

A Paris VIII, « *au niveau de la licence, deux tiers de nos étudiants font des stages*, explique Fuy Fihman. *Il existe deux régimes de fonctionnement. Les étudiants "classiques" qui viennent du bac et du DEUG suivent le processus complet de réalisation en film et vidéo dans des ateliers. Ils peuvent soit tourner un film de commande, soit un film de leur choix. Mais il est aussi possible de faire valider des stages effectués à l'extérieur. En fait, c'est le cas de plus de la moitié des étudiants qui ont pu travailler à TV5, à la Sept, à l'INA, aux Archives du film, à Pathé, Warner, Gaumont, TF1. Nous sommes d'ailleurs de plus en plus sollicités par de nombreuses institutions pour envoyer des stagiaires. A l'issue du stage, l'institution d'accueil doit établir une attestation spécifiant la durée de celui-ci, son contenu, la rémunération éventuelle de l'étudiant ; son comportement est apprécié. L'étudiant, de son côté, fait un rapport sur ce qu'il a fait pendant son séjour dans l'entreprise. Un enseignant est responsable des équivalences. Si par exemple l'étudiant a travaillé comme assistant réalisateur, il obtiendra ainsi son UV de réalisation. Celle-ci peut s'obtenir aussi en tournant un film par ses propres moyens : trois de nos étudiants à l'inter-semestre ont fait leur film, avec des moyens limités et de l'argent qu'ils avaient gagné eux-mêmes. Ce système d'équivalence permet de soulager les ateliers de réalisation.* »

Certaines universités ne parviennent pas à mettre en place un suivi des stages, qui sont très hétérogènes, du quasi-professionnel au presque symbolique...

Du côté des étudiants

Des entretiens menés avec des étudiants, notamment à Lyon II et de Paris III, il ressort que si certains pestent contre la sémiologie, beaucoup d'entre eux apprécient le travail théorique. « *Paris III, c'est le* must *au niveau de la théorie, les enseignants sont les meilleurs* », affirme Vincent Vatrican. Olivier

Mandrin renchérit : « *La faculté nous apporte quelque chose de primordial : apprendre à lire les images. On mène ici une réflexion assez approfondie sur l'image. On apprend que ''le travelling est une affaire de morale''. Quand on travaille dans le cinéma sans formation théorique préalable, on ne sait pas réfléchir sur ce qu'on fait.* »

Mais bien qu'il existe une option vidéo en licence, ils savent que c'est à eux de découvrir le monde professionnel, en dehors de l'Université. « *La pratique, il faut la chercher ailleurs, en travaillant* », déclare Jérôme Borenstein. Ils soulignent le fait que monde du travail et Université s'ignorent ; ils semblent confiants dans les vertus du compagnonnage pour pénétrer le premier. Waldeck Weisz affirme : « *Pour apprendre un métier technique, il n'y a que la formation sur le tas. J'attends la rencontre avec un monteur qui me formera, m'apprendra le métier et me fera connaître des gens qui me feront travailler. Les rencontres sont très importantes.* » Il reconnaît aussi que celles-ci sont bien difficiles à obtenir seul, que le porte-à-porte n'est pas facile et le plus souvent inopérant et que les relations familiales ou autres jouent un rôle primordial.

Seule une minorité d'étudiants parvient à prendre facilement des contacts et déborde de projets. D'autres font un travail alimentaire, bien loin de l'audiovisuel, pour payer leurs études ou financer leur premier court métrage. « *Je me fais plaisir en ce moment en étudiant, après on verra* » déclare Brice, à Lyon II. Enfin, un certain nombre se laisse gagner par le découragement, souvent provoqué par une mauvaise information. En dépit des multiples mises en garde, beaucoup d'étudiants s'inscrivent à Paris III, pensant y préparer la FEMIS. Cela entraîne des abandons en cours de licence et entre la licence et la maîtrise : en moyenne, la moitié des étudiants quittent l'université pour travailler avant la fin du second cycle.

Une première enquête systématique sur le devenir des titulaires de la licence et de la maîtrise de Paris III permet de centrer avec plus de précision leurs premiers pas dans le monde professionnel.

Monique MARTINEAU

Devenir professionnel des diplômés à Paris III

Dans le cadre du Service commun universitaire d'information et d'orientation (SCUIO) à Paris III, Francis Gaillard, directeur adjoint et Liliane Surmont, conseillère d'orientation, ont mené l'enquête en mars 1990, auprès des premières promotions de titulaires de la licence et de la maîtrise d'Études cinématographiques et audiovisuelles. Les cinquante-cinq réponses qu'ils ont obtenues permettent d'envisager l'avenir de ces diplômés sans pessimisme.

Ont été contactées trois cohortes de diplômés (Licence 86 — Licence 87 — Maîtrise 87). Il s'agissait des premières promotions d'un diplôme national, ce qui explique les faibles effectifs concernés (cent vingt-huit personnes). Cinquante-cinq personnes ont répondu, soit un taux de réponse de 43 %, ce qui est satisfaisant pour une enquête d'insertion, étant donné les difficultés à retrouver une population sortie de l'Université depuis trois ans ; l'effectif réduit interdit, certes, de présenter les résultats sous forme de statistiques, cependant, les réponses obtenues sont suffisamment riches pour en tirer un bilan significatif à plusieurs titres.

Les cinquante-cinq personnes ayant répondu constituent une population de trente-deux femmes et vingt-trois hommes, dont quarante-trois ont moins de 27 ans et qui habitent surtout l'Ile-de-France (48). Trente-quatre ont un bac littéraire (A et B) et seize, un bac scientifique (C et D) ; cinq ont obtenu une équivalence de ce diplôme.

A la date de l'enquête (31 mars 1990) : vingt-huit d'entre elles étaient en activité professionnelle, treize se partageaient entre études et emploi, neuf suivaient uniquement des études et cinq étaient au chômage.

Ce constat (quarante et une personne ayant un emploi sur cinquante-cinq) dressé à une date donnée doit toutefois être affiné, si l'on veut tenir compte de la spécificité du milieu étudié ; les professionnels du cinéma sont souvent des salariés qui travaillent de manière intermittente auprès d'employeurs successifs. Pour tenir compte de cette particularité, nous avons étudié le parcours des diplômés, depuis leur sortie de l'Université : il a été ainsi constaté que les deux-tiers d'entre eux avaient exercé une activité professionnelle pendant plus de la moitié de la période écoulée depuis le diplôme.

Leur insertion s'est effectuée de manière plutôt satisfaisante, puisque trente sur trente-neuf n'ont pas connu de chômage avant le premier emploi et que ceux qui ont chômé ont en majorité trouvé un emploi en moins de six mois.

Si seize personnes ont complété leur formation par un diplôme de cinéma et audiovisuel dans le cadre universitaire, dix-sept ont suivi un stage d'application professionnelle (régie lumière, montage, etc.). Ces stages sont bien souvent le préalable indispensable à un recrutement, le compagnonnage étant le mode d'accès privilégié à la profession.

Les quarante et une personnes en activité exercent dans les secteurs suivants :

— dix-neuf d'entre elles ont réalisé leur objectif initial : travailler dans le milieu du cinéma et de l'audiovisuel ; elles exercent des fonctions dans les domaines de la réalisation (huit), de l'assistance de production (cinq), de la conception (trois), de la prise de vue (une), du montage (une), de l'exploitation (une).

— huit personnes exercent des professions liées au cinéma (journaliste-critique de cinéma, lectrice de scénario, organisateur de stage cinéma...).

— quatorze diplômés ont un emploi dans un autre secteur où les professions dites littéraires dominent (journaliste, secrétaire de rédaction, enseignant de lettres ou de langues...).

Pour trouver un emploi, les relations personnelles ont été de loin (dix-neuf sur quarante réponses), le moyen le plus utilisé, ce qui est également une caractéristique de ce milieu professionnel.

Les salaires perçus sont supérieurs à 8 000 F (pour vingt et un sur vingt-six ayant répondu à la question).

L'examen des projets que formulent ces personnes est révélateur : rester dans le milieu du cinéma et de l'audiovisuel, s'y perfectionner au besoin, progresser dans les responsabilités.

Les projets des diplômés sans emploi sont tout autres : la recherche (formation de troisième cycle) en majorité, l'enseignement (CAPES).

Francis Gaillard et Liliane Surmont

Faux fuyants, d'Alain Bergala, enseignant au département Arts du spectacle de l'Université de Caen

Collection La Revue du Cinéma

Les diplômes d'université : polyvalences

A côté des diplômes reconnus à l'échelon national, les universités peuvent proposer aux étudiants des titres qui leur sont propres, les DU et les DESU (diplôme d'études supérieures d'université). Depuis notre première enquête en 1987, plusieurs DU dans le domaine du cinéma et de l'audiovisuel ont disparu. Ainsi ceux de Paris VIII et de Montpellier III se sont transformés en licence ECAV. Il en est de même pour celui d'Aix-Marseille à la rentrée 1991, celui de Toulouse en MST Communication audiovisuelle, etc.

Ceux qui subsistent, ou qui se créent, bataillent pour une reconnaissance nationale que le poids du centralisme français rend très utile. Comme actuellement la tendance ministérielle semble être d'éviter la multiplication des diplômes dans le secteur déjà trop engorgé de la communication et de l'audiovisuel, le combat s'annonce de longue durée. Pourtant, les DU offrent parfois plus de souplesse dans leur fonctionnement, une plus grande pluridisciplinarité et quelques-uns explorent des domaines très pointus.

par Sylvie Bonaud

Des objectifs variés, culturels, pluridisciplinaires ou professionnels

Certains DU se sont implantés dans des universités où l'on étudiait depuis longtemps le cinéma. Ils privilégient la formation culturelle ou artistique. Ainsi à Lille III, l'enseignement de la filmologie a été mis en place dès 1969 par Jacques Morin. Le DUEC (Diplôme universitaire d'études cinématographiques) créé en 1989 comporte un enseignement théorique renforcé qui s'appuie notamment sur les travaux d'André Bazin, de Gilles Deleuze et de Jean Mitry, comme l'explique Louisette-Marie Faréniaux, maître de conférences : « *Nous travaillons essentiellement sur l'analyse des films et sa mise en relation avec l'histoire et l'esthétique du cinéma.* »

A Aix-Marseille I, c'est aussi en 1969 que l'enseignement du cinéma et de l'audiovisuel a commencé. L'originalité du diplôme universitaire d'études et d'animation cinématographiques est qu'il est accessible, par dérogation, à des candidats non bacheliers. Cela permet d'accueillir des étudiants qui n'ont pas un profil tout à fait classique, mais qui sont généralement très motivés. Marie-Claude Taranger, responsable du secteur cinéma et audiovisuel insiste sur le fait que bien que « *le diplôme soit spécialisé en audiovisuel, il ne s'agit pas d'une formation professionnelle. La dimension pratique n'est qu'un aspect parmi d'autres* ». Il est en effet primordial que les étudiants acquièrent une formation culturelle. Selon René Gardies, maître de conférences, « *à l'Université, ce qui est important c'est de parfaire la culture générale, peu importe dans quel domaine. Plus un étudiant a un niveau d'études élevé, plus vite il s'insère* ».

Deux DU qui regroupent théâtre et cinéma mettent particulièrement l'accent sur la formation artistique, à Metz et à Caen.

Le diplôme d'université d'études audiovisuelles cinématographiques et théâtrales contemporaines de l'université de Metz, dont Yves Billon est le responsable , « regroupe des enseignements portant sur l'initiation aux études audiovisuelles, cinématographiques et théâtrales ainsi qu'à la pratique des différentes techniques audiovisuelles. L'originalité de ce cycle, en effet, tient essentiellement à ses

orientations pratiques contemporaines. Il s'agit, sans négliger pour autant la réflexion théorique, d'aborder l'analyse des documents, textes et enregistrements, théâtre, cinéma, télévision, publicité... », comme l'explique la brochure de présentation.

A l'université de Caen, René Prédal, directeur du département des Arts du spectacle, souligne la spécificité du diplôme d'Études théâtrales et cinématographiques : « *Les formations théâtre et cinéma sont étroitement imbriquées, complémentaires et sans la moindre opposition. Dans le domaine du septième art, notre approche est plurielle, depuis l'analyse de films jusqu'à la réalisation effective de courts métrages vidéo en passant par l'étude des auteurs, l'évolution historique et esthétique des formes.* » On retrouve la même polyvalence dans les désirs des étudiants. Beaucoup d'entre eux « *veulent être comédiens, écrire, mettre en scène, préparer des écoles de journalisme et de cinéma, entrer aux conservatoires, s'engager dans l'animation culturelle et les emplois artistiques de la communication* ».

On conseille souvent aux étudiants de préparer ces DU parallèlement à des études dans d'autres disciplines afin d'acquérir un complément de formation. C'est le cas à Caen, à Lille III où « *le DUEC est ouvert aux étudiants de Lettres, d'Information et communication, d'Arts plastiques, de Musicologie et d'Histoire de l'art* », comme le précise la brochure de présentation.

Même objectif à Strasbourg II pour le DUCAV (diplôme universitaire de Cinéma et d'audiovisuel). Francis Gast, ancien directeur du département Cinéma et audiovisuel, précisait : « *Le DUCAV doit répondre à un besoin qui est non de former des professionnels du cinéma, mais de permettre à des personnes d'une autre discipline (plasticiens, sociologues, ethnologues, littéraires, etc.) de s'initier à l'audiovisuel.* » Il insistait en outre sur la recherche d'un équilibre entre la réflexion théorique et l'apprentissage de la technique : « *La spécificité d'une université littéraire étant d'apporter une réflexion sur le langage, sur l'esthétique, sur l'histoire et la sociologie de l'audiovisuel, cet axe sera l'axe principal. Mais le DUCAV propose aussi une initiation pratique : son objectif est de soutenir l'enseignement théorique et d'initier les étudiants à la réalisation.* » C'est dans cette

Collection Institut Jean Vigo

L'ami de mon amie, d'Éric Rohmer

optique qu'un atelier consacré au son vient de se mettre en place, comme nous l'indique Jean-François Moris, le nouveau directeur du département.

Quelques DU, nouvellement créés, sont clairement présentés comme des filières à vocation professionnelle, complétant une formation initiale, souvent sanctionnée par un DEUG. Ainsi à Paris XII-Créteil, au sein du département Communication, le DU Communication multi-médias mis en place en 1988 et dirigé par Claude Meyer est destiné à un public très ciblé d'étudiants titulaires d'un DEUG littéraire ou juridique ; il a pour objectif de leur donner des savoir-faire pratiques dans des domaines très pointus (photo, vidéo, publication assistée par ordinateur, télématique) ainsi que des connaissances théoriques dans le domaine de la communication.

A Poitiers, sur le site innovant du Futuroscope, la filière Langages, images, communication a créé en 1989 un diplôme d'Université Réalisateur de documentaires : Filmer le

réel. A la rentrée 1991, ce diplôme devient Métiers de l'audiovisuel: filmer l'entreprise, fondé sur la connaissance des théories et techniques de communication audiovisuelle interne et externe de l'entreprise. Dans le même temps, il se prolonge par un Diplôme d'université d'enseignement spécialisé (DUES) intitulé Réalisateur de documentaires : Filmer le réel. Ce DUES permet d'approfondir les enseignements du DU. Il met l'accent sur l'articulation entre sciences sociales et humaines d'une part (étude d'un thème, rédaction d'un mémoire) et réalisation d'un documentaire de création.

A Paris VIII, le DESU Réseaux câblés et communication dans l'UFR CAPFED était au départ rattaché à la formation permanente et accueillait des adultes demandeurs d'emploi. Il s'ouvre maintenant à des étudiants en formation initiale. Il donne à tous un enseignement théorique, dispensé par des spécialistes reconnus sur la communication et les médias, la conception de programmes, les structures économiques de la production, la communication d'entreprise, le droit de la communication et les réseaux. La formation pratique est menée en collaboration avec le département d'Études cinématographiques et audiovisuelles de Paris VIII, elle porte notamment sur les techniques du son, de l'éclairage. « *Six mois après le DESU, la plupart des anciens étudiants ont trouvé un travail, généralement bien rémunéré* », précise Claude Traullet, maître de conférences. Ils bénéficient, semble-t-il, d'une légère reprise dans le domaine du câble.

A Poitiers, au sein du magistère en Droit de la communication, on approfondit les connaissances juridiques des étudiants en les initiant notamment à la propriété intellectuelle, au droit international ; parallèlement, ils étudient l'audiovisuel et l'informatique mais aussi la télématique car le monde professionnel réclame des juristes qui maîtrisent l'ensemble des phénomènes de communication.

Des moyens inégaux

Les départements nouveaux qui, à Paris XII-Créteil et à Poitiers, donnent à leurs étudiants la possibilité de se former dans des domaines pointus où la technologie a une grande place disposent de locaux et de moyens techniques suffisants.

« *La filière L.I.C.*, précise Alain Gaubert qui la dirige, *est installée dans des locaux neufs et bénéficie de moyens techniques satisfaisants. Son implantation sur le site du Futuroscope est due à une conjoncture régionale et à une volonté politique favorable. La Région, le Conseil général, l'Université, les UFR de Lettres et Sciences humaines ont participé au financement de l'équipement. Un* numerus clausus, *justifié par ailleurs par la taille des locaux et le coût des matériels, permet une meilleure recherche des débouchés par un travail de préprofessionnalisation très encadré.* »

Mais c'est grâce au seul dynamisme de son équipe d'enseignants — qui se transforment presque en dirigeants d'entreprise — que le département Communication de Paris XII-Créteil doit son existence. Comme l'indique son directeur, Gérard Bouhot, « *le département ne reçoit aucun crédit de l'université, il* lui reverse même de l'argent pour les locaux... Il s'autofinance avec la taxe d'apprentissage ou en collaborant à des magazines photos (publicité), il peut ainsi s'équiper* ».

Par contre, certains départements situés dans des universités plus anciennes —Lille III ou Aix-Marseille I — sont à l'étroit dans des locaux qui se dégradent au fil des années. Ils n'ont pas suffisamment de matériel technique pour faire faire aux étudiants beaucoup de pratique audiovisuelle. Certains s'en plaignent. « *Ils doivent aller dans des associations extérieures à l'université pour accéder à la pratique* », précise Louisette-Marie Faréniaux. A Aix, lors d'une réunion d'information, Jean-Luc Lioult prévient les étudiants inscrits en DU qu'« *il faudra s'adapter aux conditions techniques qui sont ce qu'elles sont et non ce qu'elles devraient être* ». Une petite participation financière est demandée à chacun d'entre eux pour les frais de réalisation.

Si, dans certains cas, on préfère développer un diplôme d'université car on apprécie la liberté que donne ce cadre dans le choix des enseignements et de la formation, l'objectif de la plupart des départements reste la transformation de leur DU en diplôme national. Ainsi à Caen, selon René Prédal, « *un poste de professionnel du cinéma qui sera probablement pourvu à la rentrée 91 permettra de justifier pleinement notre demande de licence d'études cinématographiques, d'autant plus qu'une spécialisation des enseignements universitaires artistiques est en train de se dessiner dans l'ouest du Bassin parisien : musique à Rouen, arts plastiques à Amiens et théâtre-cinéma à Caen* ».

Mais l'obtention de l'habilitation implique de se couler dans un moule national. Louisette-Marie Faréniaux, tout en souhaitant que le département de filmologie de Lille III y parvienne, s'interroge : « *Il ne faudrait pas qu'elle entraîne la suppression des modules optionnels en filmologie qui répondent à une vraie formation culturelle.* » En effet, les diplômes spécialisés comme les licences ne permettent pas au grand nombre d'étudiants d'accéder à une culture audiovisuelle.

Sylvie BONAUD

© Université de Provence

Photo d'Edith Le Bredonchel, étudiante en MST. Image et son à l'université de Provence

Les diplômes scientifiques et techniques : le vent en poupe

L'engouement des étudiants pour les formations professionnalisantes se confirme tout comme l'intérêt que leur portent les professionnels et le ministère de l'Éducation nationale.
L'éventail des choix possibles est large : dans le premier cycle court, les DEUST (diplômes d'études universitaires scientifiques et techniques) recrutent après le baccalauréat et préparent en deux ans à rentrer dans la vie professionnelle.

Dans le deuxième cycle, les MST (maîtrises de sciences et techniques) durent deux ans. Dans le troisième cycle, les DESS (diplômes d'études supérieures spécialisées) combinent en un an environ les stages lourds en entreprise avec la rédaction d'un mémoire. Dans le domaine de l'audiovisuel, ces formations scientifiques et techniques se multiplient. Elles jouissent d'une bonne image, avec cependant quelques interrogations sur les plus courtes.

Des études plus longues ?

Trois DEUST de Communication audiovisuelle avaient été créés en 1985 à Grenoble III, Paris X et Toulouse II car on espérait un grand développement du câble... qui se fait toujours attendre, en dépit d'une timide reprise.

De ce fait, on s'est interrogé sur la nature de ces formations, d'autant que les étudiants souhaitent de plus en plus poursuivre leurs études au lieu de rentrer dans le monde du travail, comme il est normal à l'issue d'un premier cycle court.

A Grenoble III, où existe un cursus complet, on lutte contre cette tendance pour garder au DEUST son statut de diplôme terminal. Un ou deux étudiants seulement sont admis en MST.

A Paris X, où le DEUST est le seul diplôme professionnalisant en audiovisuel, Michel Truffet constate depuis deux ans une tendance significative à la poursuite des études. Certains passent des concours et se lancent dans la publicité à Sup de pub. D'autres font des MST, quelques-uns commencent une licence de cinéma. L'un d'eux est à Paris I : « *Il voulait combler son déficit en culture générale car il éprouvait une vraie "famine théorique". Il n'est pas mécontent, il ne touche pas au matériel, mais il suit des cours d'analyse filmique et d'histoire du cinéma. Il a obtenu l'équivalence du DEUG. On observe ainsi les effets pervers du DEUST : offrir à des étudiants qui ont opté pour des formations courtes et professionnalisantes des initiations et des perspectives pour lesquelles ils se passionnent. Mais ils découvrent qu'il aurait fallu des études générales pour les exploiter pleinement. Ainsi, une de nos étudiantes a compris que le cadre juridique était essentiel dans l'audiovisuel. Elle recommence toutes ses études en droit à partir du DEUG pour se spécialiser ultérieurement en droit de l'audiovisuel.* »

A Toulouse II, le DEUST de l'Ecole supérieure d'audiovisuel est un diplôme de premier cycle professionnalisé. Les candidats sélectionnés sur plus de mille demandes ont la plupart du temps déjà suivi plusieurs années d'études supérieures. Ce n'est pas un diplôme terminal puisque les étudiants, après une année probatoire (le certificat prépara-

toire), ont la possibilité de suivre les enseignements de la MST de Communication audiovisuelle. Ceux qui sortent de cette MST ont un diplôme bac + 5 ans qui s'imposera vraisemblablement de plus en plus comme la norme européenne pour les emplois de cadre.

Plusieurs universités offrent ce niveau quand elles proposent un DESS (Bordeaux III, Lille III, Paris I, Poitiers, Valenciennes).

Sélection

Toutes ces formations sont très sélectives et les promotions dépassent rarement vingt-cinq étudiants.

Dans certains DESS particulièrement pointus comme l'option Traduction et adaptation cinématographique à Lille III, on se limite à cinq personnes en moyenne du fait de l'exiguïté des débouchés. Pierre Denain explicite les critères qui président au choix des étudiants : « *Il leur est demandé d'avoir une parfaite maîtrise des deux langues de base, l'anglais et le français, mais la sélection est fondée en outre sur leur culture cinématographique, un minimum de connaissances de l'audiovisuel est exigé car les méthodes d'adaptation cinématographiques requièrent en plus des compétences en traduction une analyse constante du texte et de l'image.* »

Trois formations, à Brest, Paris VII (licence et maîtrise d'Information et communication scientifique et technique[1]) et Valenciennes exigent un DEUG scientifique ou un diplôme équivalent.

Mais ces barrières très diverses du fait de la variété des formations n'empêchent pas un flot croissant d'étudiants de postuler : à Aubagne pour la MST Images et son, deux cent candidats pour vingt-trois places, à Grenoble III pour la MST Communication, deux cent cinquante pour vingt. Pour Jean-François Têtu qui dirigeait l'unité des Sciences de la communication à Grenoble III, « *l'une des plus grandes difficultés est l'attrait énorme qu'exerce la MST et plus largement*

---

1. *Nous les avons classées dans ce chapitre car elles sont plus proches d'une MST que des licences d'Études cinématographiques et audiovisuelles. Il en est de même pour la licence et la maîtrise Arts et technologie de l'image à Paris VIII.*

toutes les formations à la communication sur les étudiants. Les salaires des bateleurs de la télévision les font rêver, c'est devenu un véritable mythe ».

Afin d'endiguer ce flot, Michel Truffet n'hésite pas, lors de la journée d'information sur le DEUST de Paris X, à jouer le « briseur de rêves ».

Mais une fois le tri effectué, tout le monde semble y trouver son compte. « *Plus la sélection est forte, plus il y a de candidats, plus le niveau de ceux qui sont retenus est élevé »,* constate Patrick Pajon de Grenoble III. Presque tous les enseignants soulignent la vive motivation des heureux élus. Le grand nombre d'heures de cours, les effectifs limités favorisent généralement une bonne ambiance entre enseignants et étudiants. « *Il y a de l'affectif qui circule »,* me confiait un ancien du DESS de l'ISIC de Bordeaux.

Des rites d'accueil et de rencontre avec les anciens s'instituent. A Grenoble III, la réunion de rentrée pour la MSTC s'est faite dans une maison à la montagne. Plus agréable et plus efficace à la fois, affirme Luis Busato. « *La quantité d'information assimilée est beaucoup plus grande et la qualité des relations entre enseignants et étudiants est améliorée. »* Tous les ans, les étudiants de Valenciennes vont au ski ensemble et le soir discutent avec les anciens de la formation. De telles initiatives tranchent dans le désert relationnel qu'est trop souvent l'Université française mais elles sont possibles seulement dans des filières à effectif réduit.

Presque partout les étudiants constituent des associations, celles des anciens élèves aident fréquemment à l'enseignement et facilitent les premiers pas des nouvelles promotions dans le marché du travail, comme c'est le cas à Valenciennes.

Une ombre pourtant dans ce tableau idyllique : nul ne sait ce que deviennent les 9/10 des candidats qui ont été refoulés aux portes de ces formations...

Spécialisations

Bien des diplômes cultivent leur originalité. Ainsi la MST Image et son de Brest vise, comme l'explique François Gelebart, à ne pas négliger le son, comme c'est trop souvent le cas. Elle forme des spécialistes du son et de la vidéo. Les étudiants doivent à la fois avoir fait des études scientifiques (DEUG A) et faire preuve de culture artistique. Les deux enseignements fondamentaux sont ceux du son et de la vidéo mais celui de la musique est important avec des cours d'acoustique, de solfège, de culture musicale. Il y a en outre des matières scientifiques : mathématiques, optique, électronique et informatique.

A Paris VII, dans la filière Information et communication scientifique et technique, précise Denise Devèze-Berthet qui en est responsable, « *on vise à former des spécialistes de la médiation scientifique et technique, comme le journalisme dans les médias, le journalisme ou la communication d'entreprise et l'audiovisuel scientifique ».* A Poitiers, un DESS est consacré à la technologie audiovisuelle de l'éducation. La plupart des étudiants sont déjà enseignants. « *Ils suivent des cours sur les communications audio-scripto-visuelles, les conceptions d'émission, l'informatique, la vidéo et la pédagogie interactive »,* comme l'indique Edmond Bizard, directeur adjoint de l'OAVUP.

Plusieurs formations se proposent de former des concepteurs réalisateurs capables de suivre un produit audiovisuel de la conception à la diffusion, à Aubagne (Aix-Marseille I), Bordeaux III, Grenoble III, Paris X (DEUST), Toulouse II et à Valenciennes (MST de Communication audiovisuelle).

Au sein de ces spécialisations bien tranchées, des tendances se dessinent. La place occupée par le cinéma est très réduite. Seule l'ESAV à Toulouse II continue à faire réaliser à ses étudiants quelques films 16 mm. L'option conception générale reste la plus prisée. Mais on essaie de tempérer l'engouement exclusif et déraisonnable des étudiants pour la réalisation audiovisuelle en leur proposant quatre autres options : décor, métiers de l'acoustique, systèmes interactifs et photographie. Même tendance à Grenoble III qui avait pourtant été pionnière dans ce domaine. Comme l'expliquait Jean-François Têtu : « *La dominante Conception et réalisation audiovisuelle est une des plus anciennes, la plus prestigieuse et la plus difficile. Mais le marché donne des signes de saturation. C'est pourquoi l'effectif ne dépasse pas quinze étudiants, soit à peu près un tiers des effectifs*

Photo de Frédéric Lelan, étudiant en MST Image et son à l'Université de Provence

de la MST C ; en effet, il n'y a pas la place en région Rhône-Alpes pour cinquante concepteurs audiovisuels. Nous avons effectué plusieurs enquêtes, notamment une auprès de vingt-huit sociétés de services Rhône-Alpes. Il apparaît qu'aucune entreprise industrielle n'envisage de recruter quelqu'un uniquement pour ses compétences audiovisuelles. Les emplois qui se créent dans ce domaine sont le plus souvent issus de reconversion du personnel. »

Une tendance prometteuse : le mariage de l'informatique et de l'audiovisuel

La MST de Grenoble III se développe maintenant plus en direction de la télématique et de l'informatique. Beaucoup de commanditaires ont besoin d'aide pour créer des bases de données audiovisuelles et organiser leur documentation photo et image. La combinaison de l'informatique et de l'audiovisuel est indéniablement l'une des tendances les plus significatives et les plus prometteuses

dans ce secteur. Elle est articulée de diverses façons, selon les spécialités des universités.

A Valenciennes, dans le cadre de la MST de Communication audiovisuelle, on s'appuie sur le niveau scientifique des étudiants (titulaires d'un DEUG A ou équivalent) pour renforcer l'enseignement de l'électronique et de l'informatique. Car *« on aura de plus en plus besoin d'ingénieurs formés dans ces techniques et surtout à leur mélange »*, précise Sylvie Merviel. *« Les studios de postproduction ont maintenant des équipements pour faire la synthèse d'image. Auparavant, l'orientation était essentiellement vidéo. Or toute image devient numérique. Il faut donc s'intéresser aussi bien aux nouvelles images qu'au film ».*

A l'IMAC Paris II, la MST Audiovisuel et télématique permet aux étudiants une approche de la photo, de la vidéo aussi bien que de l'infographie. La maîtrise de la synthèse des images constitue l'axe de travail du département Arts et technologies de l'image à Paris VIII. Il cherche à recruter des étudiants qui soient créatifs, aptes à la fois à maîtriser l'image et à progresser en informatique et vise « la double compétence technique et artistique développée en harmonie ».

Des professionnels pour enseigner

Le cahier des charges des formations scientifiques et techniques impose que 40 % des cours soient assurés par des professionnels de l'audiovisuel. Mais faire entrer le monde du travail à l'Université n'est pas toujours aisé pour les responsables de formation. Nous avons déjà évoqué le problème délicat de la rétribution des intervenants extérieurs. La difficulté majeure reste celle de bâtir un emploi du temps fiable. Comment faire coïncider le temps de l'Université, régulier, débité en petites tranches avec celui du monde du travail, imprévisible et exigeant de longues durées ininterrompues pour qu'une réalisation voie le jour ? Martine Joly, responsable à l'ISIC-Bordeaux III de la MST coordonne l'intervention de dix-sept professionnels : *« C'est tout un travail ! C'est très difficile de les "coincer". Parfois ils annulent la séance au dernier moment. Mais généralement, cela se passe bien, car ils viennent chez nous depuis longtemps. »*

Du côté des professionnels, on est bien conscient de ces problèmes. Dominique Cisinski est journaliste reporter d'images à TF1. Il intervient dans le DEUST de Paris X et explique la difficulté de concilier ces deux tâches : *« J'assure vingt-cinq jours de cours par an, soit une dizaine de journées par promotion. Bien sûr, il faut coordonner mes activités à TF1 et mes activités d'enseignement. Si je m'engage à trop long terme, c'est gênant pour les reportages... Par ailleurs, dans l'enseignement, il faut une certaine régularité. »*

Ces obstacles surmontés, il semble que le plus souvent étudiants et professionnels prennent un plaisir extrême à se rencontrer.

Les étudiants semblent apprécier ce moyen de sortir du milieu universitaire qui leur paraît souvent « clos », « sclérosé ». A la MST d'Aubagne, Farid souligne que *« c'est vital pour être en contact avec la réalité quotidienne »*, Frédéric y voit une *« école de lucidité »*. Un certain nombre d'intervenants ont été étudiants de cette formation avant d'y revenir pour enseigner. François-Xavier Gros-Rosenvallon a obtenu son diplôme il y a dix ans et ensuite depuis sept ans, tout en dirigeant une entreprise spécialisée en photo et montage diapositives, il enseigne cette même spécialité. Il apprécie le contact avec les étudiants *« pour éviter de vieillir, de s'enfermer, pour avoir des idées nouvelles »*.

En ces temps de morosité pédagogique, c'est un véritable hymne au plaisir d'enseigner qu'entament ainsi tous les professionnels interrogés. Pierre Voyard qui assure à l'ESAV Toulouse II le tutorat en son et télématique raconte : *« J'ai été musicien pendant vingt ans, puis photographe et ingénieur du son, tout cela en autodidacte. Un itinéraire aussi individuel m'a amené à devenir un généraliste de l'audiovisuel et maintenant j'essaie d'être celui que j'aurais aimé avoir en face de moi ! »*

Pour Véra Memmi, monteuse pigiste à TF1, et intervenante dans le DEUST de Paris X, *« enseigner, c'est un aller et retour, une mise en mots de ma pratique. C'est indispensable car quand je travaille dans mon milieu professionnel, tout le monde est au courant, il n'est pas nécessaire de reformuler sa pratique »*. Dominique Cisinski renchérit : *« Je viens ici non comme professeur mais pour apporter mon plaisir de fabriquer, de rencontrer des gens parfois très intéressants, de réfléchir sur mon métier. Je cherche à faire comprendre ma recherche d'un sens. J'éprouve aussi le plaisir de participer à un effort nécessaire, sur un terrain vierge, d'accomplir un travail de pionnier qui devrait se faire partout. »*

Réaliser en vraie grandeur

Grâce aux intervenants professionnels, les étudiants sont confrontés à la réalité du monde du travail qu'ils approchent également à l'occasion des stages, obligatoires dans ces formations et des réalisations qui sont très souvent des commandes d'entreprises ou d'institutions.

Ainsi, à l'ISIC de Bordeaux III, les étudiants du DESS et de la MST ont organisé à Mérignac le quatrième colloque Entreprise et communication du 22 au 24 novembre 1989. Comme l'explique Daniel Luciani qui termine le DESS, *« ce colloque était le projet de réalisation de la première promotion du DESS (87-88). Nous avons élaboré le contenu et mis au point la logistique : promotion, recherche de locaux, de sponsors. Nous avons*

Photo de Magali Kappeller, étudiante en MST Image et son à l'université de Provence

obtenu le parrainage du Monde *et de* Sud-Ouest. *Les étudiants de MST faisaient la couverture audiovisuelle et presse du colloque. Bien que nous les ayions prévenu à la dernière minute, ils ont répondu à notre demande et ont été efficaces et professionnels.* » Certes, précise Martine Joly, responsable de la MST, « *tout ce travail était encadré en permanence par Albert Clèdes, technicien de l'ISIC et Claire Marillier, réalisatrice. Elle leur faisait mettre en pratique ce qu'elle leur avait appris pendant l'année. Mais surtout ils ont appris à travailler dans l'urgence* ». C'est ce qu'ont apprécié Françoise Noguez et Agnès Oliveira qui ont filmé le colloque : « *Il fallait à la fois capter l'ambiance et faire la synthèse des débats, prendre au vol des phrases choc et faire des commentaires.* » Emmanuelle Baillon renchérit : « *C'était une bonne expérience à cause des contraintes de temps et d'efficacité : si ça ne va pas, on ne passe pas ! Dans les réalisations antérieures, on demandait toujours des délais. Là nous devions travailler très rapidement.* »

Il faut par ailleurs apprendre à écouter le commanditaire, à cerner ses attentes et à y répondre. Cela exige attention et diplomatie, comme je le constate en assistant à une réunion animée par deux étudiants de la MST à l'ESAV de Toulouse II, Christian Pesh et Maryse Bauté. L'objectif est d'affiner un projet de vidéo, demandé par un organisme de formation. Les exigences sont multiples. Les responsables nationaux souhaitent faire passer la ligne de leur organisme. Les responsables régionaux sont soucieux que leurs adhérents puissent s'y reconnaître, dans la diversité de leurs activités. Les deux étudiants cherchent à valoriser des personnalités fortes, capables de « passer » à l'écran, d'émouvoir le spectateur. Ils rappellent les exigences du minutage. Il faudra choisir !

Des débouchés souvent satisfaisants

Alors que, dans les formations générales, on connaît très rarement avec précision le devenir des diplômés, le suivi des anciens étudiants est presque systématique dans le cas des diplômes scientifiques et techniques. Il est facilité par la taille restreinte des promotions et est exigé par le ministère pour le renouvellement des habilitations.

Ainsi Patrick Pajon suit depuis cinq ans le devenir des étudiants de MST C à Grenoble III. Les trois quarts d'entre eux lui répondent : « *Au bout d'un an et demi, il n'y a généralement plus de chômeurs et la majorité d'entre eux ont trouvé un emploi définitif qui correspond à leur diplôme et au niveau de rémunération qu'ils souhaitent. Mais, au départ, pendant six mois-un an, la plupart d'entre eux recherchent un emploi, font des petits boulots, travaillent à temps partiel ou sur un contrat à durée déterminée, pour une rémunération qui oscille entre 6 500 et 7 500 F, chiffre moyen quand on a le bac + 2 ou + 4.* »

D'après les enquêtes menées par Patrick Pajon, les grands types de débouchés sont les suivants :

1) La création d'entreprises audiovisuelles dans certaines régions françaises, le Sud-Ouest et l'Est notamment car la région Rhône-Alpes est saturée.

2) Les services audiovisuels de quelques grandes entreprises ou administrations. Certains des anciens ont trouvé du travail dans des ministères (Agriculture, Culture), à l'armée, dans des municipalités. Néanmoins, la tendance est à la réduction de la plupart des ateliers audiovisuels intégrés. La plupart des grandes entreprises préfèrent sous-traiter les réalisations destinées à la communication externe, soit à des entreprises spécialisées, soit à Grenoble III ! Certaines gardent un atelier audiovisuel seulement pour la formation interne.

3) Les médias audiovisuels. Certains étudiants sont rentrés dans les quelques réseaux câblés qui existent, à Canal Plus ou dans les chaînes privées. Souvent ils sont embauchés comme assistants de production, mais il n'est pas rare qu'ils deviennent réalisateurs ou journalistes. Un de leurs atouts est qu'ils savent maîtriser les écritures audiovisuelles. Tout au long de leur formation, il est attaché beaucoup d'importance à cette maîtrise de la phase de conception des produits — à la différence des écoles privées de la région.

4) Les agences de publicité locales. On leur confie une production audiovisuelle ou du pilotage de sous-traitance.

5) Les intermittents du spectacle. Les meilleurs étudiants sortis de la maîtrise sont *freelance* et s'en sortent souvent bien.

Les formations qui sont à la fois pointues et qui donnent une double ou triple compétence sont les plus appréciées par les employeurs.

Ainsi les étudiants sortis du département Arts et technologies de l'image à Paris VIII sont particulièrement recherchés par les petites entreprises, selon Edmond Couchot, car ils sont capables « *de plonger à la fois dans les machines et dans les images. Ils travaillent en infographie, en publicité, en visualisation de banques de données. Mais cela ne correspond pas toujours à leurs attentes. Bien souvent ils rêvaient de réaliser des films d'auteur. En fait, ils devront se plier au cahier des charges de l'entreprise commanditaire.* »

Une des formations les plus recherchées des employeurs est celle de Valenciennes, car les étudiants y acquièrent une triple compétence en audiovisuel, en électronique et en informatique. C'est le seul endroit où l'on m'a assurée recevoir plus d'offres d'emplois qu'il ne sortait de diplômés[2]. Ce sont également les seuls diplômes universitaires qui soient reconnus par les conventions collectives de la télévision.

---

2. *Voir* Au sortir de l'université de Valenciennes *dans* Les Métiers du cinéma et de l'audiovisuel *coordonné par René Prédal. Hors série de* CinémAction, *1990.*

Monique MARTINEAU

par Monique Martineau

Casque d'or, de Jacques Becker

DEA et thèses :
de nouvelles perspectives ?

Seule une minorité d'étudiants tente l'aventure du troisième cycle long. Celui-ci comporte un DEA (Diplôme d'études approfondies) qui prépare en un an à entreprendre une thèse « nouveau régime » d'une durée de trois ou quatre ans. Elle s'apparente à un Ph.D anglo-américain. Elle donne la possibilité de candidater comme maître de conférence, mais elle ne permet pas, comme l'ancienne thèse d'Etat, de diriger des recherches et de poser sa candidature à un poste de professeur de l'enseignement supérieur. Pour cela, il faut obtenir une habilitation à diriger des recherches qui nécessite d'importants travaux et publications. Celle-ci ne concerne donc pas les étudiants, mais les enseignants en cours de carrière.

Reconstituer un vivier de jeunes docteurs

C'est indéniablement dans ce secteur de l'enseignement supérieur que le climat a le plus changé depuis notre enquête de 1987. A l'époque, beaucoup d'enseignants se plaignaient à la fois de l'absence de moyens pour les formations doctorales et de perspectives professionnelles pour les nouveaux diplômés. Les responsables devaient souvent se livrer à de difficiles exercices budgétaires pour payer les chargés de cours, prélevant des crédits sur ceux du premier et du deuxième cycle ou sur les contrats passés par les centres de recherche. Il arrivait même que certains intervenants travaillent bénévolement...

Depuis la rentrée 1989, la DRED (direction de la Recherche et des études doctorales) au ministère de l'Education nationale a commencé, dans le cadre de la contractualisation des universités, à insuffler des crédits (dans la région parisienne seulement pour l'instant) qui permettent enfin aux formations doctorales de fonctionner normalement. En décembre 1989, les universités de l'Ile-de-France étaient invitées à élaborer leurs plans ; à la rentrée 1990, celles d'Aquitaine, de Bourgogne, de Franche-Comté, du Languedoc Roussillon et de Rhône-Alpes y étaient conviées à leur tour. L'effort financier s'amplifiait : en 1989, 38 millions de francs étaient alloués aux DEA, en 1990, 68 millions de francs[1]. Cela représentait pour les lettres et les sciences humaines dans leur ensemble une augmentation de 50 à 100 % — une véritable manne !

En contrepartie, la DRED incitait à des regroupements en équipes d'accueil de doctorants afin d'éviter le foisonnement de petits DEA. L'objectif premier du ministère est de doubler le nombre des thèses d'ici à cinq ans, afin de reconstituer un vivier de jeunes docteurs, aptes à devenir enseignants-chercheurs. En effet, dans les années qui viennent, du fait de l'augmentation massive du nombre de bacheliers et du départ à la retraite de très nombreux enseignants, les universités vont être confrontées à un problème aigu de recrutement. L'attribution de crédits impliquera en contrepartie la nécessité de résultats. Les formations qui « produiront » moins de cinq diplômés par an perdront leur habilitation.

Cependant, le ministère prévoit aussi la possibilité de créer de *jeunes équipes* autour d'un enseignant nouvellement nommé ou d'un champ nouveau. Enfin, les laboratoires liés au CNRS, très peu nombreux dans le domaine du cinéma et de l'audiovisuel, conservent le nom d'*équipes associées*.

Une nouvelle campagne d'habilitation se déroule actuellement et la carte des DEA sera très sensiblement modifiée à la rentrée 1991.

Où préparer un DEA ?

La majorité des écoles doctorales sur le cinéma et l'audiovisuel prolongent certaines licences et maîtrises ECA (Etudes cinématographiques et audiovisuelles). Mais à ce niveau, la parenté entre les formations est moins importante que la coloration particulière à chacune d'entre elles qui varie généralement selon les travaux des enseignants chercheurs. Ainsi, à Nancy II, le DEA dirigé par Guy Borelli est centré sur l'étude du cinéma français de 1945 à 1960.

Le DEA le plus important numériquement et le plus large thématiquement regroupe des formations diverses, notamment à Paris I (Michelet) et à Paris X, sous la direction d'Henri Mercillon. Sous le titre Cinéma, télévision et audiovisuel, il propose quatre options aux étudiants.

La première, Economie et gestion, est conduite par Henri Mercillon et Pierre-Jean Benghozi. Elle attire un nombre croissant d'étudiants (20 en 1991), de diverses provenances : titulaires d'une maîtrise ECA, littéraires, professionnels désireux de réfléchir sur leur pratique et même élèves de grandes écoles de commerce qui veulent se doter d'une compétence en audiovisuel. L'éventail des thèses préparées est vaste, depuis l'histoire de la SFP, de la commission d'avance sur recettes jusqu'aux nombreux sujets sur les coproductions européennes.

La deuxième option porte sur Histoire et théorie, la troisième sur la préparation au long métrage. A Paris X, la section Cinéma anthropologique dirigée par Claudine de France encadre l'option Cinéma anthropologique et documentaire. On s'y attache à définir cette nouvelle discipline qu'est l'anthropologie filmique et à mettre au point des stra-

L'Association française de recherche sur l'histoire du cinéma

Créée en 1985, l'Association française de recherche sur l'histoire du cinéma (AFRHC) se propose de promouvoir et de coordonner les recherches sur l'histoire du cinéma en liaison avec les cinémathèques, instituts et bibliothèques spécialisés, équipes universitaires et chercheurs isolés. Elle cherche à faciliter les contacts entre les historiens du cinéma et les institutions susceptibles de leur venir en aide. Elle noue des relations de travail avec les associations similaires existant à l'étranger. Elle aide à la diffusion des connaissances en publiant dans sa revue *1895* (huit fascicules parus à ce jour) des articles consacrés à l'histoire du cinéma et des informations concernant les recherches en cours.

De nombreux universitaires figurent parmi ses adhérents, quatre d'entre eux siègent au conseil d'administration. L'AFRHC est particulièrement sensible aux recherches entreprises par les étudiants dans le cadre des mémoires de maîtrise, D.E.A. et thèses ; elle participe activement au travers de ses membres aux colloques d'histoire du cinéma organisés par les institutions universitaires.

AFRHC 15, rue Lakanal, 75015 Paris.

tégies de mise en scène. On réfléchit sur les méthodes de l'enquête filmique, qu'elles empruntent leurs outils à l'ethnologie, à la psychologie ou à la sociologie. On s'efforce pour analyser les images produites d'utiliser la combinatoire logique.

Une des originalités de cette option et plus généralement du DEA Paris I — Paris X est d'encourager les étudiants à faire une thèse filmée. Le travail de recherche comprend alors un film et une partie écrite analysant les stratégies de réalisation. Ils doivent trouver les moyens matériels de mener à bien la réalisation audiovisuelle (caméra et pellicule super 8, encore utilisée à Paris X, vidéo à

l'IEDES Paris I). Yvonne Mignot-Lefebvre, responsable à l'IEDES de l'atelier de recherches audiovisuelles, encadre une dizaine d'étudiants de DEA dans cette voie. Ils doivent apprendre à donner une dimension scientifique à leur réalisation ; il faut donc qu'ils vérifient et recoupent leurs sources, que leur travail sur le terrain soit de longue durée, afin de parvenir à une certaine qualité de relations entre filmants et filmés. Dans le produit final, il importe de respecter la parole et l'auto-mise en scène des personnes interviewées. Tout cela est aux antipodes des pratiques actuelles de la télévision, où on procède par reportages coup de poing et où on hésite de moins en moins à reconstituer le réel pour qu'il devienne plus spectaculaire.

L'option Cinéma et audiovisuel à Paris I-Saint-Charles ne fait plus partie du DEA commun à Paris I et Paris X ; elle se rattache désormais à deux formations, le DEA Esthétique et le DEA Arts plastiques au sein de l'université de Paris I.

Le DEA Recherches cinématographiques et audiovisuelles de Paris III s'articule sur les travaux menés par quinze chercheurs permanents et quatorze chercheurs invités au sein de l'IRCAV (Institut de recherches cinématographiques et audiovisuelles) dirigé par Roger Odin. Cinq équipes se rassemblent autour des directions suivantes: théories du cinéma et de l'audiovisuel, recherches en histoire du cinéma, esthétique des images et des sons, recherche sur les télévisions européennes, produits audiovisuels et enseignement du cinéma et de l'audiovisuel. Tout en conservant l'intérêt pour les recherches axées sur la théorie et l'histoire du cinéma, une volonté se manifeste d'explorer des champs nouveaux : analyser les films et vidéos produits par les amateurs, s'intéresser à la télévision sous l'angle du contenu des émissions (reportage, fiction) et des grilles de programme, explorer d'un point de vue esthétique le thème de la couleur au cinéma, s'interroger sur la place de l'Université dans l'enseignement du cinéma et de l'audiovisuel, réfléchir aux produits pédagogiques nécessaires à cet enseignement, etc. Les étudiants sont incités dans toute la mesure du possible à choisir des sujets de thèse à l'intérieur de ces champs.

A Paris VIII, au sein du DEA Esthétique, sciences et technologies des arts, l'option A est consacrée aux Etudes cinématographiques

---

1. *Gérard Courtois*, Le Monde, *4/10/90.*

Collection La Revue du Cinéma

La fille de Prague avec un sac très lourd, de Danièle Jaeggi, enseignante à Paris VIII

et audiovisuelles, sous la responsabilité de Guy Fihman. A Toulouse II, le DEA Cinématographie, représentation, communication audiovisuelle dirigé par Georges Mailhos, se trouve maintenant au sein de l'ESAV. Les sujets de recherche choisis par les étudiants sont majoritairement cinéphiliques.

Au sein des formations doctorales en sciences de l'information et de la communication, il semble que des glissements se produisent : la place occupée depuis longtemps par l'audiovisuel régresse dans certaines universités. C'est le cas à Bordeaux III, dans le DEA Communication, arts du spectacle, animé par Philippe Rouyer. La nomination attendue d'un spécialiste de cinéma permettra peut-être de modifier la situation.

A Grenoble III même, longtemps pionnier dans le domaine de l'audiovisuel, celui-ci occupe une part moins importante dans les mémoires de DEA et les thèses en cours. Les recherches au sein du GRESEC (groupe de recherches sur les enjeux de la communication) dirigé par Bernard Miège sont regroupées autour de trois pôles. Le premier concerne les industries de la culture et de l'information. Un travail important a été mené sur la convergence de l'audiovisuel et des télécommunications dans cinq pays d'Europe. Le deuxième pôle est centré sur les territoires de la communication. Il étudie les mises en réseau dans le domaine de la radio et du câble. Il s'ouvre à l'analyse des films d'entreprise. Le troisième est axé sur « Nouveaux médias et nouvelles technologies de l'information et de la communication ».

Par contre, comme le précise Jean Mouchon, professeur en sciences de la communication à Lille III et chargé de la recherche à la SFSIC, l'audiovisuel prend plus d'importance dans certains DEA récents. Ainsi à Lille III, le DEA INFOCOM accueille des étudiants du département filmologie. Par ailleurs, certains enseignants-chercheurs mènent des travaux de recherche qui débouchent parfois sur des productions, au sein du CIRCAV, une des composantes du laboratoire GERICO (groupe d'équipes de recherches sur la communication).

Dans le domaine des nouvelles images, une seule possibilité, le DEA Images de synthèse de Paris VIII. Huit étudiants y sont accueillis. L'orientation adoptée est peu répandue dans le domaine qui nous occupe. Edmond Couchot la définit ainsi : « *Nous ne menons pas une recherche qui plane mais une recherche ancrée dans l'industrie ou la création. Nous sommes en relation constante avec l'art contemporain et les milieux culturels. Nous voulons maintenir en permanence un triple lien entre l'enseignement, la recherche et l'industrie.* »

Bien qu'elles ne soient pas des universités, il convient d'évoquer ici le rôle joué par l'École des hautes études en sciences sociales (EHESS) et par l'Ecole pratique des hautes études dans la formation des étudiants à la recherche.

A l'EHESS, le centre de recherches historiques a été créé par Marc Ferro. Il a été le premier historien à utiliser non seulement les archives écrites traditionnelles, mais aussi les archives filmiques. Annie Goldmann, ingénieur de recherches, conduit un travail analogue, mais « *dans une perspective sociologique, le fil directeur étant d'intégrer le cinéma dans la société dans laquelle il est produit* ». Le DEA Histoire et civilisation accueille quatorze étudiants intéressés par ces perspectives.

Le séminaire de Christian Metz qui regroupait une vingtaine de doctorants soigneusement choisis par lui dépendait aussi administrativement de l'EHESS. Ce fut le lieu de naissance de la sémiologie appliquée au cinéma et son rayonnement national et international n'est plus à démontrer[2].

Au sein du DEA d'anthropologie sociale et d'ethnologie, Jean-Paul Colleyn et Marc Piault encadrent des thèses filmées d'anthropologie visuelle.

A l'École pratique des hautes études, dans le cadre du centre de recherches Cinéma, rites et mythes contemporains, une douzaine de doctorants suivent un séminaire sur la cinématographie des rites animé par Annie Comolli ou sur Cinéma et mythologie contemporaine, sous la responsabilité d'Hélène Puiseux. Ils peuvent être initiés à la réalisation dans le domaine du cinéma ethnographique.

Un parcours semé d'embûches

S'engager dans un troisième cycle long est une entreprise de longue haleine. Il faut d'abord se faire admettre dans une formation doctorale. Comme on l'a vu, le nombre des DEA habilités dans le domaine du cinéma et de l'audiovisuel est bien inférieur à celui des formations de premier et deuxième cycles. Ainsi pour le DEA commun à Paris I et Paris X, Jean-Paul Török constate qu'il reçoit environ cent soixante candidatures pour cinquante places à Paris I et une dizaine à Paris X. A Paris VIII, la brochure qui présente le DEA Esthétique, sciences et technologie des arts déconseille aux étudiants d'entreprendre un DEA s'ils n'ont pas obtenu au moins une mention bien à la maîtrise.

Le travail demandé en DEA est intense. Il s'agit de préparer le terrain pour la thèse. Bernard Miège, responsable de l'option Communication et médias du DEA Grenoble-Lyon, précise : « *Pour obtenir son DEA à Grenoble III, il faut, en plus de trois UV, écrire un mémoire (de 60 à 80 pages) préparant directement à la thèse et comportant problématique, méthodologie, bibliographie et la rédaction d'un chapitre sur le sujet envisagé. On peut faire un DEA tout en travaillant. Dans ce cas cela demande deux ans le plus souvent.* »

Mais un nombre non négligeable d'étudiants découvrent en chemin qu'ils ne sont nullement faits pour la recherche, ou souhaitent passer le DEA pour obtenir le niveau bac + 5, sans désirer aller au-delà. Dominique Château à Paris I-Saint-Charles insiste

2. *Voir 25 ans de sémiologie, coordonné par André Gardies, CinémAction, n° 58, janvier 1991.*

Collection Institut Jean Vigo

L'année dernière à Marienbad, d'Alain Resnais

sur cette ambiguïté : « *Certains étudiants considèrent le DEA comme un diplôme en soi, alors que, selon les nouvelles directives du ministère, il doit être considéré exclusivement comme la première année du doctorat.* »

Le cinéma et l'audiovisuel ne constituent une priorité ni pour les ministères concernés ni pour les entreprises ; il est beaucoup plus difficile d'obtenir des aides financières que dans les disciplines scientifiques. Il en existe tout de même quelques-unes, en légère augmentation. Les rectorats allouent des allocations d'études de DEA aux meilleurs étudiants (4 000 F par trimestre). Le ministère de la Recherche et de la technologie gère des allocations de recherche (7 400 F mensuels) pour

des thèses qui explorent certains champs (en 1991, l'économie et l'espace européen). L'ANRT accorde aussi des bourses CIFRE, qu'elle finance pour moitié, l'autre moitié étant prise en charge par une entreprise intéressée par la recherche conduite. Bien entendu, il est plus facile d'obtenir une bourse avec un sujet sur l'économie ou les nouveaux médias qu'avec des réflexions d'ordre théorique ou esthétique. Aussi la plupart des étudiants doivent-ils chercher un travail alimentaire à temps partiel. « *Progressivement, ils se détachent de la thèse pour rentrer dans le monde du travail* », constate Pierre-Jean Benghozi. Dominique Château s'étonne que la plupart de ses collègues s'angoissent devant l'ampleur des abandons : « *Il s'agit souvent d'un phénomène très positif ; les étudiants s'en vont parce qu'ils ont trouvé un travail intéressant.* »

Certes, on peut limiter considérablement ce phénomène en choisissant très soigneusement les étudiants admis en DEA, en testant leur motivation et en les encadrant très étroitement. C'est le cas à Paris X dans la section Cinéma anthropologique où la dizaine d'étudiants admis en DEA obtient son diplôme et où deux tiers d'entre eux parviennent à soutenir leur thèse.

Le problème des abandons se pose de manière particulièrement aiguë du fait de nouvelles exigences formulées par le ministère en contrepartie de son aide financière. Dans chaque école doctorale, cinq thèses d'un bon niveau devront être soutenues chaque année. « *Combien faudra-t-il inscrire d'étudiants en DEA pour y parvenir ?* s'interroge Claudine de France. *Nous devons tenir compte de ces exigences qualitatives et quantitatives, mais aussi du "déchet" naturel à ces formations. Or nous manquons de recul pour prévoir comment les étudiants se comporteront dans le cadre de la nouvelle thèse* ».

Même réflexion à Grenoble III. Dans le DEA Communication et médias, « *on accepte entre vingt et trente étudiants,* précise Bernard Miège. *Cela donne entre quinze et vingt DEA et sept à dix thèses environ par an. Avec la nouvelle thèse, il faudra sans doute accepter vingt étudiants pour arriver au même résultat, car un plus grand nombre arrêteront après le DEA. Il faut arriver à trouver la mesure de la nouvelle thèse : elle exige plus de temps et un travail théorique plus poussé. C'est pourquoi il est difficile de la mener de front avec un travail alimentaire. Par la force des choses, cela va encore réduire le nombre des thèses achevées. Tout concourt à ce qu'elles soient dorénavant préparées dans le cadre d'un système d'allocation et de préparation à l'enseignement supérieur. C'est dommage car les thèses faites dans la lancée des études sont souvent moins intéressantes.* » Claudine de France redoute qu'on n'obtienne ainsi que des thèses « d'étudiants ».

Pour Jean-Louis Leutrat qui dirige l'UFR ECA à Paris III, les thèses « nouveau régime » dont il a eu connaissance depuis deux ans ne constituent pas un vrai travail de recherche.

La nécessité d'un encadrement rigoureux

Il insiste beaucoup aussi sur la nécessité que le patron de l'étudiant soit un spécialiste reconnu du domaine que celui-ci souhaite explorer. « *A Paris III, on essaie d'imposer que les thèses de cinéma soient dirigées uniquement par des professeurs de cinéma. Souvent, celles qui sont soutenues dans d'autres disciplines sont mauvaises car les enseignants qui les ont dirigées sont incompétents en cinéma. Il faut absolument faire respecter ce principe, c'est une question de légitimation de la discipline. Nous tenons beaucoup au sérieux universitaire. Nous sommes très exigeants pour les maîtrises et les DEA, les étudiants doivent choisir leurs sujets d'après les spécificités des enseignants et doivent fournir sujet, plan, bibliographie avant d'être acceptés. Il ne peut y avoir d'accord individuel avec un enseignant avant que la commission n'ait donné son aval. Ce qui compte avant tout, c'est de ne pas dévaluer nos diplômes, en acceptant n'importe quoi.* »

Rappelons cependant que, selon la recension effectuée par Annie Kovacs en 1987, sur cinq cents thèses dans le champ du cinéma et de l'audiovisuel depuis 1968, la moitié ont été soutenues dans vingt et une disciplines autres que le cinéma, l'audiovisuel ou la communication. On peut supposer qu'avec le développement d'études spécialisées cet éparpillement va se réduire, mais rien ne permet de l'affirmer avec certitude[3]. La qualification de l'enseignant ne suffit pas. Il importe aussi qu'il mène un long travail de suivi que décrit Bernard Miège : « *Diriger une thèse implique des contacts réguliers avec l'étudiant, d'abord sous la forme d'un soutien théorique pour qu'il mette au point sa méthodologie, puis de critique quand il commence à élaborer et à rédiger ses résultats. Le soutien affectif et moral est très important. Il faut passer du temps avec chacun et avoir en mémoire le calendrier.* »

---

3. *Voir* Cinq cents thèses en Cinéma et audiovisuel soutenues depuis 1968 *par Annie Kovacs in* CinémAction *n° 45, op. cité. Voir aussi du même auteur* Vingt ans de recherche universitaire sur le cinéma et l'audiovisuel *in* Perspectives documentaires en sciences de l'éducation *n° 16, INRP éd.*

Faut-il préciser que tous les « patrons » ne sont pas aussi présents... Certes, cela tient aussi au fait « *qu'il n'existe pas assez de laboratoires d'accueil, ce qui explique que beaucoup d'étudiants se sentent perdus et que la plupart des professeurs dirigent un grand nombre de thèses. A l'inverse, aux USA et au Canada, l'encadrement est très important et nous... laisse rêveurs.* »

« *Enfin, il est essentiel que les étudiants puissent participer à des séminaires qui leur offrent un lieu de réflexion théorique qui dépasse leur propre travail* », conclut Bernard Miège. Ces séminaires permettent en particulier la confrontation entre les recherches menées par les étudiants et celles qui sont conduites par les enseignants. Celles-ci nourrissent l'enseignement dans tous les cycles, évitent qu'il ne se limite à la répétition de savoirs acquis. Elles ont pour les étudiants du troisième cycle une valeur d'exemple. « *De cette manière,* note Annie Goldmann, *ils peuvent voir comment on travaille, comment on commence une recherche et comment elle se développe.* »

Le plus célèbre de ces séminaires est, à n'en pas douter, celui que Christian Metz animait dans le cadre de l'EHESS. « *On peut le fréquenter,* nous précisait-il, *ad libitum. Certains le suivent depuis dix-huit ans. On y fait de la recherche scientifique au plus haut niveau.* » Beaucoup de professeurs et maîtres de conférences en cinéma et audiovisuel y ont participé pendant de longues années.

Quelques centres de recherche associent les étudiants à leurs travaux. C'est le cas de CREATIS (Centre de recherche sur les arts du texte, de l'image et du spectacle) à Aix-Marseille I. Pour Marie-Claude Taranger, qui le dirige, « *cette démarche nous semble naturelle, parce que nous travaillons beaucoup avec nos étudiants et que ce qu'ils font nous semble intéressant* ». C'est pourquoi aussi les colonnes d'*Admiranda*, la revue du centre, leur sont ouvertes. Les enseignants travaillent avec eux pour les aider à donner une forme journalistique à leurs travaux universitaires (DEA et thèse). Certains étudiants sont devenus de véritables permanents de la revue et sont étroitement associés à son fonctionnement, comme le précise Nicole Brenez, coordonatrice de plusieurs numéros.

A Paris III, *Théorème* permet de publier des textes d'étudiants. Michèle Lagny qui ani-

La Société française des sciences de l'information et de la communication (SFSIC)

Au carrefour de l'enseignement, de la recherche et des pratiques professionnelles, la SFSIC regroupe la plupart de ceux qui travaillent dans le champ de l'information et de la communication.

Ses objectifs :

— Promouvoir un nouveau type de relations et d'échanges entre les universitaires et les professionnels de la communication et de la culture.

— Réunir les praticiens et les chercheurs des sciences de l'information et de la communication. Ouverte aux divers courants de pensée, la SFSIC accueille aussi bien les chercheurs isolés que les équipes et les institutions.

— Représenter les membres de l'association et tous ceux qui s'intéressent en France au développement des sciences de l'information et de la communication. Des contacts sont établis à cet effet avec les organismes responsables et les milieux autorisés. Pour mieux faire connaître la communauté scientifique française, la SFSIC est en rapport avec les organisations internationales, gouvernementales et non gouvernementales. Ainsi, elle adhère et participe aux travaux de l'Association internationale des études et recherches sur l'information (AIERI) et de la Commission nationale française pour l'Unesco...

Président : Bernard Miège. SFSIC c/o MSH, 54, boulevard Raspail, 75270 Paris Cedex 06.

mait un séminaire sur *Visconti, classicisme et subversion*, a coordonné le premier numéro de la revue consacré au même sujet. « *J'avais vingt étudiants de maîtrise et de DEA dont certains d'un très bon niveau. Nous avons fait tout un travail de va-et-vient entre le groupe et les contributions individuelles. Sur vingt dossiers préalables, après de multiples modifications, huit textes écrits par les étudiants ont été publiés.* »

A Grenoble III, on témoigne du même souci d'intégrer les recherches des étudiants aux travaux du GRESEC. Ils peuvent ainsi être conseillés et soutenus par l'un des quatorze enseignants-chercheurs. Leur thèse, comme nous l'indique Monique Valbot, ingénieur d'études, est éventuellement — trop rarement mais de plus en plus souvent — financée soit par une allocation de recherche, une bourse CIFRE ou un contrat passé avec l'un des très nombreux partenaires du GRESEC, notamment le CNET (Centre national d'études des télécommunications). C'est également en coopération avec cet organisme (département Usages sociaux des télécommunications) que le GRESEC fait partie d'un GDR (groupe de recherche) associé au CNRS. Ce cas de figure, très fréquent dans les disciplines scientifiques, est exceptionnel dans le domaine du cinéma et de l'audiovisuel, en partie à cause du désintérêt que manifeste le CNRS pour ce secteur (il n'y existe pas de section de rattachement pour le cinéma et l'audiovisuel).

Devenir professionnel

Un grand nombre d'étrangers fréquentent les formations doctorales : 38 % à Grenoble III, plus de 50 % au séminaire de Christian Metz. Boursiers pour la plupart du gouvernement français ou de leur gouvernement, souvent en provenance de pays du tiers monde, s'ils reviennent dans leur pays, ils ont facilement un poste de haut niveau dans l'enseignement ou la recherche. Par contre, s'ils choisissent de rester en France, ils sont confrontés à tous les problèmes que rencontrent les étrangers pour s'insérer.

Pour les Français, si le DEA choisi incitait à créer des liens avec le monde professionnel, l'insertion semble aisée. Ainsi les diplômés de l'option Economie et gestion à Paris I créent leur propre société, sont embauchés dans les services audiovisuels de grandes entreprises ou dans le secteur de la diffusion. A Grenoble III, deux anciens étudiants créent un bureau de consultants, d'autres sont engagés par des établissements publics. A Paris X, certains, titulaires du seul DEA, deviennent réalisateurs, soit à la télévision, soit en *free lance*.

Il y a quelques années, vouloir faire de l'enseignement et de la recherche dans le supérieur pouvait sembler de l'inconscience. Aujourd'hui, l'horizon s'éclaircit un peu. Certes, cinéma et audiovisuel ne s'enseignement pas depuis de longues années à l'Université. Le corps professoral, plus jeune, se renouvellera moins vite que dans d'autres disciplines. Néanmoins, il y aura quelques postes à pourvoir pour ceux que tentera le statut d'enseignant-chercheur. Roger Odin évoque ce qui attend ceux qui voudraient s'adonner à la recherche théorique : « *Il s'agit d'un travail astreignant, qui mobilise 24 heures sur 24. Trouver le temps et la tranquillité pour avancer entre en conflit violent avec la vie quotidienne. Il n'y a pas toujours de retombées mesurables, à la différence de la recherche appliquée qui a des résultats directs. Mais faire de la recherche fondamentale apporte une vraie satisfaction, celle d'avoir déblayé un peu de terrain, démonté certains mécanismes. On peut apprendre à faire de la recherche, mais peut-on apprendre à quelqu'un à devenir chercheur ? Si on le devient, c'est qu'on ne tient rien pour acquis. On veut voir ce qui se cache derrière les évidences.* »

Monique MARTINEAU

Les entretiens ont été réalisés par :

— Sylvie Bonaud pour les universités de Brest, Caen, Lille, Lyon, Metz, Nancy, EHESS à Paris, Paris II, Paris VII, Paris VIII, Paris X, Paris XII, Paris XIII, Poitiers, Rennes, Strasbourg.

— Monique Martineau pour l'université d'Aix et la MST d'Aubagne, les universités de Bordeaux, Grenoble, Montpellier, Paris I, Paris III, Paris VIII, Paris X, Toulouse et Valenciennes.

— Monique Theye pour les universités de Paris I et Paris III.

ADMIRANDA

CAHIERS D'ANALYSE DU FILM ET DE L'IMAGE

N° 5-6-7

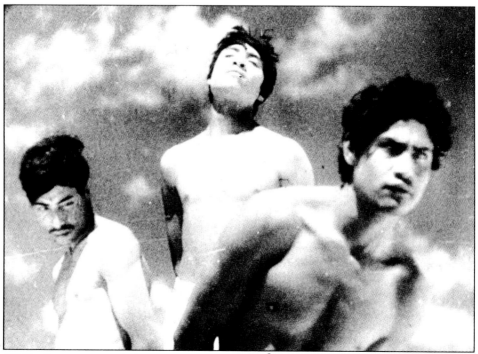

FIGURATION - DÉFIGURATION

ABSTRACTION - ACCIDENT - ACTEUR - APPARENCE - APPARITION - BARTHES
BENJAMIN - BRESSON - TOD BROWING - BUNUEL - CADAVRE - CARPENTIER
CASSAVETES - COPPOLA - CORPS - DE PALMA - EFFIGIE - EISENSTEIN - EPSTEIN
EXTASE - DELEUZE - DREYER - FIGURABLE - FIGURANT - FIGURINE - FOULE
GODARD - GRAPHISME - GUERRE - HAWKS - ICONOGRAMME - ICONOGRAPHIE
JEU TÉLÉVISÉ - KANDINSKI - BUSTER KEATON - KUBRICK - LANCHESTER
MC LAREN - LERSKI - CECIL B. DE MILLE - MODELE - MOMIE - MONTY PYTHON
MORT - MOTIF - MOUVEMENT - ORIGINE - OSSANG - PARERGON - PAYSAGE
PECKINPAH - PERSONNE - PIMENTEL - PORTRAIT - RACCORD - RALENTI
NICHOLAS RAY - REMBRANDT - RENOIR - RÉPERTOIRE - REPRÉSENTATION
RIMBAUD - RITA MITSOUKO - ROSENBERG - SANTA BARBARA - DON SIEGEL
SOUVERAINETÉ - SUPRÉMATIE - SUR-MONSTRE - SYNTAXE - TARKOVSKI
DZIGA VERTOV - VISAGE - VITESSE - WALKEN - WELLES - WENDERS

ADMIRANDA - 5, RUE PIERRE-ET-MARIE-CURIE - 13100 AIX-EN-PROVENCE

Annuaire

Malgré nos efforts, cet annuaire ne saurait être exhaustif, et en particulier certains cours ou options faisant partie de cursus de lettres et sciences humaines ont pu échapper à ce recensement. Que les oubliés nous écrivent ! Quelques précisions :

— Pour la numérotation téléphonique : Quand on appelle de province ou de l'étranger, ajouter le 1 avant le numéro à 8 chiffres pour la région parisienne.
Depuis l'étranger, l'indicatif de la France est le 33.

— Les droits d'inscription sont de 600 F pour les premiers cycles, les deuxièmes cycles généraux, et les DEA. Ils sont de 1 000 F pour les deuxièmes et troisièmes cycles professionnalisés (MST, DESS) ainsi que pour les doctorats. Ces droits peuvent varier légèrement selon les universités et selon les filières. Il faut y ajouter la sécurité sociale (obligatoire à partir de l'âge de 20 ans) qui s'élève à 800 F par an.

— Concernant les publications, nous nous sommes le plus souvent limitées à celles des Centres de recherche des universités. En effet, les enseignants mènent tous des travaux de recherche et il était impossible de mentionner leurs publications de manière exhaustive.

AIX-EN-PROVENCE

UNIVERSITÉ DE PROVENCE, AIX-MARSEILLE I.

Secteur cinéma et audiovisuel.
UFR LACS (Lettres, arts, communication et sciences du langage)
29, avenue Robert-Schuman, 13621 Aix-en-Provence.
Tél. : (33) 42.59.99.30.
Responsable : Marie-Claude Taranger.

Diplômes préparés :
DEUG communication et sciences du langage.
DU d'études et d'animation cinématographiques, transformé en licence et maîtrise d'études cinématographiques à la rentrée 1991.
Licence d'animation culturelle et sociale, option cinéma et audiovisuel.

Liste des diplômes

DEA	Diplôme d'études approfondies.
DESS	Diplôme d'études supérieures spécialisées.
DEUG	Diplôme d'études universitaires générales.
DEUST	Diplôme d'études scientifiques et techniques.
DU	Diplôme d'université.
MST	Maîtrise de sciences et techniques.

Maîtrise de lettres modernes dominante audiovisuel.
Maîtrise Infocom.
DEA lettres et arts.
Conditions d'admission : pour le DEUG CSL, baccalauréat et épreuve d'admission. Pour le DU, baccalauréat ou dérogation ; recrutement sur dossier.
Frais d'inscription et d'études : les non-bacheliers sont auditeurs libres et n'ont pas le statut d'étudiant.
Durée des études : 2 ans pour le DEUG, 2 ans pour le DU.
Effectif par promotion : 160 en DEUG, 40 en 1re année de DU.
Contenu des études :
Cours d'initiation au cinéma ouverts à tous les étudiants de l'université en DEUG.
DU (cinéma et télévision) : analyse de films, esthétique, histoire. Économie des médias audiovisuels.
Cours sur les techniques audiovisuelles, réalisation en ateliers (vidéo).
Stage : stage obligatoire de 400 heures fractionnables, préparé par un enseignement préprofessionnel (rencontres avec des professionnels).
Centre de recherche : CRÉATIS (Centre de recherche et d'études sur les arts du texte, de l'image et du spectacle).
Publication : revue *Admiranda* (analyse filmique).
Débouchés : toutes les professions non strictement techniques de l'audiovisuel et celles du secteur social et culturel, formation, programmation, organisation de festivals, entreprises.
Beaucoup d'étudiants poursuivent leurs études après le DU qui n'est pas une formation professionnelle (ACS, Infocom, MST d'Aubagne ou autres universités).

France, mère des arts, des armes et des lois, de Jean-Paul Aubert, enseignant à Paris-VIII

AMIENS

UNIVERSITÉ DE PICARDIE.

Diplôme d'université de cinéma.
UFR Cultures, langues étrangères et recherches en communication (CLERC), Campus universitaire, 80025 Amiens Cedex.
Tél. : (33) 22.82.73.90.

Responsable : Jacques Darras (pour le DU).
Diplôme préparé : diplôme d'université d'études cinématographiques (niveau licence).
Conditions d'admission : DEUG ou équivalence, ou validation d'acquis professionnels.
Durée des études : 1 an.
Effectif par promotion : 20.
Contenu des études :
Histoire, théories du cinéma, économie et sociologie, scénario.

Image, son, vidéo.
Débouchés : le DU permet de poursuivre des études (maîtrise) dans une autre université.

AUBAGNE

UNIVERSITÉ DE PROVENCE, AIX-MARSEILLE I.

Département Image et Son.
9, boulevard Lakanal, 13400 Aubagne.
Tél. : (33) 42.84.35.38.
Responsable : Roland Cottet.
Diplôme préparé : MST métiers de l'image et du son.
Conditions d'admission : avoir moins de 26 ans, un diplôme baccalauréat + 2 (DEUG, DUT, BTS ou titre jugé équivalent par le jury). Connaissances scientifiques (du niveau bac A1) et artistiques nécessaires. Admission sur concours et entretien.
Durée des études : 2 ans.
Effectif par promotion : 30.
Contenu des études :
1re année commune, théorie et pratique de la photographie, du son et de la vidéo.
En 2e année, spécialisation : option photographie (12) option vidéo (12). Rédaction d'un mémoire et réalisation de produits.
Stage : obligatoire. 3 semaines en 1re année, 4 en 2e année.
Recherche : traitement chimique de l'image. Diffusion de l'information médicale.
Débouchés : concepteurs-réalisateurs multi-média qui peuvent, soit s'employer dans une structure professionnelle existante, soit créer leur propre entreprise. Cette formation est maintenant bien connue des professionnels de la région, mais les diplômés de maîtrise se dispersent sur tout le territoire national ainsi qu'à l'étranger.

AVIGNON

UNIVERSITÉ D'AVIGNON ET DES PAYS DU VAUCLUSE.

Département de communication.
UFR Sciences et langages appliqués, 23, rue du 58e R.I., 84000 Avignon.
Tél. : (33) 90.85.81.94.
Responsables : UFR : Christian Gros ; DEUG : Pierre-Louis Suet ; MST : Claude Lacotte.
Diplômes préparés : DEUG communication et sciences du langage, mention culture et communication.

MST concepteur multimedias.
Conditions d'admission : pour le DEUG, bac, dossier et tests. Pour la MST, diplôme bac + 2 en communication, dossier et tests.
Durée des études : DEUG : 2 ans ; MST : 2 ans.
Effectif par promotion : DEUG : 60 ; MST : 20.
Contenu des études :
Études de communication dont l'audiovisuel ne représente qu'une petite partie.
Ateliers en MST (photo, diaporama, vidéo).
Stage : un en 2e année de DEUG, deux en MST (4 et 6 semaines).
Recherche : équipe de recherche en communication en liaison avec l'Institut d'études politiques et l'École des hautes études en sciences sociales.
Débouchés : métiers de la communication, conception de produits ou de stratégies, agences de communication, communication en entreprise, communication institutionnelle.

BORDEAUX

UNIVERSITÉ BORDEAUX III.

Institut des sciences de l'information et de la communication (ISIC).
UFR des sciences de l'information, de la communication et des arts (SICA). Domaine universitaire, esplanade M. de Montaigne, 33405 Talence.
Tél. : (33) 56.84.50.58.
Responsable : ISIC : Hugues Hothier ; MST : Martine Joly.
Diplômes préparés : certificat préparatoire (CP), examen d'entrée en MST.
MST Sciences de l'information et de la communication. Options : journalisme (presse, organisations), métiers de la production audiovisuelle.
DESS Communication des organisations. Option A : communication technique et multimédia. Option B : audit-stratégies. Option C (Bayonne) : communication interne.
DEA Sciences de l'information et de la communication.
DEA Communication arts et spectacles.
Conditions d'admission : pour la MST, DEUG ou DUT et certificat préparatoire. Pour le DESS, sélection sur dossier et entretien ; pratique de l'audiovisuel indispensable.
Durée des études : MST : 2 ans ; DESS : 1 an.
Effectif par promotion : en MST, environ 30 par année. En DESS, 45 (15 par option).
Contenu des études :
MST : en 1re année, formation générale à la communication et à ses différents supports. En 2e année, tronc commun, plus spécialisation.
DESS : formation à la maîtrise de tous les médias

(option A), à l'audit-stratégies (option B), à la communication interne (option C).

Stage : en MST, 10 semaines au moins en 2 ans.

Recherche : groupe de recherche Entreprise et communication (GREC).

Débouchés : cadres dans le domaine de la communication (maisons de production, télévision, journalisme, médias et organisation).

BREST

UNIVERSITÉ DE BRETAGNE OCCIDENTALE.

• MST Image et son.

Département de physique. Faculté des sciences et techniques, 6, avenue le Gorgeu, 29287 Brest Cedex.

Responsable : François Gelebart. Tél. : (33) 98.31.62.32.

Responsable pédogique : René Abjean. Tél. : (33) 98.31.62.35.

Diplôme préparé : MST Image et son.

Conditions d'admission : DEUG scientifique A, BTS ou DUT, sélection sur double compétence scientifique et artistique.

Durée des études : 2 ans.

Effectif par promotion : 24.

Contenu des études :

Mise à niveau initiale.

Matières scientifiques : acoustique physique et physiologique. Électroacoustique. Optique. Vidéofréquence. Traitement du signal. Électronique. Informatique. Musique. En 2e année : communication (anglais, sémiologie, sociologie), droit et gestion.

Pratique : studio son ; studio vidéo du laboratoire d'études des techniques de réalisation audio et vidéo (LETRAV).

Stage : obligatoire (195 heures minimum).

Débouchés : généralistes de haut niveau (son et image) qui deviennent cadres techniques d'exploitation et de maintenance dans les sociétés professionnelles ou responsables (conception et réalisation) de programmes audiovisuels.

• UFR de lettres.

Université de Bretagne Occidentale, 20, avenue le Gorgeu, 29285 Brest.

Tél. : (33) 98.31.63.27.

Responsable : Yves Moraud.

Diplômes préparés : UV de communication en option du DEUG. UV optionnelle en licence : théâtre et cinéma. Maîtrise de littérature mention cinéma.

DEA littérature et société, mention cinéma.

Conditions d'admission : option de licence ouverte à tous les étudiants.

Durée des études : 50 heures dans l'année de licence.

Effectif par promotion : 35 environ.

Contenu des études :

Analyse du langage cinématographique, approches théoriques, sémiologie, histoire du cinéma, sociologie, psychanalyse.

Débouchés : initiation de futurs enseignants au langage de l'image et du cinéma. Débouchés également comme animateurs d'association.

Remarques : en projet, la demande d'habilitation d'une licence d'information — communication avec un enseignement intégré d'audiovisuel.

CAEN

UNIVERSITÉ DE CAEN.

Département des arts du spectacle (Théâtre, cinéma, danse).

UFR des sciences de l'homme, Esplanade de la Paix, 14000 Caen.

Tél. : (33) 31.45.58.56.

Responsable : René Prédal.

Diplômes préparés :

DEUG lettres modernes, filière arts du spectacle.

Diplôme d'université d'études théâtrales et cinématographiques (DETC).

Conditions d'admission : baccalauréat et entretien pour le DETC.

Durée des études : DEUG, 2 ans ; DU, 2 ans.

Effectif par promotion : en DEUG, 60 à 70 en filière arts du spectacle ; en DU, 100.

Contenu des études :

Enseignement artistique de haut niveau, aussi bien théorique que pratique : le cinéma constitue à peu près la moitié des enseignements.

DEUG : en première année, 2 UV d'initiation (théâtre, cinéma) obligatoires pendant un semestre, puis spécialisation en filières qui se poursuit en 2e année (c'est-à-dire 3 semestres sur 4).

Le DU est préparé parallèlement au DEUG ou indépendamment.

Analyse de films, études des auteurs, évolution historique et esthétique des formes.

Réalisation de courts métrages vidéo.

Stages d'études de films et de réalisation cinématographique.

Recherche : dans le cadre des maîtrises et de l'école doctorale de lettres modernes.

Publications : participation à *Campus* (revue du campus universitaire).

Débouchés : métiers du théâtre, du cinéma, de l'audiovisuel et de l'ensemble du domaine culturel (comédiens, scénaristes, réalisateurs...) ou poursuite d'études plus spécialisées (écoles de journa-

lisme ou de cinéma, licence, maîtrise et doctorat à Paris...).
Remarque particulière : demande d'habilitation d'une licence d'études cinématographiques et audiovisuelles à la rentrée 1992.

CHAMBÉRY

UNIVERSITÉ DE SAVOIE.

Centre audiovisuel.
Faculté des lettres, BP 1104, 73011 Chambéry Cedex.
Tél. : (33) 79.75.85.85.
Responsable : Michel Grunberger.
Diplômes préparés : cours ou options faisant partie des cursus de langue (anglais, allemand, italien, espagnol, LEA) en premier et deuxième cycle.
Contenu des études :
Étude des procédés techniques, des thèmes, des cinémas et des réalisateurs étrangers.
Montage à partir de documents existants.
Publication : articles dans les *Annales de l'université de Savoie*.
Débouchés : complément de formation pour les étudiants qui se destinent à l'enseignement ou aux carrières du tourisme et du commerce international (LEA).

DIJON

UNIVERSITÉ DE BOURGOGNE.

UFR langues et communication.
2, boulevard Gabriel, 21000 Dijon.
Tél. : (33) 80.39.52.27.

• **Centre audiovisuel.**
Responsable : Michèle Bouin-Naudin.
Diplômes préparés : UV optionnelles dans le cadre d'un DEUG littéraire ou juridique. DEA Études anglophones et Études hispaniques.
Contenu des études :
UV : apprentissage de l'audiovisuel. Analyse filmique. Communication verbale et non verbale.
Initiation à la vidéo.
Stage : non obligatoire.
Recherche : Centre de recherche sur l'image et le symbole. Responsable : M. Wunenburger.
• **Département d'espagnol.**
Responsable pour l'audiovisuel : Emmanuel Larraz.
Diplômes préparés : option du DEUG Cinéma et histoire, Option audiovisuel au CAPES d'espagnol,

DEA Images et Communication dans le monde hispanique.
• **DEEM Diplôme européen d'études des médias.**
Responsable : Raymond Prost.
PIC ERASMUS qui relie les universités de Dijon, de Manchester, de Mayence et de Saint-Jacques de Compostelle.

GRENOBLE

UNIVERSITÉ STENDHAL, GRENOBLE III.

UFR des Sciences de la Communication.
BP 25 X, 38040 Grenoble Cedex.
Tél. : (33) 76.82.43.00, poste 43.21.
Responsable : Jean Caune.
Diplômes préparés : DEUST Communication audiovisuelle.
MST Communication, option communication audiovisuelle.
DEA Sciences de l'information et de la communication, option communication et médias.
Conditions d'admission : bon niveau de formation scientifique générale.
Pour le DEUST : sélection sur dossier, épreuve écrite, entretien.
Pour la MST : DEUG et obtention du certificat préparatoire à la MST ou 5 ans d'expérience professionnelle ; le passage du DEUST, diplôme à finalité professionnelle, à la MST n'est possible qu'à titre exceptionnel, sur dérogation.
Durée des études : DEUST : 2 ans. MST : 2 ans.
Effectif par promotion : en DEUST : 25 par année. En MST option Communication audiovisuelle : 12 (sur 50).
Contenu des études :
DEUST : expression audiovisuelle et écrite, anglais. Physique, optique, électronique, technologies audiovisuelles, informatique. Connaissance des médias, droit de la communication, gestion, sciences sociales.
Travaux pratiques : prise de son, prise de vue, montage vidéo et réalisation d'un produit audiovisuel, programmation.
MST : en première année, sciences sociales et humaines, sémiotique, écritures audiovisuelles de communication. Au deuxième semestre, spécialisation : communication audiovisuelle.
En deuxième année : poursuite de la spécialité.
Pratique : photo, son, montage audiovisuel, communication informatisée.
Stage : en DEUST, stage en fin de 1re année.
En MST, stage d'un mois minimum en 1re année.
Pas de stage en 2e année, mais réalisation d'une production audiovisuelle pour un commanditaire extérieur à l'université.
Recherche : dans le cadre du centre de recherche (GRESEC). Pour l'essentiel, les publications des

membres de l'UFR Sciences de la communication sont recensées dans le document *Le GRESEC, trois ans de recherches 1987-1989.*
Débouchés : généralistes de la communication médiatisée possédant une spécificité technique. Médias audiovisuels, services audiovisuels d'entreprises, intermittents du spectacle, création d'entreprises.

LILLE

UNIVERSITÉ CHARLES-DE-GAULLE, LILLE III.

BP 149, 59653 Villeneuve d'Ascq Cedex.
• **Département d'anglais, UFR Angellier.**
Tél. : (33) 20.91.92.02 poste 42 65.
Responsable : Pierre Denain.
Diplôme préparé :
DESS de traduction, option traduction et adaptation cinématographique.
Conditions d'admission : maîtrise ou équivalence.
Sélection : parfaite maîtrise de l'anglais et du français, culture cinématographique et connaissance minimum de l'audiovisuel.
Durée des études : 1 an.
Effectif par promotion : 4 à 6.
Contenu des études :
Tronc commun ; option : culture et langage cinématographique, doublage, sous-titrage, traduction de dialogues.
Stage : plusieurs stages de quelques jours.
Débouchés : traducteurs spécialisés dans le doublage et le sous-titrage des films. Milieu professionnel très restreint, où un quart des étudiants parvient à s'insérer au bout d'un certain temps, les autres n'y trouvant qu'un métier d'appoint.
Remarque particulière : seule formation de ce type en France.

• **Département de Filmologie, UFR de Lettres.**
Tél. : (33) 20.91.92.02, poste 42 67.
Responsable : Jacques Morin.
Diplômes préparés :
Enseignement obligatoire dans le cadre du cursus d'arts plastiques (DEUG, licence, maîtrise, CAPES).
Enseignement optionnel offert à tous les étudiants des disciplines littéraires.
DUEC (Diplôme universitaire d'études cinématographiques).
3e cycle dépendant d'autres disciplines.
Conditions d'admission : DUEC ouvert aux étudiants de lettres, d'information-communication, d'histoire de l'art ou d'arts plastiques. Sinon sélection sur dossier (très peu de places).

Durée des études : 3 ans pour le DUEC.
Effectif par promotion : DUEC, 60. Option, 320 en 1re année de DEUG, 260 en 2e année, 80 en licence.
Contenu des études :
Analyse de films, mise en relation avec l'histoire et l'esthétique du cinéma. Approche théorique sans exclusive.
Ateliers d'écriture (fiction, adaptation littéraire, documentaire).
Stage : stage en entreprise en 3e année.
Recherche : centre de recherche rattaché au CIRCAV (Centre interdisciplinaire de recherche en communication audiovisuelle).
Publication : *Les cahiers du CIRCAV.*
Débouchés : les étudiants vont jusqu'au bout d'un diplôme qui leur permet de trouver du travail dans une région où les emplois sont rares : associations, TV locales, circuit distribution-animation, écriture de scénario.
D'autres continuent leurs études (licence d'études cinématographiques à Paris, écoles de cinéma).
Remarque particulière : demande d'habilitation déposée pour une licence d'études cinématographiques.

• **Département Information-Communication, UFR de Lettres.**
Tél. : (33) 20.05.31.89.
Responsables : département : Elisabeth Fichez. Maîtrise, DEA : Jean Mouchon.
Diplômes préparés : DEUG Communication et sciences du langage, section culture et communication. Licence Information-communication, maîtrise. DEA option Information-communication.
Conditions d'admission : sélection sur dossier.
Durée des études : DEUG : 2 ans ; licence : 1 an ; maîtrise : 1 an.
Effectif par promotion : en 1re année de DEUG 110 environ, en 2e année 80. En licence, 60 environ. En maîtrise, 45. En DEA, 20.
Contenu des études :
(En ce qui concerne l'audiovisuel) 1 UV par an.
DEUG : analyse de l'image, approche théorique, histoire du cinéma. Licence : communication audiovisuelle. Maîtrise : droit de la communication audiovisuelle et écrite. La communication politique médiatisée (séminaire).
Stage : réalisation vidéo en DEUG et en licence.
Centre de recherche : GERICO. Direction : Jean Mouchon. GERICO comprend le Centre de recherche en techniques d'expression et en information-communication (CERTEIC) et le centre interdisciplinaire de recherche sur l'audiovisuel.
Publication : *Le bulletin du CERTEIC* (1 à 2 numéros par an).
Débouchés : communication interne et externe des entreprises et des institutions. Préparation aux éco-

les de publicité, de journalisme. Les études comprennent une approche de l'audiovisuel et non une véritable formation.

Remarque particulière : seule formation de ce type au nord de Paris. (Il n'en existe pas dans les académies de Reims, Rouen, Amiens.)

LIMOGES

UNIVERSITÉ DE LIMOGES.

Option métiers de l'audiovisuel et de la communication.

Faculté des lettres et sciences humaines, 39, rue Camille-Guérin, 87036 Limoges Cedex.

Tél. : (33) 55.01.26.19.

Responsables : UFR : Jacques Fontanille. Option : Gérard Chandes.

Diplômes préparés : option dans le cadre des DEUG préparés à la Faculté.

DEUG 1 : sensibilisation aux métiers de l'audiovisuel et de la communication.

DEUG 2 : pré-professionnalisation aux métiers de l'audiovisuel et de la communication.

Conditions d'admission : entretien de motivation pour le DEUG 2.

Durée des études : 2 ans.

Effectif par promotion : sensibilisation : 80 ; pré-professionnalisation : 15.

Contenu des études :

Sémiologie, théorie, histoire du cinéma, genres cinématographiques.

En DEUG 2, conception et réalisation d'un sujet vidéo ou d'un sujet radio.

Stage : 8 jours en DEUG 2.

Débouchés : formation optionnelle débouchant sur d'autres études à la suite du DEUG, mais plusieurs étudiants de l'option pré-professionnelle trouvent, chaque année, un emploi grâce à ce label (radio, journalisme).

LYON

UNIVERSITÉ LOUIS LUMIÈRE, LYON II.

Institut de la Communication.

Responsable : Michel Bouvier.

Département Formations.

Responsable : Jean Gouaze.

5, avenue Pierre-Mendès-France, 69676 Bron Cedex.

Tél. : (33) 78.77.23.28. ou 78.77.23.23.

• Cinéma et audiovisuel.

Responsables : Licence : Jacques Gesternkorn.

Maîtrise et DEA : André Gardies.

Diplômes préparés :

Licence et maîtrise d'Études cinématographiques et audiovisuelles.

DEA lettres option cinéma-photographie.

Conditions d'admission : pour la licence, DEUG Culture et communication ou Sciences du langage, Histoire de l'art ou Arts plastiques. Validation possible d'un autre diplôme ou d'acquis professionnels. Sélection sur dossier, formation minimum en cinéma, photo ou audiovisuel exigée.

Durée des études : licence : 1 an. Maîtrise : 1 ou 2 ans.

Effectif par promotion : 45 à 55 en licence, 40 en maîtrise.

Contenu des études :

Pour la licence, théorie et esthétique du cinéma, de la photographie, histoire du cinéma. Économie des médias. Droit de l'information et de la communication.

Pratique de la photo, de la vidéo ou du son.

Pour la maîtrise, trois possibilités :

Mémoire, ou mémoire court et production audiovisuelle (vidéo ou photo), ou mémoire, réalisation audiovisuelle et stage.

Stage : en maîtrise seulement.

Recherche : Centre d'études et de recherches théâtrales et cinématographiques rattaché à l'Institut (Département Recherche).

Débouchés : formation de généralistes à qui une double formation (juridique ou linguistique) est conseillée. On leur recommande également de se tourner vers la gestion plutôt que vers la réalisation.

Remarque particulière : l'institut demande l'habilitation d'un DEA Cinéma et théâtre afin d'offrir deux cursus complets, l'un à visée théorique, l'autre à finalité professionnelle (DESS).

• DESS Création et Communication audiovisuelles.

Responsables : Michel Bouvier, Ange Casta.

Diplôme préparé : DESS création et communication audiovisuelles (à la rentrée 1991-1992).

Conditions d'admission : maîtrise d'études cinématographiques et audiovisuelles ou maîtrise des sciences de l'information et de la communication, validation des acquis personnels ou professionnels (formation initiale et continue). Sélection sur dossier et entretien.

Frais d'inscription et d'études : 27 000 F au titre de la formation continue.

Durée des études : 1 an (possibilité de préparer le diplôme en deux ans et de suivre certains enseignements complémentaires).

Effectif par promotion : 20 au maximum.

Contenu des études :

Pour le tronc commun, philosophie de l'image.

Production audiovisuelle. Pensée visuelle. Approche de la création.

Spécialisations : Mention 1 : production, programmation, diffusion, édition, archivage. Mention 2 : conception et réalisation (ateliers pratiques).

Stages de 2 à 3 mois en entreprise dans les 2 mentions.

Débouchés : formation professionnelle à la fois théorique et pratique. Professions de la création et de la communication audiovisuelles : production, programmation, communication d'entreprise, réalisation audiovisuelle, etc.

• Infographie

Responsable : Françoise Holtz-Bonneau.

Diplôme préparé : diplôme universitaire Visualisation et communication infographiques (DUVCI).

Diplôme supérieur spécialisé, en collaboration avec l'Université de Genève et l'École polytechnique fédérale de Lausanne.

Conditions d'admission :

Formation initiale : formation universitaire (bac + 4) ou école spécialisée dans des disciplines intégrant les problématiques et la pratique des nouvelles technologies de l'image.

Formation continue : professionnels de haut niveau des secteurs concernés par les technologies infographiques.

Sélection sur dossier et entretien.

Frais d'inscription et d'études : Candidats individuels : 7 000 F. Formation continue des entreprises : 25 000 F.

Durée des études : 1 an (1 semestre à Lyon, 1 semestre à Genève et Lausanne).

Effectif par promotion : 20.

Contenu des études :

Formation professionnalisante à la fois théorique et pratique de généralistes multimédias spécialisés en visualisation et communication infographiques.

Débouchés : concepteurs-réalisateurs, responsables de communication ou experts-consultants dans la communication d'entreprise, le graphisme, la création visuelle et audiovisuelle, l'animation 2D et 3D, l'ingénierie, la visualisation scientifique.

• Information et communication.

Responsables : Licence : Bernard Lamizet. Maîtrise : Jean Gouaze. DEA : Michel le Guern.

Diplômes préparés : licence Information et communication (délivrée sous triple sceau par les universités de Lyon III, Lyon II, Grenoble III), option systèmes et pratiques d'édition, option spectacles et produits culturels.

Maîtrise Information et communication, option spectacles et produits culturels, option systèmes et pratiques d'édition, option presse et médias audiovisuels.

DEA Rhônes-Alpes des Sciences de la communication, option systèmes d'informations documentaires et traitement automatique des langues.

Conditions d'admission :

Pour la licence : DEUG, équivalence ou validation d'acquis, sélection sur dossier et test complémentaire.

Pour la maîtrise : licence Information et communication, enseignement complémentaire éventuel pour les titulaires d'une licence délivrée par une autre université et pour les étudiants à qui une équivalence ou une validation des acquis a été accordée.

Pour le DEA : dossier de candidature, projet de recherche, entretien d'admission éventuel.

Durée des études : licence : 1 an. Maîtrise : 1 an . DEA : 1 an.

Contenu des études :

Études de communication essentiellement.

Licence et maîtrise : sémiotique de l'image, théorie et analyse des médias, droit, économie.

Maîtrise : option presse et médias audiovisuels : approfondissement des méthodes d'observation et de réflexion sur les médias, leur discours et leurs conditions de production et de réception.

Ateliers : pratique d'un média ou d'une technique de communication. Pratique des radios locales associatives. Communication et actions culturelles. Micro-édition.

DEA (tronc commun) : sciences de l'information et de la communication et technologies.

Stage : en licence.

Débouchés : métiers de la communication.

METZ

UNIVERSITÉ DE METZ.

DEUG Communication et sciences du langage, et DU.

Faculté des lettres et sciences humaines, Ile du Saulcy, 57000 Metz.

Tél. : (33) 87.30.40.12.

Responsables : pour le DEUG : Noël Nel. Pour le DU : Alain Billon.

Diplômes préparés :

DEUG Communication et sciences du langage, mention Culture et communication (en 1990-1991).

Diplôme universitaire d'études audiovisuelles, cinématographiques et théâtrales contemporaines (ce diplôme doit disparaître dans 2 ans).

Conditions d'admission : accès direct avec le baccalauréat.

Durée des études : 2 ans.

Effectif par promotion : 230 en 1re année de DEUG, actuellement.

Contenu des études :

En 1re année de DEUG, 100 heures d'audiovisuel.

En 2e année, 350 heures.

DU : histoire du cinéma, lecture de l'image, scénario, réalisation, techniques d'expression.

Réalisation de produits courts.
Stage : facultatif en DEUG.
Recherche : théorie et histoire de l'audiovisuel.
Débouchés : ce nouveau DEUG (1990) constitue une étape pour démarrer un enseignement de deuxième et troisième cycle lié à l'audiovisuel, souhaité à la fois par l'université, la ville et la région Lorraine.
Remarque particulière : demandes d'habilitation pour une MST concepteur médiatique, un DESS conception de produits multi médias, ainsi que pour une formation en communication (licence, maîtrise, DEA) comportant une part d'audiovisuel.

MONTPELLIER

UNIVERSITÉ PAUL-VALÉRY, MONTPELLIER III.

Section cinéma et audiovisuel.
Département arts, UFR1, Route de Mendé, BP 5043, Montpellier Cedex 1.
Tél. : (33) 67.14.20.00.
Responsable : Frank Curot.
Diplômes préparés :
DEUG lettres et arts, section Arts plastiques, option image, spectacle, audiovisuel (ISAV).
Licence d'Études cinématographiques et audiovisuelles.
Maîtrise d'Études cinématographiques et audiovisuelle en 1991-1992.
Conditions d'admission : pour le DEUG, accès libre avec le baccalauréat. Pour la licence, DEUG lettres et arts, sections arts plastiques option image, spectacle, audiovisuel et histoire des arts ou DEUG communication et sciences du langage, section culture et communication.
Pas de sélection.
Durée des études : pour le DEUG : 2 ans ; pour la licence : 1 an.
Effectif par promotion : en DEUG option ISAV, dominante cinéma et audiovisuel, 206 en 1re année, 100 en 2e année. En licence, 150.
Contenu des études :
Théorie : ouverture interdisciplinaire et possibilité d'une préspécialisation (image fixe, BD, théâtre ou analyse filmique). Initiation au langage de l'image, à la sémiologie, à l'esthétique et à l'histoire du cinéma.
Pratique : cours magistraux d'initiation en 1re année ; en 2e année, ateliers pratiques obligatoires avec *numerus clausus* (réalisation, scénario, infographie).
Licence : complémentarité analyse/pratique. Esthétique, histoire, analyse des formes plastiques et sonores, économie et droit... Deux ateliers de réalisation de chacun 30 étudiants (1/3 des effectifs).

Pratique de l'écriture du scénario.
Stage : non obligatoires (en développement).
Recherche : centre de recherche ISAV. Responsable : Jeanne-Marie Clerc.
Débouchés : métiers de l'écriture, de l'analyse, de la programmation et de la réalisation.

MULHOUSE

UNIVERSITÉ DE HAUTE-ALSACE.

Département d'anglais, secteur audiovisuel.
UFR de lettres, 31, Grand'rue, 68090 Mulhouse Cedex.
Tél. : (33) 89.46.18.47.
Responsable : Patrick Menneteau.
Diplômes préparés : licence et maîtrise d'anglais.
Cursus appliqué à la formation d'adultes.
Contenu des études :
Communication, sémiotique.
Stage audiovisuel, photo, vidéo.

NANCY

UNIVERSITÉ NANCY II.

Institut européen du cinéma et de l'audiovisuel.
UFR de lettres, 23, bd Albert-1er. BP 3397, 54015 Nancy Cedex.
Tél. : (33) 83.96.16.14.
Responsable : Roger Viry-Babel.
Diplômes préparés :
DEUG communication et sciences du langage, section culture et communication.
Licence et maîtrise d'Études cinématographiques et audiovisuelles.
Maîtrise avec mention pédagogie de l'audiovisuel à la rentrée 1991.
DEA d'Études cinématographiques et audiovisuelles.
Doctorat.
Conditions d'admission : en DEUG, réunions pédagogiques avant l'inscription aux éléments d'audiovisuel.
Pour la licence : niveau bac + 2, dossier présenté devant la commission pédagogique, connaissances théoriques et pratiques exigées.
Pour la maîtrise : licence Cinéma et audiovisuel (quelques dérogations) et dossier.
Pour le DEA : maîtrise Cinéma et audiovisuel (quelques dérogations) et dossier.
Durée des études : DEUG : 2 ans. Licence : 1 an.
Maîtrise : 1 an. DEA : 1 an.
Effectif par promotion : licence : 55. Maîtrise : 45.

Contenu des études :
DEUG 1re année : histoire du cinéma, lecture du film. 2e année : communication, histoire, analyse, pratique audiovisuelle.
Licence, maîtrise et DEA : théorie et histoire.
Filières de formation préprofessionalisantes en licence : archivage, écriture, pédagogie de l'audiovisuel (à la rentrée 1991), nouvelles images, interactivité.
Stage : dans le cadre de la filière adoptée, obligatoire en licence, maîtrise et DEA.
Publications : 2 collections (historique et théorique) aux Presses universitaires de Nancy.
Débouchés : différents secteurs de l'audiovisuel.
Beaucoup d'étudiants sont déjà enseignants.

NICE

UNIVERSITÉ DE NICE-SOPHIA ANTIPOLIS.

• Centre du XXe siècle.
UFR Espaces et cultures, 81, rue de France, 06000 Nice.
Tél. : (33) 93.88.38.14.
Responsable : Michel Sanouillet.
Diplômes préparés :
DUR Sciences de la communication, option cinéma-audiovisuel. Doctorat.
Conditions d'admission : maîtrise, des universités françaises de préférence, en Sciences de l'information et de la communication. Sélection sur dossier.
Durée des études : DUR : 1 an ; études doctorales : 2 ans au moins.
Effectif par promotion : DUR : 25.
Contenu des études :
Théories de la communication, langage cinématographique.
Publication : revue *Médianalyses*.
Débouchés : formation de chercheurs. La plupart des étudiants trouvent un travail dans les domaines de la communication, de la culture ou de l'enseignement.

• Département de lettres modernes.
UFR de Lettres et sciences humaines, 98, bd E.-Herriot, BP 369, 06007 Nice Cedex.
Tél. : (33) 93.37.53.99.
Responsables : Jean Gili, André Labarrère.
Diplômes préparés :
3 unités de valeur optionnelles communes aux cursus de lettres modernes, histoire, italien.
DU d'Études cinématographique (3 unités de valeur et un mémoire de recherche).
Conditions d'admission : à partir de la 2e année du DEUG de préférence.
Effectif par promotion : 40 par unité de valeur.
Contenu des études :

Histoire, esthétique et théories du cinéma. Cinémas nationaux. Histoire du cinéma italien.
Débouchés : complément de formation. Le DU peut permettre de préparer des concours (FEMIS, Éducation nationale).

PARIS

CENTRE NATIONAL D'ENSEIGNEMENT À DISTANCE (CNED).

60, bd du Lycée, 92171 Vanves Cedex.
Tél. : (33) 47.65.61.45.
Responsable : Claude Gateau.
Diplôme préparé : licence d'Études cinématographiques et audiovisuelles.
Conditions d'admission : DEUG d'Arts plastiques.
Frais d'inscription et d'études : 820 F (année 1990-1991).
Durée des études : 1 an.
Contenu des études :
Théorie et analyse du film, les cinémas de la modernité, bandes dessinées, sociologie des mass-médias et du public.
Initiation à la pratique du scénario et du dialogue ; vidéo.
Stage : 2 jours à l'Université Paris I-Saint-Charles.
Remarque particulière :
Enseignement à distance (cours par correspondance + cassette vidéo).

CENTRE PARISIEN D'ÉTUDES CRITIQUES

(Cooperative Centers for Study Abroad. University of Paris III Critical Studies Program).
1, place de l'Odéon, 75006 Paris.
Tél. : (33) 46.33.85.33.
Statut : centre universitaire privé patronné par des universités des USA. Association avec l'université de Paris III, l'UFR de Cinéma et audiovisuel pour les études cinématographiques.
Responsable : Deborah Glassman.
Diplômes préparés : études validées dans les cursus des universités américaines.
Conditions d'admission : étudiants choisis par leurs universités, bonne connaissance du français nécessaire.
Durée des études : un semestre ou une année suivant les cas.
Effectif par promotion : variable, 70 en 1990-1991.
Contenu des études :
La majorité des cours et séminaires sont dirigés au Centre par des enseignants de Paris III. Certains doivent être suivis à l'université.
Introduction aux théories du film, sémiologie, film et médias, histoire du cinéma, histoire de la technologie du cinéma, etc.

ÉCOLE DES HAUTES ÉTUDES EN SCIENCES SOCIALES (EHESS).

54, boulevard Raspail, 75006 Paris.
Tél. : (33) 49.54.25.25.
Statut : grand établissement d'enseignement supérieur du ministère de l'Éducation nationale.
Diplômes préparés : diplôme de l'EHESS (non national, niveau maîtrise). Auditeurs libres.
Diplômes nationaux : DEA, Doctorat.
Conditions d'admission : aucun diplôme n'est exigé pour le diplôme de l'EHESS ; on demande la maîtrise pour le DEA, le DEA pour le doctorat.
Accord du responsable sur dossier ou projet de recherche.
Durée des études :
Diplôme de l'EHESS : 4 ans. DEA : 1 an.
Doctorat : 4 ans environ.

• **Anthropologie visuelle**
Département anthropologie sociale, ethnographie et ethnologie.
Responsable du département : Marc Augé.
Diplômes préparés : DEA d'anthropologie sociale et d'ethnologie. Doctorat. Diplôme de l'EHESS.
Il est possible de préparer un DEA ou un doctorat à dominance audiovisuelle, film accompagné obligatoirement d'un texte écrit.
Effectif par promotion : 30 environ. Spécialisation audiovisuelle en DEA : 3 ; en thèse : 2.
Contenu des études :
Enseignements assurés en coordination par Marc-Henri Piault, Eliane de Latour, Jean-Paul Colleyn.
L'anthropologie visuelle, genèse et histoire, objets et méthodes. Le langage des documentaires. Histoire des techniques du cinéma et des concepts anthropologiques. Lecture des images.

• **Centre de recherche historique sur le cinéma**
Responsable : Marc Ferro.
Diplômes préparés : diplôme de l'EHESS, DEA Histoire et civilisation. Doctorat.
Conditions d'admission : DEUG pour le diplôme, sélection sur projet de recherche.
Durée des études : diplôme : 3 ans en moyenne.
Thèse : 4 ans.
Effectif par promotion : 50 à 60 (environ 40 pour le diplôme, 10 à 15 pour le doctorat), la moitié des étudiants sont étrangers.
Contenu des études :
Formation à la recherche.
Séminaires :
— Cinéma et histoire : théorie et méthodologie de l'analyse du film. Sociologie du film. Sociologie du cinéma (Marc Ferro et Annie Goldmann).
— La société soviétique au travers de la télévision (Marc Ferro et Martine Godet).
Débouchés : recherche, enseignement supérieur, organismes culturels.

• **Théorie du film**
Responsable : Christian Metz.
Diplômes préparés : diplôme de l'EHESS.
Doctorat.
Conditions d'admission : aucune pour le diplôme.
DEA pour le doctorat. Auditeurs libres. Accord du directeur d'études.
Durée des études : durée classique pour les diplômes, participation aux séminaires non limitée dans le temps.
Effectif par promotion : variable pour la préparation des diplômes. Nombre non limité d'auditeurs libres. Plus de la moitié des étudiants sont étrangers.
Contenu des études :
Séminaire, présentation et discussion des travaux en cours sur la théorie du film.
Débouchés : enseignement supérieur, recherche, réseau associatif.

ÉCOLE PRATIQUE DES HAUTES ÉTUDES (EPHE)

Centre de recherches Cinéma, rites et mythes contemporains (CRMC).
EPHE Section des sciences religieuses, 45, rue des Écoles, 75005 Paris.
Tél. : (33) 40.46.31.37.
Statut : établissement public à caractère scientifique, culturel et professionnel.
Responsables : Hélène Puiseux, Annie Comolli.
Diplômes préparés :
Diplôme de l'EPHE.
Diplômes nationaux : DEA, doctorat Anthropologie comparée des religions (Afrique, Amérique, Méditerranée, Extrême-Orient) à l'EPHE.
Conditions d'admission : pour les séminaires, entretien avec le responsable. Pour le DEA : maîtrise, dossier, entretien et avis de la Commission des études doctorales.
Durée des études : DEA : 1 an. Doctorat : 4 ans.
Effectif par promotion : 10 à 15 pour les séminaires.
Frais d'inscription et d'études : pour les séminaires, frais de documentation pédagogique. Pour le DEA et le doctorat, frais d'inscription.
Contenu des études :
Formation à la recherche. Séminaires et travaux pratiques collectifs et individuels, notamment en réalisation.
1. Cinématographie des rites. Responsable : Annie Comolli. Initiation à la réalisation en cinéma ethnographique (instrumentation, méthodes et mises en scène du film ethnographique).
2. Cinéma et mythologie contemporaine. Responsable : Hélène Puiseux.
Recherches sur le cinéma envisagé comme corpus de mythologie contemporaine. Analyse de films groupés par thèmes.

Publications : Revue *Cinéma, rites et mythes contemporains*.
Débouchés : recherche, enseignement, réalisation et analyse de documentaires. Édition, télévision, recherche.
Remarques particulières : Hélène Puiseux et Annie Comolli participent au DEA Cinéma, télévision, audiovisuel des universités de Paris I et de Paris X, ainsi qu'à la formation doctorale Cinéma, télévision audiovisuel de Paris X.

UNIVERSITÉ PANTHÉON-SORBONNE, PARIS I.

• Atelier de recherches audiovisuelles (ARAV).

Institut d'étude du développement économique et social (IEDES). 58, bd Arago, 75013 Paris.
Tél. : (33) 43.36.23.55.
Statut : atelier de recherche autonome dans une structure universitaire.
Responsable : Yvonne Mignot-Lefebvre.
Diplômes préparés : diplômes de l'IEDES, DEA de sociologie et diplôme de planification des ressources humaines. DEA de cinéma, télévision, audiovisuel des universités de Paris I-Paris X.
Conditions d'admission : maîtrise, sélection sur dossier et projet.
Durée des études : 1 an et suivi de thèses dont certaines comportent une partie filmée.
Effectif par promotion : 20, dont deux tiers d'étrangers venant d'Afrique, d'Amérique latine, d'Asie.
Contenu des études :
Théories de la communication et du développement. Approche critique des expériences d'utilisation des médias dans les opérations de développement au Nord et au Sud.
Encadrement de projets de films en vidéo.
Stage : selon les possibilités auprès de sociétés de production.
Recherche : recherches menées dans le cadre du mémoire de DEA puis de la thèse.
Débouchés : opérations de développement des médias locaux (information locale, câble...). Transferts des technologies de communication dans les pays du Sud. Radio, télévision, informatique, télématique. Renforcement de la production locale des pays d'Afrique au sud du Sahara. Mise en place des projets satellites (Canal France international, Canal horizons...).

• Droit et administration de la communication audiovisuelle.

12, place du Panthéon, 75005 Paris.
Tél. : (33) 46.34.97.00.
Responsable : Daniel Sabatier.

Diplôme préparé : DESS Droit et administration de la communication audiovisuelle.
Conditions d'admission : maîtrise (droit, gestion, sciences économiques), IEP, écoles de commerce.
Durée des études : 1 an.
Effectif par promotion : 20 à 22.
Contenu des études :
Droits d'auteur, droit de la communication et de l'audiovisuel, de l'informatique et de la télématique, économie de la communication, marketing, économie de la production, publicité et communication d'entreprise.
Stage : 2 mois minimum.
Débouchés : juristes ou gestionnaires de l'audiovisuel dans les médias, les sociétés de production ou de distribution, la publicité, les services de communication des grandes entreprises.

• UFR d'arts plastiques et sciences de l'art.

162, rue Saint-Charles, 75740 Paris Cedex 15.
Tél. : (33) 45.54.97.24 poste 302-303.
Responsable : Dominique Chateau.

Option arts et communication.

Diplômes préparés : DEUG Communication et sciences du langage, mention arts et communication.
Licence et maîtrise d'Esthétique, filière arts et communication.
DEA Esthétique et sciences de l'art, option cinéma et audiovisuel.
DEA d'Arts plastiques, option cinéma et audiovisuel.
Doctorat Arts et sciences de l'art, mention esthétique.
Conditions d'admission : baccalauréat pour l'entrée en DEUG, passage direct en licence. Validation de niveaux d'études ou d'acquis professionnels possible (ou examen).
Durée des études : DEUG : 2 ans. Licence : 1 an. Maîtrise : 1 an. DEA : 1 an.
Effectif par promotion : 45 en 1re année. 150 au total (dont inscrits en maîtrise, DEA, doctorat) ; étudiants étrangers : 15.
Contenu des études :
Théories de l'information et de la communication, théorie des médias audiovisuels. Sémiologie, sociologie, étude des mécanismes des institutions artistiques et culturelles.
Ateliers vidéo et photo.
Stages : non limités.
Débouchés : la maîtrise d'esthétique permet de présenter l'agrégation d'arts plastiques. Formation générale à la fois pratique et théorique, avec une spécificité arts et communication, au niveau de la conception et de la création, dans des secteurs comme la télévision, le cinéma, la publicité, l'action culturelle, les métiers para-artistiques.

Option cinéma et audiovisuel.

Diplômes préparés : DEUG Communication et sciences du langage, mention culture et communication.

Licence et maîtrise d'Études cinématographiques et audiovisuelles.

Doctorat Arts et sciences de l'art, mention cinéma, télévision, audiovisuel.

Conditions d'admission : baccalauréat pour le DEUG. Examen pour l'admission en licence. Possibilité de validation de niveaux d'études ou d'acquis professionnels (ne dispense pas de l'examen).

Durée des études : DEUG : 2 ans. Licence : 1 an. Maîtrise : 1 an. DEA : 1 an.

Effectif par promotion : 45 en 1re année. 150 au total (dont les inscrits en maîtrise, DEA, doctorat). 15 places pour les étudiants étrangers.

Contenu des études :

En DEUG, formation de base en cinéma et dans les différents langages audiovisuels. Histoire, esthétique. Initiation à la pratique (cinéma, vidéo), formes nouvelles des langages audiovisuels (images de synthèse, numériques, etc.).

Licence assurée conjointement avec Paris III.

Esthétique et théorie, histoire, sociologie, économie et droit, pratique du scénario et du dialogue, etc.

Atelier de cinéma ou de vidéo.

Stage : oui (non limité).

Recherche : centre de recherches d'esthétique du cinéma et des arts audiovisuels (CRECA). Responsable : Dominique Noguez.

Débouchés : certains élèves préparent le concours de la FEMIS. La maîtrise permet de présenter celui de l'agrégation d'Arts plastiques.

• UFR Histoire de l'art et archéologie
Département cinéma et audiovisuel.
3, rue Michelet, 75006 Paris.
Tél. : (33) 43.25.50.99.
Responsables : Jean-Paul Török, Claude Beylie.

Diplômes préparés : licence et maîtrise d'Études cinématographiques et audiovisuelles (en liaison avec l'UFR d'arts plastiques et sciences de l'art de Paris I et l'UFR d'études cinématographiques et audiovisuelles de Paris III).

DEA de Cinéma, télévision et audiovisuel (commun à Paris I et Paris X), option économie et gestion, dirigée par Henri Mercillon et Pierre-Jean Benghozi, option histoire et théorie, option préparation au long métrage.

Conditions d'admission : accès direct avec un DEUG lettres et arts, section arts plastiques, histoire des arts ou communication et sciences du langage, section culture et communication. Examen d'entrée dans les autres cas. Sélection sur dossier et entretien.

Durée des études : Licence : 1 an. Maîtrise : 1 an. DEA : 1 an.

Effectif par promotion : licence : 55. Maîtrise : 60. DEA : 50 (35 à Paris I et 15 à Paris X).

Contenu des études :

Histoire, économie et gestion, analyse de films. Théorie du récit, théorie du scénario.

Direction de production, assistanat, montage, animation, archivage, réalisation vidéo, ateliers de scénario.

Maîtrise : écriture d'un scénario de long métrage pour un groupe de 16 étudiants.

Stage : obligatoire en maîtrise (1 mois minimum).

Débouchés : les étudiants titulaires d'une maîtrise et surtout d'un DEA trouvent en majorité une insertion dans l'audiovisuel, principalement dans les secteurs de la production, de la gestion et du scénario.

UNIVERSITÉ PARIS II
Institut Image, médias, informatique de la communication (IMAC).
8, place du 8-Mai 1945, 92306 Saint-Denis Cedex 01 (adresse provisoire).
Tél. : (33) 42.35.44.71.
Responsable : Josette Poinssac.

Diplômes préparés : MST audiovisuel et télématique. Ingénieurs en ingénierie des médias et architecture de la communication.

DEA nouvelles technologies de l'information. Doctorat sciences de l'information.

Conditions d'admission : pour la MST, DEUG littéraire ou scientifique et tests de culture générale. Pour les ingénieurs IMAC, DEUG scientifique ou DUT, sélection.

Durée des études : MST : 2 ans. Ingénieurs : 3 ans.

Effectif par promotion : MST : 25. Ingénieurs : 30. DEA : 30.

Contenu des études :

MST (38 à 40 heures de présence par semaine) : Droit de l'audiovisuel, gestion en communication, anglais, enseignement assisté par ordinateur.

Pratique : toutes les activités de l'audiovisuel : photo, diaporama, accent mis sur la vidéo et l'infographie.

Ingénieurs IMAC : anglais et japonais.

Pratiques : vidéo, infographie, informatique, gestion de réseaux, création de l'image et transport de l'image.

Stage : MST : 1 mois en 1re année, 3 mois en 2e année.

Recherche : Laboratoire Jeune équipe CNRS.

Débouchés :

MST : concepteurs de messages multi-médias, chefs de projet de communication d'entreprise (information, promotion, formation, publicité).

Ingénieurs IMAC : concepteurs de système. Les étudiants n'ont aucun problème pour trouver un emploi (TF1, Thomson...) ou créent leur propre entreprise.

Remarque particulière : projet de création d'un DESS sur les marchés internationaux de l'audiovisuel, le marketing et les nouvelles technologies de l'information.

UNIVERSITÉ SORBONNE NOUVELLE, PARIS III.

13, rue de Santeuil, 75005 Paris.

• Département des sciences et techniques de la communication (DESTEC).
Tél. : (33) 45.87.40.91.
Responsable : Francis Jacques.
Diplômes préparés : Licence et maîtrise des Sciences et techniques de la communication.
Conditions d'admission : DEUG Culture et communication ou équivalence ; sélection sur dossier.
Durée des études : licence : 1 an. Maîtrise : 1 an.
Effectif par promotion : licence : 140. Maîtrise : 100 à 120.
Contenu des études :
Histoire et systèmes contemporains des médias, pragmatique. Psychologie de la communication, sémantique, sémiologie, sociologie des nouvelles technologies de l'information.
Communication multi-médias (bandes sonores, programmes radios). Communication télévisuelle, conception et réalisation d'un produit audiovisuel.
Stage : obligatoire en licence (le rapport de stage représente près de 25 % des UV).
Débouchés : formation généraliste et filières professionnelles conduisant aux métiers de l'information, de la documentation et de la communication.
Remarque particulière : les étudiantes sont très largement majoritaires (80 %).

• Département Lettres, arts, expression, communication (LAEC).
Tél. : (33) 45.87.41.42.
Responsable : André Meunier.
Diplôme préparé : DEUG mention Communication et sciences du langage, section culture et communication.
Conditions d'admission : baccalauréat ou équivalent, pas de modalités de sélection, mais nombre d'inscrits déterminé.
Durée des études : 2 ou 3 ans en premier cycle.
Effectif par promotion (chiffres 1989-1990) : 1re année : 850 : 2e année : 750 dont 200 en filière cinéma et 250 en filière communication.
NB : Les quotas d'admis en 1re année ont été abaissés à 650 en 1990-1991.
Contenu des études :
En 1re année, formation générale ; en 2e année, spécialisation en filières. Filière cinéma : sémiologie, esthétique, histoire et économie de l'audiovisuel.

Approche théorique largement dominante : ateliers d'écriture critique, d'écriture télévisuelle, de scénario.
Stage : obligatoire avant la fin du DEUG (stage d'observation, sensibilisation préprofessionnelle).
Recherche : menée dans le cadre de l'IRCAV, centre de recherche de l'UFR cinéma et audiovisuel de Paris III.
Débouchés : études de deuxième cycle (cinéma, communication et animation socio-culturelle) ; les étudiants doivent savoir que celles-ci ne leur offrent pas d'enseignement pratique ni de préparation spécifique aux écoles de cinéma. Formation avant tout généraliste.

• UFR d'études cinématographiques et audiovisuelles.
Tél. : (33) 45.87.42.38.
Responsable : Jean-Louis Leutrat.
Diplômes préparés : licence et maîtrise d'Études cinématographiques et audiovisuelles (en collaboration avec Paris I).
DEA Recherches cinématographiques et audiovisuelles.
Doctorat.
Conditions d'admission : pour la licence : DEUG Culture et communication ou Arts ; accès direct pour les étudiants de Paris III, sur dossier et entretien pour les autres.
Pour la maîtrise : licence d'Études cinématographiques ou équivalence reconnue.
Pour le DEA : choix effectué par une commission pédagogique sur dossier et entretien.
Durée des études : licence : 1 an. Maîtrise : 1 an. DEA : 1 an.
Effectif par promotion : licence : 135. Maîtrise : 60. DEA : 25 environ.
Contenu des études :
Histoire et esthétique, sémiologie, analyse et pratique du récit, économie et droit des médias.
Pratique conçue comme partie intégrante d'un ensemble à finalité théorique. Ateliers de critique cinématographique et d'écriture de scénario. Ateliers vidéo.
Stage : non obligatoire.
Recherche : Institut de recherche en cinéma et audiovisuel (IRCAV) dirigé par Roger Odin. Fonctionne comme équipe d'accueil des doctorants.
Publications : *Théorème*, revue de l'IRCAV. *IRIS*. Nombreuses publications individuelles.
Débouchés : formation théorique de haut niveau : chercheurs, critiques, scénaristes, animateurs culturels (voir l'enquête du SCUIO).
PIC ERASMUS avec les universités de Liège (Belgique), Nimègue (Pays-Bas), Cologne (RFA).

• UFR de littérature et linguistique françaises et latines.
Département d'études latines.
Tél. : (33) 45.87.40.00.

Responsable pour le cinéma : Claude Aziza.
Diplômes préparés : UV de licence et maîtrise.
Contenu des études : Cinéma et antiquité.

• **UFR d'études italiennes et roumaines.**
Centre Bièvres, 1 et 5, rue Censier, 75005 Paris.
Tél. : (33) 45.87.41.41.
Responsable pour le cinéma : Jean-Paul Manga-noro.
Diplômes préparés : Cours en DEUG et licence d'italien.
Contenu des études : histoire du cinéma et analyse de films dans le cadre d'une formation générale à l'histoire de la culture italienne contemporaine.

UNIVERSITÉ PARIS-SORBONNE, PARIS IV.

• **Techniques et langage des médias.**
Département LEA 1, rue Victor-Cousin, 75005 Paris.
Tél. : (33) 40.46.25.01.
Responsables : Pierre Miquel, Odile Weulersse.
Diplôme préparé : Diplôme universitaire de Techniques et langages des médias.
Conditions d'admission : DEUG, examen de la candidature.
Durée des études : 2 ans.
Effectif par promotion : 35.
Contenu des études :
1re année : techniques des médias, le monde contemporain à travers les médias, langage audiovisuel, information et programme à la radio. Anglais.
2e année : études et comparaisons des émissions nouvelles de la télévision française. Mémoire.
Stage : stage obligatoire d'un mois en 1re année.
Débouchés : métiers de gestion, de production et de réalisation dans l'audiovisuel.
Recherche : troisième cycle et doctorat dans le cadre du CELSA.
Remarque : enseignement principalement dispensé par des professionnels des secteurs audiovisuels.

• **UFR d'études ibériques et latino américaines.**
31, rue Gay-Lussac, 75005 Paris.
Tél. : (33) 43.29.32.41.
Responsable : Bernard Gille.
Diplôme préparé : option audiovisuel au CAPES d'espagnol.
Conditions d'admission : licence d'espagnol.
Contenu des études : analyse de séquences filmiques tirées d'un film mis au programme par le jury.
Débouchés : enseignement.

• **UFR d'italien et de roumain.**
Grand Palais. Perron Alexandre-III, Cours-la-Reine, 75008 Paris.
Tél. : (33) 42.25.96.40.

Responsable pour le cinéma : Michel Serceau.
Diplômes préparés : UV mineure de 1re ou 2e année accessible aux étudiants de toutes les UFR de l'Université.
Durée des études : 1 an.
Contenu des études : histoire du cinéma italien.

UNIVERSITÉ RENÉ DESCARTES, PARIS V.

Centre audiovisuel, service commun de l'université.
28, rue Serpente, 75006 Paris.
Tél. : (33) 40.51.99.06.
Responsable : Luc Bastide.
Diplômes préparés : UV intégrées dans une licence et une maîtrise de Sciences de l'éducation.
Durée des études : 50 heures en licence, 50 heures en maîtrise.
Effectif par promotion : licence : 80. Maîtrise : 35.
Contenu des études :
Réflexion critique sur les messages audiovisuels, leur réception et leur statut dans le monde éducatif. Études des médias. Technologie éducative, moyens audiovisuels au service de l'enseignement. Réalisation de diaporamas (licence) et d'un document vidéo (maîtrise).
Stage : 1.
Débouchés : plus des deux tiers des étudiants sont salariés (enseignants). La formation acquise peut favoriser une promotion. Quelques débouchés en formation continue.

UNIVERSITÉ PARIS VII.

• **Institut d'études anglophones.**
8-10, rue Charles-V, 75004 Paris.
Tél. : (33) 42.74.27.54.
Responsable : Michel Ciment.
Diplômes préparés : licence (civilisation américaine). Maîtrise (cinéma américain).
Durée des études : DEUG : 2 ans. Licence : 1 an.
Maîtrise : 1 an.
Effectif par promotion : 40.
Contenu des études : histoire et esthétique du cinéma américain.

• **Unité fonctionnelle Cinéma Communication Information (UFCCI).**

Filière Information et communication scientifique et technique (ICST).
Tour 34-24, 1er étage, 2 pl. Jussieu, 75251 Paris Cedex.
Tél. : 44.27.68.75.
Responsable : Denise Devèze-Berthet, directeur UFCCI, responsable pédagogique filière ICST.
Diplômes préparés : licence et maîtrise ICST. Formation continue : maîtrise ICST.
Conditions d'admission : DEUG scientifique ou

technique ou équivalent. Recrutement sur dossier, tests, entretien. Avoir moins de 35 ans.

Frais d'inscription et d'études : formation continue : 3 000 F (stagiaires rémunérés).

Durée des études : 2 ans. 1 an en formation continue.

Effectif par promotion : licence : 30. Maîtrise : 20. Formation continue : 5 à 10.

Contenu des études :
Tronc commun de la licence : lecture des messages audiovisuels. Théories de la communication. Les représentations de et dans la science. Journalisme. Initiation à l'économie et au droit. Audiovisuel (technologie du son et des images vidéo et cinéma, conception-réalisation d'un diaporama). Tronc commun de la maîtrise : industries culturelles et droit de l'information. Connaissance de l'entreprise, des médias anglophones, du film scientifique. Écriture cinématographique, téléinformatique et documentation. Traitement et représentation graphique de l'information. Atelier vidéodisque.

Option journalisme : journalisme scientifique et technique dans la presse écrite, la radio et la télévision. Vidéo reportage.

Option communication d'entreprise : étude de cas. Conception et réalisation audiovisuelle d'un produit commandité.

Stage : obligatoire. En licence : 1 mois minimum avec remise d'un rapport. En maîtrise : 1 mois en février et en alternance jusqu'au 30 juin, rédaction d'un mémoire et soutenance.

Débouchés : spécialistes de la médiation scientifique et technique. Journalisme scientifique, communication d'entreprise, audiovisuel scientifique (assistanat à la réalisation ou conception-réalisation). Troisième cycle universitaire.

Recherche : groupe de recherche Sciences, médias et société.

Remarque : cette formation est la seule de ce type en France.

Filière Études cinématographiques et audiovisuelles (ECAV).

Responsables : Françoise Berdot, Jacques Brunet.
Diplômes préparés : licence et maîtrise d'Études cinématographiques et audiovisuelles.

Conditions d'admission : DEUG Lettres et arts ou équivalence, sélection sur dossier et entretien.

Durée des études : 2 ans pour la licence, 3 ans pour la maîtrise.

Effectif par promotion : licence : 40. Maîtrise : 30.

Contenu des études :
Analyse de films, histoire du cinéma. Étude de scénarios.
Élaboration de scénarios, cadre et lumière, réalisation vidéo.

Stage : non obligatoire, mais recommandé et facilité par le service des stages de la filière.

Débouchés : apprentissage du regard, de l'attitude critique, de l'analyse de film et non-formation professionnelle. Il est difficile d'estimer le devenir des étudiants. Mais 50 % de ceux-ci sont déjà salariés : enseignants, anciens élèves d'écoles professionnelles, professionnels en activité, pour qui ces diplômes représentent un perfectionnement.

UNIVERSITÉ VINCENNES-SAINT-DENIS, PARIS VIII.

2, rue de la Liberté, 92526 Saint-Denis.

• **Département Arts et technologies de l'image.**
Tél. : (33) 49.40.66.04.
Responsables : Edmond Couchot, Monique Nahas.
Diplômes préparés : licence et maîtrise nationales Arts et technologies de l'image.
DEA et doctorat en Images de synthèse.

Conditions d'admission : DEUG ou équivalence, dossier qui doit faire apparaître une capacité à maîtriser l'image.

Durée des études : 2 ans.

Effectif par promotion : 25.

Contenu des études :
Axées sur la synthèse d'images tridimensionnelles animées dans une finalité artistique. Les étudiants apprennent à utiliser différents systèmes infographiques programmables et à manipuler des logiciels d'animation bi- et tridimensionnels. Réalisations artistiques.

Stage professionnel : en fin d'études.

Centre de recherches : Images numériques, reconnu comme équipe d'accueil des doctorants. Contrats de développement en infographie, etc.

Publications : plus de 150 articles et livres et une douzaine de films en images de synthèse 3 D.

Débouchés : toutes les professions intéressées par l'image numérique.

• **Département d'Études cinématographiques et audiovisuelles.**
UFR Arts, philosophie, esthétique.
Tél. : (33) 49.40.66.10.
Responsables : Jean-Henri Roger, directeur de l'UFR, Dominique Villain, responsable du DEUG, Guy Fihman, responsable des formations de deuxième et troisième cycles d'Études cinématographiques et audiovisuelles.
Diplômes préparés : DEUG Arts, spécialisation cinéma et audiovisuel.
Licence d'Études cinématographiques et audiovisuelles.
DESU, diplôme d'université niveau maîtrise. Il sera remplacé, si la maîtrise est habilitée, par un DESU Réalisation et production.
DEA Esthétique, sciences et technologies des arts, option études cinématographiques et audiovisuelles.
Doctorat.

Conditions d'admission : pour le DEUG : capacité d'accueil en principe limitée, mais dépassée par la nécessité d'accueillir tous les titulaires du baccalauréat.

Pour la licence, le DEA, le doctorat : admission sur dossier.

Durée des études : licence : 1 an, mais beaucoup d'étudiants salariés la passent en 3 semestres. DEA : 1 an.

Effectif par promotion : DEUG : 240. Licence : 120 (en fait beaucoup plus, car les nombreux étudiants salariés comptent pour 1/2). DESU : 60.

Contenu des études :

Formation culturelle de haut niveau. Dimensions historique, esthétique, sociologique, économique. Pratique filmique (en 16 mm) et vidéographique associée à la théorie sans idée de formation professionnelle.

Stage : DEUG : 4 stages préprofessionnels. Licence : 2/3 des étudiants en font.

Recherche : laboratoire d'expérimentation dans les Arts cinégraphiques. Équipe de recherche doctorale.

Débouchés : différents suivant l'origine des étudiants (étudiants français, étudiants venant de pays en voie de développement, enseignants, professionnels) et leur choix personnel entre sécurité de l'emploi et travail créatif intermittent, audiovisuel et cinéma. Annuaire des anciens en cours de réalisation.

Remarque particulière :

Programme ERASMUS (Paris VIII, Bologne, Turin, Florence).

Programme TEMPUS (Paris VIII, Italie, Pologne, à confirmer).

• Filière Images photographiques.

Tél. : (33) 49.40.66.15.

Responsable : Christian Mayaud.

Diplômes préparés ; DEUG, licence, maîtrise Arts plastiques et photographiques, MST Images photographiques.

Conditions d'admission : lettre de motivation, CV, book photos, questionnaire « culturel ».

Durée des études : DEUG : 2 ans. Licence : 1 an. Maîtrise : 1 an. MST : 2 ans en principe mais de 3 à 5 ans en fait.

Effectif par promotion : DEUG : 100 au début, 45 environ au second semestre. Licence et Maîtrise : 25. MST : 25.

Contenu des études :

Histoire de la photo, photo de mode et d'architecture.

Prise de vue, laboratoire.

Stage : en entreprise dans le cadre du diplôme.

Publications : les étudiants collaborent à la revue *Recherches photographiques* dont s'occupe un des professeurs.

Débouchés : métiers de la photographie.

• Séminaire Esthétique et textualité (Films/Textes).

Département de littérature française.

Tél. : (33) 49.40.65.06.

Responsable : Marie-Claire Ropars-Wuilleumier.

Diplôme préparé : dans le cadre du DEA Texte, imaginaire, société.

Conditions d'admission : être en préparation de DEA ou de thèse (accès exceptionnel pour les étudiants en cours de maîtrise).

Durée des études : séminaire annuel.

Effectif par promotion : pas de *numerus clausus* (une trentaine de participants environ).

Contenu des études :

Mise en relation théorique du cinéma et de la littérature (approches conceptuelles et analytiques).

Recherche : relations informelles avec les travaux d'une équipe du Centre de recherche travaillant sur l'intervention du cinéma dans la recherche en sciences humaines.

Publication : revue *Hors Cadre* (PUV, Université Paris VIII, Saint-Denis).

Débouchés : recherche et enseignement.

• UFR CAPFED (Communication, animation, éducation).

Tél. : (33) 49.40.66.56.

Responsables : pour l'UFR : Guy Berger. Pour les formations à la communication : Geneviève Jacquinot.

Diplômes préparés :

Module Communication et création vidéo dans le DEUG Communication et sciences du langage, sections A et B et les DU et DESU Information communication.

DESU Réseaux câblés et communication. Deuxième cycle professionnalisant, formation initiale et permanente.

Conditions d'admission : pour le 1re et 2e cycle, pas de sélection. Pour le DESU professionnalisant, sélection sur dossier et entretien (niveau licence ou équivalent, validation des acquis).

Frais d'inscription et d'études : DESU professionnalisant, 28 000 F par personne (financé par la région).

Durée des études : DEUG : 2 ans. DU et DESU : 2 ans. DESU professionnalisant : 1 100 heures.

Effectif par promotion : module Communication et création vidéo : 20 à 25 (premier cycle : 400, deuxième cycle : 80). DESU professionnalisant : 20.

Contenu des études :

Axées sur la communication. Les enseignements en cinéma et audiovisuel ne concernent qu'un petit nombre d'étudiants, mais des cours théoriques et pratiques sont proposés à tous dès la première année (UV d'orientation et de langages fondamentaux).

DESU Réseaux câblés :
Communication et médias. Conception de programmes, structures économiques de la production. Communication d'entreprise, droit de la communication. Réseaux et usages sociaux.
Formation aux techniques vidéo, télématique.
Stage : en premier cycle : 150 h de préprofessionnalisation. En deuxième cycle : facultatif. DESU professionnalisant : 320 h de stage en entreprise.
Recherche : demande de création de Jeune équipe.
Débouchés : métiers de la communication. Avec le DESU, communication audiovisuelle dans l'entreprise, les institutions, les réseaux câblés.
Remarque particulière : demande d'habilitation de diplômes nationaux.

UNIVERSITÉ PARIS-NANTERRE, PARIS X.

200 av. de la République, 92001 Nanterre Cedex.

• DEUST Communication audiovisuelle.
Adresse des cours : Allée de Chantereine, Mantes-la-Ville, 78200 Mantes-la-Jolie.
Tél. : (33) 34.77.39.76.
Adresse administrative : université de Nanterre, Lettres, linguistique, philosophie, Bureau 311, Bt A.
Tél. : (33) 40.97.73.13.
Responsable : Michel Truffet.
Diplôme préparé : DEUST Communication audiovisuelle.
Conditions d'admissions : baccalauréat. Sélection sur dossier, examen écrit puis entretien.
Durée des études : 2 ans.
Effectif par promotion : 20.
Contenu des études :
Langage, technique et environnement de la communication, technologie.
Réalisation vidéo. PAO.
Stage : projet en situation.
Débouchés : audiovisuel d'entreprise ; formation courte et professionnalisante.

• Études cinématographiques.
Département Arts du spectacle, UFR de littérature, langage et philosophie.
Tél. : (33) 40.97.73.04.
Responsable : Francis Vanoye.
Diplômes préparés : module d'études cinématographiques dans le DEUG de Lettres modernes et dans les cursus Arts du spectacle (études théâtrales) et UE libres dans les DEUG et licences de Lettres modernes ou d'autres disciplines.
Effectif par promotion : 30 étudiants par UE.
Contenu des études : histoire du cinéma, approche du récit cinématographique. Analyse de films, étude du scénario et de son écriture.

• Section cinéma anthropologique.
Département de sociologie, UFR sciences sociales et administration.
Tél. : (33) 40.97.75.09 ou (33) 47.21.31.71 (pour le DEA).
Responsable : Claudine de France.
Diplômes préparés : une UE à chaque étape du premier et du deuxième cycle en Sciences sociales. DEUG Sciences sociales et administration et DEUG Sciences humaines et communication (en 2e année). Licence et maîtrise de sociologie.
En association avec l'université de Paris I : DEA et doctorat Cinéma, télévision, audiovisuel, option cinéma anthropologique et documentaire. Participation à l'option histoire et théorie, le film comme document.
Conditions d'admission : pour le DEA : sélection sur dossier et entretien. Pour le doctorat : les meilleurs étudiants.
Durée des études : DEUG : 2 ans. Licence : 1 an.
Maîtrise : 1 an. DEA : 1 an.
Effectif par promotion : DEA : 10 à Paris X (sur 60 au total). Doctorat : 4 environ.
Contenu des études :
En DEUG SSA 2e année : initiation au langage audiovisuel. En DEUG SHC 2e année : cinéma et sciences humaines. En licence : méthodes de l'enquête filmique en sciences sociales. En maîtrise, en option : scénographie générale.
DEA : techniques corporelles de tournage à la main, initiation à la réalisation ; scénographie générale ; méthodes d'enquête filmique ; cinéma et sciences humaines.
Apprentissage des méthodes et techniques de réalisation. Réalisation d'essais filmés et d'un documentaire de court métrage.
Centre de recherche : Formation de recherche cinématographique (FRC).
Publication : collection *Cinéma et sciences humaines.*
Débouchés : avec le DEA : réalisateurs indépendants ou à la TV, enseignants du secondaire, chercheurs, ingénieurs d'étude.
Doctorat : surtout réalisateurs. Quelques possibilités dans la recherche ou l'enseignement supérieur.
Responsables en communication audiovisuelle.
Remarque particulière : les informations fournies sur les contenus de l'enseignement le sont à partir des nouvelles maquettes de la rentrée 1991 (notamment pour le DEA).

• UFR d'anglo-américain.
Tél. : (33) 40.97.71.40.
Responsables : Anne-Marie Bidaud, Francis Bordat.
Diplômes préparés : filière « les médias aux États-Unis » en 2e année de DEUG, licence, maîtrise, DEA.
Effectif par promotion : une centaine au total en DEUG et licence ; 12 à 15 en maîtrise et DEA.

Contenu des études :
Analyse des médias américains comme révélateurs de la civilisation américaine.
Histoire des médias, cinéma hollywoodien. Idéologie et médias. Relation entre cinéma et culture américaine. Etude de contenu de films en licence, travail collectif en vidéo en fin de maîtrise.
Recherche : groupes de recherche Médias nord-américains contemporains (MNAC) et *Cultural Studies*.

UNIVERSITÉ PARIS-SUD, PARIS XI.

Division Sciences et techniques des activités physiques et sportives (STAPS).
Bâtiment 335, Université de Paris-XI, 91405 Orsay.
Tél. : (33) 69.41.62.27 ou 69.41.62.22.
Responsable : Alain Catteau.
Diplôme préparé : maîtrise STAPS, mention audiovisuel.
Conditions d'admission : licence STAPS, licence en sciences de la communication, ou professionnels de l'audiovisuel.
Examen du dossier.
Durée des études : 1 an.
Effectif par promotion : 25.
Contenu des études :
Audiovisuel appliqué à l'analyse scientifique, la production didactique, la promotion des APS.
Module A. Audiovisuel, didactique et pédagogie ou audiovisuel, promotion et diffusion d'images sportives.
Module B. Audiovisuel scientifique et techniques de communication.
Exercices de tournage avec thèmes, projet de réalisation, production d'un document vidéo.
Stage : oui.
Débouchés : il s'agit surtout d'une formation complémentaire. 5 étudiants sont inscrits en DEA, 4 cherchent à entrer dans une école de cinéma ou à créer une entreprise de production audiovisuelle. 1 ou 2 trouvent du travail dans les institutions.

UNIVERSITÉ PARIS-VAL DE MARNE, PARIS XII.

Département de Communication.
UFR Communication et insertion dans la société (CIS), av. du Général-de-Gaulle, 94010 Créteil Cedex.
Tél. : (33) 48.98.91.44 poste 25-55.
Responsable : Gérard Bouhot ; Claude Meyer, responsable pédagogique.
Diplôme préparé : DU de Communication multi-médias.

Conditions d'admission : licence ou maîtrise littéraire ou juridique, BTS publicité, écoles de commerce. Sélection sur dossier.
Durée des études : 1 an.
Effectif par promotion : 25.
Contenu des études :
Mise à niveau scientifique et technologique en communication. Apprentissage des langages et savoirs fondamentaux.
Séminaire : sciences de la communication et sciences cognitives.
Ateliers de conception et de réalisation (journal d'entreprise, vidéo, télématique, etc.).
Stage : non obligatoire, mais vivement recommandé en fin d'études.
Débouchés : diplôme professionnel destiné aux étudiants littéraires et juristes désirant compléter un cursus de deuxième cycle par une formation en communication. Ils deviennent des spécialistes de la communication d'entreprise.

UNIVERSITÉ PARIS NORD, PARIS XIII.

UFR des sciences de l'expression et de la communication.
avenue J.-B.-Clément, 93430 Villetaneuse.
Tél. : (33) 49.40.30.00.
Responsable : Annie Bireaud.
Diplômes préparés : DEUG Culture et communication, MST Communication, filières communication d'entreprise et promotion, commercialisation des produits d'édition.
Conditions d'admission : pas de sélection pour le DEUG, capacité d'accueil définie en fonction des moyens. Pour la MST : bac + 2, sélection sur dossier et entretien après une épreuve écrite d'enseignement général.
Durée des études : DEUG : 2 ans. MST : 2 ans.
Effectif par promotion : DEUG : 100 à 130 en 1re année. 80 en 2e année. MST : 80.
Contenu des études.
En DEUG 1re année, 2 UE. Langage visuel centré sur le graphisme, langage cinématographique (analyse de films).
En DEUG 2e année, 2 UE de communication audiovisuelle, une option communication locale (travail en vidéo), une option infographie.
En MST 1re année, initiation à la conception, dossier multi-médias comprenant un travail audiovisuel (vidéo, montage diapos, bande son).
Stage : oui.
Recherche : sur les normes professionnelles, l'alternance.
Débouchés : MST : chargés de communication d'entreprise, chefs de publicité, ayant des connaissances en audiovisuel.

POITIERS

UNIVERSITÉ DE POITIERS.

• **Filière LIC (Langage, images, communication).**
Futuroscope, BP 64, 86130 Jaunay-Clan.
Tél. : (33) 49.62.30.32.
Responsable : Alain Gaubert.
Diplômes préparés : (à la rentrée 1991).
DEUG LIC Langage, images, communication.
Diplôme d'université Métiers de l'audiovisuel, filmer l'entreprise.
Diplôme d'université approfondi (DUES) Filmer le réel, réalisateur de documentaires.
Conditions d'admission : pour le DEUG : admission sur tests écrits et oraux. Pour le DU, DEUG ou expérience professionnelle dans le cadre de la formation continue.
Durée des études : DEUG : 2 ans. DU : 1 an.
DUES : 1 an (formation continue : 1, 2 ou 3 ans par unités capitalisables).
Effectif par promotion : DEUG : 80 (40 par année). DU : 15 (dont 5 en formation continue).
Contenu des études :
DEUG : communication, sociologie, psychologie, littérature, civilisation, linguistique, anglais, histoire du cinéma, analyse de films.
Écriture et mise en page, production sonore, projet avec des partenaires extérieurs. Réalisation en équipe d'un court métrage de fiction à la fin de la 2e année.
DU : théorie : 5 mois. Techniques d'enquête et de documentation, histoire et esthétique du cinéma, écriture de scénario. Techniques de prise de vue, d'éclairage, de prise de son, de mixage et de montage.
Pratique : 4 mois. Réalisation d'un documentaire de création par groupes de 3 étudiants.
Stage : obligatoire.
Débouchés : avec le DEUG, DU ou autres études de deuxième cycle. Après le DU, réalisateurs de documentaires ou de films d'entreprise, journalistes, création d'entreprise.
Remarque : demande d'habilitation pour une MST Information-communication-communication d'entreprise, en synergie avec les 2 autres filières implantées sur le site. Poitiers a l'ambition de devenir la ville du documentaire.

• **Magistère en droit de la communicatique.**
Faculté de droit, 93, av. du Recteur-Pineau, 86022 Poitiers Cedex.
Tél. : (33) 49.45.31.35.
Responsable : Henri-Jacques Lucas.
Diplômes préparés :
En 1re année : licence en droit, option droit et techniques de communication.
En 2e année : maîtrise en droit mention droit et techniques de communication.

En 3e année : magistère en droit de la communicatique.
Conditions d'admission : DEUG Droit ou équivalent (IUT, lettres, économie, sciences...). Candidats retenus sur dossier, puis après entretien (en partie en anglais).
Frais d'inscription et d'études : droits d'inscription à l'université plus droits spécifiques.
Durée des études : 3 ans.
Effectif par promotion : 20 à 30 étudiants.
Contenu des études :
Cycle préparatoire de remise à niveau.
Module juridique : divers aspects du droit des médias.
Module technologique : les techniques de communication et leur environnement.
Stages : 1 mois en 1re année, 2 mois en 2e année, 3 mois en 3e année.
Recherche : droit des médias notamment en audiovisuel (colloque annuel Juriscope), en informatique et en télécommunications (Centre européen de documentation Droit et Médias).
Débouchés : diplôme à vocation professionnelle : spécialistes en droit des médias, juristes d'entreprise des secteurs public et privé, avocats et conseils juridiques spécialisés ; troisième cycle.
Remarques particulières : un seul magistère étant accrédité dans le domaine particulier du droit des médias, ce diplôme attire des étudiants de toute la France. PIC ERASMUS avec la Grande-Bretagne. Liens avec le *Media Center,* Columbia University, New York. L'habilitation d'un DESS droit et techniques de communication a été demandée.

• **OAVUP (Office audiovisuel de l'université de Poitiers).**
95, avenue du Recteur-Pineau, 86022 Poitiers.
Tél. : (33) 49.45.32.26 ou 27.
Responsable : François Marchessou.
Diplômes préparés :
DIMAV Diplôme de méthodologie audiovisuelle, option français langue étrangère.
UV Introduction à la communication audio-scripto-visuelle.
DESS de Technologie audiovisuelle de l'éducation.
Conditions d'admission : licence ou maîtrise.
Durée des études : DIMAV : 1 an ou version intensive sur 1 mois à Royan. DESS : 1 an. UV : 1 an.
Effectif par promotion : DIMAV : 35. DESS : 20. UV : 20.
Contenu des études :
DIMAV : formation des enseignants de français langue étrangère par les méthodes audiovisuelles. Fonctionnement des appareils, réalisation de montages.
UV : initiation aux langages audiovisuels (son, images électroniques, photo...) dans une perspective d'enseignement.

DESS : usage des technologies éducatives ; communication audio-scripto-visuelle, conception d'émissions, vidéo, informatique.

Stage : 2 semaines (minimum pour le DESS).

Recherche : l'OAVUP appartient au réseau PICTE de recherche et de formation sur les images de synthèse.

Publication : revue *Mires*.

Débouchés : formation initiale et continue des enseignants à l'utilisation des technologies éducatives.

Diplômes à finalité professionnelle sans problèmes de débouchés. En effet beaucoup d'étudiants sont déjà enseignants.

Remarque particulière : DESS unique en France à recrutement national et international.

RENNES

UNIVERSITÉ DE HAUTE-BRETAGNE, RENNES II.

Option commune audiovisuelle.
UFR Arts, avenue Gaston-Berger, 35043 Rennes Cedex.

Tél. : (33) 99.33.52.52.

Responsable : Jean-Pierre Berthomé en 90-91. Responsabilité pédagogique assurée alternativement par un enseignant du département Communication et un enseignant du département Arts.

Diplômes préparés : bloc de licence commun à trois départements délivrant une mention audiovisuel : licence d'Information et communication, licence d'Arts plastiques, licence de Musique.
DEA Sciences de l'information et de la communication.
DEA Arts.

Conditions d'admission : DEUG ou équivalent. Contrôle des connaissances et des motivations.

Durée des études : 9 h par semaine, sur une année.

Effectif par promotion : en Arts plastiques : 10 à 15. En Information communication : 10 à 15. En musique : 4 à 6.

Contenu des études :
Histoire du cinéma, analyse filmique. Théorie et technologie du son. Analyse de la communication audiovisuelle, économie de l'audiovisuel. Analyse des œuvres télévisuelles. Problèmes, atouts et stratégies pour la micro-communication.
Ateliers. Production et réalisation d'un journal télévisé interne. Réalisation de magazines sur la création, conception de shorts sur palette graphique.

Stage : facultatif.

Recherche : laboratoires de recherches SID-OUEST et GRAC.

Débouchés : les étudiants s'insèrent assez facilement dans le milieu professionnel.

Remarque : demande d'habilitation d'une MST Formation de concepteurs de films de formation, pour offrir aux étudiants une formation professionnelle qui n'existe pas à l'ouest de la France.

STRASBOURG

UNIVERSITÉ LOUIS-PASTEUR, STRASBOURG I.

Département d'audiovisuel appliqué, service commun de l'université.
Cours Pasteur, 4, rue Blaise-Pascal, 67070 Strasbourg.

Tél. : (33) 88.41.62.64.

Responsable : Francis Gast.

Diplômes préparés :
DU d'Audiovisuel appliqué.
Interventions dans le DU d'animateur de planetarium et le DESS de Communication scientifique et technique.

Conditions d'admission : DEUG ou équivalence pour les étudiants inscrits dans les universités du Rhin supérieur, sans condition pour les enseignants de ces universités.

Durée des études : 1 an.

Effectif par promotion : 30.

Contenu des études :
Audiovisuel, langage et esthétique. La science à l'écran.

Options vidéo, photo, enseignement et nouvelles technologies.

Débouchés : formation complémentaire dans la formation initiale ou continue des enseignants, chercheurs, personnel des entreprises.

UNIVERSITÉ STRASBOURG II.

• Département Cinéma et audiovisuel.
UFR arts, Université des sciences humaines, 22, rue Descartes, 67084 Strasbourg Cedex.

Tél. : (33) 88.41.74.48.

Responsable : Jean-François Moris.

Diplômes préparés :
Notions d'audiovisuel dans le cadre d'autres formations : 2 unités de valeur ouvertes aux étudiants de premier cycle. 1 unité de valeur dans le cadre du DEUG rénové d'Arts plastiques. Une unité de valeur dans le cadre de la licence et la maîtrise d'Ethnologie.

DUCAV, diplôme d'université de Cinéma et de communication audiovisuelle (niveau licence).

DEA d'Arts plastiques, option cinéma.

Conditions d'admission : pour le DUCAV, DEUG ou équivalent et admission sur dossier. Pour le DEA d'arts plastiques, option cinéma : maîtrise d'histoire de l'art, d'arts plastiques ou toute autre maîtrise, DUCAV ou équivalent.

Frais d'inscription et d'études : DUCAV, 1 000 F par étudiant en plus des droits universitaires.

Durée des études : 1 ou 2 années.

Effectif par promotion : DEUG : 150. DUCAV : 90 dont 50 en ateliers pratiques (vidéo, photo, son).

Contenu des études :

DEUG : le médium télévisuel, connaissance du cinéma.

DUCAV : approches esthétiques et théoriques du cinéma et de l'audiovisuel. Introduction aux cinémas du tiers monde.

Techniques des communications audiovisuelles.

Ateliers de réalisation : vidéo (documentaire et fiction), photo, son (techniques de studio, réalisation de bandes son).

DEA Arts plastiques (responsable : Albert Chatelet), option cinéma (responsable : Pierre Haffner).

Deux séminaires, Arts plastiques et Histoire de l'art, Méthodologie du cinéma.

Recherche : GREC-USHS (Groupe de recherches et d'études cinématographiques). Recherche en cours : le cinéma et l'Alsace.

Publications : *Correspondances* (revue semestrielle de l'UFR Arts). *Revue d'études ibériques et cinématographiques* (département d'Espagnol).

Débouchés : nombreux étudiants salariés, enseignants, animateurs, chercheurs (sociologie, ethnologie...) professionnels de l'audiovisuel... Formation audiovisuelle utilisable dans une autre profession.

Secteur de l'audiovisuel : entreprises régionales (vidéo), FR3, cinéma.

Remarque particulière : convention en cours avec l'Institut de cinéma de Nancy II (échanges d'enseignants et d'étudiants).

• **UFR de langues étrangères.**

Tél. : (33) 88.41.73.00.

Diplômes préparés : UV dans les cursus de langues et de LEA.

Institut d'allemand. Responsable : Felix Schnitzler.

Contenu des études : initiation à la sémiologie, étude de la civilisation allemande. Ciné-club étudiant très actif.

Département des études anglaises et nord-américaines. Responsable : Michel Cieutat.

En licence : l'iconographie hollywodienne et la lecture de l'image. En maîtrise, l'influence de Hollywood sur divers cinéastes. Rôle sociologique des mass-médias aux USA (Responsable : John Dean).

Département d'italien. Responsable : Lucien Vandramme.

UV d'histoire du cinéma italien, intégrée à la licence.

Département d'études ibériques et département LEA.

Responsable : Mimoso Ruiz Duarte.

Contenu des études :

En 1re année de LEA : aspects de la société espagnole dans quelques films.

En 2e cycle : étude du film au programme du CAPES d'espagnol.

En maîtrise, 2 options : stylistique et littérature (transposition filmique de textes littéraires) ; filmologie (narratologie filmique). Séminaire de DEA, narratologie et filmologie (ouvert aux étudiants de littérature française et comparée). Doctorats.

Centre de recherche ibérique. *Revue d'études ibériques et cinématographiques.*

TOULOUSE

UNIVERSITÉ DE TOULOUSE LE MIRAIL, TOULOUSE II.

École supérieure d'audiovisuel (ESAV), UFR d'études audiovisuelles.

5, allées Antonio-Machado, 31058 Toulouse Cedex.

Tél. : (33) 61.50.44.46.

Responsable : Guy Chapouillié.

Diplômes préparés : DEUST Communication audiovisuelle ; MST Communication audiovisuelle ; DEA Cinématographie, représentation, communication audiovisuelle ; DICCAV, diplôme de Conseil en communication audiovisuelle (DU).

Conditions d'admission : pour le DEUST : baccalauréat (en réalité la plupart des candidats ont déjà fait des études supérieures). Sélection sur dossier et période d'orientation.

La MST est en priorité réservée aux titulaires du DEUST et ouverte aux titulaires d'un DEUG de communication mais seulement après des tests pratiques de niveau élevé. Accès dans un premier temps à une année préparatoire.

DEA : sur dossier.

Pour le DICCAV : bac + 4, recrutement sur dossier ou dans le cadre de la formation professionnelle continue.

Durée des études : DEUST : 2 ans. Certificat préparatoire à la MST : 1 an. MST : 2 ans. DICCAV : alternance cours-stages sur 4 semestres.

Effectif par promotion : DEUST : 25 (dont 3 places pour des étudiants étrangers et 2 au titre

de la formation professionnelle). Certificat préparatoire : 30. MST : 30. DEA : 20. DICCAV : 20.
Contenu des études :
DEUST : langages fondamentaux, problèmes juridiques, économiques et sociaux. Technologie et expérimentation de la communication audiovisuelle. Photo, son, vidéo, cinéma, télématique, infographie.
MST : 5 spécialités. Décor, métiers de l'acoustique, systèmes interactifs, photographie, conception générale (réalisation).
Stage : en DEUST, 2 stages d'au moins un mois chacun. En MST, stage d'au moins trois mois.
Centre de recherches CIRCA (Cinématographie, représentation, communication audiovisuelle).
Publication : Une revue bi-annuelle, *Entrelacs*.
Débouchés : diplômes à finalité professionnelle, alliant culture générale et formation pratique : généralistes (DEUST) et spécialistes (MST). 95 % des étudiants trouvent du travail dans le domaine de la communication ou choisissent d'être intermittents du spectacle. Un certain nombre ont créé leur propre entreprise.
Remarque particulière : formation très sélective : plus de 1 000 candidats pour 25 places.

VALENCIENNES

UNIVERSITÉ DE VALENCIENNES ET DU HAINAUT-CAMBRÉSIS.

Le Mont-Houy, 59326 Valenciennes Cedex.
• **Département arts et communication, Institut des lettres, langues et arts.**
Tél. : (33) 27.14.12.34.
Responsable : Edmond Nogacki ; pour le DEA : Michel Martinache.
Diplômes préparés :
DEUG Arts plastiques, mention communication audiovisuelle.
MST Arts et communication.
DEA Sciences, techniques et arts de l'image et de la communication.
Conditions d'admission : pour le DEUG : bac, test et entretien.
Pour la MST : sur dossier avec un DEUG arts plastiques, mention communication audiovisuelle ; contrôle complémentaire des aptitudes avec d'autres diplômes.
Pour le DEA : sur dossier pour les étudiants titulaires d'un diplôme de deuxième cycle en communication ou arts, ou d'un diplôme jugé équivalent.
Durée des études : DEUG : 2 ans. MST : 2 ans. DEA : 1 an.

Effectif par promotion : DEUG : 50. MST : 25.
Contenu des études :
Histoire, esthétique, scénario, économie et gestion, matières scientifiques (optique, acoustique, etc.). Photographie, techniques cinéma et vidéo, informatique et dessin assisté par ordinateur.
DEA : recherches dans le domaine de la création et des stratégies de communication, formation transdisciplinaire regroupant laboratoires de sciences humaines et de sciences exactes.
Stage : en MST 1re année, 4 semaines ; en 2e année, 6 semaines.
En DEA, stage en laboratoire 3 jours par semaine.
Débouchés : cadres des industries de l'audiovisuel, de la communication d'entreprise, de l'infographie, de la publicité et des spectacles. Enseignement supérieur et recherche (DEA).

• **Département audiovisuel**
Institut des sciences et techniques (ISTV).
Tél. : (33) 27.42.41.00.
Responsable : Sylvie Merviel.
Diplômes préparés :
MST Communication audiovisuelle. Magistère Image, ingénierie des systèmes audiovisuels, nouvelles images.
DESS Management de la communication audiovisuelle.
Les étudiants de magistère 3e année peuvent suivre en parallèle un DEA d'automatique industrielle et humaine, un DEA d'électronique appliquée à l'imagerie ou un DEA de sciences et techniques des arts de l'image et de la communication. Ils peuvent ensuite préparer une thèse dans le domaine choisi.
Conditions d'admission : DEUG A, DUT génie électrique ou mesures physiques, ou sortir d'une classe préparatoire scientifique. Sélection.
Durée des études : MST : 2 ans. Magistère : 3 ans.
Effectif par promotion : MST : 50. Magistère : 25.
Contenu des études :
1/4 de l'enseignement est consacré aux sciences humaines (sémiologie, lecture de l'image, gestion), 1/4 à l'électronique, 1/4 à l'informatique, 1/4 aux techniques audiovisuelles (vidéo, son et images de synthèse).
Stage : stage de longue durée en entreprise.
Débouchés : formation de cadres et d'ingénieurs, spécialistes des nouvelles technologies de l'image, alliant compétences en sciences, en gestion et en relations humaines. Les étudiants trouvent immédiatement du travail grâce à une formation constamment réadaptée et proche des souhaits de la profession, leur permettant de suivre l'évolution des techniques.

Monique THEYE

Cinq écoles supérieures pour apprendre un métier

Collection La Revue du Cinéma

Lola, de Jacques Demy

par *Nicolas Schmidt*

A l'École nationale Louis-Lumière, devenir collaborateur de création

Noisy-le-Grand. Une ville nouvelle où les immeubles poussent comme des champignons après la pluie... Un bâtiment qui ressemble à un cargo, rue de Vaugirard. L'École nationale Louis-Lumière a quitté ses locaux étriqués et vétustes du Quartier latin à Paris. Elle a gagné en espace vital et opère sa mutation, comme le proviseur, des enseignants et des étudiants l'ont expliqué à Nicolas Schmidt, ingénieur d'études au Centre d'études de l'emploi et docteur de troisième cycle en cinéma.
L'Éducation nationale, dont elle dépend, a souvent été embarrassée pour gérer cet établissement pas comme les autres auquel les professionnels ne mesurent pas leur soutien. Maintenant, toutes les conditions semblent réunies pour que les réformes souhaitées soient enfin mises en œuvre.

« *Nous sommes dans une période transitoire* », prévient Henri Frizet, proviseur de l'École nationale Louis-Lumière. Le problème qui se pose, plus encore que par le passé, est de mettre en accord la formation et le diplôme. En effet, pour quelque temps encore, le bac seul est exigé, mais la plupart des élèves entrent avec deux ans ou plus d'études supérieures ; ils sortent de l'École avec un brevet de technicien supérieur (BTS, bac + 2), comme s'ils étaient restés au même niveau de connaissances : d'où l'objectif d'un enseignement en 3 ans. Dans cette hypothèse, le statut de l'ENLL, actuellement lycée technique d'État, va être transformé en établissement public à caractère administratif dépendant de l'enseignement supérieur. De même, la variété des qualifications du corps enseignant (professeurs certifiés, agrégés, ingénieurs, architectes, docteurs d'État, capésiens, diplômés de l'IDHEC...) ne relève pas seulement de l'enseignement technique mais aussi de disciplines artistiques. Le sort de l'ENLL est par ailleurs lié à celui d'autres écoles d'arts comme l'école Olivier de Serres (ENSAMAA) qui se trouvent dans une situation semblable. Des associations de promotions des établissements concernés se sont constituées[1]. Une harmonisation est aussi nécessaire avec les autres écoles européennes dans la perspective de 1993. Les conventions avec différents établissements (Sydney, Washington) et les échanges avec l'étranger (San Francisco prochainement) reconnaissent déjà de facto le véritable niveau de formation de l'École. Enfin les techniques évoluent sans cesse (son, couleur, vidéo, haute fidélité, montage électronique...), de même que les connaissances (histoire de l'art, sémiologie...). Il a fallu tenter de les intégrer dans les limites des deux années d'études en attendant l'allongement de la scolarité.

Lors du transfert à Marne-la-Vallée, le Centre de formation d'apprentis a été séparé de l'École (autonome, il est resté à Paris). Par ailleurs, l'ENLL continue à organiser des cours de promotion sociale, de formation continue et des stages à la demande des entreprises. Le nouveau bâtiment regroupe l'ensemble des équipements (studios cinéma, photo, vidéo, laboratoires de tirage et développement photo noir et blanc et couleur, laboratoire de langues, bibliothèque...). Restent la question de « *l'environnement, peu stimulant pour la sensibilité* » estime Pierre Maillot qui enseigne la lecture et l'écriture cinématographiques, et celle des liaisons, les élèves ayant à se déplacer pour leurs travaux (à Radio-France, dans les labos...), le risque d'un absentéisme des élèves ou d'une défection de certains intervenants extérieurs ne semblant pas encore tout à fait écarté, comme le remarque Alain Aubert, professeur de scénarisation et de découpage[2]. Des aménage-

1. *L'association de promotion de Louis-Lumière est présidée par Jean-Jacques Annaud, un ancien de l'école ; et pour les différentes sections : image : Pierre Lhomme ; son : Jean-Pierre Ruh ; photo : Eddy Gasman.*
2. *Sur l'organisation des études et l'ensemble des questions soulevées par l'installation à Marne-la-Vallée, voir : Aubert (Alain),* Vaugirard, c'est plus sûr !, *in* « L'enseignement du cinéma et de l'audio-visuel », *CinémAction n° 45, op. cité.*

ments d'espaces et de volumes ont dû être effectués cette année, d'autres équipements sont attendus. Mais « *c'est de plus en plus opérationnel* » disent plusieurs étudiants qui ont connu l'« ancien » et le « nouveau » Louis-Lumière.

Un concours d'entrée plus sélectif que le diplôme de sortie

1 500 candidats environ se présentent chaque année au concours cinéma de l'école (inscriptions de janvier à mi-mars, épreuves en mai et juin ; âge maximum : 28 ans) pour 24 places en Cinéma, 24 en Photo et 20 en Son. Un certain nombre d'entre eux ont fait une classe préparatoire aux grandes écoles scientifiques, d'autres ont passé un DEUG scientifique ou un DEUG lettres avec une option cinéma ; d'autres encore viennent de divers horizons (médecine, beaux-arts, informatique) ou de la profession. Il est indispensable d'avoir un niveau minimum en mathématiques. Le concours commence par des tests de culture générale et de sciences ; les 200 candidats qui restent passent ensuite un écrit (projection d'un film et commentaires, dessin, montage de son) ; 100 sont admis à l'oral. Devant un jury de plusieurs enseignants et de professionnels, les candidats doivent exprimer leurs motivations, leur connaissance de l'esthétique, leur sens du cadre et leurs capacités de manipulation. 44 entreront en section cinéma (image et son).

Le niveau du concours (que l'équipe pédagogique préfère à une sélection sur dossier) s'élève chaque année, il n'est d'ailleurs pas rare de le tenter deux fois, ou même trois, avant d'être admis[3].

« *Une fois le concours passé, on est soulagé,* disent plusieurs élèves *mais il y a beaucoup de travail et un emploi du temps chargé. C'est un enseignement qu'on ne trouve pas ailleurs, même en école privée ; mieux que les facs qui n'ont pas de moyens, et c'est gratuit.* »

La quasi-totalité des élèves est reçue au BTS actuel qui va bientôt être remplacé par un diplôme supérieur d'école.

Réaliser dès l'école

L'école forme de futurs cadreurs, ingénieurs du son, chefs opérateurs, etc., qui sont des collaborateurs de création selon la terminologie du Centre national de la cinématographie. « *On peut discuter avec tous les membres d'une équipe de tournage et de production, on a les connaissances suffisantes pour ça,* constate un étudiant ; *nous sommes des gens de l'image, pas seulement de la caméra.* » En effet, les formations technique, théorique et pratique font que chacun remplit toutes les fonctions à tour de rôle. Le tournage est le lieu de rencontre et de collaboration de tous. Les étudiants sont répartis en équipes de huit, « *un bon nombre pour travailler* », dit-on à l'école. En première année, les films, de six à dix minutes, se font en 16 mm, dans un décor naturel, suivant un cahier des charges pré-établi ; en deuxième année, ils durent dix à quinze minutes, en 35 mm, décor en studio (avec des budgets hors matériel de 25 000 F) ; des projets de scénarios sont proposés et soumis au vote des élèves et des enseignants puis longuement récrits, retravaillés et découpés jusqu'au *storyboard*. Les films demandent la participation bénévole d'élèves comédiens et décorateurs, mais aussi d'acteurs et de spécialistes professionnels. Des ministères, de grandes entreprises, des collectivités territoriales passent commande à l'ENLL. « *On accorde,* précise Pierre Maillot, *la même importance à la fiction et au documentaire.* »

En photographie, les élèves réalisent des diaporamas (avec la collaboration des étudiants en son), des natures mortes, des campagnes publicitaires, des photos de mode d'après des modèles vivants, des portraits, de la photo industrielle, ou reconstituent la lumière de tableaux de maîtres (Rembrandt, Chardin...) ; un concours est aussi organisé, depuis deux ans, en collaboration avec des sociétés du secteur de la photographie (prix d'une valeur de 20 000 F). « *Le travail se fait seul ou à deux, en quatre et huit heures, ce qui est une bonne période* », explique Bernard Lemelle qui enseigne la prise de vues.

---

3. *Préparation en 2 ans au concours d'entrée à l'ENLL et à la FEMIS, au lycée Gabriel-Guist'hau, 3, rue du Bocage, 44042 Nantes, tél. : 40.73.67.92 (entre autres).*

Tournage à l'École Louis-Lumière

En laboratoire, une partie du travail est très technique : optique, sensitométrie ; on y apprend le tirage noir et blanc et couleurs tout en réalisant un travail artistique. « *Un effort substantiel a été fait pour le matériel »,* observe Maurice Frigoult, professeur en laboratoire. L'école était davantage cotée en labo (il n'y a pas en France de formation équivalente) qu'en prises de vues, mais les disciplines commencent à s'égaliser. Globalement 1/3 des étudiants entrent dans un laboratoire, 1/3 deviennent photographes, 1/3 travaillent à la périphérie du secteur (technico-commercial...), alors qu'environ 10 % ont changé de voie et choisi l'architecture d'intérieur, la décoration. « *En photo aussi une formation en trois ans est logique et nécessaire, dit* Bernard Lemelle, en préparant deux options : prise de vues, laboratoire.

À la différence du cinéma où l'on travaille en équipe et où un élève est toujours l'assistant d'un autre, la prise de vues photo est un métier indépendant et se pratique de manière individualiste. Il n'est pas toujours aisé de trouver des stages. « *La formation est accueillante,* dit Maurice Frigoult, *mais très sollicitée : on s'adresse aussi aux anciens élèves. »* Au contraire, dans la section photo, le stage est déjà obligatoire ; il dure un mois en moyenne. Les expériences varient suivant les options comme l'expliquent les étudiants : « *En photo, il faut se présenter, c'est davantage la personnalité qui joue, mais c'est possible de s'intégrer »* ; « *en son, on assiste une équipe d'enregistrement extérieur, on est plutôt observateur »* ; quant aux stages cinéma, « *les producteurs ne veulent pas trop courir le risque de prendre des étudiants encore en formation ; à nous de nous débrouiller pour les convaincre, on peut y arriver ».* Le CNC prépare une réforme dans ce domaine.

En deuxième année, les étudiants travaillent en « périodes bloquées » (de la pratique uniquement) sous la responsabilité des enseignants spécialisés mais aussi parfois d'intervenants extérieurs qui sont depuis toujours essentiels dans la formation à l'ENLL. Les différentes réalisations demandent du temps, les élèves ne terminent pas toujours leurs « films de promo », manquent des cours, bachotent pour l'examen, travaillent 50 à 60 heures par semaine : le cursus plus long dont l'étude est en cours permettra de mieux répartir l'acquisition des connaissances, d'augmenter les heures de pratique (en prises de vues notamment) et d'aborder plus progressivement ce qui est le plus difficile : « *Trois ans pour faire autrement et mieux,* remarque un étudiant ; *et il faudrait dès le départ bien avoir à l'esprit ce qu'on veut faire pour arriver à une vraie continuité.* »

L'estime de la profession

« *On est très vite opérationnel et la renommée de l'école marche à fond pour nous aider à trouver du travail ; les gens savent à qui ils ont affaire* », assure un élève. L'association des anciens élèves de Vaugirard-Louis-Lumière (AEVLL) tient à jour (le plus possible) un fichier des professionnels sortis de l'École. « *Nous recevons des offres de travail, mais il n'y a pas encore de placement institutionnalisé. Nous travaillons à le faire de manière plus systématique* » dit Henri Frizet. 44 élèves en cinéma est un « *chiffre correct* » observe Alain Aubert, en tenant compte du marché du travail actuel et du nombre de gens qui s'y présentent, des autres écoles, des formations sur le tas et des régions. « *Je dis aux étudiants : "si vous êtes prêts à faire du 16 mm, de la vidéo, du clip, de la télé, du film institutionnel, du cinéma d'exploration, etc., vous trouverez. Pour travailler sur des longs métrages, il faut des relations".* » Environ 60 % des élèves deviennent assistants, chefs opérateurs, cameramen ; 1/3 travaille dans la production, les organismes professionnels, etc. ; les quelques 5 ou 10 % restants prennent d'autres voies, comme l'Université.

L'ENLL a un nom et une réputation ; elle est présente dans les festivals, les expositions (ce qui a de larges retombées sur la formation continue) et ne compte plus les prix et les récompenses des « anciens » dont la liste serait trop longue. On continue à l'appeler

« Vaugirard » (du nom de sa première localisation parisienne), un nom familier aux professionnels et qui exprime sa continuité (l'École a été fondée en 1926). Mais grâce aux décisions d'évolution prises par le ministère de l'Éducation nationale, en accord avec les enseignants, les professionnels et les étudiants et quelles que soient les évolutions du cinéma (en rapport avec l'audiovisuel, les nouveaux médias, la communication...), l'École Louis-Lumière bénéficiera encore plus d'un acquis irréversible : celui de préparer à des formations spécifiques, reconnues par la profession.

Nicolas SCHMIDT

NOISY-LE-GRAND

ÉCOLE NATIONALE LOUIS-LUMIÈRE.

Rue de Vaugirard, BP 22, 93161 Noisy-Le-Grand.
Statut : lycée technique d'État.
Tél. : 45.92.23.33. Fax : 43.05.63.44.
Responsable : Henri Frizet.
Diplômes préparés : actuellement BTS (Brevet de technicien supérieur). Cinématographie, options Image et son et BTS Photo.
Il est prévu qu'ultérieurement, on préparera un diplôme supérieur d'école ou diplôme national.
Conditions d'admission actuelles : baccalauréat ; concours d'entrée ; 28 ans maximum.
Ensuite Bac + 2.
Frais d'inscription et d'études : gratuité.
Durée des études : 2 ans. En projet 3 ans.
Effectif par promotion : 68 : 24 en cinéma, option image ; 20 en cinéma, option son ; 24 en photo.
Contenu des études : toutes matières techniques artistiques et théoriques en image, son, photographie ; réalisation de films documentaires et de fiction.
Stage : obligatoire en photographie (un mois) ; possible en cinématographie.
Recherche : en projet.
Publications : nombreux articles d'enseignants dans diverses revues professionnelles. Collection avec la revue *CinémAction.*
Débouchés : collaborateurs de création au cinéma, à la télévision, en production et réalisation tous supports.
L'ENLL assure la promotion sociale par la formation continue et organise des stages à la demande des entreprises (GRETA : 43.05.55.19).
Membre du CILECT et de GEECT.

par Nicolas Schmidt

Les innocents, d'André Téchiné, intervenant à la FEMIS

A la FEMIS,
se former aux métiers de l'image et du son

Au cœur de Paris, l'Institut de formation et d'enseignement pour les métiers de l'image et du son (FEMIS) partage le prestigieux Palais de Tokyo avec la Cinémathèque française, le Centre national de la photographie et la Mission pour le patrimoine photographique ; élément fédérateur du projet : une vaste bibliothèque-médiathèque qui serait la plus grande d'Europe. La FEMIS a été créée en novembre 1986 à l'initiative du ministère de la Culture et a repris les attributions de l'Institut des hautes études cinématographiques (IDHEC) par l'enseignement du département réalisation. Forte de ce soutien ministériel qui a résisté aux changements de gouvernements, elle bénéficie d'un budget voisin de 40 millions de francs par an dont 25 % sont des ressources propres.

La FEMIS forme, en trois ans, une quarantaine d'élèves chaque année au scénario, à la réalisation, à l'image, au son, au décor, au montage, à la production. « *Le support est un choix artistique ou économique déterminé par le projet,* dit Jack Gajos, délégué général ; *la place de la caméra, le financement... tout est mécanique et les élèves apprennent d'abord cette mécanique. Il faut arrêter le mauvais débat ciné-télé sur le support.* » Depuis la création de l'école, le nombre d'étudiants s'est équilibré entre les différentes spécialisations afin que les équipes de tournage soient cohérentes et pour mieux prendre en compte les exigences de la profession ; une dizaine d'élèves en réalisation, cinq ou six en scénario, sections toujours les plus demandées, cinq ou six élèves dans chacun des autres départements, sauf en décor, avec deux ou trois élèves[1].

Le concours (ouvert aux moins de 27 ans ; pré-inscription entre le 1er février et le 30 avril) s'étend sur une période de six mois. Les postulants (1 400 à 1 500) doivent remettre (fin juin) un « dossier-enquête » (ni fiction ni scénario, sur trois sujets au choix ; en 90 : la preuve, le retard, la rumeur), 6 à 700 le font, en choisissant une spécialisation. Fin juillet, 180 candidats sont retenus. La deuxième partie du concours commence début septembre, avec une épreuve d'analyse de film et une autre portant sur le département choisi, ainsi qu'une épreuve optionnelle (dans un autre département au choix). Restent 80 candidats qui passent, début octobre, un oral (motivation, culture générale...) devant cinq jurés.

Les étudiants ont en moyenne entre 21 et 24 ans, viennent en majorité de l'Université, ont généralement voyagé, connaissent au moins une langue étrangère ; certaines années, les filles sont nettement majoritaires. Une formation bac + 2 (DEUG, BTS, DUT...) est demandée, ou des diplômes admis en équivalence pour les étrangers, mais beaucoup d'élèves ont reçu des formations plus lourdes (architecture pour la section décor par exemple) ; il est également possible de se présenter pour l'une ou l'autre des spécialisations avec quatre ans d'expérience professionnelle (cela concerne un ou deux étudiants par an) ou après avoir suivi des cours de préparation plus spécifiques[2].

« *L'école n'est pas faite pour les dilettantes* », dit Claude Gauteur, chargé de la direction administrative du concours. Celui-ci s'est affiné, des connaissances techniques sont notamment demandées pour les départements son ou image.

Un enseignement souple et évolutif

Un premier cycle de neuf mois, commun à tous les étudiants, consiste en une alternance de cours et d'ateliers instrumentaux : initiation pratique et théorique, quatre jours par semaine, deux fois sur la période. Il comporte deux tournages : cinq minutes de film en 16 mm à partir de scénarios imposés, en studio, et un documentaire en vidéo 3/4 U-matic. Les tournages sont l'occasion pour les élèves de passer à tous les postes. A la fin de ce premier cycle, un contrôle est effectué qui peut conduire à un changement de département (cela concerne environ quatre ou cinq élèves par an).

En deuxième cycle (un an et demi environ, en deux parties), les exercices regroupent plusieurs sections pour des travaux précis mettant en jeu les spécificités des différents métiers (par exemple la relation cadre-son ou le rapprochement des départements son, image, montage pour des ateliers de tournage déclinant un cahier des charges précis, pour la pratique du mixage...). Deux grands tournages (betacam et 35 mm) permettent la rencontre de tous les départements, chaque étudiant travaillant dans sa spécialité sur un sujet libre. Dans chaque spécialisation, en deuxième cycle, un enseignement précis et pointu est dispensé, tant théorique que pratique. En son, on éduque l'oreille à travers l'écoute et l'analyse de bandes sonores de films de fiction notamment. Le matériel spécifique et même sophistiqué mis à la disposition des élèves ne les empêche pas d'avoir à apprendre à se « débrouiller » sans arrêt.

Quant au montage, il demande une polyvalence en vidéo et en film. On confie des rushes d'un même film à des étudiants différents, d'où la nécessité d'une grande rigueur dans la recherche des solutions de montage.

Ainsi, on confie à quatre étudiants le soin de monter chacun deux heures de rushes d'un film ethnographique, puis de comparer leurs montages respectifs. Travail également individuel et collectif, l'écriture de scénario, « *en se faisant lire ce qu'on a fait* », dit Noémie Lvovsky, qui a réalisé *Dis-moi oui, dis-moi non,* un film en 16 mm bien accueilli dans les festivals, lauréat du prix « Perspectives » à Cannes en 1990[3]. « *Je ne pouvais écrire le film sans le réaliser ; c'est un peu un accident et beaucoup de chance !* » Francine Filatriau, maintenant première assistante en image, a travaillé sur des longs métrages de Claire Denis, Bertrand Blier, Philip Kaufman. « *Il faut faire son travail au bon moment, être efficace, mais on a le droit à l'erreur.* » « *C'est différent en publicité,* dit Jean-René Duveau, *il faut aller très vite, les rapports de travail ne sont pas les mêmes.* » Une formation comme celle de l'image ou du son n'est pas seulement technique, elle consiste aussi dans « l'apprentissage d'une manière d'être sur un plateau, la connaissance des principes qui permettent à une équipe de fonctionner, pour des travaux qui dépendent les uns des autres ».

Les stages sont obligatoires (en principe non rémunérés). Leurs modalités sont différentes selon les spécialisations (comité de lecture de scénario, une fois par semaine sur 3 mois ; laboratoires ; télévision...). « *Ils représentent 50 % de la formation,* dit Frédéric Biamonti (qui travaille dans une société de développement de logiciels de production) ; *il*

faut en faire le plus possible. A la FEMIS, on réalise plus de courts métrages qu'ailleurs, et en direction de production, on doit apprendre à tout négocier, c'est très formateur. Il faut faire le tri dans les propositions de boulot, à l'extrême, c'est du travail de coursier, mais il faut s'agiter, suivre les offres. » Frédéric Videau, qui venait de khâgne, a fait un « *stage d'un an au service cinématographique des armées, avec des gens qui ont un grand sens de l'équipe* » ; et un autre de direction d'acteurs, dirigé cette année-là par Istvan Szabo, dans le cadre de l'université d'été au cinéma à Belgrade où douze écoles européennes avaient envoyé un étudiant. Il a été également assistant sur un court-métrage pour le Bicentenaire de la Révolution. « *Les films institutionnels, la télévision sont les marchés les plus immédiatement accessibles à la sortie de l'école pour les élèves de réalisation notamment ; les démarches sont très différentes entre le cinéma industriel et la fiction, l'un ne mène pas à l'autre ; quand on travaille pour une entreprise, il faut bien comprendre la demande, on est prestataire de service. Mais mon objectif est d'écrire tous les jours et de réaliser.* »

Le troisième cycle, de fin d'études, consiste en un travail personnel, théorique et pratique spécifique à chaque section (par exemple sur la prise de son des instruments de musique pour le son ; sur un certain type d'objectifs ou une utilisation particulière de la lumière pour l'image ; réalisation de court ou de moyen métrage en réalisation). Un comité constitué par l'ensemble des directeurs de départements délivre le diplôme, qui relève du ministère de la Culture.

1. *Sur les différences entre la FEMIS et l'IDHEC et la présentation des départements :*
— Wolf (Michel) : *La FEMIS ; une voie royale ?* « *L'enseignement du cinéma et de l'audiovisuel* ». CinémAction 1987, Cerf - CFPJ.
— Garin (Christine) : « *Le cinéma s'offre une école en or.* » Le Monde de l'éducation, *sept. 1989.*
— Frodon (Jean-Michel) : « *Le dédale fertile* », Le Monde, *17 janvier 1991.*
2. *Préparation à la FEMIS et à Louis-Lumière au lycée Gabriel-Guist'hau. 20 élèves sont retenus sur les 400 candidats qui se présentent ; lycée pilote, par dérogation, il prépare aux concours FEMIS et Louis-Lumière ; les élèves en sortent avec un niveau d'études équivalent à bac + 2.*
Au total, trente-sept établissements revendiquent la préparation au concours d'entrée de la FEMIS, Jack Gajos précise qu'« il n'appartient pas à la FEMIS de les habiliter, donc il n'est pas possible de les interdire ».
3. *Film diffusé l'été 90 dans les salles en première partie de* L'amour de Philippe Faucon. *Prix* « Perspectives du cinéma français » *à Cannes 90 et nombreuses distinctions internationales (Münich...).*

Apprendre au contact des professionnels

« *L'encadrement, très fort au début, s'allège progressivement* », dit Anne Luthaud, directeur des études. « *Excepté l'équipe pédagogique, il n'y a pas de professeurs à plein temps. Les directeurs de départements sont des professionnels en exercice qui définissent l'enseignement dispensé dans leur spécialisa-*

tion ; ils ne sont donc pas à l'école de manière permanente, mais les relais sont assurés par d'autres intervenants, tous professionnels. Cet encadrement permet de suivre les projets et les évolutions techniques et facilite l'insertion professionnelle des élèves. Une attention particulière est portée à la cohérence des programmes des différents départements afin d'éviter le risque de sept mini-écoles. Ces programmes changent, sont adaptés aux intervenants et aux étudiants. » Ainsi, l'enseignement s'ouvre à des formations non prévues à l'origine, comme costumier ou ensemblier (aménagement des décors). L'apprentissage du décor conduit à connaître les styles, à traiter le quotidien, le populaire et, outre le cinéma, la télévision, ouvre sur les expositions, les musées, le théâtre. En décor, le petit nombre d'élèves permet une grande souplesse de l'emploi du temps ; les stages y sont plus nombreux que dans les autres sections et le directeur de département suit de très près ses élèves. Dans ce métier il faut aussi apprendre à parler argent, négocier le salaire, connaître le prix des locations, acquérir l'habitude des devis. Les professionnels, quant à eux, ne sont pas nécessairement des gens qui parlent ou écrivent, à la différence des universitaires, mais ils confrontent les étudiants à une réelle pratique et leur apportent des notions concrètes, d'organisation du travail notamment. « *La FEMIS donne la chance d'accéder à un milieu très fermé* », dit Philippe Freling (réalisation). Instituteur, l'un des provinciaux venus à Paris pour entrer à la FEMIS (avec bourse et prêt bancaire), il a réalisé des films pédagogiques pour Médecins sans frontières. « *On n'est pas artiste dans une école, il faut un public, des maîtres ; on fait un produit, pas seulement une réflexion sur le cinéma. Quand nous projetons nos films, là, on nous fait des remarques professionnelles, "tu ne peux pas te permettre ça". Je ne cherche pas seulement à m'exprimer, à réaliser mon film ; c'est important pour moi de faire des images et des sons pour apprendre des choses aux autres, pour émouvoir.* »

Association loi de 1901 (comme l'IDHEC), la FEMIS est financée par le ministère de la Culture, le CNC, la taxe professionnelle et le mécénat, « *plus particulièrement par Ariflex, Soft, Kodak et également par de grands intervenants professionnels comme la Procirep et l'Adami* », précise Jack Gajos. Le budget de

© FEMIS

Tournage à la FEM

1991 s'élève à 39, 610 millions de francs plus 3 MF pour *Périphéria*. La FEMIS dispose d'un plateau régie, d'un auditorium, de salles de montage film et vidéo, d'ensembles de matériel prise de vues et son, lieux dans lesquels les élèves peuvent travailler quand ils veulent. L'école organise diverses activités, telles les conférences (par Kazan, Malle, Rohmer, Karmitz, Deleuze, Vitez...) dans le cadre des « mardis de la FEMIS ». Une convention existe aussi avec le Groupe de recherches et d'essais cinématographiques (GREC).

L'école publie des livres sur l'enseignement des métiers du cinéma (scénario, montage, scripte, direction de production...) rédigés par des professionnels, et, parfois en coédition, des ouvrages de réflexion (avec Gallimard, l'ouvrage de René Bonnell) et d'histoire (les écrits d'Eisenstein). « *Ce sont des publications qui n'existent pas sur le marché,* dit Claude Gauteur, également directeur de collection ; *nous nous distribuons en direct dans les Fnac et les librairies spécialisées de Paris et de province et des grandes capitales francophones.* »

Enfin *Périphéria,* centre de recherches animé par Jean-Luc Godard, lieu autonome, installé dans les locaux de la FEMIS, est exclusivement destiné aux élèves et intégré à l'enseignement « *suivant un schéma pédagogique qui reste à trouver,* dit Jack Gajos ; *l'objectif est celui d'un travail sur l'image et le son dans la ligne directe des* Histoire(s) du cinéma. »

La FEMIS « se cherche » en même temps qu'elle fonctionne, se construit une image. « *Elle n'est pas une école de luxe et de privilégiés, elle est l'école voulue par la profession et donc dotée des moyens de la profession* », dit Jack Gajos. Les élèves peuvent avoir tendance à se sentir « vieux » en sortant de la FEMIS, avec l'envie d'avoir des responsabilités, tout en étant professionnellement considérés comme des débutants. L'enseignement consiste aussi en un apprentissage de relations entre les étudiants pour bien tirer parti de l'école et avec les professionnels afin de se constituer un carnet d'adresses indispensable pour trouver du travail, à plus forte raison dans des secteurs où la légitimité est encore en grande partie celle de la formation sur le tas. Il semble aussi nécessaire d'avoir d'autres centres d'intérêt

que le cinéma, « *question de maturité* », comme le disent plusieurs étudiants de la première promotion de l'école.

Nicolas SCHMIDT

PARIS

INSTITUT DE FORMATION ET D'ENSEIGNEMENT POUR LES MÉTIERS DE L'IMAGE ET DU SON (FEMIS).

13, avenue du Président-Wilson, 75116 Paris.
Tél. : 47.23.36.53. Fax : 40.70.17.03.
Statut : association loi 1901.
Responsables : président : Jean-Claude Carrière ; délégué général : Jack Gajos ; secrétaire général : Jacques Fraenkel ; directeur des études : Anne Luthaud.
Diplôme préparé : diplôme national, relevant du ministère de la Culture.
Conditions d'admission : moins de 27 ans ; niveau bac + 2 ; concours d'entrée.
Frais d'inscription et d'études : 400 F ; cotisation à la Sécurité sociale étudiante.
Durée des études : 3 ans.
Effectif par promotion : 40 élèves environ.
Contenu des études : départements : écriture de scénario : Pascal Bonitzer et Marie-Geneviève Ripeau ; réalisation : Maurice Faivelic, André Téchiné ; image, effets spéciaux : Ricardo Aronovitch, Michel Cotterêt ; son : Michel Fano ; décoration : Willy Holt ; montage : Albert Jurgenson, Jacques Comets ; administration, direction de production et promotion : Pierre Grünstein, Jean-Claude Bourlat ; vidéo : Philippe Bernard ; analyse de films : Jean Narboni.
Stage : cinéma, télévision, maisons de production...
Centre de recherches : *Périphéria* (sous la direction de Jean-Luc Godard).
Publications : collections d'ouvrages pédagogiques (livres et cassettes), manuels d'information et d'orientation rédigés par des professionnels (sur l'image, le son, la décoration, le montage, la direction de production, la scripte..., et ouvrages d'histoire et de réflexion sur le cinéma (voir bibliographie).
Débouchés : formations de collaborateurs de création, réalisation, scénario, assistanat...
Remarques particulières : l'école pourrait accueillir jusqu'à 60 élèves par an (les moyens sont prévus) ; elle préfère se limiter actuellement à une quarantaine, en fonction des résultats du concours. Membre du CILECT (Centre international de liaison des écoles de cinéma et de télévision) et membre fondateur du GEECT (Groupement européen des écoles de cinéma et de télévision).

L'École nationale de la photographie d'Arles

A l'ENP d'Arles,
devenir un spécialiste de la photographie

L'École nationale de la photographie (ENP) est toute jeune, elle a à peine neuf ans. Elle a été créée en 1982 par le ministère de la Culture et elle est toujours dirigée par son fondateur, Alain Desvergnes lui-même photographe. Passionné de Faulkner, il a voulu aller voir et découvrir le pays du bruit et de la fureur, il a photographié une Amérique sauvage et poétique. Successivement professeur à l'université du Mississippi puis au Canada, c'est en 1979 qu'il confie à Cartier-Bresson son désir de fonder une école de photographie en France et plus précisément à Arles, capitale des Rencontres internationales de la photographie.

Christiane Reynaud-Turpin, professeur de lettres modernes, responsable de la section

Cinéma et audiovisuel au lycée Albert-Camus de Bois-Colombes et du secteur scolaire au cinéma La Lanterne à Courbevoie l'a rencontré.

Une méthode pour interpréter le visible

Les Rencontres ont fait d'Arles le lieu-phare de la photographie ; elles constituent à la fois un prolongement pratique et un débouché concret aux études suivies à l'ENP. Elles donnent à l'École sa spécificité.

Éloignée du bruit et de l'agitation de la capitale, l'école prépare à la solitude de l'artiste et du photographe en particulier. L'emploi du temps très dense exige des étudiants un engagement intensif ; le silence d'Arles, quasi monastique, devient alors un avantage pour eux.

De plus, l'aspect international de l'ENP permet une ouverture sur le monde : des étudiants de vingt-cinq pays différents ont fréquenté jusque-là l'école qui aspire à une véritable vocation européenne. Bien avant la chute du mur de Berlin, elle entretenait déjà des relations suivies avec le département des beaux-arts de l'université de Leipzig et organisait des échanges avec la prestigieuse École de cinéma de Lodz (Pologne). Des relations se sont nouées également avec l'École d'art de Jérusalem et l'université Cooper Union de New York.

La composition particulière de son corps professoral, qui comprend à la fois des universitaires et des professionnels, des théoriciens et des praticiens, des Français et des étrangers, apporte aux élèves un enseignement riche dans sa diversité, une expérience personnelle et collective de l'œil et de la main ; une méthode pour l'interprétation du visible et un vocabulaire pour penser le sens des signes et des traces et l'exprimer.

Enfin la perspective très vaste dans laquelle a été pensé le programme des études permet d'étudier la photographie dans sa spécificité mais aussi par rapport à un ensemble de techniques annexes (vidéo, graphisme, imprimerie) et en relation avec les autres arts (peinture, cinéma).

Un concours sélectif

L'admission à l'école se fait sur concours ; celui-ci a lieu tous les ans en mars et avril. Pour s'inscrire, il faut avoir 18 ans et être titulaire du baccalauréat au moment de l'inscription ou d'un titre équivalent pour les étrangers. La demande d'inscription se fait avant le 1er mars. Il faut passer un écrit et un oral :

La première épreuve écrite teste le sens visuel du candidat et sa capacité d'analyse et d'expression ; elle comporte un test de connaissances en histoire de l'art, un commentaire personnel des caractères esthétiques de huit diapositives représentant des photographies de genres différents. La deuxième porte sur l'histoire de l'art : identification des

œuvres, des auteurs ou des courants en peinture, architecture, sculpture, photographie au cours d'une projection de quarante diapositives. La troisième consiste en un commentaire sur l'œuvre d'un photographe de référence connu à l'avance ; pour le concours 91, Wolker Evans a été choisi. Enfin la dernière teste les capacités de l'élève en anglais : il s'agit d'un commentaire rédigé dans cette langue sur un événement d'actualité vu par les moyens de communication, presse, radio, télévision.

L'épreuve orale concerne les candidats admissibles après l'écrit. Elle consiste en un entretien de trente minutes environ avec un jury composé de représentants du ministère de la Culture, de professionnels de la photographie, du directeur et des enseignants de l'École. Ils testent de façon plus approfondie les connaissances du candidat, apprécient ses motivations, évaluent son niveau d'anglais oral et examinent ses travaux personnels. La présentation d'un portfolio est obligatoire, il doit comprendre un ensemble de photos noir et blanc et/ou couleur, formant ou non une unité.

Le concours exige une sensibilité et une agilité visuelles déjà exercées, des capacités d'analyse et de synthèse. Le candidat peut se préparer lui-même, il peut aussi suivre une préparation à l'université dans toutes les filières Lettres, Arts, Communication ou Sciences humaines. Une seule université prépare spécialement au concours, celle d'Aix-Marseille dans le cadre du département des Arts plastiques (avenue R.-Schuman à Aix-en-Provence).

Sur 1 600 candidatures, 200 environ remplissent les conditions pour se présenter au concours. Sur les 200, 80 sont admissibles à l'oral et 30 définitivement admis. On compte 40 % de filles et 60 % de garçons en moyenne chaque année, les bacs littéraires sont autant représentés que les bacs scientifiques.

Polyvalences

Le programme s'étend sur trois années d'étude constituant chacune douze unités de valeur. Les deux premières années délivrent une formation de base. Les UV sanctionnent les cours et laboratoires théoriques, pratiques ou artistiques : l'École offre aux étudiants des cours d'histoire de l'art, de la photographie, du cinéma et de la télévision, de sociologie, d'esthétique, d'anglais ; dans le domaine pratique, ils s'initient aux techniques de laboratoire noir et blanc et couleur et à la vidéo. A la fin des deux premières années, les étudiants effectuent l'été un stage pratique de trois ou quatre semaines aux Rencontres internationales d'Arles.

La troisième année recouvre des enseignements liés davantage à la production ou à l'utilisation de l'image ; documentation, pédagogie, muséologie, reportage... La dernière année est aussi consacrée à la préparation du mémoire qui sera soumis à un jury pour l'obtention du diplôme de l'École.

Devenir des diplômés

Depuis son ouverture en 1982, six promotions d'élèves sont sorties de l'École. En 1990, 125 étudiants l'avaient terminée et 105 obtenu le diplôme. Ils ont trouvé des emplois permanents ou intermittents, dans onze directions différentes.

Ainsi certains travaillent à la Documentation française, d'autres au ministère de la Culture ou dans les services culturels des mairies, un élève est employé à la FNAC, plusieurs ont travaillé à l'Agence Magnum. Certains sont indépendants et vendent ensuite leurs propres travaux à Sigma, Magnum ou Vu ; un ancien élève a accompagné une équipe de Médecins du monde au Sri-Lanka ; trois autres ont fondé leur propre agence de photos de presse *Editing* à Lyon ; un ancien étudiant a ouvert un laboratoire à Naples. Certains assurent des heures d'enseignement dans différentes écoles de beaux-arts. D'autres enfin ont trouvé des débouchés dans la publicité. Enfin, tous les ans, deux ou trois étudiants poursuivent à l'Université des études sur l'image, en esthétique ou histoire de l'art, en France ou à l'étranger.

Même si l'emploi dans ce domaine est encore problématique, Alain Desvergnes constate que les diplômés trouvent plus facilement du travail au fur et à mesure que l'École se fait mieux connaître et que ses diplômés se font mieux apprécier. D'autre part, une prise

de conscience tant au niveau national que local de la nécessité de conserver et exploiter le patrimoine semble favoriser la création de quelques emplois pour les élèves d'Arles. De plus, l'importance prise par l'image dans tous les domaines (publicité, illustration, télévision) laisse espérer des possibilités nouvelles : on aura de plus en plus besoin d'hommes ou de femmes spécialistes de l'image fixe.

L'originalité de l'enseignement dispensé à Arles alliant aspect technique et esprit artistique, créativité et critique, connaissance et sensibilité sans oublier l'ouverture sur l'extérieur donnent à l'ENP une véritable vocation européenne et la placent au premier rang des écoles de la photographie en Europe. Cent cinquante ans après la découverte de la photographie, l'École d'Arles a l'ambition — sans doute réussie — de contribuer à la reconnaissance de celle-ci comme discipline artistique à part entière sans oublier qu'elle est aussi fille de la science et amoureuse de l'imaginaire.

Christiane REYNAUD-TURPIN

ARLES

ÉCOLE NATIONALE DE LA PHOTOGRAPHIE (ENP).

16, rue des Arènes, 13631 Arles.
Tél. : 90.99.33.33
Responsable : Alain Desvergnes.
Diplôme préparé : diplôme de l'ENP.
Conditions d'admission : bac + 1.
Frais d'inscription et d'études : 1 300 F par an.
Durée des études : 3 ans.
Effectif par promotion : 30.
Contenu des études :
Théorie : histoire de l'art et de la photo, sémiologie, théorie de la communication et de la représentation, anglais obligatoire.
Pratique : prise de vue, laboratoire, atelier vidéo et audiovisuel, graphisme.
Stage : participation aux rencontres Internationales d'Arles.
Débouchés : tous les métiers ayant rapport à l'image : centres de documentation, services photographiques, agences de presse, journaux, services audiovisuels, enseignement, édition.

Collection La Revue du Cinéma

par Anne-Marie Garat

Hippolyte Girardot, ancien élève de l'INSAD, dans *Le destin de Juliette,* d'Aline Issermann

A l'ENSAD,
s'initier à l'art vidéo

L'École nationale supérieure des arts décoratifs (ENSAD) propose parmi d'autres une section Vidéo/cinéma/animation. Anne-Marie Garat, coresponsable de la section Cinéma et audiovisuel au lycée de Montgeron et romancière, a rencontré enseignants et étudiants de cette section.

Au troisième étage du bâtiment de l'ENSAD, l'ascenseur vous débarque dans un décor minimaliste aux murs de parpaings blanchis, flanqués d'armoires métalliques et piqués d'affiches, de plannings. Plutôt austère. Mais si vous poussez les portes, vous êtes tout d'un coup dans un labyrinthe de salles obscures où scintillent les écrans des moniteurs, les bancs de montage vidéo, vous débouchez sur un plateau de tournage dont le grand cyclo bleu tombe des cintres. Mélange de bricolage et de sophistication propre aux lieux de l'audiovisuel. Les étudiants, en groupes, tapotent sur les consoles, discutent, confrontent leurs projets, à la fois décontractés et attentifs. C'est dans ces murs que se tient la section Vidéo/cinéma/animation de l'ENSAD, « *lieu privilégié entre tous : il n'y a pas deux écoles comme celle-là* », déclare Pascal Dalet, étudiant en deuxième année. Conscience très vive, et sentiment partagé par tous, de bénéficier d'une formation unique en son genre.

Comment entre-t-on ici ? Sur concours, avec un niveau bac + 2, si l'on a entre 17 et 25 ans[1]. Concours difficile puisque sur plus de 2 000 candidats, 10 % environ passent le seuil des premières épreuves, et moins de cent sont définitivement admis. Ensuite, une quinzaine seulement aura accès, après une première année d'études en tronc commun, à la section Vidéo/cinéma/animation. L'effectif est limité en raison des contraintes matérielles et techniques d'une pédagogie de pointe, incompatible avec le nombre. « *On se serre un peu, on prend plus d'étudiants que n'en tolère idéalement la section,* déclare Don Foresta, coordinateur des études. *Il faudrait pourtant augmenter cet effectif, la section est très demandée, les débouchés intéressants. Mais cela nécessiterait d'augmenter d'abord les moyens, le matériel, l'espace... »*

La section de spécialisation offre donc un second cycle de 3 ans. Le contenu théorique s'enseigne sous forme de cours d'histoire et du langage du cinéma et de la vidéo, analyses de films et de bandes vidéo, théorie de la production... à raison de 15 heures hebdomadaires. Mais l'essentiel est axé sur la pratique, 12 heures par semaine. « *Il faudrait doubler l'horaire* », estime Yann N'Guyen, enseignant en technique avancée. C'est dans le cadre des « ateliers de production » que l'étudiant acquiert maîtrise technique et esthétique. En première année, l'initiation est collective, en principe, bien qu'elle laisse place à l'initiative individuelle. En deuxième année, chaque étudiant réalise, seul ou en équipe, des vidéos de 3 à 20 minutes. La dernière année est consacrée à la réalisation d'une bande de fin d'études et à la rédaction du mémoire (une centaine de pages) dont la soutenance permet d'obtenir le diplôme final. Diplôme national, « *mais mal reconnu par la profession, hélas* », note A. Moreau, enseignant en vidéo-reportage. Du moins officiellement, puisque la plupart des étudiants de la section trouvent un emploi dans l'audiovisuel à la sortie de l'école, même si c'est difficile au départ.

En plus de la formation assurée à l'ENSAD, les étudiants peuvent faire des stages à l'extérieur, au Centre Pompidou, par exemple, sur des chaînes de télévision ou dans des maisons de vidéo privées. L'évaluation pédagogique se fait en contrôle continu, sous forme d'UV. Peu abandonnent en cours de route. En fait, les effectifs sont stables, et certains restent même une année supplémentaire, pour parachever une recherche personnelle. Neuf étudiants sur dix obtiennent le diplôme.

Privilégier la création, l'invention

Quelle est la particularité de cette section si recherchée ? D'abord, un enseignement qui se soucie, certes, de professionalisme, de donner une maîtrise complète des outils, mais qui privilégie surtout la création, l'invention. École d'art oblige. « *La philosophie de la section,* dit Don Foresta, *c'est notre attitude face à la télévision institutionnelle, véritable menace pour la culture et la civilisation. On assiste à une normalisation de produits alignés sur les standards les plus médiocres de la communication. Nous voulons réagir contre cela, refuser de considérer cet état de fait comme fatal. Nous faisons le pari que les gens qui sortent d'ici insuffleront un air nouveau. Nous formons des créateurs d'images, des chercheurs curieux de toutes les formes d'expression. Des pionniers et des défenseurs de la vidéo en tant qu'art. Elle n'a pas encore commencé à parler d'elle-même, à parler son langage propre. »*

Ensuite, tous les enseignants de la section sont des professionnels, créateurs eux-mêmes, apportant leur expérience, leur compétence et leurs préoccupations personnelles. Sensibilités diverses, mais esprit commun qui suscite une sorte d'« écriture ENSAD », un style singulier. Maîtrise technique et formelle des instruments les plus variés : la section dispose d'équipements complets en cinéma 16 mm, d'un banc-titre pour l'animation ; de caméras vidéo CCD N200, Tri-CCD, Tri-tube, de bancs de montage U-matic SP, dont un « trois machines ». « *Un petit bijou* », dit

Xavier Dandoy, étudiant de 1ʳᵉ année, installé à son clavier.

Mais surtout, au-delà du souci d'exigence technique et formelle, les enseignants de la section entendent promouvoir un sens esthétique, un goût de la création où imaginaire, sensibilité, intelligence individuelle trouvent une voix, un langage spécifiques à la vidéo. On enseigne la vidéo-création, la vidéo-art (véritable concept-maison), la vidéo-danse et la vidéo-musique ; et la fiction, le documentaire, le reportage, pensés et traités en termes de création. *« Depuis quelque temps, on a réintroduit une pédagogie des contenus, le scénario, les formes écrites, pour équilibrer les préoccupations formelles esthétiques un peu trop prépondérantes,* souligne Y. N'Guyen. *Il n'y a pas d'école en Europe, à ma connaissance, qui privilégie ainsi la démarche de recherche individuelle, qui tende à faire coïncider l'instrument et l'expression. »* Comment décider d'être créateur ? *« On ne sait pas, au début, ce que chacun fera, comment il va se trouver lui-même dans cette recherche,* note Don Foresta. *C'est pourquoi nous répugnons à sélectionner les candidats à la section, en fin de première année à l'ENSAD. Nous préférons offrir à chacun l'opportunité de trouver son style. »* Le trouver, le chercher... *« Ici, il faut se battre pour exister. Prendre des initiatives, savoir conquérir autonomie, maîtrise. Cela aussi nous prépare aux réalités des métiers de l'audiovisuel »,* constate un étudiant. Un autre de renchérir : *« Il faut s'armer de courage, foncer. Avoir le sens de la responsabilité, occuper le terrain libre et se donner soi-même les moyens de ses idées. Apprendre à travailler seul et en équipe, faire sa promotion... »*

D'ailleurs les étudiants s'occupent eux-mêmes de la ZARDEK, association interne à l'école, chargée de promouvoir réalisation et diffusion des produits, de les vendre et de gérer les apports financiers au bénéfice des étudiants et de leurs projets. Chaque année, entre dix et quinze œuvres audiovisuelles sont réalisées, riches par leur diversité de thèmes, de sensibilités, de techniques d'approche. Beaucoup d'entre elles sont sélectionnées et

primées dans les festivals de vidéo. Ainsi Dominik Barbier, Jérôme Lefdup, Anne Sohalat ou Virginie Roux, Marc Guerini, Christophe Jouret comme Larry Flash, et « Les Bons amis », « Les Maîtres du Monde », « Tout pour plaire », « Les trois Écailles », associations et équipes de réalisation. Même si chaque étudiant dispose du matériel de la section, il lui faut souvent auto-financer son film de fin d'études (autour de 10 000 F, et jusqu'à 50 000 F s'il est très motivé).

Bien sûr, il y a des problèmes : ceux du budget, trop court, des locaux, exigus, du matériel à renouveler, et dont la gestion est parfois acrobatique. Ceux de la maintenance, de l'assistance technique (seulement 2 techniciens, en vidéo et en son). Et puis les pannes, l'encombrement, l'effectif, les horaires peu souples... Mais la section est un lieu vivant, contradictoire et passionné, contagieux jusque dans la profession par son style. Les débouchés sont assurés, chacun trouve un emploi, surtout comme monteur dans le secteur institutionnel, très demandeur, ou dans le privé comme monteur truquiste, infographiste... Certains montent leur propre maison de production, deviennent réalisateurs, acteurs. *« Notre force,* dit Y. N'Guyen, *c'est notre foi dans la puissance créatrice de l'image vidéo, notre ouverture au monde. »*

Anne-Marie GARAT

PARIS

ÉCOLE NATIONALE SUPÉRIEURE DES ARTS DÉCORATIFS (ENSAD).

31, rue d'Ulm, Paris 75005.
Tél. : 43.29.86.79.
Responsables : Directeur : Richard Peduzzi. Section Vidéo-cinéma-animation : Don Foresta.
Diplôme préparé : diplôme de l'ENSAD avec mention de la spécialisation.
Conditions d'admission : concours (niveau bac + 2) entre 17 et 28 ans.
Frais d'inscription et d'études : 400 F.
Durée des études : 4 ans.
Contenu des études : pas de séparation entre théorie et pratique, l'essentiel de la pédagogie passe par des ateliers de production où s'articulent théorie, pratique et histoire des formes.
Débouchés : réalisateur, etc.

---

1. *Dépôt des candidatures en mars-avril. 400 F d'inscription (plus SS et mutuelle). Obtention de bourses d'études sur dossier, à l'inscription.*

Défrichage

Au CFPJ, devenir journaliste reporter d'images

En 1983, le CFJ (Centre de formation des journalistes) crée une filière pour préparer au métier nouvellement apparu de journaliste reporter d'images (JRI). Daniel Junqua, qui dirige le CFPJ[1] définit ce que peut être ce nouveau métier, né avec la betacam, caméra vidéo haut de gamme avec magnétoscope incorporé : « **Le JRI peut se glisser à chaud dans l'actualité seul ou avec une autre personne ; cette intrusion provoque très peu d'effets secondaires et une personne ou deux peuvent passer là où une équipe aurait été bloquée. Le journaliste y gagne en pouvoir, car il peut désormais penser et organiser en images.** » *Il nous précise que deux autres centres reconnus par la* convention collective des journalistes ont créé des formations JRI : l'IUT de Bordeaux forme cinq ou six étudiants par an à cette spécialité. Le CUEJ de Strasbourg en propose une, d'une durée de dix-sept semaines[2].

Depuis la création de la filière, une quarantaine de JRI ont été formés au CFJ, au rythme de cinq ou six par an. Quatre à six étudiants sont admis à l'école après avoir passé le même concours que pour les autres sections, avec un examen complémentaire sur l'image. Cette épreuve consiste à traiter un sujet au moyen de photos, l'évaluation por-

© CFPJ Photo Stephan Poulle

tant sur la qualité des images et sur leur enchaînement en vue d'un récit. Une passerelle est également prévue entre les autres sections et celle de JRI pour les étudiants déjà entrés au CFJ. Généralement, trois ou quatre candidats par an cherchent à passer dans cette filière, un ou deux sont admis.

Une promotion annuelle de six étudiants en JRI (dont une fille ou deux) semble pour le moment le maximum possible compte tenu des moyens nécessaires. Le CFJ forme sur du matériel professionnel : les étudiants disposent de betacam (trois caméras, bancs de montage, régies standard) et de « High 8 » qui intervient en complément à la formation en betacam car il est plus léger, moins cher et ses qualités techniques sont comparables. On peut d'ailleurs prévoir son arrivée sur les chaînes de télévision dans les années à venir.

L'enseignement JRI en première année est le même que celui des autres filières. La deuxième année, où l'on se spécialise, comporte des cours théoriques d'histoire, d'économie, d'anglais, des cours de « grammaire de l'image » (notions de plans, mouvements de caméra, optique...). La pratique est importante : prises de vue et de son, exercices de montage, séminaires photo, commentaires sur images, tournages d'actualité, enquête magazine. Les étudiants ont également à réaliser en totalité un « grand sujet », qui doit pouvoir être présenté aussi bien à l'école qu'à des employeurs. Au CFJ sont réalisés des journaux d'école, en circuit fermé mais diffusés également sur des réseaux câblés.

En formation initiale, la filière JRI se développe peu, d'une part parce qu'elle entraîne des frais très importants de matériel et de techniciens, d'autre part en raison de l'exiguïté du marché de l'emploi dans ce secteur. En revanche, en formation permanente au CPJ, beaucoup de journalistes de presse écrite, de radio, des photographes, ainsi que des responsables de la communication en entreprise demandent à se former au maniement de la caméra. Le stage proposé est lourd et cher mais affiche toujours complet.

Apprendre à raconter par l'image

Des enjeux technologiques, pédagogiques, déontologiques, financiers sont attachés à cette nouvelle filière[3]. Mais le métier de journaliste reporter d'images s'inscrit dans une évolution de la télévision où l'image prend autant de place, sinon davantage, que la parole. Si on assiste à un engouement pour les magazines télévisés, il n'est pas certain que ces derniers continueront à exister en aussi grand nombre qu'actuellement (du fait de leur coût, du caractère volatil du public, de l'importance de l'actualité). En revanche l'information audiovisuelle semble suivre un mouvement qui peut prendre des formes multiples et variées, mais où le travail de reportage consiste idéalement à prendre le temps d'aller sur le terrain, de filmer, d'écrire un commentaire, d'en faire un montage, à la différence de l'image produite immédiatement. Ainsi, la formation JRI apprend à raconter par l'image, à trouver un équilibre entre le commentaire et l'image, ou à se passer de commentaire. Le journaliste reporter d'images doit être un rédacteur capable de filmer et de construire seul un reportage. Cependant, il n'est pas « homme-orchestre ». Plus que de polyvalence, il s'agit de « polyaptitude » : ici, une capacité à nourrir un dossier, là, à écrire un commentaire... Le reportage devient ainsi un magazine qui se fait avec plus ou moins de temps (pour la réflexion, l'affinement du sujet, l'approfondissement des contacts, etc.) ; il tend à être scénarisé, mais sans formalisation sur le papier. Une formation du type JRI va dans le sens d'un apprentissage de la réalisation, mais sans pousser celle-ci trop loin, et consiste, non pas à faire tout, mais à savoir tout faire.

On compte actuellement 400 personnes titulaires de la carte JRI[4]. Elles sont employées bien sûr par les chaînes de télévision, mais aussi par les sociétés de production (qui travaillent avec les chaînes). Il n'est pas toujours facile de faire accepter la spécificité de la formation. À la télévision, si le JRI se trouve

---

1. _Le CFPJ (Centre de formation et de perfectionnement des journalistes) regroupe une formation initiale au CFJ (Centre de formation des journalistes) et des formations continues, dispensées par le CPJ (Centre de perfectionnement des journalistes)._

2. _Voir annuaire._

3. _Babert (Caroline) : Des journalistes à la caméra, in_ « _L'enseignement du cinéma et de l'audiovisuel_ », CinémAction, _Cerf — CFPJ, 1987._

4. _Prédal (René), Euvrard (Janine) : Un nouveau métier : JRI, in_ « _Les métiers du cinéma, de la télévision et de l'audiovisuel_ », CinémAction, _Corlet — Télérama, 1990._

avec un rédacteur confirmé, il est souvent confiné dans le rôle d'opérateur de prises de vues. En revanche, les agences donnent davantage de responsabilités.

Nicolas SCHMIDT

PARIS

CENTRE DE FORMATION ET DE PERFECTIONNEMENT DES JOURNALISTES (CFPJ).

31-33, rue du Louvre, 75002 Paris.
Tél. : 45.08.86.71.
Statut : établissement privé d'enseignement supérieur technologique et professionnel reconnu par l'Éducation nationale.
Responsables : Daniel Junqua, directeur général ; Edouard Guibert, responsable du service audiovisuel.
Diplôme préparé : diplôme du CFJ reconnu par le ministère de l'Éducation nationale.
Conditions d'admission : DEUG complet et 21 ans maximum ou licence complète et 23 ans maximum. Examen d'entrée en deux parties : épreuves éliminatoires (connaissances sur l'actualité, les institutions nationales et internationales, anglais, géographie, culture générale) ; épreuves définitives écrites et orales (condensé de texte, sujet libre, enquête, histoire, reportage, sujet images, classement de dépêches, entretien).
Frais d'inscription et d'études : droits de participation aux épreuves : un peu plus de 500 F ; frais de scolarité et de participation aux études : un peu plus de 3 000 F (de 2 500 pour les boursiers).
Durée des études : 20 mois.
Effectif par promotion : 6 étudiants en journalisme reporter d'images (JRI).
Contenu des études : acquisition des techniques de base (premier trimestre) puis tronc commun d'apprentissage multimédia, dont la conception de nombreux journaux-écoles ; en fin de scolarité, deux mois de spécialisation en presse écrite ou audiovisuelle.
Stage : un stage de 2 mois dans la presse quotidienne régionale au cours de la scolarité.
Publications : plusieurs collections : « Manuels » : secrétariat de rédaction, graphique dans la presse écrite... « Connaissance des médias » : presse écrite, audiovisuelle, sportive... « Guides » sur la documentation, la télématique, le droit de la presse, barbarismes, anglicismes...
Débouchés : presse écrite ou audiovisuelle, parisienne et régionale.

Et ailleurs...

BORDEAUX

UNIVERSITÉ DE BORDEAUX III.

IUT « B » journalisme.
Département carrières de l'information et de la communication.
BP 204, 33175 Gradignan Cedex.
Tél. : 56.84.44.44, 56.04.44.01.
Responsable : Jean Charron.
Diplôme préparé : DUT option journalisme (journaliste reporter d'images).
Conditions d'admission : examen interne à la fin de la 1re année. Examen d'entrée en année spéciale.
Frais d'inscription et d'études : 575 F + sécurité sociale et mutuelle éventuellement.
Durée des études : 1 an.
Effectif par promotion : 4 à 6.
Contenu des études :
Théorie de l'image et du son appliqué à la vidéo.
Pratique : maîtrise de la caméra et du montage du 8 mm à la betacam.
Publications : production IUT V, diffusion FR 3.
Débouchés : agences d'images et chaînes de télévision.
Remarques particulières : cette formation est reconnue par la convention collective des journalistes.

STRASBOURG

UNIVERSITÉ ROBERT-SCHUMAN.

Centre universitaire d'enseignement du journalisme.
10, rue Schiller, 67083 Strasbourg Cedex.
Tél. : 88.36.30.32.
Responsable : Alain Chanel.
Diplôme préparé : diplôme JRI.
Conditions d'admission : diplôme d'une école de journalisme.
Frais d'inscription et d'études : 35 000 F.
Durée des études : 17 semaines.
Effectif par promotion : 5 ou 6.
Contenu des études :
Théorie : sémiologie, scénarisation, signal vidéo, optique, lumière, son.
Pratique : tournage, montage, sujets de 1 à 10 minutes.
Stage : 3 mois.
Débouchés : entreprises de presse audiovisuelle, agences...

Et encore
d'autres possibilités

Collection Alain Manceau

Tournage à l'école des beaux-arts d'Angers

Étudier dans les écoles d'art de province

Raoul Sautai, inspecteur principal à la délégation des Arts plastiques au ministère de la Culture et de la communication, évoque ici les possibilités offertes par les écoles d'art de province. Quinze d'entre elles ont répondu à notre enquête et sont répertoriées dans l'annuaire.

L'enseignement artistique dans les écoles nationales, les écoles régionales et municipales d'art affirme nettement son objectif : former des plasticiens destinés à intervenir dans la société en tant qu'artistes ou en tant que professionnels, par exemple dans le domaine de la communication.

Les programmes pédagogiques de ces établissements diffèrent de ceux des formations professionnelles techniques préparant à l'exploitation, la maintenance et la réalisation audiovisuelles.

Pour donner forme aux projets des étudiants qui doivent manifester des ambitions de création tout autant que maîtriser la technique et en connaître les enjeux, tantôt on privilégie un moyen d'expression unique comme l'audiovisuel, tantôt on conjugue audiovisuel et informatique, tantôt on déploie une stratégie multimédia, presse, TV, affichage, etc.

Pour répondre à ces attentes, les écoles d'art actualisent leurs équipements de façon régulière et encouragent des pratiques privilégiant la mixité des outils et des langages.

Certaines d'entre elles permettent des réalisations de qualité professionnelle où se mêlent images traditionnelles et images nouvelles.

Dans les 52 écoles d'art nationales, régionales et municipales de province, il est possible de distinguer trois niveaux quantitatifs et qualitatifs en matière d'enseignement de l'audiovisuel.

• Le premier concerne la presque totalité des écoles d'art où les programmes pédagogiques de base, surtout dans les deux premières années, comportent un enseignement et une pratique de la vidéo, de la photographie, et des nouvelles technologies. Des stages techniques accompagnent et complètent ces enseignements.

• Le deuxième niveau concerne tout particulièrement les écoles d'art agréées pour enseigner la communication. On y étudie les moyens qui permettent le travail des images et du son dans un contexte multimédia. On insiste particulièrement sur la pertinence nécessaire dans le choix d'un média en fonction des projets.

Les étudiants des autres secteurs, Art et Design, ont accès eux aussi à l'audiovisuel. Les diplômés issus de ces formations s'intègrent dans les milieux professionnels de l'information et de la communication.

Sont agréées pour ces enseignements les écoles d'Angers, Angoulême, Besançon, Bordeaux, Cergy-Pontoise, Epinal, Le Havre, Lyon, Marseille, Metz, Nancy, Nantes, Orléans, Rennes, St Etienne et Toulouse.

• Le troisième niveau concerne des écoles où le secteur audiovisuel est essentiellement au service de l'expression artistique et de la communication.

Géographiquement, ces écoles se répartissent de la manière suivante : l'école d'art de Lyon, avec son option Communication, offre un large éventail de moyens pour l'étude et la pratique de la relation entre les images réelles, les images nouvelles et le son. Celles de Nancy, Nantes, Orléans, Rennes, St Étienne travaillent sur l'interaction de l'audiovisuel et de l'informatique dans un contexte multimédia plus large. A Nice, les étudiants de l'option Art disposent de moyens vidéo et informatique. Il existe aussi un secteur cinéma qui permet de réaliser des fictions et un atelier pour des expérimentations sonores. L'école d'art de Cergy-Pontoise offre des moyens vidéo destinés aux étudiants des options Art et communication. Un secteur informatique travaille en interaction avec l'audiovisuel. A Angers, un secteur de cinéma d'animation destiné à devenir une composante importante de l'option Communication se met en place. A Bourges, les étudiants d'art pratiquent la vidéo et l'informatique. L'école de Poitiers oriente nettement ses enseignements vers la formation de créateurs utilisant les images numériques en relation avec la vidéo.

Une école supérieure d'art à Tourcoing-le-Fresnoy est en voie de création : sa caractéristique principale sera la transdisciplinarité, au croisement des arts plastiques, de l'audiovisuel et du spectacle vivant. Cet établissement d'un type nouveau regroupera à la fois des activités de formation, de production et de diffusion artistique. Elle offrira des équipements en cinéma, vidéo et images de synthèse qui permettront la réalisation de travaux professionnels. Localisée dans le Nord-Pas-de-Calais, elle sera dès 1993 reliée à Londres, Bruxelles, Cologne et Paris par TGV et devrait avoir un impact réel, au plan économique dans les domaines de la production d'images, de la publicité et des techniques de la communication.

Raoul SAUTAI

Collection Alain Manceau

Tournage à l'école des beaux-arts d'Angers

Annuaire

ANGERS

ÉCOLE DES BEAUX-ARTS D'ANGERS.

Option communication visuelle.
Adresse : 72, rue de Bressigny, 49100 Angers.
Tél. : 41.87.54.41.
Statut : École d'État et municipale.
Responsables : Pierre Velon, directeur ; Daniel Bizeuil, coordinateur de l'option.
Diplôme préparé : Diplôme national supérieur d'expression plastique.
Conditions d'admission : concours pour les bacheliers ou CEAP.
Frais d'inscription et d'études : 560 F pour les habitants d'Angers, 1 170 F pour ceux qui habitent le reste du Maine-et-Loire, 2 240 F pour ceux qui habitent hors du Maine-et-Loire.
Durée des études : 3 ans.
Effectif par promotion : 15.
Contenu des études :
— Théorie : références visuelles et culture générale.
— Pratique : photographie, vidéo, cinéma, infographie.
Stage : en milieu professionnel de la communication audiovisuelle.
Recherche : oui.
Publication : annuelle : *Faire paraître*.
Débouchés : directeurs artistiques, réalisateurs de télévision, assistants réalisateurs.

Tournage à l'atelier Cinéma
de l'Institut d'Arts visuels d'Orléans

ANGOULÊME

ÉCOLE D'ART LE NIL.

Option communication visuelle.
Adresse : 134, rue de Bordeaux, 16000 Angoulême.
Tél. : 45.92.66.02.
Statut : École d'État et municipale.
Responsable : M. Nouhaud, directeur.
Diplôme préparé : Diplôme national supérieur d'expression plastique — communication.
Conditions d'admission : concours pour les titulaires du baccalauréat.
Frais d'inscription et d'études : deux tarifs selon l'origine des étudiants :
1) Poitou-Charentes : 1 600 F par an.
2) hors Poitou-Charentes : 2 000 F.
Durée des études : 4 ans après une première année commune.

Effectif par promotion : 15.
Contenu des études :
— Théorie : illustration, photographie, infographie, vidéo, cinéma d'animation, animation numérique.
— Pratique : des multimédias de communication.
Stage : de relations et de travail avec le milieu professionnel.
Débouchés : peu de débouchés sur place. A Montpellier et en région parisienne, divers emplois en audiovisuel.
Remarques particulières : projet d'élargissement du cursus de l'école, spécifiquement en communication et accent mis de plus en plus sur la bande dessinée.

BESANÇON

ÉCOLE RÉGIONALE DES BEAUX-ARTS DE BESANÇON.

Option audiovisuel.
Adresse : 12/14, rue Denis-Papin, 25000 Besançon.
Tél. : 81.53.32.11.
Statut : École d'État et municipale.
Responsable : Jean-Paul Weber.
Diplôme préparé : Diplôme national supérieur d'expression plastique — Option audiovisuel.
Conditions d'admission : concours avec le baccalauréat.
Frais d'inscription et d'études : 880 F pour les étudiants de Besançon, 1 800 F pour les autres (payables en deux fois).
Durée des études : 5 ans.
Effectif par promotion : 42.
Contenu des études :
— Théorie : histoire de l'art, théorie de la communication.
— Pratique : photographie, vidéo, infographie.
Stage : en entreprise, en agences de communication.
Débouchés : métiers de la communication et de la publicité.
Remarques particulières : échange d'étudiants pour un semestre avec la Fachhochschule de Dusseldorf.

BORDEAUX

ÉCOLE DES BEAUX-ARTS DE BORDEAUX.

Option communication.
Adresse : 7, rue des Beaux-Arts, 33800 Bordeaux.
Tél. : 56.91.40.71.
Statut : École d'Etat et municipale.
Responsable : Patrick Guyho, responsable de l'option Communication.
Diplôme préparé : Diplôme national supérieur d'expression plastique.
Conditions d'admission : concours avec le baccalauréat.
Frais d'inscription et d'études : 500 F pour les étudiants résidant à Bordeaux, 1 300 F pour les étudiants résidant hors de Bordeaux.
Durée des études : 5 ans.
Effectif par promotion : 40.
Contenu des études :
— Théorie : psychosociologie de la communication.
— Pratique : photographie, vidéo, cinéma, infographie.
Stage : 3 mois obligatoires dans des entreprises, imprimeries, agences de publicité.

Recherches menées par les élèves.
Débouchés : nouveaux métiers de la communication.
Remarques particulières : une galerie d'exposition, « *Le triangle* », permet d'exposer les réalisations des artistes visiteurs et conférenciers venant à l'école.

CERGY

ÉCOLE NATIONALE D'ART DE CERGY-PONTOISE.

Section communication.
Adresse : 2, rue des Italiens, 95000 Cergy.
Tél. : 30.30.50.49.
Statut : École nationale.
Responsable : Daniel Martin, directeur.
Diplôme préparé : Diplôme national supérieur d'expression plastique — Communication.
Conditions d'admission : concours avec le baccalauréat.
Frais d'inscription et d'études : 500 F (inscription), études gratuites.
Durée des études : 5 ans.
Effectif par promotion : 45.
Contenu des études :
— Théorie : créativité, histoire de l'art, sociologie.
— Pratique : sérigraphie, photographie, cinéma, vidéo, infographie.
Stage : en entreprise (avec rapport).
Débouchés : dans les agences de publicité, sur Paris.

ÉPINAL

ÉCOLE DES BEAUX-ARTS D'ÉPINAL.

Département Communication visuelle et audiovisuelle.
Adresse : 15, rue des Jardiniers, 88000 Epinal.
Tél. : 29.31.45.45.
Statut : École d'État et municipale.
Responsable : Jean-Pierre Courroy, directeur.
Diplômes préparés :
— Diplôme national d'arts plastiques — Option communication.
— Diplôme national supérieur d'expression plastique — Option communication.
Conditions d'admission : concours avec le baccalauréat.
Frais d'inscription et d'études : 560 F.

Durée des études :
— 3 ans DNAP (Diplôme national d'arts plastiques, Option communication).
— 5 ans DNSEP (Diplôme national supérieur d'expression plastique — Option communication).
Effectif par promotion : 15.
Contenu des études :
— Théorie : psychosociologie de la communication, marketing.
— Pratique : photographie, vidéo, cinéma, infographie.
Stage : dans les agences intégrées et agences de publicité, quelquefois en commun avec des étudiants de Nancy II.
Recherche : menée en 5e année par les étudiants.
Publications : irrégulières, de travaux d'élèves. Journal annuel à l'occasion du Festival de la caricature politique d'Épinal.
Débouchés : agences intégrées, agences de publicité.
Remarques particulières : l'école s'inscrit dans la tradition de l'imagerie d'Epinal. Elle travaille avec la station câble.

LE HAVRE

ÉCOLE D'ARTS DU HAVRE.

Option communication.
Adresse : 65, rue Demidoff, 76600 Le Havre.
Tél. : 35.53.30.31.
Statut : École d'État et municipale.
Responsables : Jean-Loup Ricur, directeur ; Jacques Giffard-Forêt, coordonnateur de l'Option communication.
Diplômes préparés :
— Diplôme national d'arts plastiques — Option communication.
— Diplôme national supérieur d'expression plastique — Option communication.
Conditions d'admission : concours avec le baccalauréat.
Frais d'inscription et d'études : 500 F.
Durée des études :
— 3 ans pour le DNAP (Diplôme national d'arts plastiques).
— 5 ans pour le DNSEP (Diplôme national supérieur d'expression plastique).
Effectif par promotion : 12.
Contenu des études :
— Théorie : psychosociologie de la communication, histoire de l'art.
— Pratique : photographie, vidéo, cinéma, infographie.
Stage : en entreprises (le Port autonome du Havre, la ville du Havre par exemple).
Recherches menées par les élèves.

Débouchés : nouveaux métiers de la communication.

LYON

ÉCOLE DES BEAUX-ARTS DE LYON.

Option communication audiovisuelle.
Adresse : 10, rue Neyret, 69001 Lyon.
Tél. : 78.28.13.67.
Statut : école nationale.
Responsables : Philippe Lahoum, directeur ; Jean-Luc Gervasoni, coordonnateur de l'option.
Diplôme préparé : Diplôme national supérieur d'expression plastique.
Conditions d'admission : obtention des UV probatoires Ecole d'art.
Frais d'inscription et d'études : 800 F.
Durée des études : 3 ans.
Effectif par promotion : 15.
Contenu des études :
— Théorie : sémiologie vidéo, sémiologie cinéma.
— Pratique : vidéo, son montage, informatique, montages graphiques.
Stage : avec des professionnels.
Recherche : avec CNRS, FEMIS, GETRIS...
Publications : résultats de la recherche sous forme de produits vidéo.
Débouchés : Dans la publicité, l'audiovisuel, la TV-câble.

MARSEILLE

ÉCOLE D'ART DE MARSEILLE.

Option communication.
Adresse : 184, av. de Luminy, 13288 Marseille Cedex 9.
Tél. : 91.41.01.44.
Statut : École d'État et municipale.
Responsable : (en intérim) Madame Creimeas.
Diplôme préparé : Diplôme national supérieur d'expression plastique — Option communication.
Conditions d'admission : sur concours avec le baccalauréat.
Frais d'inscription et d'études : 500 F (inscription), études gratuites.
Durée des études : 5 ans.
Effectif par promotion : 50.
Contenu des études :
— Théorie : histoire de l'art.
— Pratique : vidéo, son, graphisme, publicité, infographie, photographie.
Stage : dans des agences de création plastique.

Publication : journal d'école à parution irrégulière.
Débouchés : divers en région et en région parisienne.

METZ

ÉCOLE DES BEAUX-ARTS DE METZ.

Option communication visuelle.
Adresse : 1, rue de la Citadelle, 57000 Metz.
Tél. : 87.75.57.78. Statut : école d'État et municipale.
Responsables : Albert Longo, directeur de l'école ; Daniel Ledran, responsable de l'option communication visuelle.
Diplôme préparé : Diplôme national supérieur d'expression plastique.
Conditions d'admission : concours avec le baccalauréat.
Frais d'inscription et d'études : 210 F pour les étudiants résidant à Metz, 410 F pour les étudiants résidant en dehors de Metz.
Durée des études : 5 ans.
Effectif par promotion : 40.
Contenu des études :
— Théorie : théorie de la communication visuelle.
— Pratique : photographie.
Stage : en entreprises et agences de publicité.
Recherches menées par les étudiants.
Débouchés : agences de publicité.

NANCY

ÉCOLE NATIONALE DE CRÉATION ET DESIGN (ENCD).

Option Illustration — Graphisme.
Adresse : Avenue Boffrand, BP 3129, 54013 Nancy Cedex.
Tél. : 80.40.16.25 — Fax. : 83.28.78.60.
Statut : École d'État.
Responsable : Joël Gauvin.
Diplôme préparé : Diplôme national supérieur d'expression plastique — Option Illustration — Graphisme.
Conditions d'admission : concours avec le baccalauréat.
Frais d'inscription et d'études : études gratuites.
Durée des études : 5 ans.
Effectif par promotion : 20.
Contenu des études :
— Théorie : sémiologie, sociologie, sciences de la communication.
— Pratique : infographie, vidéo, montage.

Stage : en entreprise relevant de la production audiovisuelle.
Débouchés : secteurs professionnels et universitaires, production, édition, publicité.

NANTES

ÉCOLE DES BEAUX-ARTS.

Section communication.
Adresse : 5, rue Fénelon, 44000 Nantes.
Tél. : 40.47.99.68.
Statut : École d'État et municipale.
Responsables : Jean-Claude Latil, directeur ; Michel Gellard, coordonnateur de la section communication.
Diplômes préparés :
— DNAP (Diplôme national d'arts plastiques).
— DNSEP (Diplôme national supérieur d'expression plastique).
Conditions d'admission : concours avec le baccalauréat.
Frais d'inscription et d'études : 550 F.
Durée des études :
— DNAP : 3 ans.
— DNSEP : 5 ans.
Effectif par promotion : 12.
Contenu des études :
— Théorie de la communication audiovisuelle.
— Pratique : photographie, vidéo, cinéma, infographie.
Stage : en entreprises et agences de publicité.
Recherches menées par les élèves.
Publication : *Le ventilateur*, parution tous les deux mois.
Débouchés : en entreprises et agences de publicité.

ORLÉANS

INSTITUT D'ARTS VISUELS. ÉCOLE DES BEAUX-ARTS D'ORLÉANS.

Atelier cinéma.
Adresse : 14, rue Dupanloup, 45000 Orléans.
Tél. : 38.53.49.07.
Statut : École nationale.
Responsables : Gérard Baudoin, directeur ; Patrice Rollet, responsable de l'Atelier cinéma.
Diplôme préparé : Diplôme national supérieur d'expression plastique.
Conditions d'admission : bac + 2 sur présentation de dossier.
Frais d'inscription et d'études : 1 220 F.

Durée des études : 3 ans avec bac + 2.
Effectif par promotion : 10.
Contenu des études :
— Théorie : esthétique et histoire du cinéma, langage cinématographique.
— Pratique : scénario, story-board, prise de vue, son, montage.
Stage : dans les entreprises de production vidéo ou dans les écoles d'art à l'étranger.
Recherches menées par les enseignants.
Débouchés : cinéastes, téléastes, vidéastes.

RENNES

ÉCOLE DES BEAUX-ARTS DE RENNES.

Option communication.
Adresse : 30, rue Hoche, 35000 Rennes.
Tél. : 99.28.55.78.
Statut : École d'État et municipale.
Responsables : Jacques Sauvageot, directeur ; Soizic Debons, responsable de l'option.
Diplôme préparé : Diplôme national supérieur d'expression plastique.
Conditions d'admission : concours avec le baccalauréat, plus une année commune et une année optionnelle.
Frais d'inscription et d'études : 1 100 F.
Durée des études : 3 ans.
Effectif par promotion : 20-25.
Contenu des études :
— Théorie : introduction à l'image, médiatisation visuelle et audiovisuelle, histoire de l'art, sciences humaines.
— Pratique : vidéo, son, photographie, infographie.
Stage : en entreprise et aux Telecom.
Recherche : dans le domaine de la créativité.
Publications : revue de l'école à paraître tous les deux mois.
Débouchés : agences publicitaires, la plupart en région parisienne. Option communication de l'université de Haute-Bretagne.

SAINT-ÉTIENNE

ÉCOLE REGIONALE DES BEAUX-ARTS DE SAINT-ÉTIENNE.

Département communication audiovisuelle.
Adresse : 15, rue Henri-Gonnard, 42000 Saint-Etienne.
Tél. : 77.32.50.76.
Statut : École d'État et municipale.

Responsables : Jacques Bonnaval, directeur ; Jean-Louis Cluzel, responsable du Département Communication audiovisuelle.
Diplômes préparés :
— DNAP Communication (Diplôme national d'arts plastique) à la fin de la 3e année.
— DNSEP (Diplôme national supérieur d'expression plastique) au bout de 5 ans.
Conditions d'admission : niveau baccalauréat et après deux premières années à l'École.
Frais d'inscription et d'études : 900 F.
Durée des études : 5 ans (3 de spécialisation).
Effectif par promotion : 30.
Contenu des études :
— Théorie : histoire de l'art, communication audiovisuelle.
— Pratique : vidéo, photographie, infographie.
Stage : dans des agences de communication.
Recherches menées par les étudiants et les enseignants.
Publications : ponctuelles.
Débouchés : réalisateurs vidéo, publicitaires chargés de productions audiovisuelles.

TOULOUSE

ÉCOLE DES BEAUX-ARTS DE TOULOUSE.

Adresse : 5, quai de la Daurade, 31000 Toulouse.
Tél. : 61.23.25.49.
Statut : École d'État et municipale.
Responsable pour l'audiovisuel : M. Nogues.
Diplôme préparé : Diplôme national supérieur d'expression plastique.
Conditions d'admission : sur concours avec le baccalauréat.
Frais d'inscription et d'études : 500 F.
Durée des études : 5 ans.
Effectif par promotion : 30.
Contenu des études :
— Théorie : théorie de la communication audiovisuelle.
— Pratique : vidéo, photographie, infographie.
Stage : en entreprise.
Recherche : menée par les étudiants et les enseignants.
Débouchés : métiers de l'audiovisuel dans le secteur de la communication.
Remarques particulières : l'enseignement de l'audiovisuel s'intègre dans les trois options de l'école : Design, Arts plastiques et Communication, mais ne débouche pas sur un diplôme en audiovisuel.

Annie KOVACS

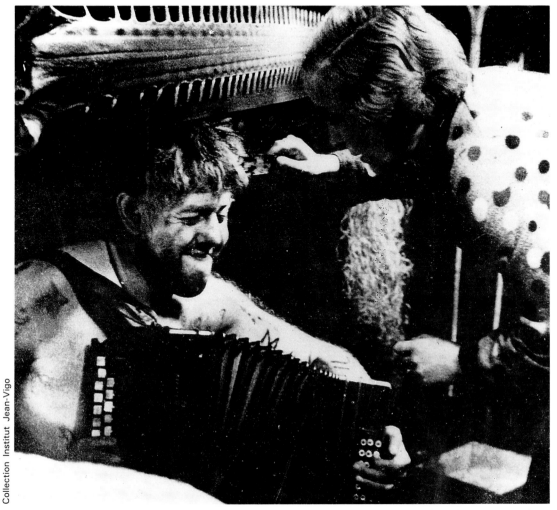

L'Atalante de Jean Vigo

Préparer un BTS audiovisuel

Le dossier du BTS audiovisuel a été approuvé par le Conseil supérieur de l'Éducation nationale le 30 mai 1991. L'arrêté de création devrait être pris et publié dans les prochaines semaines. Cette décision met un terme à une longue période de préparation et d'expérimentation. La mise en place des nouvelles formations, dans le cadre de la décentralisation, pose des problèmes de contrôle des flux et de répartition des implantations. François Vergne, du CNDP, a participé comme expert aux travaux de la 12e Commission professionnelle consultative et du groupe interministériel sur les métiers de l'image et du son.

Depuis 1983, la 12ᵉ Commission professionnelle consultative, rassemblant des représentants des professions concernées (à parité employés/employeurs), des organismes compétents dans le domaine (ministère de la Culture, Centre national de la cinématographie, Commission supérieure technique du cinéma, INA...), des enseignants et les services concernés du ministère, a entrepris de réexaminer l'ensemble des diplômes d'État relevant de ses attributions, et en particulier le BTS de la cinématographie option image et option son (préparé par le lycée technique Louis-Lumière, ex-Vaugirard).

Un long travail d'études et de consultations a permis d'aboutir à une redéfinition d'un BTS à cinq options, l'École Louis-Lumière étant appelée à changer le statut et à délivrer un diplôme spécifique.

L'hypothèse qui a été retenue consiste à considérer le BTS, diplôme professionnel national délivré normalement à Bac + 2, comme le pivot d'une filière de formation aussi complète que possible. Un consensus s'est dégagé pour admettre que le plus grand nombre des emplois du secteur se situait à ce niveau, en particulier pour les cinq familles professionnelles suivantes : image, son, montage, exploitation, administration de la production. C'est sur cette base qu'ont été établis les référentiels d'emploi[1], les référentiels de diplôme[2], les contenus de formations, les règlements d'examen et le dossier d'équipement.

Quelques sections expérimentales délivrent déjà certaines des options, sur la base du règlement d'examen provisoire publié en juin

1987. La publication des textes définitifs[3] mettra fin à cette période expérimentale, et les sections existantes devront appliquer les nouveaux textes.

La maîtrise des flux dans le cadre de la régionalisation

Désormais, la carte d'implantation des sections préparant au BTS est de **compétence régionale.** Compte tenu du prestige qui entoure ce type de formation, il n'est pas exclu, et il est même probable, que le nombre de BTS délivrés chaque année augmentera notamment dans les années qui viennent, et qu'il dépassera sans doute les besoins ; les décisions ne sont pas encore prises partout, même si de nombreux projets existent. La multiplication même de ces projets est inquiétante pour les débouchés et la qualité de l'environnement.

Depuis quelques années, certains augures nous prédisent une *explosion* exponentielle des activités dans le secteur audiovisuel, et vaticinent à l'envi sur ce *gisement d'emplois*, qui serait, à les croire, considérable à court terme. L'évolution des activités du secteur, durement secoué par l'instabilité — d'ailleurs chronique — des structures de production et des canaux de diffusion, ne semble pas aujourd'hui confirmer ces prédictions.

Réaffirmons tout de suite qu'en terme d'emploi, ce secteur représente très peu de monde : toutes les sources statistiques sérieuses disponibles convergent vers un nombre actuel de 20 000 à 30 000 personnes, soit nettement moins qu'un pour mille de la population active ; un secteur si étroit ne permet guère une plus grande précision dans son évaluation. Notons par ailleurs, que les projectionnistes de salles d'exploitation en représentent le quart ou le cinquième (même si leur nombre est en nette régression ces dernières années), et que la distribution des emplois est très inégale sur le territoire : 70 % sont en région Ile-de-France, quelques pour cent en région Provence-Côte d'Azur, le solde disséminé de manière non mesurable[4].

L'évolution du secteur, suivi de près depuis quelques années, ne permet en aucun cas de pronostiquer autre chose que des évolutions

---

1. *Les référentiels d'emploi décrivent minutieusement les fonctions exercées et les tâches effectuées par les professionnels des différentes spécialités des métiers de l'image et du son. Ils sont élaborés à partir d'enquêtes de terrain, et leur rédaction finale est soumise aux représentants des professionnels (employeurs et salariés), des enseignants et des administrations qui composent la Commission professionnelle consultative.*

2. *Les référentiels de diplôme définissent les « performances minimales », c'est-à-dire, en termes évaluables, les compétences minimales, requises pour la délivrance du diplôme.*

3. *Ces textes sont parus dans le BO n° 29 du 25 juillet 1991. NDLR.*

4. *Cf. sur ce point les enquêtes et études conduites par J. Rannou, dans le cadre du CEREQ, sur les profils d'emplois, où l'on trouvera tout l'argumentaire utile (CEREQ, Paris, 1980-1991).*

5. *Ici, on désigne par* flux *le nombre de personnes qui trouvent un emploi dans la profession au cours d'une année donnée.*

Le paysage audiovisuel en France

Les films

1987	133 LM
1988	137 LM
1989	136 LM
1990	146 LM

Les télévisions

Chaînes publiques : 5
Chaînes privées : 10

Les radios

Stations publiques : 5
Stations privées : 6
Radios locales : 47

Adresse utile :
Centre national de la cinématographie
12, rue de Lubeck, 75016 Paris.
Tél. : 45.05.14.40.

Lydie Hyest

globalement assez lentes, et si quelques tendances peuvent se dessiner, elles se contrebalancent souvent d'un sous-secteur à un autre.

La déduction simple à tirer de ces observations difficilement contestables concerne au premier chef les flux attendus[5], dans les conditions actuelles et à l'échelon de quelques années, qui devraient se situer entre 100 et 400 jeunes par an entrant sur le marché de l'emploi dans le secteur. Cette fourchette, pourtant modeste, est souvent considérée désormais comme relativement optimiste.

Si les données quantitatives réduisent notre sujet à des proportions sans doute proches du réel et bien limitées, on ne peut que constater deux phénomènes qui poussent, de manière différente, à attacher une certaine importance à ce tout petit secteur : d'une part, les *représentations fortes*, pour ne pas dire fantasmatiques, que suscite le monde du spectacle, et singulièrement le cinéma et la télévision ; l'annonce de l'ouverture d'une formation est gratifiante et son retentissement dans les médias est bien assuré s'il s'agit d'audiovisuel, même si le nombre d'élèves concernés est très faible.

D'autre part, l'*enjeu idéologique* du contrôle des structures de production et des canaux de diffusion, qui passe, pour une part, par la qualité professionnelle des intervenants dans ces processus, et en particulier par la qualité des créateurs et collaborateurs de création, qu'ils soient cadres, techniciens ou ouvriers. Le décloisonnement des réglementations professionnelles à l'horizon de 1993 en Europe ne sera sans doute pas sans conséquence sur un secteur dont l'organisation corporatiste, dans ses fondements, date de 1942 pour la France.

Par ailleurs, il serait préjudiciable, pédagogiquement, d'implanter séparément les cinq options. Enfin, la nécessité d'un environnement culturel et professionnel suffisant pour conduire à bien de telles formations est évidente, et nous avons noté plus haut son extrême concentration géographique.

Tous ces éléments devraient rendre les responsables régionaux prudents dans l'ouverture de nouvelles sections, venant s'ajouter aux quatre déjà existantes et qui devraient, à fort peu près, suffire quantitativement aux besoins.

Il reste que ce secteur a traditionnellement fait une large part au recrutement par compagnonnage, et même si ce mode de qualification est en régression du fait de la nette diminution des emplois d'assistants, il persistera à assurer une part non négligeable, et sans doute jamais complètement remplaçable, de la formation à ces métiers. Il serait par ailleurs intéressant d'observer l'évolution du rôle des activités audiovisuelles semi-professionnelles dans les processus d'apprentissage, ou pour le moins, d'initiation.

Enfin, pour ce secteur, la formation continue reste très importante : la formation initiale peut, et doit sans doute pour une large part, apporter ce qui perdure à travers l'évolution des activités exercées dans une famille professionnelle donnée, famille qu'elle contribuera à structurer. La formation continue est indispensable pour apporter les adaptations et mises à niveau, les spécialisations, les adaptations au poste de travail. Ces fonctions sont particulièrement sensibles dans un secteur caractérisé par le statut d'intermittence, par les aléas d'une production qui ne profite guère de l'effet de série, par l'évolution technique, artistique, structurelle et financière quasi constante : et la qualification de haut niveau dans ce domaine consiste souvent à être capable de chercher, et de trouver, des techniques et des processus de signification empruntés à un champ très vaste de connaissances et de savoir-faire, afin de les *détourner* pour créer le spectacle.

François VERGNE

Où préparer un BTS audiovisuel

BAYONNE

Lycée René-Cassin
Rue Lasséguette, 64100 Bayonne.
Tél. : 59.63.97.07.
Option : Exploitation-maintenance.

BOULOGNE

Lycée Jacques-Prévert.
163, rue de Billancourt, 92100 Boulogne.
Tél. : 46.04.09.43.
Options : Exploitation-maintenance. Montage.

CONDÉ-SUR-ESCAUT

Lycée Charles-Deullin.
Rue de la Chaussiette, BP 39, 59163 Condé-sur-Escaut.
Tél. : 27.40.04.95.
Options : Administration de la production audiovisuelle et des spectacles. Images. Son.

METZ

Lycée de la Communication.
Technopole Metz 2000, boulevard Arago, 57070 Metz Cedex.
Tél. : 87.20.37.00.
Options : Exploitation-maintenance. Montage.

MONTAIGU

Lycée Léonard-de-Vinci.
BP 169, 85600 Montaigu Cedex.
Tél. : 51.45.33.00.
Option : Montage.

MONTBÉLIARD

Lycée Viette.
1, rue P.-Donzelot, BP 327, 25206 Montbéliard Cedex.
Tél. : 81.98.19.68.
Options : Exploitation-maintenance. Administration de la production audiovisuelle et des spectacles.

ROUBAIX

Lycée Jean-Rostand.
28-30, rue d'Alger, 59070 Roubaix Cedex 01.
Tél. : 20.75.15.30.
Options : Exploitation-maintenance. Montage.

SAINT-QUENTIN

Lycée Henri-Martin.
1, rue Gabriel-Girodon, 02100 Saint-Quentin.
Tél. : 23.62.25.91.
Option : Exploitation-maintenance.

SÈVRES

Lycée Polyvalent.
21, rue du Docteur-Ledermann, 92310 Sèvres.
Tél. : 46.26.60.10.
Option : Administration de la production audiovisuelle et des spectacles.

TOULOUSE

Lycée Jolimont.
44, chemin Cassaing, 31079 Toulouse.
Tél. : 61.10.37.00.
Option : Administration de la production audiovisuelle et des spectacles.

VILLEFONTAINE

Lycée Léonard-de-Vinci.
Boulevard de Villefontaine, BP 29, 38090 Villefontaine.
Tél. : 76.96.44.55.
Options : Exploitation-maintenance. Administration de la production audiovisuelle et des spectacles.

Liste communiquée[1] par Liliane Augé
de l'Association professionnelle du spectacle
et de l'audiovisuel
Tél. : 47.70.37.18

---

1. *Sections de techniciens supérieurs dont le fonctionnement était autorisé en 1990-91. Une nouvelle liste est attendue. NDLR.*

Réalisation à l'ETPA de Rennes

Quinze écoles privées

Le nombre des écoles privées est resté à peu près constant au cours des cinq dernières années. Telles d'entre elles se sont transformées en école hôtelière ou laboratoire de langues tandis que d'autres, toujours consacrées à l'enseignement de l'audiovisuel, changeaient de nom, se scindaient ou fusionnaient et que de nouvelles écoles étaient créées. Dans un pareil contexte, comment donner des indications d'ordre évaluatif à peu près fiables ? On peut, en tout cas, caractériser l'enseignement de ces établissements comme étant, en principe, plus technique que théorique, de courte durée, onéreux et débouchant sur des diplômes ou certifications non reconnus par l'État et peu ou prou par la profession. Cependant, certaines écoles se sont dotées de moyens techniques importants, font appel à des professionnels connus, ont une réputation de sérieux (ces trois critères peuvent permettre d'étayer un choix) ce qui nuance ces réserves.

Annuaire

Écoles polyvalentes

GOUVIEUX

CREAR-CERIS (Centre d'études et de recherches de l'image et du son).
Adresse : Département audiovisuel, Château de Montvillargenne, 60270 Gouvieux.
Tél. : 44.58.21.24.
Statut : association avec convention d'État.
Responsable : Marc Chevallier, directeur ; Jean-Jacques Domenc, responsable du Département audiovisuel.
Diplôme préparé : Certification de fin d'études.
Conditions d'admission : entretien et dossier au niveau de bac + 2.
Frais d'inscription et d'études :
— Techniciens vidéo-film : 35 000 F.
— Photo : 5 000 F.
— Maintenance — Exploitation : 3 000 F.
Durée des études :
— Techniciens vidéo-film : 2 ans.
— Photo : 1 300 heures.
— Maintenance — Exploitation : 1 300 heures.
Effectif par promotion :
— Techniciens vidéo-film : 15.
— Photo : 14.
— Maintenance — Exploitation : 15.
Contenu des études :
— Théorie : théorie appliquée aux différents métiers. Technicien vidéo-film : prise de vue, montage, son. Photo : artisanat, industrie, illustration, studios. Maintenance — Exploitation : son, vidéo.
Stage : de 3 mois pour les techniciens film et vidéo.
Débouchés : photographes, responsables de maintenance et exploitation, prise de vue, son et montage film et vidéo.
Remarques particulières : salaires versés par l'Etat en fonction de données individuelles (de 2 200 F par mois à pratiquement le salaire intégral).

IVRY-SUR-SEINE

Association du centre pour l'enseignement et le perfectionnement de la photographie professionnelle (ACE3P).
Adresse : 5, rue René-Robin, 94200 Ivry-sur-Seine.
Responsables : Michel Courgenouil, Michel Chauvin.
Diplôme préparé : Certificat de formation du Centre.
Conditions d'admission : entretien et dossier personnel avec le niveau du baccalauréat.
Frais d'inscription et d'études : 1 100 F (inscription), 32 500 F (études).
Durée des études : 30 semaines de 35 heures.
Effectif par promotion : 16.
Contenu des études :
— Théorie : sémiologie de l'image ; scénario/script ; physique appliquée au son et à la vidéo.
— Pratique : réalisation d'enregistrement son et vidéo ; montage image fixe et vidéo.
Stage : 1 semaine minimum.
Recherche : menée par les étudiants et les enseignants.
Débouchés : vidéo, production audiovisuelle.

NANTES

Sciences Com' (Fondation pour les arts et sciences de la communication)
Adresse : 1, rue Didienne, BP 67, 44003 Nantes Cedex 01.
Tél. : 40.35.79.80.
Responsable : Bruno Retailleau, directeur général.
Diplômes préparés :
— Certificat de fin d'études de second cycle.
— Certificat de fin d'études de troisième cycle.
Conditions d'admission :
— Second cycle : DEUG, DUT ou BTS.
— Troisième cycle : bac + 4 ou maîtrises de grandes écoles.
Frais d'inscription et d'études :
— Second cycle : 450 F (inscription), 23 500 F (études).

— Troisième cycle : 450 F (inscription), 27 000 F (études).
Durée des études :
— Second cycle : 2 ans.
— Troisième cycle : 14 mois.
Effectif par promotion :
— Second cycle : 100.
— Troisième cycle : 40.
Contenu des études :
— Théorie : second cycle : gestion d'entreprise de communication. Troisième cycle : théorie de la communication pour généralistes dans la communication.
— Pratique : second cycle : son, vidéo. Troisième cycle : son, vidéo.
Stage : 3 mois en dernière année de second cycle et en troisième cycle.
Recherche : rédaction d'un mémoire de recherches en troisième cycle.
Publications : L'essentiel, revue mensuelle.
Débouchés : métiers de la communication, broadcasting, sociétés de production, agences-conseil en communication, en publicité, marketing des systèmes de communication.
Remarques particulières : ouverture en septembre 91 d'une filière broadcasting pour le second cycle. Sciences Com' n'est pas à proprement parler une école de cinéma et d'audiovisuel. Elle a pour vocation de dispenser un enseignement généraliste à la communication.

PARIS

Conservatoire libre du cinéma français
Adresse : 16, rue du Delta, 75009 Paris.
Tél. : 48.74.65.94.
Responsable : Patrick Zampa, président-directeur général.
Diplôme préparé : Certificat de fin d'études.
Conditions d'admission : niveau baccalauréat ; entretien
Frais d'inscription et d'études :
— 1re année : 500 F (inscription), 15 900 F (études).
— 2e année (réalisation et script) : 500 F (inscription), 19 500 F (études).
— 2e année (montage) : 500 F (inscription), 16 200 F (études).
Durée des études : 2 ans.
Effectif par promotion : 100.
Contenu des études :
— Théorie : 1re année : théorie cinématographique, esthétique de l'image, histoire du cinéma. 2e année : technologie approfondie et sémiologie de l'image.
— Pratique : uniquement cinéma, la vidéo n'étant

utilisée que pour les répétitions avant le tournage de films.
Stages : en laboratoires, SFP, auditoriums, festivals, 2 ou 3 pour les monteurs.
Recherche : mémoire.
Publications : journal des élèves.
Débouchés : réalisateurs, assistants, techniciens film et télévision hertzienne.
Remarques particulières : ouverture en septembre 1991 d'une section film 35 mm.

École supérieure d'études cinématographiques (ESEC).
Adresse : 21, rue de Citeaux, 75012 Paris.
Tél. 43.42.43.22.
Responsable : Kostia Milhakiev, directeur.
Diplôme préparé : Certification de fin d'études.
Conditions d'admission : avec un DEUG ou un examen d'entrée avec le baccalauréat ou équivalence (études artistiques, activité professionnelle).
Frais d'inscription et d'études : 1 950 F (inscription).
— 1re année : 27 300 F.
— 2e année : 27 900 F.
Durée des études : 2 ans.
Effectif par promotion : 70.
Contenu des études :
— Théorie : histoire, économie et droit des médias, méthodologie de la mise en scène et du scénario, musique et cinéma.
— Pratique : réalisation, métiers techniques du cinéma, de la télévision et de la vidéo, création-production.
Stage : en dernière année, pour valider le diplôme, quelquefois à l'étranger.
Recherche : existence d'un laboratoire de recherches sur la télévision.
Débouchés : concours de la FEMIS, réalisation et métiers techniques du cinéma, de la télévision et de la vidéo-production.
Remarques particulières : l'ESEC réalise les archives audiovisuelles du Festival de Cannes.

École supérieure de réalisation audiovisuelle (ESRA).
Adresse : 137, av. Félix-Faure, 75015 Paris.
Tél. : 45.54.56.58.
Responsable : Max Azoulay.
Diplôme préparé : Diplôme de fin d'études de l'ESRA.
Conditions d'admission : concours avec le baccalauréat.
Frais d'inscription et d'études : 400 F (inscription), 27 000 F (études).
Durée des études : 3 ans.
Effectif par promotion :
— 1re année : 165.
— 2e année : 150.
— 3e année : 115.

Contenu des études :
— Théorie : story-board, optique, prise de vue, théorie du montage, script, théorie de la production.
— Pratique : diaporama, son (24 pistes), photo, prise de vue 35 mm.
Stage : obligatoire en 2e année dans les maisons de production.
Recherche : mémoire de 3e année.
Publications : différents cours édités par l'école, ESRA Magazine.
Débouchés : secteur TV, publicité, film institutionnel et de fiction (comme assistant).

Institut supérieur d'études cinématographiques (ISEC).

Adresse : 135, av. Félix-Faure, 75015 Paris.
Tél. : 45.54.56.58.
Responsable : Georges Touati.
Diplôme préparé : préparation aux concours d'entrée à la FEMIS, à Louis Lumière, à l'INSAS, à l'École de photographie d'Arles.
Conditions d'admission : entretien et sur dossier avec le baccalauréat.
Frais d'inscription et d'études : De 22 000 F à 24 500 F par an selon les concours préparés.
Durée des études : 1 ou 2 ans.
Effectif par promotion : 35.
 Contenu des études :
— Théorie : histoire du cinéma, culture musicale, histoire de l'art, analyse filmique, techniques narratives.
— Pratique : cinéma, vidéo, son, photographie, direction d'acteurs, dessin de story board.
Recherche : dossier/enquête pour la préparation du concours de la FEMIS.
Publication irrégulière de la revue interne de l'école.
Remarques particulières : enseignement commun et cursus spécifiques selon les concours préparés.

RENNES

École technique privée de photographie et d'audiovisuel de Rennes (ETPA).

Adresse : 1, rue Xavier-Grall, 35700 Rennes. Tél. : 99.36.64.64.
Responsables : Jean Lévy, directeur ; Jacqueline Pommert.
Diplôme préparé : Certificat de fin d'études.
Conditions d'admission : tests d'entrée, niveau baccalauréat.
Frais d'inscription et d'études : 600 F (inscription), 41 000 F (études).

Durée des études : 3 ans, plus une année facultative de spécialisation.
Effectif par promotion : 25.
Contenu des études :
— Théorie : optique, maths, électronique, traitement du signal, histoire des médias, marketing, production, scénario...
— Pratique : technologie des caméras, direction de la photographie, direction d'acteurs, cinéma, son, montage, post-production, infographie, vidéo, reportage, décor...
Stage : en studio de production vidéo, télévision, script intégré.
Recherche : en sémiologie, reportage.
Débouchés : monteurs, truquistes, cameramen, ingénieurs du son, directeurs de la photographie, assistants de production.

TOULOUSE

École technique privée de photographie et d'audiovisuel de Toulouse (ETPA).

Adresse : 7, rue Eugène Labiche, 31200 Toulouse.
Tél. : 61.47.29.69.
Statut : École privée, sous contrat d'association avec l'État.
Responsable : Jean Lévy.
Diplômes préparés : BTS Photographie ; Certificat de fin d'études pour les praticiens photographes.
Conditions d'admission : tests d'entrée, niveau baccalauréat.
Frais d'inscription et d'études :
— BTS : 600 F (inscription), 23 000 F (études).
— Certificat praticiens : 600 F (inscription), 41 000 F (études).
Durée des études : 2 ans + une année de spécialisation facultative.
Effectif par promotion :
— BTS : 20.
— Certificat praticiens : 40.
Contenu des études :
— Théorie pour le BTS : physique, chimie, sensitométrie, colorimétrie.
Praticiens : physique, chimie, sensitométrie, colorimétrie, histoire de l'art, histoire de la photographe, sémiologie.
— Pratique pour le BTS : prise de vue, laboratoire. Praticiens : prise de vue, laboratoire.
Stage : dans les laboratoires, studios.
Débouchés : tous les secteurs de la photographie (studio, reportage, artisanat, industrie).
Remarques particulières : il existe une section d'infographie (1 année d'études) pour les étudiants des beaux-arts dans le cadre des crédits-formation.

Frais d'inscription et d'études : 550 F (inscription), 39 000 F (études).

Durée des études : 3 ans.

Effectif par promotion : 60.

Contenu des études :

— Théorie : scénario, langage et économie des médias, production.

— Pratique : vidéo, cinéma : réalisation, son, image, montage.

Stage : pour les professionnels en formation continue ; dans des sociétés de production.

Publications : journal trimestriel.

Débouchés : concours d'entrée de la FEMIS, réalisateurs et techniciens vidéo et cinéma.

Remarques particulières : stages d'actualisation destinés aux professionnels. Projet d'ouverture d'un stage en infographie.

Jacquot de Nantes d'Agnès Varda

© Ciné-Tamaris

Écoles spécialisées en photographie

COLMAR

IPC Colmar (Institut de promotion du commerce).
Adresse : 2, av. de Lattre-de-Tassigny, 68000 Wintzeheim, Colmar.
Statut : École de la Chambre de commerce de Colmar.
Diplôme préparé : Diplôme des institutions de promotion du commerce (DIPC).
Conditions d'admission : niveau baccalauréat, un an d'activité professionnelle souhaité.
Frais d'inscription et d'études : 200 F (inscription), 25 500 F (études).
Durée des études : 8 mois.
Effectif par promotion : 20.
Contenu des études :
— Théorie : gestion, marketing, connaissance du matériel.
— Pratique : prise de vue, laboratoire, distribution.
Stages : deux stages en entreprise.
Débouchés : distribution photo.
Remarques particulières : il ne s'agit pas d'une formation technique, mais d'une formation technico-commerciale.

TRAPPES

Institut international de l'image et du son (IIIS).
Adresse : Parc de Passaloup, 78190 Trappes.
Tél. : 30.69.00.17.
Statut : École privée.
Responsable : André Ferre, directeur.
Diplôme préparé : Certification de fin d'études.
Conditions d'admission : concours avec le niveau du baccalauréat.

LEVALLOIS-PERRET

ICART-Photo (École de photographie de Paris)
Adresse : 10/12, rue Baudin, 92300 Levallois-Perret.
Tél. : 47.48.00.10.
Responsable : Alain Balmayer, directeur.
Diplôme préparé : Certification de fin d'études.
Conditions d'admission : concours d'entrée avec le baccalauréat.
Frais d'inscription et d'études : 500 F (inscription), 32 100 F (études).
Durée des études : 2 ans.
Effectif par promotion : 40.
Contenu des études :
— Théorie : histoire de l'art et de la photographie, théorie du cinéma et de l'audiovisuel, gestion, muséographie, documentation.
— Pratique : prise de vue, travail sur la lumière, laboratoire, travaux en séminaires à thèmes.
Stages : auprès de photographes, dans les entreprises et administrations, agences, studios (3 stages par an obligatoires).
Débouchés : photographe ou assistant de photographe dans tous les secteurs de la photographie.

MARSEILLE

École française d'enseignement technique (EFET Marseille).
Adresse : 23, rue Edmond Dantes, 13004 Marseille.
Tél. : 91.85.53.10.
Responsable : Edouard Vicquelin.
Diplômes préparés :
— CAP photographe.
— BP Photographe (formation continue de 18 mois).
Conditions d'admission :
— CAP niveau baccalauréat.
— BP avec le baccalauréat.
Frais d'inscription et d'études :
— CAP : 39 870 F.
— BP : 16 490 F pour les 18 mois.
Durée des études :
— CAP : 1 an ou 2 ans.
— BP : 18 mois.
Effectif par promotion :
— CAP : 15.
— BP : 15.
Contenu des études :
— Théorie : technologie, législation, dessin publicitaire, audiovisuel.

— Pratique : prise de vue, laboratoire, chambre.
Stages : 2 stages de 8 à 10 jours.
Débouchés : studio, laboratoire, artisanat et industrie photographiques.

PARIS

Cours MJM — Photographie
Adresse : 38, quai de Jemmapes, 75010 Paris.
Tél. : 42.41.88.00.
Responsable : Jean-Marc Benhamou.
Diplôme préparé : Certification de fin d'études.
Conditions d'admission : niveau baccalauréat.
Frais d'inscription et d'études : 2 100 F (inscription), 25 500 F (études).
Durée des études : 2 ans.
Effectif par promotion : 50.
Contenu des études :
— Théorie : sciences appliquées à la photographie.
— Pratique : prise de vue et laboratoire.
Stage : en seconde année dans des agences de publicité.
Débouchés : agences de publicité, studios, artisanat et industries photographiques.

École française d'enseignement technique (EFET).
Adresse : 110, rue de Picpus, 75012 Paris.
Tél. : 43.46.86.96.
Responsable : Jean-Pierre Simonet.
Diplôme préparé : CAP photographe.
Conditions d'admission : entretien, avec le niveau terminale.
Frais d'inscription et d'études : 26 400 F.
Durée des études : 3 ans dont une année de préparation de dossier professionnel.
Effectif par promotion :
— 1re année : 120.
— 2e année : 90.
Contenu des études :
— Théorie : optique, chimie, maths, initiation à l'audiovisuel, technologie de la photographie.
— Pratique : prise de vue, laboratoire.
Stage : en seconde et troisième années.
Débouchés : laborantins photographes, photographie artisanale industrielle, studio, distribution.

Annie KOVACS
avec l'aide de Liliane AUGÉ

Les dames du Bois de Boulogne, de Robert Bresson

Bibliographie

Cette bibliographie tient compte des publications parues à partir de l'année 1985, date de la création de la licence et de la maîtrise d'Études cinématographiques et audiovisuelles et du diplôme d'Études universitaires de sciences et techniques de communication audiovisuelle.

C'est également à cette date que débutent les études de faisabilité de la FEMIS. La plupart des références citées correspondent à des documents existant dans les bibliothèques parisiennes spécialisées.

1. OUVRAGES ET ARTICLES GÉNÉRAUX

AUDE (Françoise). — **De bas en haut, l'enseignement du cinéma : Symposium national, cinéma et audiovisuel, enseignement, création et formation**, *Positif*, n° 302, avril 1986.

BAUDROT (Sylvette), SALVANI (Isabel). — **La script-girl**, Paris, FEMIS, 1989, 208 p.

BRUNEL (Claude). — **Cinéma et audiovisuel. Enseignement, création et formation : Symposium national du 24 au 28 février 1986,** ministère de l'Éducation nationale, Rencontres audiovisuelles INRP/CNDP, ministère de la Culture, Mission pour la création de l'INIS, 1986, 103 p.

CARRIÈRE (Jean-Claude), BONITZER (Pascal). — **Exercice du scénario**, Paris, FEMIS, 1990, 144 p.

CHEVALLIER (Jacques), LAJEUNESSE (J.), LANGE (A.). — **Le cinéma enseigné**, *Revue du Cinéma*, n° 417, juin 1986.

DEJEAN (Jean-Philippe). — **La communication de Monsieur est avancée**, *Sonovision*, n° 320, nov. 1988.

DEROSIER (Catherine). — **Cinéma et audiovisuel : quel enseignement pour l'avenir ?**, *Cinéma 86*, n° 346, 19 mars 1986.

L'École-cinéma, textes de Paul Thibaud, Roger Odin, Michèle Lagny, Marie-Claire Ropars *(et al.)*, Saint-Denis, Presses universitaires de Vincennes, 1987. *Hors cadre* : Le cinéma à travers champs disciplinaires : revue annuelle, n° 5, 1987.

ENSENSTEIN (Serguëi, M.), NIJNY (Vladimir). — Leçons de mise en scène, Paris, FEMIS, rééd. 1989, 192 p.

Formation et audiovisuel (dossier), *La lettre de TV câble*, n° 12, sept. 1985.

Les formations de l'audiovisuel. Avant-propos de Florence Bonvoisin, *Sonovision*, n° hors-série, 1990, 250 p.

JURGENSON (Albert), BRUNET (Sophie), **Pratique du montage**, Paris, FEMIS, 1990, 184 p.

La Documentation française. — **L'audiovisuel, techniques et communication**, *Les Cahiers français*, n° 227, juil.-sept. 1986.

MARTINEAU (Monique), dir. de publ. — **L'enseignement du cinéma et de l'audiovisuel** (préf. de Jean-Claude Carrière), Paris, Cerf, CFPJ, 1987, *CinémAction*, n° 45, 4e trimestre 1987.

MARTINEAU (Monique). — **Panoramique sur le paysage humain et matériel**, *CinémAction*, n° 45, 1987, pp. 94-98.

NIOGRET (Hubert). — **Le rapport Bredin**, *Positif*, n° 285, 1985.

OPPENHEIM (Jacques W.). — **La France en retard sur l'Amérique**, *CinémAction*, n° 45, 1987, pp. 182-187.

RANNOU (Janine). — **L'emploi et les formations de l'audiovisuel. Étude**, Paris, La Documentation française, sept. 1985 (CEREQ).

Société française des sciences de l'information et de la communication. — **L'Avenir, la recherche en information, communication**, Aix-en-Provence, Université de Provence, 1990 (24-25-26 mai), 387 p.

THÈYE (Monique), BRIGAND (Claudine), MARTINEAU (Monique), SULTAN (Josette), *et al.* — **Annuaire : 1 800 enseignants, formateurs et personnes ressources**, *CinémAction*, n° 45, 1987, pp. 268-297.

VANDAMME (Charlie), CLOQUET (Ève). — **Lumière actrice**, Paris, FEMIS, 1987, 160 p., pl.

WOLF (Michel). — **Formation à l'audiovisuel : un bilan provisoire**, *Sonovision*, n° 297, oct. 1986.

WOLF (Michel). — **L'enseignement du cinéma et de l'audiovisuel en symposium**, *Sonovision*, n° 292, avril 1986.

WOLF (Michel). — **Une table ronde sur la formation à l'audiovisuel**, *Sonovision*, n° 283, juin 1985.

2. A L'UNIVERSITÉ

BAQUE (Pierre). — **Le CAPES et l'agrégation d'arts plastiques : un point d'histoire**, *CinémAction*, n° 45, 1987, p. 204.

DUPRAT (Florence). — **IMAC : quand l'ordinateur flirte avec la vidéo !**, *Vidéopro Magazine*, n° 4, août 1987.

DUPRAT (Florence). — **La clé sur la porte** (Université de Paris I, Formation permanente), *Vidéopro Magazine*, n° 10, février 1988.

DUPRAT (Florence). — **Le savoir être** (Université de Valenciennes), *Vidéopro Magazine*, n° 13, mai 1988.

DUPRAT (Florence). — **Paris VIII : L'enseignement à la carte**, *Vidéopro Magazine*, n° 6, octobre 1987.

DUPRAT (Florence). — **Paris VII : Beaucoup d'idées faute de moyens**, *Vidéopro Magazine*, n° 5, septembre 1987.

DUPRAT (Florence). — **Paris III : L'art et la matière**, *Vidéopro Magazine*, n° 8, décembre 1987.

DUPRAT (Florence). — **[Université de Paris I]. Des idées, mais peu de moyens**, *Vidéopro Magazine*, n° 11, mars 1988.

KOVACS (Annie). — **500 thèses en cinéma et audiovisuel**, *CinémAction*, n° 45, 1987, pp. 252-267.

KOVACS (Annie). — **Vingt années de recherche universitaire française sur le cinéma et l'audiovisuel**, *Perspectives documentaires en sciences de l'éducation*, n° 16, 1989 (INRP).

LARRAZ (Emmanuel). — **Le cinéma au CAPES d'espagnol**, *CinémAction*, n° 45, 1987, p. 203.

MARIE (Michel). — **1945-1985 : une longue marche**, *CinémAction*, n° 45, 1987, pp. 29 à 38.

MARSOLAIS (Gilles). — **Le cinéma à l'université : vue en plongée**, *24 images*, n° 38, été 1988.

MARTINEAU (Monique). — **Annuaire des enseignements (universitaires)**, *CinémAction*, n° 45, 1987, pp. 126-136.

MARTINEAU (Monique). — **L'apprentissage de la recherche : DEA et thèses**, *CinémAction*, n° 45, 1987, pp. 121-125.

MARTINEAU (Monique). — **Le DEUG, lieux de l'échec ou rampe de lancement**, *CinémAction*, n° 45, 1987, pp. 98-103.

MARTINEAU (Monique). — **Les diplômes d'université, pis-aller ou lieux d'innovation ?**, *CinémAction*, n° 45, 1987, pp. 110-113.

MARTINEAU (Monique). — **Les licences et maîtrises d'études cinématographiques et audiovisuelles**, *CinémAction*, n° 45, 1987, pp. 104-109.

ODIN (Roger). — **Éloge du cinéma comme objet d'enseignement, cinéma et université**, Art et éducation, CIEREC, 1986.

PELINQ (Maurice). — **À l'université, ni théorie ni bricolage : aimer, voir et comprendre**, *Jeune cinéma*, n° 174, mai-juin 1986.

PRÉDAL (René). — **L'audiovisuel à la fac ou le bricolage institutionnalisé**, *Jeune cinéma*, n° 173, mars-avril 1986.

PRÉVOST (Francine). — **L'audiovisuel scientifique dans les universités en 1988**, *Films et documents*, n° 364, octobre 1988.

SERCEAU (Daniel). — **L'enseignement du cinéma à l'université : une politique à rebours ?**, *Revue du cinéma*, n° 380, février 1983.

WOLF (Michel). — **Audiovisuel et cinéma à Lyon II, Paris I, Paris III**, *Sonovision*, n° 304, 1987.

WOLF (Michel). — **Audiovisuel et cinéma à Paris VII**, *Sonovision*, n° 302, 1987.

WOLF (Michel). — **Centres audiovisuels (universitaires) : de l'artisanat à l'industrie**, *Sonovision*, n° 312, février 1988.

WOLF (Michel). — **Cinéma et audiovisuel à Aix-Marseille I**, *Sonovision*, n° 313, mars 1988.

WOLF (Michel). — **Conception, réalisation à Paris VII**, *Sonovision*, n° 314, avril, 1988.

WOLF (Michel). — **Des DEUST et du câble**, *Sonovision*, n° 306, juillet-août 1987.

WOLF (Michel). — **DEUST (Diplôme d'études universitaires des sciences et techniques) : les vases communicants**, *Sonovision*, n° 306, juillet-août 1987.

WOLF (Michel). — **Le Département audiovisuel de l'Université de Paris VII**, *Sonovision*, n° 296, 1986.

WOLF (Michel). — **Le Département des métiers de l'image et du son, de l'Université de Provence**, *Sonovision*, n° 291, 1986.

WOLF (Michel). — **L'ESAV (Enseignement supérieur audiovisuel) de Toulouse-Le Mirail**, *Sonovision*, n° 299, 1986.

WOLF (Michel). — **Formation à l'audiovisuel : la licence des techniques audiovisuelles de l'Université de Brest**, *Sonovision*, n° 290, février 1986.

WOLF (Michel). — **L'IMAC (Institut image et communication) de l'Université de Paris XIII**, *Sonovision*, n° 293, 1986.

WOLF (Michel). — **L'ISIC (Institut des sciences de l'information et de la communication) de l'Université de Bordeaux III**, *Sonovision*, n° 295, 1986.

WOLF (Michel). — **Licence et maîtrise de communication audiovisuelle, à l'Université de Valenciennes**, *Sonovision*, n° 289, 1986.

WOLF (Michel). — **La Médiathèque de Nancy II**, *Sonovision*, n° 303, 1987.

WOLF (Michel). — **La MSTC (Maîtrise des sciences et techniques de la communication) de l'Université de Grenoble III**, *Sonovision*, n° 284, 1985.

WOLF (Michel). — **Le SUAV d'Aix-Marseille II**, *Sonovision*, n° 313, mars 1988.

WOLF (Michel). — **Université de Paris VIII : formation aux réseaux câblés**, *Sonovision*, n° 317, juillet-août 1988.

3. LES MÉTIERS DU CINÉMA, DE L'AUDIOVISUEL ET DE LA COMMUNICATION

BARRET (Serge). — **Guide des écoles des métiers d'art et de la communication visuelle**, Paris, Gallimard, 1987, 291 p.

BAZIN (Éric). — **Les filières de l'enseignement**, *Caméra vidéo*, n° 10, octobre 1988.

BERTHONNEAU (Véronique). — **Guide des formations à l'audiovisuel**, *Sonovision*, n° spécial, n° 28 bis, 1987.

BIRONNE (Caroline). — **Les métiers de l'audiovisuel : radio, télé, ciné**, *L'Étudiant*, Paris, 1987.

BRISSOT (Éric). — **Les mémoires de l'image. Guide des métiers**, Bayard, Paris, 1990, 189 p.

Centre de documentation et d'information sur la jeunesse, Paris. — **L'audiovisuel dans tous ses états. Les formations et les métiers. Compte rendu des journées d'information et d'animation**, 2-3-4 avril 1987, CIDJ, Paris, 1987.

Centre d'étude des systèmes de communication, Metz. — **La formation aux nouveaux métiers de la communication. Compte rendu du colloque des 30 et 31 mai 1985**, CESCOM, Metz, 1985.

CHION (Michel). — **Le cinéma et ses métiers**, Préf. de J.-C. Carrière, Bordas, Paris, 1986, 256 p., pl.

DECOURCELLE (Thierry). — **Le Bac ciné, et après !**, *Première*, n° 148, juillet 1989.

Dossier formation (IDHEC). — *Technicien du film et de la vidéo*, n° 332, janv. 1985.

DUJARRIC (Henriette). — **L'enseignement du cinéma**, *Technicien du film et de la vidéo*, IDHEC, n° 335, avril 1985.

DUPRAT (Florence). — **L'heure est à la décentralisation !**, *Vidéopro Magazine*, n° 7, novembre 1987.

DUPRAT (Florence). — **Une formation haut de gamme**, *Vidéopro Magazine*, n° 18, novembre-décembre 1988.

Formations initiales et continues aux techniques de l'audiovisuel, Centre INFFO, octobre 1986 (coll. Points de repères).

Formation 1987 (dossier), *Technicien du film et de la vidéo*, n° 353, décembre 1988.

GOLDSTAUD (Marc). — **La direction de production**, FEMIS, Paris, rééd. 1990, 152 p.

HECK (Didier). — **Relations, bluff, talent : comment devenir professionnel**, *Caméra vidéo*, n° 25, février 1990.

JAMET (Dominique). — Ministère de la Culture et de la Communication. Direction de l'Administration générale et de l'environnement culturel. **Formation à l'administration et à la gestion dans le domaine culturel en France**, Paris, Département des Études et de la Prospective, 1987.

Je veux faire de la vidéo, *Phosphore*, n° 77, juin 1987.

JOREZ (Nelly), LEMOINE (Françoise). — **Formation à l'image en trois dimensions**, *Technicien du film et de la vidéo*, n° 386, 15 déc.-15 janv. 1990.

La Documentation française. — **Mutations technologiques et formations**, *Les Cahiers français*, n° 223, oct.-déc. 1985.

La formation professionnelle aux métiers de l'audiovisuel, *Problèmes audiovisuels* (INA), n° 23, janv.-fév. 1985.

MARTINEAU (Monique). — **Apprendre l'animation**, *CinémAction*, n° 51, avril 1989, Éditions Corlet et Télérama, Paris.

Les métiers de l'image et du son, *Avenirs*, 3/1-3/2, ONISEP, février-mars 1986.

MICHALET (Charles-Albert). — **Le drôle de drame du cinéma mondial**, Éditions de la Découverte, Centre fédéral, FEN, 1987.

OPPENHEIM (Jacques). — **La formation aux métiers de la communication**, *Regards sur l'Actualité*, n° 127, janvier 1987.

OPPENHEIM (Jacques), dir., ANTHONIOZ (France), POURRE (Micheline). — **Les métiers de la communication**, *Télé-ciné-vidéo et INA*, n° spécial, mai 1986.

OTHNIN-GIRARD (Valérie). — **L'assistant réalisateur**, FEMIS, Paris, 1988, 128 p.

PRÉDAL (René) dir. de publ. — **Les métiers du cinéma, de la télévision et de l'audiovisuel**, *CinémAction*, n° hors-série, 1990, 310 p., pl.

RANNOU (Janine). — **L'emploi et les formations dans l'audiovisuel. Étude**, La Documentation française, Paris, septembre 1985 (CEREQ).

RANNOU (Janine), BOURREAU (Marie-France), Vergne (François). — **Les métiers de l'image et du son. Rapport du groupe interministériel pour les formations des métiers de l'image et du son**, ministère de la Culture, de la communication des grands travaux du Bicentenaire, Paris, 1988, tome I.

VAYSSE (François). — **Un métier de la médiation : agent d'exploitation et de maintenance. Note sur une expérimentation**, *Éducation permanente*, n° 82, mars 1986.

4. LA FEMIS ET LE LYCÉE LOUIS-LUMIÈRE

AUBERT (Alain). — **« Vaugirard », c'est plus sûr**, *CinémAction*, n° 45, 1987, pp. 140-145.

BOUZET (Ange-Dominique). — **Entretien avec Jean-Claude Carrière : objectif cinéma**, *Libération*, 18-8-1986.

BOUZET (Ange-Dominique). — **Le cinéma s'offre le Palais de Dame Tartine**, *Libération*, 19-2-1986.

BOUZET (Ange-Dominique). — **Objectif cinéma 2. L'optique de Villiers. Entretien**, *Libération*, 18-8-1986.

ELLESTEIN (Serge). — **Tchao l'IDHEC, bonjour l'INIS**, *l'Humanité Magazine*, 9-5-1986.

F.D. — **Une école de cinéma à l'heure européenne**, *Le Matin*, 30-7-1986.

FERENCZI (Aurélien). — **Premiers jours de classe pour les élèves cinéastes**, *Le Quotidien de Paris*, 20-11-1986.

Fondation européenne des métiers de l'image et du son, Paris. — **Rapport de la FEMIS sur l'enseignement et la formation aux métiers de l'image et du son.** (Rapporteur : Claude Brunel), FEMIS, Paris, 1988.

Les films des élèves de l'IDHEC, *Positif*, n° 288, 1985.

MACIA (Jean-Luc). — **L'école du cinéma et le cinéma à l'école**, *La Croix*, 20-2-1986.

MACIA (Jean-Luc). — **Quarante-trois élèves apprennent l'image et le son**, *La Croix*, 20-11-1986.

RICORCH (Pascal), GASPERI (Anne de). — **La FEMIS, une école-labo du 7e art**, *Le Quotidien de Paris*, 13-4-1987.

TRANCHANT (Marie-Noëlle). — **Préparer le cinéma de demain**, *Le Figaro*, 19-11-1986.

WOLF (Michel). — **La FEMIS (Fondation européenne des métiers de l'image et du son)**, *Sonovision*, n° 305, 1987.

WOLF (Michel). — **La FEMIS : une voie royale ?**, *CinémAction*, n° 45, 1987, pp. 147-153.

WOLF (Michel). — **Le Lycée Louis-Lumière**, *Sonovision*, n° 280, 1985.

WOLF (Michel). — **L'IDHEC (Institut des hautes études cinématographiques)**, *Sonovision*, n° 281, 1985.

5. LES AUTRES ÉCOLES

Les Ateliers VARAN : une école du documentaire, *Sonovision hebdo*, n° 24, 23 avril 1990.

BABERT (Caroline). — **Des journalistes à la caméra**, *CinémAction*, n° 45, 1987, pp. 170-173.

BONETTI (Géraldine). — **L'INA et la formation professionnelle**, *CinémAction*, n° 45, 1987, pp. 174-175.

Centre de formation et de perfectionnement des journalistes, Paris. — **La filière des journalistes reporters d'images du CFPJ**, *Sonovision*, n° 286, octobre 1985.

Centre de formation technologique Les Gobelins, Paris. — **Portes ouvertes aux Gobelins**, *Technicien du film et de la vidéo*, n° 340, octobre 1985 et décembre 1985.

Devenir assistant vidéo-son. Formation EMC, *Zéro vu*, n° 86, septembre 1989.

GERVASONI (Jean-Luc). — **Les écoles d'art et l'audiovisuel**, *CinémAction*, n° 45, 1987, pp. 154 à 157.

IMBERT (Christian). — **Un nouveau centre de formation vidéo. Le Centre de Formation technologique Les Gobelins, Paris**, *Le Photographe*, n° 1429, novembre 1985.

Le jeune cinéma à l'école : essai sur l'organisation des écoles supérieures de cinéma..., *Bulletin d'information du Centre international de liaison des écoles de cinéma et de télévision*, n° 10, 1986.

MARTINEAU (Monique). — **L'École nationale supérieure des arts décoratifs**, *CinémAction*, n° 45, 1987, pp. 158-161.

REYNAUD (Christiane). — **L'école nationale de la photographie d'Arles**, *CinémAction*, n° 45, 1987, pp. 162-166.

STEBUT (Jeanne von). — **Cinexpérience. École des Beaux-Arts. Nancy**, *Cinéma 89*, n° 460, octobre 1989.

VERGNE (François). — **Réflexions autour du BTS**, *CinémAction*, n° 45, 1987, pp. 136-140.

WOLF (Michel). — **BTS audiovisuel : Bayonne en direct**, *Sonovision*, n° 308, octobre 1987.

WOLF (Michel). — **BTS audiovisuels, nouvelle cuvée**, *Sonovision*, n° 307, septembre 1987.

WOLF (Michel). — **La formation des journalistes reporters d'images au CPJ (Centre de perfectionnement des journalistes)**, *Sonovision*, n° 286, 1985.

WOLF (Michel). — **La Section Cinéma d'Animation et Vidéo de l'ENSAD (École nationale supérieure des arts décoratifs)**, *Sonovision*, n° 285, 1985.

WOLF (Michel). — **Le CERIS (Centre d'études et de recherches de l'image et du son)**, *Sonovision*, n° 283, 1985.

WOLF (Michel). — **Le CFT Gobelins (Centre de formations technologiques)**, *Sonovision*, n° 288, 1985.

WOLF (Michel). — **L'EFAP-Image (École française des attachés de presse)**, *Sonovision*, n° 298, 1986.

WOLF (Michel). — **L'EFET (École française d'enseignement technique)**, *Sonovision*, n° 298, 1986.

WOLF (Michel). — **L'ESEC (École supérieure des études cinématographiques)**, *Sonovision*. n° 301, 1987.

WOLF (Michel). — **L'ESRA (École supérieure de réalisation audiovisuelle)**, *Sonovision*, n° 282, 1985.

WOLF (Michel). — **L'ETPA (École technique privée de photographie et audiovisuel)**, *Sonovision*, n° 300, 1987.

Annie KOVACS

La marguerite rouge, de Vassilis Vafea

V. EN GRÈCE

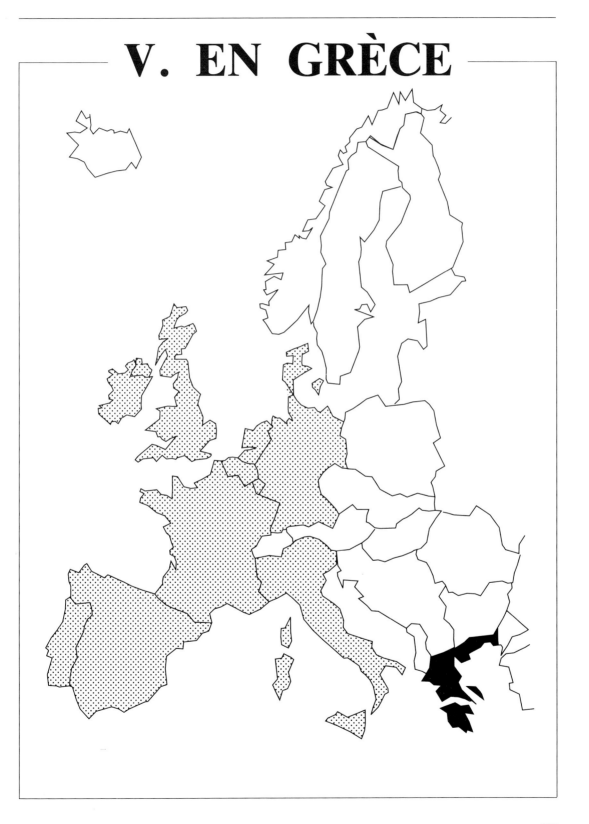

L'enseignement supérieur public en Grèce

Nombre d'habitants : 10,01 millions.
Nombre d'étudiants : 179 908 dont 124 originaires de la CEE (Chiffres *Guide de l'Étudiant* 1990).
Langue d'enseignement : le grec.
Autorités de tutelle : le ministère de l'Éducation nationale et des cultes et quelques autres ministères.

Durée	ÉTABLISSEMENTS D'ENSEIGNEMENT UNIVERSITAIRES 17AEI	INSTITUTS SUPÉRIEURS DE TECHNOLOGIE 11TEI	SECTIONS PÉDAGOGIQUES	ÉCOLES PROFESSIONNELLES NON UNIVERSITAIRES
2 ans	*Didaktorion* (doctorat)			
4 ans environ	*Ptychion* (Diplôme)			Chaque école a son diplôme
Age	Accès à l'enseignement supérieur			
18 ans	*Numerus clausus* Examens généraux d'entrée à l'université qui peuvent être préparés dans des centres préparatoires post-secondaires (MPK).			
17 ans	*Apolytirion lykiou*, certificat de fin de l'enseignement secondaire.			

M.M.

« Dès 1974, de nombreux efforts ont été déployés en vue de réformer l'enseignement universitaire grec qui se trouvait dans une impasse : la crise profonde que traversait l'Université ne lui permettait plus d'assurer son rôle social.

D'après la constitution de 1975, l'enseignement universitaire est assuré exclusivement en Grèce par des établissements constituant des personnes morales de droit public et jouissant de l'autonomie administrative... La fondation d'écoles supérieures par des particuliers est interdite [1]. »

La réforme de l'université a été décrétée par la loi 1268/1982. Les écoles privées ne sont pas habilitées à délivrer un diplôme reconnu par l'État. Pourtant, dans le domaine du cinéma et de l'audiovisuel, l'enseignement est surtout dispensé actuellement dans des établissements privés. Une nouvelle réforme est en cours. On peut penser qu'elle leur accordera un meilleur statut.

Annie Kovacs, chargée de l'information aux Rencontres audiovisuelles à l'INRP, a visité les deux plus anciens de ces établissements. Sissi Vaféa, éducatrice, cinéaste et directrice du Centre d'entraînement pédagogique Schedia, brosse un tableau sans illusion du marché de l'emploi qui s'offre au sortir des écoles. Elle évoque les timides projets de développer l'enseignement public dans ce domaine.

---

1. Le système d'enseignement grec. *Unité Eurydice de Grèce*, par *Hélène Sacantanis-Botsoglou*, publié par Eurydice, Bruxelles, 1988.

Deux écoles privées,
en l'absence
d'une école d'État

Alexandre le Grand, de Theo Angelopoulos

Collection La Revue du Cinéma

Le voyage des comédiens, de Theo Angelopoulos

Un avenir incertain

La contribution de l'État aux études du cinéma est totalement inexistante en Grèce. La formation des professionnels est donc aux mains du privé. Le projet de création d'une école nationale a été abandonné en raison des investissements élevés requis tant par le fonctionnement que par l'équipement. De surcroît, sa création aurait exigé la coopération de deux appareils bureaucratiques (le ministère de l'Éducation nationale, dont relèvent toutes les écoles supérieures, et celui de la Culture dont relève le cinéma), ce qui n'aurait fait que multiplier les difficultés. Actuellement, un département du ministère de la

Culture est chargé de surveiller les trois écoles de cinéma privées. (On trouvera des informations plus détaillées sur les deux plus importantes d'entre elles dans l'étude réalisée par Annie Kovacs.) Elles ont trois défauts. D'abord l'enseignement y est réservé aux étudiants disposant de moyens économiques relativement élevés. Ensuite, le fait que ces écoles soient concentrées à Athènes limite considérablement leur accès pour les Grecs de province. Enfin, le niveau de leur enseignement n'atteint pas celui d'une école publique, quels que soient les efforts des enseignants et des propriétaires.

De grands besoins

L'État limite actuellement son rôle au contrôle des études : à la fin de leur cursus, les étudiants sont d'abord tenus de passer un examen devant une commission du ministère de la Culture pour obtenir leur diplôme. Puis une seconde commission, à laquelle participent les représentants des différentes catégories professionnelles, délivre, après un nouvel examen, la carte professionnelle exigée pour exercer n'importe quelle spécialité, à l'exception de celle d'assistant réalisateur.

Un grand pas en avant sera franchi le jour où l'on créera des cours théoriques sur le cinéma et l'audiovisuel au sein des universités. A la rentrée 1990, deux départements d'études des médias et de la communication ont vu le jour à Athènes, l'un à l'université Panteion, l'autre au sein de la faculté de droit. A Panteion, les étudiants peuvent choisir entre trois sections : administration culturelle, communication et journalisme.

Mais la création d'une école *d'État* d'études cinématographiques demeure une revendication permanente des syndicats professionnels comme de tous les intellectuels soucieux de l'avenir du cinéma en Grèce.

Actuellement, la plupart des professionnels sont diplômés de l'une des écoles privées. Peu nombreux sont ceux qui ont étudié à l'étranger (essentiellement en France, Grande-Bretagne, Italie et Union soviétique). Enfin, certains se sont formés sur le tas, en travaillant au départ comme assistants sur des films.

En ce qui concerne les débouchés, voici quelques indications sur le contexte actuel du marché.

Le paysage audiovisuel en Grèce

• Les télévisions :
Chaînes publiques : 2 à Athènes, 1 à Salonique.
Chaînes privées : 14 (Mega Channel, New Channel, Antenna, Telecity, Channel 29, TV 100 (à Salonique) et Argo (à Salonique), TRT (en Thessalie), Channel 8, Channel 64, TV Plus, le « 901 » (des partis de la gauche grecque), TVM Megara-Attiki, Channel 67 (des partis écologistes).

• Les radios :
Stations nationales : 4.
Stations régionales : 20.
Un grand nombre de stations privées.

E.H.

Trouver la route d'Ithaque...

En Grèce, 1990 a été l'année de l'explosion des moyens télévisuels. Jusqu'en 1989, on captait uniquement, et sur tout le réseau national, deux chaînes — ET 1 et ET 2 — qui relevaient l'une et l'autre de la radio-télévision grecque (ERT SA), monopole d'État. Le 6 octobre 1989 a été votée la loi 1866 qui autorise les chaînes de télévision privées. Huit mois après, aux deux chaînes nationales s'étaient déjà ajoutées sept chaînes privées (elles n'émettent pas sur l'ensemble du territoire mais seulement dans les principales villes). Alors que sur les chaînes nationales, les programmes sont grecs à 60 %, c'est le contraire sur les chaînes privées.

Par ailleurs, la Grèce est reliée par satellite, via la télévision nationale, aux chaînes suivantes : CNN (USA), TV5 (France), RAI 1 et RAI 2 (Italie), MTV et Eurosport (G.-B.), TVE (Espagne), SAT 1 (Allemagne), Horizon (URSS) et RTL Plus (Luxembourg).

Cette révolution dans le domaine de la télévision a eu deux conséquences particulièrement importantes. D'abord l'apparition des chaînes privées a créé de nouveaux emplois. Mais la multiplication des chaînes a entraîné aussi une baisse spectaculaire des entrées dans les salles : pour les films grecs, dont le nombre d'entrées était déjà limité, cette chute a été dramatique.

Aussi les producteurs ont-ils pratiquement abandonné la production des longs métrages pour se cantonner dans celle de vidéos, dont le coût est aussi faible que le niveau... Du coup, l'État est resté le seul producteur de films : par l'intermédiaire du Centre du cinéma grec (CCG), il intervient dans le financement de productions répondant à des objectifs artistiques (plus de cent longs métrages ces dix dernières années) en prenant à sa charge environ 50 % de leur budget. L'autre moitié est couverte par les réalisateurs eux-mêmes, qui sont responsables de la production. La télévision nationale a très souvent participé à la production des films, mais avec une contribution modeste. Il est donc impératif que le budget du ministère de la Culture prévoie des subsides complémentaires, qui sont alloués via le CCG. En 1990 tout particulièrement, le Centre du cinéma grec s'est trouvé face à un problème économique crucial, car en juin le ministère n'avait toujours pas arrêté son budget ! Aléas dus aux changements politiques.

De toute façon la télévision devra accroître sa participation dans la production des films.

Il est peu aisé, bien que non impossible, pour la Grèce de rivaliser, dans le domaine du cinéma, avec les pays européens les plus riches et de participer aux programmes communautaires pour promouvoir l'enseignement du cinéma et des moyens audiovisuels (notamment par des possibilités d'échanges pour les étudiants).

L'avenir est donc relativement incertain et la survie du cinéma grec ne sera garantie que par la persévérance, la combativité et la créativité des cinéastes qui, espérons-le, sauront trouver, à l'instar de leur ancêtre, l'ingénieux Ulysse, la route vers Ithaque, en surmontant les problèmes nés des brusques mutations sociales et de l'inflexibilité de l'appareil d'État...

Sissi VAFÉA
Traduction : Paola Starakis

Annuaire

ATHÈNES

PANTEION PANEPISTIMION (UNIVERSITÉ PANTEION).
Sigrou avenue 136, Kallithéa, Athènes.
Tél. : 92.29.312.
Responsable : J. Kontogiorgis.
Diplôme préparé : Ptychion.
Conditions d'admission : certificat de fin de l'enseignement secondaire.
Frais d'inscription : oui.
Durée des études : huit semestres (examens chaque semestre).
Contenu des études :

• **Section d'administration culturelle :** politique culturelle, histoire, relations publiques, économie et administration, langues étrangères.

• **Section de communication :** esthétique, sociologie, communication, technique de communication culturelle.
Stage : relations publiques.

• **Section de journalisme :**
Théorie : mass médias, reportage, histoire, aspects juridiques.
Pratique : presse écrite et télévision.
Stage : oui.
Recherche sur l'évolution des mass médias.
Cette section accueille aussi des journalistes en exercice.
Remarques particulières : cet enseignement est ouvert à des auditeurs libres. Échanges ÉRASMUS.

Eugenia Hadjikou

par Annie Kovacs

Tournage à l'École Lycourgos Stavrakos

L'école grecque de cinéma
et télévision Lycourgos Stavrakos

Un petit immeuble du centre d'Athènes dont l'aspect assez vétuste à l'intérieur est encore accentué par des affichages de dessins plus ou moins improvisés et du matériel style ciseaux — pot de colle traînant un peu partout. Mais le flot nombreux des élèves occupant au maximum tous les lieux, escaliers et couloirs compris, de manière bourdonnante, concentrée et joyeuse donne à ce lieu une atmosphère étonnamment conviviale. Les études de cinéma et de télévision en Grèce ne se donnent que le soir. Les élèves se retrouvent là pour le grand moment de leur longue journée.

M. Lycourgos Stavrakos, octogénaire, aussi affable que silencieux, installé dans son fauteuil art-déco comme de toute éternité, acquiescera des paupières à toutes les répon-

ses que donnera M. Stalénakis, professeur de mise en scène, à mes questions auxquelles j'essaie de ne pas donner un tour trop technocratique, prise que me voilà par le charme rétro de l'endroit. Mais il ne fallait pas que je m'y trompe. Depuis 1948, l'entreprise de Lycourgos Stavrakos a parfaitement peaufiné sa publicité et éprouvé son organisation, et tous les documents qu'on me donne en français comme en anglais font état d'un vaste éventail de cours tant théoriques que pratiques, d'un matériel impressionnant mis à la disposition des élèves et de l'affiliation au CILECT et à l'UFVA[1]. Quatre-vingts pro-

---

1. *CILECT : Centre international de liaison des écoles de cinéma et de télévision.*
UFVA : University film and video association.

fesseurs permanents assurent douze heures de cours hebdomadaires. Ils ont tous une activité professionnelle dans les médias, certains sont des noms connus : quelques-uns sont passés par l'IDHEC ou l'école de cinéma de Prague. « *C'est l'école privée de cinéma la plus ancienne du monde* » me dit-on ; je ne sais, mais il est bien certain que depuis la Seconde Guerre mondiale, à peu près tous les cinéastes et réalisateurs de télévision grecs sont sortis d'ici.

L'école est depuis quarante ans reconnue par l'État. Pas de concours d'entrée. Une école privée craint rarement d'avoir trop d'élèves. Au Centre culturel français d'Athènes, on avait avancé le chiffre de huit cents élèves inscrits chez M. Stavrakos. Cette distorsion avantageuse fait naître un fin sourire sur les lèvres du directeur. M. Stalénakis rectifie : cent vingt nouveaux élèves entrent à l'école chaque année. Au total, deux cent cinquante élèves suivent ensemble la scolarité. L'école n'accepte que des bacheliers en première année ou des gens venant des médias, des artistes, des intellectuels. Plus de vingt pour cent des élèves ont déjà une spécialisation. L'admission en seconde et troisième années n'est pas automatique. Elle est fonction de l'assiduité, de la valeur de l'élève. Une vingtaine d'étudiants étrangers, qui comprennent le grec, viennent principalement d'Afrique du Nord, mais aussi de France, d'Allemagne, des USA...

La fermentation qui règne dans tout le bâtiment (il semble qu'il se passe toujours quelque chose chez Monsieur Stavrakos, un visionnement de films d'élèves et une conférence sont apparemment en deux secondes décidés là, à l'occasion de ma visite) traduit comme un consensus autour de la nécessité de rendre utile la moindre parcelle de temps. Élèves qui travaillent quasiment tous, certains comme assistants réalisateurs à la télévision, n'ont aucune aide de l'État pour leur formation, comme professeurs qui ont connu la même galère semblent ne faire qu'un et on est frappé, sans en être étonné dans ce con-texte, par l'aspect très « costaud » des films d'élèves[2].

Un détail bien dans l'esprit de la maison : M. Stavrakos dispense chaque année dix élèves méritants des frais de scolarité. L'école ne reçoit aucune subvention de l'État, son budget annuel est de soixante-trois millions de drachmes. Elle a touché une aide de la France et une autre des États-Unis, principalement en dons de livres. La Cinémathèque grecque et les salles commerciales acceptent de faire des réductions aux élèves.

En résumé : une institution qui s'est depuis longtemps rendue indispensable et dont les décideurs ont certainement à tenir compte d'une manière ou d'une autre, qui doit leur être bien délicate à définir.

Annie KOVACS

ÉCOLE GRECQUE DE CINÉMA ET DE TÉLÉVISION LYCOURGOS STAVRAKOS.
26, Ioulianou street, Athènes 104-34.
Tél. : 82.30.124 et 82.37.648.
Statut : école privée reconnue par l'État.
Responsable : Lycourgos Stavrakos.
Diplômes de réalisateurs et techniciens de cinéma et télévision (reconnus par l'État).
Conditions d'admission : diplôme de fin d'enseignement secondaire ou une expérience professionnelle.
Frais d'inscription et d'études : 350 000 drachmes par an.
Durée des études : 3 ans.
Effectif par promotion : 120.
Contenu des études :
Théorie : langage audiovisuel, histoire du cinéma, théâtre et littérature, scénario, production, esthétique, sociologie des médias, économie du cinéma et de la télévision.
Pratique : technologie du film et de la télévision, mixage, son, montage, photographie, costume, décor.
Stage : non obligatoire.
Publications : diverses.
Débouchés : assistants, script à la télévision pour la plupart, puis réalisateurs, producteurs vidéo, scénaristes.
Remarques particulières : école affiliée au CILECT, au GEECT et à l'UFVA.

---

2. *Vassili Vafea, réalisateur dont le film* L'amour d'Ulysse *était à Cannes en 1985 à la Quinzaine des réalisateurs, dit que l'école de Lycourgos Stavrakos a été importante pour lui car c'est là qu'il a fait connaissance avec Georges Cavayas et Georges Arvanistis, ses professeurs, directeurs de la photographie (ce dernier d'Angelopoulos, qui s'est formé à l'IDHEC) avec lesquels il réalise ses films.*

par Annie Kovacs

The Athenians, de Vassilis Alexakis

L'école de cinéma
et télévision Eugénia Hadjikou

La deuxième école est située sur une avenue résidentielle du centre d'Athènes où elle occupe les quatre étages surmontés d'une pergola monumentale d'une villa de style Bauhaus. Sa directrice, Eugénia Hadjikou, est un ancien professeur de Lycourgos Stavrakos qui a fondé sa propre école en 1977, école privée comme son aînée, affiliée au CILECT et au GEECT, et reconnue par l'État. Elle est tenue de respecter un programme établi au ministère de la Culture, mais ne reçoit aucune subvention. Eugénia Hadjikou tient à dire que, documentariste et scénariste, elle n'a jamais pu obtenir de la tutelle l'ouverture d'une section de cinéma documentaire dans son établissement. Elle expose beaucoup plus ses difficultés qu'elle ne signale les réussites de son entreprise, une école qui compte presqu'autant d'élèves que celle de Lycourgos Stavrakos, alors qu'elle a choisi d'en limiter le nombre par souci d'efficacité et qui a formé des cinéastes et techniciens de grande valeur. Ce qu'elle met continuellement en avant, c'est le contexte difficile dans lequel elle travaille, son désir d'ouverture, son souci de l'avenir du cinéma et de la télévision grecs, et l'urgence de la création d'une école d'État, où, dit-elle, pourraient se retrouver ses enseignants et ceux de Lycourgos Stavrakos, avec des budgets leur permettant enfin de travailler de manière réellement prospective dans le cadre européen.

Pour celui qui vient de l'extérieur, le climat de cette école reflète de manière sensible son souci de modernité : travail en équipe des professeurs, exercices et visionnements interdisciplinaires, relations enseignants-enseignés tout à fait libres, simples et directes, l'attestent. D'ailleurs, Eugénia Hadjikou peut dire : « *J'ai créé mon école tout autant avec mes élèves qu'avec mes professeurs.* »

Elle dirige aussi une École des hautes études dramatiques, où est donnée une formation à l'art de l'acteur qui complète le cursus de son école de cinéma ; dans l'une comme dans l'autre école, elle enseigne la mise en scène. Cette manière globale d'aborder la culture se retrouve dans le programme des cours de l'École de cinéma et de télévision où philosophie, esthétique, histoire de l'art, rhétorique, sociologie et théorie du cinéma ont une place importante, surtout pour les futurs réalisateurs qui doivent avoir le baccalauréat pour être admis et dont une proportion notable a fait des études supérieures. Les futurs techniciens, la moitié des élèves, doivent avoir le brevet ou attester d'une formation professionnelle.

L'école compte au maximum cent cinquante élèves de dix-huit à quarante-cinq ans, dont la plupart exercent une activité professionnelle. Certains élèves abandonnent leurs études en première année, pour des raisons financières, pour faire leur service militaire ou entreprendre d'autres études. Les deux cent mille drachmes annuels sont réglés en dix versements. Le film de fin d'études est financé par les élèves et est réalisé en principe au cours de la troisième année d'études. Mais bien souvent, il faut deux ans à l'élève pour trouver ou gagner de quoi en monter la production et un candidat réalisateur peut choisir de faire équipe avec des postulants techniciens pour réduire les frais. « *Nous faisons tout ce que nous pouvons*, dit Eugénia Hadjikou, *pour être avec les élèves pendant qu'ils réalisent leur film.* » On imagine sans peine l'importance de ce soutien, d'autant plus que ce film joue un rôle important dans l'examen par un jury de sept personnes désignées par le ministère de la Culture, les épreuves théoriques corrigées à l'école ne jouant qu'un rôle de présélection. Ces films présentés permettent à 90 % des élèves d'être diplômés d'État. Ils peuvent être de durée très variable, on s'en doute : cela va du cinq minutes en 16 mm au long métrage en 35 mm ! L'important est qu'à la sortie de l'école l'élève trouve du travail : il y parvient dans la majorité des cas dans la première ou deuxième année, comme assistant ou scripte à la télévision, ou comme jeune producteur, nous dit-on.

Grâce à la bibliothèque et à la vidéothèque de films classiques, élèves et enseignants mènent des recherches dont les résultats sont publiés dans une revue qui en est à son vingtième numéro : *Recherches dans le domaine du spectacle.*

L'école a reçu un prix en tant que structure de formation cinématographique. Les films d'élèves ont été primés dans différents festivals en Europe.

Dans cette Athènes contemporaine — on n'ose dire moderne — où l'appétit marchand semble avoir installé une pollution qui compose avec l'Acropole immaculé qui la domine un tableau véritablement surréaliste, Eugénia Hadjikou paraît renouer avec les exigences d'un grand passé et on aimerait que sa généreuse inquiétude soit féconde et qu'elle soit reconnue comme un interlocuteur privilégié par le gouvernement si des réformes sont entreprises.

Annie KOVACS

Bibliographie

Revue : **Recherches dans le domaine du spectacle.**
Ouvrages : Éditeur : École Eugénia Hadjikou.
GARDELIS (Nikos), **La prise de vue au cinéma,** 122 p.
HADJIKOU (Eugénia), **L'art du metteur en scène,** 72 p.
HADJIKOU (Eugénia), **Assistant réalisateur, scripte,** 65 p.
HADJIKOU (Eugénia), **Télévision : quelques principes de base,** 16 p.
HADJIKOU (Eugénia), **Filmographie des principaux metteurs en scène grecs,** 15 p.
KONSTANTINOPOULOS (Giorgos), **Le son,** 12 p.
KONSTANTINOPOULOS (Giorgos), **La photographie,** 57 p.
TARNANAS (Andréas), **Histoire de la photographie au cinéma,** 20 p.
THEOS (Dimosthenis), **Théorie contemporaine,** 58 P.
Bulletins techniques divers.

Eugénia HADJIKOU

Photo de Christos Alexandris, étudiant à l'École de Cinéma et télévision Eugénia Hadjikou

ÉCOLES DE CINÉMA ET DE TÉLÉVISION EUGÉNIA HADJIKOU.

115, avenue Alexandras, 11475 Athènes (Grèce).
Statut : école privée reconnue par l'État.

• **Section mise en scène cinématographique.**
Tél. : 36.47.229.
Responsable : Eugénia Hadjikou.
Diplômes de réalisateurs et techniciens de cinéma et vidéo (reconnus par l'État).
Conditions d'admission : certificat de fin de l'enseignement secondaire pour les futurs réalisateurs, le brevet ou une formation professionnelle pour les futurs techniciens.
Frais d'inscription : 30 000 drachmes.
Frais d'études : 200 000 drachmes.
Durée des études : 3 ans.
Effectif par promotion : de 50 à 90.
Contenu des études :
Théorie : philosophie, esthétique, rhétorique, sociologie et théorie du cinéma, scénario, direction d'acteurs, histoire de l'art, du cinéma mondial, de la littérature et du théâtre grecs.
Pratique : photographie, image, son, montage, mixage.
Exercices réalisés par les étudiants sur le plateau de l'école en 16 mm et en vidéo avec trois professeurs.

Stage : mise en scène au cinéma et à la télévision.
Publications : voir bibliographie.
Débouchés : assistants, scriptes, techniciens à la télévision pour la plupart, puis réalisateurs, producteurs vidéo.
Remarques particulières : école affiliée au CILECT et au GEECT.

• **Section direction de la photographie.**
Tél. : 36.47.229.
Responsable : Nikos Gardelis.
Diplôme préparé : directeurs de la photographie, cameramen, photographes (reconnus par l'État).
Conditions d'admission : certificat d'études secondaires.
Frais d'inscription : 30 000 drachmes.
Frais d'études : 200 000 drachmes.
Durée des études : 3 ans.
Contenu des études :
Théorie : histoire de l'art, du cinéma, esthétique.
Pratique : photographie, technique du tournage et de prise de vue, exercices, électricité, directions de la photographie.
Publications : voir bibliographie.
Débouchés : directeurs de la photographie, cameramen, photographes.

E.H.

Jack's Bicycle, de John Moore, étudiant au College of Commerce Dublin

VI. EN IRLANDE

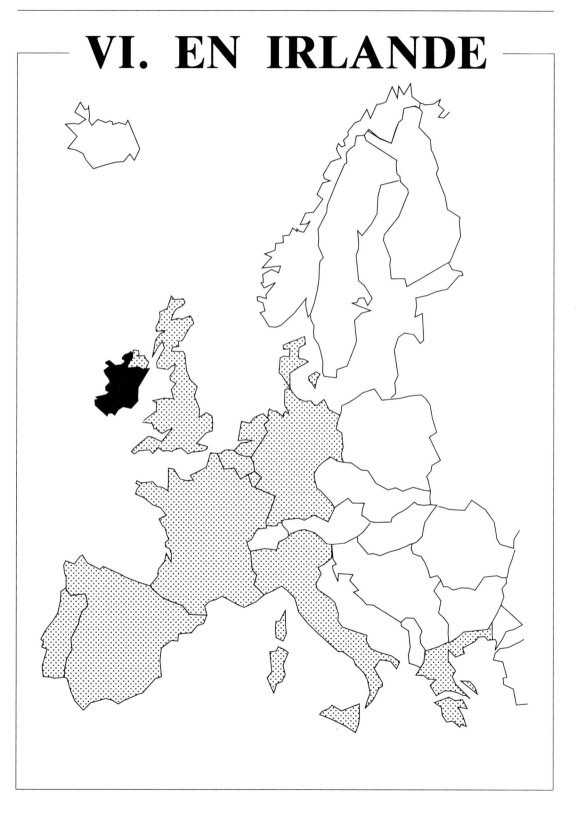

Cold for June, de Harry Purdue, étudiant au College of Commerce Dublin

L'enseignement irlandais se divise en trois niveaux : le primaire (jusqu'à douze ans), le secondaire (douze-dix-huit ans) et le supérieur (à partir de dix-sept ans). Le *Leaving Certificate* sanctionne la fin des études secondaires, il correspond aux *A* et *O Levels* décernés en Grande-Bretagne. Les étudiants qui abordent le supérieur doivent avoir été reçus dans au moins cinq matières dont deux avec mention au *Leaving Certificate*. L'anglais figure parmi ces matières indispensables.

Beaucoup de jeunes souhaitent suivre un cursus supérieur mais le nombre de places est limité : 12 000 alors que 28 000 candidatures ont été déposées en 1990. Les étudiants qui satisfont aux critères d'inscription en ayant au moins deux mentions et qui peuvent prouver que leurs parents ont deux enfants à charge et que leur revenu est inférieur à 14 300 livres bénéficient d'un système de prêt. Le plafond du revenu parental est fonction du nombre d'enfants et culmine à 20 457 livres pour dix enfants. Si l'enseignement est « gratuit » depuis plus de vingt ans, les établissements supérieurs et notamment les universités restent le bastion de privilèges et sont essentiellement fréquentés par les classes moyennes. Un pour cent seulement des étudiants à l'Université sont issus du milieu ouvrier et ceux qui obtiennent un diplôme universitaire classique ne sont qu'une minorité. En effet, les filières qui sont le plus souvent choisies offrent un diplôme moins prestigieux. Ces filières ont l'avantage d'être moins sélectives à l'entrée et de proposer des cycles courts permettant de trouver un emploi plus rapidement. Les universités sont autonomes et la durée des études varie de l'une à l'autre

K.R.

L'enseignement supérieur en Irlande

Nombre d'habitants : 3,58 millions.
Nombre d'étudiants : 56 911 dont 771 originaires de la CEE (*Guide de l'étudiant* chiffres 1986-87).
Langue d'enseignement : l'anglais.
Autorité de tutelle : ministère de l'Éducation.

Durée	UNIVERSITÉS		Établissements non universitaires dont les COLLEGES OF TECHNOLOGY et les COLLEGES OF EDUCATION
2 ou 3 ans	*Doctor of Science, Doctor of Litterature Higher Doctorate*	Graduate Studies	
2 ou 3 ans	*Ph. D (Doctor of Philosophy).* Doctor's Degree	*Master* Master'degree	*Post-graduate Diploma.* Degree Courses *Undergraduate Diploma*
3 ou 4 ans	*Bachelor* First Degree, ou Undergraduate Degree, ou Bachelor's Degree.	*Undergraduate Certificate* Professional Degree	
Age 17 ans	**Accès à l'enseignement supérieur** • *Numerus clausus.* Les candidats postulent par le canal du *Central Applications Office.* • *National Leaving Certificate Examination* (Certificat national de fin d'études secondaires).		

M.M. et L.H.

Une université et six écoles à caractère professionnel

Tournage de *Cold for June*, de Harry Purdue

par *Kevin Rockett*

Entre l'attrait pour l'étranger et l'intérêt pour les initiatives irlandaises

L'enseignement des médias audiovisuels en Irlande est rattaché le plus souvent à celui de la communication ou du design. Il accorde une place importante au cinéma d'animation.
*La Dublin City University offre un cursus long de cinq ans en communication (**Bachelor of Arts Degree** et **Master of Arts Degree**). Les autres cursus, plus courts, durent trois ans en moyenne, accordent une grande place à la pratique et sont orientés vers des métiers. Deux **Colleges of Technology** délivrent, l'un un **Certificate in Design (Visual Media)**, l'autre un **Diploma in Communications**. Enfin, sur quatre écoles professionnelles, l'une prépare un **National Diploma in Design Communication**, les trois autres un **Certificate** ou un **Diploma in Communications** décerné par le **CDVEC (City of Dublin Vocational Education Committee)**. Kevin Rockett, docteur, coauteur de **Cinema in Ireland** et président de l'**Irish Film Institute**, évoque ici la récente mise en place de cet enseignement et les difficultés que connaissent les jeunes diplômés à trouver leur place sur un marché du travail qui connaît une timide expansion.*

Les cours de cinéma et d'audiovisuel, aussi bien pratiques que théoriques, n'ont fait leur apparition dans l'enseignement supérieur en Irlande qu'assez récemment. Ces disciplines n'ont commencé à être étudiées sérieusement que dans les années 80. Auparavant, il n'existait que des formations à temps partiel ou des stages sur l'animation et le son. Bien souvent, ces cursus ont été mis en place sans souci d'un projet global cohérent, quand ils n'étaient pas le fruit d'initiatives individuelles venant d'enseignants en poste dans des établissements nouveaux ou non. Ce mouvement n'a donc pas été le fait des responsables gouvernementaux car l'Irlande a toujours eu, d'une façon générale, des ambitions limitées en matière de cinéma et d'industrie audiovisuelle.

La situation du cinéma

Il n'est pas inutile, avant de parler de l'enseignement, de rappeler les grandes lignes de la situation du cinéma en Irlande.

Dès les années 30, la politique suivie a visé en premier lieu à créer des emplois et à générer des devises par l'exportation, à l'instar de n'importe quel autre secteur d'activité industrielle. Aussi la représentation de l'Irlande véhiculée par les productions étrangères n'était-elle jamais vraiment prise au sérieux par l'État. Ce dernier, conformément à sa logique commerciale, finança la création des premiers studios privés, inaugurés en 1958. Leur stratégie s'alignait bien sur celle de l'État et consistait à encourager l'investissement étranger dans des films tournés en Irlande avec des capitaux, des artistes et des techniciens internationaux. Les studios n'ont donc contribué que d'une façon minime au développement de l'industrie audiovisuelle irlandaise.

Dans les années 70 cependant, les changements sociaux et économiques consécutifs au boom de l'économie d'exportation de la décennie précédente (qui eut notamment comme aspect positif la généralisation de la « gratuité » de l'enseignement secondaire en 1968) provoquèrent un regain de confiance en soi et ravivèrent le tonus des cinéastes locaux. Ils adoptèrent une position fortement critique à l'égard du financement des productions étrangères filmées en Irlande et des studios

Bibliographie

ROCKETT (Kevin), GIBBONS (Luke) et HILL (John), **Cinéma and Ireland**, Croon Helm, Londres, 1987 ; Routledge, 1988. Cet ouvrage retrace l'histoire de la production cinématographique irlandaise et comporte également des études sur la politique de l'État dans ce domaine et la représentation de l'Irlande dans les cinémas anglais et américain.
Filmbase News. Cette publication bimestrielle fournit des informations dépassant le cadre de la coopérative de cinéma et de vidéo qui l'édite.
Disponible à : Filmbase, 6, Eustace Street, Dublin 2.
Irish Film Institute Members Newletter. Publication trimestrielle sur les activités du IFI.
Disponible à : Filmbase, 6, Eustace Street, Dublin 2.
Playback. Mensuel d'information et d'analyse sur l'audiovisuel en Irlande.
Disponible à : Prospect House, 1 Prospect Road, Glasnevin, Dublin 9.

K.R.

qu'ils jugeaient inadéquats par rapport à leurs besoins. S'ensuivit toute une série de campagnes qui aboutit à la création en 1981 de l'officiel *Irish Film Board* (Bureau du cinéma irlandais), conçu pour soutenir la production nationale. Si cette structure n'était pas chargée de l'enseignement des médias, elle a indirectement encouragé un certain nombre d'institutions et surtout d'individus à s'occuper de la formation et de l'emploi dans l'enseignement des médias, du cinéma, de l'audiovisuel en général. Le *Film Board* n'existe plus depuis 1987 et l'État a préféré revenir à sa précédente politique commerciale en accordant des réductions fiscales plutôt que des avances ou des prêts aux firmes investissant dans le cinéma.

En l'absence d'une industrie cinématographique nationale, c'est la RTE, la chaîne publique de télévision, créée en 1961, qui est devenue le plus important pourvoyeur d'emplois dans l'audiovisuel et qui a alimenté la production irlandaise. Elle a compté jusqu'à 2 000 salariés (tous postes confondus), mais aujourd'hui l'effectif est sensiblement moindre pour des raisons commerciales et technologiques. C'est elle aussi qui a « couvert » de la façon la plus complète l'Irlande et ses habitants.

Les médias à l'université et dans les écoles professionnelles sont rattachés à la communication, au design

Au cours des années 80, de grands pas ont été accomplis dans le domaine des études supérieures sur les médias, même si, en comparaison avec d'autres pays, la situation de l'Irlande peut sembler insatisfaisante. Il n'existe pas, par exemple, d'école nationale du cinéma et on ne peut guère espérer en voir s'ouvrir une dans un proche avenir. De même, il a fallu attendre 1990 pour qu'une réforme introduise l'étude des médias dans l'enseignement secondaire. Les élèves de treize à quinze ans peuvent à présent prendre des modules de médias en cours d'anglais lors de leur *Junior Cycle*. Cependant, la mise en place de cours sur les médias en tant que discipline autonome dans les établissements secondaires reste un vague espoir.

Même dans l'enseignement supérieur les cursus de communication ont souvent dû s'accommoder de compromis. Par exemple, au département de communication de la *Dublin City University* (DCU), réputé offrir un enseignement de pointe, le lien entre certaines matières comme la linguistique et la psychologie avec la dominante du programme peut sembler ténu. Autre limite du programme de la DCU : l'absence totale de pratique cinématographique alors que le son et la vidéo sont abordés de façon complète. Aussi les diplômés qui désirent faire une carrière dans le cinéma ou la vidéo se tournent-ils vers des formations comme celle de six mois proposée, ces dernières années, par l'*Irish Film Institute* et qui était financée par l'agence pour la formation du gouvernement irlandais.

A l'inverse, au *College of Art and Design de Dun Laoghaire*, l'accent est mis avant tout sur la pratique de l'animation (une tradition

Big Swinger, film d'un étudiant de Dun Laoghaire College of Art and Design

de longue date dans cet établissement comme l'indique la collaboration avec Disney qui a débuté récemment), la réalisation de documentaires et le travail de l'acteur tandis que l'histoire et la théorie du cinéma restent marginaux. Dans ces établissements, 80 % des cours, voire davantage, sont consacrés à la réalisation de films et de vidéos. Si la DCU s'efforce d'amener les étudiants à intégrer théorie et pratique, d'autres institutions mettent l'accent sur la réalisation, la pratique, dans leur enseignement.

Le manque de formation chez les enseignants en médias a aussi posé des problèmes aux concepteurs des cursus. Pour les professeurs du secondaire, quelques stages ont été organisés par l'*Irish Film Institute* et l'*Association of Teachers of English* (Association des professeurs d'anglais). Pour leurs collègues du supérieur, la question commence à peine à être réglée avec l'augmentation du nombre des diplômés en communication et la création récente d'un *Master of Arts* et d'un *Doctor of Philosophy* dans cette discipline. Les enseignants pionniers dans ce domaine venaient d'autres matières ou avaient étudié les médias et la communication en Grande-Bretagne. D'autres, et surtout les formateurs chargés de la pratique dans le supérieur, sont des professionnels du cinéma, de la télévision ou de la radio.

En dépit de tout cela, les demandes d'inscription en médias ne fléchissent pas, mais très peu sont acceptées. Au *College of Commerce*, à Rathmines, par exemple, on compte habituellement environ 1 200 candidatures pour 25 places et au *Dun Laoghaire College of Art and Design*, ce n'est guère différent. En général, ces cours sont donc extrêmement demandés et suivis par des étudiants d'un excellent niveau. Pour être admis à *Dublin City University*, il faut avoir obtenu au moins cinq mentions au *Leaving Certificate*, ce qui fait de la filière l'une des plus sélectives de l'université.

Avant d'entreprendre des études de cinéma et d'audiovisuel en Irlande, il convient donc de prendre pleinement conscience des limites et des possibilités propres à chaque cursus.

Le poids de l'étranger : l'attrait de l'émigration, l'offre d'emplois dans les firmes américaines installées en Irlande

Jugeant les formations proposées insatisfaisantes, certains étudiants préfèrent s'inscrire dans des établissements britanniques offrant des cours plus adaptés. Ainsi, près d'un quart des étudiants en médias de la *University of Ulster* à Coleraine, en Irlande du Nord, vient de la République d'Irlande. Nombre d'entre eux pourraient choisir de vivre à l'étranger après l'obtention de leur diplôme puisque l'émigration constitue un trait majeur de la vie économique et sociale du pays depuis plus d'un siècle. Actuellement, à peu près un cinquième de l'ensemble des natifs d'Irlande ont émigré, pour la plupart en Grande-Bretagne ou aux États-Unis. Par conséquent, l'étudiant irlandais qui hésite face à un programme doit prendre en considération aussi bien le métier qu'il voudrait exercer que son lieu de travail et son goût pour le domaine. Mais quelles que soient les difficultés qu'il rencontrera durant ses études, il reste un problème encore plus redoutable, celui de l'emploi une fois le diplôme en poche.

Les étudiants désireux de mener une carrière dans l'audiovisuel en tant que technicien, réalisateur, etc., choisiront plutôt un cursus axé sur la pratique comme ceux du *College*

of Commerce, Rathmines ou du *Dun Laoghaire College of Art and Design*. Leur diplôme en poche, ils pourront éventuellement travailler à la RTE ou, à partir de fin 1991, à TV3, nouvelle chaîne télévisée privée, sur laquelle on ne sait pas grand-chose à l'heure actuelle.

C'est aux studios *Sullivan-Bluth Animation*, une société de 370 personnes, qui passe pour le plus grand studio d'animation d'Europe, que le plus de jeunes ont trouvé un emploi ces dernières années. Les animateurs irlandais y occupent néanmoins des postes peu qualifiés pour un salaire par conséquent peu élevé. Cette firme d'origine américaine, implantée à Dublin en 1986, a déjà produit entre autres dessins animés de long métrage, *An American Tail* (1988), *The Land Before Time* (1989) et *All Dogs Go to Heaven* (1990). Un accord signé récemment avec *Ballyfermot Senior College* permettra d'acquérir certaines qualifications en animation, initialement dispensées au sein de l'entreprise, dans un cadre éducatif. On a reproché à Sullivan-Bluth de ne pas faire faire de progrès aux jeunes employés irlandais et de ne pas les former à des tâches complexes alors que les animateurs étrangers qualifiés, et notamment les Américains se réservent les postes les plus intéressants aux niveaux créatif et financier.

Emerald City et son illustre animateur Jimi Murakami, qui réside en Irlande depuis vingt ans et qui a signé le long métrage *When the Wind Blows* en 1986, est une autre firme américaine établie dans l'île. Elle emploie encore moins d'animateurs. Si toutes ces sociétés font certes travailler des Irlandais, le problème d'une politique nationale du cinéma reste entier : les productions d'envergure dépendent, totalement ou en partie, d'un financement étranger. Conséquence de cette situation : des rapports récents préconisent des licenciements dans certaines sociétés. Par ailleurs, la guerre entre les entreprises atteint un tel point que, paraît-il, des animateurs auraient signé des contrats d'exclusivité leur interdisant de passer chez un concurrent. En dépit de l'abondance apparente du travail dans ces studios, la moitié des diplômés en animation ou en cinéma/télévision du *Dun Laoghaire College of Art Design* sont obligés d'émigrer, vu les possibilités limitées qu'offre l'Irlande sur les plans artistique et économique.

College of Commerce Dublin

Cold for June, de Harry Purdue

L'audiovisuel en Irlande, un secteur en expansion

Néanmoins, depuis une dizaine d'années, le cinéma et le secteur de la vidéo ont connu dans notre pays un développement spectaculaire et des sociétés indépendantes produisent aussi bien des vidéos d'entreprise que des fictions pour la télévision. Les emplois se sont multipliés dans ces domaines. Parallèlement, on continue de tourner des longs métrages avec des capitaux britanniques et américains mais aujourd'hui de nombreux techniciens irlandais collaborent à ces films. Précisons cependant que la plupart de ces monteurs,

opérateurs. maquilleurs, etc., ne sont titulaires d'aucun diplôme de communication et qu'ils se sont formés sur le tas grâce à l'apprentissage mis en place par les syndicats professionnels. C'est au demeurant de cette façon que l'on trouve le plus aisément du travail dans l'audiovisuel, même s'il est plus que probable que les années 90 verront s'opérer un changement structurel avec le recrutement de nombreux diplômés en communication de l'enseignement supérieur. La télévision faisant de plus en plus appel à des cinéastes et à des producteurs indépendants (on en dénombre actuellement 400, particuliers et entreprises), des débouchés se dessinent également de ce côté. Jusqu'à ces dernières années, les réali-

Le paysage audiovisuel en Irlande

L'Irlande est dotée de deux chaînes de télévision nationale (la RTE). Mais au moins deux tiers du pays reçoivent, par câble ou par voie hertzienne, les quatre chaînes britanniques (BBC 1 et 2, ITV, Channel 4) ainsi que les chaînes par satellite (surtout SKY). RTE obtient 50 % d'audience. Ses productions et ses programmes maison réalisent des scores plus importants que les produits étrangers qu'elle diffuse.

Les producteurs et réalisateurs indépendants (cinéma et vidéo) sont représentés par *Film-Makers Ireland*.

Filmbase est une coopérative de cinéma et de vidéo indépendante.

Les radios nationales sont au nombre de deux : l'une publique, la RTE, qui compte quatre canaux, et l'autre privée, Century 100. On dénombre dix-neuf radios locales, toutes privées, à une exception près mais leurs heures d'émission sont limitées par une réglementation.

Une adresse pour se renseigner : Irish Film Institute, 6, Eustace Street, Dublin 2. Tél. : (01) 679.57.44. Fax : (01) 679.57.29.

K.R.

sateurs indépendants venaient de la télévision, d'écoles d'art, de la production artisanale et n'avaient généralement pas reçu de formation en cinéma.

Une partie des étudiants en communication suit un cursus qui porte principalement sur la théorie et l'histoire, bien qu'il comporte souvent une dimension pratique tant en cinéma qu'en vidéo. Diplôme en poche, ces jeunes s'orientent plutôt vers des postes qui ne relèvent pas directement de l'industrie du cinéma mais plutôt vers le journalisme à la radio ou dans la presse écrite, emplois qui peuvent être également occupés par des étudiants ayant opté pour une formation plus pratique.

L'audiovisuel en Irlande connaît donc une expansion considérable depuis le début des années 80. Si quelques ombres planent en ce moment avec, notamment, la diminution des investissements de la RTE dans les productions indépendantes, son avenir demeure tout à fait rassurant. De nouveaux équipements sont acquis régulièrement, des laboratoires ne cessent de s'ouvrir et depuis 1989, *Playback*, un mensuel professionnel spécialisé dans l'audiovisuel, informe sur tout ce qui concerne ce secteur.

En revanche, le contexte culturel du cinéma et de la vidéo ne peut pas se vanter en Irlande d'un tel essor et depuis une vingtaine d'années, c'est une situation de monopole qui s'est installée dans l'exploitation des salles. Toutefois, les années 80 ont été marquées par une heureuse initiative : le projet de l'*Irish Film Centre* (Centre du cinéma irlandais) lancé par l'*Irish Film Institute* (IFI) dont l'inauguration est prévue pour 1992. Cet espace abritera deux salles de projection ainsi que les archives sur papier, sur film et sur bande vidéo de l'IFI (le fonds le plus important sur le cinéma irlandais). Il accueillera d'autres activités comme les programmes de formation en médias pour les établissements secondaires et d'autres associations culturelles à caractère cinématographique ainsi qu'une coopérative de production en cinéma et en vidéo. On espère que ce centre rayonnera sur toute la corporation cinématographique irlandaise. En outre, le dynamisme du festival de Cork, de celui de Dublin (depuis 1985), du festival Junior de Dublin et de la très active Société nationale du cinéma permet d'offrir une programmation complémentaire à la sélection limitée proposée par les salles commerciales (70 % de films américains et 15 % de films britanniques).

Le bilan des années 80 est, somme toute, positif, tant sur le plan du développement industriel qu'au niveau culturel. Les progrès réalisés ne devraient pas manquer de se poursuivre au cours de la décennie à venir malgré le manque d'intérêt de l'État pour l'audiovisuel. Les détenteurs d'un diplôme universitaire qui ont choisi de faire une carrière dans la communication n'ont pas de crainte à avoir : ils ont opté pour un secteur appelé à une extension importante.

Kevin ROCKETT
Traduction : Jacques Lévy

Annuaire

DUBLIN

BALLYFERMOT SENIOR COLLEGE.
Ballyfermot Road, Dublin 10.
Tél. : 01-6269421.
Statut : Vocational School (école professionnelle).
Responsable : Jérôme Morrissey (directeur).

• **Formation en animation :**
Diplôme préparé : City of Dublin Vocational Educational Committee Diploma in Classical Animation (décerné conjointement par le Sheridan College de Toronto).
Conditions d'admission : être âgé de plus de 17 ans, avoir obtenu le *Leaving Certificate*, présenter un portfolio de travaux en rapport avec les médias ; entretien.
Frais d'inscription et d'études : 100-200 livres.
Durée des études : 3 ans.
Effectif par promotion : de 25 à 35 étudiants, selon le niveau des inscrits.
Contenu des études par année :
Formation pratique à 100 % : tous les aspects de l'animation sont abordés.
Stage en entreprise.
Débouchés : studios d'animation locaux, emplois techniques en cinéma ou en vidéo.

• **Formation en télévision :**
Diplôme préparé : City of Dublin Vocational Committe Certificate in Television and Audio Operations.
Conditions d'admission : être âgé de plus de 17 ans ; avoir obtenu le *Leaving Certificate* ; pré-senter un porfolio de travaux en rapport avec les médias ; entretien.
Frais d'inscription et d'études : 100-200 livres.
Durée des études : 1 an.
Effectif par promotion : de 25 à 35 étudiants, selon le niveau des inscrits.
Débouchés : ceux qui ne poursuivent pas leur formation scolaire peuvent trouver des emplois de techniciens en tant qu'apprentis ou qu'assistants dans le cinéma ou à la télévision.
Remarques particulières : Ballyfermot Senior College est en fait un établissement d'enseignement secondaire mais ces cours de niveau *post-Leaving Certificate* sont considérés par des établissements comme le *College of Commerce*. Rathmines comme une bonne année de transition avant d'entrer dans un cycle supérieur.

COLAISTE DHULAIG.

Communications Clonshaugh Road, Coolock, Dublin 17.
Statut : Vocational School.
Tél. : 01-474399.
Responsable : James Martin.
Diplôme préparé : City of Dublin Vocational Educational Committee Certificate in Communications.
Conditions d'admission : avoir plus de 17 ans ; être titulaire du *Leaving Certificate* ; s'intéresser à la communication ; avoir des compétences dans ce domaine.
Frais d'inscription et d'études : 200 livres.
Durée des études : 3 ans.
Effectif par promotion : en première année, 40 étudiants. 24 étudiants en deuxième et troisième années.
Contenu des études :
Théorie : médias, culture, commerce.
Pratique : réalisation télévisuelle, photographie, graphisme, dessin d'art, enregistrement sonore, informatique.
Stage en entreprise.
Débouchés : « affaires commerciales » liées à la communication en Irlande.

COLLEGE OF COMMERCE.

Department of Communications.
Rathmines, Dublin 6.
Tél. : 01-970666.
Responsable : Tevfik Dalgic.
Statut : College of Technology.

Diplôme préparé : Dublin Institute of Technology Diploma in Communications au bout de trois ans. *Advanced Diploma in Communications* (quatre ans d'études). Ce *Diploma* est en passe de devenir bientôt un *Degree*.

Conditions d'admission : être âgé de plus de 17 ans ; avoir réussi cinq matières au *Leaving Certificate* dont deux avec mention ; avoir une expérience commerciale ; avoir suivi le programme préparatoire de Colaiste Dhulaig, ou Senior College, Ballyfermot ; ou recommencer des études en ayant plus de 24 ans.

Frais d'inscription et d'études : 725 livres mais ils se portent en fait à 300 livres grâce à une aide du Fonds social européen.

Durée des études : 3 ou 4 ans.

Effectif par promotion : 25 étudiants.

Contenu des études par année :

Le cursus se répartit équitablement entre cours théoriques et formation pratique.

Théorie : théorie du cinéma, communication, psychologie, politique, linguistique, radio-télévision, politique des médias, langues : irlandais et français.

Pratique : tournages film 16 mm, vidéo VHS, U-matic *Low-Band*. Studios d'enregistrement télé et son.

Stage : oui.

Publications : *Irish Communications Review* (depuis décembre 1990).

Débouchés : 70 à 80 % des étudiants trouvent un emploi dans des secteurs voisins allant de la vidéo d'entreprise aux relations publiques. Comme les diplômés d'autres collèges, beaucoup émigrent : deux d'entre eux appartenant aux deux dernières promotions travaillent à la BBC.

COLLEGE OF MARKETING AND DESIGN.

Department of Design.
40-45, Montjoy Square, Dublin 1.
Tél. : 01-363000.
Statut : *College of technology.*
Responsable : Brian Merry.
Diplôme préparé : College of Marketing and Design Certificate in Design (Visual Media).
Diplôme de dessin option médias visuels. Il est actuellement examiné pour une reconnaissance par Dublin Institute of Technology.
Conditions d'admission : être âgé de plus de 17 ans et avoir le *Leaving Certificate.*
Frais d'inscription et d'études : 470 livres, mais possibilité d'allocation du Fonds social européen.
Durée des études : 2 ans.
Effectif par promotion : 24 étudiants.
Contenu des études par année :
Théorie : le cinéma en Irlande ; analyse des médias.

Pratique : vidéo, son, animation, graphisme, informatique. Support de travail en vidéo : U-matic. Le film 16 mm est de moins en moins utilisé.

Stage : stages en entreprise durant la formation.

Débouchés : la plupart des étudiants trouvent un emploi en Irlande où ils exercent dans la vidéo ou le son comme monteurs, ou comme techniciens dans l'animation. Autres secteurs d'emploi : théâtre, studios de graphisme.

DUBLIN CITY UNIVERSITY.

Department of Communications.
Glasnevin, Dublin 9.
Tél. : 01-370077.
Responsable : professeur Farrel Corcoran (directeur du département).
• *Diplôme préparé : Bachelor of Arts Degree in Communication Studies.*
Conditions d'admission : être âgé de plus de 17 ans ; avoir obtenu au moins 5 mentions au *Leaving Certificate.* Les personnes ayant une expérience professionnelle dans ce domaine sont encouragées à s'inscrire. Pour celles qui reprennent des études : un entretien et un test d'aptitude.
Frais d'inscription et d'études : 1 200 livres par an.
Durée des études : 3 ans.
Effectif par promotion : 50 étudiants.
Contenu des études par année :
Théorie : perspectives culturelles et historiques, introduction à la sociologie et à l'économie, communication et psychologie, linguistique, communication de masse et société, médias, cinéma, communication internationale, processus cognitif et société, communication inter-culturelle, sociolinguistique, théorie de la communication, informatique, radio et télédiffusion, études télévisuelles, économie politique des médias, relations publiques et journalisme, publicité et marketing.
Pratique : vidéo, radio, photographie, graphisme, informatique.
Stage : au cours de la troisième année.
Débouchés : fonction publique, administration locale, commerce et organisations professionnelles, publicité, relations publiques, édition, radio-télé, cinéma.
• *Diplôme préparé : Master of Arts in Communication and Cultural Studies.*
Conditions d'admission : diplôme en lettres ou sciences sociales avec mention. Une mention passable peut suffire dans certains cas mais un entretien est alors nécessaire.
Frais d'inscription et d'études : 2 100 livres pour deux ans.
Durée des études : deux ans ou trois ans à temps partiel.

Effectif par promotion : 30-35 étudiants. Formation inaugurée en octobre 1989. Les inscriptions sont reçues tous les deux ans.

Contenu des études par année.

Théorie : médias, culture féminine, culture populaire, théorie du langage et de la culture, communications de masse, politique de la communication et politique culturelle, la télévision et les enfants, culture européenne (France/Allemagne/Espagne), culture et média en Europe occidentale, dépendance et développement, théorie et pratique du féminisme contemporain, cinéma, analyse des informations radiodiffusées et télévisées, communication et développement, média et développement social.

Pratique : non.

Débouchés : enseignement, secteur social, fonction publique, radio-télé.

• *Diplôme préparé : Master of Arts Degree in Communication.*

Conditions d'admission : diplôme en lettres ou sciences sociales avec mention. Une mention passable peut suffire dans certains cas mais un entretien est alors nécessaire. Le diplôme sanctionnant une recherche, les candidats doivent soumettre un projet.

Frais d'inscription et d'études : 950 livres, la première année. 370 livres les années suivantes.

Durée des études : formation à plein temps pendant 2 ans ou à temps partiel pendant 3 ans.

Effectif par promotion : pas de plafond ; seule la qualité du dossier du candidat est déterminante.

Contenu des études par année :

Pas de cours à proprement parler mais des séminaires et des ateliers.

Stage : au cours de la troisième année.

Débouchés : enseignement, secteur social, services gouvernementaux, radio-télé.

Les étudiants qui le désirent peuvent poursuivre leur cursus en préparant un Ph. D. (Doctor of Philosophy Degree).

Remarques particulières : le département fait partie du *European Network for Media and Cultural Studies.* Fait partie d'un autre réseau avec Sunderland Polytechnic (Royaume-Uni) et l'IUT de Paris (Université René-Descartes).

DUN LAOGHAIRE COLLEGE OF ART AND DESIGN.

Carriglea Park, Kill Avenue, Dun Laoghaire, Co Dublin.

Tél. : 01-801138.

Statut : *Vocational College.*

Responsable : Roisin Hogan.

Diplôme préparé : National Diploma in Design Communications.

Conditions d'admission : être âgé de plus de 17 ans, avoir le *Leaving Certificate* ou un niveau équivalent, portfolio de travaux, entretien.

Frais d'inscription et d'études : 692 livres mais grâce à une allocation du Fonds social européen, ils se ramènent à 300 livres environ.

Durée des études : 3 ans.

Effectif par promotion : 31 étudiants.

Contenu des études :

Théorie : 20 % du programme : le cinéma irlandais, le cinéma à travers le monde.

Pratique : 80 % du programme. Deux groupes : Cinéma/télévision/vidéo (16 étudiants) et Animation (15 étudiants), tous travaillant à chacun des postes de la réalisation. Les projets interactifs avec les étudiants qui suivent la filière Dessin/télévision/décor de théâtre et qui se voient décerner le même diplôme sont encouragés. Tous étudient la photographie et le dessin.

Débouchés : laboratoires vidéo, studios d'animation, secteur de la vidéo et du cinéma indépendants. Près de 50 % des lauréats émigrent en Grande-Bretagne ou dans d'autres pays européens.

PEARSE COLLEGE.

Clogher Road, Dublin 12.

Tél. : 01-536661.

Statut : Vocational School.

Responsable : Marie Oxx.

Diplôme préparé : City of Dublin Vocational Educational Committee Certificate in Communications.

Conditions d'admission : avoir plus de 17 ans ; être titulaire du *Leaving Certificate* ; les gens qui reprennent des études sont acceptés : entretien.

Frais d'inscription et d'études : frais d'inscription pris en charge par le Fonds social européen. Frais de matériel : 150 livres.

Durée des études : 1 an.

Effectif par promotion : 22 étudiants.

Contenu des études par année :

Théorie : introduction aux médias, théâtre, marketing.

Pratique : tournage de reportages et de courtes fictions (radio et vidéo) en studio et en extérieur. Dessin, électronique, photographie, traitement de texte.

Stage en entreprise.

Débouchés : études supérieures de communication, journalisme, arts, photographie, un tiers des lauréats mène une carrière hors du secteur de l'audiovisuel.

Remarques particulières : cette formation assure une préparation aux étudiants titulaires du *Leaving Certificate* qui souhaitent suivre un cursus supérieur au *College of Commerce, Rathmines,* par exemple.

Kevin ROCKETT
Traduction : Jacques Lévy

Rome, ville ouverte, de Roberto Rossellini

VII. EN ITALIE

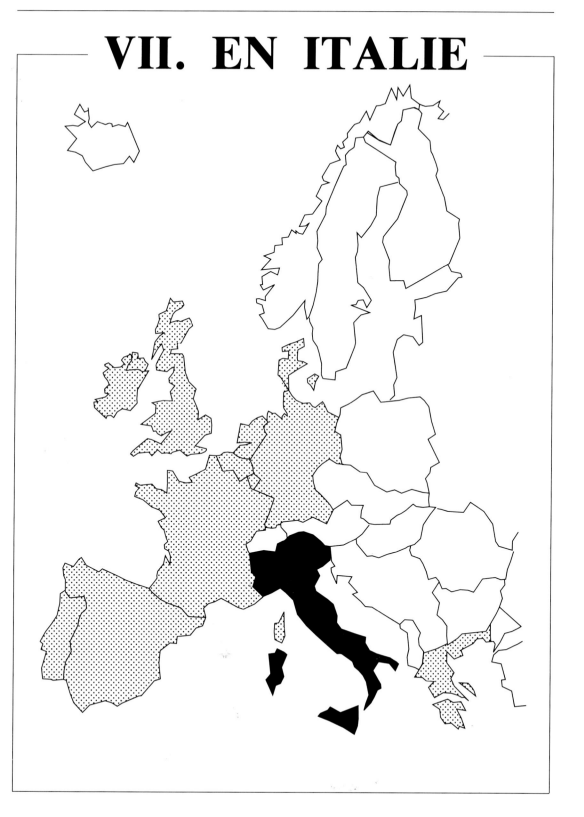

L'enseignement supérieur en Italie est essentiellement dispensé dans les universités. Tous les jeunes qui à la fin du secondaire obtiennent leur *maturità* peuvent entrer à l'université et entreprendre un *corso di laurea*. Ce premier cycle unique dure entre quatre et six ans, selon les spécialités. Il est composé de matières obligatoires et de matières à option, variables selon les *laurea*. Après avoir passé entre vingt et trente-deux examens suivant le cours de *laurea*, l'étudiant écrit un mémoire de deux cents pages environ, la *tesi di laurea*, et reçoit le titre de *dottore*. S'il le souhaite, il peut ensuite faire une *Scuole di specializazione* (école de spécialisation) ou se lancer dans la recherche et entreprendre un *dottorato di ricerca*.

Beaucoup d'universités italiennes sont surpeuplées. Leurs structures n'ont pas suivi le passage d'une université d'élite à une université de masse, après la *liberalizzazione* qui, en 1969, a ouvert largement les portes de l'enseignement supérieur, sous la pression de la contestation étudiante. Depuis, les étudiants peuvent choisir librement leur université et leur cursus. En 1980, la loi 382 réorganise l'enseignement supérieur. Elle crée au sein des universités des départements dotés de l'autonomie administrative. Ils se mettent en place progressivement, mais coexistent avec la structure antérieure, les instituts.

En 1987 est créé le ministère de l'Université, de la recherche scientifique et technologique, dirigé par A. Ruberti.

En 1989, la loi-cadre de l'enseignement supérieur confère aux universités l'autonomie pédagogique et budgétaire et le pouvoir de délivrer des diplômes intermédiaires. En dépit de toutes ces réformes, le taux d'échec reste important. Pour réduire le nombre d'étudiants qui quittent l'université sans bagages, on a beaucoup parlé de la nécessité d'un diplôme intermédiaire, le *laurea breve*. La loi du 19 novembre 1990 sur la réforme des structures universitaires vient de décider sa création.

© Ipotesi Cinema

Gli Occhiali, de Luisa Passega

La vocation de l'université est culturelle. Elle ne se préoccupe guère, à l'exception de quelques secteurs particuliers, de formation professionnelle. Celle-ci est souvent prise en charge par les régions. L'essentiel de l'enseignement consiste en cours magistraux et en séminaires. Il existe peu de travaux pratiques.

M.M.

L'enseignement supérieur en Italie

Nombre d'habitants : 57,5 millions.
Nombre d'étudiants : 1 153 774 dont 11 500 originaires de la CEE.
Langue d'enseignement : italien.
Autorité de tutelle : ministère de l'Université et de la recherche scientifique et technologique.

Durée	Cycle	57 UNIVERSITÉS (47 d'État, 8 privées)	19 ACADÉMIES DES BEAUX-ARTS	9 INSTITUTS UNIVERSITAIRES, 9 ÉCOLES POLYTECHNIQUES
3 ans au moins	*Post-laurea* (cours de spéciali-sation)	**Dottorato di Ricerca** Accès sur concours	Scuole di specializa-zione	
4 ans pour les lettres / 6 ans ailleurs	*Corso di laurea* (1er et 2e cycles)	**Dottore** *Tesi di Laurea* / *Laurea breve* (en prévision)		
Age	Accès à l'enseignement supérieur			
18 ans environ	par la *Maturità*, diplôme de fin d'études de l'enseignement secondaire.			

M.M. et L.H.

Vingt-sept facultés et deux écoles

Huit et demi, de Federico Fellini

par Orio Caldiron

Un peu d'histoire

Orio Caldiron, qui enseigne l'histoire du cinéma à l'université La Sapienza à Rome, relate la manière dont le cinéma, puis l'audiovisuel, ont pénétré l'école en Italie. Maintenant, ceux qui enseignent ces matières s'interrogent sur leur devenir.

Est-ce parce que la télévision remplace le cinéma ? Toujours est-il que jamais les enseignants italiens du septième art ne se sont autant rencontrés que ces dernières années. Citons parmi les congrès les plus récents : _L'état et les perspectives des enseignements de cinéma dans les universités italiennes_ (Rome, 5-6 décembre 1988).
Enseigner le cinéma (Alessandria, 1er-3 février 1990).
Les écoles italiennes de cinéma (Parme 29-31 mai 1990).
Le moins qu'on puisse dire est qu'on n'y a pas entendu de bulletin de victoire ! Finie l'époque des illusions, sonne l'heure des bilans. Parfois amers : n'a-t-on pas entendu un humoriste réclamer pour les enseignants de cinéma l'intervention du Fonds Mondial pour la protection des espèces en voie de disparition ! En revanche, les spécialistes de la communication, eux, se sentent le vent en poupe et dévisagent avec condescendance leurs collègues dont la discipline, après avoir eu un passé prestigieux, connaît un présent peu exaltant et redoute les incertitudes de l'avenir.
Les dates marquantes de l'enseignement du cinéma en Italie ont été la fondation du _Centro Sperimentale di Cinematografia_ (CSC) en 1936, la création de la première chaire universitaire en 1961, la réforme du collège avec l'instauration de l'école obligatoire en 1963 et la libéralisation de l'accès à l'Université et des cursus en 1969.

C'est la fondation du CSC qui a été l'événement fondamental. Il a véritablement influencé le nouveau cinéma italien de l'après-guerre. C'est une grande école nationale, car il est essentiel de former dans les règles les cadres techniques et artistiques du cinéma de demain.
Importante a aussi été l'ouverture de la Cinémathèque nationale, la création de la revue _Bianco e Nero_ et le déploiement d'une vaste activité éditoriale : publication d'essais, d'anthologies, de traductions de textes d'Eisenstein, Poudovkine, Balazs, Arnheim, Rotha, au travers desquels le débat italien marqué par l'esthétique idéaliste perd son caractère provincial et s'enrichit des apports internationaux les plus importants[1].
Ce projet, dont Luigi Chiarini, Umberto Barbaro, Francesco Pasinetti sont les animateurs et dont le modèle de référence est le VGIK, l'Institut cinématographique de Moscou, aura une forte influence sur plus d'une génération de futurs critiques qui font leur apprentissage dans les journaux des groupes universitaires. Pendant ce temps, le cinéma s'affirme comme grand spectacle populaire et un vaste public particulièrement sensible aux séductions du modèle américain se constitue[2].
On peut souligner que Luigi Chiarini a été également le premier enseignant italien de

---

1. _Cf. M. Verdone,_ La scuola di « Bianco e Nero » (L'école de la revue « Bianco e Nero ») _Bianco e Nero, n° 12, décembre 1960. Voir également le témoignage de P.Ingrao,_ Al CSC con Umberto Barbaro (Au Centre expérimental de la cinématographie avec Umberto Barbaro), _Bianco e Nero, n° 2, avril-juin 1985._
2. _C'est dans ce contexte que l'on affronte le problème de l'enseignement universitaire du cinéma. Cf. G.Aristarco,_ Come il cinema è entrato nelle discipline universitarie, _(Comment le cinéma est entré dans les disciplines universitaires),_ Cinéma nuovo, n° 225, septembre-octobre 1973 : « déjà avant la guerre, on avait soutenu et à plusieurs reprises sollicité l'insertion du cinéma dans les disciplines universitaires »._

cinéma[3]. C'est principalement à l'initiative de Carlo Ludovico Ragghianti que l'on doit la création de la première chaire d'histoire et de critique du cinéma que Luigi Chiarini a occupée à partir de 1961 à la faculté de Lettres et de philosophie de l'université de Pise. Ragghianti, influent historien de l'art, inspiré par Benedetto Croce, avait soutenu depuis le début des années 30 ce qu'il appelait « *l'identité esthétique substantielle du cinéma et de l'art figuratif*[4] ». C'est au cours des dix dernières années, cependant, que le cinéma, éventuellement sous le masque de l'histoire, a peu à peu pris place dans des cours sur le théâtre ou le spectacle et s'est immiscé dans des cours pionniers surtout à Milan, Rome et Padoue qui ont utilisé l'exemple de Pise pour forcer la main au ministère de l'Instruction publique, d'abord rétif à la création de chaires de cinéma.

Ébranler la domination des disciplines traditionnelles

Ce n'est que dans les années 70 que la partie a été gagnée et que l'enseignement du cinéma a été réellement institutionnalisé. La contestation de 68 y a été pour beaucoup. La libéralisation de l'accès à l'Université et la diversification des cursus ont permis d'ébranler la domination des disciplines traditionnelles.

Peut-être est-il significatif que l'audiovisuel ait d'abord pénétré dans les deux facultés considérées comme les moins prestigieuses et les plus marginales : le *Magistero*, qui forme les futurs enseignants, et les Sciences politiques. Paradoxe peut-être : du fait du désintérêt progressif de celles-ci à l'égard du cinéma et de la fermeture obstinée des facultés de Lettres aux médias, c'est le *Magistero*, pourtant en crise d'identité, qui est aujourd'hui la faculté la moins hostile tant au septième art qu'aux médias !

Puisque je parle des médias, j'en profite pour indiquer que depuis dix ans le développement de la télévision et des nouvelles technologies en général a renforcé la présence à l'Université d'un enseignement des *Media Studies* (surtout sur les plans théorique et sociologique). Le contraire, sans doute, aurait été étonnant quand on connaît l'importance, en Italie, des trois chaînes publiques de la RAI, mais surtout la prolifération des chaînes privées (Berlusconi, etc.). Le climat est donc à l'étude des effets des médias et à l'analyse des contenus ainsi qu'à celle des conséquences des innovations technologiques[5].

Quand on y songe, il est fâcheux — occasion manquée — que l'instauration de l'école obligatoire jusqu'à quatorze ans dans les années 60 n'ait pas permis l'introduction de l'enseignement du cinéma dans le primaire et le secondaire. Aujourd'hui, au moins, les diplômés en cinéma de l'Université pourraient y enseigner et on ne serait pas obligé dans le supérieur d'initier les étudiants à des notions de base qu'ils n'ont jamais acquises.

A ce sujet, l'« alphabétisation » audiovisuelle de la maternelle à l'Université a été au centre de plusieurs débats de qualité[6]. Entre la fin des années 70 et le début des années 80, l'introduction de cet enseignement dans le primaire et le secondaire a souvent été évoquée, lors des congrès du Syndicat national des critiques de cinéma italiens[7] mais en vain. Le seul acquis reste à ce jour une timide présence de *L'éducation à l'image* dans les programmes de 1985 pour l'école élémentaire.

3. *L. Chiarini a reconstitué avec une franchise absolue son expérience universitaire dans un texte encore aujourd'hui tout à fait actuel sur les problèmes de l'enseignement du cinéma à l'Université :* Cinema, università e constestazione *(Cinéma, Université et contestation),* Bianco e Nero, n° 5/6, mai-juin 1969.

4. *C.L.* Ragghianti, II cinema nell'università *(Le cinéma à l'Université),* « Avanti ! », 1/2/1961.

5. *Cf.* G.Bechelloni, Un'identità controversa. Tradizione e programmi di ricerca 1949-1989 *(Une identité controversée. Tradition et programmes de recherche 1949-1989),* « Problemi dell' informazione », n° 2, avril-juin 1990. *L'actuelle émergence de la télévision, sur un fond de renouvellement technologique, est au centre du recueil de J.Jacobelli :* Quali poteri la TV ? *(Quels pouvoirs pour la télévision ?),* Laterza, Bari, 1990.

6. *L'enquête* Per una didattica del cinema dalle materne all'università *(Pour une didactique du cinéma de la maternelle à l'Université) est parue dans* Cinéma Nuovo *n° 246, 247, 248, 251, 252, 257, 258, 260, 269, de septembre 1973 à février 1981. A l'automne 1980, le sujet fut au centre des Rencontres cinématographiques de Carrare.*

7. *Cf.* G.Campus-A.Pesce, Il SNCCI per l'introduzione nella scuola della cultura audiovisiva e cinematografica *(Le Syndicat national des critiques de cinéma italiens pour l'introduction à l'école de la culture audiovisuelle et cinématographique),* Cinecritica, *n° 10-11, octobre 1981/mars 1982.*

Orio CALDIRON
*Traduction : Jocelyne Séphord
et René Marx*

par *Orio Caldiron*

Le voleur de bicyclette, de Vittorio de Sica

A l'université,
le culte de la théorie,
la quasi-absence de la pratique

L'histoire, c'est bien connu, aide à mieux interpréter le présent. Le paysage des enseignements sur le cinéma, l'audiovisuel, la télévision ou la communication s'explique en Italie par le double effet des ambiguïtés des universitaires et des expédients de la bureaucratie.

Moins d'une trentaine d'universités aujourd'hui dispensent ces enseignements sous toutes sortes de dénominations : *Histoire et critique du cinéma, Méthodologie et didactique de l'audiovisuel, Théorie et technique des communications de masse, Sociologie des communications.* Cette variété des appellations non contrôlées recouvre des différences parfois considérables et des assimilations discutables. Si personne ne conteste la contiguïté entre cinéma et télévision, ou audiovisuel et communication de masse, le rapprochement entre l'histoire du cinéma et la sociologie des communications peut être jugé franchement abusif. Quant à l'enseignement du langage cinématographique ou télévisuel, il oscille entre l'histoire et la critique d'une part, et les disciplines de la communication d'autre part, quand il ne se fond pas complètement dans le domaine de la pédagogie.

L'institution universitaire agit souvent comme un frein sur les tendances modernisatrices et créatrices de nouveaux enseignements. « *Au début, le cinéma est une nouveauté, une fleur à la boutonnière de l'institution* », soutient Giorgio Tinazzi de l'université de Padoue. « *Le cinéma remet en cause les méthodologies traditionnelles. Mais quand il entre dans une tradition consolidée comme celle de l'Université, il finit par subir les contrecoups de cette tradition. En pénétrant dans les départements de Lettres et au* Magistero*, il a adopté entre autres les schémas et les méthodes de l'histoire littéraire en héritant de sa tendance évolutionniste. Mais le problème concerne aussi les aspects institutionnels des enseignements. Sur la nouveauté, et sur la prétendue capacité à modifier les règles du jeu, a prévalu l'académisme, avec ses règlements et sa bureaucratie*[8]. »

Le triomphe de l'académisme

Aujourd'hui, personne ne semble plus croire le cinéma capable d'insuffler un sang nouveau à l'Université. Quand il s'est agi d'introduire des matières modernes, la tradition conservatrice l'a presque toujours emporté. « *Le cinéma revient aujourd'hui à l'appareil historico-archéologique, il fait partie des choses établies* », affirme Alberto Farassino de l'université de Trieste, lequel ajoute : « *Je dois dire que je trouverais comique que l'on prête à l'histoire du cinéma des espérances de modernité. Il ne faut pas oublier que cette discipline fait partie des lettres, des études classiques, et que sa possibilité de développement est par conséquent égale à zéro.*

L'Italie à l'avant-garde de la recherche sur le cinéma primitif

Si la pratique est fort peu développée dans les universités italiennes, la recherche, en particulier sur le cinéma des origines, est en pleine expansion, comme l'explique Gian Piero Brunetta, titulaire de la chaire d'histoire du cinéma à Padoue.

On ne rencontre, actuellement, dans aucun autre pays que l'Italie une activité aussi foisonnante et organisée, une telle éclosion de jeunes chercheurs, et tant de publications sur des travaux en tous genres concernant le cinéma des origines. Je le dis en connaissance de cause et sans aucun chauvinisme : la quantité, la qualité, la diversité des voies et des recherches, les myriades d'initiatives, les collections de livres sur le cinéma, les universités, les écoles de mise en scène, tout le système culturel autour du cinéma me paraît aujourd'hui le plus avancé et le mieux organisé du monde. La stimulation réciproque et la recherche d'hypothèses et de résultats nous permettent d'être à l'avant-garde y compris face aux travaux de pays mieux équipés que nous, comme les États-Unis (...).

Un matériel considérable, en général d'excellente qualité, est fourni par les thèses universitaires les plus récentes. Dans ce domaine, on constate la même évolution que dans les autres champs de l'historiographie et de la critique. A la génération des diplomés « créatifs », qui ne voulaient travailler que sur le cinéma contemporain, succède une nouvelle génération d'étudiants qui affrontent la recherche avec enthousiasme, ainsi que le travail sur les archives publiques et privées, en bibliothèques, dans les municipalités, dans les chambres de commerce, au cadastre.

Gian Piero Brunetta

La storiografia italiana : problemi e prospettive. « Bianco e Nero », XLVI, 2, avril-juin 1985, pp.14-36. Communication au congrès *Cinéma et Historiographie en Europe* (Reggio Emilia, 30 novembre au 1er décembre 1984).

Il vaudrait mieux qu'elle soit rattachée à l'administration des monuments historiques. Ce pays est relativement riche en papyrologie, en littératures sémitiques comparées, c'est pour cela qu'il est attirant. Mais pourquoi négliger le cinéma ? »

L'Université s'est très partiellement dotée des équipements techniques coûteux inhabituels dans des facultés de Lettres où dominent encore les cours *ex cathedra*. Rien n'est prévu pour des matières dans lesquelles la possibilité de consulter des films est unanimement considérée comme fondamentale. Mais si le problème n'a pas été résolu par l'institution, les enseignants ont en général réussi, grâce au système D, à trouver projecteur, salle de projection, table de montage, etc. L'apparition relativement récente de la vidéo domestique, actuellement en pleine expansion en Italie, a d'ailleurs contribué à dédramatiser la situation. Dans de nombreux endroits, les diffusions vidéo se substituent ou sont associées aux projections cinéma, grâce à la vidéothèque du département et à l'enseignant lui-même.

Une caméra à l'Université serait troublante comme une femme nue sur un autel

Naturellement la diffusion (illégale ?) des vidéocassettes destinées à l'usage domestique ne résout pas tout. Elle ne donne pas un large accès à la culture cinématographique, du moins pour ceux qui ne se contentent pas des choix du marché et des programmes de télévision ; ceux-ci sont vastes pour les périodes et les cinémas les plus proches mais singulièrement pauvres pour les époques et les pays les plus éloignés. Et surtout, elle ne résout pas non plus le problème de l'environnement technologique ; l'Université est toujours en retard par rapport à la rapidité de renouvellement et d'obsolescence du bagage technique que supposent les images en mouvement.

Si l'enseignement est principalement axé sur l'histoire, la critique et la théorie, il est essentiel que les étudiants voient des films pour mettre à l'épreuve les méthodes d'analyse. Dans cette optique, le visionnement à la table de montage complète parfaitement le travail au magnétoscope. Mais on finit toutefois par se demander si on peut réellement se passer de la pratique. N'est-il pas tout aussi légitime d'étudier le cinéma *avec* le cinéma, d'intervenir sur le film grâce aux possibilités de découpage et de montage de la vidéo ? N'est-il pas légitime d'envisager que les universités s'ouvrent aussi à la pratique cinématographique, aux techniques de réalisation et de production ?

« Il ne s'agit pas d'inclure tout cela dans l'étude de l'histoire du cinéma, mais je pense qu'on devra tôt ou tard en passer par là », dit Lino Micciché qui enseigne à l'université de Sienne. *« C'est une opinion personnelle, ajoute-t-il. De nombreux collègues ne la partagent pas. On devra arriver à transformer l'enseignement du cinéma à l'Université en une possibilité de faire du cinéma, de le comprendre, et de se mesurer ainsi avec les mécanismes de production. Je ne pense pas que l'Université doive faire des films, mais je pense qu'elle doit posséder une caméra et embaucher quelqu'un qui sache se servir de la pellicule et expliquer concrètement ce que sont un champ et un contrechamp. De ce point de vue, nous sommes à dix mille ans de la modernité. C'est ce qui se fait aux États-Unis, en France, en Angleterre, en Allemagne, nous ne parlons pas d'événements ayant lieu sur la lune. En Italie, pour faire cela, il manque le personnel, les moyens de l'embaucher, la technologie et la volonté. L'idée d'une caméra de télévision dans une faculté de Lettres est peut-être, aux yeux de certains, profondément troublante : ce serait comme une putain dans une église, une femme nue sur un autel. Et pourtant il faudra y arriver, même si cela pose des problèmes. L'historien de la musique dispose, au moins théoriquement, de la technique du langage musical, il est capable de composer, et s'il ne le fait pas, c'est qu'il l'a décidé. Qu'il puisse exister des historiens du cinéma qui ignorent les mécanismes de production de ce langage est la preuve, selon moi, que nous*

---

8. *Cf. G.Tinazzi,* Álla ricerca di un modo nuovo di insegnare il cinema (A la recherche d'une nouvelle manière d'enseigner le cinéma), *« Avanti ! », 1-2 avril 1979, à l'occasion du congrès intitulé* Comment on enseigne le cinéma en Italie *(Orvieto, 10/11 mars 1979).*

Mery per sempre, de Marco Risi

vivons une phase primitive de la culture cinématographique[9]. »

Sur ce sujet, les opinions sont contrastées, mais la plupart des enseignants, issus de la critique de cinéma, jugent que la généralisation de la pratique est irréalisable dans l'immédiat : « *dans la structure actuelle de l'Université italienne, je m'oppose à ceux qui prétendent enseigner la pratique du cinéma* », dit Guido Aristarco, professeur à l'université de Rome. « *Je ne m'en sentirais pas capable parce que je ne suis pas metteur en scène. Un professeur de cinéma doit savoir comment on fait un film, on ne peut attendre de lui qu'il soit capable de le faire. La seule activité pratique qui ait un lien étroit avec la faculté de Lettres et la littérature me semble être le scénario. Une faculté de Lettres doit pouvoir enseigner la théorie et la pratique du scénario. Mais penser qu'on puisse faire d'un département universitaire un nouveau* Centro Sperimentale *est absurde. Il en existe déjà un, même s'il ne fonctionne pas comme il le devrait. Et puis l'Université italienne, dans les matières littéraires, est ainsi faite : elle est fondée sur la théorie, pas sur la pratique.* »

Même ceux qui ne veulent pas remettre en question l'orientation historique et théorique de l'enseignement du cinéma s'interrogent sur le rapport à la pratique. Une réflexion particulièrement intéressante a été menée récemment sur ce sujet par la section cinéma du DAMS de Bologne, seule préparation à un diplôme Spectacles de l'Université italienne. « *Ces dernières années, les étudiants ont formulé des revendications (une pratique professionnelle, des équipements performants) difficilement compatibles avec les ressources en personnel et en espace dont dispose le cours de* laurea, *et même avec les structures de son enseignement* », observe Antonio Costa, responsable de la section : « *Nous avons essayé d'employer des professionnels grâce à la possibilité offerte par la loi 382[10], mais nous y avons vite renoncé. Pourquoi inviter un metteur en scène ou un directeur de la photographie s'ils doivent intervenir devant cent cinquante ou deux cents étudiants entassés dans une salle ? Nous allons faire des contrats avec des techniciens pour mener une expérimentation dans deux secteurs (cinémathèque et archives). Ils feront avec les étudiants des essais de lecture à la table de montage et leur donneront des notions élémentaires de prise de vue et de montage. En fournissant un minimum de matériel, nous nous proposons d'améliorer la connaissance des aspects techniques des langages étudiés dans les cours institutionnels qui sont et restent de type historique et critique. Nous espérons ainsi ne pas susciter de dangereuses et faciles illusions d'ouverture vers des professions audiovisuelles pour lesquelles existent des cours ou des formations professionnelles post-universitaires auxquels notre enseignement ne peut que préparer[11]. »*

Il faut ajouter que depuis la réorganisation de toute l'Université italienne décrétée par la loi 382, nos enseignements se ressentent de la superposition qu'on a créée entre facultés et départements. En effet, les disciplines relèvent d'une part des départements (divers), d'autre part des facultés (pour ce qui touche à la didactique, à la préparation des diplômes et aux programmes des études). Ce qui est tout sauf commode. Le problème des cours de *laurea* est, de ce fait, actuellement à deux pas de ce que j'appellerais « un retournement historique » !

Multiplier les diplômes spécifiques

Le seul diplôme où la présence du cinéma et de la communication soit importante est préparé au DAMS (Disciplines des arts, de la musique et du spectacle, né il y a vingt ans à la faculté des Lettres et de philosophie de l'université de Bologne). Bien que le volume horaire des cours sur le théâtre y soit quatre fois plus important, il y existe trois cours de cinéma (histoire et critique, filmologie et documentaire).

A part cela, il n'existe pas vraiment dans les universités italiennes de diplôme spécifique sur le cinéma. On s'en accommode — la libération issue de 68 aidant — en additionnant des UV de cinéma sur deux ou trois ans. Il reste que le cinéma, malgré sa popularité auprès des étudiants et leur demande, ne jouit pas d'un statut universitaire suffisant.

En juin 1987, une commission ministérielle, présidée par Claudio Meldolesi de l'université de Bologne, a résolument insisté sur la spécificité des cours du DAMS : « *là seulement est assurée une étude systématique de l'ensemble des langages expressifs dits "non verbaux"*. » Cette commission a souhaité la création de cursus analogues ailleurs « *pour assimiler ce cours aux autres enseignements de lettres et pour surmonter l'anomalie qui oblige Bologne à assurer à elle seule cet enseignement pour tout le pays* ».

Ajoutons que dans les premiers mois de 1990, les demandes officielles de cours de *laurea* pour les DAMS — sous des intitulés disparates — ont été formulées par plusieurs universités, pendant que d'autres se sont orientées vers des cours de Communication, avec une dominante sociologique. Si le ministère satisfait ces demandes, un petit tremblement de terre bouleversera le paysage universitaire italien en matière de cinéma et d'audiovisuel ; il dynamisera la réflexion des enseignants et des étudiants, qui trouvent bien peu de motifs de satisfaction dans la situation actuelle et n'ont rien à perdre à d'éventuels changements ou à des innovations.

La récente réforme universitaire approuvée le 19 novembre 1990 institue le diplôme universitaire de premier niveau, appelé *laurea breve*, qui assurera la formation exigée par les différentes branches professionnelles et un nouveau regroupement des enseignements répondant à des critères scientifiques plus rigoureux.

Cette réforme ne sera efficace que si les enseignants s'impliquent véritablement. La naissance d'un Conseil consultatif universitaire pour le cinéma est un signe positif. Cette nouvelle association qui regroupe tous les enseignants de cinéma a tenu sa première réunion à Sienne le 15 décembre 1990.

9. *Cf. les déclarations dont rend compte F.Bono,* A occhi chiusi. Fra cinema e università rapporti troppo freddi (les yeux fermés. Rapports trop froids entre le cinéma et l'Université), « Campus », n° 9, septembre 1989. *Cf. aussi L.Micciché,* Cinema e università *(Cinéma et Université), dans le volume collectif dirigé par G.Barlozzetti,* Ciak, lezione ! Cinema, scuola e professionalità *(Clap, leçon ! Cinéma, école et professionalisme),* Bulzoni, Rome, 1983.

10. *La* « 382 » *est le décret-loi du 11 juillet 1980, n° 382, sur* La réorganisation de l'enseignement à l'Université, *publié par la* « Gazetta Ufficiale », 31 juillet 1980.

11. *A.Costa,* Insegnamenti di cinema : ci sono anche a Bologna *(Cours de cinéma : il y en a aussi à Bologne),* « Campus », n° 11, novembre 1989.

Orio CALDIRON
Traduction : René Marx
et Jocelyne Sephord

Collection La Revue du Cinéma

Pasqualino, de Lina Wertmüller

Entre Rossellini et Olmi, le CSC à Rome et Ipotesi cinema à Bassano del Grappa

L'enseignement professionnel du cinéma et de l'audiovisuel en Italie reste dominé par le **Centro Sperimentale di Cinematografia (CSC)** *qui inspire à tous ceux qui voudraient l'imiter un véritable complexe d'Œdipe. Pourtant à Bassano, autour d'Olmi, une école pas comme les autres est apparue.*

Par ailleurs les vingt et une régions subventionnent une myriade de structures privées, religieuses ou syndicales, qui mettent en place des formations professionnelles, courtes le plus souvent. Il n'en sera pas question ici, puisqu'elles sortent du cadre de notre enquête de par leur durée.

Le Centro Sperimentale di Cinematografia

La fascination que suscite le CSC est étrange, si l'on tient compte du fait qu'il a perdu la position stratégique qu'il occupait à l'origine et qu'il vit depuis des décennies dans un état de coma profond. Dans la seconde moitié des années 60, on se contentait d'un enseignement orienté surtout vers la formation du personnel technique (directeurs de la photographie, monteurs, décorateurs). Cette orientation a été bouleversée par le « cyclone Rossellini », qui a voulu bâtir un projet pluridisciplinaire moins spécialisé.

« _Que voulait faire Rossellini ?_ » demanderez-vous. C'est toute la question ! « _Sous couvert de transformer l'enseignement, ce qu'il voulait, c'était le supprimer_ » soutient Fernando di Giammatteo qui œuvra aux côtés du grand metteur en scène à l'époque où il présidait le Centre. « _Il ne voulait surtout pas que le cinéma soit parcellisé, qu'il y ait des divisions rigides entre les enseignements concernés, il aimait qu'on commence à parler du scénario pour passer ensuite à la mise en scène par l'intermédiaire de personnages et de professeurs différents, et ainsi de suite jusqu'au montage et à tout le reste (la section de comédie fut, entre autres, supprimée). Il voulait que le cinéma soit considéré comme un fait global, que le professionnalisme soit entendu dans un sens large et inclue tout ce qu'on peut faire, voir, transmettre et organiser. Utopie ? Folie ?_ »

Projet difficile en tout cas ; naïf et complexe aussi, et en tout cas paradoxal sinon déstabilisant pour une école à laquelle on demandait de renoncer à ce qu'elle était pour devenir un laboratoire axé sur une équipe scientifique et opérationnelle, composée de quelques permanents, de collaborateurs choisis parmi des spécialistes, des techniciens et des hommes de culture, et d'un groupe de jeunes stagiaires. L'objectif était d'arriver à une série de résultats pratiques et théoriques — films, expérimentations techniques, recherches télévisuelles, cassettes vidéos, enquêtes historiques, essais sur les langages, etc. — qu'on puisse, dans le cadre d'une vaste opération de relance culturelle, mettre à la disposition de toutes sortes d'institutions, organismes d'État, ministères de l'Instruction publique, du Tourisme et du spectacle, universités…

Le rêve rossellinien, choc dont le _Centro Sperimentale_ aura de la peine à se remettre, préfigure les dilemmes des décennies suivantes, marquées par la contradiction entre l'orientation vers la spécialisation professionnelle et le désir de former la conscience critique des futurs créateurs. « _On peut détruire le rêve au profit de la réalité ou des lois du marché, des genres, des effets spéciaux, de la machine américaine (par ailleurs très appréciée), des spots publicitaires qui envahissent cinéma et télévision et finissent par les engloutir tous les deux. On peut aussi tenter de créer ce corps technique, culturel, scientifique, économique qui donnerait substance au rêve, en le pilotant graduellement du ciel de l'utopie à l'horizon de la pratique industrielle et artisanale_[12]. »

Je ne vais pas ici rouvrir le cahier de doléances qui, depuis des années, accompagne la vie d'une institution étranglée par la bureaucratie du secteur semi-public. Une nouvelle phase dans l'existence du _Centro Sperimentale_ s'est ouverte en septembre 1988 avec la nomination au Commissariat extraordinaire de la cinéaste Lina Wertmüller qui prendra ses fonctions avec l'exubérance qui la caractérise et, naturellement, avec ses idées. Pour elle, « _la situation actuelle est la suivante : quand un jeune élève sort du Centre, il finit dans le même bourbier que les metteurs en scène, les monteurs, les acteurs. On ne peut sortir de cette situation qu'avec une attitude et un projet d'entrepreneur. A la base de tout cela, il y a la sottise de mettre la culture d'un côté et l'industrie de l'autre. Par industrie, on entend généralement argent, gains, quelque chose de dégoûtant, qui corrompt. Je crois, au contraire, que pour des raisons opérationnelles et didactiques, il faut parvenir à une plus grande intégration entre le moment de la formation et le monde du travail_[13]. »

---

12. _F.Di Giammateo_, Il Centro Sperimentale negli anni della contestazione (Le Centro Sperimentale dans les années de la contestation), _dans l'ouvrage collectif_, Vivere il Cinema. I cinquant'anni del Centro Sperimentale di Cinematografia (Vivre le cinéma, les cinquante ans du CSC), _Présidence du Conseil des Ministres, Rome, 1985._

13. _Lina Wertmüller_, O si vola o si chiude. Inchiesta sul CSC (Ou on s'envole ou on ferme, Enquête sur le CSC), « _Cinecritica_ », _n° 11/12, octobre 1988-mars 1989._

Le *Centro* propose actuellement une dizaine d'options (diction, mise en scène, production, scénario, prise de vue, montage, son, scénographie, costumes, animation). Le premier mois, les élèves assistent à un cycle de conférences sur certains moments de l'histoire du cinéma, ses aspects culturels, esthétiques et économiques. Puis ils participent à une série de rencontres avec des professionnels, dont au moins un ou deux par option. Ensuite, chaque élève a un tuteur qui le guide dans la profession, le conseille dans ses lectures, ses films, l'accompagne sur le plateau où il commencera à travailler comme assistant stagiaire. Des moments de rencontres sont également prévus pour échanger les expériences. La deuxième année prévoit des séminaires spécifiques dans des domaines particuliers, animés par de grands professionnels du cinéma. Au cours du deuxième semestre, la réalisation de deux films à épisodes remplace les exercices d'autrefois. « *Le Centre devrait être une véritable université de cinéma, où l'on ne proposerait pas uniquement une préparation technique mais où on laisserait émerger les talents et les choix de chacun* », soutient Valentino Orsini, enseignant de mise en scène au Centre. « *Enseigner l'écriture cinématographique est simple. La vraie question se pose ensuite. Qu'écrire et comment écrire ? Il s'agit de favoriser la créativité, la sensibilité de chacun sans les étouffer avec un apprentissage professionnel pur et simple. Le cinéma a mille âmes et il est bon qu'il les conserve toutes, que ce ne soit pas seulement une marchandise mais un jardin fleuri de mille propositions. La chose la plus importante est de donner aux aspirations l'élan nécessaire afin que les élèves cherchent en eux-mêmes quelles voix et quels désirs les stimulent. Il ne faut jamais cesser d'interroger ses propres silences, de s'interroger soi-même, chercher à donner un sens à sa propre vie, à ce qu'on écrit et imagine, chercher à donner corps à ses propres fantasmes*[14]. »

Le *Centro Sperimentale* est la seule école officielle. Mais la demande des étudiants est forte et le refus de l'Université de s'intéresser à la pratique a favorisé la création d'une multitude d'écoles privées.

Le boom a surtout concerné, pendant une certaine période, les cours de scénario animés par de célèbres écrivains italiens de cinéma

Viva l'Italia, de Roberto Rossellini

© Collection Michel Serceau

(Age, Furio Scarpelli, Suso Cecchi d'Amico, Ugo Pirro, Vincenzo Cerami, Tonino Guerra, Roberta Mazzoni) qui semblaient vouloir renouveler la fascinante expérience de l'atelier artisanal, et aussi par d'habiles propagateurs du modèle américain qui ont assimilé les recettes des feuilletons (Robert Mc Kee). Le terrain a été défriché grâce à une série d'expériences didactiques et de séminaires qui, ajoutés aux cours organisés par les communes et les régions, ont eu une fonction indéniable de rupture à un moment où la demande de formation croît sans cesse.

---

14. *Cf. R.Lamina,* Valentino Orsini incendi e idee, (Valentino Orsini. Incendies et idées), « *Movie* », *n° 1, septembre 1990.*

15. *M.Brenta,* Una nota (lunga e autobiografica) su Ipotesi Cinema. (Une note, longue et autobiographique sur Ipotesi Cinéma) *dans l'ouvrage collectif* La scuola di Bassano (L'école de Bassano), *Bellaria, 1989.*

Ipotesi Cinema, l'école de Bassano

La seule expérience vraiment novatrice des dernières années est celle de *Ipotesi Cinema*, l'institut *Paolo Valmarana*, appelé « l'école de Bassano » bien qu'il ne s'agisse pas d'une école au sens traditionnel du terme. Née de la rencontre entre un auteur authentique, Ermanno Olmi, et un responsable de télévision, Paolo Valmarana, aujourd'hui disparu, est apparue avec elle, loin de Rome, « une hypothèse cinématographique » fondée sur l'originalité de l'idée, l'authenticité de l'expression et la nouveauté de la structure. Le travail des jeunes cinéastes se fait autour d'une idée ou d'un projet qui pourra être réalisé en collaboration avec la RAI et d'autres entreprises publiques ou privées.

« La confrontation et la recherche sont fondamentales, dit Mario Brenta, un des animateurs de l'expérience. *L'institut Paolo Valmarana n'est pas une école, il ne reproduit pas le traditionnel rapport professeur-élève ; il ne distingue pas enseignants et enseignés et conduit ainsi à un parcours commun visant à comprendre et à apprendre ensemble ; chacun, bien entendu, avec ses propres moyens au milieu d'un échange réciproque d'idées et d'expériences. Ce n'est pas un travail de groupe mais en groupe. Je suis convaincu qu'il ne s'agit pas d'une pure utopie, mais plutôt d'un pari, risqué et fascinant : d'ailleurs, Ipotesi Cinema est né d'un défi. Défi à ceux qui décrètent sinon la mort, du moins l'agonie du cinéma par manque de nouvelles idées, de nouveaux auteurs et espèrent qu'il renaîtra en fuyant la réalité*[15]. »

L'école de Bassano est une expérience unique en Italie pour de nombreuses raisons. Certes, il est trop tôt pour apprécier ses résultats, mais on peut déjà souligner plusieurs de ses mérites : elle est fondée sur la décentralisation à l'heure où le Centre est considéré comme le lieu privilégié de la production du cinéma et de la télévision. Elle refuse la séparation schizophrénique entre théorie et pratique, projet et réalisation, autorité et professionnalisme, et tente même de rapprocher les termes opposés du dilemme.

Ce qu'elle se propose de reconquérir, en somme, c'est ce que j'appellerais le territoire global de l'expérience cinématographique, un territoire qui inclurait toutes les composan-

---

Le paysage audiovisuel en Italie

Les films

1987	116 LM
1988	124 LM
1989	117 LM

Les télévisions

Chaînes publiques	: 3
Chaînes privées	: 3
Stations locales privées	: environ 850

Les radios

Publiques nationales	: 3
Publiques régionales	: 21
Privées régionales	: 13
Réseau FM	: 10
Stations libres	: environ 4 000

Chiffres CNC 1989

---

tes de la communication audiovisuelle et dans lequel chaque individu puisse s'épanouir en fonction de son profil professionnel.

Il n'existe pas d'enquête approfondie sur le devenir des étudiants de cinéma. Aucune formation n'offre un véritable débouché professionnel. Bien entendu, les écoles de cinéma, y compris le *Centro Sperimentale*, font mieux face aux exigences professionnelles que les universités, sans avoir pour autant de rapport étroit avec le monde du travail. A part quelques contrats entre la RAI et le *Centro Sperimentale*, les chaînes de télévision se méfient des écoles, qu'elles estiment trop théoriques, et assurent elles-mêmes des formations, comme le *master* mis en place par l'ANICA (Association nationale des producteurs de cinéma).

L'importance internationale des directeurs de la photo, décorateurs et costumiers italiens issus pour la plupart du *Centro Sperimentale* concerne une élite prestigieuse formée dans le passé et ne doit pas masquer les difficultés actuelles des diplômés d'aujourd'hui, même pour ceux qui sont les plus compétents techniquement. La situation n'est pas plus rassurante pour les scénaristes et les metteurs en scène, pour lesquels les écoles se contentent de préparer le terrain avant une formation réelle « sur le tas ».

Le débouché qui semblerait évident pour les étudiants en cinéma à l'Université comme pour les autres est l'enseignement. Mais l'absence d'un enseignement du cinéma et de l'audiovisuel dans le secondaire réduit de beaucoup les possibilités d'emplois dans ce secteur, ce qui est très frustrant pour les étudiants. L'instabilité structurelle des entreprises de l'audiovisuel freine les progrès dus aux nouvelles technologies et ne simplifie pas la situation des jeunes diplômés arrivant sur le marché du travail.

Si beaucoup sont tentés par l'industrie cinématographique, nombreux sont ceux qui acceptent le travail précaire et les contrats à durée déterminée, tant dans les chaînes publiques à Rome, Milan et Turin que dans les sièges plus décentralisés des émetteurs privés et des agences de publicité.

La programmation culturelle des municipalités offre aussi des postes dans l'organisation de rétrospectives et de festivals, la rédaction de catalogues et de textes critiques. Des possibilités plus restreintes existent également dans les bibliothèques, les cinémathèques, les médiathèques, chez les éditeurs traditionnels ou liés au marché de la cassette vidéo, dans le journalisme ou la critique.

Le marché du travail n'est ni homogène ni cohérent. L'émergence de nouvelles possibilités est entravée par les antagonismes Nord-Sud, Rome-Milan, cinéma-télévision, créateurs-intégrés, critique-marketing.

Si les étudiants se reconnaissent en partie dans l'image de l'apprenti sorcier en quête d'identité, ils savent parfaitement que leur destin professionnel dépendra de leur capacité à s'inventer un travail dans le domaine de la communication.

Orio CALDIRON
Traduction : Jocelyne Sephord
et René Marx

Éléments de bibliogaphie

Collectif, **Vivere il Cinema. I Cinquant anni del Centro Sperimentale di Cinematografia** (Vivre le cinéma. Les cinquante ans du CSC), Rome, Présidence du Conseil des ministres, 1985.

ARISTARCO Guido, **Come il cinema è entrato nelle discipline universitarie** (Comment le cinéma est entré dans les disciplines universitaires), *Cinema Nuovo*, n° 225, septembre-octobre 1973, pp. 332-334.

BARLOZETTI Guido (sous la direction de) **Ciak, lezione ! Cinema, scuola e professionalità** (Clap, leçon ! Cinéma école et professionnalisme), Rome, Bulzoni, 1983, avec des interventions de Mino Argentieri, Enrico Ghezzi, Lino Micciché, Giorgio Tinazzi, Virgilio Tosi et autres.

BRUNETTA Gian Piero, **Storia del Cinema** (Histoire du cinéma), in A.VARVARO (sous la direction de), **Guida alla Facoltà di Lettere e Filosofia** (Guide de la faculté de Lettres et philosophie), Bologne, Il Mulino, 1980, pp.187-195.

BRUNETTA Gian Piero, **La storiografia italiana : problemi e prospettive** (L'historiographie italienne : problèmes et perspectives), *Bianco e Nero*, n° 2, avril-juin 1985, pp.15-36.

GIANNARELLI Roberto et GIUSTI Guido (sous la direction de), **A scuola di cinema in Italia** (Dans les écoles de cinéma en Italie), *Cinemasessanta*, nos 146, 147, 148, 149, 150, de juillet-août 1982 à mars-avril 1983.

LAURA Ernesto G. (sous la direction de), **Il CSC tradizione e riforma** (Le CSC entre la tradition et la réforme), *Bianco e Nero*, 5-6, mai-juin 1976.

MASI Stefano, **Scuole di recitazione in Italia** (Écoles d'art dramatique en Italie) in P. de Tassis et M. Sesti (sous la direction de), **Bellissimi**, Ancone, Il lavoro editoriale, 1987, pp.43-50.

MICCHICHE Lino, **Quali « maestri » per il cinema** (Quels « maîtres » pour le cinéma), *Avanti !*, 18 mars 1979.

MICCICHE Lino, **Non solo una scuola** (Pas seulement une école), *Cinecritica*, 11-12, octobre 1988-mars 1989, pp. 95-97.

O.C.

Annuaire

BASSANO DEL GRAPPA

IPOTESI CINEMA-ISTITUTO PAOLO VALMA-RANA.

Via S.Giorgio 24, 36061 Bassano del Grappa (Vicenza) VI.
Tél. : 024.500.007.
Responsables : Ermanno Olmi, Toni de Gregorio, Mario Brenta.
Institut privé, ne délivre pas de diplôme.
Finalité : promouvoir des projets et des œuvres de sorte qu'à travers l'expérience de formation dans le travail, on puisse valoriser les personnalités portées de manière significative vers les disciplines de la communication audiovisuelle.
Admissions sur demande : aucun diplôme n'est exigé pour les Italiens et étrangers à partir de 18 ans.
Frais d'inscription : 10 000 lires.
Nourriture et hébergement à la charge de l'Institut pendant la réalisation des projets.
Participation sans limitation de temps à la discrétion des participants, destinée à la réalisation de projets précis.
Possibilité d'hébergement : 70 places environ.
L'activité de l'Institut est fondée sur une didactique du travail et ne prévoit pas de cours réguliers au sens traditionnel. *Ipotesi Cinema* naît de l'intention de valoriser les formes d'expression authentiques et originales dans le respect de la personnalité des auteurs et dans le refus de tout stéréotype ou modèle constitué à l'avance. L'expérience directe de la réalisation — à travers l'usage de méthodes et de techniques souples et évolutives — se joint à la nécessité d'un engagement spécifique (1re chaîne de la RAI, Région, organismes privés et publics).

BOLOGNA (BOLOGNE)

UNIVERSITÀ DEGLI STUDI DI BOLOGNA.

• **Facoltà di Lettere e Filosofia. Dipartimento di Musica e Spettacolo.**

Via Galleria, 3, 40121 Bologna.
Via d'Azeglio, 41, 40125 Bologna.
Tél. : 051.25.86.57.
051.33.14.25.

Directeur : Mario Baroni.
Responsable de l'option cinéma : Antonio Costa.
Diplôme préparé : *Laurea* en Arts, Musique et Spectacle.

Histoire du cinéma (Antonio Costa)

Durée des études : 1 an, 2 pour une spécialisation.
Effectif par promotion : 200 étudiants par an.
Contenu des études :
L'enseignement, essentiellement centré sur l'histoire et la critique, prévoit une introduction générale consacrée à l'histoire du cinéma et des théories, aux problèmes de conservation et de restauration du film. L'essentiel du cours est consacré à des auteurs et problèmes spécifiques comme « *Georges Méliès et les origines de l'imaginaire cinématographique* », « *Les caractéristiques du cinéma italien de 1945 aux années 80* », « *L'art de Hitchcock* », etc. Des séminaires sur des thèmes spécifiques ainsi que des projections de films et de vidéos font partie de l'enseignement. Sont prévus également des exercices de base, soit de philologie filmique et de lecture de films à la table de montage, soit de technique de prise de vue et de montage, exercices dirigés par des techniciens contractuels.
Recherche : *Problèmes de documentation filmographique* (Min.)[16].
Publications : depuis 1989, la revue *Cinema & Cinema*, paraissant trois fois par an, fondée par Adelio Ferrero, a repris sa publication sous la direction d'Antonio Costa, Giovanna Grignaffini, Leonardo Quaresima (Cleub Ed., Bologna). A la revue s'ajoute, chez le même éditeur, la collection *Storia e teoria del cinema* (Histoire et théorie du cinéma), dirigée par A. Costa.

Filmologie (Antonio Costa)

Durée des études : 1 an, 2 pour une spécialisation.
Effectif par promotion : 150 étudiants par an.
Contenu des études :
Ce cours concerne les problèmes d'esthétique et de sémiotique du film (des théories classiques du cinéma aux nouvelles orientations de la narratologie et de la sémiotique, de la théorie et de la technique du scénario aux rapports entre le cinéma et la peinture, etc.).
Des séminaires et des projections vidéo font partie de l'enseignement.
— L'enseignement consacré au documentaire, dirigé depuis son ouverture par l'historien du docu-

---

16. *(Min) : recherche commandée par le ministère de l'Instruction publique.*

mentaire Gian Paolo Bernagozzi, disparu en 1986, est assuré par le cours intitulé *Iconographie théâtrale* (Arnaldo Picchi) et prévoit une partie en séminaires consacrée au documentaire cinématographique.

• **Istituto Discipline della Comunicazione.**

Via Tofano, 2, 40121 Bologna.
Tél. : 34.97.93.
34.87.97.
Directeur : Pier Paolo Giglioli.
Diplôme préparé : *Laurea* en Arts, Musique et Spectacle.

Communication de masse (Pier Paolo Giglioli)

Durée des études : 1 an, 2 ans pour une spécialisation.
Effectif par promotion : 120 étudiants par an.
L'introduction prépare à l'étude des théories de la communication et des techniques d'enquête.
Contenu des études :
Le cours est axé essentiellement sur des enquêtes sur les rapports entre les médias et le sport, les médias et la politique, les nouvelles techniques de reproduction sonore, etc. Des séminaires sont consacrés aux rapports entre la télévision et la presse.
Recherche : *La nourriture comme instrument de communication publicitaire* (Min.) ; *Analyses d'émissions télévisées sur les élections* (VQPT, RAI)[17].
Publications : la revue *Versus*, paraissant trois fois par an, dirigée par Umberto Eco, publiée par Bompiani, Milan, réunit les travaux des enseignants et des jeunes diplômés de l'Institut.

Communication de masse (Roberto Grandi)

Durée des études : 1 an, 2 pour une spécialisation.
Effectif par promotion : 200 étudiants par an.
Contenu des études :
L'introduction porte sur les théories de la communication de masse. Le cours approfondit des aspects et des problèmes de l'information et de la publicité comme *Le format des journaux télévisés, Le langage de la publicité à la télévision, Consommation et communication*. Les séminaires développent des aspects spécifiques de ces questions.
Recherche : *Marketing et communication* (Min.).
D'autres recherches sont aussi menées à partir de commandes privées.

Technique du langage radiotélévisé (Mauro Wolf)

Durée des études : 1 an, 2 ans pour une spécialisation.
Effectif par promotion : 200 étudiants par an.
Contenu des études :

Le cours approfondit des thèmes de sociologie de la communication télévisuelle (influence de la télévision, genres télévisuels, histoire de la recherche, etc.). Des séminaires spécifiques sont consacrés à la télévision (programmes, horaires, genres, promotion, etc.)
Recherche : *Nos affaires et les leurs. Les nouvelles de l'étranger dans les journaux télévisés suisses, français, et italiens* (VQPT, RAI) ; *Construire une programmation* (VQPT, RAI) ; d'autres recherches sur la situation des médias sont en cours avec des partenaires européens à la demande d'organismes privés et publics. En juin 1989, l'*Istituto di Discipline delle Communicazioni* a organisé un séminaire international sur les perspectives de la recherche dans le domaine des médias. Cf. les textes de Giovanni Becchelloni, Winfried Schulz, Philip Schlesinger, Daniel Dayan et Elihu Katz publiés par la revue *Problemi dell'informazione* (n° 2, juin 1990).
Remarques particulières : l'Institut fait partie de l'*European Network for Media and Cultural Studies* (ERASMUS).

• **Facoltà di Magistero.**
Dipartimento di Italianistica.
Via del Guasto, 7, 40126 Bologne (Tél. : 051.23.92.59).
Via Zamboni, 32, 40126 Bologne (Tél. : 051.25.85.50).
Directeur : Francesco Coco.
Diplôme préparé : *Laurea* en Pédagogie, Langues et Littératures Étrangères.

Filmologie (Alfonso Canziani)

Durée des études : 1 an, 2 ans pour une spécialisation.
Effectif par promotion : 100 étudiants par an.
Contenu des études :
L'enseignement concerne la théorie et la pratique du texte filmique et prévoit d'analyser des films clefs. Le cours est basé, autour d'un thème ou d'un auteur, sur l'analyse du texte filmique, la « fabrication » du film, son statut linguistique et ses propres pertinences techniques et pratiques.

• **Facoltà di scienze politiche.**
Dipartimento di Sociologia.
Strada Maggiore, 45, 40124 Bologne.
Tél. : 051.23.33.80
Directeur : Paolo Guidicini.
Diplôme préparé : *Laurea* en Sciences politiques.

Sociologie de la communication (Franco Bonazzi)

Durée des études : 1 an, 2 pour une spécialisation.
Effectif par promotion : 180 étudiants par an.
Contenu des études :
Le cours prévoit une partie générale consacrée à la théorie de la sociologie de la communication, puis il s'attache aux problèmes spécifiques des

---

17. *VQPT : recherche commandée par la RAI.*

médias dans le paysage audiovisuel (cinéma, télévision, spectacle, publicité). Il analyse les rapports entre télévisions privées et télévision d'État, le culte de l'image dans la communication politique, l'art et la consommation dans la société industrielle avancée, le processus de communication et les mécanismes de création du mythe de la mode, etc.
Recherche : *Modèles masculins et féminins du soap opera* (Min.) ; *La participation niée. Les programmes d'accès* (en collaboration avec Achille Ardigo pour VQPT, RAI). Les travaux de l'enseignant et des jeunes diplômés paraissent dans les revues *Sociologia della comunicazione* et *Formazione e società* éditées par Franco Angeli, Milan.

CAGLIARI

UNIVERSITÀ DEGLI STUDI DI CAGLIARI.

Facoltà di Magistero, Istituto di discipline artistiche.
Località Sa Duchessa, 09100 Cagliari.
Tél. : 070.200.21.
Directeur : Renato di Benedetto.
Diplômes préparés : *Laurea* en Disciplines Littéraires, Pédagogie, Langues et Littératures étrangères.

Histoire et critique du film (Antonio Cara)

Durée des études : 1 an.
Effectif par promotion : 150 étudiants par an.
Contenu des études :
L'enseignement comprend, outre une partie générale sur le langage cinématographique, l'approfondissement d'un auteur (Ingmar Bergman, Luis Buñuel, Woody Allen, etc.) à travers l'analyse des films les plus significatifs. Des séminaires adaptés et un ensemble de projections et de vidéo-projections sont organisés en collaboration avec la cinémathèque sarde et la commune de Cagliari.
Recherche : *Cinéma et Sardaigne* (recherche de l'Institut) ; recherche sur le territoire consacrée aux problèmes de la jeunesse avec la réalisation d'un film de soixante minutes.

CASSINO

UNIVERSITÀ DEGLI STUDI DI CASSINO.

Facoltà di Magistero, Dipartimento di Filosofia e Scienze sociali.
Via G.Marconi, 10, 03043 Cassino (Frosinone).
Tél. : 0776.29.91.

Directeur : Antonio Fusco.
Diplôme préparé : *Laurea* en Disciplines littéraires. Pédagogie, Langues et Littératures étrangères.

Communication de masse (Francesco Maria Battisti).
Durée des études : 1 an, 2 pour une spécialisation.
Effectif par promotion : 50 étudiants par an.
Contenu des études :
Le cours concerne la problématique des médias et de l'opinion publique et met l'accent sur les nouvelles technologies (télématique, satellites, etc.).
Recherche : *Communication de masse en situations d'urgence, Médias et politique* (Min.) en partie publiées dans *Quaderni di Dipartimento* (Cahiers du département) Edizioni Scientifiche Italiane, Naples.

COSENZA

UNIVERSITÀ DEGLI STUDI DELLA CALABRIA.

Facoltà di Lettere e Filosofia, dipartimento Arti
Palazzo Nervoso S.S. 19, 87030 Castiglione Scalo, (Cosenza).
Tél. : 0984.83.81.53. 83.82.07.
Directeur : Maria Pia Di Dario Guida.
Diplôme préparé : *Laurea* en Lettres, Langues et Littératures étrangères modernes.

Histoire et critique du film (Antonio Bertini)

Durée des études : 1 an, 2 pour une spécialisation.
Effectif par promotion : 150 étudiants par an.
Contenu des études :
L'enseignement est orienté vers l'histoire et la critique et réparti sur deux ans. Les années consacrées à l'histoire générale du cinéma alternent avec celles consacrées aux cours sur des thèmes plus pointus (*L'expressionnisme allemand, Le cinéma d'Eisenstein, Pasolini entre technique et idéologie*, etc.). Un ensemble de projections (films et vidéos) font partie des cours ainsi que des exercices d'analyses de films.
Recherche : Brecht et le cinéma (Min.) ; Didactique des domaines historico-cinématographiques (Min).

Institutions de la mise en scène (Antonio Bertini)

Durée des études : 1 an.
Effectif par promotion : 50 étudiants.
Contenu des études :
Le cours général est consacré à l'étude de la structure filmique, du travail de mise en scène aux moyens de production. Des exercices sur le langage filmique et sur les techniques du montage ont lieu en collaboration avec le centre radiotélévisé de l'université de Calabre.

FIRENZE (FLORENCE)

UNIVERSITÀ DEGLI STUDI DI FIRENZE.

Facoltà di Magistero, Istituto di studi sociali.
Via Cavour, 82, 50129 Firenze.
Tél. : 055.28.02.41, 27.577.49.
Directeur : Silvio Mastellone.
Diplôme préparé : *Laurea* en Disciplines littéraires, Pédagogie et Littératures étrangères.

Théories et techniques de la communication de masse (Pio Baldelli)

Durée des études : 1 an, 2 pour une spécialisation.
Contenu des études :
Le cours se propose de fournir quelques éléments pour sortir au moins partiellement de l'analphabétisme de masse concernant la lecture et l'utilisation des moyens de communication de masse. L'objectif méthodologique et l'étude théorique passent aussi par l'observation d'événements de la vie contemporaine.

GENOVA (GENES)

UNIVERSITÀ DEGLI STUDI DI GENOVA.

**Facoltà di Magistero,
Dipartimento di Scienze dei processi conoscitivi.**
Via Lomellini, 8, 16100 Genova.
Tél. : 010.28.19.70, 28.17.29, 28.14.89.
Directeur : Michele Schiavone.
Diplôme préparé : *Laurea* en Disciplines littéraires, Pédagogie, Langues et Littératures étrangères.

Histoire et critique du film (Maurizio Del Ministro)

Durée des études : 1 an.
Effectif par promotion : 90 étudiants par an.
Contenu des études :
Le cours, après une introduction générale, se consacre à l'approfondissement d'auteurs et de thèmes spécifiques en utilisant le montage vidéo (*La ville dans le cinéma, La comédie musicale américaine, La mort au cinéma*, etc.), réalisations basées sur la « mise en scène du critique » théorisée par l'enseignant dans *Cinema tra utopia e immaginario*, Bari, Dedalo, 1980.
Recherche : *Les nouvelles technologies audiovisuelles cinétiques pour la didactique et la recherche dans les disciplines du spectacle* (Min., avec d'autres universités).

Technique et didactique du langage cinématographique (Ester Carla de Miro d'Ajeta)

Durée des études : 1 an.

Effectif par promotion : 60 étudiants par an.
Contenu des études :
L'introduction est consacrée à la technique du langage cinématographique, puis on étudie l'œuvre d'un ou plusieurs auteurs et on analyse leurs principaux films.
Recherche : *Réalisations de films didactiques sur l'histoire du cinéma* (Min.).

MILANO (MILAN)

UNIVERSITÀ CATTOLICA DEL SACRO CUORE.

Facoltà di Lettere e Filosofia, Istituto di Scienze della Comunicazione e dello Spettacolo.
Via S.Agnese, 2, 20123 Milano.
Tél. : 02.88.56.832.
Directeur : Gianfranco Bettetini.
Diplôme préparé : *Laurea* en Lettres modernes, Philosophie (orientation Communication sociale, option Spectacle et option Communication).

Histoire des théories du cinéma (Bruno De Marchi)

Durée des études : 1 an, 2 pour une spécialisation.
Effectif par promotion : 100 étudiants par an.
Contenu des études : L'introduction est consacrée à l'évaluation des 90 premières années de réflexions théoriques sur le cinéma de Matuszewski à Metz. Le cours est ensuite consacré à l'étude des problèmes mis en évidence par le cinéma (spécificité du film, théorie de la critique cinématographique, etc.).
L'enseignant anime le Laboratoire international de la communication organisé chaque année à Udine par l'Université Cattolica.

Histoire et critique du cinéma (Francesco Casetti)

Durée des études : 1 an, 2 pour une spécialisation.
Effectif par promotion : 200 étudiants par an.
Contenu des études :
L'enseignement concerne la recherche et la didactique, du point de vue méthodologique et historique : analyse des films en tant que textes, à l'aide des instruments de la socio-sémiotique et de la pragmatique. L'histoire du cinéma est l'objet d'études interdisciplinaires (histoire, littérature, théâtre) et d'enquêtes diachroniques de sociologie de la culture menées en tenant compte des périodes particulières, des auteurs spécifiques, des films représentatifs. Des séminaires permanents (histoire, analyse du texte filmique, problèmes de la recherche) complètent l'activité didactique.
Recherche : *Pour une histoire du cinéma en Lombardie* (région Lombardie, organismes privés, Min.) en partie publiés dans *Comunicazioni Sociali* (Communications sociales), la revue trimestrielle de

la Scuola di Specializzazione in Comunicazioni Sociali del l'Università Cattolica. L'enseignant dirige le Congrès d'études théoriques et audiovisuelles organisé chaque année à Urbino par la Mostra Internazionale del Nuovo Cinema en collaboration avec le Centro Internazionale di Semiotica e Linguistica de l'Université d'Urbino.

Théorie et technique des communications sociales

(Gianfranco Bettetini)
Durée des études : 1 an, 2 pour une spécialisation.
Effectif par promotion : 200 étudiants par an.
Contenu des études :
L'introduction du cours fournit les bases méthodologiques de la théorie de la communication et de l'approche sémiotique des médias. Puis il approfondit des sujets plus directement liés à l'évolution de la télévision, comme l'impact des nouvelles technologies, les transformations issues de l'informatique et de la télématique, les modifications historiques des genres dans les télévisions italienne, européenne, américaine. Des séminaires et des exercices analytiques sont consacrés aux programmes télévisuels, aux techniques électroniques, à la publicité.
Recherche : *Les télévisions en Europe* (RAI, Min.). De nombreuses recherches ont été faites dans les années précédentes (stratégies de communication à la télévision, archivage des films, etc.) à la demande d'organismes publics ou privés comme la RAI et la région de Lombardie.

NAPOLI (NAPLES)

ISTITUTO UNIVERSITARIO ORIENTALE.

Facoltà di Lettere e Filosofia, Dipartimento Filosofia e Politica.
Palazzo Giusso, Piazza S. Giovanni Maggiore, 30, 80100 Napoli.
Tél. : 081.20.61.22, 55.11.448.
Directeur : Mario Agrimi.
Diplôme préparé : *Laurea* en Lettres, Philosophie, Langues et Littératures étrangères modernes.

Histoire du cinéma (Mino Argentieri)

Durée des études : 1 an, 2 pour une spécialisation.
Effectif par promotion : 70 étudiants par an.
Contenu des études :
Le cours s'articule de la façon suivante : une partie d'introduction et de méthodologie : rapports entre le cinéma, la société, l'histoire ; les éléments du langage cinématographique, les aspects économiques et productifs, éléments de sémiologie. Une partie générale sur l'évolution du langage cinématographique de Lumière à Fellini : on se spécialise ensuite en étudiant un auteur. Environ une cin-

quantaine de projections par an et des séminaires sur des sujets spécifiques font partie des cours.
Recherche : *Images et réalités en Italie pendant la Seconde Guerre mondiale* (Min. et autres universités).
Les travaux des chercheurs et des étudiants extraits des thèses de *laurea* sont publiés dans *Cinemasessanta*, la revue bimestrielle dirigée par Mino Argentieri (RSB Ed., Rome).

UNIVERSITÀ DEGLI STUDI DI NAPOLI.

Facoltà di Lettere e Filosofia, Dipartimento di Sociologia « Gino Germani ».
Largo San Marcellino, 10, Napoli
Tél. : 081.55.210.76, 55.200.53.
Directeur : Alberto Abruzzese.
Diplôme préparé : *Laurea* en Sociologie.

Sociologie des moyens de communication de masse

(Alberto Abruzzese)
Durée des études : 1 an, 2 pour une spécialisation.
Effectif par promotion : 200 étudiants par an.
Contenu des études :
L'introduction est consacrée à l'histoire de l'industrie culturelle du XIXe siècle à nos jours et à l'évolution des différents médias (cinéma, radio, télévision). Puis le cours approfondit certaines questions comme les feuilletons télévisés, les genres télévisuels, la publicité, avec l'analyse de spots publicitaires, d'extraits de films et de programmes de télévision. Des séminaires interdisciplinaires sont organisés en collaboration avec l'Istituto di Studi Filosofici.

PADOVA (PADOUE)

UNIVERSITÀ DEGLI STUDI DI PADOVA.

Facoltà di Magistero, Istituto di Storia del teatro e dello spettacolo
Via B.Pellegrino, 1, 35137 Padova.
Tél. : 049.65.16.88.
Directeur : Giorgio Tinazzi.
Diplôme préparé : *Laurea* en Disciplines littéraires, Pédagogie et Psychologie.

Histoire du cinéma (Gian Piero Brunetta)

Durée des études : 1 an, 2 pour une spécialisation.
Effectif par promotion : 100 étudiants par an.
Contenu des études :
L'enseignement s'appuie sur plusieurs enquêtes réalisées sur plusieurs années. Il est basé sur la formation historique de la vision populaire autour de laquelle s'entrecroisent la didactique et la recherche. Dans ce projet, l'accent est mis sur l'étude

des formes de spectacles populaires qui ont précédé le cinéma, la perception et la représentation de l'espace et du temps dans le cinéma italien, la reconstruction de la « culture » de la salle de cinéma. On étudie aussi la méthodologie et la pratique de la recherche historique sur le cinéma italien.

Déroulement des cours : étude de textes filmiques (leurs rapports avec l'histoire et littérature) en petits groupes. Des séminaires sur le scénario et sur les pratiques audiovisuelles sont prévus.

Recherche : *Les merveilles de la vision, de la lanterne magique à la naissance du cinéma* (Min.) qu'on retrouve en partie dans *Il mondo nuovo. Le meraviglie della visione dal 700 alla nascita del cinema* (Le nouveau monde. Les merveilles de la vision du XVIIIe siècle à la naissance du cinéma), Milan, Mazzotta, 1987 et dans *Buio in sala* (Obscurité dans la salle), Venise, 1989.

Histoire et critique du cinéma (Giorgio Tinazzi)

Durée des études : 1 an, 2 pour une spécialisation.
Effectif par promotion : 120 étudiants par an.
Contenu des études :
Le cours est consacré à l'approfondissement critique d'un auteur ou d'un aspect du cinéma contemporain (Buñuel, Rosi, Truffaut, Rohmer, le cinéma italien des années cinquante/soixante-dix, les moments du cinéma comique, les avant-gardes historiques, etc.). L'introduction concerne le panorama historique auquel se rapporte le cours ou bien se consacre à des thèmes généraux comme le problème des feuilletons, les rapports entre technique et langage dans l'œuvre cinématographique, etc.
Publications : collection *Cinema* dirigée par Lino Micciché et Giorgio Tinazzi (éditions Marsilio, Venise).
Recherche : *La mort dans les médias* et *L'éros dans les médias* (VQPT, RAI).
Collection *Fuori margine*, éditions Liguori, Naples et la revue semestrielle *Rue Morgue* (éditions Bulzoni, Rome), toutes deux dirigées par Alberto Abruzzese, titulaire de la chaire, qui organise depuis 1988 la manifestation internationale *Vidéoculture* consacrée aux langages électroniques.

PARMA (PARME)

UNIVERSITÀ DEGLI STUDI DI PARMA.

Facoltà di Lettere e Filosofia, Istituto di Storia dell'Arte.
Palazzo Pilotta-Palazzo della Pace, 5, 53100 Parma.
Tél. : 0521.23.089, 27.248.
Directeur : Arturo Carlo Quintavalle.

Diplôme préparé : *Laurea* en Lettres, Philosophie, Langues et Littératures étrangères.

Histoire du cinéma (Roberto Campari)

Durée des études : 1 an, 2 pour une spécialisation.
Effectif : 200 étudiants par an.
Contenu des études :
Le cours prévoit une partie générale historique et méthodologique sur les problèmes du langage et du récit filmique. Il se consacre alternativement au cinéma italien et américain et analyse des thèmes et des auteurs spécifiques (cinéma et histoire, mélodrame et comédie dans le cinéma hollywoodien, les moments du *star system*, le cinéma de Pier Paolo Pasolini, etc.). Des cycles de projections vidéo avec analyse de films sont également prévus.
Recherche : *Cinéma et peinture* (Min.).
Publications : L'Institut publie dans *Quaderni di Storia del arte (Les Carnets de l'histoire de l'art)* des monographiques cinématographiques.

PAVIA (PAVIE)

UNIVERSITÀ DEGLI STUDI DI PAVIA.

Facoltà di Lettere e Filosofia, Dipartimento Scienze della letteratura e dell'arte medievale e moderna.
Corso Strada Nuova, 65, 27100 Pavia.
Tél. : 0382.27.572.
Directeur : Gianfranco Gavazzeni.
Diplôme préparé : *Laurea* en Lettres.

Histoire et critique du cinéma (Angelo Peroni)

Durée des études : 1 an, 2 pour une spécialisation.
Effectif par promotion : 80 étudiants par an.
Contenu des études :
Le cours prévoit une introduction sur le langage (du plan au montage) après laquelle il se consacre à la lecture textuelle de films.
Recherche : *Le cinéma italien des années quarante* (Min.).
Publications : essais cinématographiques sur la didactique et la recherche de l'université regroupés dans *Bolletino per biblioteche* (Le bulletin des bibliothèques), publié par l'Amministrazione Provinciale de Pavie.

PESCARA

UNIVERSITÀ DEGLI STUDI G. D'ANNUNZIO.

Facoltà di Lingue e Letterature straniere, Istituto di Filologia moderna.

Viale Pindaro, 65100 Pescara.
Tél. : 085.61.092.
Directeur : Pietro De Tommaso.
Diplôme préparé : *Laurea* en Langues et Littératures étrangères.

Histoire du cinéma (Giorgio De Vincenti)

Durée des études : 1 an, 2 pour une spécialisation.
Effectif par promotion : 150 étudiants par an.
Contenu des études :
La première année, le cours traite de l'histoire générale du cinéma et de l'évolution du langage filmique en insistant sur la formation du cinéma moderne. La deuxième année, un séminaire sur l'approfondissement des modalités de recherche est destiné aux étudiants qui désirent se spécialiser.
Aux cours axés sur l'histoire et la critique s'ajoutent la projection d'environ cinquante films et des exercices collectifs sur des aspects particuliers du programme.
Recherche : *Espace et temps dans le cinéma contemporain* (Min.) ; *Le cinéma moderne* (Min.).
Publications : des essais cinématographiques sont publiés dans la revue *Merope*, qui paraît trois fois par an dans la faculté.

PISA (PISE)

UNIVERSITÀ DEGLI STUDI DI PISA.

• **Facoltà di Lettere e Filosofia, Dipartimento di Storia delle arti.**
Piazza S.Matteo, 2, 56100 Pisa.
Tél. : 050.54.18.01.
Directeur : Annarosa Garrelli.
Diplôme préparé : *Laurea* en Lettres modernes.

Histoire et critique du cinéma (Lorenzo Cuccu)

Durée des études : 1 an, 3 pour une spécialisation.
Effectif par promotion : 100 étudiants par an.
Contenu des études :
Le cours, axé sur la théorie, la critique, la narratologie, étudie la structure de la narration cinématographique à travers l'analyse textuelle d'œuvres et d'auteurs contemporains (Hitchcock, Antonioni, le film noir, etc.).
Recherche : *Les problèmes de l'analyse textuelle* (Min.) ; *F.M. Murnau, du scénario au film* (CNR).
Publications : *Memoria, Scrittura, Cinema (Mémoire, Écriture, Cinéma)*, collection dirigée par

Lorenzo Cuccu et Carlo A.Madrignani (ETS éditions, Pise).
L'enseignant organise chaque année un séminaire sur l'audiovisuel dans le cadre de la manifestation *Ondavideo*.

• **Facoltà di Scienze politiche, Dipartimento di Scienze sociali.**
Via Serafin, 3, 56100 Pisa.
Tél. : 050.50.16.05.
Directeur : Agostino Palazzo.
Diplôme préparé : *Laurea* en Sciences politiques (option sociologie).

Sociologie des communications (Roberto Faenza)

Durée des études : 1 an.
Effectif par promotion : 50 étudiants.
Le cours traite des théories de l'information et de l'approche sociale de la communication. Il approfondit les aspects spécifiques de l'élaboration de l'information. Des séminaires sont parallèlement consacrés à la presse, à la télévision ou au cinéma (par exemple le néo-réalisme).
Recherche : *Bibliographie des communications et de la culture de masse* (Min.) ; *Projet de Networking pour la communication à distance* (CNR).

ROMA (ROME)

CENTRO SPERIMENTALE DI CINEMATOGRAFIA.

Via Tuscolana, 1524, 00173 Roma.
Tél. : 06.72.11.619.
Responsables : Lina Wertmüller (Commissaire extraordinaire), Caterina d'Amico de Carvalho (sous-commissaire), Angelo Libertini (Directeur).
École publique.
Délivre un diplôme de qualification professionnelle.
L'enseignement concerne la réalisation cinématographique et télévisuelle et les techniques de l'acteur. Admission sur concours (Diplôme de fin d'études secondaires), ouverts aux Italiens et aux étrangers.
L'école coûte 4 000 000 de lires par an. Des bourses d'études « au mérite » de 300 000 lires par mois sont accordées aux résidents à Rome et de 600 000 pour les non-résidents.
Deux années d'études, 66 étudiants par cycle de deux ans, soit 6 étudiants pour chacun des neuf cours et douze pour le cours d'art dramatique.
Contenu des études :
Deux phases pour la première année : d'abord,

commun à tous les cours, enseignement interdisciplinaire destiné à fournir, par des séminaires avec des personnalités du monde cinématographique, mais aussi par l'expérience directe sur le plateau, les bases de la réalisation d'un film, sur le plan culturel, social et économique. Ensuite l'enseignement s'articule en dix sections (théoriques et pratiques) : Costume, Film d'animation, Montage, Organisation de la production, Mise en scène, Prise de vue, Scénario, Décor, Son, Comédie. Sous la direction d'un coordinateur général, des coordinateurs, tuteurs et professeurs assurent les divers enseignements : langage cinématographique, histoire et critique du cinéma, cinéma documentaire, cinéma scientifique, analyse de la peinture et éducation visuelle, théorie et technique du scénario, technique de la prise de vue, prise de vue et effets spéciaux, technique du montage, technique du son, histoire du costume, organisation de la production, langage, histoire et critique du film d'animation, théorie et technique de l'art de l'acteur, etc.

Deuxième année : l'approfondissement de chaque spécialité se fait au cours de leçons et de séances de laboratoire, et surtout à travers les exercices pratiques en équipe, et par la réalisation de films à épisodes. Une troisième année facultative est à l'étude, ainsi que des cours de spécialisation pour le court métrage, les programmes expérimentaux, le long métrage.

UNIVERSITÀ DEGLI STUDI LA SAPIENZA.

• **Facoltà di Lettere e Filosofia, Dipartimento Musica e Spettacolo.**
Piazzale Aldo Moro, 5, 00185 Roma.
Tél. : 06.44.46.784, 44.63.034.
Directeur : Ferruccio Marotti.
Diplôme préparé : *Laurea* en Lettres modernes (option Spectacle).

Histoire et critique du cinéma (Orio Caldiron)
Durée des études : 1 an, 3 pour une spécialisation.
Effectif par promotion : 500 étudiants par an.
Contenu des études :
L'enseignement met l'accent sur la complexité de la « machine-cinéma » et sur la pluralité des méthodes d'enquête. Les études d'histoire du cinéma tiennent compte des périodes particulières et des thèmes spécifiques dans une perspective interdisciplinaire ouverte sur le développement des sciences humaines. Des cycles de projections (vidéos également), des rencontres avec les auteurs, des séminaires sur les pratiques audiovisuelles et sur les institutions cinématographiques font partie des cours.

Recherche : *Images et figures de la ville, de la littérature au cinéma* (Min.) ; *Cinéma et mode, rapports et influences réciproques* (Min.) ; *Historiographie cinématographique* (CNR).
Publications : collection *Cinema/Studio*, dirigée par Orio Caldiron (éditions Bulzoni, Rome).

• **Facoltà di Magistero.**
Histoire et critique du film (Edoardo Bruno).

Durée des études : 1 an, 3 pour une spécialisation.
Effectif par promotion : 80 étudiants par an.
Le cours — principalement esthético-théorique — est consacré aux problèmes de l'écriture cinématographique (le réalisme, le cinéma poétique) comme ils se présentent dans l'histoire du cinéma et à l'analyse d'œuvres de Griffith, Poudovkine, Renoir, Vigo, Hitchcock, Rossellini, Pasolini et autres grands auteurs. Des séminaires approfondissent des thèmes spécifiques (le film comme expérience, l'esthétique de Galvano Della Volpe, etc.).
Publications : les écrits des jeunes diplômés sont publiés dans le revue mensuelle *Filmcritica* dirigée par Edoardo Bruno (éditions del Grifo, Montepulciano). Les collections *Quaderni di Filmcritica* et *Estetica/Strumenti* également dirigées par Edoardo Bruno et publiées par les éditions Bulzoni, Rome.

• **Facoltà di Magistero, Dipartimento di Scienze dell'educazione.**
Via Castro Pretorio, 20, 00185 Roma.
Tél. : 06.49.57.805.
Responsable : Benedetto Vertecchi.
Diplôme préparé : *Laurea* en Disciplines littéraires, Pédagogie, Langues et Littératures étrangères, Sociologie et Psychologie.

Théorie et techniques des communications de masse (Gianpiero Gamaleri)

Durée des études : 1 an, 2 pour une spécialisation.
Effectif par promotion : 600 étudiants par an.
Contenu des études :
Le cours prévoit une partie théorique sur les problèmes de la communication, particulièrement aux États-Unis (Mc Luhan, Innis, Ongin). Puis il se spécialise et évoque la situation en Italie et en Europe, l'analyse expérimentale d'extraits de programmes. Les séminaires sont consacrés aux aspects et aux genres télévisuels, aux nouvelles technologies de communication, au paysage multimédiatique de la communication par l'image.
Publications : collection *Teoria della comunicazione e didattica dell'immagine* (Théorie de la communication et didactique de l'image), Rome, Armando, *Manuali della comunicazione* (Manuels de communication), Rome, Sovera, *Mass Média* (Lecce, Capone) dirigées par Gianpiero Gamaleri.

● **Dipartimento di sociologia.**
Via Salaria, 113, 00198 Roma.
Tél. : 06.86.48.05., 86.74.97.
Responsable : Giuseppe Barbero.

Sociologie de la communication (Mario Morcellini)

Durée des études : 1 an, 2 pour une spécialisation.
Effectif par promotion : 300 étudiants par an.
Contenu des études :
Le cours analyse le système de la télévision en tant que produit de consommation culturel en Italie et le processus d'intégration et d'interdépendance entre les différents médias et les secteurs de l'industrie culturelle et du spectacle (l'édition, la télévision, le cinéma, la musique, le théâtre, etc.), les processus de croissance, de spécialisation des besoins d'information, de culture et d'imaginaire dans la société post-industrielle. Les séminaires ont pour thème : les genres télévisuels, la publicité, les nouvelles technologies de l'information.

● **Dipartimento Studi americani.**
Piazza della Republica, 10, 00185 Rome.
Tél. : 06.46.33.29, 48.66.40.
Responsable : Bianca Maria Tedeschini Lalli.

Théorie et techniques des communications de masse (Ivano Cipriani)

Durée des études : 1 an, 2 pour une spécialisation.
Effectif par promotion : 70 étudiants par an.
Contenu des études :
L'introduction traite les théories de base de la communication de masse et met l'accent sur la télévision, les rapports entre les médias, les nouvelles technologies. Le cours est consacré à l'étude du système télévisuel, surtout en Italie. Des projections vidéo et des rencontres avec les auteurs sont organisées ainsi que des séminaires sur des films vidéo tournés en Amérique du Nord, du Centre et du Sud.
Recherche : *L'image de l'Amérique latine à travers les médias européens* (Min.).
Publications : collection *Comunicazioni di massa* dirigée par Ivano Cipriani (éditions Bulzoni, Rome).

SASSARI

UNIVERSITÀ DEGLI STUDI DI SASSARI.

Facoltà di Magistero, Istituto di Geografia.
Piazza Università, 21, 07100 Sassari.
Tél. : 079.27.04.29.
Diplôme préparé : *Laurea* en Pédagogie, Lettres, Langues et Littératures étrangères.

Méthodologie et didactique de l'audiovisuel (Nazareno Taddei)

Durée des études : 1 an, 3 pour une spécialisation.
Effectif : 100 étudiants par an.
Contenu des études :
Étude sémiologique de la communication audiovisuelle et étude des diverses techniques, en rapport avec leur utilisation didactique.
Recherche : *Didactique de l'imaginaire* (Min.).
Publications : *Edav-Educazione Audiovisiva*, mensuel du Centro Internazionale dello Spettacolo e della Comunicazione Sociale dirigé par N. Taddei.

SIENA (SIENNE)

UNIVERSITÀ DEGLI STUDI DI SIENA.

Dipartimento di archeologia e storia delle arti.
Via Roma, 47, 53100 Siena.
Tél. : 0577.29.85.22.
Directeur : Arturo Palma di Cesnola.
Diplôme préparé : *Laurea* en Lettres modernes (option musique et spectacle).

Histoire et critique du cinéma (Lino Micciché)

Durée des études : 1 an, 3 pour une spécialisation.
Effectif : 40 étudiants par an.
Contenu des études :
Le cours, après une introduction générale, est consacré à l'étude historique et critique d'un auteur ou d'une période (*Le premier Visconti, Antonioni dans les années cinquante, Le néoréalisme,* etc.). Séminaires sur l'histoire générale du cinéma et cycles de projection et de vidéoprojections.
Recherches : *Les nouvelles technologies pour la didactique et la recherche dans les disciplines du spectacle* (Min., et d'autres universités).
Publications : *La scena e lo schermo (La scène et l'écran),* revue semestrielle dirigée par L.Micciché. Collection *Cinema,* dirigée par L.Micciché et Giorgio Tinazzi (Éd. Marsilio, Venise). Collection *Nuovocinema/Pesaro. Quaderni della Mostra Internazionale del Nuovo Cinema* (Cahiers du Festival International du Nouveau Cinéma) dirigée par Lino Micciché (Éd. Marsilio, Venise).
Remarques particulières :
Le Centre d'études sur le cinéma et sur les communications de masse (Siena), dont Lino Micciché est président, organise depuis 1976, en collaboration avec les organismes locaux, des cours sur le cinéma pour les écoles secondaires.

TORINO (TURIN)

UNIVERSITÀ DEGLI STUDI DI TORINO.

• Facoltà di Lettere e Filosofia, Dipartimento di Discipline artistiche musicali dello spettacolo.
Via S.Ottavio 20, 10124 Turin.
Tél. : 011.87.34.21, 81.23.612, 83.19.96, 81.23.633.
Directeur : Roberto Alonge.
Diplôme préparé : *Laurea* en Lettres modernes (option artistique).

Histoire et critique du cinéma (Gianni Rondolino)
Durée des études : 1 an, 3 pour une spécialisation.
Effectif : 300 étudiants par an.
Contenu des études :
Le cours est en général consacré à un auteur (Visconti, Rossellini, Riefenstahl, etc.), approfondi — parfois pendant plus d'une année — à travers l'analyse textuelle de films particulièrement significatifs et de manière interdisciplinaire. Le cours est précédé par une introduction générale sur le langage cinématographique. Des cycles de projection sur l'histoire du cinéma sont organisés en collaboration avec le Musée national du cinéma de Turin. Cycles de projections vidéo. Séminaires de méthodologie de la recherche.
Recherches : *Le cinéma de Leni Riefenstahl* (Min.).
Publications : collection *Cinema e Scuola*, dirigée par G. Rondolino (Loescher Ed., Turin).
Gianni Rondolino est président du Festival International *Cinema Giovani*, une des manifestations cinématographiques les plus suivies depuis 1983.

Histoire et critique du cinéma (Paolo Betetto)
Durée des études : 1 an, 3 ans pour une spécialisation.
Effectif : 200 étudiants par an.
Contenu des études :
Le cours est consacré à des auteurs ou des thèmes précis, le cinéma d'avant-garde des années vingt, le cinéma allemand de *Caligari* à *Métropolis*, le cinéma de Godard de 54 à 65, les rapports entre cinéma et pensée, etc. On analyse en outre les structures formelles et les processus linguistiques des œuvres les plus importantes. Ce cours est précédé d'une introduction au langage cinématographique et d'un panorama de l'histoire du cinéma. Outre des séminaires spécifiques, des exercices techniques donnent des notions élémentaires pour le maniement d'une caméra de télévision, sur le montage électronique et la vidéo.
Recherches : *Problèmes de la narrativité cinématographique* (Min. et d'autres universités) ; *Le cinéma et la pensée* (Min.).

• Facoltà di Magistero.

Histoire et critique du cinéma (Liborio Termine)
Durée des études : 1 an, 3 ans pour une spécialisation.
Effectif : 300 étudiants par an.
Contenu des études :
Le cours approfondit une question (*Le cinéma vu par le cinéma,* etc.) ou un auteur (Antonioni, Pasolini, Hitchcock, etc.) par l'analyse des films les plus significatifs et de leur place dans l'histoire du cinéma. Outre les projections cinéma et vidéo, des séminaires sont consacrés à des thèmes de recherche comme les rapports cinéma/publicité, sémiologie et problèmes de l'analyse textuelle, etc.
Recherches : *Problèmes de la narrativité cinématographique* (Min.).

• Facoltà di Magistero, Istituto di Pedagogia.
Via Maria Vittoria, 10, 10124 Torino.
Tél. : 011.30.96.652, 54.59.19.
Directeur : Ferruccio Deva.
Diplômes préparés : *Laurea* en Lettres, Pédagogie, Langues et Littératures étrangères.

Méthodologie et didactique de l'audiovisuel (Piero Simondo)
Durée des études : 1 an, 2 pour une spécialisation.
Effectif : 200 étudiants par an.
Contenu des études :
Après une introduction sur les problèmes de l'audiovisuel et les nouvelles techniques de l'image, des groupes de travail envisagent l'étude et la production des images (de la recherche de documentation à l'usage de l'informatique et à la réalisation en vidéo avec les écoles, etc.).
Recherches sur les usages technologiques de l'ordinateur (Min.) réunies en partie dans *Il computer nelle interazioni uomo-macchina* (L'ordinateur et les interactions homme-machine), Angeli, Milan, 1988 et *Il colore dei colori* (La couleur des couleurs), La Nuova Italia, Firenze, 1990.

TRIESTE

UNIVERSITÀ DEGLI STUDI DI TRIESTE.

Facoltà di Lettere e Filosofia, Dipartimento di Italianistica e Discipline dello spettacolo.
Via Economo, 4, 34123 Trieste.
Tél. : 040.30.22.60.
Responsable : Elvio Guagnini.
Diplôme préparé : *Laurea* en Lettres (option spectacle).

Histoire du cinéma (Alberto Farassino)

Durée des études : 1 an, 3 pour une spécialisation.
Effectif : 250 étudiants par an.
Contenu des études :
Des cours consacrés à de grands auteurs (Welles, Hitchcock, Buñuel, Murnau, etc.) alternent avec des cours d'approfondissement théorique et analytique (*L'image-mouvement de G. Deleuze, Le cinéma dans un film : Senso de Visconti*, etc.).
Recherches : surtout sur commandes d'organismes publics avec la collaboration d'un groupe de jeunes diplômés impliqués dans l'organisation et la rédaction de textes pour des catalogues et des monographies. Une expérience sur l'histoire du cinéma en vidéodisque vient d'être engagée.

UDINE

UNIVERSITÀ DEGLI STUDI DI UDINE.

Facoltà di Lettere e Filosofia, Istituto di Storia.
Via Antonini, 8, 33100 Udine.
Tél. : 0432.29.70.63, 29.59.87.
Directeur : Amelio Tagliaferri.
Diplôme préparé : *Laurea* de Protection du patrimoine *(Beni Culturali)* option Moderne.

Histoire du cinéma (Gualtiero de Santi)

Durée des études : 1 an.
Effectif : 100 étudiants par an.
Contenu des études :
Après une introduction sur l'histoire du cinéma et les problèmes du langage du film, le cours est consacré à l'étude d'un auteur (Pasolini, etc.), à travers l'analyse de ses œuvres les plus significatives.

URBINO

UNIVERSITÀ DEGLI STUDI DI URBINO.

Facoltà di Magistero, Istituto di Scienze dello Spettacolo e sociologia della comunicazione.
Via Saffi, 15, 61029 Urbino.
Tél. : 0722.2650.
Directeur : Enrico Mascilli Migliorini.
Diplômes préparés : *Laurea* en Sociologie, Pédagogie, Lettres, Langues et Littératures étrangères.

Sociologie de la communication (Enrico Mascilli Migliorini)

Durée des études : 1 an, 2 pour une spécialisation.
Effectif : 800 étudiants par an.
Contenu des études :
Une introduction théorique porte sur la communication comme interaction sociale et comme expression de la connaissance. Le cours est consacré au panorama des communications de masse, des formes traditionnelles aux particularités de la communication instantanée (téléphone, radio, télévision) et des communications en temps réel liées à l'informatique.
Publication : *Sociologie de la communication*, revue trimestrielle dirigée par E M Migliorini (Franco Angeli Ed., Milan).

Histoire et critique du cinéma (Bernardo Valli)

Durée des études : 1 an, 2 pour une spécialisation.
Effectif : 400 étudiants par an.
Contenu des études :
Étude approfondie d'un auteur contemporain à travers l'analyse textuelle de ses films les plus importants. Séminaires sur la théorie cinématographique et sur les méthodes d'analyse.

Théorie et technique des communications de masse (Carlo Sartori)

Durée des études : 1 an, 2 pour une spécialisation.
Effectif : 400 étudiants par an.
Contenu des études :
Étude de l'évolution des systèmes des médias. Analyse des principales télévision du monde, leurs structures, leurs productions, et leurs rapports avec leurs publics.

VENEZIA (VENISE)

UNIVERSITÀ DEGLI STUDI DI VENEZIA.

Facoltà di Lettere e Filosofia, Dipartimento di Storia e Critica delle arti.
Dorsoduro 3199, 30100 Venezia.
Tél. : 041.52.05.317.
Directeur : Vincenzo Fontana.
Diplôme préparé : *Laurea* en Lettres et philosophie.
Le cours d'histoire du cinéma, issu du cours d'histoire de la musique (Giovani Morelli), organise des séminaires sur les auteurs (Antonioni, Pasolini, Eisenstein, Tarkovski, etc.) ou des thèmes comme *Les rapports cinéma-musique*.

Orio CALDIRON
Traduction : René Marx et Jocelyne Séphord

Photo prise lors d'un stage au Centre national de l'audiovisuel

VIII. AU LUXEMBOURG

L'enseignement supérieur au Luxembourg

Nombre d'habitants : 378 000.
Nombre d'étudiants : 3 093 Luxembourgeois dont 587 étudient au Luxembourg, 585 en RFA, 733 en Belgique, 780 en France, 220 en Autriche, 111 en Suisse, 28 au Royaume-Uni, 21 en Italie (in *Le Guide de l'étudiant*, 1989-90).
Langues d'enseignement : allemand et français.
Autorité de tutelle : ministère de l'Éducation nationale.

Durée	CENTRE UNIVERSITAIRE LUXEMBOURGEOIS (en lettres, sciences, médecine, pharmacie.)	CENTRE UNIVERSITAIRE LUXEMBOURGEOIS (informatique, gestion, commerce)	INSTITUT SUPÉRIEUR DE TECHNOLOGIE	INSTITUT SUPÉRIEUR D'ÉTUDES ET DE RECHERCHES PÉDAGOGIQUES
	Poursuite des études à l'étranger			*Certificat de spécialisation*
				Certificat de perfectionnement
1 an			*Ingénieur technicien*	
1 an		*Cycle court*		*Certificat d'études pédagogiques*
1 an	*Certificat*			
Age	Accès à l'enseignement supérieur			
19 ans	*Diplôme de fin d'études secondaires*			

L'enseignement supérieur au Luxembourg est peu développé et réduit pour beaucoup de disciplines à une seule année. La tradition veut que les jeunes de ce pays aillent étudier dans les universités des pays voisins. Loin de la quiétude provinciale de la ville de Luxembourg, ils se frottent à la vie des grandes cités et à un autre système d'enseignement. Bien avant les programmes ERASMUS, ils étaient les pionniers de la mobilité étudiante en Europe. Le fait que la majorité des cadres luxembourgeois aient été formés à l'étranger explique peut-être pourquoi le Luxembourg joue dans la Communauté européenne un rôle sans rapport avec son petit nombre d'habitants. Les étudiants étrangers, quant à eux, peuvent être intéressés par des formations courtes et payantes, de niveau deuxième ou troisième cycle, dispensées dans le cadre de l'Institut universitaire international et de l'Institut européen pour la gestion de l'information.

par Jean-Claude Schlim et Nico Simon

Étudier à l'étranger, une nécessité et un enrichissement

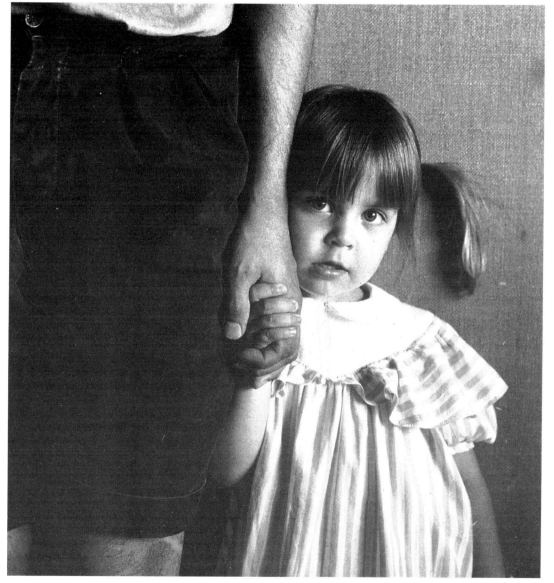

Photo prise lors d'un stage au CNA

En dépit d'une grande activité audiovisuelle, en particulier dans le domaine de la radio et de la télévision, il n'existe pas au Luxembourg de formation supérieure à l'audiovisuel. Jean-Claude Schlim, producteur exécutif, et Nico Simon, responsable pour les problèmes d'enseignement au Centre national de l'audiovisuel, évoquent les possibilités qui s'offrent aux étudiants attirés par cette voie.

Depuis de longues années, le Luxembourg connaît un développement certain en tant que site audiovisuel européen et c'est surtout dans les débats concernant le secteur de la télévision que ce petit pays a marqué sa présence. Défenseur résolu de ce qu'on appelle communément la télévision sans frontières, le Grand-Duché a pris des initiatives pour accéder à de nouveaux moyens de diffusion par satellite et pour instituer un régime fiscal avantageux pour l'investissement dans la production audiovisuelle.

Bien que le Luxembourg ne se limite plus à développer uniquement son activité de diffusion, et même s'il attache la nécessaire importance à l'activité complémentaire et vraiment indispensable de la production de programmes, il n'existe à ce jour aucun enseignement post-secondaire dans le domaine de l'audiovisuel.

La CLT (Compagnie luxembourgeoise de télédiffusion), société-mère de RTL radio et télévision, RTL-Production ainsi que CERISE, un nouveau centre de recherche d'images de synthèse, font depuis toujours appel à la complicité technique de l'étranger ou pratiquent une formation interne de leurs employés.

Quant à la production cinématographique indépendante, elle s'est créée grâce à quelques cinéastes autodidactes ou à des jeunes gens sortant des écoles de cinéma étrangères. Cette *fuite* des étudiants vers des écoles à l'étranger est considérée au Luxembourg plutôt comme un enrichissement et elle n'est pas propre au milieu de l'audiovisuel. En effet, le Grand-Duché ne dispose pratiquement pas d'enseignement universitaire à proprement parler et forme depuis toujours ses cadres supérieurs à l'étranger.

Une véritable formation aux métiers de l'audiovisuel, organisée de façon structurée dans le cadre de l'enseignement, n'existe pas. Elle pourrait toutefois être envisagée à l'occasion d'une réforme imminente de l'enseignement secondaire.

Des stages et des formations courtes

Il y a néanmoins plusieurs possibilités de stages ou de formations courtes dans le domaine de l'audiovisuel. Ainsi, le Centre national de l'audiovisuel (CNA), instance créée en 1988 par le ministère des Affaires culturelles, s'apprête à assurer un début de formation à tous ceux qui sont à la recherche d'emplois culturels et audiovisuels dont l'offre ne cesse de croître. Depuis l'été 1988, le CNA accueille des experts venus des quatre coins d'Europe afin d'offrir un programme de stages aussi varié que possible allant de la photographie à la bande dessinée en passant par la radio, la vidéo et le cinéma. Ces stages, pratiques aussi bien que théoriques, ont connu un succès tel qu'on a été obligé de doubler les effectifs pour l'année 1989.

A ce début encourageant, mais peu structuré, s'ajoute depuis peu une formation continue dans l'audiovisuel, organisée conjointement par les ministères de l'Éducation nationale, du Travail et des Affaires culturelles. Cette formation, d'une durée de trois mois, s'adresse dans un premier temps aux animateurs culturels et aux professionnels du site audiovisuel luxembourgeois, mais va certainement connaître des adaptations au cours des années à venir.

Pour ceux qui désirent acquérir une première approche plus pratique, il y a bien entendu la possibilité de suivre un stage d'observation dans l'une des sociétés de production implantées au Luxembourg.

Le Luxembourg, un tout petit pays, mais un site audiovisuel en pleine expansion, d'autant plus qu'il est fortifié par la collaboration fructueuse, d'une place financière des plus actives... Un marché à ne pas négliger, de nouveaux emplois à venir et des perspectives encourageantes pour la *formation à l'audiovisuel.*

Stage au CNA

Les pédagogues ne devraient donc pas trop désespérer en ce qui concerne une *éducation à l'audiovisuel*. Il faut malheureusement regretter que les ministres de l'Éducation successifs aient jusqu'à présent obstinément refusé de l'intégrer aux programmes de l'enseignement général. Des cours facultatifs — en dehors des heures régulières — sont toutefois tolérés. Ainsi, un cours d'introduction au langage cinématographique est proposé aux élèves de terminale à l'Athénée de Luxembourg. Une première initiative qui s'annonce comme un succès certain, mais qui risque de rester sans suite durable puisqu'il y a malentendu fondamental entre, d'une part ceux qui, depuis des années, insistent sur la nécessité absolue d'une éducation aux médias, et d'autre part les responsables du ministère qui entendent par ce terme une simple formation aux technologies nouvelles.

Cependant, depuis le succès certain de la loi sur les certificats audiovisuels (loi d'abri fiscal incitant Luxembourgeois et étrangers à investir dans la production audiovisuelle au Luxembourg), des réflexions sur une formation professionnelle spécifique sont entreprises de façon plus sérieuse. Si le grand Duché réussit à devenir un véritable site audiovisuel, comme certains l'espèrent, la formation y trouvera nécessairement sa place.

Jean-Claude SCHLIM et Nico SIMON

Le paysage audiovisuel au Luxembourg

Les films

| 1989 | 3 LM |
| 1990 | 1 LM |

Les télévisions

Les chaînes publiques (RTL Lorraine, RTL TV1, RTL Véronique Pays-Bas, RTL Plus Allemagne).

La radio

RTL.

Adresses utiles :
Centre national de l'audiovisuel, 5, route de Zoufftgen, L-3598 Dudelange.
Tél. : (352) 52.24.24.1.

RTL Productions, 177, route de Luxembourg, L-8077 Luxembourg/Bertrange.
Tél. : (352) 45.05.45.1.

N.S.

A Strange Love Affair, de Eric de Kuyper

IX. AUX PAYS-BAS

Aux Pays-Bas, les universités, tant publiques que privées, sont subventionnées par l'État : après un XIXᵉ siècle agité par la guerre scolaire entre protestants et catholiques, la paix fut signée en 1917, instaurant l'égalité de financement entre le primaire public et le privé. Aujourd'hui, cette égalité vaut pour tous les niveaux d'enseignement, comme l'explique Marie Verdier dans *Étudier en Europe* (op. cité). Très centralisé à l'origine, le système évolue vers une autonomie des établissements.

Pendant longtemps le gouvernement néerlandais a été parmi les premiers au monde à investir dans l'enseignement supérieur et la recherche. Cependant en 1984-85, les crédits des universités ont subi des restrictions, entraînant des regroupements ou la disparition de certains enseignements. On s'attendait, du fait de la baisse démographique, à une diminution des effectifs, mais en réalité, de plus en plus de jeunes veulent poursuivre des études supérieures.

L'entrée dans l'enseignement supérieur n'est pas sélective, sauf dans les filières à *numerus clausus,* par exemple le théâtre ou le design. La plupart des étudiants sont boursiers pendant quatre ans, jusqu'au *Doctoraal Examen,* mais un dépassement de deux ans est accepté.

Les Pays-Bas sont très ouverts sur le plan international. Une vingtaine d'instituts supérieurs néerlandais proposent des cours en anglais, parfois même en espagnol ou en français. Au départ, ces cours étaient destinés principalement aux étudiants du tiers monde, mais leur public s'est élargi au fil des années.

L'enseignement supérieur est divisé en deux branches : l'enseignement universitaire (WO), qui a une orientation plus théorique et scientifique, et l'enseignement professionnel supérieur (HBO), plus axé sur la pratique et la préparation à la vie professionnelle.

M.M.

© Archief Nederlands Filmmuseum

De Tijdgeest, de Johan van der Keuken

L'enseignement supérieur aux Pays-Bas

Nombre d'habitants : 14,64 millions.
Nombre d'étudiants : 330 412 (chiffres 87-88) dont 2 891 originaires d'autres pays de la CEE.
Langue d'enseignement : le néerlandais. Quelques programmes sont dispensés en anglais.
Autorité de tutelle : ministère de l'Éducation et des sciences.

Durée	Cycle	Enseignement universitaire WO WETENSCHAPPELIJK ONDERWIJS 14 UNIVERSITEIT (Universités) : 10 d'État, 1 confessionnelle, 1 municipale	Enseignement professionnel supérieur HBO BEROEPSONDERWIJS 90 HOGESCHOLEN dont beaux-arts	Durée
Entre 1 et 4 ans	*Post-doctoraal programma's*	**Doctor (DR)** *Doctoraat* Sélection par une commission d'admission.		
3 ans (5 ans au plus)	*Doctoraal programma's*	**Doctorandus (DRS)** ou **Master (M.)** *Doctoraal examen*	Poursuite d'études possible.	
			Ingénieur (Ing) **Baccalaureus** (Ba) ou **Bachelor** (B)	2 ans
1 an		*Propaedeutische examen* Phase d'initiation, d'orientation, de sélection.		
Age 18 ans		Accès à l'enseignement supérieur. Pas de sélection, sauf dans les filières à *numerus fixus*. *Eindexamen*, examen final (5 ou 6 matières), à l'issue du VWO (*Voorbereind wetens chappelijk onderwijs* : Enseignement pré-universitaire).	*Propaedeutische examen* Phase d'initiation, d'orientation et de sélection.	1 an
			Accès à l'enseignement supérieur Pas de sélection, sauf dans quelques filières à *numerus fixus*. Examen final (6 matières), à l'issue du *havo (hogeralgemeen voort gezet onderwijs)* (enseignement secondaire général supérieur).	Age 17 ans

M.M. et L.H.

Dix-huit possibilités

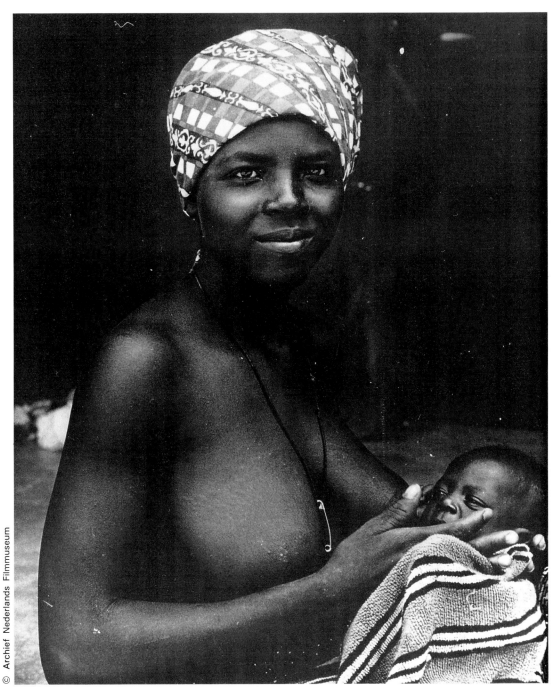

Dagboek, de Johan van der Keuken

Le cadre des études

Léonard Henny, directeur du **Center for International Media Research** *à Utrecht, brosse un tableau d'ensemble de la vie étudiante, sans minimiser les difficultés qu'il faut affronter si on ne parle pas le néerlandais.*

Comme un chaton dans la forêt vierge

« *Il faut se retrouver bloqué en Hollande pour apprécier combien le pays est agréable.* » Leigh Grodi, étudiante américaine de l'université d'État de San Francisco, avait demandé à suivre les cours d'une école de cinéma en Grande-Bretagne. Au printemps 1988, comme il ne restait plus de place disponible dans les établissements britanniques, Leigh, pour une raison administrative quelconque, s'est retrouvée inscrite à l'Académie du cinéma d'Amsterdam. Telle devait être la volonté des dieux... « *Ce changement ne me réjouissait pas vraiment mais je me suis dit : Essayons, on verra bien. Pourquoi Amsterdam vaudrait-il moins le coup que Londres ? Première découverte : les Hollandais parlent une langue impossible. Au début, je me suis demandée comment on avait bien pu m'envoyer dans un pays, alors que je ne comprenais pas un traître mot de sa langue. J'avais l'impression d'être un chaton au milieu de la forêt vierge ! Mais, bientôt, j'ai été rassurée car je me suis aperçue que presque tous les Néerlandais parlent l'anglais. Je pouvais au moins communiquer. En revanche, pas question de suivre les cours ni de travailler en équipe avec les étudiants hollandais sans connaître leur langue.* »

Leigh a donc décidé d'investir dans l'apprentissage du néerlandais et de vivre à la hollandaise. Elle s'est acheté une bicyclette (qui lui a été volée rapidement), a loué un logement dans la résidence pour étudiants d'Amstelveen, s'est mise au hollandais, a payé 2 450 florins (environ 7 500 F) de droits d'inscription en tant qu'« auditeur ». Et bientôt elle est devenue l'une des étudiantes les plus actives de l'académie.

Que pense-t-elle, rétrospectivement, de cette expérience ? « *Ce qui m'a frappée, tout d'abord, c'est que les Néerlandais sont très discrets. Ils ne parlent pas de leurs réussites. Quand on vient d'Amérique, on étale ses succès, parce qu'aux États-Unis le succès engendre le succès. J'entamais la conversion en racontant aux gens que j'avais réalisé un film à Hollywood. En Amérique on se serait exclamé : « Oh ! comme c'est intéressant ! » Ici, on me regardait interloqué, avec un air qui semblait vouloir dire : pourquoi cette fille veut-elle m'impressionner ?*

Plus tard, quand j'ai appris à connaître les gens, ils m'ont conseillé de me modérer au niveau de l'auto-publicité. A Amsterdam, on emploie un mot : « kapsones » ce qui signifie : « N'aies pas la grosse tête. Du calme, sois toi-même. »

Grâce à son expérience acquise à Hollywood, Leigh a eu bientôt de l'avance sur ses camarades de promotion. A sa grande surprise, cet avantage ne suscitait aucune jalousie. On lui demandait sans cesse d'assumer la fonction de réalisateur, chose fort importante à l'Académie néerlandaise du cinéma car seuls les réalisateurs peuvent tourner leur « propre » film d'école en quatrième année.

Au bout du compte, Leigh s'est trouvée heureuse d'« *avoir été perdue à Amsterdam* ». Elle a pu s'inscrire à l'université pour suivre des cours d'histoire du cinéma et de communication avant de rentrer chez elle avec un sac rempli de films et de cassettes qu'elle avait tournés au cours de ce séjour de deux ans et demi aux Pays-Bas.

L'un des principaux obstacles rencontrés par les étudiants étrangers est donc celui de la langue. Sur ce point, le témoignage de Leigh rejoint celui de bien d'autres.

Aujourd'hui, une bonne connaissance du néerlandais est obligatoire pour suivre les cours de presque tous les établissements d'enseignement. En effet, quasiment toutes les formations en audiovisuel se font actuellement dans la langue du pays, à deux exceptions près toutefois : le Centre de la radio d'Hilversum et le cursus, plus théorique, en relations et communications internationales de l'Institut d'études sociales de La Haye.

Le ministre de l'Éducation a été jusqu'à proposer récemment que tous les cours dans l'enseignement supérieur soient donnés en anglais à partir de 1993. Cette suggestion est très loin d'avoir fait l'unanimité et il est peu probable de voir le hollandais banni dans un futur proche. Tôt ou tard, notre langue risque néanmoins de cohabiter avec d'autres à l'Université. Certains établissements offrent déjà des formations à vocation internationale avec des cours en anglais, en français ou en allemand. La difficulté du néerlandais n'est pas le problème le plus préoccupant, car de nombreux Hollandais parlent l'anglais et l'allemand ainsi que le français et l'espagnol parfois. C'est le manque de logement qui est, dans une certaine mesure, l'écueil le plus important.

Le coût de la vie — surtout dans les villes — est l'un des plus prohibitifs d'Europe. La nourriture et le logement sont particulièrement onéreux. Mais l'inconvénient le plus gênant reste peut-être les conditions météorologiques. Le climat des Pays-Bas risque de n'être apprécié que par les gens originaires de pays situés plus au nord. A tous les autres, il paraît très maussade.

Le niveau requis pour accéder à l'enseignement supérieur est relativement élevé en Hollande. Il faut justifier de onze ans d'études primaires et secondaires. La plupart des étudiants entrent à l'Université à dix-sept ou dix-huit ans. Fait important pour les étrangers : leur cursus antérieur n'est pas automatiquement reconnu. Selon les règlements en vigueur, on distingue deux types d'étudiants étrangers :

— Ceux qui restent inscrits à l'université de leur pays et continuent d'en dépendre tout en suivant des cours dans un établissement hollandais. Ils sont considérés comme effectuant simplement un séjour à l'étranger pendant un certain temps et ils obtiennent leurs certificats d'UV et leurs diplômes dans leur université d'origine.

— Ceux qui s'inscrivent véritablement dans une école ou une université hollandaise. Il leur faut pour cela une autorisation attestant qu'ils ont le niveau du *VWO,* obtenu par les Néerlandais au bout d'un minimum de onze ans de scolarité. Le NUFFIC à La Haye fournit toute information relative aux équivalences de diplômes et aux conditions d'admission.

Il est d'ores et déjà possible, dans certains cas, de suivre un cursus personnalisé en n'assistant qu'à des cours en anglais ou en allemand. On peut cependant prendre des cours de hollandais un peu partout dans le pays, mais il faut compter deux ou trois mois d'apprentissage pour être à même de comprendre un enseignement donné en néerlandais.

Se former à l'audiovisuel

L'enseignement de l'audiovisuel est apparu de manière relativement récente aux Pays-Bas. A la fin des années 50, seuls deux établissements s'intéressaient à ce domaine. L'Académie du cinéma et de la télévision d'Amsterdam, la plus ancienne des écoles de cinéma, date de cette époque. De même pour l'Institut Santbergen d'Hilversum qui assure principalement des formations de perfectionnement pour le personnel de la radio et de la télévision. Quelques universités ont commencé à introduire des cours théoriques de communication audiovisuelle à la fin des années 70 et durant la décennie suivante, certaines y ont ajouté une dimension pratique. Actuellement, la situation de l'enseignement de l'audiovisuel est plutôt diversifiée et quelques établissements soutiennent sans problème la comparaison avec leurs homologues étrangers.

L'Académie du cinéma et de la télévision est la seule institution officiellement reconnue qui fournisse une formation complète dans ces deux secteurs. Elle prépare à tous les aspects de la réalisation. La sélection pour l'admission est stricte : sur les cinq cents candidatures déposées chaque année, on ne compte que soixante-quinze élus. Actuellement, le nombre des étrangers est limité à cinq et il ne semble pas être appelé à augmenter prochainement.

En dehors de cet établissement, on peut étudier l'audiovisuel à des niveaux qui diffèrent selon les institutions. On peut ainsi se spécialiser en communication audiovisuelle dans l'une des écoles de journalisme, ou dans cinq universités. De telles études supposent que l'on suive également des cours dans

De Finales, de Joran Lürsen, étudiant à l'Académie du cinéma

d'autres disciplines. En faculté, une formation initiale de deux ans dans un département de Lettres, de Sciences politiques ou de Sociologie/Anthropologie est obligatoire pour pouvoir accéder à une spécialisation en communication.

A l'avenir, il est envisagé que les étudiants étrangers puissent entrer directement dans ces cursus spécialisés, s'ils peuvent justifier d'une formation préparatoire équivalente de deux ans.

L'éventail des formations en audiovisuel proposé aux ressortissants européens est donc large, mais les intéressés ne doivent pas méconnaître les difficultés qu'un étudiant peut rencontrer en Hollande.

D'un établissement à l'autre, les frais varient peu dans l'enseignement public. Le coût de base d'une inscription s'élève à 1 600 florins par an (environ 4 800 F). Les frais de matériel diffèrent selon les institutions mais, en gros, un étudiant en cinéma (qui coûte au gouvernement six fois plus qu'un

étudiant en lettres) paie les mêmes droits qu'un autre étudiant. L'Académie du cinéma demande un supplément pour l'achat de matériel d'un montant de 250 florins par an (750 F). Les étudiants hollandais de moins de trente ans ont la possibilité d'obtenir une bourse de 600 à 900 florins. Son montant est établi en tenant compte des conditions de vie, selon que l'allocataire habite ou non chez ses parents, qu'il a ou non des personnes à sa charge, etc. Les établissements privés récemment créés sont bien plus chers. Videcom fait payer 12 500 florins (37 500 F) pour une formation de six mois. Sur une base mensuelle, cela représente seize fois les frais de scolarité à l'Académie du cinéma. Dans le cadre de la reconversion professionnelle, les demandeurs d'emploi peuvent néanmoins se voir attribuer un prêt du gouvernement pour suivre cet enseignement.

Léonard HENNY
Traduction : Jacques Lévy

L'Académie nationale du cinéma et de la télévision (Nederlandse Film en Televisie Akademie)

Depuis sa création en 1958, cette institution a connu diverses phases d'évolution au cours desquelles elle a cherché son âme. Sous le mandat de son premier directeur, le célèbre sémiologue du cinéma Jean-Marie Peters, l'accent était mis avant tout sur la théorie, au détriment de la formation pratique. Résultat : les professionnels du cinéma trouvaient que les anciens étudiants s'exprimaient certes bien, tant à l'écrit qu'à l'oral, mais ils déploraient leur manque de connaissances sur la façon dont on fait un film ! Il n'en demeure pas moins que quelques-uns des cinéastes les plus réputés des Pays-Bas tels que Frans Weiss, Wim Verstappen, Renee Daalder et Kees Hin sont issus de cette période pionnière.

Après le départ de Peters, appelé à enseigner à l'université de Louvain, en Belgique, c'est le romancier Anton Koolhaas qui prit le relais. Son ambition était de ranimer la tradition du documentaire néerlandais, illustrée par Joris Ivens, Bert Haanstra et Herman Van der Horst. Mais, à sa grande déception, la plupart des étudiants ne rêvaient que de devenir réalisateurs de fiction et peu d'entre eux eurent le coup de foudre pour le documentaire. D'ailleurs, Koolhaas ayant lui-même écrit des scénarios pour des œuvres de fiction couronnées par le succès, il ne risquait pas de servir d'exemple à de futurs documentaristes. Dans les années 70, le vent de la contestation qui soufflait dans les rues d'Amsterdam toucha l'Académie et les étudiants jouèrent le rôle de catalyseur dans le mouvement Provo. Un étudiant de cette époque, Pim de la Parra, est aujourd'hui encore l'enfant terrible du cinéma hollandais. Il reste un adepte du cinéma minimal (« sans budget ») et critique toujours les milieux de la finance cinématographique néerlandaise même dans ses films.

Avec l'assagissement des années 80, l'Académie du cinéma s'est de plus en plus professionnalisée. Pendant une longue période,

Collection Nederlanse Filmdagen

Wan Pipel, de Pim de la Parra

elle a été dirigée par une troïka, ce qui ne favorisait pas une politique cohérente. Aujourd'hui, après une série de réorganisations, l'institution est intégrée à l'Académie des arts d'Amsterdam. Henk Petiet, son directeur, vient de la télévision et un très large éventail de cours spécialisés est proposé, dont un sur la télévision à haute définition et un autre sur la vidéo interactive.

L'Académie du cinéma occupe une place à part dans l'enseignement de l'audiovisuel. C'est le seul établissement professionnel reconnu par l'État et par le CILECT, qui offre des formations en cinéma et en télévision à temps plein. Le cursus s'étale sur quatre ans. Après une année préparatoire *(propodeuse),* les étudiants choisissent deux spécialités dans les deux axes suivants : conception (scénario/réalisation de fiction ; scénario/réalisation de documentaire ; scénario/réalisation de films commerciaux ; création de produits audiovisuels et interactifs) et technique (prise de vues/lumière ; montage ; son ; production). Au cours du dernier trimestre de la première année, ils tournent trois courts métrages en vidéo dans le genre de leur choix : fiction, documentaire, audiovisuel d'entreprise. Chaque vidéo est réalisée en une semaine. Le choix définitif de la spécialisation se fait sur la base des résultats obtenus les mois précédents, de la qualité des vidéos et des vœux de l'étudiant. La première année se termine par un examen. En deuxième année, il faut se spécialiser doublement : dans le domaine de la conception (scénario/réalisation de fiction) et dans le domaine technique (prise de vues, par exemple, et ce en tenant compte de l'autre spécialisation). A l'issue de la formation, les étudiants ont participé au moins à la réalisation d'un produit d'une durée respectable et effectué un stage professionnel.

Un exemple de spécialisation : le documentaire

L'exemple du documentaire, catégorie dans laquelle les Néerlandais ont acquis une réputation internationale, va me permettre d'illustrer la structure de la filière. Otto Schuurman, personnalité délicieuse qui a signé des documentaires fameux sur les Indiens du Nevada et sur les Polynésiens, fait remarquer que le genre suscite un intérêt croissant aux Pays-Bas. Le festival annuel que lui consacre la ville d'Amsterdam en est une preuve. A l'Académie, la spécialisation dans le domaine du documentaire commence en deuxième année. Les étudiants tournent alors quatre films au moins : deux d'une dizaine de minutes et deux d'une durée plus importante (vingt à quarante minutes) dont l'un doit être un reportage d'actualité ou un por-

trait. Pour le second, la forme comme le sujet sont totalement libres. Chacun de ces travaux est commenté par la classe (dix à quinze personnes) et c'est sur cette base que se décide l'admission en troisième année. D'autres types d'exercices sont également pratiqués : préparation à l'interview, rédaction de commentaire, recherches documentaires préliminaires au tournage, initiation au docudrame. A cette dimension pratique s'ajoute toute une palette de cours : journalisme, analyse filmique (documentaire), histoire du cinéma, techniques de la télévision, sociologie, histoire de l'art, musique et élaboration de plans de tournage. La troisième année débute par la réalisation d'un film personnel, lequel constitue un élément important pour décider si l'étudiant sera choisi pour réaliser l'un des titres comptant pour l'examen. Seuls ceux qui ont fait preuve d'un talent et d'un investissement personnel supérieurs à la moyenne seront autorisés à faire de la mise en scène en quatrième année. Les étudiants terminent la troisième année par un stage dans une entreprise d'audiovisuel. Le film d'école occupe toute la dernière année. Le réalisateur travaille avec une équipe d'étudiants d'autres sections et il est lui-même dirigé par un membre du personnel de l'Académie.

L'établissement est parfaitement équipé en caméras, il est doté d'un studio et de salles de montage pour les différents supports et formats actuellement en vigueur. On peut ainsi tourner et projeter en vidéo professionnelle ainsi qu'en Super 8, 16 ou 35 mm. Onze bancs de montage vidéo sont disponibles (y compris en broadcast) ainsi que huit tables 16 mm, deux auditoriums et cinq studios de tournage (deux de 110 m² et trois de 45 m²). A cela il faut ajouter des chambres noires et du matériel pour monter des diaporamas.

L'école faisant partie de l'Académie des arts d'Amsterdam, les étudiants peuvent bénéficier des cours de musique, de dessin, etc., dispensés dans d'autres écoles d'art. Ils peuvent aussi suivre des cours en sciences politiques et en lettres à l'université. L'Académie du cinéma est membre du CILECT et du GEECT. En ce moment, dix étudiants de la CEE y sont inscrits.

Léonard HENNY
Traduction : Jacques Lévy

Collection Nederlandse Filmdagen

Wings of fame, de Otakar Votocek

Écoles d'art, centres spécialisés et écoles de journalisme

Les académies d'art

L'Académie Rietveld Gerrit (Rietveld Aka-démie) fait également partie de l'Académie des arts d'Amsterdam. Cet établissement propose un enseignement hautement individualisé en arts et en dessin. Après un an d'études générales dans tous les domaines artistiques, les étudiants peuvent se spécialiser en com-munication audiovisuelle. Rietveld ne forme pas d'opérateurs de prise de vues ni de réali-sateurs. Mais si l'on souhaite travailler dans le cinéma, il est possible, en principe, de pas-ser quatre ans à étudier divers aspects artis-tiques du métier : conception des décors,

peinture, animation, infographie, vidéo, Super 8, mise en scène, etc. Ici, pas de cours. Chaque étudiant travaille individuellement sur un portfolio de travaux sous la direction d'un enseignant qui le suit de manière régulière.

Plusieurs autres académies d'art proposent une spécialisation dans l'audiovisuel. L'Aca-démie St-Joost à Breda est l'une des plus con-nues, avec une spécialisation très poussée dans la production audiovisuelle de quatre ans. On trouve la même orientation à Ens-chede, à la Haye et à Arnhem. Beaucoup d'étudiants deviendront des artistes qui inté-greront l'audiovisuel dans leur travail en arts plastiques.

Videcom

A Hilversum, Janjens Molenaar, qui s'est formé sur le tas, a élargi les activités de sa société de vidéo en la dotant d'un département formation, Videcom, qui est l'établissement le plus récent dans le domaine de l'enseignement professionnel du cinéma et de la vidéo. Même si les formations ne durent pas plus de six mois[1], Videcom constitue l'une des rares possibilités en dehors de l'Académie du cinéma et de la télévision d'Amsterdam. Nombreux sont les candidats malchanceux à cette dernière qui voient en Videcom une heureuse solution de remplacement. D'autant qu'il ne faut pas remplir de conditions particulières pour y entrer. Même si, à l'évidence, beaucoup de recalés d'Amsterdam en restent sérieusement vexés, cet échec n'empêche pas certains de mener une carrière réussie dans l'audiovisuel. Les étudiants de Videcom se recrutent dans toutes les classes d'âge et viennent d'horizons très variés. La plupart n'ont pas d'expérience de l'audiovisuel. Qu'ils sortent de l'enseignement pré-universitaire ou qu'ils soient des anthropologues d'âge plus avancé, ils paient environ seize fois le montant des droits demandés par l'Académie du cinéma, dans l'espoir de démarrer une carrière dans l'audiovisuel.

Le premier trimestre est consacré à l'acquisition des connaissances de base. Chacun assume, à tour de rôle, différentes fonctions : réalisation, prise de vues, éclairage, montage... Dans un deuxième temps, chaque stagiaire opte pour une spécialité afin d'y acquérir un niveau professionnel. La pratique occupe une place de choix. Chaque étudiant participe au moins à trois productions.

Selon Molenaar, 90 % des lauréats trouvent tout de suite ou presque du travail dans l'audiovisuel. A l'heure actuelle, ce sont principalement des postes techniques qui sont offerts : monteur ou ingénieur du son dans les nouvelles chaînes de télévision (en partie privées). Certains anciens stagiaires se lancent dans la production de films de commande ou prennent le risque de se mettre à leur compte, ce qui est bien hasardeux.

---

1. *Les Pays-Bas offrent plusieurs formations supérieures courtes que nous avons choisi de mentionner en dépit de leur brièveté, à cause de leur intérêt et de leur originalité et du très petit nombre de formations professionnelles existantes NDLR.*

Centrum voor Omroep en Media

Dans le paysage de l'enseignement de l'audiovisuel aux Pays-Bas, le Centre de la radio-télévision et des médias d'Hilversum est incontournable. Certes, le COM, comme on l'appelle, ne dispense que des formations relativement courtes mais c'est indiscutablement le plus ancien établissement de ce type et, probablement, le centre de formation en télévision le plus réputé du pays.

Appelé à l'origine *Santbergen Institute,* il fournit depuis trente ans la colonne vertébrale professionnelle de la radio et de la télévision néerlandaises. Il est célèbre pour les cours qu'y assurent de grands spécialistes, pour ses formations à la carte destinées au personnel de la télévision et aux professionnels du cinéma, ainsi que pour son orientation européenne. Récemment, les directeurs de la photo ont suivi un enseignement sur la télévision haute définition avec la collaboration de partenaires de l'EBU (European Broadcasting Union). La recherche tient une place importante au COM et un enseignement de pointe en infographie s'y développe en coopération avec l'Académie des arts d'Utrecht (HKU).

Le centre d'infographie et d'animation (Hogeschool voor de Kunsten)

Ce centre, qui se trouve à la fois à l'Académie des arts d'Utrecht et au COM d'Hilversum, permet d'obtenir un diplôme européen *(European Master)* en infographie et en animation par ordinateur.

Le programme se définit comme le prolongement d'un cursus de quatre ans intitulé Technologie de l'image et des médias, proposé par l'Académie des arts d'Utrecht dont la quatrième année débouche sur une spécialisation en infographie appliquée aux médias électroniques. Ce programme est dispensé en anglais. Il a commencé de manière expérimentale en 1989. Des étudiants de diverses universités et écoles d'art d'Europe viennent à Utrecht et à Hilversum pour compléter leur formation artistique par un trimestre de spécialisation et un stage de quatre mois.

Le HKU a établi un programme d'échanges avec le Royal College of Arts de Londres tandis que des membres du HKU mènent des recherches en collaboration avec des universités des États-Unis et d'Europe comme avec l'association des compositeurs de l'IRCAM de Paris. Les étudiants ont accès à un matériel de pointe : soixante-quinze Amiga 2000, sept Amiga 2500, des Apple Macintosh II et des Apollo DM 590 pour image de synthèse. En dehors des cours théoriques qui représentent une douzaine d'heures par semaine, les étudiants consacrent leur temps à créer des animations, à s'initier à des logiciels et à s'entraîner au rythme du découpage.

Les génériques télé et les publicités recourant souvent à l'animation par ordinateur, les débouchés ne manquent pas actuellement. Presque tous les étudiants peuvent trouver un travail dès la fin de la formation.

Le centre de formation de la radio néerlandaise (Radio Netherlands Training Centre, RNTC)

Même si ce centre n'offre que des formations plutôt courtes[1], il a sa place ici car, d'une certaine manière, il est unique au monde en son genre. Cette institution est liée à la Dutch Overseas World Service, la station de radio et de télévision qui émet en direction de l'étranger. Elle propose des stages spécialisés de quatre mois en radio et en télévision. L'accent y est mis sur la réalisation de produits audiovisuels didactiques et d'aide au développement. En effet, les stagiaires viennent exclusivement de pays du tiers monde. Dans certains cas, des ressortissants de ces pays vivant en Europe peuvent être admis. Les candidatures sont reçues par le canal des ambassades néerlandaises.

Fondation pour les médias des immigrés (Stichting Migranten Media Opledingen)

L'objectif de la fondation consiste à donner une formation pratique aux minorités ethniques des Pays-Bas pour qu'elles soient plus actives dans le domaine de la communication au sein du pays. Cet établissement dépend de MTV, le réseau câblé des minorités d'Amsterdam qui dessert un large périmètre autour de la capitale en radio et en télé. Une bonne proportion d'étudiants du SMMO travaillent ensuite à MTV ainsi que dans les stations de radio et de télé locales et nationales. Ils sont engagés par des émissions destinées aux minorités comme le magazine *Paspoort* qui s'adresse notamment aux Turcs, aux Marocains, aux Surinamais, aux Antillais ou aux Vietnamiens. Mais des programmes spécifiques, à l'adresse des Hollandais, et produits par le NOS, la télévision nationale hollandaise, ou par les chaînes éducatives, recrutent aussi des réalisateurs, des producteurs et des techniciens issus de ces communautés d'origine étrangère. Ces émissions traitent des minorités ethniques et culturelles.

La formation dure trois ans à temps plein et porte sur tout le processus de la production audiovisuelle. Actuellement, le SSMO est la seule école de cinéma néerlandaise qui développe une politique d'ouverture aux étudiants des autres pays européens. Les candidats doivent appartenir à une minorité du pays où ils habitent. Les cours sont donnés en hollandais et il est nécessaire de posséder des bases dans la langue pour pouvoir suivre. Les étudiants venant *de facto* d'horizons culturels très variés, les formateurs savent surmonter les difficultés linguistiques mais tous les étudiants sont tenus de prendre des leçons de hollandais un jour par semaine.

Pour le moment, l'effectif (soixante étudiants dont vingt à trente nouveaux par an) est constitué à 70 % d'Européens d'origine tandis que 30 % viennent du tiers monde. Peter Schaapman, le directeur de SMMO, tient personnellement à l'internationalisation de ce cursus.

Les écoles de journalisme

Jan Bierhof, vieux routier de la presse audiovisuelle, rêvait déjà des télés locales au début des années 70. Il avait vu le rôle que peut jouer le reporter vidéo volant en captant les événements d'intérêt local. Aujourd'hui, il dirige le département audiovisuel à l'école de journalisme d'Utrecht, où

Ein film voor Lucebert, de Johan van der Keuken

il forme des reporters pour les radios et les télés locales et nationales.

Trois écoles de journalisme proposent une spécialisation dans l'audiovisuel : Utrecht, Tilburg et Kampen. Les programmes sont très proches. La différence majeure entre ces établissements réside dans leur origine idéologique qui est respectivement laïque, catholique et protestante. Mais ces obédiences ont beaucoup moins de poids maintenant, même si l'école de Kampen reste attachée à son image de protestantisme réformiste. Nombre de ses anciens étudiants trouvent de fait du travail dans la presse et les organismes de télévision protestants.

Le cursus s'organise à peu près de la même manière dans les trois établissements. Sur quatre ans de formation, l'étude de l'audiovisuel s'articule en trois phases. Un trimestre est consacré principalement à l'approche théorique tandis qu'un autre, axé sur la pratique, permet d'aborder tous les moments de la chaîne du reportage audiovisuel. Les étudiants ont alors l'occasion de réaliser des photoreportages et de tourner des courts-métrages en vidéo ou des documentaires. A ce semestre s'ajoute un stage dans une chaîne de télévision ou une société de production privée.

Leur diplôme en poche, les ex-étudiants n'ont aucun problème pour trouver du travail. Les trois quarts d'entre eux sont recrutés par les chaînes de télévision d'Hilversum. Les autres sont embauchés par des sociétés privées ou s'établissent à leur compte.

L'école de journalisme d'Utrecht est la plus importante (trente-six inscrits par an). C'est aussi l'établissement qui se soucie le plus de s'ouvrir aux étudiants étrangers. Des programmes d'échange fonctionnent avec la Grande-Bretagne et l'Allemagne. Certains cours sont dispensés en anglais ou en allemand. Cette institution fait partie d'un réseau soutenu par EUREKA audiovisuel qui lie dix écoles de journalisme dans autant de pays européens. Utrecht compte atteindre un niveau comparable à celui des écoles d'autres États d'Europe afin que ses étudiants n'aient pas de difficultés à travailler hors des Pays-Bas.

Léonard HENNY
Traduction : Jacques Lévy

Ein film voor Lucebert, de Johan van der Keuken

A l'université

Plusieurs universités des Pays-Bas proposent un enseignement en communication audiovisuelle. Quatre seulement dispensent des cours pratiques de réalisation cinéma et vidéo.

Les départements d'anthropologie visuelle des universités de Leyde et d'Amsterdam donnent la possibilité aux étudiants de faire des films ou des vidéos dans cette discipline. A Leyde, le professeur Adrian Gerbrand est internationalement connu pour avoir développé l'ethnocommunication. Son travail sur le principe du _feedback_ constitue l'une de ses contributions principales à l'anthropologie visuelle : l'anthropologue apprend à connaître une société indigène en lui montrant des films qu'il a tournés sur elle. Le film fonctionne ainsi comme une hypothèse tandis que les réactions du public la vérifient ou l'infirment. Chaque fois que les spectateurs le huent ou le critiquent, l'anthropologue sait qu'il a commis dans son film une erreur dans l'interprétation de la culture locale.

Le professeur Gerbrand (maintenant à la retraite) a formé toute une école d'anthropologues visuels aux Pays-Bas. Dirk Nijland a aujourd'hui pris sa relève. Son style a été influencé par celui de Jean Rouch, qui a d'ailleurs un diplôme honorifique de l'université de Leyde.

C'est le Dr Robert Boonzajer qui dirige le département d'anthropologie visuelle de l'université d'Amsterdam. Il se sert du cinéma et surtout de la vidéo comme d'un outil au service des études culturelles comparées. Il a ainsi confronté les façons de vivre et les musiques de différents pays, découvrant, par exemple, que la polka mexicaine vient du Burgenland, en Autriche. Il a également mis en regard les instruments de musique des moines tibétains avec ceux des montagnards suisses. Les étudiants en anthropologie de Leyde et d'Amsterdam peuvent présenter comme dossiers de recherche comptant pour l'obtention du diplôme des courts-métrages en film ou vidéo. Pour l'instant, aucune thèse sur support audiovisuel n'a été soutenue en Hollande. Au total, les étudiants peuvent travailler pendant deux ans et demi en anthropologie visuelle.

L'analyse critique des médias

Les départements d'études théâtrales des universités d'Utrecht et d'Amsterdam comprennent des sections consacrées au cinéma et à la télévision. L'accent y est mis sur l'analyse critique et le contenu des médias. Enseignants et étudiants réalisent des publications qui comparent les genres, la commu-

nication littéraire et la communication visuelle et étudient les courants historiques.

Sonja de Leeuw et Dorothee Verdaasdonk de l'université d'Utrecht sont spécialisées dans le docudrame hollandais et les relations entre la littérature et le cinéma néerlandais.

La sémiologie du cinéma et de la télévision constitue le champ de recherche de Karel Dibbets et Ed Tan de l'université d'Amsterdam. Les étudiants peuvent mener de front création littéraire et réalisation de produits audiovisuels (filmage de pièces de théâtre, fictions vidéo, documentaires). Ils ont également la possibilité d'effectuer des stages dans le cinéma ou les sociétés de radio et de télévision des Pays-Bas. En général, ces étudiants deviennent ensuite critiques de cinéma, scénaristes ou producteurs à la télévision. D'autres trouvent un emploi dans l'administration et la gestion artistique en tant que programmateurs de théâtre ou gérants de salle, au niveau local ou national. Par ailleurs, l'enseignement est aussi un débouché car les médias y occupent maintenant une place non négligeable.

Un enseignement théorique, orienté vers la recherche

Outre ces filières qui présentent une dimension pratique, un certain nombre d'universités dispensent un enseignement théorique tourné vers la recherche.

Dans celle d'Amsterdam, les études cinématographiques constituent un cursus important. L'histoire du cinéma tient une grande place dans les programmes aux côtés de sujets divers comme _Les femmes au cinéma, Cinéma et propagande, La personnalité du cinéaste,_ etc. C'est le professeur Jan Hes qui s'occupait de ce département. Ce spécialiste de l'histoire du cinéma hollandais à la réputation bien assise enseignait aussi à l'Académie du cinéma et à l'université d'Anvers. Maintenant, cet enseignement est assuré dans le cadre de l'Institut du film et de la télévision dirigé par Jürgen E. Müller.

D'autre part, une spécialisation en Communication internationale est proposée dans le cadre du département de Sciences politiques et de communication de masse. Cette discipline est enseignée par le professeur Cees Hamelink et Jaap Van Ginneken, Hamelink assure également un cours (en anglais) à l'Institut d'études sociales de La Haye. Ses travaux, internationalement connus, portent sur la dichotomie nord-sud dans le flux mondial des émissions documentaires, des fictions et des programmes de divertissement. Plusieurs thèses de doctorat sur les médias et l'hémisphère sud ont été soutenues au département.

L'université d'Amsterdam offre également un cours en théorie féministe donné par Ien Ang et Liesbeth van Zoonen. Les deux chercheuses se sont spécialisées dans l'analyse des feuilletons télévisés et le comportement des femmes vis-à-vis des médias.

A l'université de Leyde comme à celles de Nimègue et de Tilburg, on peut étudier le cinéma et la télévision dans le cadre des départements de sciences humaines et de lettres. A Tilburg et à Nimègue, on s'intéresse plus particulièrement à la sémiologie visuelle et à Leyde à l'anthropologie du spectacle et à la dramaturgie.

Les quatre dernières institutions sont plutôt orientées vers la théorie que vers la pratique de la production cinématographique. L'université de Nimègue a développé une « école », grâce à l'œuvre d'Eric de Kuyper qui aujourd'hui dirige la Cinémathèque nationale (Filmmuseum) à Amsterdam. Elle se situe dans la perspective de la sémio-narratologie. La publication trimestrielle *Versus,* à laquelle collaborent Émile Poppe, Pauline Terreehorst, Frank Wessler et bien d'autres, exprime cette conception de la critique.

La plupart de ces spécialisations oscillent entre 240 et 2 400 heures de cours alors qu'à l'Académie du cinéma l'enseignement en compte environ 6 400, à raison de 1 800 heures par an (y compris les exercices pratiques et le stage).

Les départements d'arts et de sciences en Hollande mettent en œuvre une politique active pour s'ouvrir sur l'étranger. Certains d'entre eux ont engagé du personnel chargé spécialement de s'occuper des échanges estudiantins. Le programme ERASMUS se porte bien aux Pays-Bas et l'on attend un effectif important d'étudiants étrangers dans un proche avenir. Certaines matières, on l'a vu, sont déjà enseignées dans une langue étrangère et les départements de langue ont pris des mesu-res particulières pour faciliter l'apprentissage du néerlandais.

Léonard HENNY
Traduction : Jacques Lévy

L'association SWOM et ses activités aux Pays-Bas

L'association SWOM (*Stichting ter Bevordering van het Wetenschappelijk Onderwijs er Onderzoek in de Mediakunde* — Association pour la recherche et l'enseignement scientifiques dans le domaine des médias) fut créée en 1985 par un groupe de chercheurs néerlandais.

Comme son nom l'indique, elle travaille au développement de l'enseignement et de la recherche dans le domaine des médias aux Pays-Bas.

Ainsi, elle a collaboré à un projet de vidéodisque avec *l'Audiovisuel Archief van Film en Wetenschap* à Amsterdam. Elle travaille avec le *Nederlands Filmmuseum* (Amsterdam) pour améliorer les possibilités d'accès aux archives du musée pour les chercheurs intéressés.

— Lors du *Filmfestival* à Ultrecht, en 1990, le prix de la fondation pour la meilleure thèse a été décerné pour la première fois.

— En novembre 1990, plusieurs membres de l'association ont fait des interventions à l'occasion du congrès *Études sur les médias aux Pays-Bas* organisé à Tilburg par Marc Westermann en coopération avec l'association *Geschiedenis Beeld en Geluïd* (Histoire, image et son).

L'association souhaite développer les échanges internationaux, en coopération notamment avec le NIAS *(Netherlands Institute for Advanced Studies).*

Président : Ed. Tan.

Secrétariat : Dr. M.C. Westermann, Katholieke Universiteit Brabant, Faculteit der Letteren, Postbus 90153, Nl-5000 Le Tilburg (Tél. : (0) 13-662650/662508).

Jürgen E. MÜLLER

par Léonard Henny

Quel avenir pour les diplômés ?

Het witte kasteel, de Johan van der Keuken

plutôt la règle et beaucoup de travailleurs de l'audiovisuel vivent grâce à l'indemnité de chômage. De plus, lorsqu'ils sont engagés sur une production, leurs journées s'allongent singulièrement alors que leur rémunération reste des plus ordinaires. Le cumul des emplois est une solution fréquente. L'enseignement ou une autre activité permet d'assurer un certain revenu et les compétences en audiovisuel ne sont utilisées que lorsqu'une opportunité survient.

Cependant, en ce moment, la situation de l'emploi dans le domaine de l'audiovisuel n'est pas aussi mauvaise que par le passé. Ainsi les étudiants sortis des établissements privés récemment créés se font-ils embaucher sans délai dans le secteur en pleine expansion des télévisions privées, nationales et locales, ainsi que dans l'audiovisuel d'entreprise.

Si l'on veut à toute force réaliser une œuvre audiovisuelle, il faut bien sûr réunir l'argent nécessaire. Établir un montage financier constitue une tâche ardue et de longue haleine, nécessitant des relations solides.

Comparé à celui d'autres pays, le système hollandais de subventions pour la production

On ne possède pas de statistiques fiables sur la situation de l'emploi, mais on sait que tous les étudiants sont loin de trouver un travail après avoir fini leur formation. Même ceux qui y parviennent ne peuvent pas compter sur un poste stable. A l'exception d'un certain nombre de cinéastes, d'opérateurs de prise de vues, d'éclairagistes, d'ingénieurs du son et de monteurs renommés, le plein emploi est chose rare. Les contrats intermittents sont

Le paysage audiovisuel aux Pays-Bas

Les films

1988	6 LM
1989	15 LM
1990	7 LM

Les télévisions

3 chaînes	: Nederland 1, Nederland 2, Nederland 3.
1 chaîne à péage	: Filmnet.

Les radios

Stations	: 5
Radios locales	: 400

Cinémathèque et Institut néerlandais

audiovisuelle fonctionne plutôt bien. Il s'organise en deux fonds principaux, l'un consacré aux longs métrages, l'autre aux courts. Seule une partie des demandes est satisfaite. Il est arrivé que des cinéastes étrangers obtiennent une subvention du gouvernement des Pays-Bas en s'associant avec un producteur national. Mais il faut trouver en complément d'autres possibilités de financement. Elles existent au niveau provincial et municipal ainsi que du côté de plusieurs fondations culturelles. Là aussi, il faut savoir se repérer dans les méandres de ce parcours et faire preuve d'une grande patience avant de parvenir à ses fins.

Léonard HENNY
Traduction : Jacques Lévy

Où conduisent les études théoriques ? L'exemple de l'université de Nimègue

L'enseignement du cinéma a commencé à l'université de Nimègue en 1978. Mais c'est en 1985 que la section a été reconnue comme section de cinéma. Émile Poppe en est le responsable.

L'orientation du cours est résolument théorique, axée sur la sémiologie et la psychanalyse. Il ne comporte pas de pratique à l'université elle-même. Indépendamment, des activités soutenues par le ministère de la Culture se sont développées. Certains étudiants ont pu participer pendant les vacances à la réalisation de films d'Éric de Kuyper. L'association *Les amis de la cinémathèque*, composée de professeurs et d'étudiants, a aussi élaboré des programmations qui ont tourné dans le pays.

Depuis la création de la section, trente-cinq étudiants ont obtenu leur diplôme. Au début de chaque année nous insistons sur le fait qu'en lui-même ce diplôme ne mène à rien. Il donne des possibilités à ceux qui sont motivés, qui cherchent des pistes nouvelles ; il arrive même qu'ils créent leur propre emploi. À la suite d'une enquête sur le devenir de nos diplômés, nous savons que vingt et un d'entre eux ont trouvé du travail : six dans la publicité, deux comme programmateurs dans une Maison de la culture et trois comme journalistes dans des domaines qui associent le cinéma à d'autres spécialités. Trois personnes travaillent pour le musée du cinéma *(Nederlans Museum)* comme archiviste, chercheur et dans la section éducative. Deux travaillent pour le théâtre et l'opéra : l'une comme acheteuse, l'autre comme metteur en scène. Un diplômé a été embauché par une télévision régionale (le seul cas d'embauche à la télévision, à ma connaissance). Deux enfin sont enseignants de cinéma dans une académie d'art et dans une université populaire.

Il est actuellement difficile d'entrer dans l'enseignement, dans les disciplines rattachées aux sciences humaines. En ce qui concerne le cinéma, on se heurte à une difficulté supplémentaire : il n'y a pas de tradition. Les deux étudiants qui ont néanmoins réussi à y pénétrer ont commencé par faire un cours d'un an sur le cinéma et ils sont parvenus à le pérenniser sous la forme d'un cursus.

Quant aux autres diplômés, deux ont complètement changé de voie (l'une est cantatrice dans un chœur, l'autre enseigne l'économie). Sept n'ont pas encore trouvé un travail salarié (parmi eux, cinq font du bénévolat, ce qui débouche souvent sur une embauche).

Restent huit diplômés au sujet desquels nous ne pouvons rien dire : soit que nous n'ayons plus de contact avec eux, soit qu'ils soient sous contrat de courte durée (entre trois et six mois).

Ce qui nous préoccupe particulièrement, c'est que les carrières universitaires restent bouchées et que l'ouverture dans le secondaire est inexistante : cela pose le problème de la relève dans l'enseignement et la recherche.

Émile POPPE

A Stange Love Affair, d'Eric de Kuyper

Éléments de bibliographie

DOMINICUS (Mart), **Waar staat de camera ? dertig jaar Filmacademie.** (Où la caméra est-elle placée ? 30 ans d'histoire de l'école de cinéma néerlandaise NFTVA). Publié dans le journal *Skrien,* n° 161, pp. 36-37, septembre 1988.

Focus Elsevier, **Opeidingen op het gebied van de fotografie, cinematografie, video en grafische kunsten** (L'enseignement de la photographie, du cinéma, de la vidéo et des arts graphiques) dans *Foto en Film Encyclopedie,* p. 788-789, publié par Elsevier Publishing Comp., Amsterdam, 1981.

GEERAEDTS (Bart) et KOETSENRUIJTER (Bart), **Conclusies over de Dienst Opleidingen van de NOS** (Conclusions sur le fonctionnement de l'institut Santbergen de NOS), dans *Skrien,* n° 143, pp. 50-51, septembre 1985.

NFTVA, **AKTE 3 : Een visie over hoe verder met**

de NFTVA (Propositions pour l'avenir de l'école de cinéma néerlandaise NFTVA). Publié par la Nederlandse Film en Televisie Akademie, Amsterdam, mai 1980.

TEE (Ernie), **Een overzicht van het film en televisie onderwijs in Nederland** (Panorama de l'enseignement du cinéma et de la télévision aux Pays-Bas), dans la revue *Skrien,* n° 143, pp. 52-55, septembre 1985.

VAN TOORN (Sonja), **Mediastudies in Nederland** publié par Stichting Film en Wetenschap, 1990.

WITTKAMPE (E.C.M.), **Waar biijven de afgestudeerden van de NFTVA ?** (Que sont devenus tous les anciens étudiants ?). Article écrit en 1971 par *Academy of Professionnal Guidance Council.*

L.H.

© Jan Schur

Bert Haanstra

Annuaire

AMSTERDAM

NEDERLANDSE FILM EN TELEVISIE ACADEMIE (NFTVA).

Amsterdamse Hogeschool voor de Kunsten
Fakulteit Film en Televie (Académie du cinéma et de la télévision).
De Lairessestraat 142, 1075 HL Amsterdam.
Tél. : (020) 73 88 11.
Responsable : Henk Petiet.
Diplôme préparé : diploma.
Conditions d'admission : être titulaire du VWO, examen d'entrée permettant d'apprécier le talent et la motivation.

Frais d'inscription et d'études : 1 600 florins par an, plus 250 florins de frais de matériel. Montant annuel des frais pour les étudiants étrangers : 2 450 florins.

Durée des études : 4 ans.

Effectif par promotion : 50 à 60 étudiants.

Contenu des études par année.

Théorie : première année *(propedeuse)* essentiellement théorique : cours d'ordre général.

De la deuxième à la quatrième année :

Analyse de film, histoire du cinéma, histoire de l'art, communications de masse, sociologie.

Pratique : exercices différents selon la spécialisation choisie. Participation à au moins un produit audiovisuel d'une durée importante.
Stage : auprès de chaînes de télévision ou dans des sociétés de production audiovisuelle.
Débouchés : producteur audiovisuel, réalisateur, opérateur de prise de vues, chef opérateur, monteur (film et vidéo), ingénieur du son, scénariste ; plus de 50 % des diplômés trouvent du travail au bout de deux ans.
Remarques particulières : la plus ancienne école de cinéma aux Pays-Bas et la seule reconnue par le ministère de l'Éducation.

RIETVELD AKADEMIE.

Studierichting Voorhen Audio Visueel.
Fred Roeskerstraat 96, 1076 ED Amsterdam.
Tél. : (020) 799912, 73.18.69.
Statut : École supérieure d'art.
Responsable : René van der Land.
Diplôme préparé : certificate.
Conditions d'admission : être titulaire du V.W.O.
Frais d'inscription et d'études : 1 600 florins par an, plus des fournitures dépendant de la spécialisation.
Durée des études : 5 ans.
Effectif : 25 étudiants.
Contenu des études : une année d'études sur l'art. Ensuite, participation à des projets spécialisés incluant la conception et la peinture de décors, la dramaturgie, l'animation, l'infographie, la vidéo, le super 8.
Stage : S'effectue de manière individuelle sous la responsabilité d'un tuteur.
Débouchés : designer audiovisuel.
Remarques particulières : on insiste beaucoup sur le développement personnel. Les diplômés ont tendance à être très sûrs d'eux.
Généralement considérée comme la meilleure école d'art en Hollande, la Rietveld Akadémie est appréciée par les employeurs.

SCHRIJVERSVAKSCHOOL (ÉCOLE POUR ÉCRIVAINS).

Kuipersstraat 151, P.O. Box 51322, 1007 EH Amsterdam.
Tél. : (020) 662.18.75.
Responsable : Fons Eichholt.
Diplôme préparé : certificate.
Conditions d'admission : sur travaux écrits.
Frais d'inscription et d'études : 1 959 florins.
Durée des études : 4 ans (temps partiel).
Contenu des études par année :
Théorie : théorie du théâtre ; documentaire ; prose et poésie.
Pratique : écriture de textes (pas de tournage).

Stage : dans des sociétés de production audiovisuelle.
Publications : recueils de travaux d'étudiants.
Débouchés : emplois dans le journalisme, à la radio ou comme auteur indépendant, scénariste.
Remarques particulières : cet établissement est relativement récent. C'est probablement le seul dans son genre à dispenser des formations à des adultes dans le domaine de l'écriture pour leur permettre éventuellement de vivre de leur plume. Fons Eickholt est disposé à faire part de son expérience à ceux qui voudraient mettre en place des institutions similaires en Europe.

STICHTING MIGRANTEN MEDIA ONDERWIJS (FONDATION POUR LES MÉDIAS DES IMMIGRÉS)

Arie Bimondstraat 109, 1054 PD Amsterdam.
Tél. : (020) 85 22 59.
Responsable : Peter Schaapman.
Diplôme préparé : certificate.
Conditions d'admission : être titulaire du VWO ou avoir un niveau équivalent.
Frais d'inscription et d'études : gratuit (formation s'adressant aux immigrés).
Durée des études : 3 ans (plein temps).
Effectifs : 20 à 23 étudiants.
Contenu des études :
Théorie : étude de tout ce qui a trait à la réalisation et à la diffusion des programmes télévisuels.
Pratique : réalisation de vidéogrammes et de reportages en studio et en extérieurs.
Stage : auprès de structures télévisuelles, locales ou nationales.
Débouchés : emplois au sein de chaînes de télévision et de stations de radio locales ou nationales ainsi que dans des centres audiovisuels privés ou publics.
Remarques particulières : SMMO souhaiterait s'ouvrir à l'Europe. L'établissement est à la recherche de *sponsors* pour pouvoir accueillir des étudiants étrangers.

UNIVERSITEIT VAN AMSTERDAM.

● **Instituut voor Film- en Televisiewetenschap.**
Nieuwe Doelenstraat 16, N1-1012 CP Amsterdam.
Tél. : (020) 525 2287.
Responsable : Dr. Jürgen E. Müller.
Diplôme préparé : doctorandus.
Condition d'admission : être titulaire du VWO et de propédeutique (études d'un an) de la Faculteit der Letteren.
Frais d'inscription et d'études : 1 600 florins par an.
Frais annexes pour l'achat de livres.

287

Durée des études : 3 ans.
Contenu des études par année :
Théorie : études générales en théorie(s) des médias et du cinéma, méthodes d'analyse filmique, histoire du cinéma et de la télévision, pragmatique et fonction des médias.
Pratique : réalisation de productions audiovisuelles en vidéo et sur d'autres supports.
Stage : auprès de sociétés de production audiovisuelle, de chaînes de radio et de télévision.
Recherche : pragmatique des médias, histoire du cinéma (le passage au parlant), cinéma et intermédialité, film et narratologie, film et recherches cognitives, relations entre le cinéma et les autres médias.
Publications : livres et articles dans des collections et revues scientifiques.
Débouchés : travail à différents niveaux dans les médias ; critique cinématographique ; direction de salles de cinéma ; fonction publique aux niveaux municipal, provincial et national ; conseil ; enseignement ; dramaturgie ; spécialiste en communication audiovisuelle dans les musées.
Remarques particulières : ce cursus commence, sous cette forme rénovée, en août 1991.

• **Wergroeppinternationale Betrekkingen.**
(Département de communications internationales).
Oude Hooghstraat 24, 1012 CE Amsterdam.
Tél. : (020) 525.39.93.
Responsable : Prof. Cees Hamelink.
Diplôme préparé : doctorandus.
Conditions d'admission : être titulaire du VWO.
Frais d'inscription et d'études : 1 600 florins.
Durée des études : de 3 mois à plusieurs années.
Contenu des études par année :
Théorie : théorie des flux internationaux de produits médiatiques y compris ceux de la radio et de la télévision.
Pratique : n'existe quasiment pas.
Recherche : diverses thèses de doctorat dans le domaine des communications nord-sud, soutenues notamment par des chercheurs du tiers monde.
Débouchés : consultant en communications internationales, recherche.
Remarques particulières : un enseignement similaire est proposé par le professeur Hamelink en langue anglaise à l'Institut des études sociales département International Communications, Badhuisweg 251, 2597 JR Den Haag.
Tél. : (070) 51.01.00.

BREDA

HOGESCHOOL WEST BRABANT.
Sektor Kunst en Vormgevingson-Derwijs *St. Joost Academy*

St. Janstraat 18, 4811 ZM Breda.
Tél. : (076) 22.47.50.
Académie d'art.
Responsable : Pim Boer.
Diplôme préparé : diploma.
Frais d'inscription et d'études : 1 600 florins.
Durée des études : 4 ans.
Effectif : 20 étudiants.
Contenu des études :
Théorie des arts visuels. Arts plastiques et leurs relations avec les arts visuels.
Réalisation d'un documentaire et d'un film publicitaire (2e année). Film de fin d'études. Tous les postes concernés par la réalisation cinématographique.
Stages en Hollande et à l'étranger.
Débouchés : programmateurs dans le domaine audiovisuel. Artistes compétents en audiovisuel.

HILVERSUM

CENTRUM VOOR OMROEP EN MEDIA, SANTBERGEN (CENTRE DE LA RADIO-TV ET DES MÉDIAS)

Noorderweg 2, P.O. Box 2066, 1200 CB Hilversum.
Tél. : (035) 77 30 91.
Nature et statut : centre de formation en audiovisuel.
Responsable : T. Brusselins.
Diplôme préparé : certificate.
Conditions d'admission : les candidats viennent de la radio ou de la télévision.
Frais d'inscription et d'études : variables selon les formations.
Durée des études : formations courtes (généralement inférieures à un mois). L'effectif est différent d'une année sur l'autre. Plusieurs centaines de personnes sont passées par ce centre.
Contenu des études :
Théorie : surtout dans les cours de scénario et de réalisation.
Pratique : prise de vues, lumière, montage, etc.
Stage : à la radio ou à la télévision, notamment pour les étudiants pris en charge par l'Agence nationale pour l'emploi.
Recherche : les formateurs mettent en permanence leurs connaissances à jour.
Débouchés : surtout à la radio et à la télévision, à l'échelle locale comme à l'échelle nationale.
Remarques particulières : Nous avons mentionné cet établissement bien qu'il ne propose que des formations courtes, car il est quasiment le seul sur ce créneau aux Pays-Bas.

HOGESCHOOL VOOR DE KUNSTEN, UTRECHT.

Oude Amersfoortseweg, P.O. Box 1058, 1200 BB Hilversum.
Nature et statut : école d'art.
Tél. : (035) 83.64.64.
Responsables : Ad Wisman et Huub Duysens.
Diplôme préparé : Master en infographie (en projet).
Conditions d'admission : être titulaire du VWO.
Frais d'inscription et d'études : 1 600 florins par an, plus 1 200 florins pour l'achat de matériel.
Durée des études : 4 ans (dont 2 ans et demi de spécialisation en audiovisuel). *Master* : 3 mois plus un stage.
Effectif : une cinquantaine d'étudiants.
Contenu des études par année :
Théorie : 4 heures hebdomadaires de cours théoriques (avant le *Master*). Cours à définir pour le *Master*.
Pratique : 8 heures hebdomadaires d'animation en première année. 12 heures d'exercices pratiques à partir de la deuxième année.
Stage : quatre mois au cours de la quatrième année.
Recherche : les enseignants effectuent des recherches et notamment dans le cadre de projets communs avec des établissements aux États-Unis et en Grande-Bretagne.
Publications : variées.
Débouchés : infographistes, animateur.
Remarques particulières : le *Master* n'a pas encore démarré. Il devrait rencontrer un grand succès.

RADIO NETHERLAND TRAINING CENTRUM (RNTC) (CENTRE DE FORMATION DE LA RADIO NÉERLANDAISE).

P.O. Box 222, 1200 JG Hilversum.
Tél. : (035) 47779.
Responsables : Jaap Swart, directeur, Arjan Schippers.
Diplôme préparé : certificate.
Conditions d'admission : être recommandé par une chaîne de télévision du tiers monde.
Frais d'inscription et d'études : 20 000 à 30 000 florins par formation (frais payés par la chaîne de télévision).
Durée des études : 4 mois.
Effectif : 40 à 48 stagiaires par an.
Contenu des études par année :
Théorie : 50 % des cours.
Pratique : réalisation de produits audiovisuels en studio et en extérieurs.
Débouchés : formation aux métiers de la radio et de la télévision. Les stagiaires sont tenus de retour-

ner travailler dans la station de radio ou la chaîne de télévision du pays du tiers monde qui les a envoyés.
Remarques particulières : bien que cet établissement ne propose que des formations courtes, il mérite cependant d'être mentionné dans la mesure où il est unique en son genre.

VIDECOM.

Franciscusweg 247, 1216 SG Hilversum.
Tél. : (035) 23 35 36.
Nature et statut : centre de formation audiovisuelle.
Responsable : Janjens Molenaar.
Diplôme préparé : certificate.
Conditions d'admission : aucune.
Frais d'inscription et d'études : 12 500 florins pour six mois.
Durée des études : 6 mois.
Effectif : 60 à 80 étudiants.
Contenu des études :
Cours théoriques un jour par semaine : réalisation télé, tournage en studio, matériel de tournage, lumière, son, décor, maquillage, montage, graphime (génériques), effets spéciaux, musique, production, informatique appliquée, techniques de télédiffusion.
Pratique : tournage de nombreux courts métrages en studio et en extérieurs avec du matériel ENG.
Débouchés : dans la vidéo, de bons postes à caractère technique, comme monteur, assistant de prise de vues, producteur indépendant, etc.
Remarques particulières : bien que Videcom dispense une formation plutôt courte, cet établissement joue un rôle important aux Pays-Bas.

LEIDEN

RIJKS UNIVERSITEIT LEIDEN (UNIVERSITÉ DE LEIDEN).

Afdeling Ethno-communicatie (Département d'ethno-communication).
Wassenaarseweg 52, 2333 AK Leiden.
Tél. : (071) 27.34.74.
Responsable : Dr Dirk Nijland.
Diplôme préparé : doctorandus.
Conditions d'admission : être titulaire du VWO.
Frais d'inscription et d'études : 1 600 florins par an, plus 120 florins pour achat de matériel.
Durée des études : 4 ans d'études universitaires dont 2 ans et demi de spécialisation.
Effectif : 10 à 12 étudiants.

Contenu des études :
Théorie : analyse de documents visuels, mise en rapport de la réalité anthropologique et de la réalité audiovisuelle.
Pratique : tournage de documents en super 8 et en vidéo.
Stage : auprès de chaînes de télévision ou de structures audiovisuelles (y compris les musées).
Publications : D. Nijland a publié une thèse comportant un film sur le système matrimonial Tobelo en Indonésie.
Débouchés : emplois auprès du musée d'ethnographie, dans le domaine de l'anthropologie visuelle, conseiller auprès du gouvernement notamment en matière de développement pédagogique.
Remarques particulières : le département s'attend à une prochaine coopération fructueuse au niveau européen.

NIJMEGEN (NIMÈGUE)

KATHOLIEKE UNIVERSITEIT.

Film en op Voeringskunten (Cinéma et arts du spectacle).
Erasmusplein 1, 6525 H.T. Nijmegen.
Tél. : (080) 51 55 44.
Statut : Université catholique.
Responsable : Dr. Émile Poppe.
Diplôme préparé : doctoraal examen.
Conditions d'admission : être titulaire du *Propae deutische Examen* (en lettres, sciences sociales, langues ou psychologie).
Frais d'inscription et d'études : 1 600 florins par an.
Durée des études : 3 ans.
Effectif par promotion : 15.
Contenu des études :
Théorie : Histoire du cinéma, axée sur la théorie du cinéma et les arts du spectacle. Analyse filmique, introduction à la sémiotique. Analyse du processus de la communication audiovisuelle : production, forme et contenu des produits, distribution, réception. Analyse des politiques médiatiques aux Pays-Bas.
En fin d'études, deux orientations : vers la recherche et vers les activités socio-culturelles.
Pratique : non.
Stage : auprès des sociétés de production audiovisuelle.
Recherche : travaux en narratologie, sémiotique, en analyse de récit, analyse de publicité.
Publications : les enseignants et étudiants du département ont constitué en 1980 une association qui publie la revue *Versus* (trois numéros par an) dont Émile Poppe est le rédacteur en chef.

Débouchés : voir encadré.
Remarques particulières : fait partie d'un réseau ERASMUS avec les universités de Paris III (France) et de Köln (Cologne, en RFA).

TILBURG

ACADEMIE VAN DE JOURNALISTIEK.

Afdeling Radio & Télévisié (département radio et télévision).
Groenstraat 139, 5021 LL Tilburg.
Tél. : (013) 394810.
Statut : École de journalisme.
Responsable : Marjan Van Stÿn.
Diplôme préparé : diploma.
Conditions d'admission : VWO.
Frais d'inscription et d'études : 1 600 florins.
Durée des études : 4 ans.
Effectif : 20 étudiants.
Contenu des études :
Théorie : principes de base du journalisme audiovisuel, programmation, politiques de programme, technique de l'interview, reportage d'actualités.
La formation en audiovisuel dépend du degré de spécialisation.
Stage : deux mois à la radio et à la télévision.
Débouchés : journalistes en audiovisuel. Les trois quarts des diplômés trouvent du travail dans les chaînes de télévision ou les stations de radio.

KATHOLIEKE UNIVERSITEIT BRABANT (UNIVERSITÉ CATHOLIQUE DE BRABANT).

Afdeling Communicatie in Woord en Beeld (Département de la communication par le mot et par l'image).
Faculteit Der Letteren (Faculté des sciences littéraires).
P.O. Box 90153, 5000 Le Tilburg.
Tél. (013) 662931.
Responsables : Dr. H. Van Driel et Dr. M.C. Westerman.
Diplôme préparé : doctorandus.
Conditions d'admission : être titulaire du VWO.
Frais d'inscription et d'études : 1 600 florins par an.
Durée des études : 4 ans (à temps partiel).
Effectif : 40 étudiants.
Contenu des études :
Théorie : introduction aux moyens de communication de masse. Sémiologie des médias audiovisuels. Cet enseignement théorique est subdivisé en deux parties : fiction et documentaire.
Pratique de l'audiovisuel.

Stage : dans des sociétés de production audiovisuelle ou dans d'autres institutions.
Publications : une trentaine sur la communication audiovisuelle, les études cinématographiques, cinéma et littérature, la sémiotique de Peirce (travaux d'enseignants du département).
Débouchés : recherche audiovisuelle, emplois de consultant en communication audiovisuelle, d'attaché de relations publiques, de consultant en formation (musées, formation pour adultes).
Remarques particulières : de nombreux projets pour acquérir une dimension européenne.

UTRECHT

INSTITUT VOOR DE JOURNALISTIEK (INSTITUT DE JOURNALISME).

Hogeshool Midden Nederland.
School van de Journalistiek (École de journalisme).
Ravellaan 7, 3533 JE Utrecht.
Tél. : (030) 92 02 73.
Responsable : Dr. Peter Vasterman.
Diplôme préparé : diploma.
Conditions d'admission : VWO.
Frais d'inscription et d'études : 1 600 florins.
Durée des études : 4 ans.
Effectif : 20 étudiants.
Contenu des études : sur le plan théorique, principes de base du journalisme audiovisuel, programmation, politiques de programme, technique de l'interview, reportage d'actualités.
Pratique : l'éducation audiovisuelle dépend du degré de spécialisation.
Stage : 2 mois à la radio ou à la télévision.
Débouchés : les trois quarts des diplômés trouvent du travail dans les chaînes de télévision et les stations de radio.

RIJKS UNIVERSITEIT UTRECHT.

Institut voor Theaterwetenschap (Institut d'études théâtrales).
Kromme Nieuwe Gracht 29, 3512 HD Utrecht.
Tél. : (030) 39 23 00.
Responsables : Dr Sonja de Leeuw et Dr Dorothee Verdaasdonk.
Diplôme préparé : doctorandus.
Conditions d'admission : être titulaire du VWO.
Frais d'inscription et d'études : 1 600 florins, plus 500 florins par an pour l'achat de matériel.
Durée des études : 4 ans dont 2 ans et demi de spécialisation.
Effectif : 20 environ.

Contenu des études :
Théorie des arts du spectacle, y compris de la musique, communication visuelle, art dramatique, production et distribution des médias, genres, différentes formes de produits audiovisuels, classification des styles de jeu des comédiens, etc.
Pratique : tournage de vidéogrammes en studio et en extérieurs (documentaire).
Stage : à la radio ou à la télévision ainsi qu'auprès d'unités de production audiovisuelle privées ou publiques (y compris des théâtres).
Recherche : aspects formels des productions audiovisuelles, leurs relations avec l'industrie audiovisuelle. Les types de fiction, y compris le docudrame.
Publications : thèses et *Tijdschrift voor Theaterwetenschap.*
Débouchés : dramaturge, critique de cinéma, gestionnaire dans le domaine artistique, chargé de programmation, producteur, consultant, réalisateur radio ou télé.

ZWOLLE

THEOLOGISCHE UNIVERSITEIT (UNIVERSITÉ DE THÉOLOGIE).

School van de Journalistiek (École de journalisme).
Audio-Visuele Communicatie
Christelÿke Hoge School
Windesheim Post Bus 10090, 8000 G Zwolle.
Tél. : 05202 92666.
Responsable : N. Drok.
Statut : dépend de la Theologische Universiteit (Université de théologie).
Diplôme préparé : diploma.
Conditions d'admission : VWO.
Frais d'inscription et d'études : 1 600 florins par an.
Durée des études : 4 ans.
Effectif : 20 étudiants.
Contenu des études : principes de base du journalisme audiovisuel, programmation, politiques de programme, technique de l'interview, reportage d'actualités.
Stage : deux mois à la télévision ou à la radio.
Débouchés : les trois quarts des diplômés trouvent du travail dans les chaînes de télévision, stations de radios, comme journalistes audiovisuels.

Léonard HENNY
Traduction : Jacques Lévy

O funeral do Patrâo, de Edwardo Geada

X. AU PORTUGAL

© G.E.R.

Onde bate osol, de Joaquim Pinto

Pour entrer dans la CEE en 1986, le Portugal a dû modifier son système éducatif. Celui-ci est désormais régi par la *Lei de Bases do Sistema Educativo* (la loi de base du système éducatif). Dans le domaine des études supérieures, elle institue la distinction entre l'enseignement de type universitaire, axé sur l'étude théorique et la recherche, et l'enseignement non universitaire, orienté vers l'exercice d'une profession.

Cette loi cherche à mieux insérer le système éducatif dans la réalité du pays. Avec la régionalisation, quatre directions régionales ont été créées pour l'éducation, Lisbonne, Porto, Coïmbra et Evora. L'enseignement supérieur s'est développé dans tout le pays, notamment grâce à la multiplication des écoles polytechniques.

En septembre 1988, une autre loi accorde aux universités l'autonomie scientifique, pédagogique, administrative et financière.

Le 5 septembre 1990 est promulguée la loi qui définit le statut de l'enseignement polytechnique et lui confère une autonomie semblable à celle des universités.

L'enseignement supérieur au Portugal

Nombre d'habitants : 10,35 millions.
Nombre d'étudiants : 153 937 (chiffres 89-90 du ministère de l'Éducation) dont 714 étudiants originaires de la CEE (chiffres 87-88).
Langue d'enseignement : le portugais.
Autorité de tutelle : ministère de l'Éducation.

Durée	UNIVERSIDADES (Universités) (12 d'État, 5 privées), 3 Écoles universitaires d'État, 3 privées		ESCOLAS SUPERIORES DE BELAS ARTES (Écoles supérieures des beaux-arts)	ESCOLAS SUPERIORES POLITECNICAS (Écoles supérieures polytechniques) 14 publiques, 2 privées	Durée
Plu- sieurs années	**Doutor** *Doutoramento* (doctorat)	**Mestre** *Mestrado*			
de 4 à 6 ans	**Licenciado** *Licenciatura*		**Licenciado** *Licenciatura*	*Diploma de Estudos Superiores especializados*	2 ans env.
				Bacharel *Bacharelato*	3 à 4 ans
Age 18 ans	Accès à l'enseignement supérieur • Le *Concurso Nacional* est une procédure de sélection par ordinateur qui répartit entre les différents candidats le nombre de places disponibles par discipline. Certaines écoles organisent elles-mêmes leur propre concours quand elles doivent tester des capacités particulières. • Passer la *Prova geral de acesso* et des épreuves spécifiques. • Avoir son *certificat d'études secondaires*.				

M.M.

O cerco, d'António da Cunha Telles ancien élève de l'I.D.H.E.C (France), enseignant au Conservatoire National

Entre cinéma, journalisme et communication sociale Cinq lieux pour étudier

José Bogalheiro, directeur de l'Escola Superior de Teatro e Cinema (Ecole supérieure de théâtre et de cinéma) à Lisbonne, évoque, à partir de sa propre expérience et d'échanges avec ses collègues, la situation de l'enseignement du cinéma et de l'audiovisuel dans son pays. De création récente, cet enseignement est dispensé dans une école polytechnique et dans une université publique, ainsi que dans deux écoles privées (coopératives). Il s'articule avec le théâtre, le journalisme et la communication sociale.
Géographiquement, il est principalement concentré à Lisbonne et à Porto.

par José Bogalheiro

La dualité instaurée par la loi de base du système éducatif entre universités et écoles polytechniques risque de produire un triple clivage. D'abord, entre chercheurs et techniciens. Ce risque s'accroît dans le cas de l'enseignement audiovisuel. En effet, il n'existe pas, dans tout le pays, au niveau du secondaire, la moindre formation audiovisuelle de quelque consistance à l'exception d'une école d'Arts et métiers qui propose un cours d'Image et communication audiovisuelle. De ce fait, il incombe à l'enseignement supérieur la triple tâche de sensibiliser, d'assurer une formation de base et de développer des spécialités dans le domaine de l'audiovisuel.

Une autre opposition se dessine aussi entre public et privé : le blocage progressif de l'accès à l'enseignement supérieur public laisse chaque année des milliers de candidats à la porte et conduit à une véritable explosion de l'enseignement privé, aussi bien universitaire que polytechnique. Celui-ci est bien sûr beaucoup plus coûteux pour les étudiants. On peut s'interroger aussi sur sa qualité.

Le dernier clivage concerne l'articulation de la théorie et de la pratique. Certaines institutions se cantonnent dans la théorie et ne donnent pas aux étudiants de formation concrète aux moyens d'expression. D'autres parasitent littéralement le monde professionnel.

A défaut de studios disponibles, on emmène les étudiants dans ceux de la télévision. On se contente alors des modèles existants. Cependant, quelques écoles disposant de matériel peuvent à la fois diffuser des connaissances techniques et former l'esprit critique des élèves.

Une école de cinéma à Lisbonne

C'est au début des années 70 qu'est apparu au Portugal l'enseignement du cinéma, à la suite d'une réforme globale du Conservatoire national. De par cette origine, l'Ecole pilote pour la formation de professionnels de cinéma (c'est ainsi qu'elle s'appelait alors) cherche à combiner formation artistique et formation professionnelle.

Le cursus s'est progressivement clarifié : on a réduit le poids excessif des matières à caractère historique et de culture générale et créé trois sections de formation spécialisée, Image, Son, Montage.

L'intégration de cette école, en 1983, à l'enseignement supérieur polytechnique a mis fin à une situation de marginalisation par rapport au système général de l'enseignement. Cependant, du point de vue institutionnel, la fusion, très controversée, des écoles de théâtre et de cinéma en une seule a créé de nouveaux foyers d'ambiguïté.

Par ailleurs, sous l'influence de nouvelles sensibilités dans les milieux cinématographiques, on a ménagé un espace à l'écriture du scénario et à la production. Cette dernière est devenue la quatrième section proposée par l'Ecole. Ainsi, les cours sont structurés en deux cycles : le premier, d'une durée d'un an, commun à tous les élèves, constitue une approche globale des différents secteurs de l'activité cinématographique ; le second, diversifiant quatre domaines de formation spécialisée (image, son, montage, production), aborde en profondeur cette fois ces différentes activités, au cours de deux années d'études suivies d'un stage d'une durée minimum de six cents heures.

Chacune des sections est constituée d'un tronc commun de disciplines spécifiques de caractère technique et scientifique, et d'un ensemble de matières à option, de caractère historique et critique, avec lesquelles chaque étudiant peut constituer son propre cursus.

En dehors de la pratique développée dans chaque discipline, les élèves issus des quatre sections travaillent ensemble afin de promouvoir le travail en équipe, de préparer des films sous leurs différents aspects, puis de les produire.

Le problème de la réalisation est aussi lancinant que récurrent. En effet, il n'existe pas actuellement de formation spécifique. Pour combler ce manque, on envisage la création d'un cycle d'études supérieures spécialisées.

L'enseignement et l'activité professionnelle s'articulent à deux niveaux : d'une part, beaucoup d'enseignants viennent des milieux du cinéma, d'autre part, le stage (obligatoire pour l'obtention du diplôme) constitue une première forme d'intégration au marché de l'emploi.

A Porto, de la vidéo

Héritière de la remarquable expérience développée depuis les années 60 dans le domaine de l'enseignement artistique par la Coopérative *Arvore* de Porto, la Coopérative d'enseignement supérieur artistique a créé, en 1986, à côté d'autres cours artistiques de niveau supérieur qu'elle proposait déjà, un cours de cinéma et vidéo.

Au départ, on enseignait à l'école une série de disciplines calquées sur le cursus de l'école de cinéma du Conservatoire national. Sans doute ce mimétisme était-il inévitable dans la mesure où certains enseignants de ce cours y avaient été formés.

Toutefois, dans le souci d'une meilleure adéquation entre les moyens disponibles, aussi bien techniques qu'humains, et d'une définition plus réaliste des objectifs, les responsables ont été conduits à adopter un nouveau cursus, nettement allégé du poids de la formation technique. Une partie des cours, en particulier en première année, est donc commune aux étudiants des diverses spécialités artistiques. Par ailleurs, la vidéo a pris une place dominante dans ce dispositif. Alors que, dans une première phase, ce cours se proposait de « garantir l'aptitude au travail dans les domaines de la création, de la réalisation et de la production audiovisuelles », la nouvelle structure propose « une formation artistique, théorique et pratique de base qui permette aux diplômés de continuer leur formation professionnelle ».

Mais les conditions précaires de l'enseignement, même si elles les disposent quand même à percer, font que l'on suscite chez les étudiants une conscience critique de l'univers audiovisuel ; elles engendrent également une insatisfaction chez ceux qui attendaient un cours plus technique et professionnel ou qui, tout simplement, veulent faire du cinéma.

Communication sociale à Lisbonne

Le cours de communication sociale, pionnier dans ce domaine, fonctionne depuis dix ans à l'Université nouvelle de Lisbonne au sein de la Faculté des sciences sociales et humaines. Il exige que les étudiants commen-

---

Le paysage audiovisuel au Portugal

Les films

1987	11 LM
1988	16 LM
1989	9 LM

Les télévisions

Chaînes publiques : 2 (RTP1 et RTP2)

Les radios

Station publique	: 1
Station internationale	: 1
Station religieuse	: 1

Chiffres CNC 1989

---

cent par acquérir une solide formation dans le domaine des Sciences humaines. Par là, il se démarque clairement d'une vision techniciste et il place son projet comme un enjeu à long terme.

La dimension audiovisuelle a été introduite dans ce cours en 1982-83 avec une option consacrée à la Production cinématographique et télévisuelle ; celle-ci a suscité l'intérêt d'un grand nombre d'étudiants, beaucoup d'entre eux ont fait ensuite leur stage à la télévision.

A la suite d'une restructuration des cours, une section spéciale est consacrée depuis 1988-89 à l'enseignement audiovisuel.

Ainsi, après deux premières années d'une formation générale commune à tous les élèves, le cursus se scinde en trois branches dont chacune comprend également des formations par sections spécialisées : Journalisme (y compris relations publiques), Audiovisuels (télévision, radio, publicité), Communication sociale.

On a pensé répondre ainsi non seulement aux critiques formulées par les élèves qui se plaignaient du manque de pratique, mais également aux exigences du ministère, pour mieux adapter le contenu de l'enseignement aux débouchés professionnels.

La branche Audiovisuels accueille vingt élèves en troisième année et dix en quatrième. Ils suivent des cours en Histoire de l'image, Filmologie et Production/réalisation télévisée.

Mais l'absence totale de studios, le manque d'équipements professionnels et de moyens financiers ne permettent pas aux étudiants d'accéder à la pratique. Ils la cherchent à l'extérieur, ce qui entraîne une autre contradiction : sollicités par les entreprises de communication sociale, ils finissent par privilégier l'activité professionnelle (collaborations, mi-temps) et par faire passer leurs études au second plan.

A Porto, une école de journalisme

C'est avec une philosophie toute différente qu'a été créée en 1983, à Porto, l'École supérieure de journalisme. Cet établissement privé, propriété d'une coopérative, a acquis voici trois ans, près de l'avenue de Boavista, une spacieuse villa qui lui donne le caractère familial d'un *college* britannique.

Son cours de communication sociale, assuré avant tout par des professionnels de la presse écrite, de la radio et de la télévision, entend offrir une formation axée sur les métiers.

L'enseignement audiovisuel forme des journalistes de télévision et des reporters. Dans ce domaine, deux disciplines se détachent : Techniques d'expression journalistique (journal télévisé) et Nouvelles technologies et mass media. Cette formation spécialisée est complétée par un stage de dix mois, effectué en troisième année. Après un passage obligatoire dans des entreprises de radio et de télévision, les élèves optent, dans la seconde partie du stage, pour l'un de ces deux médias.

On reproche parfois à ce cours un manque de formation théorique solide. A cela, les responsables rétorquent que les composantes scientifiques et techniques sont articulées dans une proportion initiale de 60 %/40 % qui s'inverse par la suite progressivement.

Jusqu'à ce jour, il fallait recourir à des institutions extérieures pour la pratique. Cet état de fait va bientôt changer avec l'installation de deux petits studios de radio et de télévision sur place.

L'école, qui admet chaque année une centaine d'étudiants (elle ne tient pas à s'agrandir), se targue de posséder un vaste réseau de contacts internationaux aussi bien au niveau scolaire qu'au niveau socio-professionnel.

Là encore, les étudiants commencent à tra-vailler trop tôt, en particulier pour parvenir à payer les frais élevés de scolarité. Ce signe d'une offre importante du marché et du bon accueil qu'y reçoivent les élèves n'en suscite pas moins quelques inquiétudes.

Publicité et marketing à Lisbonne

Dans le domaine de la Communication sociale, l'éventail des possibilités s'est élargi avec la création à Lisbonne, dans le secteur de l'enseignement polytechnique, d'une Ecole supérieure de communication sociale.

Cette nouvelle appellation de l'ancienne École supérieure de journalisme révèle l'intention d'embrasser un champ plus étendu que celui de l'École de Porto.

Le cours de Publicité et marketing vient juste de débuter. Les étudiants peuvent pratiquer la vidéo dans le cadre d'un laboratoire audiovisuel. Les moyens dont elle disposera, aussi bien au niveau des installations que des équipements techniques, avec des studios de radio et de télévision, semblent à la mesure des ambitions de cette école.

Après ce survol de l'enseignement supérieur portugais en audiovisuel, on peut s'inquiéter de deux tendances : d'une part les étudiants, du fait de leur petit nombre et de l'insuffisance de la pratique dans la plupart des écoles et des universités, courent le risque d'entrer trop vite sur le marché de l'emploi, avant même d'avoir fini leurs études.

D'autre part, du côté des institutions, on observe une tendance à privilégier les formations polyvalentes. Est-ce la meilleure option pour garantir l'avenir professionnel des étudiants ?

Le marché du travail offre actuellement un caractère contrasté. Deux chaînes de télévision privées vont être créées, on tourne au Portugal un nombre toujours croissant de films étrangers. Par contre, le cinéma national, soutenu par l'État depuis 1974, connaît un développement modeste et ponctué de crises. Le marché de la communication d'entreprise alimente de nombreux espoirs, mais il se développe de manière imprévisible, d'échecs en réussites.

José BOGALHEIRO
Traduction : Jacques Parsi

Annuaire

LISBOA (LISBONNE)

UNIVERSIDADE NOVA.

Curso de Comunicação Social (Cours de Communication Sociale). Faculdade de Ciencias sociais e humanas.
Avenida de Berna, 24, 1000 Lisboa.
Tél. : 73.35.19.
Responsable : Nelson Traquina.
Enseignement public.
Diplôme préparé : licenciado
Études et recherches en Communication sociale avec spécialisation en Journalisme et Moyens audiovisuels.
Admission selon les normes générales d'accès à l'enseignement supérieur.
Il y a 75 places en première année ; trente élèves environ choisissent l'option Moyens audiovisuels.
Frais d'inscription : 1 200 esc. par an. Il n'y a pas de frais de cours.
Contenu : deux années d'études générales et deux années de spécialisation par section : Communication sociale, Journalisme et Moyens audiovisuels.
Débouchés : formation trop récente (créée en 1988/89) pour évaluer dans quelle mesure se confirmeront les perspectives d'emploi sur le marché de l'audiovisuel (journalistes, réalisateurs TV).

INSTITUTO POLITECNICO DE LISBOA (INSTITUT POLYTECHNIQUE DE LISBONNE)

• Escola Superior de Comunicação Social (Ecole supérieure de communication sociale)
Campo dos Mártires da Pátria, 2-2°, 1100 Lisboa.
Tél. : 55 62 91, 715 34 58.
Responsable : Vitor Macieira.
Cette école publique fait partie de l'Institut polytechnique de Lisbonne.
Diplôme préparé : bacharel.
Admission selon les normes générales d'accès à l'enseignement supérieur public.
Droits d'inscription aux cours : 1200 esc./an.
Des trois cours qui avaient été prévus pour cette école — Publicité et marketing, Relations publiques et Communication sociale — seul le premier a commencé à fonctionner. Le plan d'études, réparti sur trois ans, comprend des disciplines nucléaires, instrumentales, optionnelles et appliquées.
Cette école vise à la formation d'étudiants, dans les secteurs de la communication, qui puissent presque immédiatement occuper les fonctions pour lesquelles ils se préparent, réduisant le hiatus qui existe normalement entre la préparation scolaire et la vie professionnelle. Il est encore tôt pour évaluer les résultats.

• Escola Superior de Teatro e Cinema (Ecole supérieure de théâtre et cinéma)
Rua dos Caetanos, 29, 1200 Lisboa.
Tél. : 342 36 85 / 346 17 94.
Responsable : José Bogalheiro.
École publique qui fait partie de l'Institut polytechnique de Lisbonne.
Le cours de cinéma est pédagogiquement et scientifiquement autonome.
Diplôme préparé : Bacharel.
Admission par concours local (spécifique, en deux phases, organisé par l'école) réservé à des candidats qui satisfont aux exigences générales d'accès à l'enseignement supérieur. Sont admis chaque année : vingt élèves.
Frais d'inscription : 1 200 esc. par an. Il n'y a pas de frais de scolarité.
Contenu : trois années d'études + stage . Première année de formation générale, commune à tous les élèves ; deuxième et troisième années de formation spécifique par sections (Image, Son, Montage et Production) ; stage d'intégration professionnelle (minimum de 600 heures).
Débouchés : sur un marché du travail marqué par la discontinuité mais qui tend à s'élargir, la grande majorité des élèves trouve du travail.
Remarques particulières : Membre associé au CILECT et au GEECT.

PORTO

ESCOLA SUPERIOR ARTISTICA DO PORTO (ECOLE SUPÉRIEURE ARTISTIQUE DE PORTO).

Passeio das Virtudes, 14, 4000 Porto.
Tél. : 31 96 36.
Responsable : Antonio Campos.
École privée (coopérative) dans laquelle un département d'audiovisuel dispense un cours de ciné-vidéo.
Diplôme préparé : a la même valeur que le *Bacharel.*
Admission après une entrevue avec les candidats qui réunissent les exigences requises pour entrer dans l'enseignement supérieur. Quinze à vingt étudiants sont sélectionnés chaque année.
Frais d'inscription : 10 000 esc. (première inscrip-

tion) + 40 000 esc. par an. Frais de cours : 4 400 esc. par unité de cours.
Contenu : trois années d'études. Première année : expression audiovisuelle, histoire de l'art, psychologie ; deuxième et troisième années: analyse de films, image audiovisuelle, réalisation.
Débouchés : à part l'intégration de certains élèves dans des entreprises de vidéo, la majeure partie des élèves reprend ses activités antérieures. Certains poursuivent leur formation professionnelle.

ESCOLA SUPERIOR DE JORNALISMO (ÉCOLE SUPÉRIEURE DE JOURNALISME).

Avenida da Boavista, 3067, 4100 Porto.
Tél. : 67 22 38.
Responsable : Salvato Trigo.
École privée (coopérative) qui dispense un cours de Communication sociale.
Diplôme préparé : a la même valeur que le *Bacharel.*
Admission : examen écrit et oral, les candidats devant satisfaire aux conditions requises pour l'entrée dans l'enseignement supérieur public.
Sont admis annuellement cent élèves au maximum.
Frais d'inscription à l'examen d'entrée : 17 500 esc.
Frais d'inscription : 25 000 esc./an. Frais de cours : 200 000 esc./an.
Contenu : le cours organisé en unités de valeur (1 uv = 15 heures) se déroule sur trois ans et correspond à 200 uv. Avec plus de 50 uv, on peut obtenir un diplôme d'études spécialisées.
Débouchés : le cours comprend un stage dans la presse, la radio ou la télévision, domaines qui constituent le futur marché de l'emploi des diplômés de cette école, dont l'objectif est la formation professionnelle des journalistes.

Annexe : Écoles d'art et Écoles supérieures d'éducation. Ensino Superior Artistico

FUNCHAL

INSTITUTO SUPERIOR DE ARTES PLASTICAS DE MADEIRA.

9600 Funchal.
Cours de design, projection graphique.
Design de communication visuelle.
Diplôme du cycle de base.
Durée : trois ans.

Diplôme du cycle spécial.
Durée : deux ans.

LISBOA

ESCOLA SUPERIOR DE BELAS-ARTES DE LISBOA.

Largo da Biblioteca Pública 1200, Lisboa.
Cours de Design de communication.
Diplôme de cycle de base.
Durée : trois ans.
Diplôme du cycle spécial.
Durée : deux ans (possibilité de se spécialiser en audiovisuel).

PORTO

ESCOLA SUPERIOR DE BELAS-ARTES DO PORTO

Av. Rodrigues de Freitas, n° 265, 4300 Porto.
Cours de Design de communication.
Diplôme : Bacharel.
Durée : trois ans.
Diplôme : Licenciado.
Durée : deux ans.
D'autre part, certaines années, deux écoles supérieures d'éducation proposent à leurs étudiants, titulaires du *Bacharel* une spécialisation en audiovisuel.

INSTITUTO POLITECNICO DO PORTO

Escola Superior de Educação.
Rua Dr. Roberto Frias, 4200 Porto.
Cours spécialisé en animation communautaire et éducation des adultes.

SANTAREM

INSTITUTO POLITÉNICO DE SANTARÉM

Escola Superior de Educação.
Complexo Andaluz, Apartado 279, 22002 Santarém.
Cours d'études supérieures spécialisé en communication éducative multimédia.
Diplôme de cours supérieur spécialisé.
Durée : deux ans.

José BOGALHEIRO
Traduction : Jacques Parsi

Wim Wenders, ancien élève de l'école de Munich et enseignant à la DFFB, à Berlin

XI. EN RÉPUBLIQUE FÉDÉRALE D'ALLEMAGNE

Collection Roland Schneider

Engel aus eisen, de Thomas Brasch, ancien étudiant à l'école de Potsdam-Babelsberg

Dans les anciens Länder, l'enseignement supérieur est très décentralisé, à l'image du pays où ils jouissent d'une grande autonomie. Gratuit, peu sélectif, l'enseignement souffre, en dépit de la baisse démographique, d'un afflux massif d'étudiants qui ont tendance à faire durer le temps de leurs études. Il est marqué par le clivage entre, d'une part, l'enseignement, plus théorique, dispensé dans les universités, les universités techniques et les établissements supérieurs intégrés, et, d'autre part, l'enseignement, plus pratique et plus professionnel, délivré dans les établissements spécialisés, les écoles supérieures de technologie (FH) et les écoles supérieures d'art (que nous appellerons KH).

Dans les nouveaux Länder, tout est en bouleversement : nous y avons fait une incursion. L'organisation y est différente, mais un processus d'harmonisation est en cours.

Le tableau ci-contre illustre l'organisation de l'enseignement supérieur — dans les anciens Länder. La tutelle est très décentralisée. Chaque Land a un *Wissenschaftsministerium* (ministère de la Recherche), chargé de l'enseignement supérieur. Sur le plan fédéral, la *Kultus Minister Konferenz (KMK)* et le ministère de l'Éducation, de la science et de la technologie sont chargés de tâches spécifiques et générales.

L'enseignement supérieur en RFA

Nombre d'habitants : 78,5 millions
Nombre d'étudiants : 1 676 296 (anciens et nouveaux *Länder* en 1989) dont 21 500 originaires d'autres pays de la CEE
Langue d'enseignement : l'allemand.

Durée	Cycle	Établissements à caractère scientifique UNIVERSITÄTEN (universités) TECHNISCHE U (universités techniques) TECHNISCHE HOCHSCHULEN (universités techniques) GESAMTHOCHSCHULEN (établissements d'enseignement supérieur intégré).			Établissements à finalité professionnelle. FACHHOCH-SCHULEN FH (écoles supérieures de technologie)	Établissements artistiques dont les KUNSTHOCH-SCHULEN (écoles des beaux-arts)	
Entre 2 et 6 ans		**Doktor**					
3 ans environ	*Haust Studium* Cycle d'études principales 2e cycle	Diplômes d'université *Diplom*	*Magister Artium*	Diplôme d'État *Staatsprü-fung*		*Diplom*	*Staats-prüfung*
					Diplom FH		
2 ans environ	*Grund Studium* Études de base 1er cycle	**Zwischenprüfung** Examen intermédiaire **Vordiplom**			**Vordiplom** (examen préliminaire) Stage pratique		
Age 19 ans		Entrée à l'université			Entrée dans les FH	Entrée dans les Écoles des beaux-arts	
		Abitur (baccalauréat) ou **Allgemeine Hochschulreife** (autorisation de commencer des études supérieures) à la fin du gymnasium (13 ans d'études dans les anciens *Länder*)			**Fach Hochschulreife** ou **Fach Abitur** après 12 ou 13 ans d'études dans la Fachoberschule.	Contrôle des aptitudes artistiques.	

A l'université,
soixante-douze possibilités

Die Freudlose Gasse, de Georg Wilhelm Pabst

_____ *par Joachim Paech*

Etudier les médias,
comme matière principale
ou comme option

Joachim Paech enseigne les sciences de la communication à l'université de Constance. Il est l'auteur d'une série d'articles et d'ouvrages sur l'histoire, la théorie et l'analyse du cinéma et de la télévision. Il a publié notamment en français dans la revue **Hors-cadre** *« L'état des études filmiques dans les deux Allemagnes » (n° 7, 1989).*

D'abord quelques rappels généraux.

La presse, la radio et la télévision ont toujours suscité, en Allemagne, des polémiques passionnées.

A l'époque de la République de Weimar, les médias avaient fait l'objet, sous le signe alors de la lutte des classes, d'importants débats théoriques avec Siegfried Kracauer, Rudolf Arnheim, Walter Benjamin et Bertolt Brecht (moins la télévision, évidemment, à l'époque).

Après la Seconde Guerre mondiale, c'est la BBC anglaise qui servit de modèle à la nouvelle structure fédérale des radios de droit public des Länder.

Sur le plan universitaire, le centre de la recherche sur le cinéma a longtemps été l'Institut de journalisme de Munster, en Westphalie, que dirigeait Walter Hagemann. Quant aux écoles supérieures de cinéma et de télévision de Munich (HFF) et de Berlin (DFFB), d'abord conçues comme des facultés à vocation théorique et pratique, elles sont devenues dans les années 60 des centres de formation artistique et technique pour les studios de télévision.

Puis la télévision a détrôné le cinéma comme objet d'étude un peu partout, sous la pression du goût du public bien sûr, mais aussi suite à l'entrée à l'Université des théories américaines sur la recherche sociologique en matière de communication de masse.

Toutefois, il a fallu attendre les remous de la contestation universitaire pour que professeurs et étudiants prennent, en RFA, conscience de la nécessité d'analyser les médias audiovisuels. La « théorie critique » de Horkheimer et Adorno, la mise en cause radicale du fait culturel par Herbert Marcuse et les fondements de la théorie des médias de Hans Magnus Enzensberger, Oskar Negt et Alexander Kluge sont alors passés au centre des discussions.

A partir du milieu des années 70, les études se sont orientées dans trois directions.

Au sein des sciences humaines, d'abord, sont apparus, dès 1964, des éléments de réflexion, encore isolés, sur les rapports entre littérature et cinéma, sur les adaptations littéraires, etc. En vue de ce qu'on appelait alors « la démocratisation » du concept de littérature, on s'est penché sur les formes populaires comme la bande dessinée, le roman-feuilleton mais aussi le film et plus encore les feuilletons télévisés. En même temps, dans les arts plastiques, l'étude des images consommées par un grand public s'est substituée en partie à celle des œuvres de prestige des grands maîtres du passé. Cependant, la focalisation sur les médias a eu surtout des motifs pédagogiques : on pensait qu'étudier leur rôle politique apporterait une immunisation contre les manipulations, et puis cela permettrait un retour à Brecht et à Benjamin.

Ensuite, on a assisté à un renouvellement des études de cinéma par le recours à la sémiologie de Christian Metz. Et il y a eu contagion dans les études sur les médias. Le film est devenu un « texte » privilégié pour l'analyse, d'abord linguistique (Metz), puis psychanalytique (Lacan, Metz encore, *Screen*) et enfin narrative (mimétique, diégétique et finalement constructiviste). Ce retour en force du cinéma dans les séminaires avait été favorisé, par ailleurs, par l'irruption des films en cassettes vidéo, que l'on pouvait lire et décor-

À l'école supérieure de pédagogie de Dresde

tiquer au magnétoscope, d'une façon proche de l'analyse de n'importe quel texte littéraire. Peut-être aussi le flot télévisuel et son fatras d'images avait-il suscité un besoin de retour à l'aura de l'œuvre cinématographique.

Aujourd'hui, l'enseignement supérieur et la recherche s'intéressent aux médias qui génèrent des disciplines et des institutions nouvelles : écoles, radios et télévisions, publicité.

La science des médias

Mon enquête a confirmé que les universités ont véritablement commencé à s'intéresser aux médias en tant que tels au milieu des années 70. Il est vrai que les instituts de journalisme (celui de Munster depuis 1927 !) s'étaient penchés sur leurs aspects historiques, économiques et juridiques depuis longtemps, mais leur support privilégié restait la presse écrite.

L'analyse filmique proprement dite s'est développée à partir des sciences humaines. On peut penser que c'est un besoin lancinant de légitimer recherche et enseignement en ce domaine qui explique cette évolution, d'autant que la fixation, en quelque sorte, sur les chefs-d'œuvre de la littérature avait contribué à éloigner enseignants et chercheurs d'une certaine réalité.

En 1976, la présence à la Journée des germanistes de Düsseldorf d'une section cinéma avait encore fait sensation ! Pourtant, par le truchement même du cinéma, on y avait découvert que des pans entiers de la littérature contemporaine et de grands auteurs demeuraient occultés. On y avait abordé l'attitude de l'intelligentsia littéraire (Hoff-mannsthal, Schnitzler, Döblin, Brecht, etc.) face au cinéma et l'on s'était clairement demandé si l'étude des sciences humaines ne devait pas être éclairée par celle des médias. Sans déboucher sur cette orientation, cette journée de Düsseldorf avait quand même suscité d'importantes recherches sur l'histoire et la théorie du cinéma.

L'université technique de Berlin (Institut des médias, dirigé par Friederich Knilli), et l'Institut de philologie de l'université de Münster (groupe de sémiologie) sont devenus des foyers de l'analyse sémiologique en cinéma. Si les sources étaient le Français Metz et la revue anglaise *Screen*, d'autres filières cinématographiques ont été ouvertes par la sociologie, la pédagogie, la philologie, les beaux-arts, l'ethnologie et le folklore.

Au total, l'étude des médias est appréciée par les universités à la mesure de l'importance de notre civilisation audiovisuelle. De moins en moins intégrée dans les structures traditionnelles, elle devrait devenir le point de départ pour des changements de structure et une plus grande coopération entre différentes disciplines. On est d'ailleurs en train de créer des centres de recherche d'enseignement de la théorie, de pratique expérimentale et de planification économique des médias, tels le Media Park de Cologne et le Centre pour l'art et la technologie des médias de Karlsruhe. Une concertation européenne engendrera sans doute des projets analogues ailleurs.

Pour comprendre les particularités du système d'enseignement supérieur allemand, il faut se souvenir que la RFA est un État fédéral dans lequel les seize Länder (dix dans l'ex-RFA, cinq dans l'ex-RDA, un à Berlin) possèdent la pleine souveraineté dans le domaine culturel. Dans le cadre d'une loi fédérale, chaque Land bénéficie d'une autonomie fort étendue pour gérer ses universités et ses établissements supérieurs. Et un simple accord du gouvernement régional suffit pour prendre des décisions administratives et financières. Chaque université, chaque établissement supérieur peuvent créer un enseignement des médias dans un département scientifique et organiser l'enseignement et la recherche comme ils l'entendent. Le revers de la médaille est que la formation aux médias au niveau universitaire et supérieur y est relati-

vement confuse, en comparaison de ce qui se passe dans les États centralisés. Pendant mon enquête, plusieurs universités m'ont annoncé leur intention d'implanter bientôt des cursus nouveaux ou d'opérer des changements substantiels. J'invite donc le lecteur à se reporter annuellement à la publication *Cinéma et télévision dans la recherche et l'enseignement* pour avoir à l'avenir des informations actualisées (voir la bibliographie).

L'incidence de la réunification de l'Allemagne

En outre, depuis le 3 octobre 1990, les cinq Länder et Berlin-Est qui constituaient l'ancienne RDA ont été incorporés à la RFA, ce qui m'a obligé à élargir cette enquête en cours de route, dans un contexte de restructuration et de bilan. Je suis particulièrement reconnaissant à l'université Humboldt de Berlin-est (Dr Haucke), à l'université Karl-Marx de Leipzig (Dr Hofmann), à l'Institut supérieur de pédagogie Clara-Zetkin de Leipzig aussi (Dr Grunau), à l'Institut supérieur de pédagogie KFW Wander de Dresde (Pr. Dr Liesch) et à l'École supérieure de cinéma et de télévision de Potsdam-Babelsberg (Dr Wiedermann) de m'avoir communiqué leurs réflexions sur la création ultérieure d'une formation aux médias dans leurs établissements.

Jusqu'à présent, le cinéma était concentré à l'Académie des sciences de Berlin-Est et à la HFF de Potsdam-Babelsberg, les médias (sous la rubrique théâtre) à l'université Humboldt de Berlin-Est, la didactique des médias dans les Instituts pédagogiques supérieurs de Leipzig et de Dresde, tandis qu'on enseignait à Leipzig médias et civilisations.

L'heure est encore à l'expectative mais les étudiants de la CEE peuvent déjà y avoir accès, comme on pourra en juger dans l'article sur l'école de Potsdam-Babelsberg.

Deux types de cursus

J'ai adressé un questionnaire à toutes les disciplines, tous les instituts et tous les cursus répertoriés dans le n° 12 (1990) du périodique annuel dont je viens de parler. Pour cent cinquante questionnaires, j'ai reçu quatre-vingt-dix réponses et soixante-douze rapports substantiels.

On peut les classer en deux groupes, entre lesquels, dois-je le préciser ? je n'établis ici aucune hiérarchie :

— D'un côté, il y a les instituts qui proposent à leurs étudiants une gamme étendue d'études sur les médias ou alors préparent directement à une activité professionnelle (journalisme, enseignement des médias, etc.). Ce sont ceux qui donnent le plus de précisions sur les débouchés. On peut leur annexer les filières qui, à l'intérieur d'une structure plus traditionnelle (littérature, pédagogie, sociologie), ont créé une dominante en communication et qui permettent de suivre tout un cursus en leur sein.

— D'un autre côté, il y a les institutions qui ont créé des options cinéma et télévision dans des filières traditionnelles, mais dont le statut demeure secondaire.

Peu nombreuses sont les universités dites traditionnelles qui ont mis l'accent sur l'étude du cinéma et de la télévision (Munich, Fribourg, Bonn, Hambourg). Certaines ne la proposent même pas du tout (Heidelberg, Giessen).

Ce sont les universités nouvelles, créées dans les années 60, qui ont, souvent dès leur fondation, ancré l'étude des médias dans certains cursus, comme celui de Communication et esthétique. En tête arrive Siegen, suivie de Bielefeld, Brême, Oldenbourg, Paderbornn, Bochum, Dortmund, Essen, Hildesheim, etc.

A ce propos, le magazine *Der Spiegel* a publié un sondage indiquant que Berlin, Munich, Cologne et Hambourg sont les villes dans lesquelles la majorité des étudiants aimeraient vivre. Mais quand il s'agit d'étudier, ce sont Siegen, Osnabrück et Constance qui arrivent en tête. Peut-être cette préférence s'explique-t-elle notamment par le fait qu'on y propose une gamme plus ouverte de disciplines.

Située dans les montagnes entre Cologne, la Ruhr et Francfort, l'université de Siegen (GHS) constitue actuellement le centre de la recherche et de l'enseignement en la matière. On y trouve même un cours, nouveau, de planification des médias. Les départements de

recherche comprennent un séminaire, une section « Médias des écrans » et un centre d'analyse pratique.

Dans les autres, on étudie les médias au sein de disciplines et d'instituts artistiques (Brunswick, Kassel, Wuppertal), pédagogiques (Hanovre, Hildesheim), philologiques (Munich, Tubingen), et surtout de journalisme. (Les études de journalisme restent les plus spécialisées. C'est le cas aussi des études en communication et design.)

En revanche, les études sur la théorie de l'analyse filmique, sur l'histoire des théories du cinéma et de la télévision trouvent plus volontiers leur place dans des disciplines comme l'histoire ou la philologie et les recherches y débouchent sur un plus grand nombre de publications.

La plupart des filières dans le domaine des médias sont situées au sein de cursus accélérés ou optionnels, ou encore forment des dominantes dans des cursus traditionnels (sciences politiques, lettres, psychologie, langues, etc.).

Comme structure d'accueil, les arts dramatiques jouent un rôle principal à Berlin-Ouest et Est, Bochum, Cologne et Francfort où l'on apprend surtout le cinéma et la télévision. Les médias y sont généralement enseignés sous l'angle de l'histoire des civilisations, de l'analyse des œuvres et aussi de la production.

A Karlsruhe, on projette de créer un Centre de technologie des arts et des médias, en liaison avec l'École supérieure de réalisation *(Hochschule für Gestaltung)* qui enseignerait l'infographie. Comme ce n'est encore qu'un projet, je ne peux en dire plus sur cette tentative de mettre en rapport l'art, la cybernétique et les nouveaux médias.

Le deuxième groupe d'établissements que j'ai repéré (voir l'annuaire 2) intègre l'enseignement des médias dans une dominante autre. Le plus souvent, même en option, aucun examen particulier ne sanctionne les études sur les médias (mais on peut néanmoins y obtenir de bons résultats).

Les universités qui accueillent ainsi des options médias dans le cadre d'autres enseignements sont Aix-la-Chapelle (Sciences politiques), Cologne (Histoire), Erlangen-Nuremberg (Théologie), Bonn (Sciences artistiques) et les facultés de Lettres et de Philologie de Bielefeld, Kiel, Constance, Mannheim, Tubingen, Sarrebruck, Stuttgart.

Les moyens

Nombreuses sont donc en Allemagne les filières d'enseignement sur les médias (bien que, répétons-le, il faille distinguer entre celles qui sont spécifiques et celles qui sont simplement complémentaires).

Les unes et les autres disposent presque toujours de plusieurs magnétoscopes et de caméras vidéo qui peuvent être utilisés pour des projets d'envergure limitée ou pour analyser des films. Beaucoup sont aussi équipés en ordinateurs pour faire de l'infographie. En général, la finalité purement professionnelle n'est pas prise en considération *a priori*. Quand elle est recherchée, elle bute souvent sur des problèmes d'organisation considérables (voir plus loin).

Quant à la dotation en personnel, d'après mes correspondants, on peut distinguer trois cas de figure : ou bien le cours est dispensé par un enseignant seul qui est spécialisé dans un domaine et propose des séminaires complémentaires sur l'histoire du cinéma, la politique des médias, etc. ; ou bien deux ou trois collègues d'une même discipline se regroupent avec un technicien autour d'un programme commun et autonome ; ou encore un cursus optionnel est assuré par un groupe important de collègues de disciplines voisines.

Sauf exception, le baccalauréat *(abitur)* est exigé à l'entrée des universités allemandes. Les conditions d'admission dans les études sur les médias varient selon qu'il s'agit d'un cursus spécifique ou d'une dominante au sein d'une autre discipline. Certaines études artistiques, comme Communication et design, organisent de plus un examen d'aptitude, où l'on n'impose que rarement une limitation d'âge.

Le nombre d'étudiants par filière est très variable : il peut aller de quinze à mille (tout dépend de la classification, ainsi qu'on l'a vu plus haut). Les filles y sont présentes à 60 %. Les étrangers ne bénéficiant pas de conditions particulières, il est difficile de les comptabiliser. Des cours d'allemand leur sont proposés dans chaque université. Les formalités d'inscription sont assurées dans chaque

endroit. En règle générale, les étudiants écrivent aux secrétariats concernés pour s'informer sur les conditions d'examen, les délais d'inscription et les cursus d'études. Les réponses sont rapides et courtoises, notamment pour les étrangers.

Le problème des bourses est plus délicat. Elles émanent soit de la *Bafög* (promotion des études, par l'État), soit de fondations, d'associations confessionnelles ou syndicales, etc. Certaines universités font partie de réseaux ERASMUS.

J'ai été surpris par le nombre d'étudiants qui financent leurs études en faisant de petits boulots, même si cela dépend beaucoup des régions, des saisons et de la localisation de l'établissement.

La durée des études est en principe de neuf semestres mais elle est en réalité de douze, parfois davantage, surtout si l'étudiant a un travail alimentaire. Les cursus de base permettant d'obtenir un diplôme sont en règle générale strictement limités à quatre ou cinq semestres.

Les études sont gratuites et les assurances sociales sont en moyenne de cinquante DM par semestre.

Les diplômes sont régionaux, un examen d'État n'est exigé que pour les carrières dans l'enseignement.

Les étudiants en médias terminent leurs études dans la proportion de 80 à 90 %. L'interruption de ces études est en général due à un changement d'université ou de discipline ou à un choix d'entrer plus tôt dans la vie active. Un diplôme n'est reconnu professionnellement que si les études ont été menées à leur terme. C'est de toute façon le critère de base pour les tests de recrutement pratiqués par les entreprises et les administrations, en même temps bien sûr que la qualification requise.

Quand on examine les soixante-douze réponses du questionnaire, il n'est pas facile de différencier aussi complètement qu'il serait souhaitable les cursus et les niveaux de qualification.

Il semble cependant que l'enseignement des médias voie sa nature conditionnée, y compris au plan des examens, par la nature de la discipline à laquelle il est rattaché quand celle-ci est traditionnelle.

Dans les cursus plus mitigés ou carrément

Collection Roland Schneider

Der Müde Tod, de Fritz Lang

spécialisés, on tend nettement à équilibrer la théorie (histoire, esthétique, analyse), et la pratique. Les exercices sur ce plan vont du travail à la caméra vidéo ou en 16 mm à l'élaboration de projets rédactionnels simulés pour initier, surtout dans les écoles de journalisme, à la quête et au traitement des informations.

Les instituts sont généralement puissamment équipés en matériel : caméras, magnétoscopes et tables de montage VHS, S-VHS et U-matic. Le 16 mm est fréquent, le matériel infographique en voie d'introduction. La pratique atteint un niveau professionnel dans les sections Communication et design, auxquelles il arrive de recevoir des commandes. Le financement par des sponsors (fondations ou entreprises) est plus problématique.

Problématique est aussi la participation à des stages pratiques dans des journaux, à la radio ou à la télévision. En effet, les chaînes de télévision ont leurs propres départements de formation et de perfectionnement et ne sont pas, par conséquent, très intéressées par les propositions des universités. En outre, les professionnels ont une forte prévention contre les universitaires jugés trop imbus de théorie.

Le devenir des étudiants

La faible orientation professionnelle des universités explique sans doute qu'elles se préoccupent assez peu de connaître le degré de réussite de leurs diplômés, encore que le développement de la concurrence entre elles les incite depuis quelque temps à s'intéresser au problème. Familiers des statistiques, les gens de la publicité sont les plus à même de faire état des résultats de leurs diplômés : certains cursus, comme Communication et design, qui préparent à l'emploi dans les relations publiques et les agences de pub, affichent des taux de réussite de 100 %.

Il semble que, d'une manière générale, les diplômés en médias qui se sont convenablement dirigés vers des professions pour lesquelles ils ont été formés trouvent un emploi dans la proportion de 80 %. Au bout de deux ans, leur salaire moyen tourne au tour de 4 600 DM.

J'ai interrogé les diplômés du premier cursus en études des médias qui ait été créé en Allemagne, à Osnabrück en 1976. Bien qu'il ait été supprimé depuis, les réponses m'ont paru significatives.

Michael T., par exemple, a suivi un cursus de dix semestres entre 1977 et 1982, en médias, linguistique et pédagogie, avant de passer son *Magister* durant l'hiver 1982 : « *Au départ, je ne voyais pas clairement la finalité de mes études. J'envisageais vaguement une carrière journalistique. Mais en travaillant sur l'histoire du cinéma, la pédagogie des médias, etc., j'ai peu à peu oublié cette idée et j'ai commencé à m'intéresser vivement au film ethnographique et au documentaire en général. J'ai consacré mon mémoire à ''L'historique du cinéma amateur en Allemagne, et sa réception''. J'ai travaillé à la télévision scolaire de la WDR (Westdeutscher Rundfunk) où j'ai notamment participé à la série* Des élèves font des films. *Comme j'étais entiché d'Eisenstein et tout ça, mes collègues ne voyaient dans mon travail que fatras théorique. Avec un camarade, j'ai essayé de devenir réalisateur indépendant. Une entreprise de chimie nous a commandé un film en vidéo VHS qu'elle nous a acheté un prix intéressant. Mais comme il était techniquement insuffisant, les commandes se sont arrêtées là. A Cologne, j'ai eu l'occasion de réaliser une émission pour la WDR (Aktuelle Stunde). Depuis cinq ans, je travaille en indépendant pour cette chaîne. Au départ, mes études ont plutôt constitué un handicap à mon travail, car ma formation théorique me donnait des scrupules excessifs. Aujourd'hui, je constate que j'accorde davantage d'attention à la forme et au contenu que mes collègues. Je cherche toujours d'autres solutions. Ma perception est plus diversifiée que celle*

des spécialistes dont le regard quitte rarement le cadre de la caméra ou du bureau. »

Il n'est pas impossible qu'aujourd'hui, dans quelque université, un séminaire se penche doctement sur l'inadéquation de ce rapport...

C'est pour pallier celle-ci qu'à Osnabrück toujours, un groupe d'anciens étudiants en médias ont créé sur place leur propre structure indépendante pour prouver qu'il y avait d'autres voies que la télévision, la radio ou la presse écrite. Se plaignant eux aussi de l'insuffisance de leur formation pratique, ils disent : « *Cette carence nous a incités à cultiver nos penchants personnels. Stimulés par un séminaire sur le cinéma expérimental et d'avant-garde, nous avons fait de nécessité vertu et fondé en 1980 un atelier du cinéma expérimental qui, en 1983, a débouché sur un festival international annuel : European Media Art Festival. Pour produire, nous avons monté le Niedersächsischer Film und MedienBurö (Bureau du film et des médias de Basse-Saxe). Grâce à une quête incessante de subventions, nous parvenons à nous rétribuer. Nous organisons aussi des séminaires dans des universités populaires et des tournées avec des programmes de cinéma et de vidéo en Allemagne et à l'étranger. Nous espérons pouvoir créer une Maison des médias équipée d'un atelier de cinéma et d'unités de production audiovisuelles dans le cadre de la promotion culturelle autogérée.* »

En fin de compte, ces étudiants doivent davantage à leur esprit d'initiative qu'à leurs études passées. Cette expérience devrait éclairer ceux qui planifient les cursus sur les médias...

Les sciences humaines sont aujourd'hui en Allemagne le secteur où la discussion est la plus ouverte et les structures les plus mouvantes, comme je l'ai mentionné en commençant cet article.

L'avenir dira si les disciplines scientifiques sont les mieux à même d'intégrer la recherche sur les médias et s'il faut dissocier davantage l'enseignement à visée professionnelle ou si le mérite des médias sera précisément de rapprocher théorie et pratique au sein et en dehors de l'enseignement supérieur.

Joachim PAECH
Traduction : Roland Schneider

Alto Sax, de Egon Werdin, Thomas Merker et Walker Lindenlaub, étudiants à l'école de Munich

Bibliographie sélective

Beiträge zur Film — und Fernsehwissenschaft. Schriftenreihe der Hochschule für Film und Fernsehen « Konrad Wolf », Potsdam-Babelsberg (zuletzt n° 37, Januar 1990, dort : Bisky (Lothar), Hanke (Helmut) : Medienforschung in den neunziger Jahren, p. 5-29) (Contributions à la science du cinéma et des médias.

Collection de l'Académie du cinéma et de la télévision « Konrad Wolf », Potsdam-Babelsberg, numéro 37, janvier 1990 : Bisky (Lothar), Hanke (Helmut) : Recherche sur les médias dans les années 90, p. 5-29).

BELACH (Helga), KORTE (Helmut) (éditeurs), **Film und Fernsehen in Forschung und Lehre**

(Cinéma et télévision dans la recherche et l'enseignement), Braunschweig (Hochschule für Bildende Künste) / Berlin (Stiftung Deutsche Kinemathek), numéro 12/13, 1990.

BOHN (Rainer), MÜLLER (Eggo), RUPPERT (Rainer) (éditeurs), **Ansichten einer künftigen Medienwissenschaft** (Aspects d'une science des médias pour l'avenir), Berlin, 1988.

Deutsche Forschungs Gemeinschaft (DFG), **Sonderforschungsbereich Ästhetik, Pragmatik und Geschichte der Bildschirmmedien. Schwerpunkt Fernsehen in der Bundesrepublik Deutschland** (Hg.) : Arbeitshefte Bildschirmmedien (Groupement de recherches spécialisées DFG, Domaines de l'esthétique, de la pratique et de l'histoire des médias de l'écran. Dominante Télévision dans la RFA (éditeur) : Fascicules de travail), Siegen.

Diskurs film. Münchner Beiträge zur Filmphilologie (Discours film : Contributions munichoises à la philologie du cinéma), München 1988 n° 1 : **Strategien der Filmanalyse** (Stratégies de l'analyse filmique) ; n° 2 : **Der Stummfilm. Konstruktion und Rekonstruktion** (Le cinéma muet : Construction et reconstruction) ; n° 3 : **Der erotische Diskurs. Filmische Zeichen und Argumente** (Le discours érotique : signes filmiques et arguments).

FELDMANN (Erich) (éditeur), **Die Deutschen Film und Fernsehhochschulen. Bericht und Dokumente zu ihrer Planung** (Les écoles supérieures allemandes de cinéma et de télévision. Rapports et documents concernant leur planification), München, Basel, 1967.

Gesellschaft für Film und Fernsehwissenschaft GFF (Hg.) (Société pour les sciences du cinéma et de la télévision (GFF) éditeur) Bestandsaufnahme : **Film und Fernsehwissenschaft in der Bundesrepublik Deutschland**. Dokumente einer Tagung (Inventaire : sciences du cinéma et de la télévision en RFA. Documents d'un Congrès), Münster, 1987.

GIESENFELD (Günter) (rédaction), **Augenblick. Marburger Hefte zur Medienwissenschaft** (Instantané : Cahiers marbourgeois sur la science des médias), (Hg. Institut für Neure deutsche Literatur der Philipps-Universität Marburg) (édités par l'Institut de littérature allemande contemporaine de l'Université Philipps de Marburg) (n° 9 paru en 1990).

HICKETHIER (Knut) (éditeur), **Filmgeschichte schreiben. Ansätze, Entwürfe und Methoden. Dokumentation der Tagung der GFF 1988** (Rudiments, ébauches et méthodes de rédaction d'une histoire du cinéma. Documentation sur les assises de la GFF 1988), Münster, 1989.

KITTLER (Friedrich A.), SCHNEIDER (Manfred), WEBER (Samuel) (éditeurs), **Diskursanalysen 1 : Medien** (Analyses discursives 1 : Médias), Opladen, 1987 — **Diskursanalysen 2 : Institution Universität** (Analyses discursives 2 : L'institution Université), Opladen, 1990.

KNILLI (Friedrich), ZIELINSKI (Siegfried) (éditeurs), **Germanistische Medienwissenschaft** (Science des médias germaniques), in **Jahrbuch für Internationale Germanistik**, Reihe C, Band 4/1-3 (Annuaire des études germaniques internationales, série C, tome 4/1-3).

KOEBNER (Thomas), RIHA (Karl) (éditeurs), **Medienwissenschaft : Rezensionen** (Science des médias : comptes rendus), Tübingen, 1986.

KREUZER (Helmut) (éditeur), **Literaturwissenschaft — Medienwissenschaft** (Sciences littéraires et médiatiques), Heidelberg, 1977.

KREUZER (Helmut), **Zu Aufgaben und Problemen einer philologischen Medienwissenschaft am Beispiel des Fernsehens,** in : *Horizonte.* Festschrift für Herbert Lehnert zum 65. Geburtstag (Sur la mission et les problèmes d'une science médiatique philologique à partir de l'exemple de la télévision, dans *Horizons*, brochure commémorative pour le 65e anniversaire de Herbert Lehnert), Tübingen, 1990, p. 312-327.

PAECH (Joachim), **Die Anfänge der Filmwissenschaft in Westdeutschland nach 1945** (Les débuts de la science cinématographique en Allemagne de l'Ouest après 1945), in : Berger/Reichmann/Worschech (rédaction) Zwischen Gestern und Morgen. Westdeutscher Nachkriegsfilm 1946-1962 (Entre passé et futur. Le cinéma ouest-allemand d'après-guerre, 1946-1962), Frankfurt (Deutsches Filmmuseum/Musée allemand du cinéma), 1989, p. 266-279.

PAECH (Joachim), **Filmwissenschaftliche Zwischenbilanz. Anmerkungen zu Geschichte und Struktur der Filmwissenschaft in Deutschland (BRD und DDR)** (Bilan intermédiaire de la science cinématographique. Notes sur l'histoire et la structure de la science cinématographique en Allemagne (RFA et RDA), in : Theater-ZeitSchrift, n° 24, 1988, p. 84-92. Du même : **État des études filmiques dans les deux Allemagnes** (en français), dans *Hors Cadre*, n° 7, 1989, p. 241-251.

RIHA (Karl) et autres (rédaction), MuK (Massenmedien und Kommunikation) Veröffentlichungen des Forschungsschwerpunktes Massenmedien und Kommunikation der Universität (GHS) Siegen (Mass médias et communication. Publications de la section Mass médias et communication de l'université de Siegen).

SCHMITT-SASSE (Joachim) et al, **Medienwissenschaft** (Sciences des médias), in : Theater-ZeitSchrift, n° 22, 1987.

Joachim PAECH
Traduction : Roland Schneider

Annuaire

Collection Roland Schneider

L'angoisse du gardien de but au moment du penalty,
de Wim Wenders

Rappel : les études sont gratuites. Le coût de l'assurance est de 50 DM par semestre.

---

1) Études théoriques et pratiques, fortement axées sur les médias, et partiellement orientées vers les professions de l'audiovisuel.

BAMBERG

UNIVERSITÄT BAMBERG (UNIVERSITÉ DE BAMBERG).

Kommunikationswissenschaft (Sciences de la communication).

Schwerpunkt : Journalistik (Dominante : Journalisme).
An der Universität 9, 8600 Bamberg.
Tél. : 0951.863.452/3.
Responsable : Dr Günter Bentele.
Information : Studienkanzlei der Universität Bamberg, Kapuzinerstrasse 16, 8600 Bamberg.
Tél. : 0951.863.377.
Diplômes : Diplom et *Magister Artium* d'études germaniques, sociologie et sciences politiques.
Conditions d'admission : 6 mois de pratique du journalisme.
Durée des études : 9 semestres.
Effectifs par promotion : environ 300 étudiants.
Cursus d'études : centré sur le journalisme, il veut établir un lien entre l'étude théorique de la communication et l'expérience pratique dans les différents métiers du journalisme.
Dominante Journalisme combinée avec les études germaniques. Option obligatoire ou facultative : science de la communication, combinée avec d'autres matières. Cours et travaux pratiques, notamment en vidéo. Travaux sur des thèmes journalistiques.
Débouchés : bonnes perspectives professionnelles.

BAYREUTH

UNIVERSITÄT BAYREUTH (UNIVERSITÉ DE BAYREUTH).

Sprach-und Literaturwissenschaftliche Fakultät (Faculté de Lettres et Langues).

Angewandte Literaturwissenschaft (Lettres appliquées).
Universitätsstrasse 30, Potsfach 101251, 8580 Bayreuth.
Tél. : 0921.880237.
Responsable : Dr Erika Fischer-Lichte.
Diplôme terminal : Magister.
Depuis mai 1989, un « cursus complémentaire » porte sur l'histoire, l'esthétique, la sémiotique du film et analyse en premier lieu des enregistrements de représentations théâtrales, émissions de télévision, films, textes littéraires dans des contextes déterminés. Des petites productions sont en outre réalisées avec des bandes vidéo S-VHS.
Durée des études : 4 semestres dans le cursus complémentaire.
Effectifs : 12 étudiants (les étudiants étrangers, notamment du tiers monde, sont les bienvenus).

BERLIN

FREIE UNIVERSITÄT BERLIN (UNIVERSITÉ LIBRE DE BERLIN).

• **Fachbereich Kommunikationswissenschaften (Département sciences de la communication). Institut für Semiotik und Kommunikationstheorie (Institut de Sémiotique et théorie de la communication).**
Malteserstrasse 74-100, 1000 Berlin 33.
Tél. : 030.7792.1.
Responsable : Dr M. Posner-Landsch et Dr Hans-Jürgen Wulff.
Durée des études : 8 (en réalité 12) semestres.
Effectifs : environ 40 étudiants.
Cursus : la formation s'effectue au sein du cursus du *magister* de journalisme. Les travaux pratiques sont possibles grâce à un équipement très riche en tous appareils (sauf du 35 mm).

• **FB 12 Institut für Psychologie (Département 12 : Institut de psychologie). Medienforschung (Recherche sur les médias).**
Malteterstrasse 74-100, 1000 Berlin 33.
Tél. : 030.7792.532.
Responsable : Dr L.J. Issing.
Diplôme : magister.
Conditions d'admission : accès normal.
Effectifs : 40 étudiants environ.
Cursus : l'essentiel des études porte sur la pédagogie des médias, qui fait partie du cursus du *magister* en sciences de l'éducation et de la communication (depuis 1972). L'enfance, la jeunesse, etc. constituent des thèmes au même titre que la télévision éducative, la vidéo comme média didactique, la planification sur ordinateur, les programmes d'enseignement avec leur design, etc.

• **Institut für Theaterwissenschaft (Institut d'art dramatique).**
Mecklenburgische Strasse 56, 1000 Berlin 33.
Tél. : 030.823.9244.
Responsable : Dr Karl Prümm.
Conditions d'admission : les délais de candidature vont pour le semestre d'été du 1er décembre au 15 janvier, pour le semestre d'hiver du 1er juin au 15 juillet.
Durée des études : 8 semestres jusqu'à la maîtrise.
Effectifs : environ 60 places par semestre.
Cursus : la formation théorique (à côté du théâtre) englobe l'histoire, la théorie, l'analyse et l'esthétique du cinéma et de la télévision. Un bon équipement permet des travaux pratiques. Il ne s'agit pas cependant d'une formation pratique à finalité professionnelle pour le théâtre, le cinéma et la télévision.

• **Zentraleinrichtung für AV-Medien (ZEAM) (Laboratoire central des médias audiovisuels ZEAM).**
Malteserstrasse 74-100, 1000 Berlin 33.
Tél. : 030.7792.420.
Responsable : Dr Werner Dewitz.
Conditions d'admission : accessible à tous les étudiants de la FUB.
Cursus : des exercices techniques sont pratiqués grâce à un excellent équipement, et des films éducatifs sont réalisés.

HOCHSCHULE DER KÜNSTE BERLIN (ÉCOLE SUPÉRIEURE DES BEAUX ARTS DE BERLIN)

FB 5 WE1, Institut für Gesellschafts-und Wirtschaftskommunikation (Département 5 : Institut de communication sociale et économique).
Mierendorffstrasse 30, 1000 Berlin 10.
Tél. : 030.3185.2142.
Responsable : Pr. Wolfgang Krebs.
Immatriculation : Hochschule der Künste Berlin (-IPA/FB5) Hardenbergstrasse 33, 1000 Berlin 12.
Tél. : 030.3185.2234. Auslandsamt : tél. : 030.3185.2219/2196. Ausländerbetreuung. Responsable : Pr. Wilhelm Johanning, Einsteinufer 43-53, 1000 Berlin 10, Raum 414. Tél. : 030.3185.2127.
Diplôme terminal : ingénieur en communication.
Conditions d'admission : expérience pratique menée à terme.
Durée des études : 9 semestres.
Effectifs : 60 places pour 800 candidats. Les candidatures sont déposées respectivement pour le 15 janvier (semestre d'été) et le 15 juillet (semestre d'hiver).
Cursus : l'Institut assure depuis 1980 la formation à des fonctions spécifiques de communication en politique, culture et économie. Dans le cursus de base sont étudiées la science et la planification des communications. Le noyau des études est l'aspect verbal, textuel et audiovisuel des communications.

HUMBOLDT UNIVERSITÄT BERLIN (UNIVERSITÉ HUMBOLDT DE BERLIN).

Sektion Kunstwissenschaften (Section Sciences artistiques).

Bereich Theaterwissenschaft (Département Science théâtrale).
Universitätsstrasse 3b, 1080 Berlin.
Tél. : 203.15.480.
Responsable : Dr Lutz Haucke.
Information : Direktoriat für Studienangelegenheiten, Unter den Linden 6, 1080 Berlin.
Conditions d'admission : âge limite de 28 ans.
Durée des études : 5 ans.

Effectif : 150 candidats pour 50 places annuelles maximum. Il y a actuellement 60 étudiants dans la matière principale, 40 dans les matières secondaires.

Cursus : les médias audiovisuels sont enseignés depuis 1966, la théorie et l'histoire du cinéma depuis 1978 (à côté de la dominante Théâtre). A partir de 1990, la recherche doit être renforcée dans le domaine du cinéma (histoire des médias, développement de la communication à travers les médias audiovisuels, esthétique des médias, rapports de réciprocité avec les autres arts fondés sur la représentation).

TECHNISCHE UNIVERSITÄT BERLIN (UNIVERSITÉ TECHNIQUE DE BERLIN).

Institut für Kommunikations-, Medien-und Musikwissenschaft (Institut de sciences de la communication, des médias et de musicologie).

Fachgebiet Medienwissenschaft (Département sciences des médias).
Ernst-Reuterplatz 7, 1000 Berlin 10.
Tél. : 030.314.22322.
Responsable : Dr Friedrich Knilli.
Diplôme terminal : diplom.
Condition d'admission : diplôme préparatoire ou examen intermédiaire dans un autre cursus.
Durée des études : 5 semestres.
Cursus : Conseiller en médias : analyse des médias, histoire des médias, sociologie des civilisations, droit des médias, etc. Travaux pratiques : rédaction écrite et audiovisuelle (vidéo, photo, film).

BIELEFELD

UNIVERSITÄT BIELEFELD (UNIVERSITÉ DE BIELEFELD).

Fakultät für Pädagogik (Faculté de pédagogie).

AG Jugend-, Erwachsenenbildung, Medienpädagogik (Département de formation pour jeunes et adultes, pédagogie des médias).
Universitätsstrasse 25 Postfach 8640, 4800 Bielefeld 1.
Tél. : 0521.106.4536.
Responsable : Dr Dieter Baacke et Dr Ingrid Volkmer.
Conditions d'admission : étudiants diplômés en Pédagogie.
Durée des études : 11 semestres pour préparer le diplôme de pédagogie.
Cursus : cours de formation combiné avec l'option obligatoire Pédagogie des médias.
Renseignements : Akademisches Auslandsamt der Universität Bielefeld, Universität Bielefeld (Université de Bielefeld). Audiovisuelles Zentrum (Centre audiovisuel).
Universitätstrasse 25, Postfach 8640, 4800 Bielefeld 1.
L'accès au Centre audiovisuel est ouvert à tous les étudiants de l'université de Bielefeld.

BOCHUM

UNIVERSITÄT BOCHUM (UNIVERSITÉ DE BOCHUM).

● **Fakultät für Philologie (Faculté de Philologie). Institut für Theater-, Film-und Fernsehwissenschaft (Institut d'Art dramatique, cinématographique et télévisuel.**
Universitätsstrasse 150, Postfach 102148, 4630 Bochum 1.
Tél. : 0234-700-5057/5051/5056.
Responsable : Dr Günther Ahrends.
Conditions d'admission : candidatures jusqu'au 15 juillet pour le semestre d'hiver, jusqu'au 15 janvier pour le semestre d'été.
Durée des études : 9 semestres pour le titre de maître.
Effectif : 350 candidats pour 194 places par an (6 % réservés aux étrangers).
Cursus : cet enseignement a débuté en 1989. La dominante Théâtre déjà existante a été complétée par une dominante Cinéma et télévision. L'histoire, la théorie, l'esthétique théâtrale, cinématographique et télévisuelle sont matières d'études et d'examens. Les études doivent être marquées par la science de l'étude textuelle, l'interdisciplinarité et la familiarité avec la pratique. C'est pourquoi il est également recommandé de faire des stages individuels dans les théâtres et les rédactions de la radio, de la télévision et du cinéma.

● **Sektion für Publizistik und Kommunikation (Section de journalisme et communication).**
Universitätsstrasse 150, Postfach 102148, 4630 Bochum 1.
Tél. : 0234-700-4764.
Responsable : Dr Heinz-Dietrich Fischer.
Conditions d'admission : le journalisme est choisi comme dominante ou comme option.
Durée des études : 8 semestres.
Cursus : méthodes d'enquêtes dans le domaine du journalisme. Théories de la communication de masse. Institutions. Réception et effets des médias. Études théoriques dans le domaine des professions du journalisme, sans éléments pratiques.
Renseignements : Universitätssekretariat, Universitätsstrasse 150, tél. : 0234-700-6897 ou Akademisches Auslandsamt.

BRAUNSCHWEIG (BRUNSWICK)

HOSCHSCULE FÜR BILDENDE KÜNSTE BRAUNSCHWEIG (ÉCOLE SUPÉRIEURE D'ARTS PLASTIQUES DE BRUNSWICK).

Filmklasse/Arbeitsstelle Filmgeschichte (Cours de cinéma-Laboratoire d'Histoire du cinéma).
Johannes Selenkaplatz 1, Postfach 2828, 3300 Braunschweig.
Tél. : 0531-391-9215/9154.
Responsable : Helmut Korte.
Diplôme terminal : Diplom
Conditions d'admission : limitation d'âge à 18 ans, examen d'aptitude artistique.
Durée des études : 10-12 semestres.
Cursus : possibilité d'étudier le cinéma au sein des cursus de pédagogie des arts, design graphique, design industriel, artistes libres et différents cycles de base. A côté de la théorie et de l'histoire du cinéma, les matières dominantes sont les travaux pratiques de vidéo, cinéma 16 mm, cinéma d'animation, infographie, etc.
Renseignements : voir plus haut, et information centrale des étudiants.

BREMEN (BRÊME)

UNIVERSITÄT BREMEN (UNIVERSITÉ DE BRÊME).

FB 10 Sprach-und Kulturwissenschaften (Département 10 : Langues et civilisations).
Bibliothekstrasse, Postfach 330 440, 2800 Bremen 33.
Tél. : 0421-2183025 (I. Schenk).
Responsable : Dr. Franz Dröge.
Dr Irmbert Schenk.
Diplômes : Magister, en plus de l'examen d'État pour enseignants.
Durée des études : 8 semestres.
Cursus : les mass médias en tant qu'objets d'étude sont répartis sur trois cursus : sciences artistiques, étude des langues germaniques, science des civilisations. Le cinéma et la télévision y sont étudiés sous l'angle spécifique à la matière.

DORTMUND

UNIVERSITÄT DORTMUND (UNIVERSITÉ DE DORTMUND).

FB 15 Institut für Journalistik (Département 15 : Institut de Journalisme).
Emil Figgestrasse 50, Postfach 500 500, 4600 Dortmund 50.
Tél. : 0231.755.2827/4152/4191.
Responsable : Dr Claus Eurich.

Diplôme terminal : Diplom de journalisme.
Conditions d'admission : directe.
Durée des études : 10 semestres.
Cursus : 4 semestres de base : méthodologie, initiation au système juridique et des médias, etc. 14 mois de pratique. Cursus principal de 3 semestres. Cours pratiques de rédaction et de technique rédactionnelle.
Renseignements : Studentensekretariat der Universität Dortmund. Postfach 500 500, 4600 Dortmund 50.

DRESDEN (DRESDE)

PÄDAGOGISCHE HOCHSCHULE « K.F. WANDER » DRESDEN (ÉCOLE SUPÉRIEURE DE PÉDAGOGIE).

Audiovisuelles Zentrum (Centre audiovisuel).
Wigardstrasse 17, Postfach 365, 8060 Dresden.
Tél. : 5990.366.
Responsable : Dr Christian Miesch.
Diplôme décerné : Diplôme spécial de pratique des matériels.
Conditions d'admission : *Abitur*. Limite d'âge de 18 à 24 ans.
Durée des études : 5 ans.
Effectifs : 500-600 places par an pour 2 200 candidats (pour la formation à l'enseignement), dont 50-60 pour étrangers. Les boursiers du tiers monde sont les bienvenus.
Cursus : une formation pédagogique aux médias est proposée depuis 1974 dans le cadre des études pour devenir enseignant. Le but de ces études est donc également d'acquérir des compétences pour utiliser des médias dans l'enseignement. Les étudiants disposent de caméras de 16 mm, de vidéo (VHS), ainsi que d'autres moyens audiovisuels.

DÜSSELDORF

HEINRICH HEINE UNIVERSITÄT DÜSSELDORF (UNIVERSITÉ HEINRICH HEINE DE DÜSSELDORF).

Philosophische Fakultät (Faculté de philosophie).

Fak. Kommission Medienwissenschaft (Commission de sciences des médias).
Universitätsstrasse 1 Gebäude 23.02, Ebene 02, 4000 Düsseldorf.
Tél. : 0211.311.4747.
Responsable : Dr Wolfgang Manz.
Diplôme terminal : Magister dans l'option choisie.
Conditions d'admission : en liaison avec une dominante dans le cursus de *magister*.
Durée des études : 9 semestres.
Cursus : études théoriques en option. Matières :

théorie des médias et sémiotique, production et analyse des médias, histoire des médias, utilisation et effets des médias, technique des médias. Pas de pratique.

EICHSTÄTT

KATHOLISCHE UNIVERSITÄT EICHSTÄTT (UNIVERSITÉ CATHOLIQUE D'EICHSTÄTT).

Diplom-Studiengang Journalistik (Cursus pour le diplôme de journalisme).
Ostenstrasse 26-28, 8078 Eichstätt.
Tél. : 08421.20.554/564.
Responsables : Dr Walter Hömberg et Dr Renate Hackel-de Latour.
Diplôme terminal : Diplom universitaire de journalisme.
Conditions d'admission : 6 mois de pratique.
Durée des études : 9 semestres.
Cursus : méthodologie et théorie des communications, application de la théorie à la pratique simulée et réelle des médias dans le journalisme.
Renseignements : voir plus haut, et information centrale des étudiants de l'université catholique d'Eichstätt.

ESSEN

UNIVERSITÄT GHS ESSEN (UNIVERSITÉ GHS D'ESSEN).

FB 4 Kommunikation und Design (Département 4 : Communication et design), Schwerpunkt Film/AV (Dominante Cinéma et audiovisuel).
Universitätsstrasse 12, Postfach 1037764, 4300 Essen 1.
Tél. : 0201.183.3356/3217/3262.
Responsable : Klaus Armbruster.
Diplôme terminal : Diplom.
Conditions d'admission : examen d'entrée de détermination des aptitudes artistiques. Diplôme préparatoire pour la dominante communication et design, ainsi que cinéma et audiovisuel.
Durée des études : 9-12 semestres.
Cursus : à côté de la théorie de la communication et du design, il existe des possibilités d'étudier la philosophie, la psychologie, la sociologie, et des travaux pratiques de photographie, graphisme et cinéma/audiovisuel.

FRANKFURT (FRANCFORT-SUR-LE-MAIN)

JOHANN-WOLFGANG GOETHE UNIVERSITÄT FRANKFURT (UNIVERSITÉ GOETHE FRANCFORT).

FB Neuere Philologien (Département de philologie moderne).
Institut für Theater-, Film-, und Fernsehwissenschaft (Institut d'Art dramatique, cinématographique et télévisuel).
Grosse Seestrasse 32-34, Postfach 111932, 6000 Frankfurt 11.
Responsables : Dr I. Degenhardt et Dr Frank Thies Lehmann.

FREIBURG IM BREISGAU (FRIBOURG-EN-BRISGAU)

ALBERT-LUDWIGS UNIVERSITÄT FREIBURG (UNIVERSITÉ ALBERT-LUDWIG DE FRIBOURG).

Institut für Soziologie (Institut de Sociologie).
Rempartstrasse 15, Postfach 2031, 7800 Freiburg i.B.
Tél. : 0761.203.3569
Responsables : Dr Heinrich Popitz et Dr Klaus Neumann.
La sociologie de la communication de masses, la recherche sur les effets des médias, et la pédagogie des médias sont des éléments constitutifs de la formation sociologique. Un groupe de travail axe ses recherches sur « la réception structurelle et analytique » des médias. On lui doit de nombreuses publications sur les problèmes sociologiques et psychologiques de réception des médias.
Renseignements : Zentrale Studienberatung, Rektorat der Universität Freiburg, Heinrich von Stephanstrasse 25, 7800 Freiburg i.B.

GÖTTINGEN

UNIVERSITÄT GÖTTINGEN (UNIVERSITÉ DE GÖTTINGEN).

Institut für Kommunikationswissenschaften (Institut de science des médias).

Abt. Publizistik und Kommunikationswissenschaft (Département de journalisme et des sciences de la communication).
Humboldtallee 32, Postfach 311, 3400 Göttingen.
Tél. : 0551.397210.
Responsables : Dr Jörg Aufermann et Dr Hans Jürgen Koschwitz.
Diplôme terminal : Diplom d'économie sociale ou politique selon les cursus choisis.
Conditions d'admission : directe pour la dominante journalisme.
Cursus : le journalisme peut être étudié dans 9 cursus de sciences sociales.

Renseignements : Sekretariat der Universität Göttingen, Wilhelmsplatz 1, 3400 Göttingen.

HAGEN

FERNUNIVERSITÄT HAGEN GHS (UNIVERSITÉ PAR CORRESPONDANCE DE HAGEN).

FB Erziehungs-, Sozial-, und Geisteswissenschaften (Département de Sciences de l'éductation, sociologie et lettres).

Arbeistbereich : Theorie der Schule und des Unterrichts (Secteur de la théorie éducative et de l'enseignement).
Fleyerstrasse 204, 5800 Hagen 1.
Tél. : 02331.804.2982.
Responsable : Dr Horst Dichanz.
Depuis 1970, on peut étudier les médias par correspondance par exemple dans le secteur de la théorie de l'école et de l'enseignement. Ces études sont fortement réglementées (il n'est pas possible de présenter ici la complexe procédure des inscriptions). Pour l'envoi du matériel d'enseignement, il est nécessaire d'acquitter des frais d'expédition (75 DM pour 9 unités de cours). En coopération avec d'autres universités (par exemple Düsseldorf) sont également proposés des cours pratiques de vidéo. Moyennant le paiement préalable de droits, les étrangers peuvent également en bénéficier.

HAMBURG (HAMBOURG)

UNIVERSITÄT HAMBURG (UNIVERSITÉ DE HAMBOURG).

Teilstudiengang Journalistik (Cursus partiel de journalisme).
Allendeplatz 1, 2000 Hamburg 13.
Tél. : 040.4123.5448/6181.
Responsable : Dr Hans J. Kleinsteuber.
Depuis 1982, il est possible d'étudier également le journalisme comme dominante en sciences politiques. Les études orientées vers la pratique enseignent l'utilisation des sources d'information, les recherches documentaires, les formes d'écriture journalistique. Les étudiants écrivent des articles, réalisent des émissions par la radio et la télévision. Les candidatures pour le semestre d'hiver sont acceptées jusqu'au 15/7. Candidature auprès du Studentensekretariat der Universität Hamburg, Edmund Siemersallee 1, 2000 Hamburg 13.

HANNOVER (HANOVRE)

UNIVERSITÄT HANNOVER (UNIVERSITÉ DE HANOVRE).

• **Historisches Seminar (Séminaire d'Histoire).**
Schneiderberg 50, 3000 Hannover 1.
Tél. : 0511.762.4260/3887.
Responsable : Dr Irmgard Wilharm.
Les médias sont au centre du cursus de maîtrise d'histoire (au titre duquel s'effectue aussi l'admission). Fictions et documentaires sont analysés comme sources historiques. Les travaux pratiques en vidéo doivent traiter de thèmes historiques. Des stages sont effectués dans des archives, mais aussi dans des stations de TV. Cela permet d'établir des contacts avec des professionnels de la télévision. Le travail avec et sur les médias a lieu dans le cadre de projets.

• **Institut für Pädagogik (Institut de pédagogie). Magister-Teilstudiengang Medien (Cursus partiel de magister sur les médias).**
Wunstorferstrasse 14, 3000 Hannover 91.
Tél. : 0511.762.3139/4690.
Responsables : Dr K.M. Kuntz, Akademischer Direktor Horst Lohl.
Diplôme : Magister dans le cursus partiel de pédagogie.
Conditions d'admission : obligation d'un cycle de base dans le cursus partiel de pédagogie.
Durée des études : 9 semestres.
Cursus : dans le cadre de la préparation au *magister* en pédagogie, spécialisation en audiovisuel.
Renseignements : Zentrale Studien- und Studentenberatung, An der Christuskirche 18, 3000 Hannover 1.

HILDESHEIM

HOCHSCHULE HILDESHEIM (ÉCOLE SUPÉRIEURE DE HILDESHEIM).

Institut für Audiovisuelle Medien (Institut des médias audiovisuels).
Marienburgerplatz 22, 3200 Hildesheim.
Tél. : 05121.883.204.
Responsable : Dr Jan Berg.
c/o Institut für ästhetische Erziehung und Kulturpädagogik (c/o. Institut d'éducation esthétique et de pédagogie culturelle).
Diplôme terminal : Diplom de pédagogie culturelle
Conditions d'admission : Certificat d'aptitude à la pratique artistique.
Durée des études : 9 semestres.
Cursus : théorie et pratique (d'égale importance) des médias à l'intérieur du cursus du diplôme de pédagogie culturelle ; doit être combiné avec une

dominante comme arts plastiques, littérature et musique, et une matière en rapport comme la pédagogie la psychologie, la sociologie, etc. (un cursus axé uniquement sur les médias est en projet).
Renseignements : Zentrale Studentenberatungsstelle (ZSB), Marienburgerplatz 22, 3200 Hildesheim.

HOHENHEIM-STUTTGART

UNIVERSITÄT HOHENHEIM (UNIVERSITÉ DE HOHENHEIM).

Institut für Sozialwissenschaften (Institut de sociologie).
Fachgebiet Kommunikationswissenschaft/Journalistik (Département de sciences de la communication et de journalisme).
Postfach 700 562, 7000 Stuttgart 70.
Tél. : 0711.459.2639.
Responsable : Frau Prof. Dr Claudia Mast.
Diplôme terminal : Diplom.
Conditions d'admission : achèvement des études secondaires.
Durée des études : 4 semestres de cycle de base.
Cursus : prépare au métier de journaliste. Acquisition de connaissances théoriques et pratiques (entraînement à la technique de l'interview, au travail rédactionnel, au journalisme de télévision).
Renseignements : Studentensekretariat der Universität Hohenheim, 7000 Stuttgart 70.

KARLSRUHE

ZENTRUM FÜR KUNST UND MEDIENTECHNOLOGIE KARLSRUHE (CENTRE D'ART ET DE TECHNOLOGIE DES MÉDIAS DE KARLSRUHE).

Hochschule für Gestaltung (École supérieure de réalisation).
Kaiserstrasse 64, 7500 Karlsruhe 1.
Tél. : 0721.93400.
Responsable : Dr Heinrich Klotz.
Cette institution centrale doit faire le lien entre la théorie et la pratique artistiques traditionnelles et les médias électroniques dans le but d'une pratique professionnelle. Elle doit rapprocher les arts de l'infographie. Cinq cursus sont en projet : sciences des arts et des médias, design industriel et graphique, scénographie, décors de scène et design pour expositions, art et esthétique des médias, cinéma, vidéo et photographie.
On prévoit 9 semestres d'études pour environ 300 étudiants.
Pour le moment, il n'y a pas encore de réglementation pour l'admission, les études et les examens.

KASSEL

GESAMTHOCHSCHULE KASSEL (ÉTABLISSEMENT D'ENSEIGNEMENT SUPÉRIEUR INTÉGRÉ).

FB 23 : Visuelle Kommunikation (Département 23 : Communication visuelle).
• Studienschwerpunkt Film/Fernsehen (dominante Cinéma et télévision).
Responsable : Manfred Vosz.
• Trick-, und Animationsfilm (Trucages et films d'animation).
Prof. Paul Driessen.
Menzelstrasse 13, 3500 Kassel 1.
Tél. : 0561.804.5304.
Diplôme terminal : Diplom.
Conditions d'admission : faire la preuve d'aptitudes artistiques particulières (présentation de travaux artistiques et tests).
Durée des études : 10 semestres.
Cursus : étude de la dominante Communication visuelle avec une option forte.
Renseignements : voir plus haut, et information des étudiants de la GHS Kassel.

KIEL

CHRISTIAN ALBRECHTS UNIVERSITÄT KIEL (UNIVERSITÉ CHRISTIAN ALBRECHT DE KIEL).

Arbeitsgruppe Film (Groupe de travail Cinéma).
Zentrale Verwaltung : Ohlshausenstrasse 40-60, 2300 Kiel.
Tél. : 0431.880.4674.
Responsable : Dr Kurt Denzer.
Dans cette institution centrale de l'université de Kiel, les étudiants qui poursuivent déjà leurs études dans différentes disciplines peuvent collaborer à la réalisation de films pédagogiques pour l'enseignement et la recherche au sein de l'université. Il n'y a ni modalités d'admission séparée, ni examen terminal.

KÖLN (COLOGNE)

UNIVERSITÄT ZU KÖLN (UNIVERSITÉ DE COLOGNE).

Institut für Theater-, Film-, und Fernsehwissenschaft (Institut d'art dramatique, cinématographique et télévisuel).

Meister Ekkehartstrasse 11, 5000 Köln 41.
Tél. : 0221.470.3791.
Responsable : Dr Elmar Buck.
Environ 1 000 étudiants suivent des cours à l'Institut de sciences théâtrales de l'université de Cologne, élargi au cinéma et à la télévision. A côté de la théorie, de l'histoire et de l'esthétique du cinéma et de la télévision, sont proposés également des cours de réalisation vidéo.

LANDAU

ERZIEHUNGSWISSENSCHAFTLICHE HOCH-SCHULE RHEINLAND-PFALZ, ABTEILUNG LANDAU (ÉCOLE SUPÉRIEURE DE SCIENCES DE L'ÉDUCATION DE RHÉNANIE-PALATINAT, DÉPARTEMENT DE LANDAU).

Seminar für Kommunikationspsychologie/Medienpädagogik (Séminaire de psychologie de la communication et de pédagogie des médias).
Westring 10a, 6740 Landau.
Tél. : 06341.84076.
Studentensekretariat Tél. : 06341.2800.
Responsables : Dr Hertha Sturm et Dr Jo Groebel.
Effectifs : 20 places pour 60 candidats.
Pour relier pédagogie et psychologie, un cycle de 4 semestres supplémentaires est proposé. Il débouche sur une qualification complémentaire. La science de la communication, l'analyse des médias, et surtout les problèmes socio-psychologiques de la réception des médias sont étudiés d'un point de vue théorique. Pratique du journalisme.

LEIPZIG

KARL MARX UNIVERSITÄT LEIPZIG (UNIVERSITÉ KARL MARX DE LEIPZIG).

• **Sektion Kultur-, und Kunstwissenschaften (Section Sciences artistiques et des civilisations).**
Institut für Kulturwissenschaft und Ästhetik (Institut des civilisations et d'esthétique).
Karl Marxplatz 9, 7010 Leipzig.
Tél. : 319.3010.
Responsable : Dr Michael Hofmann.
Conditions d'admission : *Abitur* et examen d'aptitude sous la forme d'un entretien, ainsi que la connaissance de deux langues étrangères.
Effectifs : 125 étudiants dans la matière principale, dont 2/3 de femmes.
Cursus : au sein des sciences des civilisations, on peut étudier à Leipzig depuis 1986 les Sciences des

médias et plus particulièrement les processus culturels de masse et l'esthétique des médias. L'étude des civilisations permet d'obtenir au bout de 10 semestres le titre de « spécialiste des civilisations ». La réussite aux examens terminaux après les études de base donne accès au deuxième cycle et, au bout de 9 semestres, permet d'achever les études en se spécialisant dans la matière principale pendant un semestre d'examens de contrôle. Les candidatures sont acceptées jusqu'au 15 juillet. L'inscription a lieu le 1er octobre. Pour les nouveaux inscrits, les entretiens d'admission ont lieu en septembre.

PÄDAGOGISCHE HOCHSCHULE LEIPZIG (ÉCOLE SUPÉRIEURE DE PÉDAGOGIE DE LEIPZIG) CLARA ZETKIN.

Institut für Kommunikation und Medienpädagogik (Institut des communications et de la pédagogie des médias).
Karl Heinestrasse 226, 7031 Leipzig.
Tél. : 319.4977.
Responsable : Dr Herbert Grünau.
Après une formation orientée jusqu'à présent plutôt vers une approche didactique des médias et la technique pédagogique pour les futurs enseignants, l'Institut ouvre à l'automne 1991 un cursus spécifique consacré aux notions essentielles en sciences de la communication. Il débouche sur une spécialisation utilisable dans les écoles et les organisations de loisirs. Au sein de la formation générale des enseignants (pratique scolaire comprise), une soixantaine d'étudiants recevront en 8 à 10 semestres d'études une formation aussi étendue que possible sur les aspects culturels, politiques, sociologiques et pédagogiques des médias.

LÜNEBURG

UNIVERSITÄT LÜNEBURG (UNIVERSITÉ DE LUNEBOURG).

Angewandte Kulturwissenschaften (Sciences des civilisations appliquées).

FB 3 Medien/Offentlichkeitsarbeit (Département 3 : Médias et relations publiques).
Wilschenbrucherweg 84, Postfach 2440, 2120 Lüneburg.
Tél. : 04131.714.360.
Zentrale Studienberatung, Wilschenbrucherweg 84, 2120 Lüneburg.
Tél. : 04131.714.436.
Responsable : Dr Werner Faulstich.
Diplôme : Magister en science des civilisations appliquées.

Durée des études : 9 semestres.

Effectifs : 800 étudiants par an pour 1 100 candidats environ.

Cursus : de la relation entre les sciences économiques et les civilisations est issue la matière secondaire « Travail des médias et relations publiques » comme spécialisation pratique dans le domaine des médias (réalisation esthétique). Le traitement informatique, le management des produits ou la protection de la nature et de l'environnement constituent des disciplines secondaires. Un stage dans le secteur professionnel est obligatoire.

MAINZ (MAYENCE)

JOHANNES GUTENBERG UNIVERSITÄT MAINZ (UNIVERSITÉ GUTENBERG DE MAYENCE).

FB Sozialwissenschaften (Département des Sciences sociales).

Institut für Publizistik (Institut de journalisme).
Jacob Welderweg 20, 6500 Mainz.
Tél. : 06131.392670.
Responsable : Dr Jürgen Wilke.
Diplôme : Magister ou Promotion en publicité. Pas d'examen terminal en journalisme.
Conditions d'admission : connaissance de deux langues étrangères. Achèvement des études secondaires et examen d'aptitude pour le cycle de base de journalisme.
Durée des études : 8 semestres (journalisme), 4 semestres (cursus de base de journalisme).
Cursus : dominante dans le journalisme avec études de la théorie, l'analyse et la pratique des médias. Cursus de base dans un séminaire d'enseignement du journalisme à orientation professionnelle et dans des études élargies de journalisme.

MARBURG (MARBOURG)

PHILIPPS UNIVERSITÄT MARBURG (UNIVERSITÉ PHILIPP DE MARBOURG).

• FB 9 Institut für Neuere deutsche Literatur (Département 9 Institut de Littérature allemande contemporaine).

Medienwissenschaft : MA-Studiengang, Aufbaustudiengang (Sciences des médias : cursus de maîtrise et cycle de base).

Wilhelm Röpkestrasse 6a, 3550 Marburg 1.
Tél. : 06421.28.4634/4636 (Heller).
Candidatures : Abteilung für Studienangelegenheiten der Philipps Universität Marburg, Biegenstrasse 10, 3550 Marburg.
Renseignements sur les bourses et les problèmes d'études en général : Zentrale Arbeitsstelle für Studienorientierung und — Beratung, Biegenstrasse 12
Tél. : 06421.28.5171.
Attention : les frais d'études sont de 250 DM par semestre.
Responsables : Dr Günter Giessenfeld et Dr Heinz B. Heller.
Conçue initialement (depuis 1984) comme complément des études de lettres, la science des médias peut être étudiée dans 3 cursus différemment structurés :
1) Dans le cursus de base, ce qui présuppose l'achèvement des études supérieures dans les disciplines littéraires (25 étudiants admis sur 60 candidats achèvent 4 semestres d'études).
2) Études principales pour le *magister* en littérature allemande contemporaine et en médias (baccalauréat exigé. 8 semestres d'études. 340 candidats pour 150 places).
3) Études de *magister* dans la matière secondaire « science des médias ». Il faut être attentif à la combinaison des matières (50 admis pour 220 candidats).
Les trois cursus étudient les médias dans leurs aspects historiques et herméneutiques : théorie, histoire, analyse et pratique. Les publications de l'Institut sont les périodiques *Clin d'œil, Cahiers marbourgeois pour la science médiatique, Science médiatique*. Comptes rendus. *Écrits marbourgeois sur le cinéma.*

• FB Gesellschaftswissenschaften und Philosophie (Département de sociologie et philosophie).

Institut für europäische Ethnologie und Kulturforschung (Institut d'ethnologie européenne et de recherche des civilisations).
Elisabethstrasse 9, 3550 Marburg.
Tél. : 06421.284353.
Responsable : Dr Hans-Friedrich Foltin.
Candidatures : Abteilung für Studienangelegenheiten der Philipps Universität Marburg, Biegenstrasse 10, 3550 Marburg.
Renseignements sur les bourses et problèmes d'études générales : Zentrale Arbeitsstelle für Studienorientierung und -Beratung, Biegenstrasse 12.
Tél. : 06421.28.5171.
Un cursus de maîtrise de 9 semestres (environ 45 candidats, dont 2/3 de femmes pour 15 places) analyse la relation entre le développement des médias et de la culture dans le cadre européen. Les sujets sont, par exemple, des enquêtes sur les émis-

sions de variétés à la télévision, les structures de la culture publique, loisirs et tourisme, etc. Le travail sur des projets joue un rôle fondamental. Candidatures pour le semestre d'été jusqu'au 15 janvier, pour le semestre d'hiver jusqu'au 15 juillet.

MÜNCHEN (MUNICH)

LUDWIG MAXIMILIANSUNIVERSITÄT MÜNCHEN (UNIVERSITÉ LUDWIG MAXIMILIAN DE MUNICH).

Institut für deutsche Philologie (Institut de philologie allemande).

Filmphilologie (Philologie du cinéma).
Schellingstrasse 3, 8000 München 40.
Tél. : 089.2180.2914.
Responsable : Dr Klaus Kanzog.
D'une manière classique, très caractéristique de l'Université allemande, la philologie textuelle a été élargie ici à la philologie filmique. Des ébauches d'interprétation, surtout sémiotiques, sont appliquées avec une acuité philologique à l'analyse de films et d'émissions de télévision. La base est constituée par l'étude de la philologie allemande.
L'Institut édite la revue *Discours filmique*, contributions munichoises à la philologie du film (jusqu'à présent, trois Cahiers parus : *Stratégies de l'analyse filmique, Le cinéma muet, Le discours érotique).*

MÜNSTER

WESTFÄLISCHE WILHELMS UNIVERSITÄT MÜNSTER (UNIVERSITÉ WESTPHALIENNE WILHELM DE MÜNSTER).

Institut für Publizistik (Institut de journalisme).
Bispinghof 9-14, 4400 Münster.
Tél. : 0251.83.4261.
Responsable : Dr Winfried B. Lerg.
Diplômes : Magister. Promotion au bout de 10 semestres.
Renseignements : Studentensekretariat der Universität, 4400 Münster.
Conditions d'admission : directe pour la dominante journalisme.
Durée des études : 8 semestres.
Cursus : dominante journalisme : Théorie et histoire des communications, initiation aux médias, cours pratiques de journalisme.

OLDENBURG (OLDENBOURG).

UNIVERSITÄT OLDENBURG (UNIVERSITÉ D'OLDENBOURG).

FB 2 Kommunikation/Ästhetik (Département 2 : Communications et esthétique).

Fach : Bildende Kunst/Visuelle Kommunikation (Matière : Arts plastiques, communication visuelle).
Ammerländer Heerstrasse 114-118, Postfach 2503, 2900 Oldenburg.
Tél. : 0441.798.2304/2305.
Responsable : Dr Jens Thiele.
Depuis la création de l'université en 1974, les médias y constituent un thème d'études dans les disciplines des arts et de la musique (carrières de l'enseignement et cursus de maîtrise : 8 semestres en moyenne pour environ 1 000 étudiants). L'étude théorique porte sur l'histoire, l'analyse, la théorie et l'esthétique des médias, la partie pratique propose une introduction au travail en vidéo (on dispose de tous les systèmes vidéo avec un matériel de montage, un équipement de films 8 et 16 mm, et, en outre, d'archives vidéo).
La recherche régionale sur l'histoire du cinéma a débouché sur une exposition avec catalogue : *Photographie-Cinéma, débuts de la photographie et du cinéma en Frise orientale.*

PADERBORN

UNIVERSITÄT GHS PADERBORN (UNIVERSITÉ GHS DE PADERBORN).

FB 2 : Erziehungswissenschaft (Département 2 : Sciences de l'éducation).
Warburgerstrasse 100, Postfach 1621, 4790 Paderborn.
Tél. : 05251.602973.
Responsable : Dr G. Tulodziecki.
La pédagogie des médias est proposée comme dominante dans le cursus pour le diplôme en Sciences de l'éducation. Les études de pédagogie durent 8 semestres, plus un semestre d'examens de contrôle. Les travaux sont principalement axés sur la didactique des médias.

SAARBRÜCKEN (SARREBRUCK)

UNIVERSITÄT DES SAARLANDES (UNIVERSITÉ DE LA SARRE).
• **Fachrichtung 6-4 psychologie (orientation 6-4 psychologie).**

6600 Saarbrücken.
Tél. : 0681.302.3638.
Responsable : Dr P. Winterhoff-Spurk.
Diplôme : Diplom de psychologie.
La dominante Psychologie des médias est étudiée à l'intérieur du cursus de psychologie. Des travaux pratiques sont organisés dans des stations de télévision. Les projets pour la recherche d'accompagnement d'émissions de télévision constituent un axe important.
Durée des études : 12 semestres.

• **Medienzentrum der Philosophischen Fakultät (Centre audiovisuel de la faculté de philosophie).**
Im Stadtwald Bau 8, Raum 4-24, 6600 Saarbrücken.
Tél. : 0681.302.3160.
Responsable : Dr Peter Strittmatter.
Le Centre audiovisuel sert à toute l'Université de la Sarre ; il est utilisé pour des travaux pratiques dans le domaine des médias.

SIEGEN

UNIVERSITÄT-GESAMTHOCHSCHULE-SIEGEN (UNIVERSITÉ GHS DE SIEGEN).

FB 3 Sprach-, und Literaturwissenschaften (Département 3 : Lettres et langues).

• **Diplomstudiengang Medienplanung, -Entwicklung und- beratung** (Cursus pour le diplôme de planification, de développement et de consultation dans le domaine des médias).
Responsable : Dr Jutta Wermke.
Tél. : 0271.740.2319.

• **Forschungsschwerpunkt Massenmedien und Kommunikation** (Dominante de recherche : Mass médias et communication-MUK).
Responsable : Dr Karl Riha.

• **Institut für empirische Literatur-, und Medienforschung** (LUMIS) (Institut de recherche empirique en lettres et dans les médias).

• **Sonderforschungsbereich 240** (Département de recherche spécialisée) : **Bildschirmmedien (médias des écrans).**
Responsable : Dr Christian W. Thomsen.
Audiovisuelles Medienzentrum (Centre audiovisuel)
Hölderlinstrasse 3, Postfach 210209, 5900 Siegen 21.
Tél. : 0271.740.2319.

Zentrale Studienberatung, Postfach 101240.
Tél. : 0271.740.3116.
Diplôme terminal : Diplom.
Conditions d'admission : directe dans le cursus du diplôme de planification médiatique.
Ce cursus constitue en quelque sorte une parenthèse dans l'organisation des études proposées en science et en pratique des médias dans cette université. Il permet d'utiliser les multiples équipements d'études et de recherche (MUK, LUMIS, département de recherche spécialisée) et le Centre audiovisuel. Cette université constitue certainement en ce moment le pôle le plus important en RFA pour la formation et la recherche dans le domaine des médias.

TRIER (TRÈVES)

UNIVERSITÄT TRIER (UNIVERSITÉ DE TRÈVES).

FB 2 Sprach-, und Literaturwissenschaft (Département 2 : Lettres et langues).

Medienkommunikation (Communication médiatique).
Tarforst, Postfach 3825, 5500 Trier.
Tél. : 0651.201.1.
Responsable : Dr Werner Holly.
L'étude des médias complète le cursus de philologie pour le *Magister* et la préparation au métier d'enseignant dans le département des langues et lettres (elle ne peut donc être étudiée séparément). S'ils choisissent le certificat de Communication, la qualification professionnelle des étudiants en langues et lettres est améliorée. Comme matière principale, on propose l'étude des médias : structures graphiques, esthétique, réalisation politique et problèmes juridiques. Un film de fiction, *Café américain* est né d'un projet estudiantin.

TÜBINGEN

UNIVERSITÄT TÜBINGEN (UNIVERSITÉ DE TÜBINGEN).

• **Neuphilologische Fakultät (Faculté de philologie moderne).**

Medienabteilung (Département des médias).
Aufbaustudiengang Medienwissenschaft/Medienpraxis (Cursus de base en sciences et pratique des médias).

Wilhelmstrasse 50, 7400 Tübingen.
Tél. : 07071.296710.
Responsable : Pr. Dr Strassner.
Diplom de praticien des médias.
Conditions d'admission : achèvement des études secondaires.
Durée des études : 4-5 semestres de cycle de base.
Cursus : cycle de base à finalité professionnelle.
D'égale importance : théorie, analyse, politique, droit et pratique des médias dans la production radiophonique et vidéographique, relations publiques, infographie et design.

• **Seminar für englische Philologie (Séminaire de philologie anglaise).**

Abteilung für Amerikanistik (Département d'études américaines).
Wilhelmstrasse 50, 7400 Tübingen.
Tél. : 07071.292910.
Responsables : Dr Alfred Weber et Dr Hans Borchers.
Ici également, l'étude des médias constitue l'élargissement d'un cursus philologique, axé dans le cas présent sur la civilisation américaine. A l'intérieur du cursus de maîtrise et de formation au métier d'enseignant, des séminaires étudient notamment les médias et leur développement en Amérique du Nord. Des projets portent sur les *soap operas* à la télévision et le cinéma documentaire aux USA. Des études sur les rapports entre cinéma et littérature en Amérique ont été publiées.

WUPPERTAL

UNIVERSITÄT GHS WUPPERTAL (UNIVERSITÉ GHS DE WUPPERTAL).

FB 5 Design, Kunst- und Musikpädagogik, Druck (Département 5 : Design, pédagogie artistique et musicale, impression).

Fach : Audiovisuelle Medien (Matière : Médias audiovisuels).
Haspelerstrasse 27, Postfach 100127, 5600 Wuppertal 2.
Tél. : 0202.439.1.
Responsable : Ursula Wevers.
Diplôme de travail pratique et théorique.
Conditions d'admission : réservé aux étudiants du département 5 Design, ils peuvent choisir entre autres la dominante Médias audiovisuels.
Durée des études : 9 semestres.
Cursus : dominante au sein du cursus Design des communications : exercices sur l'histoire et l'analyse du cinéma ; réalisations artistiques en cinéma et vidéo, films d'animation, etc.

---

2) *Études théoriques où l'audiovisuel est une option*

AACHEN (AIX-LA-CHAPELLE)

TECHNISCHE HOCHSCHULE AACHEN (ÉCOLE SUPÉRIEURE TECHNIQUE D'AIX-LA-CHAPELLE).

• **Institut für politische Wissenschaft (Institut de sciences politiques).**
Templergraben 64, 5100 Aachen.
Tél. : 0241.80.6124/25.
Responsable : Dr Manfred Schmitz.

• **Institut für Anglistik (Institut d'Anglais).**
Karmanstrasse 17-19, 5100 Aachen.
Tél. : 0241.80.6102/6108.
Responsable : Dr Theresia Sauter-Bailliet.

AUGSBURG (AUGSBOURG)

UNIVERSITÄT AUGSBURG (UNIVERSITÉ D'AUGSBOURG).

Universitätsstrasse 10, 8900 Augsburg.

• **Lehrstuhl für Didaktik der deutschen Sprache und Literatur (Chaire de didactique de langue et littérature allemandes).**
Tél. : 0821.598.788/789.
Responsable : Dr Kaspar H. Spinner.

• **Philosophische Fakultät I (Faculté de philosophie 1).**
Diplom-Studiengang Pädagogik (Cursus pour le diplôme de pédagogie).

• **Medienpädagogik (Pédagogie des médias).**
Tél. : 0821.598.1.
Responsable : Dr W. Glogauer.

• **Philosophische Fakultät I (Faculté de philosophie I).**
Videolabor (Laboratoire Vidéo).
Tél. : 0241.806124/25.

BIELEFELD

UNIVERSITÄT BIELEFELD (UNIVERSITÉ DE BIELEFELD).

Fakultät für Linguistik und Literaturwissenschaft (Faculté des lettres et de linguistique).
Universitätsstrasse 25, Postfach 8640, 4800 Bielefeld 1.
Tél. : 0521.106.1
Responsable : Dr Reinhart Fiehler.

BONN

UNIVERSITÄT BONN (UNIVERSITÉ DE BONN).

• **Institut für Erziehungswissenschaft (Institut des sciences de l'éducation).**
Am Hof 3-5, 5300 Bonn 1.
Tél. : 0228.73.7329.
Responsable : Dr Esser.

• **Kunsthistorisches Institut (Institut d'histoire de l'art).**
Regina Pacisweg 3, Postfach 2220, 5300 Bonn.
Tél. : 0228.73.7292.
Responsable : Dr Karl Stamm.

• **Pädagogische Fakultät (Faculté de pédagogie).**

Seminar für Geschichte und ihre Didaktik und politische Bildung (Séminaire d'histoire, de didactique historique et d'éducation politique).
An der Schlosskirche 1, 5300 Bonn 1.
Tél. : 0228.73.7689/7690.
Responsable : Dr Peter Meyers.

DORTMUND

UNIVERSITÄT DORTMUND (UNIVERSITÉ DE DORTMUND).

FB 15 Institut für Anglistik und Amerikanistik (Département 15 : Institut d'études anglaises et américaines).
Emil Figgestrasse 50, Postfach 500 500, 4600 Dortmud 50.
Tél. : 0231.751532.
Responsable : Dr Helmut Sauer.

ERLANGEN-NURNBERG (ERLANGEN-NÜREMBERG)

UNIVERSITÄT ERLANGEN-NÜRNBERG (UNIVERSITÉ D'ERLANGEN-NUREMBERG).

Theologische Fakultät, Institut für praktische Theologie (Faculté de théologie, Institut de théologie appliquée).
Kochstrasse 6, 8520 Erlangen.
Tél. : 09131.852222.
Responsable : Dr Günter R. Schmidt.

FREIBURG (FRIBOURG-EN-BRISGAU)

PÄDAGOGISCHE HOCHSCHULE FREIBURG (ÉCOLE SUPÉRIEURE DE PÉDAGOGIE DE FRIBOURG).

Diplomaufbaustudium Erziehungswissenschaft (Cycle de base du diplôme de sciences de l'éducation).

Studienrichtung Medienpädagogik (Orientation : pédagogie des médias).
Kunzenweg 21, 7800 Freiburg.
Tél : 0761.682.1.
Responsable : Dr Martin Rauch.

HANNOVER (HANOVRE)

UNIVERSITÄT HANNOVER (UNIVERSITÉ DE HANOVRE).

Seminar für deutsche Literatur und Sprache (Séminaire de littérature et langue allemandes).
Welfengarten 1, 3000 Hannover 1.
Tél. : 0511.762.1.
Responsable : Dr C. Bezzel.

KIEL

CHRISTIAN ALBRECHTS UNIVERSITÄT KIEL (UNIVERSITÉ CHRISTIAN ALBRECHT DE KIEL).

Englisches Seminar (Séminaire d'anglais).

Filmphilologie (Philologie du cinéma).
Ohlshausenstrasse 40-60, 2300 Kiel.
Tél. : 0431.880.3355.
Responsables : Dr Jens Peter Becker et Dr Gottfried Schröder.

KÖLN (COLOGNE)

UNIVERSITÄT KÖLN (UNIVERSITÉ DE COLOGNE).

Historisches Seminar (Séminaire d'histoire).
Albertus Magnusplatz, 5000 Köln 41.
Tél. : 0221.470.1.
Responsable : Privat Dozent Dr Hans Henning Hahn.

KONSTANZ (CONSTANCE)

UNIVERSITÄT KONSTANZ (UNIVERSITÉ DE CONSTANCE).

Philosophische Fakultät (Faculté de Philosophie). Fachgruppe Literaturwissenschaft (Groupe disciplinaire Lettres).

Medienwissenschaft (Sciences des médias).
Universitätsstrasse 10, Postfach 5560, 7750 Konstanz.
Tél. : 07531.88.3892.
Responsable : Dr Joachim Paech.

MAINZ (MAYENCE)

JOHANNES GUTENBERG UNIVERSITÄT MAINZ (UNIVERSITÉ GUTENBERG DE MAYENCE).

FB 23 : Angewandte Sprachwissenschaft (Département 23 : Langues appliquées).
An der Hochschule 2, 6728 Germersheim.
Tél. : 07274.508.55.
Responsable : Dr Franz Josef Albersmeier.

MANNHEIM

UNIVERSITÄT MANNHEIM (UNIVERSITÉ DE MANNHEIM).

Fakultät Sprach- und Literaturwissenschaft (Faculté de lettres et langues).

Medienwissenschaft (Sciences des médias).
Schloss EW 220, 6800 Mannheim 1.
Tél. : 0621.292.2850.
Responsable : Dr Margot Berghaus.

SAARBRÜCKEN (SARREBRUCK)

UNIVERSITÄT DES SAARLANDES (UNIVERSITÉ DE LA SARRE).

• FB 8-1 Germanistik (Département 8-1 : Études germaniques).
6600 Saarbrücken.
Tél. : 0681.302.2306.
Responsable : Akademischer Oberrat H.D. Petto.

• Neuere Sprach-, und Literaturwissenschaften (Lettres et langues contemporaines).

FB 8-2 : Romanistik (Département 8-2 : Études romanes).
6600 Saarbrücken.
Tél. : 0681.302.2307/3257.
Responsable : Akademischer Oberrat Dr I. Deichsel.

STUTTGART

UNIVERSITÄT STUTTGART (UNIVERSITÉ DE STUTTGART).

Institut für Literaturwissenschaft (Institut de littérature).
Keplerstrasse 7, Postfach 560, 7000 Stuttgart 1.
Tél. : 0711.121.3063.
Responsables : Dr Thomas Rothschild et Dr Volker Klotz.

TÜBINGEN

UNIVERSITÄT TÜBINGEN (UNIVERSITÉ DE TÜBINGEN).

Ludwig Uhland Institut für empirische Kulturwissenschaft (Institut Ludwig Uhland d'études empiriques des civilisations).
Schloss, 7400 Tübingen 1.
Tél. : 07071.292374.
Responsable : Dozent Dr Wolfgang Kaschuba.

Joachim PAECH
Traduction : Roland Schneider

Remarque : Pour appeler un numéro téléphonique en Allemagne à partir d'un autre pays, faire le 49 puis le numéro indiqué *en supprimant le 0 initial.*

Dans dix écoles des beaux-arts et sept écoles supérieures de technologie

Wolfgang Petersen en tournage

par Ingo Petzke

Pratiquer le cinéma et la vidéo

Ingo Petzke enseigne le cinéma à la FH de Würzburg. Cinéaste, journaliste, conférencier, il est également l'auteur d'une étude rédigée en 1986 sur les formations comportant une pratique audiovisuelle, réalisée à la demande du ministère fédéral de l'Éducation et de la science.
Dans le cadre de notre enquête, il a refait, début 1990, le tour des Kunsthochschulen (KH, Écoles supérieures des beaux-arts) et des Fachhochschulen (FH, Écoles supérieures de technologie) qui permettent à leurs élèves de pratiquer le cinéma et la vidéo.

D'après les chiffres, la RFA serait, avec une centaine d'établissements supérieurs enseignant le cinéma et la vidéo, quelque deux mille étudiants initiés au travail pratique à la caméra et au montage, et quatre cents réalisateurs diplômés chaque année par l'État, le pays le plus cinéphilique du monde.

La réalité est un peu différente. L'enquête fait ressortir le caractère souvent confus et contradictoire de la situation.

Je ne reviens pas sur la nature fédérale de l'Allemagne que Joachim Paech a déjà évoquée. La confusion qui pourrait (paraît ?) résulter de cette structure est compensée par un fort consensus national sur chaque type d'enseignement et par l'émulation que les nouveaux médias suscitent entre les Länder.

D'autre part, il n'existe pas dans l'audiovisuel allemand de carrières protégées : tout un chacun peut devenir réalisateur, même s'il n'a pas suivi d'études ni reçu de formation professionnelle. Bien des cinéastes réputés sont des autodidactes. Parmi les grands noms, seuls Wenders, Petersen et Dörrie ont suivi un cycle supérieur. Et les télévisions, débouché essentiel, préfèrent de beaucoup former elles-mêmes leurs techniciens.

Enfin, par définition, les indépendants n'ont pas besoin de diplômes.

Si plus de vingt établissements d'enseignement supérieur enseignent la pratique du cinéma et de la vidéo, seules les écoles de Berlin, Munich et Potsdam-Babelsberg sont

bien connues. Ce sont les seules également à prendre en compte la division du travail qui existe dans les médias.

On peut citer aussi les écoles supérieures de médias de Cologne et de Karlsruhe.

Pour le reste, qui forme un ensemble touffu, on peut distinguer trois types d'établissements, même s'ils possèdent des traits communs :

— _Les Gesamthochschulen_, évoqués précédemment par Joachim Paech, qui forment des enseignants en art. Si ceux-ci se destinent à l'analyse et à la théorie, il est bon qu'ils sachent aussi manier des appareils.

— _Les Kunsthochschulen_ (KH, Écoles des beaux-arts) dans lesquelles le film est considéré comme une forme artistique légitime, trop longtemps négligée. Dans la tradition des beaux-arts, les études s'y effectuent par classes organisées en disciplines. L'étudiant y devient, dans le plein sens du terme, un créateur de cinéma, polyvalent et sans spécialisation véritable.

— _Les Fachhochsculen_ (FH, Écoles supérieures de technologie) se consacrent davantage à la formation professionnelle et aux applications pratiques. On peut parler ici davantage de formation que d'études. Dans les disciplines qui relèvent de la _Gestaltung_ (réalisation constructive), jadis centrées sur le design graphique, on peut choisir le cinéma et la vidéo au même titre que la photo, l'impression, etc. En principe, cinéma et vidéo ne constituent qu'une partie d'un cursus plus large, même si une spécialisation y est possible. A l'évidence, les FH s'orientent fortement aujourd'hui vers les médias électroniques, pour répondre aux besoins supposés des télévisions privées. On observe que les étudiants sont plus sensibles au prestige du cinéma que de la vidéo.

Historiquement, les KH ont été les premières à initier un enseignement de l'audiovisuel, vers la fin des années 60. Créées en 1972, les FH ne l'ont fait qu'à la fin de cette décennie-là. Les cursus échafaudés par les KH sont nés des débats de ces années 60 sur la notion de politique culturelle, alors que les cursus des FH ont plutôt été conçus pour répondre aux besoins des nouveaux médias. Le résultat,

Das Pengu-Syndrom, de M Schlingmann et M Bussmann

© FB design Münster 1928

c'est que le cinéma a acquis une position dominante dans les KH, alors que la vidéo l'emporte dans les FH.

En ce qui concerne le corps enseignant, on doit regretter qu'alors que le cinéma et la vidéo requièrent des spécialistes de haut niveau, KH et FH reproduisent le schéma universitaire, et dépassé, de la chaire académique et inamovible, où le maître est entouré de disciples déférents et empressés. Cette conception absurde, et répandue dans la plupart des établissements allemands, commence à être battue en brèche dans beaucoup d'établissements qui possèdent maintenant deux enseignants titulaires au moins.

Si l'on dresse un classement à ce sujet, la FH de Stuttgart arrive en tête avec six enseignants, Dortmund avec quatre, et, dans les

KH, Brunswick avec sept et Hambourg avec quatre.

On s'efforce de pallier les manques en embauchant des enseignants non titulaires : quatorze à Stuttgart, quatre à Wurzburg et Dortmund en ce qui concerne les FH, et onze à Berlin, sept à Brunswick pour les KH. Mais Hambourg, par exemple, ne dispose d'aucun enseignant supplémentaire.

On note les différences entre KH et FH en ce qui concerne l'origine des titulaires. Dans les KH, il s'agit, presque sans exceptions, de cinéastes connus, tandis que dans les FH ce sont surtout des réalisateurs publicitaires ou industriels.

Si j'ai un conseil à donner aux lecteurs intéressés, c'est de se renseigner au préalable avec précision sur la composition du corps enseignant de l'école choisie car le contenu des études dépend fortement des aptitudes personnelles des professeurs.

Il est un peu dur de constater qu'un quart des écoles supérieures sont contraintes de fonctionner sans technicien : comment, dès lors, assurer un enseignement dans un secteur aussi évolutif que la vidéo ?

Conditions d'admission

Il n'y a pas d'âge minimum mais on exige l'*abitur* (équivalent du baccalauréat) et parfois une formation pratique préalable (qui peut être remplacée, dans les FH, par un cycle complet dans un lycée professionnel).

Partout, évidemment, « l'aptitude artistique » est incontournable. Curieusement, elle est évaluée sur dossier, confirmé par un examen d'entrée.

Les variations d'effectifs sont considérables : ils sont fonction de la notoriété et du degré de spécialisation de chaque école. En moyenne, on ne reçoit qu'un quart des candidats. Les effectifs sont plus nombreux dans les FH que dans les KH.

Pas plus que dans les universités (cf. l'article de Joachim Paech), les étudiants étrangers ne sont comptabilisés séparément. Moins d'un tiers des réponses mentionnent la présence d'étudiants du tiers monde (ce qui s'explique sans doute par l'absence de longue tradition coloniale et le peu d'extension de la langue). Quand des cours d'allemand sont donnés, c'est à l'université. Seules la KH de Brunswick et la FH de Munster ont exprimé le souhait d'organiser des cours de langue pour les boursiers du tiers monde.

En général, l'année commence en octobre. La date du dépôt des candidatures varie d'un établissement à l'autre (le plus souvent, c'est entre le 30 avril et le 15 juillet). L'inscription proprement dite n'est qu'une simple formalité à effectuer au bureau des études ou, pour les étrangers, au service académique ad hoc.

Les études sont gratuites mais un droit d'inscription d'environ 50 DM est perçu en faveur des œuvres sociales universitaires.

Il faut savoir, toutefois, que les dépenses en matériel, par exemple pour la pellicule vierge, sont à la charge de l'étudiant car les écoles ne disposent d'aucun budget à cet effet. En compensation, les étudiants conservent les droits sur leurs travaux (ce qui n'est pas le cas dans les écoles supérieures de cinéma).

Les bourses proposées par l'intermédiaire du *Bafög* sont rares mais il existe des subventions internes, notamment les *Freitische*. Dans les faits, la majorité des étudiants font des petits boulots et les écoles ne s'opposent nullement à cette formule, au contraire (surtout en cinéma et dans les cycles pratiques : seule la FH de Stuttgart n'y est pas favorable en raison de son emploi du temps trop chargé).

L'insistance sur la pratique

La formation dans les KH vise au « *développement autonome de la personnalité artistique* » et à « *l'éclosion des aptitudes au travail artistique individuel* », voire, comme à Offenbach, à la formation artisanale.

Les FH préparent à un diplôme de design graphique en communication (à Düsseldorf au design graphique tout court). Seul Stuttgart propose le titre d'ingénieur en techniques des médias.

La durée des études dans les FH est, en principe, de huit semestres, en réalité de dix à douze. Dans les KH, elle est de dix en théorie et de dix à douze en pratique sauf pour le professorat artistique, où elle est plus courte.

Les effectifs varient considérablement : s'ils sont, dans les KH, de dix à quinze à Munster, Berlin et Brême, ils s'élèvent à quarante à Brunswick, à soixante à Offenbach et à cent à Hambourg (dont la moitié de femmes).

Ils se situent entre cinquante et soixante-dix dans les FH, avec seulement 30 % de femmes (peut-être parce que la vidéo exige une qualification technique plus poussée ?).

Sur le plan de la théorie, les thèmes et les contenus sont très variés (preuve de l'autonomie des Länder et des établissements eux-mêmes). Reviennent le plus souvent l'histoire de l'art, la théorie et l'histoire du cinéma, et dans les FH les théories de la communication et du design.

Le calme règne dans le pays, de Peter Lilienthal, enseignant à l'*Akademie der Künste*

Très prisée dans les universités, l'analyse filmique n'est ici citée qu'une seule fois.

La recherche semble peu développée du fait de l'orientation résolument pratique des études, quoique toutes les écoles se disent partie prenante (sans donner d'exemples précis). On connaît surtout la banque de données informatiques sur le cinéma de Brunswick et une étude de Wurzburg sur le développement des études en vidéo. Les publications, par ailleurs, sont relativement rares.

Dans le domaine de la formation pratique, les cours d'atelier des KH s'appellent travaux pratiques de technologie dans les FH. Il s'agit, en l'occurrence, d'une initiation au maniement de la caméra et de la vidéo, mais aussi du travail sur les éclairages, le son et le découpage. Cette technique artisanale forme la base des études pratiques sur le cinéma. Dans les FH, elle constitue le point de départ de projets d'écriture et de réalisation.

Dans les KH, l'organisation des études est moins stricte, elle est aussi plus orientée vers le travail expérimental alors que dans les FH, elle a une orientation plus commerciale, ou appliquée.

Depuis quelque temps, toutes les écoles travaillent sur les mêmes médias. A l'exception des FH de Munster et de Düsseldorf, toutes utilisent le 16 mm et seuls Hambourg, Dortmund et Stuttgart n'emploient pas le Super 8.

En vidéo, l'équipement de base comporte partout le U-matic Low Band et le VHS. La plupart des FH dont de surcroît équipées en U-matic High Band, certaines, comme Stuttgart le sont même en 1-Zoll. La vidéo 8 mm est également en progression partout.

Les périodes de réalisation pratique sur un film varient beaucoup. S'il n'y a pas de règle dans les KH, dans les FH elles vont d'une journée à un semestre.

Le nombre de travaux imposés varie selon les médias. Le rythme peut aller de trois pendant toute la durée des études à une fois par semestre. De règle dans les FH, les commandes sont rares dans les KH (dans certains cas, celles-ci interdisent même d'accepter des commandes).

Les KH n'exigent pas de stage, alors que c'est une règle dans les FH, soucieuses de préparer pratiquement à la future profession. Selon les cas, il faut en faire un ou deux pendant trois à quatre mois. Stuttgart impose même deux stages de vingt-six semaines et la rédaction d'un rapport (cas unique en Allemagne). Officiellement, il n'y a aucun contact entre l'école et l'employeur, les stages s'effectuant de façon tout à fait informelle.

> ## Le paysage audiovisuel en RFA
>
> **Les films**
>
> | | |
> |---|---|
> | 1987 | 65 LM |
> | 1988 | 57 LM |
> | 1989 | 68 LM |
>
> **Les télévisions**
>
> Chaînes publiques : 3 (ARD, ZDF, 1 chaîne à programmes régionaux).
> Chaînes privées : 8
>
> **Les radios**
>
> Stations publiques : 12
> Stations commerciales : 12
>
> Chiffres 1989 *CNC* et *Goethe Institute* pour les anciens *Länder*. Les chiffres pour les nouveaux *Länder* ne sont pas disponibles.

Évaluation et perspectives professionnelles

Dans les KH, il n'y a pas d'examen de contrôle. L'étudiant présente simplement ses réalisations dans des ateliers ou des expositions. Les enseignants ont un entretien avec chacun pour l'évaluer. Si le règlement l'exige, on délivre un certificat.

Dans les FH, le système est nettement plus scolaire et rythmé par des notes et des partiels. Mais, là aussi, l'évaluation se fait à travers la réalisation d'un film. Les études sont couronnées par un *Diplom FH* qui comporte la réalisation d'un film et une partie théorique souvent liée à celle-ci. Jadis, le titre de *Meisterschüler* (maître) couronnait fréquemment les études sans que cette obtention fût liée à un véritable examen, mais cette formule se fait rare.

Par ailleurs, seules les KH imposent aux futurs professeurs d'art la possession d'un examen d'État *(Staatexamen)*.

Tous ces examens sont, semble-t-il, reconnus sur le plan européen.

L'achèvement des études ne constitue pas un critère absolu pour travailler dans les médias car l'employeur est plus attentif à l'intérêt du film de fin d'études qu'au diplôme lui-même.

On ne possède pas d'informations sur les interruptions d'études avant terme : il semble qu'elles soient dues à l'insuffisance d'aptitudes artistiques. Mais il arrive aussi que des étudiants doués trouvent un bon emploi tout de suite et ne jugent pas nécessaire de terminer leurs études.

Le diplôme d'une KH ouvre toutes les portes mais ne donne pas de qualification précise. On trouve donc des diplômés partout, de directeur artistique à... bistrotier. Il semble que les diplômés, quand ils ne se destinent pas à l'enseignement, se dirigent vers la réalisation indépendante : secteur développé du fait du système de subventions.

Les chances des étudiants qui sortent des FH sont plus concrètes : on les retrouve dans la publicité et les médias privés. Beaucoup travaillent dans le secteur indépendant, souvent en association avec d'anciens condisciples. La conception fort libérale et assez peu scolaire de l'enseignement des médias en RFA est propice à l'initiative individuelle.

Dans mon enquête, moins de la moitié des réponses des KH permettent d'estimer le temps nécessaire à trouver un emploi (et il n'existe pas d'association d'anciens). Quand on donne des chiffres, ils révèlent que deux ans après leur sortie, 30 à 40 % des diplômés sont encore au chômage. La situation est meilleure dans les FH où plus de 80 % sont embauchés dès les premiers mois et où il n'est pas rare qu'en un an tous soient « casés ».

Cependant, ces indications doivent être accueillies avec circonspection, en particulier parce qu'à la longue l'accumulation de diplômés va saturer le marché de l'emploi dans ce secteur (il est vrai que le secteur éducatif pour jeunes et pour adultes offre des possibilités inédites).

Les moyens disponibles

L'histoire du cinéma et l'analyse des films occupant une place réduite, le budget location de copies est modeste. Comme celles-ci ne sont pas gratuites, il faut souvent se contenter d'extraits de cassettes vidéo enregistrés de façon privée. Il y a là un problème. Une diffusion non commerciale en 16 mm coûte 200 DM, soit quatre fois le prix d'une copie vidéo. La collaboration avec les salles commerciales est inexistante. En revanche, elle est très bonne avec les salles municipales, dont ne dira jamais assez les bienfaits sur le paysage cinématographique allemand.

L'équipement en matériel est acceptable, voire suffisant (ce qui n'était pas le cas en 1986 quand j'ai mené ma première enquête). L'infographie se développe mais les écoles ne peuvent plus suivre l'évolution prohibitive des coûts, et donc de la technologie. D'autant que le sponsorat est quasiment exclu du fait de l'étanchéité entre l'enseignement supérieur et l'industrie.

Où vont ces études ? Il est difficile de le prédire. Un redéploiement sur quelques établissements spécialisés ne semble pas exclu.

L'un des problèmes lancinants est celui du coût de la pellicule, à la charge des étudiants. On ne peut pas s'en tirer en proclamant la mort du cinéma et en se limitant à la vidéo qui ne parviendra pas, même à long terme, à le remplacer complètement.

Pour des raisons éventuellement contradictoires, l'enseignement supérieur a tendance à se griser de budgets opulents mais les moyens financiers alloués par le *Land* sont ventilés de façon telle entre les disciplines que les dépenses courantes de fonctionnement et d'entretien du matériel sont maintenues à la portion congrue. La moyenne s'établit en général à 2 000 DM par an. Ceux qui bénéficient de 5 000 DM s'estiment riches !

Pour résumer, on a vu que les études dans les KH et les FH sont nettement axées sur la pratique, que les orientations sont diverses mais que l'encadrement et les finances ne sont pas toujours à la hauteur. Globalement, ces formations fabriquent des réalisateurs polyvalents ou des publicitaires et des économistes des médias plutôt qu'elles n'alimentent le cinéma et la télévision. Pour l'heure, les débouchés sont encore grands. Quant aux rémunérations, elles varient énormément selon les cas individuels.

Ingo PETZKE
Traduction : Roland Schneider

Éléments
de bibliographie

PETZKE (Ingo), **Film und Video an Kunst-, Fach- und Gesamthochschulen. Eine komparative Studie zur Ausbildungssituation in der Bundesrepublik Deutschland.** (« Cinéma et vidéo dans les écoles des beaux-arts, les écoles supérieures de technologie et les établissements d'enseignement supérieur intégré. Une étude comparative sur l'état de la formation en RFA »). Bonn, édité par le ministère fédéral de l'Éducation et des sciences. 1986, 148 pages.

PETZKE (Ingo), **Filmausbildung an deutschen Hochschulen. Katalog zu einem Filmpaket des Goethe-Instituts München** (« Formation cinématographique dans les établissements supérieurs en Allemagne. Catalogue additif à une sélection de films de l'Institut Goethe de Munich. ») 1989, 80 pages environ.

I.P.

Jutta Brückner

Annuaire

AUGSBURG (AUGSBOURG)

FACHHOCHSCHULE (ÉCOLE SUPÉRIEURE DE TECHNOLOGIE,

Fachbereich Gestaltung (Département réalisation).
Henisiusstrasse 1, 8900 Augsburg.
Tél. : 0821/36106.
Responsable : Professeur Otmar Otdy Uhlig.
Examen terminal : |*Diplom* FH en design.
Conditions d'admission : *Abitur,* examen d'entrée.
Durée des études : 8 semestres (4 ans).
Contenu des études : pratique des techniques de base.
Débouchés : A peu près 80 % trouvent un emploi au bout d'un an comme dessinateur auprès des stations de télévision ou similaire.

BERLIN

HOCHSCHULE DER KUNSTE BERLIN (ÉCOLE DES BEAUX-ARTS DE BERLIN).

• **FB 11 : ästhetish Erziehung (Département 11 : Éducation esthétique).**
Postfach 12 67 20, 1000 Berlin 12.
Tél. : 030/792226.
Responsable : Professeur Dr Jutta Brückner.

• **FB 6 : Kunsterziehung (département 6 : Éducation artistique).**
Postfach 12 67 20, 1000 Berlin 12.
Tél. : 030/31850.
Responsable : Professeur Dieter Appelt.

• **FB 4 : visuelle Kommunikation (Département 4 : Communication visuelle).**
Hardenbergstrasse 33, 1000 Berlin 12.
Tél. : 030/3185.2292.
Téléfax : 030/341.33.70.
Responsable : Professeur Wolfgang Ramsbott.
Examen terminal : Diplom KH en design.
Conditions d'admission : *Hochsshulreife* et aptitudes artistiques. Dossier de travaux personnels. Examen d'entrée.
Nombre d'étudiants par promotion : 12.
Durée des études : 10 semestres.
Contenu des études : planification, esquisse, réalisation et infographie, design pour le secteur économique, professionnel, culturel, social et public, disciplines techniques et théoriques.

BRAUNSCHWEIG (BRUNSWICK)

HOCHSCHULE FÜR BILDENDE KÜNSTE (ÉCOLE SUPÉRIEURE D'ARTS PLASTIQUES).

Postfach 2828, Johannes Selenkaplatz 1, 3300 Braunschweig.
Tél. : 0531/3919218.
Kunsthochschule (École des beaux-arts).
Responsable : Professeur Gerhard Büttenbender.
Examen terminal : Diplom KH.
Conditions d'admission : Examen d'admission artistique *Kunstlerische aufnahmeprüfung.*
Nombre d'étudiants par promotion : 40.
Places pour étrangers : illimité.
Durée des études : 10 semestres (5 ans).
Contenu des études : analyse filmique, théorie des médias, histoire du cinéma, travail artistique expérimental dans le cinéma et la vidéo.
Publications : série de la HBK : *Cinéma et télévision dans la recherche et l'enseignement* (service d'information annuel).
Débouchés : artistes indépendants.

BREMEN (BRÊME)

HOCHSCHULE FÜR KÜNSTE (ÉCOLE DES BEAUX-ARTS)

FB Bildende Kunst (département Arts plastiques).
Am Wandrahm 23, 2800 Bremen 1.
Tél. : 0421/308900.
Téléfax : 0421/45.

Responsable : Professeur Gerd Dahlmann.
Examen terminal : Diplôme d'État de fin d'études.
Conditions d'admission : Hochschulreife ou aptitudes artistiques exceptionnelles.
Nombre d'étudiants par promotion : 15.
Places pour étrangers : 2.
Durée des études : 10 semestres (5 ans).
Contenu des études : histoire de l'art, sociologie, analyse de l'environnement, histoire du cinéma, analyse filmique, cours techniques d'enregistrement de l'image et du son, de découpage et de montage.
Débouchés : 70 % trouvent un emploi au bout d'un an comme réalisateurs indépendants, collaborateurs de maisons des médias, du cinéma et salles d'exploitation, ou dans l'éducation des jeunes et des adultes.

DORTMUND

FACHHOCHSCHULE (ÉCOLE SUPÉRIEURE DE TECHNOLOGIE).

Fachbereich Film/Fotodesign (Département cinéma-design photographique).
Rheinlanddamm 203, 4600 Dortmund 1.
Tél. : 0231/13910.
Responsable : Professeur Adolf Winkelmann.
Examen terminal : Diplom FH en design.
Conditions d'admission : *Abitur* ou *Fachhochschulebreife* examen d'entrée, orientation par la ZVS).
Nombre d'étudiants par promotion : 70.
Places pour étrangers : aucune distinction.
Durée des études : 8 semestres (4 ans).
Contenu des études : réalisation, bases littéraires, construction de l'image et du son, montage, production et organisation cinématographiques, transmission du savoir-faire technique dans la pratique des médias.

DÜSSELDORF

FACHHOCHSCHULE (ÉCOLE SUPÉRIEURE DE TECHNOLOGIE).

Fachbereich Design (Département design).
Georg Glockstrasse 15, 4000 Düsseldorf 30.
Tél. : 0211/434715.
Téléfax : 0211/452259.
Responsable : Professeur Dr Monika Funke-Stern.
Examen terminal : Diplom FH en design.
Conditions d'admission : *Abitur* ou *Fachoberschu-*

labschluss, dossier de travaux artistiques, examen d'entrée en vue du contrôle des aptitudes de réalisation artistique.
Nombre d'étudiants par promotion : 120.
Places pour étrangers : aucune distinction.
Durée des études : 8 semestres (4 ans).
Contenu des études : théorie du design, histoire de l'art, technique vidéo, technique et réalisation photographique, techniques audiovisuelles, conception de l'image, des éclairages et du son, projets vidéo.
Perspectives professionnelles : inconnues.
Examen terminal : Diplom FH en design.

KUNSTAKADEMIE DÜSSELDORF (ACADÉMIE DES BEAUX-ARTS DE DÜSSELDORF).

Eiskellerstrasse 1, 4000 Düsseldorf.
Tél. : 0211/329334.
Kunsthochschule (École des beaux-arts).
Correspondant : Professeur Nam June Païk.

HAMBURG (HAMBOURG)

HOCHSCHULE FÜR BILDENDE KÜNSTE (ÉCOLE SUPÉRIEURE D'ARTS PLASTIQUES).

FB Visuelle Kommunikation (Département de Communication visuelle).
Lerchenfeld 2, 2000 Hamburg 76.
Tél. : 040/2984 3255.
Kunsthochschule (École des Beaux-Arts).
Responsable : Professeur Franz Winzentsen.
Examen terminal : Diplom KH.
Conditions d'admission : *Abitur*, formation professionnelle, ou attestation d'aptitude.
Nombre d'étudiants par promotion : 45.
Places pour étrangers : aucune distinction.
Durée des études : 10 semestres (5 ans).
Contenu des études : bases de réalisation, théorie et histoire du cinéma, techniques du cinéma et de la vidéo et leur traitement, réalisation de projets individuels ou de groupe.

FRANKFURT (FRANCFORT)

STAEDELSCHULE (ÉCOLE DU STAEDEL).

Dürerstrasse 10, 6000 Frankfurt 70.
Tél. : 069/621091.
Kunsthochschule (École des beaux-arts).
Responsable : Professeur Peter Kubelka.

MUNSTER

FACHHOCHSCHULE (ÉCOLE SUPÉRIEURE DE TECHNOLOGIE).

Fachbereich Design (Département design).
Sentmaringerweg 53, 4400 Münster.
Tél. : 0251/835696.
Téléfax : 0251/839739.
Responsable : Professeur diplômé design Norbert Nowotsch, M.A.
Examen terminal : Diplom FH en design.
Conditions d'admission : *Abitur* ou *Fachoberschulabschluss* ou formation professionnelle complète ou similaire ou 1 an de pratique, dépôt de dossier et examen d'entrée.
Nombre d'étudiants par promotion : 44, en fonction de l'orientation par la ZVS.
Places pour étrangers : 3.
Durée des études : 8 semestres (4 ans).
Contenu des études : psychologie de la perception, théorie du design, sciences artistiques, droit de concurrence, droit d'auteur, cours techniques de réalisation, projets de recherche et d'expositions dans les domaines de la vidéo, de l'animation et de l'infographie.
Débouchés : travail indépendant ou salarié dans les médias ou la publicité, comme directeur artistique, dessinateur, assistant en médias, producteur d'agences ou de stations, sociétés de production.

HOCHSCHULE FÜR BILDENDE KÜNSTE (ÉCOLE SUPÉRIEURE D'ARTS PLASTIQUES).

Scheibenstrasse 109, 4400 Münster.
Tél. : 0251/77405.406.
Kunsthochschule (École des beaux-arts).
Correspondant : Professeur Lutz Mommartz.
Examen terminal : Certificat académique du diplôme d'État du premier degré.
Conditions d'admission : *Hochschulreife,* ou aptitudes artistiques exceptionnelles, examen d'entrée.
Nombre d'étudiants par année : pas de numerus clausus.
Durée des études : 6 semestres pour le professorat artistique, 8 semestres pour les artistes indépendants.
Contenu des études : science, pédagogie et didactique des arts, cours d'atelier en vidéo et cinéma, pratique artistique.
Débouchés : 60 % trouvent un emploi dans l'enseignement ou comme artistes indépendants et collaborateurs en l'espace de 2 ans.

OFFENBACH

HOCHSCHULE FÜR GESTALTUNG OFFEN-BACH (ÉTABLISSEMENT SUPÉRIEUR DE RÉALISATION D'OFFENBACH).

FB : Visuelle Kommunikation (Département de Communication visuelle).
Schlossstrasse 31, 6500 Offenbach am Main.
Tél. : 069/80059/32/23/31.
Kunsthochschule (École des beaux-arts).
Responsable : Professeur Helmut Herbst.
Examen terminal : Diplôme.
Conditions d'admission : *Abitur,* ou attestation d'aptitudes artistiques exceptionnelles, examen d'entrée.
Nombre d'étudiants par année : 30.
Places pour étrangers : aucune distinction.
Durée des études : 8 semestres (4 ans).
Contenu des études : rapports étroits entre formation pratique et théorique, thèmes semestriels communs, par exemple montage avec travaux pratiques et séminaires, cours théoriques, cours techniques au laboratoire de films : découpage, prise de son, etc., réalisation indépendante de films et vidéos.
Débouchés : 80 % trouvent un emploi au bout de 6 mois, comme opérateur, spécialiste d'animation, producteur de films publicitaires, monteur cinéma ou vidéo, ingénieur du son, photographe, réalisateur indépendant, cinéaste expérimental ou artiste polyvalent.

STUTTGART

FACHBEREICH MEDIENTECHNIK IN DER FH DRUCK (DÉPARTEMENT TECHNIQUE DES MÉDIAS A L'INSTITUT SUPÉRIEUR DES TECHNIQUES D'IMPRESSION).

Nobelstrasse 10, 7000 Stuttgart 80.
Tél. : 0711/6852807.
Fachhochschule (école supérieure de technologie).
Responsable : Professeur Dr Thomas Kuchenbuch.
Examen terminal : ingénieur FH en techniques des médias.
Conditions d'admission : *Abitur,* numerus clausus.
Nombre d'étudiants par année : 29.
Places pour étrangers : aucune distinction.
Durée des études : 8 semestres (4 ans).
Contenu des études : études techniques de base en sciences naturelles, applications techniques en vidéo, film, diapositives, télécommunications, histoire du cinéma et des médias, réalisations audiovisuelles, production de films et de vidéo, animation par ordinateurs.
Débouchés : directeur de studio et de production.

WIESBADEN

FACHHOCHSCHULE (ÉCOLE SUPÉRIEURE DE TECHNOLOGIE).

Fachbereich Gestaltung (Département réalisation).
Kurt Schumacherring 18, 6200 Wiesbaden.
Tél. : 06121/494155.
Responsable : Professeur Dieter K. Fröbisch.
Examen terminal : Diplom FH en design.
Conditions d'admission : *Abitur* ou *Fachoberschlabschluss* et aptitudes artistiques.
Nombre d'étudiants par année : 90.
Places pour étrangers : quotas fixés par la ZVS.
Durée des études : 7 semestres (3-5 ans).
Contenu des études : transcription créative et réalisation de concepts, développement et visualisation d'idées, conception et organisation du regard audiovisuel. Travaux sur projets et production de films.
Débouchés : 95 % trouvent immédiatement du travail comme designer en communication, dans le domaine de l'imprimerie et de l'audiovisuel.

WÜRZBURG

FACHHOCHSCHULE WÜRZBURG-SCHWEINNFURT (ÉCOLE SUPÉRIEURE DE TECHNOLOGIE).

Fachbereich Gestaltung (Département réalisation).
Hans Löfflerstrasse 49, 8700 Würzburg.
Tél. : 0931/73310.
Responsable : Professeur Ingo Petkze.
Examen terminal : Diplom FH en design.
Conditions d'admission : *Abitur* ou *Fachoberschulabschluss,* examen sur dossier, examen d'entrée.
Nombre d'étudiants par année : environ 50.
Places pour étrangers : aucune distinction.
Durée des études : 8 semestres (4 ans).
Contenu des études : pratique technique en cinéma et vidéo, théorie de la réalisation, psychologie de la perception, projet d'étude sur différents thèmes et genres, séminaires sur l'histoire du cinéma, la promotion du cinéma. Exercices sur scénario, découpage son.
Publications : brochure spéciale *Cinéma et vidéo* des *Würzburger Blätter.*
Débouchés : jusqu'à présent, tout le monde a trouvé un emploi au bout de 6 mois maximum.

Ingo PETZKE
Traduction : Roland Schneider

Trois écoles professionnelles de grande classe

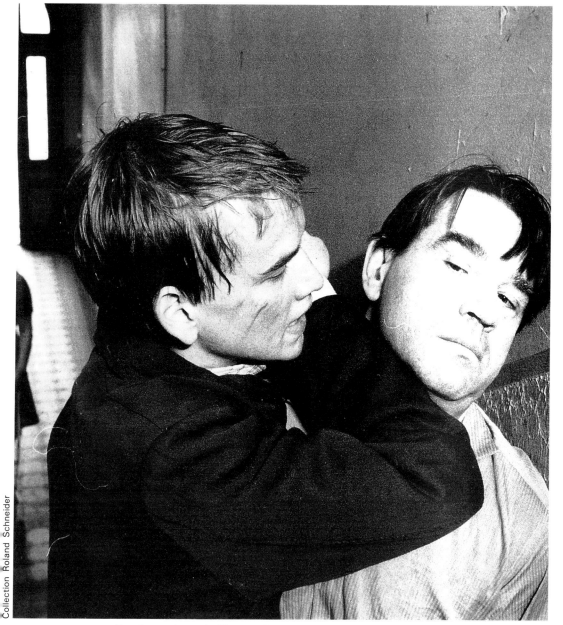

Engel aus eisen, de Thomas Brasch, ancien étudiant de l'école de Potsdam-Babelsberg

Les ailes du désir, de Wim Wenders

A Berlin, la DFFB

Fondée en 1966, la DFFB (Deutsche Film und Fernsehakademie Berlin, l'Académie du film et de la télévision de Berlin) a été profondément marquée par les idéaux de 1968. Dans sa phase gauchiste, les étudiants ont joui d'une très grande liberté. Ils avaient, par exemple, la possibilité de choisir les intervenants extérieurs. Mais cette liberté était parfois mal perçue dans les milieux professionnels, notamment à la télévision. On criait au laxisme. Maintenant les étudiants sont moins politisés, les professionnels enseignent de manière régulière. Mais l'école a gardé son souci de privilégier les candidats riches d'une expérience professionnelle[1].

La DFFB est située non loin de cette saignée où dévotement on ramasse les miettes de ce fameux mur, si joliment filmé par Wim Wenders, le plus célèbre professeur de l'école et ancien diplômé de l'école de Munich. Celle-ci va déménager dans des bâtiments plus importants ; à la visiteuse que je suis, ses 3 000 m² semblent déjà faire une belle surface ! Fondée en 1965, elle a été longtemps dirigée par Heinz Rathsack qui était aussi directeur de la cinémathèque de Berlin-Ouest, commodément installée à la même adresse. Il m'avait réservé un accueil d'une divine courtoisie et m'avait confiée au directeur administratif et au directeur des études.

Ceux-ci répondront de manière si inépuisable à mes questions que, l'heure du déjeuner étant largement passée, et bien que je sache que l'heure du repas n'a rien de sacré en Allemagne, je me verrai moralement obligée de les quitter sans avoir visité de l'école plus que deux bureaux et une enfilade de couloirs nus. Mon impression a été de parcourir un laboratoire de recherche si studieux que je me suis trouvée tout à coup devant la photo d'un décor connu de Trauner comme devant quelque chose d'inattendu, d'un peu fou même !

La DFFB est maintenant dirigée par Thomas Koebner. Administrativement, elle dépend à la fois du Land de Berlin (en République Fédérale d'Allemagne, on l'a vu, tout ce qui est culturel dépend du Land) et du Bundestag. L'encadrement administratif et pédagogique et le bon fonctionnement de l'école sont assurés par trente-deux personnes en poste fixe, dont dix-huit enseignants, assurant des services de type très diversifié, certains comme Wim Wenders, Itsvan Szabo, le comédien Otto Sanders, l'écrivain scénariste Jurek Becker... intervenant quelques semaines par an. Importants sont les cursus de production et de direction d'acteurs.

Chaque année, quatre à cinq cents postulants se présentent au concours d'entrée. Il ne leur est demandé aucun diplôme mais ils doivent impérativement avoir entre vingt et un et trente ans. Ils peuvent être autodidactes ou avoir déja fait une école de cinéma. Après sept mois d'épreuves, quelquefois fort excitantes (des comédiens professionnels sont mis à la disposition des candidats), une vingtaine entreront à l'école l'année suivante. Prévue pour soixante élèves, elle en accueille quatre-vingts. On compte un tiers de filles, un quart d'étrangers, gens des pays de l'Est, Français, Américains du Nord, qui « _devraient_, me dit-on, _parler allemand_ ».

L'objectif principal de l'école est de former chacun aux métiers de base du cinéma et de l'audiovisuel, les élèves ne se spécialisant, sauf exception, que tout à fait à la fin de leurs études, de manière à ce qu'ils soient polyvalents. Le rêve de tous est de travailler pour le cinéma, mais la télévision est le plus grand acheteur de talents. Heinz Rathsack, quand il affirmait que « _l'école ne donne pas de for-_

Haitian Corner, de Raoul Peck, ancien étudiant de la DFFB

mation théorique », exprimait le souci premier qui est de former des professionnels immédiatement opérationnels, capables de s'adapter à des changements de métier, ayant les meilleurs atouts pour trouver un emploi. Ce travail théorique existe pourtant mais il est mené en séminaires plutôt qu'à travers des cours classiques. Les séminaires se définissent en fonction des exigences futures de la profession (droit et économie du cinéma, méthodes de travail des organismes de télévision...), ils apprennent aux élèves à situer leur travail dans un contexte social. La théorie au sens traditionnel n'est pas négligée et l'école dispose de tous les matériels que requièrent des productions de type professionnel avancé.

---

1. _Extraits d'un entretien réalisé par Monique Martineau avec Raoul Peck, cinéaste haïtien, ancien élève de la DFFB._

A trois années d'études bien remplies s'ajoute une quatrième consacrée à la réalisation du film de fin d'études, éventuellement une année sabbatique et, plus souvent que l'école ne le désirerait, à ce que j'ai cru comprendre, une année supplémentaire pour mener à bien le film terminal. On comprend qu'ici les élèves s'attardent : ils disposent de 35 000 DM chacun pour réaliser des films au cours de leur scolarité. Il n'y a pas d'abandon en cours d'études. Un diplôme fédéral leur est délivré, mais, me fait-on remarquer, ce sont le succès dans les festivals et les primes à la qualité qui effectuent la vraie sélection. Un jeune réalisateur de l'école a été primé en 1989 à Hollywood avec un film dont on me donne sur l'heure une copie.

Si on peut compter une production de soixante films en 16 et en 35 mm par an pour cent dix projets qui sont mis en route, l'école est très réticente en ce qui concerne la réalisation par les élèves de produits de commande qui requièrent beaucoup d'énergie et de personnel ; elle n'encourage pas non plus la recherche ni les stages en cours d'études : c'est l'année sabbatique qui est prévue pour permettre de tirer parti d'une proposition intéressante.

A côté de ces limitations, on est frappé par la générosité de nombreuses mesures propres à garantir le succès des élèves : études gratuites, allocation d'une somme d'argent couvrant au moins la moitié des frais de séjour à Berlin, bourses particulières offertes par la Maison de la radio et de la télévision (ARD et ZDF) pour les étudiants trop âgés pour pouvoir toucher la bourse d'études qui est généralement dispensée aux élèves allemands, aides particulières pour ceux qui viennent des pays de l'Est et n'ont pas le droit de travailler... Qui alloue le budget de fonctionnement d'une pareille école ? A la fois le Land de Berlin et le gouvernement fédéral. Au milieu des années 80, la DFFB a fait un investissement de 2 000 000 DM en matériel vidéo. Le budget de fonctionnement de l'école s'élève à 5 500 000 DM auxquels s'ajoutent 200 000 DM pour les bourses. Mais attention ! En contrepartie, l'école doit gagner 250 000 DM par an en commercialisant ses productions : c'est à peu près ce qu'elle reçoit de la télévision pour des programmations de films d'élèves. Redoutable contrat tout de même !

Polyvalence obligée, pragmatisme du curriculum, tous moyens de réaliser généreusement alloués, organisation rigoureuse propre à réduire les risques d'aventures, qualité de vie assurée, on est impressionné par la détermination et la cohérence de cette politique qui vise à mettre les étudiants dans les meilleures conditions, non seulement pour effectuer leurs études mais encore pour réussir leur entrée dans la profession. Et on ne s'étonne plus que, bien armés et formés dans un climat de confiance, tant de jeunes Allemands, au sortir de l'école, manifestent leur autonomie en créant tout de suite leur propre maison de production pour financer leurs projets.

Annie KOVACS,
avec l'aide de Klaus Meier

BERLIN

DEUTSCHE FILM UND FERNSEHAKADEMIE BERLIN DFFB (ACADÉMIE DU FILM ET DE LA TÉLÉVISION DE BERLIN).

Pommernallee 1, 1 000 Berlin 19. RFA.
Tél. : (49.30) 307.234.
Responsable : Prof. Doktor. Thomas Koebner.
Diplôme fédéral.
Conditions d'admission : avoir entre 21 et 30 ans. Aucun diplôme n'est exigé pour se présenter au concours d'entrée.
Frais d'inscription et d'études : études gratuites, allocation éventuelle pour frais de séjour à Berlin.
Durée des études : 4 ans.
Effectif par promotion : 20.
Contenu des études :
Théorie : droit et économie du cinéma, méthodes de travail des organismes de télévision, théorie et histoire du cinéma.
Pratique : réalisation et toutes les tâches techniques.
Débouchés : assistants (réalisation, production), producteurs, réalisateurs, directeurs de la photographie, ingénieurs du son, monteurs (surtout à la télévision).
Remarques particulières : membre du CILECT et du GEECT.

Collection Roland Schneider

Endstation Freiheit, de Reinhard Hauff, enseignant à la HFF

A Munich, la HFF

La Hochschule für Fernsehen und Film *(École de télévision et de cinéma) jouit d'un environnement très favorable, comme l'explique ici Manfred Hattendorf qui termine ses études à l'université de Munich, après plusieurs expériences professionnelles en Irlande du Nord et en Allemagne.*

Munich a attiré les médias plus que toute autre ville allemande : à deux pas des Alpes, elle réunit des centres de production de la télévision (nationale et privée) et du cinéma, des agences de publicité, les studios Bavaria où l'on tourne plus de 150 heures de programmes par an ; la télévision bavaroise y règne et plusieurs festivals de cinéma y ont lieu régulièrement. Toutes ces raisons expliquent la présence à Munich de l'École de télévision et de cinéma. Cette institution a fêté son vingtième anniversaire et est en pleine expansion avec la création récente d'un département d'études orienté vers la production et l'économie des médias.

En 1989, la variété des formations offertes s'est enrichie d'un cours spécial destiné aux futurs scénaristes : en réalité, une formation continue, offerte par exemple aux anciens diplômés de l'école et à des écrivains professionnels.

Apporter quelque chose de nouveau à l'écran

Bien entendu, les 600 candidats environ qui se présentent au concours chaque printemps (avec un dossier écrit comprenant des travaux pratiques et théoriques) sont très motivés par le cinéma (plus rarement par la télévision).

Des spécialistes sélectionnent à partir de ces dossiers un petit nombre d'étudiants autorisés à participer à la deuxième partie du concours qui consiste en un examen pratique et un entretien. Comment font-ils pour repérer une étincelle créatrice parmi ces milliers de feuilles ? C'est un mystère pour tous les jeunes entre dix-huit et vingt-cinq ans qui se présentent chaque année !

Pourtant, il n'y a aucune raison de ne pas envoyer son dossier si l'on a des idées, de l'imagination (terme vague et souvent employé) et beaucoup de calme et de persévérance. Ces qualités-là se remarquent même dans un dossier. Pour pouvoir participer au concours, il faut avoir l'équivalent de l'*abitur* (baccalauréat) ou une formation professionnelle déjà complète.

C'est en préparant son dossier que l'on doit décider si l'on veut devenir metteur en scène de fiction ou de documentaire, puisque l'on doit obligatoirement se présenter à l'un ou l'autre de ces deux départements. Il existe aussi un nouveau département formant les futurs producteurs et *media managers*, mais des études de droit ou d'économie y sont exigées des candidats.

Collection Roland Schneider

Endstation Freiheit, de Reinhard Hauff, intervenant à la HFF

Chaque département retient environ quarante candidats pour le concours pratique. Pendant deux jours, on participe à plusieurs examens écrits et oraux et on présente un projet, soit un exposé, soit un reportage.

Après ces épreuves, on sait que les autres candidats ont autant de talent que soi-même et on attend impatiemment : fera-t-on partie des quinze élus, environ, qui constitueront une classe dans chaque département ?

Un quart des étudiants viennent de l'étranger que l'école renseigne sur les possibilités d'obtenir une bourse.

On compte une fille pour trois garçons et parmi les diplômés, certaines femmes sont devenues célèbres.

On n'étudie pas cependant pour être célèbres, mais pour faire l'apprentissage de moyens techniques et créatifs, pour pouvoir raconter des histoires à travers des images et des sons, et apporter quelque chose de nouveau à l'écran.

Avant d'être créatif, il faut être organisé !

Tous les étudiants suivent des cours dans deux départements : technique et sciences de la communication. Le directeur de la section technique, le Pr. Mueller, est une des personnes les plus considérées de l'école. Il est toujours là pour donner un conseil, quand il y a des problèmes pratiques à résoudre. Et il y en a beaucoup...

Le but de l'école est de favoriser l'épanouissement de ses étudiants en leur offrant le maximum de ressources et de liberté. Durant la première année, on fait un film en groupe, comme dans la réalité, avec toutes les complications qui peuvent se présenter : administration d'un budget (toujours insuffisant), matériel technique en panne, acteurs mécontents, accès trop limité (et parfois trop bureaucratique) au studio de l'école, équipe désorganisée... (parce qu'on n'a pas encore assez d'expérience, ou bien parce qu'on est trop occupé par quantité d'autres projets, ou bien par le petit boulot qu'on exerce la nuit pour pouvoir vivre, car la vie est chère à Munich).

Pendant la deuxième et la troisième année, on aborde des projets plus complexes et plus personnels, et on apprend toutes les caractéristiques du monde professionnel en préparant le film ou le scénario avec lequel on se présentera au diplôme. Bien sûr, il y a des examens techniques à passer, des analyses de films à écrire, mais ce qui compte, ce ne sont pas les devoirs obligatoires (qui ne sont d'ailleurs pas trop nombreux) mais l'espace important qui est laissé à l'initiative personnelle — jugé trop important pour quelques-uns.

On peut profiter de la collaboration avec la cinémathèque de Munich et avec son directeur Enno Patalas. On a accès à une vaste bibliothèque dans un superbe bâtiment neuf, et aux riches archives d'Ulrich Kurowski. On peut également participer à l'organisation du festival international des écoles de cinéma dont la HFF est l'hôte annuel. On peut aussi se livrer à des recherches en matière de communication dans un département spécialisé (l'école publie une collection spécialisée).

Mais quelle que soit l'orientation spécifique de chacun, l'essentiel est de faire le maximum d'expériences variées pendant ces trois ou quatre années avant d'entrer dans le monde des professionnels : 82 % des diplômés de Munich y trouvent leur place, soit comme auteurs ou producteurs indépendants, soit comme salariés des télévisions publiques et privées.

Manfred HATTENDORF

MUNICH

HOCHSCHULE FÜR FERNSEHEN UND FILM HFF (ÉCOLE POUR LA TÉLÉVISION ET LE CINÉMA).

Adresse : Frankenthaler Strasse 23, 8000 Munich 90.
Tél. : 089/680004.0. Fax : 49.89.68000436.
Responsable : Président Pr. Dr H. Oeller.
Relations internationales : Pr. Wolfgang Langsfeld (vice-président du CILECT).
Diplôme décerné : Diplôme.
Conditions d'admission : avoir entre 18 et 30 ans.
Abitur ou certificat professionnel.
Sélection en deux étapes.
Frais d'inscription et d'études : non.
Durée des études : 3 ou 4 ans.
Effectif par promotion : 40.
Contenu des études :
Théorie : sciences de la communication, recherches, histoire du cinéma, théorie du film, esthétique, sociologie, psychologie, analyse des films, dramaturgie.
Pratique : en 16, 35 mm, Betacam et Umatic.
Trois sections : fiction, documentaire et production.
Stage : dans les studios, les stations TV, des maisons de productions privées.
Département de recherches : sur la communication.

Publications : une série *Kommunikation audiovisuell.*
Débouchés : auteurs, réalisateurs, producteurs indépendants, salariés des télévisions publiques ou privées.
Remarques particulières : membre du CILECT et du GEECT.
L'école organise le *Internationales Festival der Filmhochschulen* (novembre).
Drehbuchwerkstadt München.

A Potsdam-Babelsberg,
l'école Konrad-Wolf

Marcus Winterbauer, étudiant à l'école Konrad-Wolf

Grâce à la réunification de l'Allemagne, l'École nationale de cinéma de l'ex-RDA (HFF) est en train de devenir un centre d'enseignement cinématographique moderne et d'orientation européenne.

Située dans les environs de Berlin, à côté des studios DEFA, l'École de Potsdam-Babelsberg est l'héritière de deux traditions qui ont joué un rôle important dans l'histoire du cinéma : celle des films expressionnistes de la UFA — l'âge d'or du cinéma allemand — et celle du réalisme socialiste qui a, parmi d'autres, promu le documentaire après la Deuxième Guerre mondiale. La HFF pourra célébrer son 40e anniversaire en 1994 ; elle sera ainsi l'école de cinéma la plus ancienne

en Allemagne. Parmi les 2 500 anciens élèves, il y a quelque 200 étudiants de 51 pays du monde. Cette information, publiée récemment par la direction en pleine transformation, masque le fait que, jusqu'à la révolution de l'hiver 1989, les cinq disciplines de l'établissement (mise en scène, prise de vue, scénario, production, art dramatique) étaient surtout ouvertes aux candidats ressortissant des pays socialistes. Or les modifications dans les structures de la HFF vont loin, et ainsi plusieurs étudiants des anciens Länder figurent parmi les débutants de la rentrée 1990. Manfred Hattendorf s'est entretenu avec Marcus Winterbauer, âgé de 24 ans et habitant Berlin, qui veut se spécialiser dans la discipline Prise de vue.

— Pourquoi as-tu participé au concours d'admission de la HFF ?

J'avais entendu que l'enseignement qu'on offre ici est plus diversifié qu'à Berlin et Munich. Pour être opérateur diplômé, on peut suivre un cours spécialisé qui vient d'être raccourci de cinq à quatre ans.

— Comment le concours d'entrée était-il organisé ?

D'abord, on exige des candidats un an d'expérience professionnelle dans l'audiovisuel. Puis on m'a demandé de faire une série de dix photos visualisant le thème du travail collectif et une série de 24 diapositives sur un sujet de mon choix. Le jour de l'examen, j'ai dû analyser mes propres photos ainsi que d'autres documents visuels.

— Après deux mois à l'École, quelles sont tes expériences personnelles ?

Je suis très étonné par l'organisation de l'enseignement. Mon horaire comprend des

par Manfred Hattendorf

cours théoriques comme chimie, optique, vidéo-technique, travail au laboratoire et premiers contacts avec les caméras, du lundi au vendredi, de 8 à 19 heures. Une expérience excitante sera le premier film que notre groupe de douze étudiants tournera bientôt en 16 mm. Ici, on entend l'art cinématographique comme un artisanat, c'est fascinant. Ce qui est irritant pourtant, c'est l'attitude ennuyée de quelques-uns des professeurs. On se rend compte qu'ils ont enseigné la même chose depuis peut-être quinze ou vingt ans.

— Est-ce qu'il y a des modifications dans les anciennes structures ?

Ah oui, les changements sont stupéfiants, il y en a chaque jour. Prenons le quartier de villas, par exemple, où l'école est située. C'est un vaste terrain — des célébrités comme Marlène Dietrich, Greta Garbo et Heinz Rühmann ont vécu dans les maisons qui servent maintenant de studios, d'ateliers, de salles de classe, etc. Maintenant la direction est en train de chercher d'autres bâtiments pour l'école, puisque la hausse actuelle des prix dans les nouveaux Länder rendra bientôt les loyers trop chers. Peut-être déménagera-t-on alors dans un bâtiment des studios DEFA qui se trouvent tout près d'ici. A la bibliothèque aussi, on constate des changements : l'autre jour, j'ai vu la bibliothécaire assez préoccupée, elle rangeait un tas de livres sans savoir où les mettre. Elle m'a dit alors qu'il s'agissait de livres idéologiques qui auparavant servaient de base pour des cours en marxisme-léninisme. Elle ne savait pas où les entreposer, au cas où on en aurait besoin encore une fois...

— Est-ce qu'il y a des changements sur le plan de l'enseignement ?

La plupart des professeurs de l'ancien régime sont restés ici, ce qui fait que les cours ont lieu tout à fait régulièrement, mais ils se déroulent d'une manière souvent stéréotypée. Cela a conduit beaucoup d'étudiants à demander plus de variété dans le programme d'enseignement. La situation est pourtant difficile, car les salaires que l'École peut offrir à de nouveaux chargés de cours ne peuvent pas s'aligner sur ceux qui sont offerts dans les autres pays de la Communauté européenne.

— Comment caractériserais-tu l'ambiance de l'École ?

Ce qui est fascinant, c'est le mélange des étudiants et de leurs intérêts. Nous sommes 200 à l'école (50 % de femmes), dont 52 débutants. Chaque jour, je fais de nouvelles connaissances, on me demande de contribuer à telle ou telle production, il y a des représentations données par la classe des acteurs, on rejoint le club des étudiants le soir. L'ambiance est donc très bonne. J'ai vite commencé à coopérer avec les différentes équipes de tournage. Ici on tourne beaucoup en 16 mm et 35 mm (moins en vidéo). C'est donc un lieu d'apprentissage idéal pour tous les fous du cinéma.

Manfred HATTENDORF

POTSDAM-BABELSBERG

HOCHSCHULE FÜR FILM UND FERNSEHEN KONRAD WOLF.

Karl-Marx Str. 27, 0-1591 Postdam-Babelsberg, RFA.
Tél. : 7.89.81-3.
Responsable : Prof. Wolf Dieter Panse.
Diplôme décerné : Diplôme national.
Conditions d'admission : baccalauréat, expérience professionnelle, concours.
Durée des études : 4 ans.
Contenu des études : spécialisation selon le département choisi, direction, prise de vue, montage, arts dramatiques, scénario, analyse de films, études théorique et pratique, production de films
Stage : oui.
Recherche : oui.
Débouchés : les métiers classiques du cinéma et de la télévision.
Publications : oui.

1984, de Michael Radford

XII. AU ROYAUME-UNI

Cent cinquante-huit institutions assurent 90 % de l'enseignement supérieur : quarante-huit universités (dont une seule est privée), trente-trois écoles polytechniques *(Polytechnics),* quinze *Central institutions* (institutions centrales, équivalent écossais des *Polytechnics* anglaises) et cinquante et un *Colleges.*

Elles sont financées soit par le gouvernement, par le canal des DES *(Department of Education and Science),* soit par les autorités locales compétentes en matière d'éducation, LEAs *(Local Education Authorities).* Les universités sont indépendantes. Elles décident de leurs diplômes, des critères d'admission de leurs enseignants. Elles sont principalement axées sur le savoir théorique et la recherche.

Polytechnics et *Central Institutions* ont un but plus professionnel : « *Elles entretiennent des relations étroites avec l'industrie, le monde des affaires et le monde professionnel* », explique le *Guide de l'étudiant* (p. 372). Elles doivent demander pour leurs diplômes l'agrément du CNAA (*Council for National Academic Awards,* Conseil national des titres universitaires). Elles sont autonomes depuis le 1er avril 1989. Il en est de même pour les *Colleges* et *Institutes of Higher Education* (collèges et instituts d'enseignement supérieur), également soucieux de dispenser un enseignement de type professionnel. On peut cependant observer que les distinctions entre ces différents types d'établissements s'estompent.

L'enseignement comporte plus de travail par petits groupes que de cours magistraux. Le taux de réussite aux examens est généralement bon, mais la sélection à l'entrée de l'université est rude.

M.M

Sid and Nancy, de Alex Cox, ancien étudiant de l'Université de Bristol

L'enseignement supérieur au Royaume-Uni

Nombre d'habitants : 56,9 millions.
Nombre d'étudiants : 613 000 (Chiffres 86-87 in *Guide de l'Étudiant*) dont 8 773 originaires d'autres pays de la CEE.
Langue d'enseignement : l'anglais.

Durée	Cycle	48 UNIVERSITIES	33 POLYTECHNICS	En Écosse 15 CENTRAL INSTITUTIONS	51 COLLEGES OF HIGHER EDUCATION	Durée
2 ans env.	*Higher Degree ou Postgraduate Degree*	**Ph. D** *Doctorate of Philosophy*				
1 an		*MA MSc* [1]	*MA MSc*	*PA ou MA*	*M A MSc*	
3 ou 4 ans	*First Degree ou Bachelor's Degree*	**BA Bachelor of Arts BSc : Bachelor of Sciences** (*Honour's Degree* : une matière principale et une facultative. *Ordinary Degree* : plusieurs matières. Pas de spécialisation). En Écosse, *MA, Master of Arts.*	*BA BSc* ... *BTEC*	*MA* ... *BTEC*	*BA BSc* ... **Higher National Diploma BTEC.**	2 ans
Age	Accès à l'enseignement supérieur					
18 ans	• Les élèves doivent obtenir le *A Level (Advanced Level,* niveau avancé) dans trois ou quatre matières. En Écosse, on parle de *Higher Level.*					
17 ans	• Ils envoient leur candidature à un organisme centralisateur, avec un choix de cinq établissements classés par ordre de préférence. Chaque institution définit les matières et le niveau nécessaires pour être admis.					
16 ans	• Ils choisissent trois ou quatre matières. Chacune est notée de A à E, par ordre décroissant. • A la fin de la scolarité obligatoire, les élèves passent le *GCSE, General Certificate of Secondary School* (Certificat général de l'école secondaire).					

1. *MA : Master of Arts. MSc : Master of Sciences.*

M.M.

Plus de cent cinquante cursus

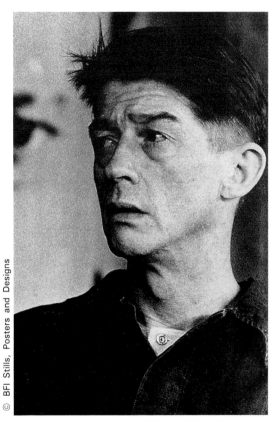

© BFI Stills, Posters and Designs

1984, de Michael Radford,
ancien étudiant de la London Film School

*Pour étudier le cinéma et l'audiovisuel, on peut choisir entre plus de cent cinquante cursus. Le département Education du British Film Institute suit attentivement la situation dans ce domaine. Jim Cook, professeur conseiller, et Lavinia Orton, documentaliste, ont mené auprès de ces institutions une enquête par questionnaire, avec le soutien du BFI.
Des enseignants, Ginette Vincendeau, David Morley, Joy Lehman, Haïm Bresheeth et Philip Simpson donnent leur*

point de vue à partir de leur expérience de terrain et évoquent parfois celui de leurs étudiants. Un ancien élève de la National Film and Television School, Georges Drion, cinéaste, témoigne de la vie de l'école de Beaconsfield.

Toutes les formations évoquées ici durent un an au minimum et sont accessibles à des élèves âgés de dix-huit ans, au moins. En principe, il n'y a pas d'âge limite, mais naturellement, en pratique, certaines conditions sociales, comme les charges familiales, sont des obstacles pour les adultes qui voudraient suivre des formations à plein temps. La question de la reprise des études pour les étudiants plus âgés devient de plus en plus incontournable, à la fois pour des impératifs démocratiques et pour des raisons démographiques ; l'effectif des moins de dix-huit ans va en effet chuter dans les années qui viennent. Certains établissements réagissent à ce changement de la population estudiantine avec empressement et en faisant preuve d'imagination. D'autres y sont hostiles ou semblent totalement inconscients du problème. Quelles que soient les attitudes adoptées, le profil de l'étudiant est en train de se modifier. On peut se livrer à un exercice intéressant en relevant quelles sont les formations citées dans ce texte ou dans l'annuaire qui semblent présenter la souplesse nécessaire pour fonctionner avec une proportion appréciable d'étudiants adultes.

Notons enfin que, dans la plupart des cas, des bourses sont accordées aux étudiants de l'enseignement supérieur. L'administration Thatcher n'avait pas réussi à imposer le système des prêts pour étudiants ; en revanche elle a su faire en sorte que les autorités locales disposent de moins d'argent à consacrer aux étudiants, ce qui oblige les parents à contribuer plus largement aux frais. Lorsque cette aide fait défaut — et c'est souvent le cas — l'étudiant doit se serrer la ceinture et son assiduité aux cours souffre de ses activités alimentaires parallèles.

Jim COOK

par Jim Cook

Distant Voices Still Live, de Terence Davies

A l'université :
la tradition des études cinématographiques et le développement des études sur les médias

Les études cinématographiques se sont développées en Grande-Bretagne à la fin des années 60 à la suite d'un mouvement intellectuel en réaction contre l'hégémonie de la littérature anglaise, discipline qui dominait les sciences humaines. Ce mouvement a été impulsé par des critiques désireux de légitimer le plaisir que leur procurait le cinéma hollywoodien, alors culturellement méprisé : ils tirèrent argument des positions prises à ce sujet par les _Cahiers du cinéma_ de la fin des années 50 et des années 60 ainsi que de cel-

les de la revue britannique _Movie._ Un certain nombre d'entre eux rédigèrent des manifestes pour que le cinéma populaire hollywoodien soit traité avec autant de sérieux et analysé avec autant de rigueur que l'avait été la littérature anglaise. Ils se réclamaient fondamentalement d'un cinéma d'auteur et ce n'est pas un hasard si le plus influent de ces critiques, Robin Wood, est devenu le premier maître assistant à temps plein en études cinématographiques de l'enseignement supérieur lorsqu'il fut nommé à l'université de Warwick en 1973. Ce poste, comme d'autres créés en cours des années 70, fut partiellement financé pendant les trois premières années par le British Film Institute dans le but d'affirmer les études cinématographiques dans l'enseignement supérieur.

Cependant, entre le moment où ces idées commencèrent à se faire connaître et leur entrée dans l'université en 1973, les centres d'intérêt s'étaient déplacés vers la sémiotique post-soixante-huitarde, le structuralisme et les questions idéologiques. Ces approches étaient à la fois influencées par la (re)découverte de l'esthétique marxiste appliquée aux études cinématographiques et par de nouveaux mouvements sociaux comme le féminisme et les luttes des homosexuels.

Elles furent à leur tour concurrencées par le champ des *Cultural Studies*[1] (Études culturelles) qui privilégient les exigences des personnes, des sujets sociaux, de l'histoire tout autant que celles des textes seuls.

Enfin, on ne saurait oublier que ce bouillonnement intellectuel — souvent productif, parfois déroutant — qui s'est produit au cours des dix dernières années a eu lieu dans le contexte d'une politique de l'éducation établie par la droite conservatrice ; elle a été marquée par une volonté dite de rationalisation, une réduction du financement des universités et un gel des postes. L'une des conséquences a été d'amener les enseignants à se préoccuper encore davantage de l'efficacité de leur travail. Ce souci, s'il ne conduit pas au strict fonctionnalisme, a le mérite d'approfondir la réflexion sur le contenu et les objectifs de l'enseignement. Les enseignants ont également dû développer leur collaboration avec ceux des autres disciplines. Bien mené, avec des matières traditionnelles, ce travail interdisciplinaire peut donner des résultats intéressants et ouvrir de nouveaux champs, telles les études sur les médias[1].

Les formations proposées par les universités évoquées ici se répartissent en deux catégories : celles qui ne s'occupent que d'histoire du cinéma, de théorie et de critique et celles qui comportent une dimension pratique (tout en se défendant explicitement d'offrir une formation professionnelle).

Privilégier la théorie du cinéma

A Exeter, Kent et Warwick, on affiche clairement un parti pris théorique. Leurs cours sont extrêmement prisés puisque chaque année cinq cents à six cents candidatures sont posées pour des cursus qui ne peuvent recevoir que vingt-cinq à soixante-dix étudiants. Un grand nombre de jeunes manifestent un désir très net d'étudier le cinéma d'un point de vue culturel, sans forcément chercher à obtenir un diplôme leur garantissant un emploi. Les conclusions à tirer de ce phénomène ne sont pas claires. Manifestement, ces étudiants, issus pour beaucoup des classes moyennes, évoluent dans des cadres culturels où le savoir n'est pas automatiquement ou directement associé à l'emploi. Difficile de savoir s'ils deviennent des « intellectuels » perpétuant un « pur » savoir pour une élite minoritaire sans chercher à transformer la nature des productions audiovisuelles. Cela dépend probablement de la façon dont ils investissent les secteurs dans lesquels ils trouvent un poste : édition, gestion artistique, publicité, etc. Quoi qu'il en soit, aucun des établissements concernés ne semble considérer qu'il est de son ressort de suivre de près la carrière de ses étudiants (pas plus que de contrôler leur efficacité) une fois que ces derniers ont quitté l'institution. Ils ne disposent d'ailleurs pas du personnel et des moyens financiers nécessaires.

A la lumière de ces remarques, les similitudes des objectifs que s'assignent ces formations sont révélatrices.

A Exeter, le cinéma fait partie d'un département d'études interdisciplinaires des arts américains et du Commonwealth. Leur réponse au questionnaire dit :

« *Il s'agit de mener des études comparatives dans les domaines littéraire, artistique et culturel entre les États-Unis, les Caraïbes, l'Afrique, l'Australie, l'Inde et le Pacifique. Le programme proposé touche de multiples*

---

1. *Cette notion de* Cultural Studies *a été forgée à l'université de Birmingham, sous l'égide de Stuart Hall. Elle a essaimé en Grande-Bretagne, puis dans plusieurs pays européens et aux USA. Les* Cultural Studies *sont souvent couplées avec l'étude des médias et sont maintenant reliées par un réseau ERASMUS,* Le European Network for Media and Cultural Studies *(Réseau européen pour les études sur les médias et les études culturelles). Voir la conclusion à ce sujet NDLR.*

© BFI Stills, Posters and Designs

Chicago Joe and the Showgirl, de Bernard Rose, ancien étudiant de la National Film and Television School

cultures et balaie un large éventail de formes artistiques, dont le cinéma qui peut constituer jusqu'à 40 % des cours suivis. L'enseignement se fait selon un point de vue européen mais le cinéma étudié est essentiellement celui d'Hollywood. »

A Warwick, le cinéma est étudié dans le cadre d'une *Joint School* de cinéma et de littérature :

« *L'objectif de ce diplôme consiste en partie à définir et explorer les potentialités créatrices propres au média, la dimension artistique du cinéma, en analysant les œuvres de quelques grands auteurs et en étudiant les diverses théories cinématographiques. Les aspects sociologiques et idéologiques du cinéma sont également pris en compte à travers la mise en relation de ces films avec la culture et la période auxquelles ils se rattachent. Dans cette optique, on étudie aussi la place des genres dans le cinéma populaire et les déterminations à l'œuvre pour un film donné. Cet enseignement mettant l'accent sur l'approche critique, aucune expérience pratique n'est requise ni proposée.* »

A Kent, le cinéma constitue un cursus autonome, mais un certain nombre de cours

dans d'autres disciplines doivent être suivis pour obtenir le diplôme.

« *On y analyse les potentialités du cinéma et ses implications théoriques. On étudie les procédés utilisés pour véhiculer et produire du sens pour les spectateurs.* »

Tous ces établissements disposent d'un équipement 16 mm (table de montage Steenbeck) et de magnétoscopes. Kent et Warwick sont aussi équipés en 35 mm, ce qui élargit considérablement le champ des films accessibles, en permettant notamment la consultation du fonds du National Film Archive, département du British Film Institute.

Les moyens financiers alloués annuellement à la location de films, à l'acquisition d'ouvrages, etc, varient très nettement d'une université à l'autre : 2 500 livres Sterling pour Exeter contre 7 000 pour Kent.

Ouverture sur la télévision et formation pratique

Glasgow, Stirling, Ulster : les trois filières universitaires les plus axées sur la pratique, parmi notre échantillon, sont proposées par des universités non anglaises : je ne sais s'il faut en tirer une conclusion. Mais leur succès est indiscutable comme celui des cursus théoriques. En effet on compte des centaines de postulants pour un nombre assez limité de places. A Stirling, par exemple, sur 1 500 candidats, les élus ne sont que 70.

La réalisation de films et de vidéos faisant partie intégrante de ces formations, il n'est pas étonnant qu'un bon nombre d'étudiants, leur diplôme en poche, trouvent un emploi dans les médias ou le secteur des loisirs où ils participent à des productions audiovisuelles.

Il est intéressant de noter que bien que l'enseignement soit souvent complété par les interventions de professionnels venant de la télévision, de la radio et de la presse écrite, les objectifs de cette filière sont très proches de ceux des filières théoriques.

Glasgow propose un programme d'études cinématographiques et télévisuelles :

« *Cette formation tient le cinéma et la télévision pour des forces évolutives significatives de la culture contemporaine et les aborde à la fois comme des formes institutionnelles et esthétiques. Parmi la multiplicité des approches critiques utilisées figurent des disciplines comme l'histoire, l'analyse textuelle, la sociologie et l'étude critique des faits culturels. L'objectif visé est de comprendre comment ces formes se sont développées et comment elles évoluent actuellement.* »

A Stirling, les études sur le cinéma et sur les médias s'inscrivent dans un même projet.

« *Pour comprendre complètement les médias, il ne suffit pas d'observer seulement leur production, il faut également savoir comment ils sont financés et contrôlés..., avoir des notions sur le cadre juridique qui régit leurs activités... et analyser le contexte idéologique... Une partie non négligeable des UV obligatoires (20 %) consiste en de petits exercices pratiques.* »

L'université d'Ulster propose un cursus sur le cinéma et les médias qui se définit ainsi :

« *Une approche intégrée de l'étude et de la pratique des médias (cinéma, télévision, radio, presse écrite) combinant des perspectives historique et sociologique, des analyses textuelles et culturelles et une expérience pratique* ».

En matière d'équipement, la différence principale entre ces filières et les formations

Ginette Vincendeau, qui enseigne dans le département Film and Litterature de l'université de Warwick (Coventry), évoque la condition estudiantine en Grande-Bretagne et résume l'opinion que plusieurs de ses étudiants en BA ont exprimée sur leurs études, à l'occasion d'une enquête qu'elle a menée par questionnaire.

Nous avons des petites promotions de vingt-cinq étudiants. Ils sont très encadrés et peuvent facilement consulter les enseignants qui jouent quasiment le rôle de parents (cela fait partie du rôle de l'enseignant en Grande-Bretagne, même si l'on constate que les femmes y consacrent plus de temps que les hommes). A la différence de nos collègues en France, nous disposons de bureaux pour recevoir les étudiants.

Par ailleurs, il existe une structure spécialisée, avec des assistantes sociales qui les aident, par exemple, à surmonter l'angoisse des examens (il y a même un numéro SOS de téléphone à cette fin !).

On trouve donc en Grande-Bretagne une sorte de luxe de l'encadrement : tout est fait pour recevoir et donner un bon accueil aux étudiants. La majorité d'entre eux se débrouillent sans problème. D'autant que beaucoup étaient déjà pensionnaires dans le secondaire.

Dans le contexte politique actuel, ils sont principalement issus des classes moyennes. La situation est devenue difficile pour les étudiants de milieu modeste car les bourses diminuent. Si elles couvrent les frais d'inscription (fort élevés), elles n'assurent pas les dépenses de la vie courante (sauf si la famille a des ressources vraiment modestes). Il y a eu un projet pour instaurer des prêts pour les étudiants mais cette mesure, très impopulaire, n'a pas été retenue par les banques.

Le département Film and Litterature offre

Du côté des étudiants

des études purement théoriques, critiques et historiques ; il n'y a pas de composante pratique.

Les étudiants qui ont répondu au questionnaire suivent, ou viennent d'achever une BA dans lequel le cinéma (la télévision n'est pratiquement pas représentée à Warwick) représente plus ou moins 50 % de leurs études, l'autre moitié est constituée d'études littéraires — la seule variante possible se situe en troisième année, au cours de laquelle les étudiants choisissent des options qui peuvent porter la proportion du cinéma à trois quarts de leur BA.

Quelles raisons ont poussé les étudiants à choisir ce type d'études ?

Une minorité indique un désir d'étudier le fonctionnement des médias en raison de leur importance idéologique grandissante dans la culture contemporaine. Un plus grand nombre se déclarent motivés par un intérêt purement cinéphilique. Car certains étudiants notent aussi un désir d'étudier un sujet qui ne faisait pas partie du cursus scolaire.

Ces études correspondent-elles à leur attente ?

La plupart indiquent comme un « gain » la faculté d'analyser les techniques et les moyens d'expression esthétique du cinéma. D'autres se déclarent satisfaits de la connaissance qu'ils ont acquise des grands courants théoriques et critiques actuels sur les médias, le cinéma, l'image en général. Quelques-uns mentionnent en particulier l'étude de la représentation des femmes, et celle des minorités ethniques et sexuelles au cinéma.

La moitié indique clairement que les études correspondent à leur attente. Par contre, un nombre égal indique qu'ils auraient préféré que la pratique soit plus importante. Parmi ceux-ci, certains pensent que les théories et les approches critiques qu'ils ont apprises devraient avoir une influence pratique, mais se montrent

pessimistes quant à leur influence concrète sur le monde de l'audiovisuel.

Il faut noter que l'absence de composante pratique dans le BA Film/littérature de Warwick — souvent mentionnée — est un point pourtant abondamment souligné lors du processus de sélection des étudiants, dans les brochures d'information. On peut en conclure que soit le message n'est jamais assez clair, soit les étudiants choisissent l'option uniquement théorique/critique/historique « faute de mieux » et qu'un nombre important (grandissant ?) des étudiants qui désirent étudier le cinéma veulent aussi recevoir une formation pratique.

Comment les étudiants voient-ils leur avenir ?

Une partie d'entre eux voient leur avenir dans le monde audiovisuel comme « bouché ». D'autres indiquent un désir de travailler dans ce domaine après leurs études (dans la télévision, dans le cinéma, ou sans précision). Sur ce point, certains ont ajouté un commentaire sur l'utilité de leurs études par rapport à leurs chances d'une carrière dans le cinéma ou la télévision. Quelques-uns regrettent le peu d'influence de telles études sur les produits de l'industrie. L'un pense même que l'Université n'est qu'une « machine à produire des universitaires ». Certains étudiants, en revanche, estiment que les études théoriques ont à leurs yeux une valeur aussi grande que les études pratiques (en cela, ils font écho à la conception traditionnelle du « *Arts* » ou « *Humanities* » *degree* britannique, sans vocation pratique, vu comme préparation intellectuelle à la vie et, dans laquelle, à la limite, le sujet étudié importe peu).

Ginette VINCENDEAU

théoriques tient en ce que les premières n'ont pas de matériel de projection en 35 mm mais bénéficient d'un petit studio et d'un banc de montage vidéo.

Quant aux budgets de ces institutions, si aucun chiffre n'est disponible pour Stirling, un écart énorme sépare Ulster (20 000 livres sterling) de Glasgow (4 000 livres sterling). De ces trois universités, Glasgow est à coup sûr la moins bien dotée en moyens de production.

Dans le cadre de ces six formations, les étudiants peuvent continuer leurs études au-delà du premier cycle, soit en suivant des cours (Glasgow), soit en effectuant des recherches personnelles (dans les cinq autres universités). Ils ne sont pas toujours conscients des possibilités réelles du monde du travail, comme l'explique David Morley.

Jim COOK
Traduction : Jacques Lévy

Un grand conflit entre les rêves et les possibilités

David Morley enseignait à l'université de Brunel quand nous l'avons rencontré. Il est maintenant au Goldsmiths College *à Londres.*

Chaque année, sur environ trois cents candidatures, nous en retenons dix à quinze. Nous voulons faire un mariage entre les *Media Studies* et les nouvelles technologies, nous cherchons une interaction entre les arts et les sciences. C'est pourquoi je suis très intéressé par un candidat qui a étudié la littérature et les mathématiques. Peu d'entre eux ont en même temps la capacité d'imaginer et des qualités de logique et de précision. Leur proportion va croissant, mais ils sont moins de 50 % dans ce cas.

En quatrième année, depuis peu, nous avons un cursus où l'on étudie la sociologie des médias, leur régulation politique, les effets sociaux des technologies. Nous enseignons aussi la linguistique, pour donner une méthode d'analyse des textes, et les diverses matières habituelles dans les *Media Studies*.

Mais nous avons l'ambition de marier théorie et pratique, c'est pourquoi la partie pratique est très importante. Elle consiste d'une part en travaux en vidéo et en informatique, d'autre part en ce que chaque année les étudiants accomplissent un stage d'un semestre (avril à septembre) dans les domaines des relations publiques, de la télévision, etc. Ce système de cours en alternance s'appelle *Sandwich course*.

L'université a, en principe, une personne spécialisée dans la recherche de stages pour les étudiants. Mais ils sont si nombreux à vouloir entrer dans l'audiovisuel qu'il est très difficile de leur en trouver. Aussi, dans notre département, est-ce moi qui en suis responsable.

Ils ont presque tous des espoirs grandioses. Ils veulent entrer d'emblée à la BBC. Je leur dis que c'est impossible. Ils ne me croient pas. Les meilleurs d'entre eux prennent des initiatives. Ainsi, l'année dernière, un étudiant était fermement décidé à faire de la publicité. Je lui ai donné le téléphone d'une agence. Il l'a appelée tous les jours... L'agence a fini par le prendre en stage, de guerre lasse...

Mais, pour la plupart, cela ne tourne pas aussi bien. Je peux leur trouver des stages simples, appropriés, mais le plus souvent ils les refusent...

Il y a un conflit entre leurs rêves et les possibilités. Ils nourrissent des espoirs excessifs qui seront déçus.

Le système des stages est très coûteux en temps... pour moi. Mais on ne peut y renoncer car ils constituent l'une de nos principales « attractions ». En effet, les étudiants comprennent que les employeurs apprécient particulièrement la combinaison de l'expérience pratique avec les études théoriques.

Propos recueillis
par Monique MARTINEAU

The Nature of the Beast, de Franco Rosso, ancien étudiant du Royal College of Arts

La tradition de l'école d'art

Si la palette des formations universitaires au Royaume-Uni semble variée, la diversité dans le secteur des écoles d'art est encore plus grande.

Deux données capitales sont à rappeler ici : toutes les formations de premier cycle décrites ci-dessous sont proposées par des établissements issus d'_Art Schools_ (écoles d'art) qui dans les années 60 avaient été financés par les autorités locales et continuèrent à l'être par la suite quand elles furent transformées en _Institutes_ (instituts), _Polytechnics_, etc. Aussi, malgré les changements et l'élargissement de leur champ d'études à d'autres secteurs, ces établissements restent-ils fidèles, en principe, aux notions fondamentales de créativité, de production et de pratique ; ils se sentent engagés envers la communauté où ils sont situés. En pratique, les changements survenus ces dix dernières années ont vu émerger le double souci d'une formation et d'une éthique professionnelles. La plupart de ces établissements sont aujourd'hui des structures privées. Les tensions et les compromis réalisés pour s'adapter à cette situation mouvante se reflètent dans les programmes décrits ci-dessous.

Quatre de ces établissements offrent avant tout des cours de premier cycle. Le _Polytechnic_ de Middlesex et le _Royal College of Art_ permettent en outre de préparer un _Master of Arts_.

La popularité de ces établissements auprès des futurs étudiants est inégale, mais Dorset et Middlesex sont aussi convoités que les facultés puisque 900 et 560 candidatures leur ont été respectivement adressées pour 72 et 35 places. Ravensbourne a reçu 250 demandes d'inscription pour 30 places disponibles tandis que West Surrey en a eu 180 pour 22. Je ne saurais expliquer ce fait, mais au Royaume-Uni, les formations de ce type sont plus nombreuses que celles proposées par l'Université. Pourtant, j'ai le sentiment qu'un snobisme culturel injuste continue à préférer les universités aux autres établissements d'enseignement supérieur. Quant aux débouchés, dans trois des écoles, la plupart des diplômés trouvent un emploi dans l'industrie audiovisuelle. Les autres travaillent dans le secteur du cinéma indépendant ou dans des unités de production télévisuelle[2]. Ceux de *Polytechnic Middlesex* occupent les mêmes postes que les diplômés de l'Université : enseignement, gestion artistique, etc.

Les objectifs pédagogiques dans ce secteur sont toutefois plus diversifiés que ceux que se fixe l'Université.

Dorset dispense une formation intitulée Production des médias.

« *Il s'agit de former des étudiants compétents, cultivés, critiques et responsables en matière de création, de pratique et d'évaluation de la communication humaine.* »

À Middlesex, le cinéma fait partie d'un cursus intitulé Histoire de l'art, design et cinéma.

« *L'étude de l'art, du design, du cinéma et de la communication vise à apprécier des œuvres choisies en se référant aux conditions historiques de leur production, de leur diffusion et de leur consommation. Les idées et les significations produites sont analysées et interprétées selon des méthodes variées (approche idéologique, sémiologique, etc.).* »

Ravensbourne offre un cursus principalement pratique dans le cadre d'un département télévision et radio : School of Television and Broadcasting. « *Nos objectifs consistent à former des individus extrêmement motivés, désireux d'affirmer leurs capacités, d'acquérir des compétences, des connaissances dans le domaine de la fabrication de programmes audiovisuels, afin d'atteindre un niveau professionnel et de posséder un bagage suffisant pour travailler dans les industries de la radio et de la télévision.* »

A West Surrey l'enseignement se fait au sein d'un département de cinéma et de vidéo : School of Film and Vidéo. « *L'objectif du département est de donner une formation générale d'envergure qui prenne en compte les débats et les évolutions récents concernant la pratique du cinéma et de la vidéo. Il s'agit de favoriser une sensibilisation aux questions d'ordre social ainsi qu'une pratique créatrice et critique.* »

A l'exception de Middlesex, le matériel disponible pour toutes ces formations répond aux normes professionnelles. De plus, pour chacune d'elles, des interventions sont assurées par des professionnels du cinéma, de la radio et de la télévision. L'équipement dont dispose West Surrey est représentatif : « *Une gamme de caméras 16 mm : Arri BL, Eclair, des Nagra III et IV, des caméras 8 mm, de tables de montage Steenbeck, des Picsynch, du matériel pour le transfert sonore, des tables de mixage, des caméras U-matic et VHS portables, des bancs de montage, un studio de télévision, une salle de cinéma, un jeu d'éclairages.* »

Aucune information n'a pu être obtenue concernant le budget de ces établissements. On sait cependant que Dorset et Ravensbourne reçoivent de l'aide de structures et d'entreprises audiovisuelles.

Middlesex et le Royal College of Art proposent un enseignement au-delà du premier cycle et insistent sur leur souci de tisser des rapports entre les connaissances pures et le savoir appliqué, entre le culturel et le fonctionnel.

Le *Master of Arts* en vidéo de Middlesex est décrit comme un « *ensemble de cours sur l'imagerie électronique* ». Il est lié avec le *Master of Arts* en informatique et celui d'informatique et espagnol. Sa finalité, en principe, est de permettre aux étudiants « *d'aborder la pratique de la vidéo avec un œil créatif et critique dans un secteur qui change rapidement et d'acquérir une connaissance précise de la pratique professionnelle de la télévision et de la vidéo* ».

Les objectifs du *MA* en animation du Royal College of Art sont « *de développer et d'élargir les compétences des étudiants dans la technique de l'animation, d'approfondir leurs connaissances et de leur donner la maîtrise du matériel technique disponible pour les animateurs, de leur faire utiliser au mieux leurs compétences, en vue de contribuer utilement à la communication des idées* ».

Pour suivre ces cours, il faut être titulaire d'un diplôme de premier cycle. Chacun de ces cursus reçoit une cinquantaine de candidatures pour une dizaine de places.

---

2. *On ne peut décrire ici la structure et la gamme couverte par ce secteur de production audiovisuelle mais on pourra se reporter à ce sujet à la revue* Directions *(Cf. bibliographie).*

Jim COOK
Traduction : Jacques Lévy

Créer des liens
avec le monde professionnel

Regards et sourires, de Kenneth Loach

Le département Film et vidéo du London College of Printing dispense un enseignement qui comporte 40 % de théorie et 60 % de pratique. Joy Lehman y assure un cours sur l'histoire du documentaire et sur le documentaire contemporain. Elle évoque l'importance des professionnels dans les cours pratiques :

« Quatre intervenants travaillent avec moi à plein temps et six à mi-temps. Tout en encadrant les étudiants dans le domaine de la pratique, ils conservent leurs activités professionnelles. Il s'agit notamment de Laura Mulvey, cinéaste et théoricienne et de Nancy Schiessari, cinéaste. D'autres viennent régulièrement. Ainsi Anna Fodorovna, spécialiste en animation, assure deux cours par semaine. Enfin, nous invitons pour des conférences, une fois par an ou par trimestre, des cinéastes comme Ken Loach. Il vient quand il le peut car il ne peut déterminer son programme longtemps à l'avance. Il doit donner la priorité à son activité professionnelle. Mais quand il vient au Collège, il nous apporte beaucoup.

Pour que ces interventions soient positives pour les étudiants, il faut que les professionnels soient intéressés par l'éducation, veuillent partager avec les jeunes leurs connaissances et leur expérience, qu'ils soient en empathie avec les étudiants. D'ordinaire, nous avons de la chance et nous trouvons des gens qui en sont capables.

Haïm Bresheeth, chef du département, évoque le devenir des étudiants :

« 10 % deviennent assistants pour le son ou la caméra. 30 % travaillent de manière indépendante. Plusieurs de nos diplômés obtiennent chaque année des bourses de l'Art Council, de Channel Four ou du BFI, ou encore du European Script Fund (Fonds européen pour le scénario). Ils peuvent aussi obtenir des bourses régionales, car la Grande-Bretagne est divisée en douze régions dans le domaine du cinéma. Environ 10 % poursuivent leurs études et préparent un MA ou un PhD. 30 % travaillent dans la publicité, quelques-uns s'occupent de programmation et de distribution, mais ils sont peu nombreux car chez nous le cinéma est moins important que la télévision (ce qui explique pourquoi nous travaillons plus qu'en France sur l'interaction du cinéma et de la vidéo).

Il est difficile de trouver du travail mais au bout d'un an, tous ont un emploi. La moitié sont indépendants. Seuls ceux qui sont dans des institutions travaillent à plein temps. A ce sujet, nous sommes inquiets, au syndicat dont je fais partie (ACTT), de cette évolution qui se dessine, la progression du travail indépendant signifiant trop souvent travail intermittent. »

Propos recueillis
par Monique MARTINEAU

Collection La Revue du Cinéma

Local Hero, de Bill Forsyth, ancien élève de la NFTS

La National Film and Television School, une école prestigieuse

La National Film and Television School (NFTS, École nationale de cinéma et de télévision) est la plus réputée des institutions formant aux médias au Royaume-Uni. Elle « forme des étudiants au plus haut niveau dans chacune des dix spécialités » *qu'elle propose. Ces dernières vont du son et de la prise de vue au montage en passant par l'animation et le décor.*
Elle est parrainée par des professionnels de haut vol du Royaume-Uni et de l'étranger. Les étudiants doivent déjà posséder une expérience certaine dans la spécialisation choisie.
La grande majorité des diplômés exercent *ensuite leur spécialité dans l'industrie audiovisuelle. Financée par le gouvernement et les industries cinématographiques et télévisuelles à hauteur de 3,5 millions de livres, la NFTS est une institution unique en son genre, réellement gérée par des professionnels pour des professionnels. En tant que telle, elle se distingue de l'ensemble des formations en cinéma et sur les médias de niveau supérieur de Grande-Bretagne.*
Georges Drion, cinéaste, a passé trois ans dans le département documentaire de la NFTS. Il porte sur elle un regard de l'intérieur.

J.C.

La première impression que l'on éprouve en arrivant à la gare de Beaconsfield, c'est d'être à la campagne. En effet, l'École nationale de cinéma et de télévision de Grande-Bretagne est située dans un pittoresque village d'apparence très anglaise, à environ quarante kilomètres à l'ouest de Londres. Mais cet isolement n'est qu'un trompe-l'œil, car, à quelques kilomètres de là, se trouvent les grands studios de cinéma britannique, comme Pinewood (où se tournent les James Bond) et Elstree, ainsi que les laboratoires de développement de Technicolor, Rank, etc.

C'est en janvier 1984 que je suis venu déposer mon dossier de candidature, au département documentaire de la NFTS. Cette année-là, il y avait 600 postulants pour une trentaine de places dans les dix spécialisations que propose l'école : production, écriture, réalisation, décoration, caméra, son, montage, musique de film, ainsi qu'un département des films documentaires et d'animation. Les études à la NFTS sont de niveau *post-graduate* et par conséquent ne s'adressent pas aux débutants cinéastes. On y va pour approfondir et confirmer ses connaissances en cinéma. C'est donc en portant sous le bras les bobines de films que j'avais déjà réalisés ou sur lesquels j'avais travaillé, que je suis venu déposer ma candidature.

Le processus de sélection se fait en trois étapes : une première évaluation est faite sur dossier, qui inclut le visionnement de tous les films et vidéos soumis ; elle est suivie deux mois plus tard d'une entrevue préliminaire avec les candidats retenus et, encore environ deux mois après, d'une entrevue finale. Le comité de sélection des candidats est généralement composé de professionels du cinéma et de la télévision, des professeurs de chaque département de l'école, ainsi que de représentants des étudiants. C'est ainsi que j'eus l'occasion, en tant qu'étudiant, de participer à la sélection des candidats pour l'année 1988.

Quand je suis entré au département documentaire, nous étions cinq étudiants, trois hommes et deux femmes, tous âgés de plus de trente ans. La moyenne d'âge de notre promotion se situait vers les vingt-sept ans, mais il faut signaler qu'il n'y a pas de limite d'âge et que les diplômes ne sont pas obligatoires, l'expérience pratique ayant la même valeur. J'étais le seul étranger au département

documentaire. En section caméra se trouvait un Japonais, en réalisation un Nigérian et en section son un Canadien. Les admissions d'étudiants étrangers sont généralement limitées à 20 %.

Il faut dire aussi qu'il y avait un nombre inexplicable d'Écossais. Cela doit provenir du fait que le directeur de l'école, Colin Young, est un Écossais des plus écossais ! Mais il faut lui reconnaître d'avoir œuvré de façon admirable au développement du cinéma écossais, et aidé à la formation de gens comme Bill Forsyth *(Gregory's Girl)*, Ian Sellar *(Venus Peter)* ou Michael Caton-Jones *(Scandal* et le récent *Memphis Belle)*. Je m'imagine mal les écoles de cinéma en France participant au développement d'un cinéma spécifiquement breton, corse, alsacien, basque, catalan ou occitan...

L'enseignement, aussi bien du cinéma de fiction que du documentaire et de l'animation, se situe dans le domaine de la pratique plutôt que de la théorie du cinéma. Les cours ou exercices sont dirigés par des professionnels. Mais pas de tableau noir à la NFTS ! Le deuxième jour de classe, nous étions dans la rue, en équipes, à filmer les braves citoyens de Beaconsfield. « *Un peu brusque, tout cela* », pensions-nous. Mais le soir même, en regardant le résultat de ce travail spontané, nous allions rapidement nous apercevoir que les choses n'étaient pas du tout aussi simples, et qu'il y avait différentes manières de filmer des scènes aussi banales que l'arrivée du train en gare de Beaconsfield, les gens faisant leur marché ou même le changement de roue d'une voiture dans la cour de l'école. En fait, c'est dans ces séances de visionnement que les discussions théoriques prennent toute leur place et leur ampleur.

A ma connaissance, la NFTS est une des rares écoles dans le monde à enseigner le cinéma documentaire de manière spécifique. Les étudiants documentaristes sont formés bien sûr à la réalisation, mais aussi au maniement de la caméra sur leurs propres films. Ces réalisateurs-cameramen s'occupent souvent de leur montage et font la prise de son sur les films de leurs collègues. Les équipes documentaires sont souvent réduites à deux personnes, non pour des raisons budgétaires, mais plutôt à cause du style de documentaires qui se tournent à Beaconsfield. La NFTS favorise en effet l'enseignement du documen-

Distant Voices Still Live, de Terence Davies

taire d'observation. Le film-portrait, à caractère social, y est très prisé. Par contre, le documentaire de reportage, souvent renforcé par un commentaire de journaliste, n'y est pas du tout enseigné, mais les étudiants peuvent inviter des professionnels de l'industrie à organiser des ateliers sur cette question, de même que sur d'autres sujets. C'est ainsi que pendant ma deuxième année, plusieurs d'entre nous avons organisé la venue d'un cameraman professionnel qui nous a démontré sa manière à lui de filmer en utilisant tout le temps un trépied. Il faut rappeller qu'à la

NFTS le tournage des docus se fait presque uniquement avec la caméra à l'épaule.

Pendant la première année à Beaconsfield, j'ai donc participé à de nombreux exercices pratiques, à des tournages de films courts, documentaires ou de fiction et à des activités encadrées par les profs ou des techniciens. Pour notre deuxième année, on nous a encouragés à modeler nous-mêmes la suite de nos études, avec la devise « *apprendre ne peut être stéréotypé* ». Cela veut dire que nous pouvions participer à des ateliers techniques (éclairage, caméra, son, montage) avec des professionnels de l'industrie, ou participer à des projections de films, suivies de discussions, ou encore préparer notre projet de deuxième année. En cela, nous étions dans la même situation que nos collègues réalisateurs de fiction, c'est-à-dire que nous étions encouragés à soumettre un projet de film intermédiaire avant de nous atteler à notre projet de diplôme.

C'est surtout dans le domaine du film de fiction que l'école fonctionne comme une vraie maison de production. Pendant nos trois années, nous avions tous, sans tenir compte de nos spécialisations, un budget total d'environ 120 000 F. Le matériel caméra, son, etc., de même que les salles de montage, le mixage et le sous-titrage, sont gratuits. La NFTS est financée en partie par le gouvernement et en partie par les compagnies de télévision (BBC, Channel 4, ITV, etc.) et de cinéma, avec un budget actuel d'environ 3,5 millions de livres.

Mais, pour en revenir à notre modeste budget étudiant, les réalisateurs peuvent affecter une partie de leur budget à leur projet et ce montant est alors complété par les contributions du producteur, du caméraman, du preneur de son, du monteur, etc. La tâche de rassembler un budget revient généralement au producteur et les négociations (ardues) ont lieu le plus souvent à la cantine de la NFTS ou autour d'une pinte de bière au pub le plus proche.

En ce qui concerne la direction d'acteurs, l'école a passé un accord avec le syndicat Equity qui, pour une somme plutôt symbolique, fournit des acteurs aux productions des films étudiants. Si, par la suite, un de ces films est acheté par une chaîne de télévision, les acteurs seront alors payés rétroactivement au tarif syndical. La NFTS est située dans les anciens studios de la Crown Film Unit et dispose de deux grands plateaux de tournage. Pour les extérieurs, ils se tournent aussi bien à Londres qu'au Pays de Galles ou en Écosse, en Italie ou au Maroc ou encore, comme récemment, au Nigéria. Il est vrai que pour ce genre de tournage, il convient de trouver de l'argent extérieur à l'école.

Les films de diplôme de la NFTS sont présentés, environ deux fois par an, au monde du cinéma, de la télévision et de la presse, lors d'une réception au prestigieux BAFTA (British Academy of Film, Television and Arts) situé près de Piccadilly à Londres.

A quelques exceptions près, tous les étudiants trouvent du travail après leur sortie de Beaconsfield, soit en montant des maisons de production, soit en travaillant dans l'industrie cinématographique anglaise ou écossaise, ou encore, et surtout pour les documentaristes, en soumettant des projets à la télévision. Il faut rappeler qu'en Grande-Bretagne, le documentaire n'a jamais disparu du petit écran comme en France.

De nombreux cinéastes britanniques connus sont sortis de la NFTS, des auteurs comme Shawn Slovo *(Un monde à part)* ou un réalisateur comme Terrence Davies *(Distant Voices, Still Lives)*. Sur ce film, on peut noter par exemple que la productrice, Jenny Howarth, et le cameraman/monteur, William Diver, sont des anciens de Beaconsfield.

La National Film and Television School a donc une influence non négligeable sur le cinéma britannique et européen.

Georges DRION

L'activité audiovisuelle au Royaume-Uni

Les films

1987	51 films de fiction
1988	56 films de fiction
1989	38 films de fiction

Les télévisions

4 chaînes nationales

Les radios

4 stations nationales
36 stations locales de la BBC
62 stations privées locales

In Cultural Trends 1990 C : Policy Studies Instituts.

La filière de l'enseignement

Playing Away, de Horace Ove

Quand, dans les années 60, l'intérêt pour la théorie du cinéma s'est développé, cette attention s'est fréquemment matérialisée dans des établissements d'enseignement supérieur qui avaient pour vocation exclusive de former les enseignants. Ils n'existent plus à l'heure actuelle et les enseignants se forment en suivant des cours du second cycle du supérieur. Ces établissements spécialisés, restructurés et agrandis, sont devenus les **College of Higher Education.** *Plusieurs d'entre eux proposent un large éventail de cours sur les médias audiovisuels.*

Christ Church et Reading[1] attirent autant les étudiants que les universités puisque 500 à 600 demandes arrivent alors que chaque établissement ne peut accueillir que 35 étudiants. Beaucoup de leurs étudiants trouvent un emploi dans les médias. A la différence de la plupart des cursus universitaires, la formation reçue donne au travail pratique une place centrale.

A Christ Church, on peut « *étudier la radio, la télévision et le cinéma à travers un programme critique et pratique qui apportera à la vie professionnelle des étudiants ainsi qu'à leur vie personnelle* ».

Le département de cinéma et de théâtre de Reading[1] propose de « *développer l'approche critique du cinéma et du théâtre en combinant des travaux analytiques et pratiques* ».

Leur équipement est de type semi-professionnel (studios de télévision, bancs de montage, etc). Christ Church bénéficie d'un budget important : 30 000 livres. A Nottingham, on continue à former des enseignants, à un niveau de second cycle et au-delà. Ce cursus, auquel parviennent plus de 60 candidatures chaque année, s'appuie sur un travail théorique, pratique et pédagogique et prépare ceux qui le suivent à enseigner les médias.

Sur le plan financier, la situation est beaucoup moins favorable qu'à Christ Church. Le budget annuel est limité à 1 500 livres. Mais les étudiants bénéficient de l'accès à un studio de télévision entièrement équipé et d'une médiathèque. Cette disparité budgétaire si importante entre, d'une part, les filières qui préparent à une carrière intellectuelle ou dans l'industrie de l'audiovisuel et, d'autre part, celle qui se préoccupe avant tout de former des enseignants des médias, devrait inciter à la réflexion.

Ainsi donc, le panorama des études sur le cinéma et les médias montre globalement que les différences historiques, culturelles et ins-

---

1. *Jusqu'en avril 1989, le cours de l'université de Reading relevait d'un* College of Higher Education.
2. *C'est l'université qui décerne les diplômes.*

titutionnelles se font sur la base d'une problématique où la théorie n'est plus nécessairement opposée à la pratique. Ces différences sont en train d'être réexaminées à la lumière des effets produits par la politique actuelle et les forces culturelles agissant sur l'enseignement. Cette situation relativement ouverte devrait, en principe, rendre les divers établissements britanniques sensibles au « défi européen » et les placer dans de bonnes dispositions dans la perspective de collaborations fructueuses et d'ouvertures complémentaires avec leurs homologues des autres pays.

Jim COOK
Traduction : Jacques Lévy

A Christ Church College
of Higher Education, Canterbury

« Nous essayons d'intégrer la théorie et la pratique. »

Philip Simpson, responsable du département Radio, cinéma et télévision évoque l'enseignement de l'audiovisuel à l'université de Kent à Canterbury[2].

Les étudiants qui préparent le BA ou le BS mettent d'abord sur pied un projet collectif qu'ils exécutent sous la forme d'un montage de diapositives ou bien en Super 8, en VHS ou en 16 mm. Ils travaillent en petits groupes de cinq ou six, avec l'aide d'un tuteur et de professionnels. Ainsi, deux diplômés du Royal College of Art viennent les aider. Ils sont devenus réalisateurs indépendants. Pour réaliser un film en 16 mm, nous attribuons 200 livres. Les étudiants se partagent les rôles : producteur, réalisateur, cadre, son.

Pour une bande vidéo, ils reçoivent cent cinquante livres, qui leur servent par exemple à payer les costumes, les déplacements, etc. Michael York, acteur très apprécié en Grande-Bretagne, a joué gratuitement dans une de leurs réalisations. S'ils choisissent de produire une émission de radio, les uns écrivent le scénario, d'autres trouvent les acteurs, etc. La pratique coûte cher. Notre financement provient de diverses sources : la plus importante est constituée par les fonds alloués par le PCFC (Polytechnics and Collegbes Funding Council). Il s'agit d'un organisme très puissant qui, en Angleterre et au Pays de Galles, décide combien d'argent il attribue aux écoles, par étudiant et par discipline. Nous sommes assez favorisés à cause du caractère pratique de notre enseignement. Cependant, notre budget est actuellement en baisse, en dépit de l'afflux de candidats : nous recevons 26 000 livres en 1991 pour 68 étudiants (cette somme ne comprend pas les salaires).

Les cours théoriques, dès la première année, brossent une approche historique : on enseigne par exemple Lumière, Méliès, le documentaire anglais, la radio et le cinéma pendant la guerre, le cinéma allemand.

Nos collègues praticiens s'intéressent aussi à la théorie et incitent les étudiants à se demander quand ils tournent pourquoi ils choisissent tel plan plutôt que tel autre. En deuxième année, ils étudient les genres, le mode de narration, les concepts clés, l'impact du féminisme. En troisième année, ils se spécialisent dans un média.

Depuis la rentrée 1990, nous avons créé un MA axé sur la production. Nous souhaitons offrir aux étudiants qui ont suivi des études théoriques la possibilité d'acquérir des compétences pratiques. Nous espérons attirer des étrangers dans ce cursus, s'ils obtiennent une bourse. Pour ceux qui viennent de Grande-Bretagne, l'investissement est important, car le cours n'est pas subventionné par le PCFC (il s'agit d'un *self funding course* : un cours payé par les étudiants).

Propos recueillis
par Monique MARTINEAU

Local Hero, de Bill Forsyth

© BFI Stills, Posters and Designs

Bibliographie

Directions, sous la direction de Debbie Cawkwell. Revue trimestrielle. Disponible au BFI Funding and Development, 21 Stephen Street, London W1P 1PL.

DYER Richard, WOLLEN Peter, WOOD Robin : **The BFI University Lectureship in Film** *Screen Education* n° 19, Été 1976. Society fo Education in Film and Television, London, 1976 (disponible uniquement en bibliothèque).

Studying the Media in Higher Education, 1989, sous la direction Jim Cook et Christine Gledhill. Compte rendu d'une conférence organisée par le BFI Education, 21 Stephen Street, London W1P 1PL.

J.C.

Deux outils de base, disponibles au BFI Education

Tous les deux ans, le département Education du British Film Institute publie et met à jour deux brochures, *Film and Television Training* (La formation en cinéma et en télévision) et *Studying Film and TV* (Étudier le cinéma et la télévision). La première contient des informations sur les cursus comportant une importante dimension pratique tandis que la seconde porte sur les formations principalement critiques ou théoriques. Les renseignements sur le contenu des cours exposés dans ces fascicules sont tirés de questionnaires remplis par les universités et les établissements et réunis par le département Education du BFI. Ce dernier ne peut donc pas garantir l'exactitude absolue de ces données.

L'édition de 1990 a été coordonnée par Lavinia Orton.

Adresse : BFI Education, 21 Stephen Street, London W1P 1PL. Tél. : (71) 255.14.44.

Annuaire

BANGOR

BANGOR NORMAL COLLEGE.

Adresse : Bangor, Gwynedd LL57 2PX.
Tél. : (0248) 370171.
Responsable : Mr. Gwyn Lloyd.
Diplôme préparé : BA Communication.
Conditions d'admission : être âgé de plus de 18 ans, avoir réussi les matières requises de l'Advanced Level ou avoir un niveau équivalent et pratiquer l'anglais et le gallois couramment.
Frais d'inscription et d'études : pour l'année 1990-91, 1 675 livres plus 321 livres, payables la première année seulement.
Durée des études : 3 ans.
Effectif par promotion : 15-20.
Contenu des études :
Théorie : communication de masse et société, communication et public, radio et télévision, cinéma, journalisme, théâtre, langue, littérature.
Pratique : réalisation de programmes de radio et de télévision, journalisme, théâtre, photographie, graphisme, technologie de l'information.
Débouchés : radio et télévision, journalisme, enseignement, relations publiques, gestion, commerce, travail social, tourisme.

BARNET

MIDDLESEX POLYTECHNIC.

Faculty of Art and Design.
Adresse : Cat Hill, Barnet, Hertfordshire EN4 8HU.
Tél. : 081-368 1299.

● **Cours : Vidéo.**
Responsable : David Furnham.
Diplôme préparé : MA.
Conditions d'admission : être titulaire d'un diplôme de premier cycle, avoir une pratique de la vidéo.
Frais d'inscription et d'études : 2 000 livres pour les étudiants anglais et ceux de la communauté européenne. 5 000 livres pour les étrangers.
Durée des études : 1 an.
Effectif par promotion : 14.
Contenu des études :

Théorie : pratique théorisée et théorie de la pratique, analyse détaillée de l'organisation de l'image et du son, recherche sur les conditions de production, analyse de structure de fictions et de documentaires.
Pratique : réalisation collective de vidéogrammes sur support de diffusion (Betacam), écriture individuelle de scénarios.
Débouchés : emplois de monteurs, producteurs, chercheurs. Travail dans le secteur de la vidéo indépendante.

● **Cours : Contemporary Cultural Studies.**
Responsable : Mike Dawney.
Diplôme préparé : BA (Hons).
Conditions d'admission : 18 ans au moins, Advanced Level.
Durée des études : 3 ans.
Contenu des études :
Théorie : construction de l'identité culturelle en relation avec le sexe, la race, la classe. Production et consommation culturelles, notamment dans le domaine du cinéma et de la télévision.
Recherche : possibilité pour quelques étudiants (3 en cinéma et vidéo) de préparer un Master ou un PhD en philosophie.
Remarques particulières : fait partie de l'*European Network for Media and Cultural Studies.*

● **Cours : History of Art, Design and Film.**
School of Art History.
Adresse : Trent Park, Cockfosters Road, Herts EN4 0PT.
Tél. : 081-368 1299.
Responsable : Barry Curtis.
Diplôme préparé : BA (Hons).
Conditions d'admission : être âgé de 18 ans au moins, avec une préférence pour les étudiants plus âgés, Advanced Level ou niveau équivalent.
Frais d'inscription et d'études : 633 livres.
Durée des études : 3 ans.
Contenu des études :
Théorie : cinéma et télévision britanniques, télévision, histoire du cinéma, cinéma hollywoodien, beaux-arts, médias.
Débouchés : enseignement, gestion dans le domaine artistique, journalisme, possibilité de poursuivre des études supérieures dans le deuxième cycle.

● **Cours : Communication Studies.**
Adresse : Bramley Road, Oakwood, London N14 4XS.
Tél. : 081-368 1299.
Responsable : John Bird.

Local Hero, de Bill Forsyth

Diplôme préparé : BA (Hons).
Conditions d'admission : être âgé de plus de 18 ans, avoir réussi les matières requises de l'Advanced Level ou avoir un niveau équivalent. Pour les étudiants plus âgés, fournir la preuve que l'on a des dispositions et une forte motivation.
Durée des études : 3 ans.
Effectif par promotion : 15-18.
Contenu des études :
Théorie : linguistique, sociolinguistique et un peu d'analyse du discours, sémiologie, psychologie sociale, théorie des médias, ethnographie.
Pratique : ateliers d'écriture : journalisme, écriture créative. Ateliers vidéo : vidéo mobile, tournage en studio.
Débouchés : journalisme, relations publiques, agences de publicité, etc.

• **Cours : Image Synthesis and Computer Animation.**
Faculty of Art and Design, Middlesex Polytechnic.

Adresse : Cat Hill, Barnet, Herts EN4 8HT.
Tél. : 081-368 1299.
Responsable : John Lansdown.
Diplôme préparé : MA.
Conditions d'admission : être titulaire d'un *BA Honours degree in Art* ou d'un *BA Honours degree in Design.*
Durée des études : 1 an.
Effectif par promotion : 5 étudiants.
Contenu des études :
Théorie : ce cours, tout nouveau, n'a fonctionné que d'une façon expérimentale sans frais d'inscription. Il s'agit d'un programme mis en place en col-

laboration avec d'autres institutions européennes. Les étudiants passent ainsi six semaines dans deux autres pays d'Europe. Tout l'enseignement se fait en langue anglaise.

BATLEY

DEWSBURY COLLEGE.

School of Art and Design.
Adresse : Cambridge Street, Batley, West Yorkshire WF17 5JB.
Tél. : 0924 474401.
Nature et statut : College of Higher Education.
Responsable : Dave Chapman.
Diplôme préparé : B/TEC Higher National Diploma in Design (Communications) Video Production and Related Studies.
Conditions d'admission : être âgé de plus de 18 ans, GCSE, Advanced Level ou un an d'expérience professionnelle dans l'audiovisuel.
Frais d'inscription et d'études : 600 livres.
Durée des études : 2 ans.
Effectif par promotion : 32.
Contenu des études :
Théorie : animation (dessins animés), commerce, communication, histoire de l'art, dessin, cinéma.
Pratique : 90 % des cours. Vidéo, infographie, photo.
Débouchés : Vidéo, infographie, possibilité de poursuivre d'autres études supérieures dans le premier ou le deuxième cycle.

BEACONSFIELD

NATIONAL FILM AND TELEVISION SCHOOL.

Adresse : Beaconsfield Studios, Station Road, Beaconsfield, Bucks, HP9 1LG.
Tél. : 04946 71234.
Responsable : Collin Young.
Diplôme préparé : Associateship of the National Film and TV School.
Conditions d'admission : être âgé de 27 ans environ, présenter un dossier de travail, un portfolio dans le domaine concerné.
Frais d'inscription et d'études : 1 890 livres pour les étudiants britanniques et ceux des autres pays de la CEE.
Durée des études : 3 ans.
Nombre par promotion : 35 étudiants (dont 70 % d'hommes).
Contenu des études :

Théorie : visionnement et analyse de films et d'oeuvres tournées en vidéo. Théorie intégrée au travail pratique.
Pratique : oui.
Stage : oui.
Débouchés : emplois dans le cinéma et la télévision.
Remarques particulières : adhérente au CILECT et au GEECT.

BIRMINGHAM

BIRMINGHAM POLYTECHNIC.

Adresse : Perry Barr, Birmingham B42 2SU.
Tél. : 021-331 5000 (x 5468).
Responsable : M. R. Pilling.
Diplôme préparé : BA (Hons) Communication Studies (CNAA).
Conditions d'admission : être âgé de plus de 18 ans, avoir réussi les matières requises de l'Advanced Level ou avoir un niveau équivalent.
Frais d'inscription et d'études : Grande-Bretagne et CEE : 1 675 livres et 65 livres d'inscription CNAA. Étranger : 4 295 livres plus 65 livres.
Durée des études : 3 ans.
Effectif par promotion : 45.
Contenu des études :
Théorie : théorie de la communication. Presse, radio et télévision : structure et contrôle. Histoire des médias. Analyse de textes.
Pratique : rédaction professionnelle (journalisme et relations publiques), réalisation de programmes radiophoniques, tournage de vidéos, photographie.
Stage : en première et en deuxième année.
Débouchés : « voie royale » pour accéder aux médias.

UNIVERSITY OF BIRMINGHAM.

Adresse : P.O. Box 363, Birmingham B15 2TT.

• **Department of Cultural Studies, Faculty of Commerce and Social Science.**
Tél. : 021-414 6060.
Responsable : Michael Green.
Diplôme préparé : BA (Hons) Media, Culture and Society.
Conditions d'admission : être âgé de plus de 18 ans, avoir réussi les matières requises de l'Advanced Level ou avoir un niveau équivalent.
Durée des études : 3 ans.
Contenu des études :
Théorie : culture et société. Les médias aujourd'hui : organisation, genres.

Recherche : les étudiants peuvent ensuite préparer un MA sous la direction de Maureen McNeil, tél. : 021-414-3344.

Remarques particulières : fait partie de l'*European Network for Media and Cultural Studies* (ERASMUS).

• **Department of French Language and Literature.**
Responsable : Russell Cousins.
Diplôme préparé : BA (Hons) French.
Conditions d'admission : être âgé de plus de 18 ans, avoir réussi les matières requises de l'Advanced Level ou avoir un niveau équivalent.
Durée des études : cours optionnels :
— 1e année : 10 semaines, introduction à l'étude du cinéma (15 étudiants).
— 2e année : 10 semaines, le documentaire ou l'adaptation littéraire au cinéma (10 étudiants).
— 4e année : un an, *Zola au cinéma et dans les œuvres de fiction* (25 étudiants).
Contenu des études :
Théorie : le langage cinématographique : approches et concepts. Réalisme, auteurs et récit, etc. L'adaptation.
Débouchés : emplois à la BBC, comme producteur ou assistant de recherche.
Recherche : les adaptations cinématographiques d'après Zola.
Publications : articles dans *Film and Literature Quaterly.* 20 notices dans l'*International Dictionnary of Films and Film-makers.*

BRADFORD

UNIVERSITY OF BRADFORD.

Department of Electrical Engineering.
Adresse : Richmond Road, Bradford BD7 1DP.
Tél. : (0274) 733466.
Responsable : Dr Roger Green.
Diplôme préparé : BSc Electronic Imaging and Media Communications.
Conditions d'admission : être âgé de plus de 18 ans, avoir réussi les matières requises de l'Advanced Level ou avoir un niveau équivalent.
Frais d'inscription et d'études : Royaume-Uni et CEE : 1 675 livres par an. Étranger : 5 900 livres par an.
Durée des études : 3 ans.
Contenu des études :
Théorie : introduction aux médias, histoire des images photographiques, médias et société.
Pratique : graphisme et animation. Électronique et logiciels. Création et manipulation d'images visuelles et sonores.
Remarques particulières : nouveau cours (1991).

BRIGHTON

UNIVERSITY OF SUSSEX.

Adresse : Arts Building, Brighton BN1 9QN.
Tél. : 0273 606755.

• **Cours : Media Studies.**
Responsable : Dr Stuart Laing.
Diplôme préparé : BA.
Conditions d'admission : être âgé de plus de 18 ans, avoir réussi les matières requises de l'Advanced Level ou avoir un niveau équivalent.
Frais d'inscription et d'études : Royaume-Uni et CEE : 1 675 livres par an. Étranger 4 900 livres par an.
Durée des études : 3 ans à la School of Cultural and Community Studies ; 4 ans à la School of European Studies.
Effectif par promotion : 50.
Contenu des études :
Théorie : approche critique de la presse, du cinéma, de la radio, de la télévision et de la spécificité des autres messages et institutions médiatiques.
Pratique : réalisation de programmes télévisuels, radiophoniques et de vidéos.
Remarques particulières : cet enseignement comporte l'étude d'une langue vivante européenne et un séjour d'un an dans un pays d'Europe entre la deuxième et la dernière année.

• **Cours : English with Media Studies.**
Responsable : Pr. J. Barrell.
Diplôme préparé : BA (Hons).
Conditions d'admission : être âgé de plus de 18 ans, avoir réussi les matières requises de l'Advanced Level ou avoir un niveau équivalent.

• **Cours : Language, Arts and Education.**
Responsable : Dr. Peter Abbs.
Diplôme préparé : MA.
Conditions d'admission : avoir un bon diplôme et quelques années de pratique artistique ou une expérience pédagogique mais les candidats ne possédant pas de telles expériences sont également encouragés à se présenter.
Frais d'inscription et d'études :
A temps partiel : 660 livres par an.
A temps complet : 1 985 livres par an (Royaume-Uni et CEE) et 4 900 livres par an (étranger).
Durée des études : 1 an à plein temps ou 2 ans à temps partiel.
Contenu des études :
Théorie : examen des théories critiques et des théories éducatives en rapport avec l'étude des arts dont le cinéma et la vidéo.
Pratique : réalisation et présentation d'une large

gamme de travaux artistiques notamment cinéma-tographiques et vidéographiques.

Débouchés : emplois dans le secteur artistique et notamment dans l'enseignement des disciplines artistiques.

Publications : une partie du travail se retrouve dans la collection de Falmer Press Library sur l'enseignement de l'esthétique, et notamment dans *Film and Television in Education* de Rob Watson (Falmer Press, 1990).

Remarques particulières : ce programme couvre tous les arts mais chaque étudiant choisit ses propres travaux écrits et artistiques sous la direction du tuteur qui les supervise et les guide.

BRISTOL

BRISTOL POLYTECHNIC.

• Department of Humanities.
Adresse : St Matthias, Oldbury Court Road, Fish-ponds, Bristol BS16 2JT.
Tél. : (0272) 655384 (x244).
Responsable : Richard Thorne.
Diplôme préparé : BA Time-Based Media.
Conditions d'admission : être âgé de plus de 18 ans, avoir réussi les matières requises de l'Advanced Level ou avoir un niveau équivalent.
Remarques particulières : nouveau cours (1991).

• Department of Drama.
Adresse : 29 Park Row, Bristol, BS1 5LT.

— **Cours : Drama.**
Tél. : 0272 303217.
Responsable : Mr. Simon Jones (Course Admissions Tutor).
Diplôme préparé : BA.
Conditions d'admission : être âgé de plus de 18 ans, avoir réussi les matières requises de l'Advanced Level ou avoir un niveau équivalent.
Frais d'inscription et d'études : 1 985 livres par an.
Durée des études : 3 ans.
Effectif par promotion : 35.
Contenu des études :
Théorie : introduction aux approches critiques et théoriques du cinéma et de la télévision. Histoire du cinéma. Cours optionnels sur certains aspects du cinéma et de la télévision.
Pratique : enseignement pratique dans un studio équipé de plusieurs caméras et avec une caméra vidéo OB débouchant sur la réalisation d'oeuvres originales.

— **Cours : Certificate in Film and Television.**
Tél. : 0272 303204.
Responsable : Julie May (Course Administrator).
Conditions d'admission : être titulaire d'un BA

(au-dessus de 2.2) dans n'importe quelle discipline. L'âge moyen des étudiants est variable mais il se situe autour de 25 ans environ.
Frais d'inscription et d'études : Royaume-Uni et CEE : 1 890 livres.
Durée des études : 1 an.
Effectif par promotion : autour de 16.
Contenu des études :
Théorie : rencontres régulières avec des professionnels de haut vol. Forum collectif pour le développement de la pensée critique et de la pratique créative.
Pratique : exercices en groupe : tournage en studio pour la télévision, tournage cinéma en extérieur ou en studio, tournage vidéo. Réalisation de fictions et de documentaires en vue d'une diffusion en salle et/ou télévisée.

BROMLEY

RAVENSBOURNE COLLEGE OF DESIGN AND COMMUNICATION.

School of Television and Broadcasting.
Adresse : Wharton Road, Bromley, Kent BR1 3LE.
Tél. : 081 464 3090.
Responsable : Jeremy Barr.
Diplôme préparé : B/TEC Higher National Diploma in Design and Communication (Television Programme Operations).
Conditions d'admission : être âgé de 18 ans au moins, Advanced Level ou niveau équivalent.
Durée des études : 2 ans.
Effectif par promotion : 20 garçons, 10 filles.
Contenu des études :
Théorie : communication et société, ressources humaines et gestion.
Pratique : création d'un produit audiovisuel et tournage en studio.
Débouchés : emplois dans des sociétés de télévision, dans des firmes de matériel audiovisuel, dans des sociétés de post-production.

CANTERBURY

CHRIST CHURCH COLLEGE.

Department of Radio, Film and Television.
Adresse : North Holmes Road, Canterbury, Kent CT1 1QU.
Tél. : 0227 762 444.
Responsable : Philip Simpson.
Statut : College of Higher Education.

● **Cours : en radio, cinéma et télévision avec une autre matière.**
Diplôme préparé : BA ou BSC.
Conditions d'admission : 17 ans minimum, avoir obtenu trois matières de l'Advanced Level.
Frais d'inscription et d'études : 2 400 livres.
Durée des études : 3 ans.
Effectif par promotion : 36 (55 % de garçons, 45 % de filles).
Contenu des études :
Théorie : histoire critique de la radio, de la télévision et du cinéma. Certains aspects, comme le documentaire et les émissions de télévision pour enfants, sont privilégiés.
Pratique : les élèves accomplissent, individuellement et collectivement, un travail dans les trois médias. La dernière année, ils se spécialisent dans un média.

● **Cours : Media Production.**
Diplôme préparé : MA.
Conditions d'admission : pas de limitation d'âge mais un *first degree* (avec un niveau de 2.1 en général) est requis.
Frais d'inscription et d'études : 4 500 livres par an.
Durée des études : 1 an.
Effectif par promotion : 15.
Contenu des études :
Théorie : cours sur les représentations dans les médias, les institutions et l'identité nationale.
Pratique : formations courtes et intensives en réalisation, montage, scénario, son (radio, cinéma et télévision). Les étudiants travaillent ensuite sur un projet plus important dans un seul média.

Conditions d'admission : être âgé de plus de 18 ans, avoir réussi les matières requises de l'Advanced Level ou avoir un niveau équivalent.
Durée des études : 3 ans.
Effectif par promotion : 25.
Contenu des études :
1re année : sciences humaines. 2e et 3e année : CIS.
Théorie : plusieurs cours consacrés à l'histoire et à la théorie de divers modes de représentation visuels dont étude des médias, cinéma, histoire et théorie de l'art. Exemples : « Lire l'image », « La photographie », « Médias, culture et société ». Par ailleurs, un large éventail d'options dans d'autres disciplines.
Pratique : pas d'enseignement à caractère pratique pour le moment mais du matériel (table de montage vidéo, table de mixage, ordinateur graphique) est mis à la disposition des étudiants qui sont encouragés à s'en servir.
— *Diplômes préparés : MA et PhD.*
Responsable : Elizabeth Cowie.
Conditions d'admission :
Pour le MA : avoir un bon *first degree*. Pour le Phd avoir un MA.
Frais d'inscription et d'études : Royaume-Uni et CEE : 1 985 livres par an, 710 livres par an (temps partiel). Étranger : 4 730 livres par an.
Remarques particulières : Pas de cours au niveau postgraduate mais les étudiants sont acceptés pour un MA ou un PhD.

CARDIFF

UNIVERSITY OF WALES.

Adresse : College of Cardiff, EUROS, PO Box 908, Cardiff CF1 3XA.
Tél. : 0222 874000.

● **French Section.**
Responsable : Colin Evans.
Diplôme préparé : BA (Hons) French.
Conditions d'admission : être âgé de plus de 18 ans, avoir réussi les matières requises de l'Advanced Level ou avoir un niveau équivalent.
Durée des études : 1 an.
Effectif par promotion : 14. Deux options.
Contenu des études :
Théorie : le cinéma d'Alain Resnais. Le cinéma français depuis 1959.
Pratique : dimension très peu développée (vidéo, film).

● **German Section.**
Responsable : Dr C. M. Weedon.

UNIVERSITY OF KENT.

Rutherford College.
Adresse : Canterbury, Kent, CT2 7NX.
Tél. : 0227 764 000.

● **Cours : Film Studies.**
Diplôme préparé : BA Film Studies.
Responsable : Michael Grant.
Conditions d'admission : être âgé de 17 ans au moins, Advanced Level ou niveau équivalent.
Contenu des études :
Théorie : introduction au cinéma narratif, théorie du cinéma, cinéma et société britanniques.
Débouchés : emplois dans la gestion, l'édition, le cinéma et la télévision.

● **Cours : Communication and Image Studies (CIS).**
— *Diplôme préparé : BA.*
Responsable : Dr B. Sharratt (Directeur du CIS).

Diplôme préparé : BA (Hons) German.
Conditions d'admission : être âgé de plus de 18 ans, avoir réussi les matières requises de l'Advanced Level ou avoir un niveau équivalent.
Durée des études : 1 an.
Effectif par promotion : 15.
Contenu des études :
Théorie : le cinéma allemand depuis la guerre, principes d'analyse filmique, analyse du nouveau cinéma allemand.

• **Journalism.**
Responsable : Geoff Mungham.
Diplôme préparé : MA Journalism.

COLERAINE

UNIVERSITY OF ULSTER.

Media Studies.
Adresse : Coleraine, County Londonderry, Northern Ireland, BT52 1SA.
Tél. : 0265 44141.
Responsable : Des Cranston.
Diplôme préparé : BA.
Conditions d'admission : être âgé de 17 ans au moins, avoir réussi les matières requises de l'Advanced Level ou avoir un niveau équivalent.
Frais d'inscription et d'études : 536 livres.
Durée des études : 3 ans.
Effectif par promotion : 35 (dont 50 % de filles).
Contenu des études :
Théorie : sociologie des médias, études cinématographiques et télévisuelles, information et journalisme, théorie de la culture, méthodes de recherche.
Pratique : films en super-8, reportages radio, animation.
Débouchés : emplois à la radio et à la télévision, dans le journalisme, dans la gestion artistique, dans l'enseignement, dans le secteur socio-culturel.
Recherche : pour les étudiants préparant des diplômes supérieurs, possibilité de préparer un Master of Philosophy et un Doctor of Philosophy degree sous la direction du professeur Des Bell.

COVENTRY

COVENTRY POLYTECHNIC.

Department of Graphic Design and Communication.
Adresse : Faculty of Art and Design, Gosford Street, Coventry CV1 5RZ.

• **Cours : Communication Studies.**
Tél. : 0203 839669.
Responsable : David French.
Diplôme préparé : BA (Hons).
Conditions d'admission : être âgé de 18 ans au moins, avoir réussi les matières requises de l'Advanced Level ou avoir un niveau équivalent. Les étudiants plus âgés et d'un niveau différent sont encouragés à s'inscrire.
Frais d'inscription et d'études : Royaume-Uni et CEE : 1 675 livres par an.
Durée des études : 3 ans. Un temps partiel sur 4 ou 5 ans est possible.
Effectif par promotion : 75.
Contenu des études :
Théorie : approche interdisciplinaire s'appuyant sur la sociologie, les *Cultural Studies* et la psychologie.
Pratique : travaux faisant appel à des modes d'analyse théorique de sujets tirés de la réalité. Quelques travaux d'ordre journalistique, en vidéo, en photo, en relations publiques. Il ne s'agit pas d'une formation professionnelle en technologie des médias.
Débouchés : essentiellement la gestion appliquée à la communication, les relations publiques, la publicité, le marketing et les tâches administratives dans les médias.
Remarques particulières : échanges d'étudiants bien rodés avec la Belgique (universités de Louvain, de Liège et de Gand) et la France (CELSA à Paris IV).

• **Cours : Fine Art.**
Tél. : 0203 631313 (standard).
0203 838517 (ligne directe).
Responsable : Dick Whall.
Diplôme préparé : BA (Hons).
Conditions d'admission : niveau exigé par le CNAA.
Frais d'inscription et d'études : 1 675 livres plus 65 livres d'inscription.
Durée des études : 3 ans.
Effectif par promotion : 50 étudiants en beaux-arts par année dont 8 spécialisés en études des médias.
Contenu des études :
Théorie : photographie, vidéo, cinéma, médias électroniques et son. La faculté met en avant la complémentarité de ces disciplines et leur nature souvent interdépendante. Ainsi la plupart des cours permettent aux étudiants de circuler entre les différentes pratiques médiatiques.
Ce cours s'adresse aux étudiants désireux de se spécialiser en cinéma, en images de synthèse ou dans ces deux disciplines. La dimension historique et théorique constitue 20 % de ce cours.
Pratique : studios de cinéma, de vidéo (high et low band) et auditorium spécialement édifiés pour cette

utilisation pédagogique. A côté de ces locaux se trouvent les studios de photo, les laboratoires de développement et l'espace informatique.
Recherche : l'interface hypermédia et/ou vidéo/informatique offre une perspective stimulante, étudiée de près par les responsables des activités de recherche et attire les étudiants diplômés ou non.

• **Cours : Graphic Design.**
Tél. : 0203 631313.
Responsable : Alan Wright.
Diplôme préparé : BA (HONS).
Conditions d'admission : être âgé de 18 ans au moins, avoir réussi les matières requises de l'Advanced Level ou avoir un niveau équivalent.
Frais d'inscription et d'études : Royaume-Uni et CEE : 1 675 livres par an plus 65 livres d'inscription. Étranger : 4 600 livres par an plus frais d'inscription.

• **Cours : Électronic Graphics.**
Tél. : 0203 631313.
Responsable : Graham Howard.
Diplômes préparés : Postgraduate Diploma et MA.
Frais d'inscription et d'études : Royaume-Uni et CEE : 1 323 livres par an plus 32,50 livres d'inscription. Étranger : 3 392 livres par an plus 32,50 livres d'inscription.
Durée des études : 3 trimestres pour le Postgraduate. Tous les étudiants ayant obtenu le Postgraduate Diploma peuvent préparer le MA.
Diploma : 4 trimestres pour le MA.
Contenu des études :
Théorie : dimension théorique intégrée aux travaux pratiques.
Pratique : cours essentiellement pratique visant à créer des images électroniques grâce à un équipement informatique.

UNIVERSITY OF WARWICK.

Adresse : Coventry CV4 7AL.
Joint School of Film and Literature. (Cinéma et littérature).
Tél. : 0203 523523 (X2511).
Responsable : Richard Dyer.
Diplôme préparé : BA Joint Degree in Film and Literature.
Conditions d'admission : 18 ans minimum, Advanced Level ou niveau équivalent pour les étudiants plus âgés.
Frais d'inscription et d'études : 578 livres.
Durée des études : 4 ans.
Effectif par promotion : 27 (12 garçons, 15 filles).
Contenu des études :

Théorie : Hollywood, le cinéma européen, les formes du récit, esthétique du cinéma, histoire du cinéma, cinéma des femmes.
Débouchés : emplois dans les médias.
Recherche : possibilité de préparer des Master of Arts, Master of Philosophy and Doctor of Philosophy degrees.

• **Cours : Italien avec études cinématographiques.**
Responsable : Richard Dyer.
Diplôme préparé : Bachelor of Arts degree.
Conditions d'admission : être âgé de 18 ans au moins, Advanced Level ou niveau équivalent.

• **Cours : Français avec études cinématographiques.**
Responsable : Brian Rigby.
Diplôme préparé : Bachelor of Arts degree.
Conditions d'admission : être âgé de 18 ans au moins, Advanced Level ou niveau équivalent.

DAGENHAM

POLYTECHNIC OF EAST LONDON.

Department of Cultural Studies.
Adresse : Longbridge Road, Dagenham, Essex RM8 2AS.
Tél. : 081-590 7722.
Responsable : Peter Horne.
Diplôme préparé : BA (Hons) Cultural Studies.
Conditions d'admission : 18 ans minimum, avoir réussi les matières requises de l'Advanced Level ou avoir un niveau équivalent. Les étudiants plus âgés peuvent être admis en fonction de leur expérience et/ou en suivant un programme préparatoire.
Frais d'inscription et d'études : 1 675 livres plus 65 livres de frais CNAA.
Durée des études : 3 ans à plein temps.
Effectif par promotion : 72.
Contenu des études :
Théorie : histoire culturelle, essentiellement axée sur la culture britannique du XVIIe siècle à nos jours. Cette discipline puise dans diverses approches théoriques dont le marxisme, le féminisme et le post-structuralisme. Options en culture populaire, littérature et philosophie.
Pratique : ateliers : vidéo, photo, théâtre, écriture créative, image/texte, diaporama, etc.
Recherche : toute l'équipe fait de la recherche. Un projet est financé par ESRC.
Débouchés : emplois dans les médias, dans le secteur social, la publicité, les études de marché et le journalisme.

DERBY

Derbyshire College of Higher Education.
Adresse : Faculty of Art and Design, Kedleston Road, Derby, DE3 1GB.
Tél. : 0332 47181.
Responsable : Richard Sadler.

- **Cours : Photographic Studies.**
Diplôme préparé : BA (Hons).
Conditions d'admission : 18 ans minimum, Advanced Level.
Frais d'inscription et d'études : 550 livres.
Durée des études : 3 ans.
Effectif par promotion : 40.
Contenu des études :
Théorie : philosophie de l'art et du langage, histoire de la photographie, études cinématographiques.
Pratique : photographie en couleurs, développement et tirage photographiques, nouvelles technologies et holographie.
Débouchés : emplois comme travailleur indépendant, gestionnaire dans le domaine artistique ainsi que dans l'enseignement.

- **Cours : Film Studies.**
Responsable : John Fullerton.
Diplômes préparés : Postgraduate Diploma et MA.
Conditions d'admission : les candidats doivent, en principe, avoir un *first degree* ou le niveau équivalent. Les littéraires sont admis en priorité. Les candidats ayant de bonnes bases en études cinématographiques peuvent être dispensés de la première et de la deuxième année.
Frais d'inscription et d'études : 275 livres par an.
Durée des études : 2 ans à temps partiel pour le Postgraduate Diploma. 1 an de plus, à temps partiel, pour le Master. Depuis 1991, une année à plein temps pour le MA.
Effectif par promotion : 10-15.
Contenu des études :
Théorie : cinéma primitif, Hollywood, la question du réalisme, le cinéma indépendant et le cinéma des Noirs, cinéma du tiers monde, les femmes et le cinéma, race et appartenance ethnique, cinéma, télévision et culture populaire, nouvelles technologies et limites nationales, cinémas nationaux.
Débouchés : enseignement, gestion artistique, conservation et archivage, cinéma et vidéo indépendants.

- **Cours : Films Studies.**
Responsable : John Fullerton.
Diplômes préparés : MPhil et Phd.
Conditions d'admission : avoir un bon *first degree*
et avoir commencé des études au niveau postgraduate. Les étudiants titulaires d'un Master's degree en études cinématographiques peuvent être dispensés de certaines conditions.
Frais d'inscription et d'études : 275 livres par an, à temps partiel. 1 890 livres par an, à temps plein.
Durée des études : M phil. à temps partiel : 3 ans. M Phil. à temps plein : 2 ans. Ph.D à temps partiel : 4 ans. Ph.D à temps plein : 3 ans.
Contenu des études :
Théorie : domaines de recherche : cinéma américain, cinéma européen, cinéma du tiers monde. Le cinéma primitif constitue un axe privilégié.

DUNDEE

DUNCAN OF JORDANSTONE COLLEGE OF ART.

Adresse : Perth Road, Dundee, Scotland DD1 4HT.
Tél. : (0382) 23261.
Responsable : Colin MacLeod.
Diplôme préparé : Postgraduate Diploma in Electronic Imaging.
Durée des études : 1 an.
Effectif par promotion : 25.

EDINBURGH (EDIMBOURG)

EDINBURGH COLLEGE OF ART.

Visual Communication Department.
Adresse : School of Design and Art, Lauriston Place, Edinburgh EH3 9DF.
Tél. : 031-229 9311.
Responsable : Robert Dodds.

- **Cours : Audio-Visual (Film and TV).**
Diplôme préparé : BA (Hons).
Conditions d'admission : 18 ans minimum, Advanced Level ou niveau équivalent et une première année en art et dessin ou avoir suivi des cours d'audio-visuel, cinéma, TV, photo après le lycée.
Frais d'inscription et d'études : 1 675 livres par an (ou 628 livres si auto-financement).
Durée des études : 3 ans.
Effectif par promotion : sur environ une trentaine d'étudiants en communication visuelle, entre 5 et 8 d'entre eux se spécialisent dans l'audiovisuel.
Contenu des études :
Théorie : les notes obtenues en sciences humaines et en lettres représentent 15 % de la note finale.

Pratique : la première année est une introduction générale à la communication visuelle (cinéma, télévision, animation, photo, graphisme, illustration). La deuxième et la troisième années sont consacrées à des travaux pratiques en cinéma et en vidéo avec éventuellement une matière optionnelle (photo, par exemple).

Débouchés : emplois dans le cinéma et à la télévision.

Remarques particulières : tous les aspects du travail en cinéma et en vidéo sont abordés mais l'animation et le théâtre constituent les grandes spécialités du département.

• **Cours : Postgraduate Diploma and MDes Audio-Visual (Film and Television).**
Responsable : Robert Dodds.
Diplômes préparés : Postgraduate Diploma et M Des.
Conditions d'admission : avoir un *first degree* dans une des disciplines concernées ou dans une discipline différente ainsi qu'une expérience professionnelle du secteur audiovisuel.
Frais d'inscription et d'études : *Diploma :* 1 675 livres. *M Des :* 2 647 livres.
Durée des études : *Diploma :* 3 trimestres. *M Des :* 4 trimestres.
Effectif par promotion : une ou deux personnes pour le moment mais on s'attend à une augmentation.
Contenu des études :
Théorie : pas de cours dispensé.
Pratique : pour le *Diploma*, pratique créative en cinéma et/ou en vidéo. Pour le *MA*, pratique créative en cinéma et/ou en vidéo ou association d'un travail pratique et d'une recherche ou thèse sur un sujet portant sur le cinéma ou la vidéo.

• **Cours : Design.**
Responsable : Donald Holwill.
Diplôme préparé : BA.
Conditions d'admission : 18 ans minimum, Advanced Level ou niveau équivalent suivi d'un *foundation course.*
Frais d'inscription et d'études : 1 675 livres par an, si l'étudiant bénéficie d'une bourse ou 628 s'il n'est pas aidé financièrement.
Durée des études : 3 ans.
Effectif par promotion : 10.
Contenu des études :
Théorie : les matières littéraires et les sciences humaines représentent 30 % de la note finale.
Pratique : la plupart des aspects de l'animation (image et son) peuvent être abordés. Supports utilisés : film 16 mm et super 8 mm, vidéo U-matic. Possibilité de travail en infographie.
Débouchés : de nombreux anciens étudiants trouvent un emploi dans le cinéma ou à la télévision, comme graphistes travaillant de manière indépendante ou dans les studios.

Remarques particulières : actuellement, la majorité des étudiants consacrent 20 % à 40 % (ou même davantage) de leur temps à l'animation, à travers des cours d'illustration ou de graphisme.

NAPIER POLYTECHNIC.

Photographic Department.
Adresse : 61 Marchmont Road, Marchmont, Edinburgh EH9 1HU.
Tél. : 031 444 2266 (x2604).
Responsable : David Pashley.

• **Cours : Film and Television.**
Diplôme préparé : SVEC Higher National Certificate.
Conditions d'admission : 18 ans minimum, Ordinary National Certificate ou niveau équivalent.
Frais d'inscription et d'études : Royaume-Uni et CEE : 628 livres par an ; étranger : 4 300 livres par an.
Durée des études : 1 an à plein temps ou 2 ans à temps partiel.
Effectif par promotion : 20.

• **Cours : Photographic Studies.**
Diplôme préparé : BA.
Conditions d'admission : 18 ans minimum. Advanced Level ou niveau équivalent.
Frais d'inscription et d'études : Royaume-Uni et CEE : 628 livres par an ; étranger : 4 300 livres par an.
Durée des études : 3 ans.
Effectif par promotion : 20.
Contenu des études :
Théorie : les étudiants peuvent se spécialiser en cinéma et en télévision en troisième année.

EGHAM

ROYAL HOLLOWAY AND BEDFORD NEW COLLEGE.

Department of Drama and Theatre Studies.
Adresse : Egham Hill, Egham, Surrey TW20 0EX.
Tél. : 0784 434455.
Responsable : Carol Lorac.

• **Cours : Drama and Theatre Studies.**
Diplôme préparé : BA (Hons).
Conditions d'admission : 18 ans minimum, Advanced Level ou niveau équivalent. Les étudiants plus âgés sont encouragés à se présenter.
Frais d'inscription et d'études : 650 livres (autofinancement). 1 675 livres (bourse LEA ou autres) par an.
Durée des études : 3 ans.

Effectif par promotion : 50.
Contenu des études :
Théorie : dans le domaine de la télévision, études des courants culturels, sociaux et artistiques influençant la sphère et le contenu des médias. Analyse critique s'appuyant sur diverses approches théoriques. Histoire et théorie du cinéma. Théorie de la culture. L'accent est mis sur le cinéma et la culture populaires et en particulier sur l'évolution historique du langage cinématographique. Pratique : acquisition et pratique du langage cinématographique. Acquisition des compétences techniques et étude des formes télévisuelles adaptées à divers contenus. Tournage en studio avec une seule caméra. Tournage et post-production vidéo. Montage. Enregistrement télé. Possibilité de réaliser des œuvres audiovisuelles originales ou de tourner des adaptations littéraires, théâtrales ou poétiques en vidéo.
Débouchés : acteur, gestion de production théâtrale, assistants de production et stagiaires à la BBC et à ITV, enseignement, publicité. Stages (de type emploi-formation) dans l'industrie, l'administration hospitalière, etc.
Remarques particulières : le département envisage de mettre en place un nouveau diplôme en Arts des médias qui combinera théorie et pratique.

• **Cours : Drama and Theatre Studies.**
Diplôme préparé : MA.
Conditions d'admission : avoir un bon *first degree* en théâtre, en anglais, dans une autre langue, en littérature anglaise ou en arts. Pour les étudiants plus âgés, un diplôme dans une autre discipline peut suffire.
Frais d'inscription et d'études : 1 985 livres.
Durée des études : 1 an.
Effectif par promotion : 15-20.
Contenu des études :
Théorie : théorie esthétique et de la culture. Théorie du théâtre et théorie de la pratique analytique. Pratique : acquisition et pratique du langage audiovisuel. Maîtrise de la technique. Mise en image (vidéo) d'un scénario original, ou adaptation d'un roman, d'une pièce ou d'un poème. Accès à du matériel de vidéo portable, à un studio de télévision et à des salles de post-production et de montage.
Recherche : télévision. Initiation au langage des médias : composition et vocabulaires audiovisuels. Méthodes d'enseignement de la pratique des médias. Poésie vidéo. Cinéma. Théorie de la culture : esthétique (notamment le modernisme, le structuralisme et la théorie du discours).
Publications : *Communication and Social Skills : Towards a Theory of Audio-Visual Language and Learning*, Lorac and Wiess, Wheaton/Pergamon, 1981. *Hands On*, Lorac and Wiess, Drake, 1985. *European Cultural and Language Audio-Visual Exchange*, 1986.

Débouchés : enseignement (dans le secondaire et dans le supérieur), médias, théâtre (niveau professionnel), gestion artistique.

EXETER

UNIVERSITY OF EXETER.

• **School of Education.**
Adresse : St. Luke's, Exeter, EX1 2LU.
Tél. : 0392 263263.
Responsable : Geoffrey Hoare.
Diplômes préparés : Master of Philosophy. Doctor of Philosophy.
Frais d'inscription et d'études : Royaume-Uni et CEE : 1 985 livres par an. Étranger : 4 560 livres par an.
Contenu des études :
Théorie : recherches sur divers sujets parmi lesquels Grange Hill, la publicité télévisée, la radio comme forme culturelle.

• **School of English.**
Adresse : Queen's Building, The Queen's Drive, Exeter EX4 4QH.
Tél. : 0392 264263.
Responsable : Richard Maltby.
Diplômes préparés : BA (Combined Hons) American and Commonwealth Arts and English. BA (Combined Hons) American and Commonwealth Arts and Italian. BA (Combined Hons) American and Commonwealth Arts and Music.
Conditions d'admission : 18 ans minimum, Advanced Level ou niveau équivalent.
Durée des études : 4 ans (dont un séjour d'un an dans une université américaine).
Effectif par promotion : 70 (25 garçons et 45 filles).
Contenu des études :
Théorie : introduction au cinéma américain. Étude du cinéma à travers les genres et les périodes. Cinéma et Histoire. Hollywood.
Débouchés : Emplois dans l'enseignement, la publicité, la radio et la télévision.
Poursuite d'études possible.
Diplôme préparé : MA American Studies.
Frais d'inscription et d'études : Royaume-Uni et CEE : 1 985 livres par an. Étranger : 4 560 livres par an.
Durée des études : 1 an à plein temps. 2 ans à temps partiel.
Diplôme préparé : MPhil and PhD in Film Studies.
Frais d'inscription et d'études : Royaume-Uni et CEE : 1 985 livres par an. Etranger : 4 560 livres par an.

Durée des études : MPhil : 2 ans à plein temps. PhD : 3 ans à plein temps. Ces deux diplômes peuvent être préparés à temps partiel.

Contenu des études :

Théorie : préparation de thèses sur le cinéma de tout le Commonwealth.

• **School of Modern Languages.**
Adresse : Italian Department, Queen's Building, The Queen's Drive, Exeter EX4 4QH.
Tél. : 0392 263263.
Responsable : Dr Luisa Quartermaine.
Diplôme préparé : BA (Hons) Italian combiné avec une autre matière.
Conditions d'admission : 18 ans minimum, Advanced Level ou niveau équivalent.
Frais d'inscription et d'études : 320 livres (pour six cours), 480 livres (pour neuf cours).
Durée des études : 3 trimestres.
Effectif par promotion : 15 environ.
Contenu des études :
Théorie : cinéma italien (origines et histoire), analyse des codes théâtraux et cinématographiques, conditions de production et de consommation. Les divers genres, y compris l'adaptation cinématographique des textes littéraires. Cinéma et propagande. Rapports cinéma/télévision.
Publications : *La Traduzione come adattamento di un codice da Borges a Bertolucci* in *Civiltà Italiana,* Anno VII, N-1-2, pp. 65-72. *Teoria e prassi del cinema durante il fascismo* in *Moving in Measure,* J. Bryce and Doug Thompson (ed), Hull University Press 1989, pp. 152-168.
Débouchés : emplois divers mais pas particulièrement dans les médias.
Remarques particulières : ce cours peut être suivi en vue d'obtenir : 1) un diplôme d'italien ; 2) un diplôme en Italian and American and Commonwealth Studies (dans ce cas il faut aussi suivre un cours sur le cinéma américain et sur celui du Commonwealth) ; 3) des matières optionnelles.

FARNBOROUGH

FARNBOROUGH COLLEGE OF TECHNOLOGY.

Adresse : Department of Education and Media Studies, Boundary Road, Farnborough, Hampshire GU14 6SB.
Tél. : 0252 515511.
Responsable : Phelim Brady.
Diplôme préparé : B/TEC Higher National Diploma in Media Production and Business Studies.

Conditions d'admission : 18 ans minimum, Advanced Level ou niveau équivalent.
Frais d'inscription et d'études : 651 livres.
Durée des études : 2 ans à plein temps.
Contenu des études :
Théorie : communication, finance, gestion prévisionelle et contrôle, gestion des changements et contexte du commerce des médias, journalisme, graphisme.
Pratique : réalisation TV et vidéo, réalisation de programmes radiophoniques, journalisme, graphisme, systèmes vidéo et audio, photo.
Débouchés : journalisme, réalisation cinéma, télévision et radio, marketing dans le domaine des médias, édition, publicité, enseignement.
Remarques particulières : après l'obtention du diplôme, on peut entrer en deuxième année du *BA (Hons) Media Production* au North Cheshire College.

FARNHAM

WEST SURREY COLLEGE OF ART AND DESIGN.

Department of Fine Art and Audio-Visual Studies.
Adresse : School of Film and Video, Falkner Road, The Hart, Farnham, Surrey GU9 7DS.
Statut : College of Higher Education.
Tél. : 0252 722 441.
Diplôme préparé : BA Film and Video.
Responsable : Claire Mussell.
Conditions d'admission : 17 ans minimum, grande souplesse au niveau des qualifications exigées.
Frais d'inscription et d'études : 1 734 livres.
Durée des études : 3 ans.
Effectif par promotion : 70.
Contenu des études :
Théorie : sémiologie, narration et dysnarration, le documentaire, l'avant-garde, le cinéma et la vidéo indépendants.
Pratique : exercices portant sur tous les aspects du cinéma et de la vidéo, en rapport étroit avec les études critiques.
Débouchés : emplois dans les secteurs de la radio et de la télévision, possibilité de poursuivre des études à un niveau supérieur, possibilité de s'établir à son compte.

• **Cours : Photography.**
Diplôme préparé : BA (Hons).
Responsable : Peter Hall.
Conditions d'admission : 18 ans minimum, Advanced Level ou niveau équivalent.
Frais d'inscription et d'études : 1 675 livres par an,

plus 65 livres d'inscription, plus une taxe de 150 livres. Étranger : 4 917 livres par an, plus 65 livres d'inscription, plus une taxe de 150 livres.
Durée des études : 3 ans à plein temps.
Effectif par promotion : 44.
Contenu des études :
Théorie : 30 %.
Pratique : 70 %.

- **Cours : Animation.**
Diplôme préparé : BA (Hons).
Responsable : Roger Noake.
Conditions d'admission : 18 ans minimum, Advanced Level ou niveau équivalent.
Frais d'inscription et d'études : Royaume-Uni et CEE : 1 675 livres par an, plus 65 livres d'inscription, plus une taxe de 150 livres. Étranger : 4 917 livres par an, plus 65 livres d'inscription, plus une taxe de 150 livres.
Durée des études : 3 ans à plein temps.
Effectif par promotion : 30.
Contenu des études :
Théorie : 30 %.
Pratique : 70 %.

GLASGOW

UNIVERSITY OF GLASGOW.

Department of Theatre, Film and TV Studies.
Adresse : 53 Hillend Street, Glasgow, G12 8QF.
Tél. : 041-339 8855 (x 5162).
Responsable : John Caughie.
Diplôme préparé : MA Joint Honours in Film and Television Studies (le *MA* écossais est équivalent au *BA* anglais).
Conditions d'admission : 17 ans minimum, Higher Level (équivaut pour l'Écosse à l'Advanced Level anglais) ou niveau équivalent.
Frais d'inscription et d'études : 680 livres.
Durée des études : 3 ans.
Effectif par promotion : 160 (90 garçons et 50 filles).
Contenu des études :
Théorie : langage cinématographique et télévisuel. Le spectateur de cinéma et le téléspectateur. Cinéma contemporain et télévision en Grande-Bretagne.
Pratique : quelques exercices de base de tournage en vidéo.
Publications : quelques travaux sont publiés par Manchester University Press dans la collection intitulée *Images of Culture*.
Débouchés : emplois dans le secteur indépendant et dans celui des productions commerciales standard, dans la gestion, dans le domaine universitaire.

UNIVERSITIES OF GLASGOW AND STRATHCLYDE.

John Logie Baird Centre.
Adresse : Strathclyde, Glasgow G1 1XH, Scotland.
Tél. : 041-553 4150.
Responsable : Pr. Simon Frith.
Diplômes préparés : Master of Philosophy (Glasgow)/Master of Letters (Strathclyde) Media and Culture.
Conditions d'admission : *Honours degree* de 2.1 ou tout autre diplôme équivalent exigé par le conseil d'université.
Frais d'inscription et d'études : Royaume-Uni et CEE : 1 985 livres par an. Étranger : 4 560 livres par an.
Durée des études : 1 an.
Effectif par promotion : 12.
Contenu des études :
Théorie : formation générale et complète à la théorie de la culture contemporaine et aux méthodes de recherche permettant aux étudiants de se spécialiser en cinéma et en télévision ou en musique populaire.
Publications : *Screen Magazine*, édité par le John Logie Baird Centre et publié par Oxford University Press.
Remarques particulières : les étudiants se spécialisant en télévision et en cinéma s'inscrivent à Glasgow University tandis que ceux qui optent pour la musique populaire vont à Strathclyde University.

HARROW

HARROW COLLEGE OF HIGHER EDUCATION.

Department of Photography, Film and Video.
Adresse : Faculty of Art and Design, Northwick Park, Harrow, Middlesex HA1 3TP.
Tél. : 081-864 5422.
Responsable : Nicky Perry.
Diplôme préparé : BA (Hons) CNAA in Photography, Film and Video.
Conditions d'admission : 18 ans minimum, avec une préférence pour les étudiants plus âgés, Advanced Level ou niveau équivalent.
Durée des études : 3 ans.
Effectif par promotion : 50 (25 de chaque sexe).
Contenu des études :
Théorie : histoire et théorie des médias, communication de masse, cinéma, radio et télévision, matières en rapport avec la photographie.
Pratique : ateliers de 10-12 étudiants faisant suite à l'exposé d'un projet nécessitant des compétences intellectuelles et pratiques. Une formation technique est proposée lorsqu'un projet particulier l'exige.

Débouchés : emplois variés dans les médias : possibilité de poursuivre les études et d'acquérir la qualification d'enseignant.
Remarques particulières : établissement s'efforçant d'équilibrer théorie et pratique.

HULL

HUMBERSIDE POLYTECHNIC.

School of Art and Design.
Adresse : Queens Gardens, Hull HU1 3DH.
Tél. : 0482 440550 (x2106, 2200).
Responsable : David Woods.
Diplôme préparé : BA (Hons) Graphic Design.
Conditions d'admission : 18 ans minimum, avoir réussi les matières requises de l'Advanced Level et avoir suivi de préférence des cours d'art ou de design. Entretien, présentation d'un dossier (portfolio) et d'un travail audiovisuel.
Frais d'inscription et d'études : Royaume-Uni et CEE : 1 675 livres par an. Étranger 4 620 livres par an.
Durée des études : 3 ans.
Effectif par promotion : 55.
Contenu des études :
Théorie : la théorie représente 20 % du programme. Études théoriques et critiques comprenant histoire de l'art et du design, communication et médias, documentaire, cinéma expérimental. Dissertations trimestrielles en 1re et en 2e années. Thèse en 3e année. Notions de commerce et de pratique professionnelle.
Pratique : la pratique représente 80% du programme. Réalisation de films 16mm d'animation. Tournage en vidéo (U-matic) d'œuvres de fiction avec des interprètes. Films expérimentaux. Documentaires d'intervention sociale. Travaux en collaboration avec des étudiants en graphisme et en illustration. Travaux pratiques intégrés à la théorie.
Débouchés : animation, cinéma et télévision.

UNIVERSITY OF HULL.

Department of Drama.
Adresse : Cottingham Road, Hull, HU6 7RX.
Tél. : 0482 46311.
Diplôme préparé : BA Joint and Special Honours.
Responsable : A.J. Meech.
Conditions d'admission : 18 ans minimum, Advanced Level ou niveau équivalent.
Durée des études : 3 ans.
Effectif par promotion : 17 (dont 50 % de filles).
Contenu des études :
Théorie : l'interprétation au cinéma, le développement de la radio et de la télévision.

Pratique : tournage cinéma. Réalisation télévisuelle.
Débouchés : gestion artistique, recherche (études de troisième cycle).
Remarques particulières : l'une des formations articulant les études cinématographiques et des médias avec des études théâtrales.

Diplôme préparé : MA Theatre and Media Production.
Responsable : Pr. D. H. Roy.
Conditions d'admission : Bon *first degree* dans un secteur concerné et sanctionné par une université reconnue.
Frais d'inscription et d'études : Royaume-Uni et CEE : 1 985 livres par an. Étranger : 4 560 livres par an.
Durée des études : 1 an.
Effectif par promotion : 4-6.
Contenu des études :
Théorie : analyse de production, pratique théâtrale.
Matières optionnelles.
Pratique : 4 options pratiques.
Remarques particulières : à partir de 1992, un programme de trois ans en cinéma et en radio et télévision menant à un BA (Hons) devrait être proposé.

IPSWICH

SUFFOLK COLLEGE OF HIGHER AND FURTHER EDUCATION.

School of Art and Design.
Adresse : Rope Walk, Ipswich, Suffolk IP4 1LT.
Tél. : 0473 255885.
Diplôme préparé : B/TEC Higher National Diploma in Design Communication.
Responsable : Graham Scott.
Conditions d'admission : 18 ans minimum, matières requises de l'Advanced Level ou niveau équivalent.
Frais d'inscription et d'études : Royaume-Uni et CEE : 1 675 livres par an. Étranger : 4 563 livres par an.
Durée des études : 2 ans à plein temps.
Contenu des études :
Théorie : histoire des médias et du design, gestion des médias et du design, pratique professionnelle.
Pratique : animation, études visuelles, graphisme, design. Tournage cinéma et vidéo en studio. Tournage en extérieur. Infographie. Typographie. (DTP).
Débouchés : 100 % des étudiants trouvent un emploi.
Diplôme préparé : BA (Hons) Design Studies (CNAA).
Responsable : David Dawson.

Conditions d'admission : 18 ans minimum, BTEC Higher National Diploma ou Advanced Level ou niveau équivalent.
Frais d'inscription et d'études : Royaume-Uni et CEE : 1 675 livres par an. Étranger : 4 563 livres par an.
Durée des études : 1 an à plein temps après 2 ans de B/TEC HND (3 ans au total).
Contenu des études :
Théorie : anatomie du cinéma et de la télévision, histoire des médias et du design, études critiques, *European Cultural Studies*, études commerciales européennes.
Pratique : conception graphique télévisuelle, animation.
Débouchés : 96 % des étudiants trouvent un emploi.
Remarques particulières : deux programmes privilégiant surtout le design et le décor et ne formant pas des techniciens en son, prise de vue, montage, etc. mais dispensant un enseignement créatif aux designers et aux décorateurs.

KINGSTON UPON THAMES

KINGSTON POLYTECHNIC.

Department of History of Art and Design and Contextual Studies.
Adresse : Knights Park, Kingston-Upon-Thames, Surrey KT1 2QJ.
Tél. : 081 549 6151.
Responsable : Ken Richardson.
Diplômes préparés :
— *BA (Hons) Fine Art.*
— *BA (Hons) Three-Dimensional Design.*
— *BA (Hons) Graphic Design.*

LEEDS

NORTHERN SCHOOL OF FILM AND TELEVISION.

Department of Visual Studies.
Adresse : Leeds Polytechnic, Calverley Street, Leeds LS1 3HE.
Tél. : 0532 832 600.
Responsable : Richard Woolley.
Diplôme préparé : MA in Film Production (Fiction).
Conditions d'admission : pas de limite d'âge, mais nécessité d'avoir un niveau supérieur soit en ayant terminé un *first degree* soit en ayant une expérience équivalente dans le domaine concerné.

Frais d'inscription et d'études : 2 600 livres.
Durée des études : 1 an à temps plein.
Effectif par promotion : 21.
Contenu des études :
Théorie : techniques de réalisation cinéma et de création aboutissant au tournage de six films de 15 minutes en 16 mm. Étude des différentes théories du cinéma au cours du premier trimestre seulement. Rédaction d'un mémoire à l'issue des vacances d'été sur une recherche d'ordre universitaire ou sur un stage effectué dans l'audiovisuel.
Pratique : tournage cinéma, divisé en 6 spécialités : réalisation, production/gestion de la production, prise de vues, son, montage, décor.
Débouchés : emplois à la télévision (BBC, ITV) et dans des sociétés indépendantes de tous secteurs.
Remarques particulières : les scénarios des films de ce programme sont fournis par les étudiants suivant le *Scriptwriting (écriture de scénario) MA/Postgraduate Diploma* et les apprentis réalisateurs sont censés travailler sur ces scripts plutôt que sur les leurs propres.

TRINITY AND ALL SAINTS COLLEGE.

Department of Communication and Cultural Studies.
Adresse : Faculty of Academic Studies, Brownberrie Lane, Horsforth, Leeds LS18 4HD.
Tél. : 0532 584341.
Responsable : Derek McKiernan.
Diplôme préparé : BA Communication and Cultural Studies.
Conditions d'admission : 18 ans minimum, Advanced Level ou niveau équivalent.
Durée des études : 3 ans.
Effectif par promotion : 27 (8 garçons et 19 filles).
Contenu des études :
Théorie : culture contemporaine, histoire culturelle, théorie de la culture.
Pratique : pratique liée au travail théorique sur le cinéma et la vidéo.
Débouchés : emplois dans les industries culturelles et la communication, poursuite d'études de niveau supérieur.

LEICESTER

LEICESTER POLYTECHNIC.

Department of Art History.
Adresse : P.O. Box 143, Leicester, LE1 9BH.
Tél. : 0533 551551 (x2119).
Responsable : Michael O'Shaughnessy.

• **Cours : Art and Design.**
Diplôme préparé : BA (Hons).
Conditions d'admission : 18 ans minimum, Advanced Level ou niveau équivalent.
Contenu des études : introduction aux études de cinéma et télévision.

• **Cours : History of Art and Design in the Modern Period.**
Diplôme préparé : BA (Hons).
Conditions d'admission : 18 ans minimum, Advanced Level ou niveau équivalent.
Contenu des études : étude du cinéma et de la télévision.

UNIVERSITY OF LEICESTER.

Centre for Mass Communication Research.
Adresse : 104 Regent Road, Leicester, LE1 7LT.
Tél. : 0533 52863.
Responsable : Margaret Crawford.
Diplôme préparé : MA Mass Communications.
Contenu des études : journalisme et production des médias.
Diplôme préparé : Master of Philosophy and Doctor of Philosophy.

LIVERPOOL

LIVERPOOL POLYTECHNIC.

Department of Graphic Design.
Adresse : Faculty of Art and Design, 2a Myrtle Street, Liverpool L7 7DN.
Tél. : 051-207 3581.
Responsable : Nigel Mairs.
Diplôme préparé : BA (Hons) Graphic Design.
Conditions d'admission : 18 ans minimum, Advanced Level ou niveau équivalent.
Remarques particulières : spécialisation possible en cinéma ou en animation en deuxième année.

LIVERPOOL UNIVERSITY.

Department of Communications Studies.
Adresse : Liverpool University, Chatham Street, Liverpool, L69 3BX.
Tél. : 051-794 2656/2653.
Responsable : John O. Thompson.
Diplôme préparé : BA.
Conditions d'admission : 18 ans minimum, Advanced Level.

Durée des études : 3 ans.
Effectif par promotion : 40 garçons, 40 filles.
Contenu des études :
Théorie : sémiotique, linguistique, études politiques, histoire des médias, genres cinématographiques et télévisuels. Options à choisir parmi les matières suivantes : documentaire, analyses de systèmes, langage et politique, théâtre.
Recherche à des niveaux supérieurs.
Débouchés : emplois dans les médias, les relations publiques, la publicité, l'enseignement, la gestion du service public.

LONDON (LONDRES)

CENTRAL SAINT-MARTINS COLLEGE OF ART AND DESIGN.

• **School of Art.**
Adresse : 27-29 Long Acre, London WC2E 9LA.
Tél. : 071-753 9090.
Responsable : David Parsons.
Diplôme préparé : BA (Hons) Fine Art : Film and Video.
Conditions d'admission : 18 ans minimum, Advanced Level ou niveau équivalent et une année d'études supérieures en art/média.
Durée des études : 3 ans à plein temps ou 5 ans à temps partiel.
Effectif par promotion : 18 à plein temps, 5 à temps partiel.
Contenu des études :
Théorie : représente 20 % de l'enseignement. Séries de conférences sur l'histoire et la théorie du cinéma. Séminaires de culture générale.
Pratique : tournage en 16 mm et en super 8 mm. Son. Vidéo. Animation. Photographie.
Débouchés : principalement dans le vaste secteur du cinéma, de la vidéo et de la télévision.
Remarques particulières : de nombreux étudiants poursuivent des études à un niveau supérieur.

Department of Film and Video.
Responsable : Ian Green.
Diplôme préparé : MA Independent Film and Video.
Conditions d'admission : 25 ans normalement, avoir en principe un bon diplôme en cinéma, en vidéo, en photo ou en média.
Frais d'inscription et d'études : 250 livres par an.
Durée des études : 2 ans à temps partiel.
Effectif par promotion : 17.
Contenu des études :
Théorie : enseignement essentiellement théorique.
Pratique : travail dans un atelier ou en studio.
Stage : 2 mois.

Débouchés : recherche d'emplois dans le secteur indépendant en cinéma, vidéo et télévision.

• **School of Graphic and Industrial Design.**
Responsable : Geoff Fowle.
Diplôme préparé : BA (Hons) Graphic Design.
Conditions d'admission : 18 ans minimum, Advanced Level ou niveau équivalent et une année de cours dans le supérieur ou OND.
Durée des études : 3 ans.
Effectif par promotion : 80.
Contenu des études :
Théorie : large couverture du design et du graphisme.
Approche culturelle. Idées encourageant l'innovation et la découverte. Abandon des approches formalistes.
Pratique : liée à la technologie. Applications avec des objectifs précis.
Débouchés : cinéma, télévision, publicité, conseil en design et en graphisme, illustration et graphisme. Possibilité de préparer un MA
Remarques particulières : programme ayant une réputation de grande qualité et d'innovation.

EALING COLLEGE OF HIGHER EDUCATION.

Department of Humanities.
Adresse : St. Mary'Road, Ealing, W5 5RF.
Tél. : 081-579 5000.
Responsable : Philip Woods, Jane Arthurs.

• **Cours : Humanities.**
Diplôme préparé : BA (Hons).
Conditions d'admission : 18 ans minimum, Advanced Level ou niveau équivalent. Étudiants plus âgés acceptés.
Frais d'inscription et d'études : 120 livres par unité.
Durée des études : 3 ans à temps plein. Les étudiants choisissent 10 unités en 2ᵉ et 3ᵉ années parmi plus de cent options. Possibilité de temps partiel.
Contenu des études :
Théorie : introduction à l'étude des médias, culture populaire, identité culturelle et médias, histoire des médias, cinéma français, musique populaire, approches critiques du cinéma et de la télévision.
Pratique : tournage vidéo, musique et technologie de l'information.
Débouchés : vaste éventail de possibilités quelle que soit la spécialité artistique choisie.

• **Cours : Cultural Studies.**
Responsable : Jane Arthurs.
Diplôme préparé : MA.

Conditions d'admission : *2nd Class honours degree* en arts ou en sciences sociales. Les dossiers de candidats ayant une expérience dans le domaine concerné peuvent être retenus.
Frais d'inscription et d'études : 400 livres par an.
Durée des études : 2 ans à temps partiel.
Effectif par promotion : 24.
Contenu des études :
Théorie : *Cultural Studies*, cinéma et télévision, culture populaire, écriture, différence et identités, pouvoir et discours. Préparation de mémoires.
Débouchés : programme ayant été mis en place cette année.
Remarques particulières : programme assuré par six enseignants venant de domaines variés, de l'étude des médias à la sociologie en passant par l'anglais, le cinéma, l'histoire de l'art et la musique. Reconnu par le CNAA.

GOLDSMITHS COLLEGE.

Department of Visual Communication.
Adresse : University of London, New Cross, London, SE14 6NW.
Tél. : 081-692 7171.
Responsable : John Beacham.

• **Cours : Communication Studies.**
Diplôme préparé : BA.
Conditions d'admission : 18 ans minimum, Advanced Level.
Frais d'inscription et d'études : Droits universitaires courants.
Durée des études : 3 ans.
Effectif par promotion : 48 (38 filles, 10 garçons).
Contenu des études :
Théorie : théorie et pratique des moyens de communication, psychologie, sociologie, linguistique, lettres et arts.
Pratique : options à choisir dans les domaines suivants : télévision, cinéma, radio, photo, journalisme, animation vidéo.
Débouchés : emplois dans les médias.
Remarques particulières : formation où théorie et pratique s'équilibrent.

• **Cours : Communications.**
Responsable : Ivor Gaber.
Diplôme préparé : Postgraduate Diploma.
Conditions d'admission : *First degree* ou expérience professionnelle équivalente.
Frais d'inscription et d'études : Royaume-Uni et CEE : 1 985 livres par an. Étranger : 6 050 livres par an.
Durée des études : 1 an à temps plein.
Effectif par promotion : 35.
Contenu des études :
Théorie : panorama des questions et des théories de communication et des médias.

Pratique : fiction télévisuelle, reportage télévisuel, cinéma, photo, radio, écriture créative, électronique, graphisme.

INSTITUTE OF EDUCATION.

Department of English and Media Studies.
Adresse : University of London, 20 Bedford Way, London WC1H OAL.
Tél. : 071-636 1500.
Responsable : Philip Drummond.

• **Cours : Media Studies.**
Diplôme préparé : MA.
Frais d'inscription et d'études : Royaume-Uni et CEE : 1 985 livres par an. Étranger : 4 650 livres par an. Temps partiel : 579 livres.
Durée des études : 1 an à temps plein, 2 ans à temps partiel.

• **Cours : Media Education.**
Diplôme préparé : MA.
Frais d'inscription et d'études : Royaume-Uni et CEE : 1 985 livres par an. Étranger : 4 650 livres par an. Temps partiel : 579 livres.
Durée des études : 1 an à temps plein, 2 ans à temps partiel.
Diplômes préparés : Master of Philosophy and Doctor of Philosophy degrees.
Frais d'inscription et d'études : Royaume-Uni et CEE : 1 985 livres par an. Étranger : 4 650 livres par an. Temps partiel : 579 livres.
Recherche : dans le domaines des études cinématographiques, études télévisuelles, médias et enseignement des médias.

LONDON COLLEGE OF PRINTING.

Department of Photography, Film and Television.
Adresse : Back Hill, Clerkenwell, London EC1R 5EN.
Tél. : 071-278 7445

• **Cours : Film and Video.**
Responsable : Haïm Bresheeth.
Diplôme préparé : BA (Hons).
Conditions d'admission : 18 ans minimum, Advanced Level ou niveau équivalent.
Frais d'inscription et d'études : Royaume-Uni et CEE : 1 675 livres par an. 65 livres de frais d'inscription CNAA.
Durée des études : 3 ans à temps plein.
Effectif par promotion : 25.
Contenu des études :
Théorie : analyse textuelle, études de contexte, études complémentaires.
Pratique : principes de base des techniques et des technologies en rapport avec la reproduction,

l'enregistrement et la manipulation du son et de l'image (cinéma et vidéo).

• **Cours : Photographic and Visual Studies.**
Responsable : Marie Yates.
Diplôme préparé : BA (Hons).
Conditions d'admission : 18 ans minimum, Advanced Level ou niveau équivalent.
Frais d'inscription et d'études : Royaume-Uni et CEE : 1 675 livres par an. 65 livres de frais d'inscription CNAA.
Durée des études : 3 ans à temps plein.

• **Cours : Media Studies.**
Responsable : Barney Somers.
Diplôme préparé : BA (Hons).
Conditions d'admission : 18 ans minimum, Advanced Level ou niveau équivalent.
Frais d'inscription et d'études : Royaume-Uni et CEE : 1 675 livres par an. 65 livres de frais d'inscription CNAA.
Durée des études : 3 ans à temps plein.
Contenu des études :
Théorie : théories de la communication, méthodes de recherche.
Pratique : initiation à la pratique des médias : cinéma, vidéo, photo, animation, radio, télévision, journalisme (presse écrite).

• **Cours : Journalism.**
Responsable : Wynford Hicks.
Diplôme préparé : BA (Hons).
Conditions d'admission : 18 ans minimum, Advanced Level ou niveau équivalent.
Frais d'inscription et d'études : Royaume-Uni et CEE : 1 675 livres par an. 65 livres de frais d'inscription CNAA.
Durée des études : 3 ans à temps plein.
Contenu des études :
Théorie : théories de la communication, méthodes de recherche.
Pratique : initiation à la pratique des médias : cinéma, vidéo, photo, animation, radio, télévision, journalisme (presse écrite).

• **Cours : Screenwriting and Research.**
Diplôme préparé : Postgraduate Diploma (MA in Screenwriting and Television Research à partir de 1992).
Tél. : 071 278 7445
Responsable : Phil Parker.
Conditions d'admission : 21 ans minimum, *Honours Degree* dans le domaine concerné ou *Honours Degree* dans une autre discipline complété par une expérience professionnelle.
Frais d'inscription et d'études : environ 350 livres par an.
Durée des études : 2 ans.
Effectif par promotion : 16 maximum.
Contenu des études :

Théorie : 30 % de l'enseignement. Fondements théoriques du travail de construction narrative avec notamment l'étude du récit classique et des autres modes de récits. Langages de l'image. La question de la réalité dans le documentaire et la fiction.
Pratique : 70 % de l'enseignement. Projets de documentaires pour la télévision. Scénarios pour des œuvres allant de 5 minutes au long métrage.
Débouchés : pas encore d'étudiants sur le marché du travail car le cours n'a été mis en place que très récemment.
Remarques particulières : le *Postgraduate Diploma in Screenwriting* est le premier du genre apparu au Royaume-Uni. Le *MA* permettra de mener des recherches pour les scénaristes ou sur eux hors des États-Unis.

- **Cours : Independent Film and Video (CNAA).**
Adresse : School of Media.
Tél. : 071-278 7445.
Responsable : Ian Green.
Diplôme préparé : MA.
Conditions d'admission : *first degree* ou niveau équivalent et au moins une année d'expérience.
Durée des études : 2 ans à temps partiel.
Contenu des études :
Théorie : séminaires sur la théorie, l'histoire et le contexte du cinéma et de la vidéo en rapport avec la production indépendante au Royaume-Uni et dans d'autres pays.

LONDON INTERNATIONAL FILM SCHOOL.

Adresse : 24 Shelton Street, London, WC2H 9HP.
Tél. : 071-836 9642.
Responsable : Martin M. Amstell.
Diplôme préparé : Diploma in Film-Making.
Conditions d'admission : pas de limite d'âge, mais la moyenne des étudiants est autour de 25 ans. Pas d'exigences particulières en matière de formation, mais les étudiants possèdent généralement un diplôme supérieur et ils ont reçu une formation artistique ou technique. Un niveau de qualification inférieur peut suffire si le candidat possède des compétences particulières ou une expérience professionnelle. Dans tous les cas, les postulants doivent fournir des exemples de leur travail.
Durée des études : 2 ans.
Effectif par promotion : 70.
Contenu des études :
Théorie : séminaires d'analyses et conférences sur la théorie.
Pratique : l'enseignement comprend six trimestres. Au cours de chacune de ces périodes les étudiants travaillent en équipe et réalisent des films. Les formats utilisés varient et deviennent plus complexes et difficiles au fur et à mesure de la progression des étudiants. Lors du 5e trimestre, tournage d'un film de fiction en 35 mm couleur dans des décors

construits par des étudiants. Tournages 35 mm et 16 mm répartis à 50 %. Vidéo faiblement représentée, mais de plus en plus utilisée.
Débouchés : dans tous les secteurs du cinéma, de la télévision et des médias en rapport avec l'audiovisuel.

POLYTECHNIC OF CENTRAL LONDON.

School of Communication.
Adresse : 18/22 Riding House Street, London, W1P 7PD.
Tél. : 071-486 5811.

- **Cours : Media Studies.**
Responsable : Helen Baehr.
Diplôme préparé : BA (Hons).
Conditions d'admission : 18 ans minimum, Advanced Level ou niveau équivalent.
Durée des études : 3 ans.
Effectif par promotion : 45.
Contenu des études :
Théorie : les médias au Royaume-Uni. Mass-médias et société. Économie politique et analyse des médias.
Pratique : recherche et communication. Tournage vidéo. Journalisme radio et TV. Journalisme (presse écrite).
Recherche : PLC houses Centre for Communication and Information Studies (CCIS).
Débouchés : plus de 60 % des anciens étudiants trouvent un emploi dans les médias dans l'année qui suit l'obtention du diplôme.

- **Cours : Photography.**
Responsable : Andy Golding.
Diplôme préparé : BA (Hons).
Conditions d'admission : 22 ans minimum (en général), avoir travaillé dans la photo ou un secteur en rapport, Advanced Level ou niveau équivalent ou expérience professionnelle.
Durée des études : 4 ans à temps partiel.
Effectif par promotion : 35.
Contenu des études :
Théorie : art et culture. Sémiotique et structuralisme. Théorie institutionnelle. Etudes de cas historiques. Psychanalyse. Féminisme.
Pratique : couleur, vidéo, multivision, documentaire. Images de synthèse, PAO, etc.
Recherche : tous les enseignants de l'équipe exercent une activité et travaillent dans des galeries, dans la production audiovisuelle, le journalisme, la littérature...
Débouchés : ce cours permet généralement une réorientation professionnelle dans le secteur de la représentation. Un technicien peut ainsi devenir un formateur, une secrétaire un reporter photo indépendant, un enseignant le directeur d'un département audiovisuel, un travailleur indépendant un

gestionnaire dans le secteur artistique.

Remarques particulières : le cours peut être suivi à raison de la répartition suivante en 3e et 4e années : 70 % de pratique pour 30 % de théorie ou 50 %/50 %, en fonction des objectifs des étudiants (universitaires ou pratique professionnelle).

• **Cours : Photographic and Electronic Imaging.**
Responsable : Wally Axford.
Diplôme préparé : BSc et BSc (Hons).
Conditions d'admission : 18 ans minimum, Advanced Level ou niveau équivalent.
Frais d'inscription et d'études : Royaume-Uni et CEE : 1 770 livres par an. Étranger : 4 845 livres par an.
Durée des études : 3 ans.
Effectif par promotion : 40.
Contenu des études :
Théorie : science et image.
Pratique : photo, imagerie scientifique, imagerie informatique.
Débouchés : emplois comme photographe indépendant, dans la prise de vues à la télévision et au cinéma, l'imagerie scientifique et médicale, la gestion de laboratoire de développement et de tirage, la recherche industrielle.

• **Cours : Film, Video and Photographic Arts.**
Responsable : Joost Hunningher.
Diplôme préparé : BA (Hons).
Conditions d'admission : 18 ans minimum, Advanced Level ou niveau équivalent.
Frais d'inscription et d'études : Royaume-Uni et CEE : 1 675 livres (651 livres si auto-financement) par an plus 65 livres de frais d'inscription CNAA. Étranger : 4 750 livres par an plus 65 livres de frais d'inscription CNAA.
Durée des études : 3 ans à temps plein.
Effectif par promotion : 20 étudiants par an en filière cinéma.
Contenu des études :
Théorie : représente 50 % de l'enseignement. Art et communication, théorie et critique cinématographiques.
Pratique : en première année, les étudiants suivent un cours d'introduction générale comportant une dimension pratique en cinéma comme en photo. Au-delà de la première année, les étudiants se spécialisent soit en photo, soit en cinéma.
Débouchés : cinéma et photo, télévision et domaines rattachés à la production vidéo, enseignement, gestion dans le secteur artistique, recherche, publicité, travail social, presse et édition.

• **Cours : Film and Television.**
Responsable : Robert Peck.
Diplôme préparé : Linked Postgraduate Diploma and MA.

Conditions d'admission : avoir un bon *first degree*, de préférence en lettres ou en sciences sociales.
Frais d'inscription et d'études : Royaume-Uni et CEE : 860 livres par an plus 32,50 livres d'inscription (CNAA).
Durée des études : Postgraduate diploma : 2 ans à temps partiel. MA : 3 ans à temps partiel.
Effectif par promotion : environ 80.
Contenu des études :
Théorie : Problèmes de méthodologie, Hollywood, histoire du cinéma britannique, questions relatives à la culture britannique, fiction télévisée britannique, genres télévisuels, radio et télévision publiques, psychanalyse et cinéma, cinéma du tiers monde, l'école du documentaire, cinéma soviétique. Thèse de recherche d'environ 10000 mots.

• **Cours : Film and Television Studies.**
Responsable : Robert Peck.
Diplômes préparés : MPhil et PhD.
Conditions d'admission : Postgraduate Diploma et MA in Film and Television Studies ou niveau équivalent.

• **Cours : Communication and Information Studies.**
Diplômes préparés : MPhil et PhD research degrees.
Adresse : Centre for Communication and Information Studies, 235 High Holborn, London, WC1V 7DN.
Tél. : 071-404 5353.
Responsable : Pr. Nicholas Garnham (directeur du centre).
Conditions d'admission : 21 ans minimum, un bon *first degree* dans le secteur concerné.
Durée des études : MPhil : 2 ans à plein temps, 4 ans à temps partiel. PhD : 3 ans à plein temps, 6 ans à temps partiel.
Effectif par promotion : variable, allant jusqu'à 10.
Contenu des études :
Théorie : recherche portant sur le développement et l'impact social du secteur de l'information en général et plus particulièrement sur l'économie et la régulation des moyens d'information au Royaume-Uni comme à l'étranger. Parmi les moyens d'information étudiés : le cinéma, la radio, la télévision, les télécommunications et les services d'information électroniques.

POLYTECHNIC OF EAST LONDON.

Innovation Studies Unit.

• **Cours : New Technology (Interdisciplinary Studies).**

Adresse : Livingstone House, Livingstone Road, Stratford, London E15 2LL.
Tél. : 081-590 7722 (x5053).
Responsable : Flis Henwood.
Diplôme préparé : Bsc (Hons).
Conditions d'admission : 18 ans minimum, Advanced Level ou niveau équivalent.
Frais d'inscription et d'études : 630 livres par an.
Durée des études : 3 ans.
Effectif par promotion : 25 (dont 60 % de filles).
Contenu des études :
Théorie : les moyens de communication de masse et les bouleversements techniques, production vidéo, infographie, nouvelles technologies et économie, information et consommation.
Pratique : utilisations diverses de la micro-informatique, réalisation vidéo, infographie.
Remarques particulières : formation intéressante, en marge des études de communication « traditionnelles » et qui suit les derniers développements en informatique et en recherches sur l'information.

- **Cours : Fine Art Combined Medias.**
Adresse : School of Art and Design, Greengate Street, London E13 0BG.
Tél. : 081-590 7722.
Responsable : Tony Sinden.
Diplôme préparé : BA (Hons).
Conditions d'admission : 18 ans minimum, Advanced Level ou niveau équivalent.

POLYTECHNIC OF NORTH LONDON.

School of Literary and Media Studies.
Adresse : Prince of Wales Road, London, NW5 3LB.
Tél. : 071-607 2789.
Responsable : Kenneth MacKinnon.
Diplôme préparé : BA (Hons) Humanities.
Conditions d'admission : 18 ans minimum, Advanced Level.
Durée des études : 3 ans.
Effectif par promotion : 60 (11 garçons, 49 filles).
Contenu des études :
Théorie : Hollywood, le réalisme, le cinéma des femmes. Théorie critique.
Débouchés : possibilité de poursuivre des études à un niveau supérieur, enseignement, emplois sans rapport avec la formation.
Remarques particulières : l'une des rares formations consacrées au cinéma hors de l'Université.

ROYAL COLLEGE OF ART.

Adresse : Kensington Gore, London, SW7 2EU.
Tél. : 071-584 5020.

- **Cours : Animation.**
Responsable : Richard Taylor.
Diplôme préparé : MA.
Conditions d'admission : 21 ans minimum, Bachelor of Arts ou diplôme équivalent.
Frais d'inscription et d'études : 2 000 livres.
Durée des études : 2 ans.
Effectif par promotion : 10.
Contenu des études :
Théorie : histoire et théorie de l'animation.
Pratique : réalisation de petits projets individuels et d'un produit de plus grande importance.
Débouchés : emplois dans le cinéma commercial et dans le secteur indépendant.

- **Cours : Film Production.**
Responsable : Tim Miller.
Diplôme préparé : MA (RCA).
Conditions d'admission : de préférence, avoir un *first degree* et une expérience professionnelle en cinéma et en télévision ou une expérience similaire dans le domaine de la communication.
Frais d'inscription et d'études : Royaume-Uni et CEE : 2 530 livres par an. Étranger : 6 900 livres par an.
Durée des études : 2 ans à plein temps.
Effectif par promotion : 7.
Contenu des études :
Théorie : séminaires portant sur les montages financiers, la gestion budgétaire, le choix des scénarios et leur exploitation, droit des sociétés, contrats, assurance, publicité, constitution et organisation de l'équipe de tournage, relations avec la clientèle.
Pratique : les étudiants se voient entièrement chargés de la mise en œuvre de projets émanant d'étudiants du programme *Film Direction*.

- **Cours : Film Direction.**
Responsable : Derek Wallbank.
Diplôme préparé : MA (RCA).
Conditions d'admission : avoir un *first degree*.
Frais d'inscription et d'études : Royaume-Uni et CEE : 2 530 livres par an. Étranger : 6 900 livres par an.
Durée des études : 2 ans à plein temps.
Effectif par promotion : 12.
Contenu des études :
Théorie : séminaires portant sur l'histoire du cinéma et de la télévision ainsi que sur le marketing.
Pratique : conception de scénario et tournage de publicités et de clips musicaux promotionnels.
Tournage de films de fiction et de documentaires.

- **Cours : Design for Film.**
Responsable : Bernard Carey.
Diplôme préparé : MA (RCA).
Conditions d'admission : avoir un *first degree*.
Frais d'inscription et d'études : Royaume-Uni et

CEE : 2 530 livres par an. Étranger : 6 900 livres par an.
Durée des études : 2 ans à plein temps.
Effectif par promotion : 7.
Contenu des études :
Théorie : séminaires et conférences portant sur l'histoire, l'esthétique et les techniques du théâtre, sur le décor de cinéma et de télévision, les effets spéciaux, le décor en extérieur, le style et la technique de maîtres du décor, le décor de publicité.
Pratique : tous les aspects du tournage en 3D au cinéma et à la télévision et notamment le design et la conception graphique en 2D des séquences de générique et du matériel promotionnel.

SOUTH THAMES COLLEGE OF FURTHER EDUCATION.

Department of Design and Media.
Adresse : Wandsworth Building, Wandsworth High Street, London SW18 2PP.
Tél. : 081-870 2241 (x339/340/345).
Responsable : Trevor Harris.
Diplôme préparé : B/TEC Higher National Certificate in Design (Communication) Television Production.
Conditions d'admission : 19 ans minimum, Advanced Level ou niveau équivalent.
Frais d'inscription et d'études : 500 livres.
Durée des études : 2 ans (2 jours par semaine).
Effectif par promotion : 8 filles, 8 garçons.
Contenu des études :
Théorie : enseignement passant en revue toutes les étapes de la fabrication d'une œuvre depuis la réception d'une note d'intention ou d'un synopsis jusqu'à la réalisation et la post-production en passant par l'établissement du budget et l'étude de marché.
Pratique : tournages avec une seule caméra ou en studio de télévision.

THE CITY UNIVERSITY.

Graduate Centre for Journalism.
Adresse : Northampton Square, London EC1V 0HB.
Tél. : 071-253 4399.
Responsable : Pr. Hugh Stephenson.
Diplôme préparé : Postgraduate Diploma in Broadcast Journalism.
Conditions d'admission : diplôme universitaire ou niveau équivalent et fournir la preuve qu'on est engagé dans une carrière de journaliste. Pas de limite d'âge.
Frais d'inscription et d'études : Royaume-Uni et CEE : 2 500 livres par an. Étranger : 4 500 livres par an (estimation pour 1991-92).
Durée des études : 9 mois.

Effectif par promotion : 20.
Contenu des études :
Théorie : droit des médias, structure du gouvernement britannique, journalisme et société.
Pratique : rédaction pour la radio, pour la télévision, maniement des magnétophones, travail en studio, montage et « habillage », choix d'images télé, montage, etc.
Débouchés : emploi assuré à 100 %.
Remarques particulières : enseignement privilégiant l'information et le journalisme d'actualités plus que les techniques de réalisation.

MAIDSTONE

MAIDSTONE COLLEGE.

Ken Institute of Art and Design.
Adresse : Oakwood Park, Maidstone, Kent ME16 8AG.
Tél. : 0622 757286.
Responsable : A.L. Rees.
College of Higher Education.
Diplôme préparé : Bachelor of Art degree Communication Media. Time-Based Studies.
Conditions d'admission : 18 ans minimum, Advanced Level ou niveau équivalent.
Frais d'inscription et d'études : Royaume-Uni et CEE : 1 675 livres par an. Étranger 5 850 livres par an.
Durée des études : 3 ans.
Effectif par promotion : 25. Quelques étudiants peuvent cumuler le cursus Time-Based Studies (cinéma et vidéo) avec « Design » ou « Illustration ».
Contenu des études :
Théorie : l'enseignement est théorique à 40 % et consiste principalement en *Cultural Studies* et en histoire et en théorie du cinéma, de la vidéo et de la télévision.
Pratique : mise à la disposition d'un équipement semi-professionnel complet avec notamment un grand studio de télévision et un banc de montage U-matic 3.
Débouchés : première promotion sortie en 1991. La formation que ce cours remplace, un *BA Fine Art*, débouchait sur une embauche de 90 % des lauréats dans l'année de l'obtention du diplôme.
Remarques particulières : programme centré avant tout sur la vidéo et qui entend attirer des étudiants ayant le sens de l'innovation et des idées à développer à la fois en production commerciale et artistique tant en cinéma qu'en vidéo. Enseignement privilégiant la dimension critique et théorique au cours des trois ans. Un nouveau diplôme est actuellement à l'étude.

MANCHESTER

MANCHESTER POLYTECHNIC.

• **Department of Communication Arts and Design.**
Adresse : Capitol Building, School Lane, Didsbury, Manchester M20 OHT.
Tél. : 061 228 6171.
Responsable : Graeme McCaig.
Diplôme préparé : BA (Hons) Design for Communication Media.
Conditions d'admission : 18 ans minimum, Advanced Level ou niveau équivalent.
Contenu des études :
Théorie : étude de la production des films et des émissions T.V.

• **Department of Drama.**
Adresse : Oxford Road, Manchester, M13 9PL.
Tél. : 061-275 3347.
Responsable : Kenneth Richards.
Diplôme préparé : Master of Letters. Possibilité de préparer des thèse sur de aspect d'œuvres de fiction cinématographiques ou télévisuelles.

• **Department of English and History.**
Adresse : Ormond Buildings, Lower Ormond Street, Manchester M15 6BX.
Tél. : 061-288 6171 (x2703).
Responsable : Anthony Easthope.

• **Cours : Humanities Social Studies.**
Diplôme préparé : BA (Hons).
Conditions d'admission : 18 ans minimum, Advanced Level ou niveau équivalent.
Contenu des études :
Théorie : étude du cinéma soviétique, des informations et publicité à la télévision.

• **Cours : English Studies/Historical Studies.**
Diplôme préparé : BA (Hons).
Conditions d'admission : 18 ans minimum, Advanced Level ou niveau équivalent.
Contenu des études :
Théorie : étude théorique de la télévision.

NEWCASTLE UPON TYNE

NEWCASTLE UPON TYNE POLYTECHNIC.

• **Department of Historical and Critical Studies.**
Adresse : Lipman Building, Sandyford Road, Newcastle upon Tyne NE1 8ST.
Tél. : 091-232 6002.
Responsable : Cheryl Buckley.
Diplôme préparé : BA History of Modern Art, Design and Film.

Conditions d'admission : 18 ans minimum, Advanced Level ou niveau équivalent.
Frais d'inscription et d'études : Royaume-Uni et CEE : 1 675 livres par an, plus 65 livres de frais d'inscription. Étranger : 4 260 livres par an plus 65 livres de frais d'inscription.
Durée des études : 3 ans à temps plein ou 5 ans à temps partiel.
Effectif par promotion : environ 40.
Contenu des études :
Théorie : le cinéma constitue une matière principale au cours des deux premières années de même que le design et la peinture. En 2e année, l'étudiant peut suivre deux fois plus de séminaires de cinéma que de séminaires de peinture ou de design. Le cinéma peut représenter 80 % des cours en 3e année.
Pratique : les étudiants à plein temps peuvent suivre une option pratique cinéma/photo/vidéo pendant 2 ans.

• **Faculty of Arts and Design.**
Adresse : Squires Building, Sandyford Road, Newcastle upon Tyne NE1 8 ST.
Tél. : 091-232 6002.
Responsable : Roger Powell.
Diplôme préparé : BA (Hons) Media Production.
Conditions d'admission : 18 ans minimum, Advanced Level ou niveau équivalent. Les candidats doivent montrer qu'ils ont des compétences aussi bien sur le plan théorique que pratique dans le domaine des médias.
Durée des études : 3 ans.
Effectif par promotion : 25.
Contenu des études :
Théorie : histoire et théorie des médias. Conférences et séminaires sur la théorie de la photo, du cinéma et de la télévision au long des trois années. Marketing des médias et cours de pratique professionnelle la dernière année. Mémoire en option la dernière année.
Pratique : conférences, séminaires et ateliers en cinéma, vidéo, photo, écriture de scénario et animation. L'équipe enseignante détermine les programmes les deux premières années tandis que les étudiants font leur propre choix la dernière année.
Recherche : possibilité de faire un MPhil in Film.
Débouchés : bon taux d'emploi. 21 étudiants sur 25 obtiennent un travail dans les médias en rapport direct avec le cours dans les trois mois suivants la fin des études. Postes dans les chaînes de télévision nationale, dans la vidéo, les agences de photo, l'enseignement, etc.
Remarques particulières : ce programme de 3 ans met l'accent aussi bien sur la théorie que sur la pratique et aborde une multiplicité de disciplines médiatiques tout en permettant aux étudiants de trouver un emploi dans les médias (grâce à l'imagination et la confiance).

UNIVERSITY OF NEWCASTLE UPON TYNE.

Adresse : Newcastle upon Tyne, NE1 7RU.
Tél. : 091-222 6000.

• Department of English.
Responsable : Bruce Babington.
Diplôme préparé : MA Twentieth Century Studies : English and American Literature and Film.

• Combined Honours Centre.
Responsable : John Saunders.
Diplôme préparé : BA (Hons) Combined Studies.
Conditions d'admission : 18 ans minimum, Advanced Level ou niveau équivalent.
Contenu des études :
Théorie : programme de deux ans à suivre à partir de la deuxième année. Première année : Cinémas américain et britannique (Minnelli, Scorsese, Ford, Woody Allen). Théorie et histoire du cinéma. Deuxième année : cinéma européen (la Nouvelle Vague en France, le montage soviétique, le nouveau cinéma allemand, Buñuel, Bergman). Rédaction d'un mémoire.

• School of Modern Languages.
Tél. : 091-232 8511.
Responsable : Peter Evans.
Diplôme préparé : BA (Hons) Modern Languages.
Conditions d'admission : 18 ans minimum, Advanced Level ou niveau équivalent.
Frais d'inscription et d'études : 1 675 livres par an.
Durée des études : 1 an. Année finale optionnelle.
Effectif par promotion : 30.
Contenu des études :
Théorie : le montage soviétique, expressionnisme, néo-réalisme, la Nouvelle Vague en France, le nouveau cinéma allemand, le nouveau cinéma espagnol, cinéma d'auteur et Buñuel.
Publications : travaux de Peter Evans. Articles sur Buñuel, Saura, Erice, Douglas Sirk, Almodovar.
Ouvrages : *Challenges to Authority, Fiction and Film in Contemporary Spain*, Tamesis, 1988, en collaboration avec Robin Fiddian. Blue Skies and Silver Linings, *Aspects of the Holllywood Musical*, Manchester University Press, 1987, en collaboration avec Bruce Babington. *Affairs to Remember, the Hollywood Comedy of the Sexes*, Manchester University Press, 1989, en collaboration avec Bruce Babington.

• Department of Spanish.
Adresse : Claremont Bridge, Newcastle upon Tyne NE1 8ST.
Tél. : 091-232 8511.
Responsable : Peter Evans.
Diplôme préparé : MA Hispanic Drama and Film.

NEWPORT

GWENT COLLEGE OF HIGHER EDUCATION.

Department of Film and TV, Faculty of Art and Design.
Adresse : Clarence Place, Newport, Gwent NP9 OUW, Wales.
Tél. : 0633 259 984.
Responsable : Les Mills.
Diplôme préparé : B/Tec Higher National Diploma in Film and Video Production.
Conditions d'admission : 18 ans minimum, Advanced Level.
Frais d'inscription et d'études : 620 livres par an.
Durée des études : 2 ans.
Effectif par promotion : 12 garçons et 10 filles.
Contenu des études :
Théorie : tronc commun portant sur les arts, les lettres ainsi que les médias. Cours trimestriel à choisir entre : cinéma, télévision, documentaire, dessin animé.
Pratique : cinéma et vidéo. Infographie.
Débouchés : emplois de techniciens dans l'industrie de l'audiovisuel, freelance dans le secteur indépendant.

NORWICH

UNIVERSITY OF EAST ANGLIA.

School of English and American Studies.
Adresse : Norwich, NR4 7TZ.
Tél. : 0603 56161.
Responsable : Charles Barr.
Cours : BA (Hons) Film and English Studies.
Conditions d'admission : 18 ans minimum, Advanced Level ou niveau équivalent.
Frais d'inscription et d'études : Royaume-Uni et CEE : 1 675 livres par an. Étranger : 4 560 livres par an.
Durée des études : 3 ans.
Effectif par promotion : 10 (dont 6 filles).
Contenu des études :
Théorie : le cinéma fait partie d'un programme intégré comprenant la littérature, l'histoire et les *Cultural studies* (dont les *Women's studies*).
Pratique : un travail pratique en cinéma ou en vidéo peut être pris comme option.
— Cours : Film Studies.
Diplôme préparé : MA.
Frais d'inscription et d'études : Royaume-Uni et CEE : 1 675 livres par an. Étranger : 4 560 livres par an.

Durée des études : 1 an à plein temps.
Effectif par promotion : 10.
Contenu des études :
Théorie : étude formelle du cinéma : cinéma primitif. Le cinéma comme industrie, histoire du cinéma : outils de recherche et études de cas. Théorie du cinéma : structuralisme et post-structuralisme. Cinéma britannique des années 30 aux années 80. Mémoire à rédiger.
— **Cours : Film Archiving.**
Diplôme préparé : MA.
Frais d'inscription et d'études : Royaume-Uni et CEE : 1 675 livres par an. Étranger : 4 560 livres par an.
Durée des études : 1 an.
Effectif par promotion : 4.
Contenu des études :
Théorie : histoire et théorie du cinéma.
Pratique : un stage d'archiviste de cinéma.
Diplôme préparé : M. Phil et Ph. D.
Frais d'inscription et d'études : Royaume-Uni et CEE : 1 675 livres par an, 600 livres (temps partiel). Étranger : 4 560 livres par an.
Effectif par promotion : 6 au total.
Publications : Thomas Elsaesser : *Early Cinema*, British Film Institute. *New German Cinema*, British Film Institute. Charles Barr : *Ealing Studios*, Cameron and Tayleur/David and Charles, 1977. *All Our Yesterdays*, British Film Institute.

NOTTINGHAM

UNIVERSITY OF NOTTINGHAM.

School of Education.
Adresse : University Park.
Nottingham. NG7 2RD.
Tél. : 0602 484848.
Responsable : Dr Len Masterman.
Diplômes préparés : BEd Specialist Option in Mass Media Education ou BPhil Specialist Option in Mass Media Production. Postgraduate Certificate in Education.
Conditions d'admission : 18 ans au moins.
Frais d'inscription et d'études : 1 000 livres.
Durée des études : 1 à 3 ans.
Effectif par promotion : 60.
Contenu des études :
Théorie : éventail de cours axés sur les médias : formation, études critiques, travail pratique, travail à finalité pédagogique.
Poursuite d'études possible : Specialist Diploma in Mass Media Education, Postgraduate. Postgraduate Certificate in Education. BPhil Specialist Option in Mass Media Education.
Débouchés : enseigner les médias.

TRENT POLYTECHNIC.

School of Art and Design, Department of Fine Art.
Adresse : Burton Street, Nottingham NG1 4BU.
Tél. : 0602 418418.
Responsable : R. Ayers.
Diplôme préparé : BA (Hons) Fine Art.
Conditions d'admission : 18 ans minimum, Advanced Level ou niveau équivalent.
Contenu des études :
Pratique : réalisation cinéma et vidéo en option.

PONTYPRIDD

THE POLYTECHNIC OF WALES.

Department of Behavioural and Communication Studies.
Adresse : Pontypridd, Mid Glamorgan, CF37 1DL.
Tél. : 0443 405133.
Responsables : John Beynon/Tim O'Sullivan.
Diplôme préparé : BA (Hons) Communication Studies.
Conditions d'admission : 18 ans minimum, Advanced Level ou niveau équivalent.
Durée des études : 3 ans.
Effectif par promotion : 55.
Contenu des études :
Théorie : cours de base : médias et société britannique (presse, cinéma et radio-télé). Évolution historique et organisation contemporaine des médias. Formes télévisuelles et relations sociales.
Pratique : 1re et 2e années : tournage vidéo et TV. 2e et 3e années : réalisation radio.
Publications : *Television Audiences. Satellite Technologies, Film in Wales.*
Débouchés : environ un tiers des diplômés trouvent un emploi dans les médias.

POOLE

BOURMEMOUTH AND POOLE COLLEGE OF ART AND DESIGN.

School of Film, Television and Audio-Visual Production.
Adresse : Wallisdown Road, Poole, Dorset BH12 5HH.
Tél. : 0202 38204.
Responsable : Nick Wright.
• **Cours : Design (Film and Television)**

Diplôme préparé : B/Tec Higher National Diploma.
Conditions d'admission : 18 ans minimum, Advanced Level ou niveau équivalent.
Frais d'inscription et d'études : Royaume-Uni et CEE : 1 675 livres (auto-financement 651 livres) par an, plus 58 livres d'inscription. Étranger : 4 563 livres, plus 58 livres d'inscription.
Durée des études : 2 ans à plein temps.
Effectif par promotion : 30.
Contenu des études :
Théorie : tous les aspects de la réalisation cinématographique et télévisuelle sont couverts. L'accent est particulièrement mis sur le théâtre et le documentaire.
Pratique : enseignement à caractère fortement pratique permettant d'aborder toutes les étapes de fabrication d'un produit audiovisuel. Cinéma et vidéo sont traités de manière équilibrée.
• **Cours : Media Production. Film and Television Option.**
Diplôme préparé : Advanced Diploma.
Conditions d'admission : B/Tec HND, *first degree* ou niveau équivalent. Le candidat doit envoyer une lettre de motivation et passer un entretien.
Frais d'inscription et d'études : Royaume-Uni et CEE : 1 675 livres (auto-financement 651 livres) par an. Étranger : 4 563 livres.
Durée des études : 1 an à plein temps.
Effectif par promotion : 12.
Contenu des études :
Théorie : perfectionnement des connaissances en matière de réalisation.
Pratique : tournages cinéma et TV.

BOURNEMOUTH POLYTECHNIC.

Adresse : Poole House, Talbot Campus, Fern Barrow, Dorset BH12 5BB.
Tél. : 0202 595351.
Responsable : Peter Hardie.
— **Cours : Computer Visualisation and Animation.**
Diplôme préparé : PgD/MA.
Conditions d'admission : avoir un diplôme avec une bonne mention ou l'équivalent.
Frais d'inscription et d'études : PgD : Royaume-Uni et CEE : 1 800 livres environ par an, étranger : 4 500 livres environ par an. MA : Royaume-Uni et CEE : 2 100 livres environ par an, étranger : 5 200 livres environ par an.
Durée des études : PgD : 3 trimestres. MA : 1 an, dont le trimestre d'été.
Contenu des études :
Théorie : 30 % de l'enseignement.
Pratique : 70 % de l'enseignement.
Débouchés : télévision et radio, animation pour la publicité.

— **Cours : Vidéo Production.**
Diplôme préparé : MA.
Responsable : Peter Legge.
Conditions d'admission : diplôme avec une bonne mention ou l'équivalent.
Contenu des études :
Théorie : 30 % de l'enseignement.
Pratique : 70 % de l'enseignement.
Remarques particulières : programme récemment créé.

DORSET INSTITUTE OF HIGHER EDUCATION.

Department of Communication and Media.
Adresse : Wallidown Road, Wallisdown, Poole, Dorset BH12 5BB.
Tél. : 0202 524 111.
Responsable : Frank Matthews-Finn.
Diplôme préparé : BA (Hons) Media Production.
Conditions d'admission : 18 ans minimum, GCSE et Advanced Level.
Frais d'inscription et d'études : 4 072 livres.
Durée des études : 3 ans.
Effectif par promotion : 72 (dont la moitié de filles).
Contenu des études :
Théorie : processus de la communication, écriture de scénario, études des médias sur le plan de la forme, de la technologie, du droit.
Pratique : approche esthétique et acquisition d'un savoir-faire en vidéo, infographie.
Recherche : oui.
Débouchés : emplois dans l'édition, la publicité, les structures de vidéo indépendantes, à la radio et à la télévision ainsi que dans les foyers municipaux.
Remarques particulières : enseignement reposant sur la pratique.

PORTSMOUTH

PORTSMOUTH POLYTECHNIC.

• **Department of Design.**
Adresse : Lion Gate Building, Lion Terrace, Portsmouth PO1 3HF.
Tél. : 0705 827681.
Responsable : Pr. I. McLaren.
Diplôme préparé : BA (Hons) Media and Design.
Conditions d'admission : 18 ans minimum, Advanced Level ou niveau équivalent.
Contenu des études :
Pratique : importante spécialisation en cinéma et vidéo.

• **School of Social and Historical Studies.**
Adresse : Kings Rooms, Bellevue Terrace, Southsea PO5 3AT.
Tél. : 0705 827681.
Responsable : Sue Harper.
Diplôme préparé : BA (Hons) Cultural Studies.
Conditions d'admission : 18 ans minimum, 2 matières de l'Advanced Level dans le domaine concerné ou autres qualifications.
Durée des études : 3 ans.
Effectif par promotion : 35.
Contenu des études :
Théorie : publics télévisuels, théorie du cinéma, cinéma des femmes et mélodrame, cinéma britannique de 1935 à 1970, cinéma d'avant-garde, théâtre télévisé (Grande-Bretagne).
Pratique : possibilité de réaliser des vidéogrammes.
Débouchés diversifiés : emplois dans l'enseignement, le secteur social, l'édition, le journalisme.
Remarques particulières : tous les cours cités, à l'exception de *Théorie du cinéma*, sont optionnels. Les étudiants peuvent également choisir des cours sur les médias.

PORTSMOUTH COLLEGE OF ART AND DESIGN.

Adresse : Winston Churchill Avenue, Portsmouth PO1 2DJ.
Tél. : 0705 826435.
Responsable : Brian Lunn.
Diplôme préparé : B/Tec Higher National Diploma in Design (Multi Area Course).
Conditions d'admission : 18 ans minimum, Advanced Level ou niveau équivalent.
Frais d'inscription et d'études : Royaume-Uni et CEE : 1 675 livres par an, plus 58 livres d'inscription et 7 livres de frais de dossier.
Durée des études : 2 ans.
Effectif par promotion : 80.
Contenu des études :
Pratique : tournage de courts métrages. Design et vidéo.

PRESTON

LANCASHIRE POLYTECHNIC.

Adresse : Corporation Street, Preston, PR1 2TQ.
Tél. : (0772) 201201.
Responsable : Mike Green.
Diplôme préparé : Postgraduate Diploma in Radio and Television Journalism.

Frais d'inscription et d'études : Royaume-Uni et CEE : 651 livres par an.
Durée des études : 1 an à temps plein.
Effectif par promotion : 25 environ.

READING

UNIVERSITY OF READING.

Adresse : Whiteknights, Reading RG6 2AA.
Tél. : 0734 875123.

• **Department of English.**
Responsable : Dr. Jonathan Bignell.
Diplôme préparé : BA (Hons) English Language and Literature.
Conditions d'admission : pas de limite d'âge, en règle générale 3 matières de l'Advanced Level sont exigées (2B et C) mais possibilité d'assouplissement.
Frais d'inscription et d'études : Royaume-Uni et CEE : 1 875 livres par an, étranger : 4 560 livres par an.
Durée des études : deux cours optionnels en rapport avec les médias : A) Littérature, cinéma et télévision : 2 trimestres. B) Sémiotique des médias : 2 trimestres. Effectif par promotion : A/ 55 étudiants. B/ 11 étudiants.
Contenu des études :
Théorie : Littérature, cinéma et télévision, théories de la signification dans les textes écrits et les images, processus de production, de distribution et d'évaluation. Étude détaillée d'adaptations littéraires à la télévision ou au cinéma (exemples : *Henry V, Gatsby le magnifique*). Sémiotique des médias : modèles structuraux du langage, analyse structuraliste et post-structuraliste de l'écrit, de l'image et des multi-médias, concept d'auteur, lecteur/spectateur, communication, construction des genres, modèles psychanalytiques, notion de produit, consommation.
Débouchés : très variés. Les principaux secteurs sont l'édition, le journalisme, la gestion commerciale, le marketing, la fonction publique.
Remarques particulières : ces cours sont optionnels et peuvent être pris dans le cadre d'un diplôme d'anglais. Le nombre des étudiants admis à les suivre est limité et la demande élevée. Ils ne relèvent pas de la formation professionnelle et constituent simplement des matières universitaires faisant partie d'un cursus littéraire. Poursuite d'études possible en MA Literature and the Visual Arts 1840-1940, sous la direction de J.B. Bullen.

• **Sub-Department of Film and Drama. Faculty of Letters and Social Science.**
— **Cours : Film and Drama with English, French,**

German, Italian or Sociology.
Diplôme préparé : BA (Hons).
Responsable : Douglas Pye.
Conditions d'admission : 18 ans minimum, Advanced Level ou niveau équivalent.
Frais d'inscription et d'études : Royaume-Uni et CEE : 607 livres par an, étranger : 4 300 livres par an.
Durée des études : 3 ans.
Effectif par promotion : 12.
Contenu des études :
Théorie : introduction au cinéma et au théâtre européens, du naturalisme au modernisme.
Options : cinéma britannique, cinéma américain, théâtre américain, théâtre britannique, formes théâtrales et cinématographiques non dominantes, le réalisme au théâtre et au cinéma.
Pratique : quelques réalisations cinéma et vidéo.
Débouchés : emplois dans l'enseignement, les médias indépendants, le théâtre, le commerce, etc.
— **Cours : Film and Television**
Diplôme préparé : M. Phil et Ph. D.
Responsable : Jim Hillier.
Conditions d'admission : *First degree* dans la discipline concernée.
Frais d'inscription et d'études : Royaume-Uni et CEE : 1 890 livres par an, étranger : 4 300 livres par an.
Durée des études : MPhil : 2 ans à plein temps. PhD : 3 ans à plein temps.
Effectif par promotion : variable.

• **Department of Italian.**
Responsable : Chris Wagstaff.
— **Cours : Italian with Film Studies.**
Diplôme préparé : BA (Hons).
Conditions d'admission : 18 ans minimum, Advanced Level ou niveau équivalent.
Frais d'inscription et d'études : 1 600 livres par an.
Durée des études : 4 ans.
Effectif par promotion : 5 à 8.
Contenu des études :
Théorie : introduction à la théorie du cinéma. Histoire du cinéma italien. Analyse.
— **Cours : Italian Cinema.**
Diplôme préparé : MA.
Conditions d'admission : 18 ans minimum, BA Hons, connaissance de l'italien.
Frais d'inscription et d'études : 1 800 livres par an, tarif différent pour un temps partiel.
Durée des études : 12 mois.
Effectif par promotion : 1 à 3.
Contenu des études :
Théorie : théorie de la production et de la réception. Analyse. Histoire.
— **Cours : Italian Cinema.**
Diplôme préparé : Ph. D.
Conditions d'admission : 18 ans minimum, *BA Hons*.

Frais d'inscription et d'études : 1 800 livres par an.
Durée des études : 4 ans.

ROCHESTER

KENT INSTITUTE OF ART AND DESIGN.

Adresse : Rochester-upon-Medway College, Fort Pitt, Rochester, Kent ME1 1DZ.
Tél. : 0634 830022.
Responsable : George Wattson.
Diplôme préparé : B/Tec Higher National Diploma in Advertising and Editorial Photography.
Conditions d'admission : 18 ans minimum, Advanced Level ou niveau équivalent.

SALISBURY

SALISBURY COLLEGE OF ART AND DESIGN.

Southampton Road, Salisbury, Wiltshire SP1 2PP.
Tél. : 0722 23711.
Responsable : Derek Stirling (chef de département).
— **Cours : photography.**
Diplôme préparé : B/TEC Higher National Diploma.
Conditions d'admission : 18 ans minimum, Advanced Level, première année dans le supérieur, B/TEC National Diploma ou qualification équivalente. Tous les candidats doivent subir un entretien et faire preuve d'un intérêt poussé dans le sujet et de compétences dans le domaine visuel.
Frais d'inscription et d'études : Royaume-Uni et CEE : 1 675 livres par an, étranger : 4 563 livres par an.
Durée des études : 2 ans.
Effectif par promotion : 40.
Contenu des études :
Théorie : 20 % de l'enseignement. Vaste panorama en photo avec la possibilité de se spécialiser en deuxième année.
Pratique : 70 % de l'enseignement.
Recherche : 10 %.
Débouchés : de très nombreux diplômés trouvent des emplois dans la photo, le cinéma et la télévision.
Remarques particulières : les candidats étrangers sont les bienvenus.
— **Cours : Post-HND course in Photography.**
Responsable : David Pitt.
Diplôme préparé : examen de qualification professionnelle validé par le *British Institute of Professional Photography.*

Conditions d'admission : 20 ans minimum, Higher National Diploma, deux premières années d'un diplôme d'enseignement supérieur ou niveau équivalent. Les candidats possédant une expérience professionnelle dans ce domaine peuvent aussi se présenter.

Frais d'inscription et d'études : Royaume-Uni et CEE : 651 livres par an, étranger : 4 563 livres par an.

Durée des études : 1 an.

Effectif par promotion : 26.

Contenu des études :

Théorie : représente 10 % de l'enseignement. Les étudiants peuvent se spécialiser au cours de la formation.

Pratique : représente 70 % de l'enseignement.

Recherche : représente 20 %.

Remarques particulières : cette formation est considérée par beaucoup comme une passerelle entre les études à temps plein et la vie active. Le travail effectué en relation étroite avec les professionnels assure d'excellentes perspectives aux diplômés. Les étudiants étrangers sont les bienvenus.

SHEFFIELD

SHEFFIELD CITY POLYTECHNIC.

• Department of Fine Art. Faculty of Art and Design.
Brincliffe, Psalter Lane, Sheffield, S. Yorkshire S11 8UZ.
Tél. : 0742 556101.
Responsable : Barry Callaghan.
Diplôme préparé : BA (Hons) *Fine Art* (Combined with Media Arts).
Conditions d'admission : 18 ans minimum, on ne demande pas de qualification particulière.
Frais d'inscription et d'études : 650 livres.
Durée des études : 3 ans.
Effectif par promotion : 13 garçons, 13 filles.
Contenu des études :
Théorie : éventail très large de cours magistraux, de conférences et de travaux dirigés.
Pratique : large pratique de deux ou trois médias avec la possibilité de se spécialiser, dans l'animation, par exemple, l'interprétation ou le son.

• Department of Historical and Critical Studies, Faculty of Cultural Studies.
Psalter Lane, Sheffield S11 8UZ.
— Cours : History of Arts, Design and Film.
Tél. : 0742 720911.
Responsable : Tom Ryall.
Diplôme préparé : BA (Hons).
Conditions d'admission : 18 ans minimum, Advanced Level ou niveau équivalent.

Frais d'inscription et d'études : Royaume-Uni et CEE : 1 675 livres par an, plus 65 livres de frais d'inscription. Étranger : 4 300 livres par an, plus 65 livres de frais d'inscription.

Durée des études : 3 ans à temps plein.

Effectif par promotion : environ 45-50.

Contenu des études :

Théorie : introduction à l'analyse filmique et à l'histoire du cinéma, Hollywood, cinéma et mutations sociales, réalisme et documentaire dans le cinéma et la télévision britanniques d'après-guerre. Options interdisciplinaires portant sur le cinéma et les médias.

— Cours : Film Studies.
Tél. : 0742 556101.
Responsable : Gerry Coubro.
Diplôme préparé : BA.
Frais d'inscription et d'études : Royaume-Uni et CEE : 230 livres par an, plus 16,25 livres de frais CNAA.
Durée des études : 2 ans et 2 trimestres à temps partiel.
Effectif par promotion : 20 environ.
Contenu des études :
Théorie : analyse filmique, problèmes de méthodologie, cinéma classique, le cinéma britannique de 1939 à 1945.

• Department of Communication Studies.
36 Collegiate Crescent, Sheffield, S10 2BP.
Tél. : 0742 665274.
Responsable : Chas Critcher.
Diplôme préparé : BA (Hons) Communication Studies.
Conditions d'admission : 18 ans minimum, Advanced Level ou niveau équivalent.
Durée des études : 3 ans.
Effectif par promotion : 60.
Contenu des études :
Théorie : sur les médias, modèles, institutions et textes. Par ailleurs, psychologie interpersonnelle et de groupe, linguistique théorique et appliquée.
Pratique : dans le domaine des médias, chaque année, l'un des six cours est consacré à de la communication appliquée. Son. PAO et vidéo en constituent deux options. Cours dans d'autres domaines en traitement de texte, PAO.
Publications : très nombreuses. Voir par exemple A. Casdon et M. Jordin, *Studies in Communication*, Basil Blackwell, 1988.
Débouchés : médias, publicité, relations publiques : 25 %. Formation niveau *postgraduate* : (ex. : PGCE en orthophonie) 25 %. Gestion et administration : 25 %. Inclassable : 25 %.
Remarques particulières : il ne s'agit pas véritablement d'un cours sur les médias. Seulement 30 % de l'enseignement théorique et la moitié du travail pratique portent sur les médias. Ce cursus repose sur une acception large des études de communication.

• **Department of Communication Studies.**
Totley Hall Lane, Sheffield, S17 4AB.
0742 369941.
Responsable : Chris Pawling.
Diplôme préparé : MA Communication Studies.

UNIVERSITY OF SHEFFIELD.

Department of English Literature.
Shearwood Mount, Shearwood Road, Sheffield
S10 2TD.
Tél. : 0742 768555 (× 6043/6276).
Responsable : Dr M. Mangan.
Conditions d'admission : en règle générale, un *2.1
degree* dans le domaine concerné.
Frais d'inscription et d'études : 1 985 livres par an.
Durée des études : 1 session.
Effectif par promotion : environ 12.
Contenu des études :
Théorie : introduction au cinéma et au théâtre.
Pratique : beaucoup de travaux pratiques en théâ-
tre, pas de pratique en cinéma pour le moment.
Débouchés : pas connus pour le moment mais ils
seront sans doute dans les secteurs de la recher-
che et de l'enseignement et dans les carrières tech-
niques au théâtre et au cinéma.

SOUTHAMPTON

UNIVERSITY OF SOUTHAMPTON.

Faculty of Educational Studies.
Southampton, S09 5NH.
Tél. : 0703 593387.
Responsable : Andrew Hart.
*Diplôme préparé : MA (Ed) : Language, Literature
and Media Studies.*
Conditions d'admission : expérience professionnelle
ou de l'enseignement dans le domaine concerné.
Frais d'inscription et d'études : plein temps :
1 800 livres par an. Temps partiel : 500 livres par
an.
Durée des études : plein temps : 1 an. Temps par-
tiel : 2 ans en principe mais possibilité d'aller
jusqu'à 6.
Contenu des études :
Théorie : études télévisuelles, médias et communi-
cation, la vidéo dans l'enseignement.
Pratique : initiation à la vidéo et aux techniques
du montage.
Publications : diverses.
Débouchés : taux d'emploi de 100 %.
Remarques particulières : structure modulaire per-
mettant une souplesse de choix et de gestion du
temps.
Diplômes préparés : MPhil et PhD.

Conditions d'admission : enseignement ou expérience équivalente.
Frais d'inscription et d'études : plein temps :
1 800 livres par an. Temps partiel : 500 livres par
an.
Durée des études : plein temps : 2 ans. Temps partiel : pouvant aller jusqu'à 8 ans.
Débouchés : taux d'emploi de 100 %.
Remarques particulières : plein temps ou temps
partiel (2 à 8 ans).

STIRLING

UNIVERSITY OF STIRLING.

Film and Media Studies.
Stirling, FK9 4LA, Scotland.
0786 73171 (× 2754).
Responsable : Pr. Philip Schlesinger.
— **Cours : Film and Media Studies.**
Diplôme préparé : BA Joint (Hons).
Conditions d'admission : 17 ans minimum, Advan-
ced Level. (Higher Level en Écosse). D'autres
diplômes, d'autres qualifications peuvent être
acceptés.
Frais d'inscription et d'études : 578 livres.
Durée des études : 3 ans pour le General Degree.
4 ans pour le Honours Degree.
Effectif par promotion : 30 garçons, 35 filles.
Contenu des études :
Théorie : théorie de la communication, les médias
britanniques depuis 1945, le journalisme et la
presse, la publicité, la fiction télévisuelle et la fiction radiophonique.
Pratique : travaux en rapport avec les études
critiques.
Débouchés : emplois dans les médias, dans les
industries de loisir, possibilité de suivre des cours
de niveau supérieur.
— *Diplômes préparés : MLitt et PhD.*
Conditions d'admission : pas d'âge limite, en prin-
cipe un *Upper Second Honours degree.*
Frais d'inscription et d'études : Royaume-Uni et
CEE : 2 000 livres par an, étranger : 4 800 livres
par an.
Durée des études : cursus de recherche : 1 an mini-
mum (MLitt), 2 ans (PhD).
Effectif par promotion : Entre 3 et 8.

STOKE-ON-TRENT

STAFFORDSHIRE POLYTECHNIC.

College Road, Stoke-on-Trent, ST4 2DE.
Tél. : 0782 745531.

• **Department of Design.**
Responsable : Robert Grundy.
Diplôme préparé : BA (Hons) Design.
Conditions d'admission : 18 ans minimum, Advanced Level ou niveau équivalent.
Frais d'inscription et d'études : 1 675 livres par an.
Durée des études : 3 ans à plein temps.
Effectif par promotion : 12.
Contenu des études :
Théorie : communication, design pour la communication, histoire du cinéma et de la télévision.
Pratique : travaux en son, diaporama, animation, vidéo.
Stage : dans la production et le commerce.
Débouchés : taux d'emploi élevé dans les sociétés indépendantes de design audiovisuel et à la radio.
Remarques particulières : la communication audiovisuelle constitue une spécialisation au sein du *BA (Hons) Design degree*. Les autres options sont : photographie, design graphique, travail du verre, céramique.

• **Department of history of Art and Design and Complementary Studies.**
Responsable : Flavia Swann.
Diplôme préparé : BA (Hons) History of Design and the Visual Arts.
Conditions d'admission : 18 ans minimum, Advanced Level ou niveau équivalent.
Contenu des études :
Pratique : vidéo, infographie, photographie.

SUNDERLAND

SUNDERLAND POLYTECHNIC.

Department Languages and Cultures.
Forster Building, Chester Road, Sunderland, SR1 3SD.
Tél. : 091 515 2188.
Responsable : Andrew Crisell.
Diplôme préparé : BA (Hons) Communication Studies.
Conditions d'admission : 18 ans minimum, Advanced Level ou niveau équivalent.
Frais d'inscription et d'études : 2 000 livres.
Durée des études : 3 ans.
Effectif par promotion : 55 (dont 30 filles).
Contenu des études :
Théorie : linguistique, analyse du discours, psychologie et sociologie de la communication, études cinématographiques et médiatiques, *Women Studies, Cultural Studies.*
Pratique : production en radio et vidéo, photo.
Débouchés : emplois dans les affaires, le commerce, l'assistance socio-psychologique, le travail social, l'enseignement, le journalisme audiovisuel et écrit, la radio et la télé, relations publiques, recherches sur le comportement humain.

Poursuite d'études possible : *Postgraduate Diploma* et *MA in Communication Studies*, sous la responsabilité de Andrew Crisell. *Postgraduate Diploma* et *MA in Film and Television Studies* sous la responsabilité de Deborah Thomas (tél. : 091-515 2160).

SWANSEA

WEST GLAMORGAN INSTITUTE OF HIGHER EDUCATION.

School of Humanities.
Faculty of Education, Townhill Road, Swansea, SA2 OUT.
Tél. : 0792 203 482.
Responsable : Gill Branston.
Diplôme préparé : BA Combined Studies.
Conditions d'admission : 18 ans minimum, Advanced Level.
Frais d'inscription et d'études : 850 livres.
Durée des études : 3 ans.
Effectif par promotion : 45 (dont 25 filles).
Contenu des études :
Théorie : cinéma et télévision. Récit et genres. Documentaire. Hollywood.
Pratique : tournages en vidéo et atelier de son.
Débouchés : emplois dans le journalisme, le management et la gestion artistique.

UXBRIDGE

BRUNEL UNIVERSITY.

Department of Human Sciences.
Uxbridge, Middlesex, UB8 3PH.
Tél. : 0895 56461.
— **Cours : Communications and Information Studies.**
Responsable : Dr Roger Silverstone.
Diplôme préparé : BSc.
Conditions d'admission : 18 ans minimum, Advanced Level.
Durée des études : 4 ans.
Effectif par promotion : 12.
Contenu des études :
Théorie : introduction à la programmation informatique, communication et information.
Pratique : réalisation vidéo et télé.
Stage : oui.
Débouchés : première promotion en 1990.
Remarques particulières : un enseignement qui combine l'étude des médias, les sciences de l'information et l'informatique.

— Cours : Communications and Technology.
Tél. : (0895) 56461 (× 246).
Responsable : Dr Andrew Barry.
Diplôme préparé : MA.
Conditions d'admission : pas de limite d'âge, *first degree* ou niveau équivalent (dans toute matière en principe).
Durée des études : 1 an (plein temps), 2 ans (temps partiel).
Effectif par promotion : cours ouvert en octobre 1990.
Environ 5 à plein temps et 5 à temps partiel.
Contenu des études :
Théorie : sémiologie, économie politique de la communication, sociologie et anthropologie de la consommation, *Cultural Studies*, sociologie de la technologie.
Pratique : seulement une formation pratique optionnelle en vidéo.
Remarques particulières : formation avant tout théorique axée en sociologie des médias et de la technologie.

WARRINGTON

NORTH CHESHIRE COLLEGE.

Department of Media.
Padgate Campus, Fearnhead Lane, Fearnhead, Warrington, Cheshire WA2 ODB.
Tél. : (0925) 814 343.
Responsable : John Mundy.
Diplôme préparé : BA Joint Honours Media with Business Management and Information.
Conditions d'admission : 18 ans minimum (40 % des étudiants sont adultes), Advanced Level ou niveau équivalent.
Durée des études : 3 ans.
Effectif par promotion : 60 (dont 40 filles).
Contenu des études :
Théorie : les médias, leurs formes, leurs représentations, institutions et publics. Cours optionnels.
Pratique : modules de production, vidéo, son, photo, dessin, presse.
Débouchés : emplois dans l'industrie audiovisuelle et dans le secteur indépendant, journalisme, gestion artistique.
Remarques particulières : possibilité de préparer un *Diploma in Media Education.*

WINCHESTER

KING ALFRED'S COLLEGE OF HIGHER EDUCATION.

Drama Department.

Sparkford Road, Winchester SO22 4NR.
Tél. : 0962 841 515.
Responsable : Peter Sykes.
Diplôme préparé : BA (Hons) in Drama, Theatre and Television (CNAA).
Conditions d'admission : 18 ans minimum, Advanced Level ou niveau équivalent.
Durée des études : 3 ans.
Effectif par promotion : 34 (20 filles).
Contenu des études :
Théorie : mythes, structures dramatiques, genres télévisuels, documentaire, esthétique du cinéma, du théâtre et de la télévision.
Pratique : travaux de groupe combinant théorie et pratique dans un média du choix de l'étudiant (généralement la vidéo).
Débouchés : emplois dans les médias, les industries de loisir, l'enseignement, la gestion du personnel.
Remarques particulières : une des rares formations portant sur le théâtre et les médias audiovisuels.

WORTHING

NORTHBROOK COLLEGE.

Littlehampton Road, Goring by Sea, Worthing, West Sussex BN12 6 NJ.
Tél. : 0903 830057 (× 266).
Statut : College of Further Education.
Responsable : Neville Dutton.
Diplôme préparé : B/TEC Higher National Diploma in Design (Audio-Visual).
Conditions d'admission : 18 ans minimum, Advanced Level ou niveau équivalent, en principe B/TEC en Audio-Visual, General Art and Design, Photography ou Graphic Design. Présenter un travail en cinéma ou en vidéo.
Frais d'inscription et d'études : Royaume-Uni et CEE : 1 733 livres par an. Étranger : 4 658 livres par an. Plus 105 livres pour les déplacements et le matériel.
Durée des études : 2 années de 36 semaines.
Effectif par promotion : 30.
Contenu des études :
Théorie : études techniques, histoire du cinéma, études commerciales et fonctionnement du secteur professionnel.
Pratique : études visuelles, techniques de pré-production, prise de vues, éclairage, montage, infographie télévisuelle, animation, son pour la vidéo.
Stage : oui.
Débouchés : emplois dans les sociétés de production et les laboratoires en tant que monteurs, cadreurs, assistants de production télé et les structures de production indépendantes. En outre, grande variété d'emplois connexes notamment dans la conception infographique, l'animation, etc.

Remarques particulières : lauréat du concours vidéo national organisé par Panasonic 1990 (catégorie étudiants).

Au cours de la 1ʳᵉ année qui est très strictement structurée, les étudiants acquièrent et développent des compétences notamment à travers des travaux pratiques. La 2ᵉ année permet de se spécialiser aussi bien au niveau de la pré-production que du tournage et de la post-production et comprend une période de stage importante.

WREXHAM

CLWYD COLLEGE OF ART AND DESIGN TECHNOLOGY.

Grove Park, Wrexham, Clwyd, Wales (Pays de Galles).
Tél. : 0978 291 555.
Responsable : Simon Collinge.
Diplôme préparé : National Diploma.
Conditions d'admission : 18 ans minimum, avoir obtenu le GCSE ou avoir une expérience professionnelle équivalente.
Durée des études : 2 ans.
Effectif par promotion : 40 (20 garçons, 20 filles).
Contenu des études :
Théorie : médias, communication, commerce.
Pratique : vidéo, photo, diaporama, animation.
Débouchés : emplois d'animateurs (dessin animé), ingénieurs du son, graphistes.
Remarques particulières : solide formation reposant sur une pratique importante.

NORTH EAST WALES INSTITUTE OF HIGHER EDUCATION.

Clwyd College of Art and Technology, Cartrefle, Cefn Road, Wrexham, Clwyd, LL13 9NL.
Tél. : 0978 290390.
Responsable : Marisse Mari.
Diplôme préparé : B/TEC Higher National Diploma in Design, Communication Audio-Visual Design Option.
Conditions d'admission : 18 ans minimum, B/TEC diploma, *foundation course* ou niveau équivalent.
Durée des études : 2 ans à plein temps.
Effectif par promotion : 1ʳᵉ année : 18 étudiants.
2ᵉ année : 12.
Contenu des études :
Théorie : 20 % de l'enseignement. Ces cours complètent efficacement la partie pratique et permettent d'aborder la mise en œuvre des projets audio-visuels (plan de tournage, contrôle financier...).
Pratique : approche pluridisciplinaire du design appliqué à la communication permettant aux étudiants de travailler dans tous les secteurs concernés par ce domaine en pratiquant intensivement diverses techniques : animation, cinéma, vidéo, photo, conception infographique.
Débouchés : emplois d'animateurs, concepteurs graphiques à la télévision, concepteurs et exécutants en design audiovisuel, infographes, ingénieurs du son, monteurs cinéma, conseillers visuels pour de grandes agences de publicité.

YORK

COLLEGE OF RIPON AND YORK ST-JOHN.

Lord Mayor's Walk, York, YO3 7EX.
Tél. : 0904 656771.
Responsables : David Powley, Dr Brent Mac Gregor, Bill Semmens, Patrick Murphy.
Diplôme préparé : BA Combined Honours (Drama, Film and Television).
Conditions d'admission : 18 ans minimum, Advanced Level ou niveau équivalent.
Frais d'inscription et d'études : Royaume-Uni et CEE : 1 675 livres par an. Un module coûte environ 310 livres (16 semaines à raison d'un jour et demi par semaine).
Durée des études : 3 ans pour le *BA Combined* complet, mais il est possible de suivre des modules séparés.
Contenu des études :
Théorie : série de modules de cours en rapport les uns avec les autres. Chacun permet de découvrir la théorie à travers la pratique. Large éventail : approche critique à la lumière de diverses théories, appréhension de la *grammaire* par le biais de la pratique.
Pratique : tournage avec 1 à 3 caméras en studio et en extérieur. Matériel : VHS et U-matic. Montage. Notions de base en matière d'éclairage et de son. Accent mis sur le travail en équipe. On accorde plus d'importance au processus qu'au produit. Il ne s'agit pas d'une école de formation technique.
Débouchés : sociétés de cinéma, de télévision et de radio. Unités de télévision dans l'industrie, le commerce et l'enseignement. Publicité, marketing et ressources humaines. Management dans le commerce et l'industrie (sans rapport avec le cinéma ou la télévision).
Remarques particulières : de nombreux étudiants combinent le théâtre avec le cinéma et la télévision tout en prenant une autre matière (anglais ou art, par exemple), si bien que le cinéma et la télévision représenteront un peu moins de la moitié de l'enseignement.

Jim COOK et Lavinia ORTON
Traduction : Jacques Lévy

XIII. ET

Au fil du temps, de Wim Wenders

DEMAIN ?

Paul Mc Shane et Tara O'Byrne à la station de radio à Dublin City University

Perspectives d'emploi
dans le secteur audiovisuel

Dans « Les métiers du cinéma, de la télévision et de l'audiovisuel » (Hors-série **CinémAction,** *octobre 1990), Janine Rannou soulignait plusieurs tendances dans l'évolution de ces professions en France : déclin du secteur public, croissance du travail intermittent et polyvalent, imbrication croissante de la vidéo et de l'informatique.*
André Lange, responsable du département Audiovisuel et industries culturelles à

l'IDATE (Institut de l'audiovisuel et des télécommunications en Europe) tente de dégager quelques tendances à l'échelon de la Communauté européenne. Il souligne à quel point ce travail est malaisé du fait de l'absence de statistiques fiables. Il affirme cependant que l'emploi dans le domaine de l'audiovisuel connaît une croissance faible. Cela devrait inciter les étudiants européens à ne pas se diriger en trop grand nombre vers ce secteur.

La mise en concurrence de la télévision qui a touché de manière généralisée l'Europe occidentale depuis le milieu des années 1980, la multiplication du nombre des chaînes diffusées (notamment par satellites et câbles), la forte croissance du marché vidéo et l'émergence d'une politique audiovisuelle commune contribuent à donner du secteur audiovisuel européen l'image d'un secteur dynamique, en pleine croissance. Selon une étude de CIT Research, le chiffre d'affaires du seul secteur de la radio et télévision en Europe occidentale devrait passer de 19 600 millions de dollars en 1989 à 27 395 millions de dollars en 1995, cette croissance étant essentiellement due au développement des investissements publicitaires et des télévisions à péage.

Une telle croissance signifie-t-elle que l'emploi va se développer suivant le même rythme dans le secteur audiovisuel européen ? Rien n'est moins sûr. A vrai dire, on ne dispose pas actuellement d'études approfondies sur la question, ce qui en dit long sur l'état actuel de la recherche audiovisuelle européenne : les rapports sur les modes de financement de l'industrie audiovisuelle, sur le marché publicitaire, sur celui des programmes, sur les audiences se multiplient, mais l'étude de la dimension sociale du secteur demeure fâcheusement négligée et il est regrettable que la démarche amorcée sur cette question par l'Institut européen de la communication (Manchester) soit, à notre connaissance, restée sans suite. On peut d'emblée formuler le souhait que les institutions européennes ne négligent pas cette dimension et que, notamment, le futur Observatoire européen de l'audiovisuel qui devrait être mis en place dans le cadre de l'Eurêka audiovisuel prenne en considération les statistiques relatives à l'emploi dans le secteur.

Il est évident que l'évaluation du volume d'emploi dans le secteur audiovisuel, et d'une manière plus générale dans le secteur culturel, pose des problèmes méthodologiques difficiles à résoudre : mauvaise couverture statistique par les services nationaux, différences de nomenclature de pays à pays, irrégularité des emplois, superposition pour une même personne de divers emplois (par exemple d'enseignant, d'auteur et d'interprète), importance des travailleurs indépendants liés aux sociétés de production ou de diffusion

Collection Roland Schneider

Engel aus eisen, de Thomas Brasch, ancien étudiant de l'école de Potsdam-Babelsberg

par des contrats d'emploi à durée limitée, etc. On notera, par exemple que si les organismes de radiodiffusion peuvent donner des informations sur le volume de contrats passés avec des indépendants, elles ne peuvent fournir d'indications précises sur les types de qualification concernés, la durée des contrats, la nature des prestations, etc. Le secteur audiovisuel regroupe des catégories de fonction, des niveaux de qualification, des modes de rémunération fort hétérogènes.

Enfin, on notera que, pour être complète, une évaluation du volume de l'emploi devrait tenir compte des postes de travail de toutes les phases (création, production, distribution, exploitation/diffusion) des trois filières de l'audiovisuel (cinéma, radiodiffusion — radio et TV — vidéo). Or les études ne prennent en général en considération que les postes relatifs à la création et à la production, négli-

TABLEAU 1

ÉVOLUTION DE L'EMPLOI DANS QUELQUES-UNES DES GRANDES ENTREPRISES AUDIOVISUELLES

Europe

	Activités principales	1985	1986	1987	1988	Croissance emploi 88/85	Croissance CA 88/85
BBC	Production/Radiodiffusion	25 412	25 868	24 985	24 284	– 4,44 %	17,10 %
Bertelsmann	Edition/Imprimerie/Musique	31 835	31 953	42 013	41 961	31,81 %	52,20 %
Canal Plus	Radiodiffusion			549	584		
FR 3	Radiodiffusion	3 396	3 294	3 244			
RAI	Radiodiffusion	13 579	13 557		13 752	1,27 %	40,90 %
Thames TV	Radiodiffusion	2 526	2 468	2 511	2 427	– 3,92 %	71,13 %

États-Unis/Canada

	Activités principales	1985	1986	1987	1988	Croissance emploi 88/85	Croissance CA 88/85
Capital Cities/ABC	Radiodiffusion	19 700	19 960	20 120	19 720	0,10 %	367,60 %
CBC/SRC	Radiodiffusion	11 200	10 778	10 571	10 605	– 5,31 %	14 %
CBS Inc.	Radiodiffusion	25 800	18 300				
Lorimar	Production TV	640	1 500	1 547			
HCA	Production/Disque	17 000	16 000	16 800	17 700	4,12 %	83,10 %
Paramount	Production/Diffusion/Edition	19 000	20 800	19 300	19 500	2,63 %	65,30 %
TBS	Radiodiffusion/Production	2 062	2 511	2 774	3 187	54,56 %	129,20 %
Walt Disney	Production/Diffusion/Loisirs	30 000	32 000	31 000	39 000	30,00 %	70,60 %

Japon

	Activités principales	1985	1986	1987	1988	Croissance emploi 88/85	Croissance CA 88/85
NHK	Radiodiffusion		16 500	16 000			
Toei	Production/Distribution	707	716	675	664	– 6,08 %	13,60 %
Toho	Production/Exploitation	769	750	722	693	– 9,88 %	29,90 %
Tokyo Brdcsta System	Radiodiffusion/Production	1 535	1 557	1 573	1 606	4,63 %	

geant l'importance de l'emploi dans la distribution et l'exploitation. Il serait par exemple intéressant de savoir dans quelle mesure les pertes entraînées par la fermeture massive de salles de cinéma ont été compensées par l'apparition d'emplois nouveaux dans les vidéo-clubs, la gestion d'entreprise du câble, etc.

L'expansion du secteur ne signifie pas une croissance proportionnelle de l'emploi

L'expansion du secteur audiovisuel ne signifie pas nécessairement une croissance de l'emploi. Le tableau I permet de comparer, sur la période 1985-1988, l'évolution de l'emploi dans 18 des 50 premières entreprises audiovisuelles mondiales avec la croissance de leur chiffre d'affaires (cf. tableau p. 408). L'emploi a crû de manière remarquable dans quelques-unes d'entre elles, en plein essor (Turner Broadcasting System, Walt Disney, Bertelsmann, Canal Plus...), mais cette croissance est toujours inférieure à celle du chiffre d'affaires. D'autres entreprises (MCA, Paramount, Tokyo Broadcasting System...) ont, pour une faible progression du nombre d'emplois, réalisé des augmentations de chiffre d'affaire non négligeables. Enfin, pour les entreprises de radiodiffusion de service public, l'emploi est stagnant (RAI) ou en régression (BBC, FR3, CBC/SRC, NHK) alors que le chiffre d'affaires augmente. De même les majors japonaises (Toei, Toho) connaissent une diminution des emplois qui ne correspond pas à une baisse du volume d'activités.

Il apparaît ainsi que c'est le rendement du travail et non l'emploi qui augmente en relation avec le chiffre d'affaires. Des études plus approfondies devraient déterminer si cette croissance du rendement s'explique par des facteurs extérieurs au secteur audiovisuel comme la croissance du marché publicitaire ou si elle résulte de gains de productivité dus aux développements technologiques (notamment dans le domaine de la diffusion par satellite et de la distribution vidéo) ou à l'accroissement des charges de travail.

Selon une étude menée par l'Institut für

La mitad del cielo, de Manuel Gutierrez Aragón

TABLEAU 2

ÉVALUATION DE L'EMPLOI DANS LES CHAINES DE TV ET DE RADIO DANS LA CEE

Allemagne			24 315
	ARD	20 000	
	ZDF	3 700	
	SAT 1	250	
	RTL +	200	
	Tele 5	50	
	Pro 7	85	
	3-SAT	30	
Belgique			5 630
	RTBF	2 700	
	BRT	2 600	
	TVi	120	
	TV locales	120	
	VTM	90	
Danemark			3 600
	DR	3 600	
Espagne			10 800
	RTVE	10 800	
France			14 701
	TF1	1 606	
	Antenne 2	1 298	
	FR3	3 214	
	La Sept	55	
	RFO	766	
	TV 5	28	
	Canal +	594	
	La Cinq	400	
	M 6	200	
	SFP	2 270	
	TDF	4 200	
	Canal J	70	
Grèce			4 000
	ERT	4 000	
Irlande			2 200
	RTE	2 200	
Italie			15 750
	RAI	13 750	
	Reteitalia	2 000	
Pays-Bas			4 000
	NOS	4 000	
Portugal			4 500
	RTP/RDP	4 500	
Royaume-Uni			46 150
	BBC	27 400	
	ITV	18 000	
	Channel 4	250	
	Ch. câble	500	
Total CEE			env. 135 700

Source : IDATE d'après UER et sources nationales. Les chiffres concernent les effectifs de radio et de télévision. La période de référence est 1985-1989.

Politische Wissenschaft (Université de Hambourg) les organismes de radio et de télévision de service public constituent, en Europe, la catégorie la plus importante d'employeurs du secteur avec environ 85 00 salariés. 10 entreprises privées (y compris Canal Plus, les sociétés de l'ITV et TF1) fournissent environ 24 000 emplois. Les nouvelles chaînes apparues dans les années 80 n'auraient pas créé plus de 4 000 à 4 500 emplois supplémentaires. Les chaînes transfrontières diffusées par satellite n'ont pas suscité plus de 700 postes nouveaux (Tableau 2).

Ce faible apport des nouvelles chaînes dans la création d'emploi peut s'expliquer par le fait que la plupart d'entre elles sont toujours, au début de la décennie 90, en période de montée en charge. Seules quelques-unes d'entre elles (Canal Plus, Reteitalia, RTL Plus, SAT-1) sont déjà entrées dans leur période de rentabilité. Les entreprises nouvellement créées peuvent, soit en recourant à des technologies plus performantes, soit en imposant de nouvelles formes d'organisation du travail, le plus souvent en empêchant explicitement ou implicitement la syndicalisation, fonctionner avec des équipes plus réduites que leurs concurrentes du service public. De plus, les nouvelles chaînes privées ne se dotent pas de structures importantes de production interne, préférant acheter la plupart de leurs programmes sur le marché international.

Différentes raisons expliquent également que les chaînes de service public fournissent, structurellement, plus d'emploi : leur personnel est plus âgé ; leurs missions spécifiques nécessitent l'entretien de postes de travail tels que orchestres symphoniques, services d'étude ; de plus, les organisations syndicales tendent à privilégier le maintien de l'emploi.

A l'avenir, il est vraisemblable que l'on va assister à de nouvelles réductions dans le service public, sous la pression de la concurrence et de la difficulté que rencontrent les télévisions publiques à obtenir une augmentation de revenus (en particulier de la redevance) proportionnelle à celle des coûts de programmation. La tendance de stimulation de la production indépendante (levée des obligations de commande à la SFP, réforme de la NOS aux

© The Danish Film Institute

Lars von Trieri

Pays-Bas, quotas de 25 % de programmation indépendante pour la BBC et l'ITV) constitue par ailleurs une menace importante pour l'emploi dans les chaînes publiques, contestées dans leur fonction de producteurs. La suppression de 500 emplois à la SFP annoncée en France au printemps 1990, conséquence logique des réformes de 1986, ne sera certainement pas le seul cas de réforme radicale d'une entreprise de service public en Europe.

L'absence de statistiques significatives sur l'emploi dans le secteur de la production indépendante ne permet pas d'évaluer dans quelle mesure le développement de ce secteur compense la diminution tendancielle de l'emploi dans le service public. Il est cependant évident que le volume d'emplois créé par l'émergence de la production indépendante est important : environ 700 entreprises au Royaume-Uni, 400 en France... En effet, ces nouvelles venues sont actives, outre la production pour les diffuseurs, sur des marchés nouveaux ou en croissance forte : production publicitaire, communication d'entreprise, production pour la communication des organismes publics, etc.

En France

L'exemple de la France, l'état européen où la statistique culturelle est pourtant, quoi qu'on dise, la plus développée, illustre bien les difficultés pour évaluer le volume de l'emploi dans le secteur audiovisuel. On dispose en effet de données concernant :

— l'emploi stable dans les grandes entreprises de communication privées : 7 132 personnes réparties entre les 11 sociétés principales (RTL non compris) (Tableau 3) ;

— l'emploi moyen dans quelques entreprises de production audiovisuelle : 514 personnes réparties entre 29 entreprises, soit une moyenne de 18 personnes par entreprise. Au total, l'emploi stable dans les entreprises de production audiovisuelle ne semble pas dépasser 1 500 personnes (Tableau 4) ;

— l'emploi dans les entreprises du service public de l'audiovisuel (y compris TDF) : près de 14 000 personnes.

Pour chiffrer le nombre exact de salariés dans le secteur audiovisuel, il faudrait encore disposer de données sur la situation dans les entreprises de production cinématographique, dans les sociétés de post-production, dans les radios et télévisions locales, les nouvelles chaînes thématiques, dans les bureaux d'étude, les salles de cinéma indépendantes, les circuits de distribution vidéo, les médiathèques, etc. Avançons — en toute approximation — un chiffre d'environ 25 000 personnes pour l'ensemble du secteur.

TABLEAU 3

LES EFFECTIFS DES PRINCIPALES SOCIÉTÉS FRANÇAISES DU SECTEUR AUDIOVISUEL EN 1988

TDF	4 000
FR 3	3 198
Radio France	3 035
SFP	2 200
Hachette	1 550
TF 1	1 473
Antenne 2	1 302
Gaumont	648
Canal +	575
Pathé Marconi	537
UGC	503
Pathé Cinéma	477
RMC	460
M 6	394
La Cinq	380
NRJ	135

IDATE d'après *Le Nouvel Économiste* et rapports d'activités

L'emploi, d'Ermanno Olmi

Coup de torchon, de Bertrand Tavernier

TABLEAU 4

**EMPLOI MOYEN
DANS QUELQUES ENTREPRISES DE PRODUCTION AUDIOVISUELLE EN 1988**

Telfrance	64	Hamster	12
Le Sabre	49	LM Télévision	12
Sygma TV	31	NBdC	11
Télé Union Paris	31	Cameras continentales	9
GLEM	28	Trans Europ Productions	9
Technisonor	28	Comp. française cinématographique	7
Espace Image	25	Ellipse	7
Créativité et développement	24	Gamma Television	7
Son et Lumières	22	GMT Productions	7
System TV	21	Progefi	6
Tecipress	21	Télé Hachette	6
Gédéon	18	Fechner Audiovisuel	4
Anabase	17	Mars International	4
Telecip PPI	15	Procidis	4
Télé Images	15		

IDATE d'après *TELESCOOP*

TABLEAU 5

LE TRAVAIL INTERMITTENT DES TRAVAILLEURS DU SPECTACLE VU A TRAVERS LES STATISTIQUES DE LA CAISSE DES CONGÉS-SPECTACLES

RÉPARTITION DES COTISATIONS, DES ADHÉRENTS ET DES ADHÉSIONS À LA CAISSE DES CONGÉS-SPECTACLES EN 1987 ET 1988

(Les industries techniques et divers ne sont pas reprises dans la ventilation 1988)

	Cinéma		Production audiovisuelle		Spectacles vivants		Industries techniques	Divers
	1987	1988	1987	1988	1987	1988	1987	1987
Cotisations	15 %	28 %	46 %	47 %	27 %	25 %	6 %	6 %
Adhérents	3 %	15 %	12 %	31 %	70 %	57 %	3 %	12 %
Adhésions 1987 et 1988	3 %	13 %	27 %	31 %	53 %	56 %	6 %	11 %

ÉVOLUTION DES ACTIVITÉS DE LA CAISSE GÉNÉRALE DES CONGÉS-SPECTACLES

	1977	1982	1987	1988	1989
Nombre de bénéficiaires	20 728	24 484	33 116	35 785	40 829
Nombre de cachets donnant droit à indemnités	232 000	30 600	389 000	419 678	478 385
Montant global des indemnités versées	65 MF	135 MF	293 MF	414,6 MF	516,8 MF

RÉPARTITION PAR ACTIVITÉS EN 1989

	Indemnités	Bénéficiaires
Artistes dramatiques	18 %	21 %
Artistes de complément	1 %	1 %
Musiciens	10 %	80 %
Artistes chorégraphiques	4 %	2 %
Artistes de variété	3 %	2 %
Artistes lyriques	3 %	2 %
Travailleurs du film	4 %	4 %
Techniciens	29 %	22 %
Cadres techniques	28 %	28 %

Deux autres sources d'information existent sur l'emploi : les statistiques de la Caisse des congés spectacles (Tableau 5) et celles du CNC concernant les professionnels du cinéma (Tableau 6).

Le nombre de bénéficiaires des indemnités de la Caisse des congés-spectacles s'approche du nombre des travailleurs intermittents du secteur. La Caisse a distribué en 1989 un montant total d'indemnités de 516,8 MF entre 40 829 bénéficiaires qui avaient perçu 478 385 cachets.

Ces chiffres sont complexes à interpréter car ils concernent à la fois le cinéma, l'audiovisuel (hors cinéma) et les spectacles vivants. Il faut tenir compte de ce que, en 1988, 57 % des adhérents de la Caisse appartenaient aux catégories du spectacle vivant et que 42 % du nombre de jours décomptés relevaient de ce secteur. Cependant, 71 % des indemnités étaient versées à des professionnels de l'audiovisuel (28 % cinéma, 43 % hors cinéma).

Il est intéressant de noter que le nombre de travailleurs intermittents a pratiquement

RÉPARTITION PAR BRANCHE D'ACTIVITÉ DU NOMBRE DE CACHETS AYANT DONNÉ DROIT À INDEMNITÉ DE CONGÉS PAYÉS EN 1989

	Cinéma	Audiovisuel	Spectacle vivant
Artistes dramatiques	8 %	26 %	66 %
Artistes de complément	26 %	31 %	43 %
Musiciens	5 %	10 %	85 %
Artistes chorégraphiques	3 %	2 %	95 %
Artistes de variétés	4 %	13 %	83 %
Artistes lyriques	1 %	5 %	94 %
Travailleurs du film	42 %	35 %	23 %
Techniciens	27 %	49 %	24 %
Cadres techniques	33 %	53 %	14 %

RÉPARTITION DES INDEMNITÉS DE CONGÉS PAYÉS VERSÉES EN 1989
(Activités exercées du 1.04.88 au 31.03.89 ouvrant droit à indemnités de congés payés à partir du 1.04.1989)

	Cinéma	Audiovisuel	Spectacle vivant
Nombre de jours	21 %	37 %	42 %
Montant des indemnités	28 %	43 %	29 %

RÉPARTITION DES ENTREPRISES COTISANT À LA CAISSE DES CONGÉS-SPECTACLES

	Cinéma	Audiovisuel	Spectacle vivant
Entreprise en activité	14 %	29 %	57 %
Nouvelles adhésions en 1989 (2600)	7 %	31 %	62 %
Cotisations	24 %	49 %	27 %

TABLEAU 6

DÉTENTEURS DE CARTES PROFESSIONNELLES DU CNC EN ACTIVITÉ

	1-1-1989	1-1-1990	Croissance
Branche réalisation			
Réalisateurs longs métrages	771	795	3,11 %
Réalisateurs courts métrages	1 368	1 404	2,63 %
1er assistants réalisateurs LM	408	419	2,70 %
Scriptes	226	235	3,98 %
Branche administration régie			
Régisseurs généraux	207	223	7,73 %
Directeurs de la production	370	380	2, 70 %
Branche prise de vues			
Premiers assistants opérateurs	115	158	1,94 %
Cadreurs	181	185	2,21 %
Directeurs photo	251	263	4,78 %
Opérateurs prises de vue C.M.	422	432	2,37 %
Branche décoration			
Premier assistants décorateurs	36	38	5,56 %
Chefs décorateurs	59	65	10,17 %
Branche son			
Assistants du son	247	261	5,67 %
Ingénieurs du son	160	164	2,50 %
Branche montage			
Assistants monteurs	542	560	3,32 %
Chefs-monteurs	387	398	2,84 %
Branche maquillage			
Chefs maquilleurs	103	108	4,85 %
TOTAL	**5 893**	**6 088**	**3,31 %**

Source : base informatique CNC

doublé entre 1977 et 1990, avec un rythme soutenu de plus de 10 % l'an entre 1983 et 1986. Parallèlement, on note un affaiblissement de la proportion de titulaires de cartes d'identité professionnelles — caractéristique du secteur cinéma — de 55 % en 1984 à 47,9 % en 1986.

La détention d'une carte professionnelle, délivrée par le Centre national de la cinématographie, est la condition indispensable pour travailler dans la production de films de long métrage. L'obtention de la carte se fait *ad*

vitam æternam. La base informatique du CNC fournit cependant des données sur les professionnels en activité : ils étaient 6 088 au 1er janvier 1990, soit 3,31 % de plus qu'au 1er janvier 1989. On voit donc qu'en dépit de la crise de l'exploitation et du tassement de la production, les professions du cinéma continuent à attirer des nouveaux venus. On constate notamment que des catégories telles que chefs décorateurs, régisseurs généraux, premiers assistants décorateurs... ont connu une croissance un peu plus forte que les autres secteurs. Par contre, la croissance du nombre de courts-métrages a été plus faible que la moyenne. L'interprétation de ces statistiques doit cependant être prudente, car des modifications de pratique dans la délivrance des cartes peut affecter telle ou telle catégorie. En juillet 1990, la proposition d'accorder la carte professionnelle du CNC à un certain nombre de techniciens de la SFP menacés de la perte de leur emploi dans le cadre de la restructuration de cette entreprise a suscité un tollé parmi les professionnels du cinéma.

Un risque d'engorgement

L'analyse de l'emploi dans le secteur audiovisuel demanderait à être approfondie : les fluctuations statistiques ici plus qu'ailleurs sont difficiles à interpréter de manière forte. Seules des enquêtes qualitatives auprès des professionnels permettraient de tirer des conclusions significatives sur les tendances profondes et les besoins en formation qui en découlent. Il semble évident que la tendance actuelle à mythifier le secteur de la communication est dangereuse pour l'orientation professionnelle des jeunes. L'emploi dans le secteur audiovisuel est certainement en progression, mais celle-ci est beaucoup moins forte que le volume d'affaires du secteur, et surtout les conditions de l'emploi se modifient profondément.

Des évaluations plus précises des tendances d'évolution des diverses professions devraient être menées et les filières de formation repensées en fonction des orientations nouvelles de la politique audiovisuelle et cinématographique. Cela nous paraît particulièrement vrai en ce qui concerne les départements d'universités spécialisés en communication, qui suscitent actuellement un véritable engouement, sans que les débouchés professionnels soient toujours bien précisés.

On s'accorde en général à considérer que l'apparition des nouvelles normes de diffusion, et en particulier la TVHD, va modifier les clivages professionnels et vraisemblablement rapprocher les professions du cinéma et de la télévision. Le développement des structures légères de production et de diffusion, et l'affaiblissement des réglementations et

normes syndicales qui en découlent, tendent à accroître le besoin en personnel polyvalent, mais aussi contribuent au développement de la précarité de l'emploi.

Une étude plus approfondie devrait être nécessairement menée à l'échelon européen. En effet, la perspective du grand marché communautaire de 1993 va certainement avoir des conséquences importantes sur la mobilité géographique de l'emploi dans le secteur et la question de l'harmonisation des critères de reconnaissance professionnelle, des barèmes, des systèmes de protection sociale, etc., est déjà posée. La facilité accrue de déplacement des professionnels européens risque de se faire au détriment des pays ou régions où l'économie de l'audiovisuel est faible.

André LANGE

Références

COUPRIE E. **Les conséquences sociales de l'expansion dans les médias audiovisuels à l'intérieur de la CEE**, Institut européen de la Communication, Manchester, 1985.

L'audiovisuel, une profession en restructuration, *CEREQ, Bref*, Bulletin de recherche sur l'emploi et la formation, Paris, juin 1989.

CAPIAU S. et NAYER A. **La qualification et la variabilité des revenus des artistes au regard du droit fiscal et du droit de la Sécurité sociale des États membres de la CEE**, Commission Européenne, Bruxelles, septembre 1989.

LANGE (André), *Coord.* **Le guide de l'audiovisuel européen.** Bruxelles, éd. Edimédia, n° 96-97, Vidéo Doc, 1989.

LANGE A., LAPASSET A., POUILLOT D., **Le marché mondial de l'audiovisuel**, Analyse sectorielle, IDATE, Montpellier, 1990.

VESSILIER M., **La situation sociale des travailleurs culturels dans les pays de la CEE**, Commission des Communautés Européennes, Bruxelles, mai 1988.

Collection Jean-Loup Passek

La douceur de nos mœurs,
de Alberto Seixas Santos, ancien étudiant portugais de la London Film School

Vers la mobilité des étudiants et des enseignants en Europe

Dans le préambule, nous évoquions les disparités qui existent entre les douze États et leurs systèmes d'enseignement supérieur ainsi qu'entre les écoles et universités spécialisées en cinéma et audiovisuel. Mais ces diversités n'empêchent pas les contacts, tout au moins à l'intérieur des familles que nous avons identifiées. Celles-ci sont souvent liées entre elles par des associations. La Communauté européenne déploie de nombreux efforts pour faciliter la mobilité *des étudiants et des enseignants en son sein, à travers les programmes ERASMUS, COMETT, LINGUA. De leur côté, beaucoup d'étudiants manifestent un vif désir d'aller explorer d'autres pays d'Europe. Ils se sentent de plain-pied avec cette nouvelle entité qui se construit, telle cette étudiante italienne qui déclarait :* « Il est difficile de reconnaître quelle part en moi est italienne et quelle part est européenne. »

par Monique Martineau

Dans le cadre des entretiens menés sur les universités françaises, j'ai rencontré des enseignants responsables de programmes ERASMUS : Michel Perrot à Bordeaux III, Luis R. Busato à Grenoble III, Roger Odin, Michel Marie et Philippe Dubois à Paris III (ce dernier est à la fois maître de conférences dans cette université et responsable du département Arts et Sciences de la communication à Liège en Belgique), Geneviève Jacquinot et François Poirier à Paris VIII, Colette Bernas à Paris X. J'ai pu interroger des étudiantes espagnoles à Grenoble et des étudiants belges à Paris VIII.

C'est à Paris VIII aussi que s'est tenu le séminaire intensif du _European Network for Media and Cultural studies_ du 2 au 6 avril 1990. Celui-ci a rassemblé pendant cinq jours des enseignants et des étudiants en provenance du Danemark, d'Espagne, d'Irlande, d'Italie, de France, des Pays-Bas, de RFA et du Royaume-Uni. Il était organisé avec l'aide de Colette Bernas[1] par François Poirier, Klaus Bruhn-Jensen de l'université de Copenhague et par Michael Dawney, enseignant à Middlesex Polytechnic à Londres et responsable du réseau. Outre neuf séances communes aux enseignants et aux étudiants, une réunion des enseignants entre eux a été consacrée aux problèmes du réseau.

J'ai pu assister également à une réunion interne du réseau qui unit Paris VIII et les universités belges de Louvain-la-Neuve, de Liège et de l'ULB à Bruxelles dans le domaine de la communication (sous la responsabilité de Geneviève Jacquinot). Enfin, j'ai suivi les premiers travaux du GEECT (Groupement européen des écoles de cinéma et de télévision) coordonnés par Jack Gajos et organisés dans le cadre du festival _Premiers Plans_ à Angers les 24 et 25 janvier 1991.

A l'occasion de ces rencontres, j'ai pu observer certains problèmes et recueillir des réflexions menées par les enseignants et les étudiants.

Il importait de bien indiquer aux lecteurs leur **limite géographique**, puisqu'elles ont toutes été recueillies à partir de la France. Les développements qu'on lira ici sur les échanges sont donc exploratoires. Le service des Rencontres audiovisuelles, dans le cadre du département Ressources et communication de l'INRP, va mener, en 1992 et 1993, une recherche étendue cette fois à plusieurs pays de la CEE sur le regard porté par les étudiants sur l'enseignement qu'ils reçoivent en cinéma et audiovisuel dans les écoles supérieures et universités d'accueil à l'étranger.

_M.M._

Dans beaucoup d'écoles supérieures, depuis longtemps, on admet quelques étudiants en provenance d'un autre pays de la Communauté, s'ils en parlent la langue et s'ils réussissent aux épreuves d'admission. Ils suivent alors la même scolarité que leurs camarades. Comme le précise Frans Nieuwenhorf de la Nederlandse Film en Televie Akademie (NFTA) d'Amsterdam : _« nous accueillons les étudiants en fonction non pas de leur pays, mais de leur personnalité. Ils sont différents parce que les gens sont différents »._

On aura pu juger, en lisant l'article de Georges Drion venu de France pour suivre le cursus de la NFTS à Beaconsfield[2], à quel point une telle expérience est enrichissante.

Mais les écoles supérieures s'organisent entre elles, selon leurs spécialités, pour mettre en place des échanges de plus courte durée entre leurs étudiants et d'une manière plus générale pour mener une réflexion et des actions en commun. Les écoles de cinéma et de télévision se sont regroupées, nous l'avons vu, au sein du GEECT[3], les écoles d'art au sein de ELIA (European League of Institute of the Arts), les écoles de journalisme se sont retrouvées à l'occasion d'États généraux sur les formations au journalisme. Notons que le GEECT et ELIA s'étendent à l'ensemble de l'Europe et ne se limitent pas à la CEE.

---

1. _Colette Bernas est disparue brutalement en février 1991. Je souhaite lui rendre particulièrement hommage. Les étudiants français et étrangers qu'elle encadrait, à l'occasion des échanges, appréciaient son dévouement. Elle m'a beaucoup aidée dans ces contacts exploratoires._
2. _Voir le chapitre XII._
3. _Voir le préambule._

European League of Institutes of the Arts (ELIA)

La ligue européenne des établissements d'enseignement artistique (ELIA), s'est fixé une double mission.

La première, de favoriser de toutes les manières possibles les échanges européens entre artistes, étudiants, enseignants et administrateurs travaillant dans le domaine culturel. Pour y parvenir, ELIA œuvre à la diffusion la plus large possible d'une information spécifique, à la constitution de réseaux créatifs utilisant les systèmes informatiques et télématiques, à la définition des espaces de travail requis par les élèves des écoles d'art et, en étroite coopération avec les bureaux de la Communauté européenne à Bruxelles et à Strasbourg, à la recherche de fonds pour des projets artistiques de caractère international.

La seconde, d'intervenir activement auprès de la Communauté européenne afin que cette dernière accorde aux questions de caractère artistique et culturel une attention soutenue et informée. ELIA entend donc se définir aussi comme un groupe de pression politique déterminé d'emblée à encourager, appuyer et faire progresser toutes les initiatives et toutes les mesures susceptibles de favoriser le développement et l'épanouissement des arts et de la culture en Europe.

Président : Patrick Talbot, délégation aux Arts plastiques, ministère de la Culture, France.

ELIA, C/O Amsterdam School of the Arts, Oudezijds voor Burgwal 195, PO Box 15079, 1001 MB Amsterdam, Pays-Bas.

Tél. : (31-20) 27.82.32.
Fax. : (31-20) 22.98.33.

Lors de leur réunion à Angers, les 24 et 25 janvier 1991, les membres du GEECT, soucieux de la cohésion de leur groupement ont affiné les critères d'admission : les écoles qui font partie du « *CILECT sont membres de droit du GEECT et seules habilitées, dans une procédure commune par pays, à saisir les coordinateurs nationaux. D'autres institutions pourraient être admises à participer*

© BFI Stills, Posters and Designs

Chicago Joe and the showgirl, de Bernard Rose, ancien étudiant de la NFTS

Charte constitutive du Groupement européen des écoles de cinéma et de télévision (GEECT)

Dans le cadre du Centre international de liaison des écoles de cinéma et de télévision (CILECT), après accord donné par l'assemblée générale au congrès de Los Angeles en août 1988 et du bureau réuni à Copenhague en mai 1989, il a été décidé, à l'initiative de la France (FEMIS), de créer un Groupement européen des écoles de cinéma et de télévision (GEECT).

Le GEECT regroupe des écoles, des instituts de recherche et des organismes de cinéma et de télévision en vue de recenser les avantages d'un travail commun accompli dans le cadre de l'Europe de la Communauté économique européenne et de la Convention culturelle européenne tout en restant ouvert aux collaborations possibles avec tous les autres pays européens.

Les écoles européennes membres du CILECT et les représentants des écoles associées et institutions signataires de la présente charte, s'engagent :

1. à créer un groupe permanent d'experts susceptibles, par des études comparées, d'établir un document destiné à présenter les divers modes et moyens de formation disponibles en Europe ;

2. à constituer un (ou plusieurs) groupe de propositions sur les changements de la pédagogie en vue du développement des médias en Europe ;

3. à promouvoir la mise en œuvre d'un programme suivi de collaboration et d'échanges destinés :

3 a) à organiser pour les enseignants et l'encadrement des échanges et des séminaires visant à améliorer les structures institutionnelles et le niveau de formation...

3 b) à la circulation des films d'étudiants, avec les moyens du CILECT ;

3 c) aux ressources documentaires des bibliothèques des écoles et au matériel pédagogique ;

4. à favoriser, à tous les niveaux, des rencontres et des initiatives entre étudiants afin de les encourager, par exemple, dans leurs projets de recherches, ou pour aider à la mise en œuvre des coproductions ;

5. à étudier les moyens par lesquels les qualifications obtenues dans un pays européen pourraient être agréées dans les autres pays de la Communauté ; cette question, délicate techniquement, doit être traitée pour permettre une libre circulation des collaborateurs de création ;

6. à travailler en coopération avec nos collègues des pays en voie de développement dans le total respect des engagements du programme « TDC » du CILECT ;

7. à promouvoir les actions ci-dessus décrites par la création d'un réseau informatique relié à d'autres centres serveurs ;

8. à fixer au GEECT comme priorité de trouver auprès des organismes communautaires les moyens permettant de financer les projets approuvés par le GEECT et de couvrir ses propres frais de fonctionnement.

La mise en œuvre de ce programme sera, dans un premier temps, placée sous la responsabilité d'un comité constitutif qui désignera un coordinateur.

Le GEECT bénéficie du soutien d'Eurêka audiovisuel.

aux travaux. Le GEECT sera ouvert, sur proposition des écoles membres, à des projets présentés par des instituts de formation et de recherche non membres du CILECT. Ces projets pourront être organisés en coopération et, le cas échéant, financés ou co-financés par le GEECT ». Plusieurs projets ont été présentés et seront mis en œuvre : des coproductions sont envisagées dans le domaine du cinéma documentaire, en particulier avec les écoles des pays de l'Est (à l'initiative du groupe français VARAN), dans celui des films de fin d'études (le projet sera affiné par l'école hongroise). Colin Young de la NFTS de Beaconfield a proposé de mettre en place une structure, le *European Film Studio*, pour

aider les diplômés des écoles à réaliser leur premier film. Des colloques et universités d'été sont prévus ainsi qu'une coordination des festivals consacrés aux films d'étudiants. Les festivals de Munich représentés par Wolfgang Langsfeld, d'Angers représenté par Éric Poiroux et de Poitiers représenté par Maryse Berchon de Fontaine étaient présents.

Dans le domaine des universités, on constate aussi une volonté de créer des réseaux. Ainsi, à l'occasion du colloque de La Baule, *Les sources de la recherche et de la création cinématographique en Europe*, qui réunissait des universitaires, des enseignants dans des écoles de cinéma et des responsables de cinémathèques en provenance de Belgique, du Danemark, d'Espagne, de Finlande, de France, d'Italie, des Pays-Bas, de République Fédérale et du Royaume-Uni, les participants ont exprimé le désir de s'unir pour favoriser le développement de la recherche dans le domaine de l'histoire et de la théorie. Marc Vernet, coorganisateur de ce colloque, soulignait qu'il existait déjà un réseau de revues spécialisées, à cheval entre histoire et théories : *Iris* et *Vertigo* en France, *Versus* aux Pays-Bas, *Skrien* au Royaume-Uni, *Cinégrafie* en Italie.

L'association Domitor à l'échelon international sert de lien entre les historiens spécialisés dans le cinéma des premiers temps.

Domitor, baptisée du premier nom qu'Antoine Lumière donna à l'invention de ses fils, est une association internationale de recherche sur le cinéma des premiers temps (des origines à 1915) dont le siège est à l'université Laval de Québec, au Canada. Elle regroupe des chercheurs, des professeurs, des étudiants et des amateurs en ce domaine de tous pays, publie un bulletin de liaison, a édité une bibliographie des travaux de ses membres sur le cinéma des premiers temps, et organise tous les deux ans un colloque sur un thème important de cette période de l'histoire du cinéma.

Domitor groupe d'études cinématographiques, Département des littératures, université Laval.

Québec G1K 7P4, Canada.

Dans le domaine de la communication, l'AIERI joue un rôle fédérateur sur le plan international.

L'Association internationale pour la recherche sur les médias (AIERI)

L'AIERI (IAMCR, International Association for Mass Communication Research) fut créée à Paris en 1957 au siège de l'UNESCO.

Au cours de ces dernières années, l'Association, à partir d'une base européenne est-ouest et nord-américaine assez étroite, s'est transformée en une véritable organisation internationale avec environ 1 800 membres dispersés dans 65 pays.

Bien qu'elle soit complètement indépendante, l'AIERI a acquis le statut d'« organisation non gouvernementale » à l'UNESCO et est consultante auprès de cette institution. Elle a également noué des relations de coopération avec plusieurs associations internationales dans le champ de la communication.

L'AIERI se charge de promouvoir à travers le monde le développement des recherches scientifiques sur les médias, l'information et la communication. A l'intérieur de ce vaste champ d'action, ses objectifs sont surtout :

— de proposer une tribune où les chercheurs, les praticiens et les décideurs dans le domaine de l'information peuvent se rencontrer et discuter de leur travail ;

— de stimuler l'intérêt pour la recherche sur la communication, et notamment de favoriser son développement dans les domaines encore mal explorés ;

— de contribuer, en utilisant la recherche et ses résultats, à former journalistes et professionnels des médias.

Adresse du président : Cees Hamelink, Bureau Administratif, IAMCR/AIERI, Po Box 67006, 1060 BA Amsterdam, Pays-Bas.

Traduction Lydie Hyest

---

4. *On en trouvera une présentation plus détaillée dans* Le Guide de l'étudiant, *Commission des communautés européennes, 6e édition 1990, Luxembourg. Voir également* 70 millions d'élèves, *de Francine Vaniscotte, Hatier, Paris, 1990.*

5. *Voir* Le Monde Initiatives, *13 mars 1991.* ERASMUS hors des Douze *par Valérie Gauriat.*

6. Une année européenne du cinéma et de la télévision. *Voir aussi* Le Guide de l'audiovisuel européen *coordonné par André Lange, éd. EDIMEDIA, Bruxelles, 1989, pp. 86-88.*

7. *Voir préambule.*

8. *Voir Ch. I, article de Ph. Dubois.*

Programmes communautaires

La Commission des communautés européennes a de son côté élaboré plusieurs programmes[4] destinés à faciliter la mobilité des étudiants et des enseignants au sein de l'Europe des Douze.

Adopté le 15 juin 1987 par le Conseil des communautés européennes, ERASMUS a comme objectif principal de promouvoir la mobilité des étudiants et la coopération dans l'enseignement supérieur : les universités des douze États membres élaborent des PIC (programmes inter-universitaires de coopération) et pratiquent entre elles l'échange des étudiants. Ces PIC suscitent un enthousiasme croissant, mais ils concernent encore un petit nombre d'étudiants : 27 000 en 1990, dont 6 000 Français.

La période d'études passée à l'étranger doit être validée dans le cursus d'origine grâce à un accord entre les enseignants de l'université d'origine et ceux du pays d'accueil. Dans quelques disciplines seulement (gestion, histoire, médecine, chimie, ingénierie, mécanique), on commence à expérimenter la mise en place d'unités capitalisables.

Le programme COMETT, adopté le 24 juillet 1986 par le Conseil des ministres, concerne l'éducation et la formation en technologie, grâce à la coopération entre les établissements d'enseignement supérieur et les entreprises.

LINGUA, adopté le 22 mai 1989, veut promouvoir l'enseignement des langues étrangères au sein de la Communauté.

Sur le plan géographique, on peut prévoir que, dans les années qui viennent, les échanges vont s'étendre à toute l'Europe. Déjà le programme TEMPUS cherche à faciliter la venue d'étudiants des pays de l'Est dans les écoles et universités de la CEE, avec l'aide des entreprises.

D'autre part, les pays de l'Association européenne de libre-échange (Autriche, Finlande, Islande, Liechtenstein, Norvège, Suède, Suisse) participent depuis avril 1990 à COMETT II. Le principe de leur participation à ERASMUS pour l'année 1992-1993 a été approuvé en février 1991[5].

Ces divers programmes allouent des subventions aux universités qui œuvrent pour la mobilité et des bourses aux jeunes pour qu'ils

---

L'association de préfiguration du Centre européen de l'image et du son (APCEIS)

Elle prépare l'ouverture du Centre européen de l'image et du son (CEIS) en Arles (Bouches-du-Rhône, France).

Le CEIS se définira comme :
• Centre d'information, de recherche et d'expérimentations technologiques.
• Centre de formation de formateurs dans les domaines éducatifs et culturels.
• Centre de coordination de la production et de la diffusion des programmes culturels, d'éducation et de formation.

Président de l'APCEIS : Michel Vauzelle.
Déléguée générale : Claude Brunel.
Siège social : Palais de Tokyo, 13, avenue du Président-Wilson, 75016 Paris.
Tél. : (33.1) 49.52.05.36.

---

découvrent un pays d'Europe différent du leur.

Dans le domaine audiovisuel, Eurêka audiovisuel s'emploie à promouvoir la coopération sur les technologies de pointe, en particulier la télévision à haute définition.

Le programme Média vise au développement d'une véritable production audiovisuelle et à sa diffusion à l'intérieur de l'espace européen[6]. Dans le secteur de la formation, deux initiatives surtout ont été soutenues : EAVE[7], dirigée par Raymond Ravar et axée sur la formation de jeunes producteurs et le certificat européen de littérature, de cinéma et de télévision ELICIT qui, à l'ULB, vise à former des scénaristes[8]. Les cours sont assurés à la fois par des universitaires et par des professionnels pour la partie pratique.

Les obstacles à surmonter

En dépit de cette volonté politique commune, les étudiants sont confrontés à de nombreux obstacles quand ils font l'expérience de la mobilité.

Collection Institut Jean Vigo

Benvenuta, d'André Delvaux

Le premier concerne le financement de leur séjour. Les bourses ERASMUS sont conçues pour leur permettre de prendre en charge le surcoût d'un déplacement, mais leur montant est trop modeste pour couvrir tous les frais de séjour à l'étranger. Les jeunes doivent donc chercher d'autres sources de financement, bourses d'État, aides émanant des municipalités, des régions, de fondations ou d'ambassades. En l'absence d'un complément, ils doivent recourir au soutien familial, ce qui limite les départs aux étudiants d'origine aisée, ou chercher du travail sur place, ce qui n'est pas toujours facile. Ce financement complémentaire est d'autant plus nécessaire que l'argent de la bourse arrive souvent fort tardivement.

Le deuxième problème à résoudre concerne le logement. Les situations sont très inégales selon les universités d'accueil. Sur certains campus, un lot de chambres est réservé aux étudiants ERASMUS. C'est le cas dans les universités danoises ou à Middlesex Polytechnic, dans la banlieue de Londres. A Louvain-la-Neuve, il existe même une maison ERASMUS, qui permet de loger une trentaine d'étudiants. Mais dans le centre des grandes villes où les prix de l'immobilier flambent, comme Londres ou Paris, c'est presque une gageure de trouver un gîte.

La connaissance de la langue du pays d'accueil est indispensable pour permettre un séjour fructueux. Mais il faut parfois surmonter des difficultés spécifiques. Ainsi un étudiant qui parle espagnol et qui vient étudier à Barcelone doit apprendre le catalan. S'il a choisi l'université de Bilbao, le basque lui est nécessaire. Les cours d'apprentissage de la langue du pays ne sont pas toujours bien organisés.

Le statut des langues en Europe est inégal. L'anglais exerce un pouvoir d'attraction exceptionnel : « *C'est la langue des USA* », comme le disait Colin Young, en toute tranquillité, lors de l'assemblée générale du GEECT. Le Royaume-Uni est donc très demandé dans les échanges, car les étudiants des autres pays souhaitent combiner une expérience à l'étranger et l'apprentissage de l'anglais. Par ailleurs, beaucoup d'entre eux l'ont déjà étudié dans le secondaire.

A l'inverse, les universités danoises, par exemple, pourtant particulièrement accueillantes, envoient plus d'étudiants qu'elles n'en reçoivent. Le danois n'est guère enseigné dans d'autres pays de la Communauté et il a la réputation d'être difficile. Palle Schantz Lauridsen, de l'université de Copenhague, rappelait lors du colloque de la Baule sur *Les sources de la recherche et de la création cinématographique en Europe* les propos humoristiques d'un écrivain danois connu qui affirmait dans *Le Monde* : « *parler et écrire en danois peut être considéré comme un malheur* ». Et pourtant, à l'université de Copenhague se mènent une foule de recherches de haut niveau sur le cinéma. Mais elles sont mal connues du fait de la langue.

Cependant, quand on parle une langue peu répandue, on est puissamment stimulé à en apprendre dès l'enfance plusieurs autres. A l'occasion du programme intensif organisé à Paris VIII par le *European Network for Media and Cultural Studies*, j'ai pu observer que l'aisance des étudiants danois et néerlandais à s'exprimer en anglais était très supérieure à celle de leurs camarades français. La pratique précoce du bilinguisme, voire même du trilinguisme, donne une agilité d'esprit, une curiosité qui font parfois cruellement défaut quand on parle une langue assez répandue.

Il arrive aussi que certains accomplissent des voyages immobiles, tel cet étudiant anglais venu étudier en France les médias anglo-américains et qui, au bout de trois mois, ne parle qu'anglais et choisit donc ses relations en fonction de leur pratique de sa propre langue... « *Beaucoup d'étudiants britanniques manquent de curiosité humaine*, constate Marc Chemalli qui en a accueilli un groupe à Paris X. *Ils restent prisonniers des codes qu'on leur a inculqués, et ne sortent pas de leur réserve.* »

Ce statut privilégié de l'anglais explique la diffusion du concept de *Cultural Studies* au Danemark et aux Pays-Bas. Il s'agit de pays où la pratique de l'anglais est répandue et où

on peut nouer des échanges sur la base d'une cohérence disciplinaire. Par contre, dans les universités de Naples, Paris VIII et Paris X, ce sont des départements d'anglais qui font partie du *European Network for Media and Cultural Studies*.

Il arrive aussi que, forts de leur langue, les enseignants imposent ingénument les modèles d'enseignement dans leur pays. C'est un des problèmes importants, semble-t-il, rencontrés dans l'essai de mise en place d'un *master* intercommunautaire en infographie. La Communauté européenne, quant à elle, spécifie que les cours doivent être donnés dans la langue du pays d'accueil.

Les étudiants qui s'aventurent dans un petit pays où l'on parle une langue minoritaire sont souvent enchantés de l'accueil qu'ils reçoivent. « *Les enseignants sont incroyablement plus disponibles que nos mandarins français* »[9], confirme Philippe, étudiant de Grenoble parti en Grèce durant trois mois. D'ailleurs la Commission des Commnautés européennes a décidé de redresser la barre, en favorisant les projets incluant des établissements de ces petits pays[9].

Les conditions du succès

Pour que l'échange soit fructueux, il importe que les étudiants partent avec certaines dispositions d'esprit. Tous les enseignants responsables soulignent qu'il est indispensable d'avoir un minimum de maturité. Pour Geneviève Jacquinot, professeur en Sciences de l'éducation et de la communication à Paris VIII, les motivations des étudiants sont très diverses. « *Certains partent pour apprendre une langue, d'autres pour tenter l'expérience de la vie ailleurs, d'autres enfin pour travailler dans un secteur précis avec tel spécialiste.* » Philippe Dubois, responsable du département des Arts et sciences de la communication à Liège, résume son expérience : « *Il est préférable de prendre des étudiants en fin de parcours, autrement ils sont noyés dans les problèmes immédiats. D'autre part, nous choisissons des étudiants motivés par le projet qu'ils veulent réaliser dans l'université*

---

9. *Dans* Le Monde Initiatives, *13 mars 1991*. Les petits aussi par Antoine Reverchon (Zelig).

d'accueil. Pour qu'ils tirent profit de leur séjour, il faut qu'ils sachent ce qu'ils veulent et ce qu'ils peuvent avoir. Il est donc indispensable d'avoir des contacts avec l'université partenaire. » Pour Geneviève Jacquinot, un des intérêts d'ERASMUS est de lui permettre de connaître la conception de l'enseignement dans les autres pays afin d'envisager à long terme un cursus européen. Elle exige des étudiants français tout un travail préalable d'étude des cursus dans tel ou tel champ de disciplines, pour qu'ils comprennent bien celui de leur université d'origine et celui de l'université d'accueil.

Même préparé, l'étudiant met souvent du temps avant de choisir ses cours au mieux de ses intérêts. Brigitte de le Court, étudiante à l'université catholique de Louvain, évoque ses débuts dans l'UFR CAPFED à Paris VIII en ces termes. « *Il m'a fallu à peu près un mois pour comprendre le système, évaluer l'intérêt des différents cours, définir mon projet et négocier les choix qui me satisfaisaient le plus.* » Il faut en particulier décider si l'on souhaite un enseignement qui renforce celui de l'université d'origine ou au contraire qui le complète.

Cette deuxième possibilité semble à la plupart des enseignants et des étudiants la plus intéressante. Ainsi l'UFR des sciences de la communication à Grenoble a mis sur pied un PIC avec le département de communication audiovisuelle et de publicité à l'université *Autonoma* à Barcelone. Pour Luis Busato, responsable de ces échanges pour l'UFR, cela donne aux étudiants des possibilités intéressantes : « *À Barcelone, ils sont surtout spécialisés en journalisme et publicité, et à Grenoble nous le sommes en audiovisuel et communication.* » Et il conclut : « *Pour que l'expérience soit profitable, il ne faut pas que les institutions soient trop semblables, mais complémentaires.* »

Autre condition du succès, il est essentiel que la période passée à l'étranger soit validée par l'université d'origine. Bien que ce soit une des conditions du programme ERASMUS, la mise en place est parfois difficile. Colette Bernas, de l'UFR d'anglo-américain à Paris X, déplorait que certains de ses collègues refusent catégoriquement d'accorder une équivalence à des étudiants qui n'ont pas suivi leurs cours toute l'année.

« *À Grenoble II,* selon Mme Péraudin, qui dirige le service des relations internationales, les équivalences avec les universités étrangères sont obtenues soit par la définition de programmes détaillant les contenus et le nombre d'heures, fastidieux à mettre en place, soit par une équivalence globale, avec la prise en compte d'un "semestre ERASMUS" équivalent à un groupe d'UV du cursus français. Mais une seule UFR a choisi cette seconde solution ! "La validation est en fait laissée à la discrétion de chaque professeur",* déplore Mme Péraudin [10]. »

Mais dans beaucoup d'universités, cela ne pose plus de problème. Ainsi à Liège, dans le département des arts et sciences de la communication, Philippe Dubois indique qu'on marque sur le diplôme belge l'intitulé du cours suivi en France.

La reconnaissance académique est facilitée dans le cas où l'on met en place des cours et des examens communs.

Ainsi huit universités envisagent de créer un réseau de formations doctorales en communication, sous l'égide du Conseil de l'Europe. L'ISIC de Bordeaux III a mis au point avec les universités de Leeds, de Hambourg et de Lisbonne un diplôme commun en sciences de l'information. Il sanctionne une formation de niveau post-maîtrise qui comporte six mois de séjour à l'étranger dans l'un des trois autres établissements.

Des regards neufs

En dépit de ces multiples difficultés et même si toutes les conditions souhaitables ne sont pas réunies, la plupart des étudiants sont heureux de leur séjour qui les a beaucoup enrichis.

Comme Luis R. Busato le constatait dans un rapport interne sur les échanges internationaux noués par l'UFR des Sciences de la communication à Grenoble, « *l'évaluation des échanges ne peut se borner aux seuls aspects scolaires, il faut tenir compte de bien d'autres formes d'acquisition de connaissances et d'expériences dont les effets pédagogiques sont aussi importants : intégration de la dimension internationale dans la formation individuelle, maturation personnelle, mise en perspective des diverses institutions fréquen-*

Jacquot de Nantes, d'Agnès Varda

tées, apprentissage d'autres modes culturels, scientifiques, techniques, professionnels ».

La « mise en perspective » de l'université de départ et de celle d'accueil nous semble particulièrement intéressante. L'étudiant voit d'un autre œil l'enseignement qu'il a reçu jusqu'alors et porte un regard neuf sur celui qui est dispensé à l'étranger. Ses réactions, ses analyses, s'il est assez mûr, présentent un grand intérêt pour les enseignants des deux institutions. Ainsi, le regard du Huron, héros de *L'ingénu* de Voltaire, sur les faits et gestes des Bas-Bretons et des Parisiens, jetait-il une lumière neuve sur la société française du XVIIIe siècle.

A titre d'exemples, nous citerons pour conclure quelques réflexions d'étudiants français ayant séjourné à Polytechnic Middlesex à Londres et le bilan de deux étudiants belges sur leurs études à l'université de Paris VIII.

Ces témoignages, nous l'avons dit, sont parcellaires, limités géographiquement et institutionnellement : mais ils montrent bien la grande variété des approches éducatives entre trois pays et différents types d'établissements.

Les étudiants français accueillis à Middlesex Polytechnic s'émerveillent de voir toutes les commodités disponibles, en comparant la situation avec leur université d'origine, Paris X[11]. « Au lieu de regarder les films sur un unique téléviseur, les cours sur le cinéma britannique se déroulent dans une vraie salle de projection et le film est projeté

---

10. *Dans* Le Monde Initiatives *du 13 mars 1991. Les difficultés de l'harmonisation par Antoine Reverchon.*

11. *Propos recueillis à Middlesex Polytechnics par Isabelle Hennebelle.*

sur un écran. Tous les étudiants peuvent accéder à des ordinateurs, à la bibliothèque, on distribue des conseils sur la manière de faire une rédaction, un plan.

« La vie sociale est beaucoup plus agréable, on peut se retrouver dans des endroits sympathiques, des cafétérias, des discothèques. Il n'est pas rare que l'on prenne le café avec son professeur ou qu'il vous raccompagne en voiture. En France, ce type de situation est rarissime.

« Les relations avec les enseignants sont amicales, on les appelle par leur prénom. Quand ils donnent un travail de rédaction, ils ne laissent pas les étudiants se débrouiller seuls comme en France, ils aident au cours du travail, par exemple pour le plan ; si l'étudiant souhaite ensuite une correction plus personnalisée, il prend rendez-vous en inscrivant son nom sur la porte du bureau de l'enseignant. Quand celui-ci le reçoit, il le fait asseoir et lui fournit toutes les explications qu'il souhaite. On n'observe pas chez les étudiants anglais le découragement, l'angoisse, l'amertume si fréquents dans les universités françaises ; il y a peu d'abandons. Il est vrai que chacun d'entre eux est étroitement encadré, couvé même, par un tuteur. Dans les cours, en France, on cherche plutôt la bonne réponse. En Angleterre, on vise à favoriser l'expression des élèves. Les débats se déroulent de manière *fair play*, sans opposition, quelquefois sans synthèse après la discussion. Mais les échanges sont parfois décevants. Beaucoup d'étudiants britanniques semblent manquer de culture générale mais surtout sont tout à fait dépourvus de curiosité pour ce qui leur est étranger. »

Jean-Luc Dirick, venu du département Arts et Sciences de la communication à Liège pour étudier l'audiovisuel éducatif à Paris VIII dans l'UFR CAPFED[12], insiste sur le fait que la comparaison doit « s'établir d'université à université autant que de pays à pays ».

Comme il suit à la fois des cours en communication et en cinéma, il constate qu'à Liège le matériel vidéo est plus aisément disponible et plus performant qu'à Paris VIII. Mais il apprécie de travailler à Paris VIII avec des professionnels. « Ce sont des passionnés qui nous font partager leur passion d'une manière plus intense qu'un enseignant ne pourrait le faire. Certains cours néanmoins ne sont pas assez structurés, du fait de leur

An der Mülle 86, de Jansen Jürge

© FB Design Münster

manque de formation pédagogique. En Belgique, il est rare à l'université de faire appel à des intervenants professionnels, exception faite du département Audiovisuel et Sciences de la communication à Liège. Par contre les stages en entreprise sont obligatoires. L'an dernier, j'en ai fait un sur un court métrage. Mais comme il y a peu de tournages, ce n'est pas facile. »

Dans le rapport qu'il écrit sur son séjour[13], il se livre à une comparaison des méthodes en vigueur à Paris VIII et à Liège.

« Nous avons été frappés par la méthode d'enseignement appliquée par la plupart des enseignants de Paris VIII, une approche théorique minimale, des références bibliographiques et une très large place à la pratique. Ce sont les étudiants qui, par eux-mêmes, vont apprendre et seulement après, l'enseignant analysera ce qui a été fait et donnera des pistes à suivre pour les exercices pratiques suivants. Une sorte de *Do it yourself* revu et corrigé par le professeur. Cette méthode est assez différente de celles pratiquées en Belgique (sauf quelques rares exceptions). À l'université de Liège, les deux méthodes dominantes sont soit le cours classique ex-cathedra (dont l'évaluation se fait par un examen oral), soit principalement des exposés théoriques faits par l'enseignant et un dossier à faire par l'étudiant. Mais ce dossier (qui n'exclut pas l'examen oral) est généralement l'application des données théoriques acquises durant le cours. Il ne s'agit pas de tâtonner pour aboutir à une connaissance mais de montrer qu'on a compris ce qui a été développé précédemment en l'appliquant à un cas concret. Certes, certains enseignants sont beaucoup moins directifs. »

Jean-Luc Dirick souligne les dangers que présente selon lui le système d'évaluation en vigueur de Paris VIII, trop marginal selon lui par rapport aux exigences de la société et du marché de l'emploi. L'étudiant de Paris VIII n'est pas stimulé. « Pourquoi s'évertuer à rendre un travail de bonne qualité puisqu'un travail très moyen suffit pour réussir ? Il nous semble que l'étudiant belge est plus exigeant envers lui-même que celui-ci de Paris VIII. Non pas par force de caractère, mais simplement parce que le corps enseignant est plus exigeant. L'étudiant a appris à beaucoup s'investir. C'est devenu naturel pour lui. De plus, en Belgique, les grades (distinction, grande distinction...) ont leur importance sur le marché de l'emploi. L'étudiant a donc tendance à faire le mieux possible car une récompense est à la clef. Cette récompense est inexistante à Paris VIII et c'est là tout le problème. »

Brigitte de le Court, du département COMU de l'univesité catholique de Louvain, a fait un bilan encore plus détaillé[14] du semestre qu'elle a passé dans l'UFR CAPFED de Paris VIII. Elle aussi analyse les avantages et les inconvénients d'une méthode. « Le cours est parfois presqu'exclusivement le simple rapport de travail des étudiants, ce qui donne l'impression d'une place relativement secondaire accordée aux outils théoriques par rapport à une pratique. Les enseignants prêtent une grande attention au questionnement des étudiants... Cela permet à tous de suivre et de comprendre mais ralentit aussi fortement la progression et le développement des cours. Je regrette la part trop importante laissée au travail étudiant, car la problématique soulevée par le professeur, ses outils d'analyse et d'interprétation m'intéressaient énormément et j'aurais souhaité qu'ils fussent plus sérieusement approfondis. »

Mais l'acquis de son expérience va bien au-delà de l'apport de l'université. « Il y a d'abord la profusion des personnes rencontrées. Certaines ont permis des discussions intéressantes, d'autres des ouvertures, d'autres encore sont devenues des amies, certaines sont surtout des visages sur des noms ou des portes que l'on pourrait ouvrir si c'était nécessair. J'ai pris un bain d'audiovisuel éducatif, j'ai rafraîchi ma mémoire des choses de l'image, mes méninges se sont frottées à des secteurs inexplorés. Autre fac, autre culture. J'ai dans la tête une bibliographie insoupçonnée, j'ai dans ma bibliothèque des bouquins (presque) introuvables chez nous. Il y a à Paris une librairie spécialisée en communication qui donne envie d'y retourner pour s'approvisionner en parutions toutes fraîches. En fait, l'acquis n'est pas tellement dans les cours en eux-mêmes mais par toutes les portes qu'ils ouvrent parce qu'ils sont différents. »

Aussi, aux quatre coins de l'Europe, des étudiants découvrent de nouvelles manières d'aborder les images et les sons, poussent des portes inconnues et apprivoisent de nouveaux visages.

12. *Cette UFR offre l'originalité de regrouper un département de Sciences de l'éducation et un département de Sciences de l'information et de la communication, ce qui permet d'établir un pont entre les deux disciplines et donne à des étudiants la possibilité de se spécialiser en audiovisuel éducatif. L'université de Paris VIII a été créée après les événements de mai 1968 sur le principe pédagogique de construction des savoirs par une pédagogie active. Ce principe était alors peu répandu dans l'université française.*

13. *Rapport d'un échange ERASMUS, 2e semestre 1990, université de Paris VIII. Il s'agit d'un rapport détaillé demandé par Geneviève Jacquinot, à chaque étudiant, différent du questionnaire demandé par le bureau ERASMUS.*

14. *Mémoire en vue de l'épreuve préparatoire au doctorat.*

Monique MARTINEAU

Éléments de bibliographie

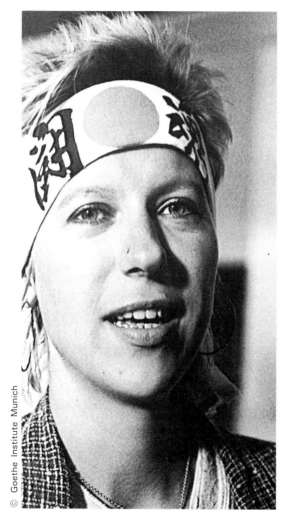

Doris Dorries, enseignante dans une école d'art

ÉCHANGES INTERCOMMUNAUTAIRES

L'amélioration de la préparation linguistique et socio-culturelle des étudiants ERASMUS. Baumgratz — Gangl — Deyson — Kloss, Unité Langues pour la Coopération en Europe, CIRAC, Paris, juillet 1989.

Commission des Communautés européennes, Bruxelles. **Rapport ERASMUS. Rapport sur** l'expérience acquise dans la mise en œuvre du programme ERASMUS 1987-1989. Bruxelles, Commission des Communautés européennes, 1989.

ERASMUS Bureau. ERASMUS et LINGUA, action II, 1990-1991. Programme d'action communautaire en matière de mobilité des étudiants 1991.

ERASMUS et les arts du spectacle (musique, théâtre, danse). Eurocréation, Paris, juillet 1989. (Rapport d'expert auprès de la Commission des Communautés européennes.)

Eurydice. Guide des programmes de la Communauté européenne dans les domaines Éducation Formation Jeunesse. Bruxelles, 1989.

Investigation of means of improving flows of information on ERASMUS. (Étude sur l'information concernant ERASMUS et les moyens de l'améliorer.) Liaison Committee of Rectors' Conferences, Bruxelles, 1988 et 1989.

Guide des 100 universités. *Libération.* Décembre 1989.

L'Europe des diplômes et des cadres. *Le Monde Initiatives.* 13 mars 1991.

Les obstacles à la participation au programme ERASMUS dans le domaine de l'art et du design. Pierre Kuentz, Strasbourg, juillet 1989. (Rapport d'expert auprès de la Commission des Communautés européennes.)

Recognition : a typological overview on recognition issues (within ERASMUS). (Survol typologique des possibilités de reconnaissance en ce qui concerne ERASMUS.) U. Teichler Maiworm, Steube, WZBH, Gesamthochschule Kassel, july 1989.

Student mobility within ERASMUS. 1987-1988. (Mobilité des étudiants du programme ERASMUS 1987-1988.) Teichler — Maiworm — Steube, WZBH, Gesamthochschule Kassel, mai 1989.

Study of best marketing strategy for ERASMUS vis-à-vis students and staff members bases on a case study of the situation in Belgium. (Étude de la meilleure stratégie de marketing ERASMUS vis-à-vis des étudiants et des instances administratives, basée sur l'étude de cas de la situation en Belgique). ICHEC, Bruxelles, 1988.

VERDIER (Marie). **Étudier en Europe.** Éditions Calman-Lévy, 1989.

VOISIN (Emmanuel), ROLLOT (Olivier). **Partir étudier en Europe. Les bonnes filières.** Paris, éd. Ramsay, 1991.

Annie KOVACS

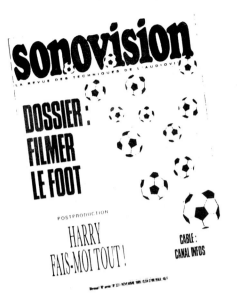

LE MENSUEL.

L'ambition de SONOVISION est de combler le fossé, entre ceux qui inventent et fabriquent la technologie et ceux qui l'utilisent, en étant le lieu de rencontre entre les professionnels de la technologie et ceux des programmes.

Aux premiers, nous tentons d'apporter une connaissance des marchés de l'image et du son, de leurs besoins et de leurs enjeux.

Aux seconds, nous cherchons à faire comprendre les possibilités que la technique offre ou va offrir, mais aussi les contraintes et l'impact qu'elle aura sur leur métier.

L'HEBDOMADAIRE

Sonovision Hebdo est destiné aux producteurs de cinéma, de télévision, de films institutionnels ou de publicité et de vidéoclips. Il s'adresse à tous les techniciens et prestataires de service de la production audiovisuelle ainsi qu'aux comédiens et à leurs agents artistiques.

En outre, Sonovision Hebdo suit tous les nouveaux services, équipements ou matériels mis à la disposition des producteurs, réalisateurs et techniciens.

✂- - - - - - - - - - - - - - -

BULLETIN D'ABONNEMENT

CinémAction

Achevé d'imprimer par Corlet, Imprimeur, S.A. — 14110 Condé-sur-Noireau (France)
N° d'Imprimeur : 1400 — Dépôt légal : novembre 1991 — *Imprimé en C.E.E.*